上卷

图说中国儒学史

杨朝明·主编

山东城市出版传媒集团·济南出版社

图书在版编目（CIP）数据

图说中国儒学史：全3卷/杨朝明主编. ——济南：
济南出版社，2016. 12

ISBN 978 - 7 - 5488 - 2437 - 4

Ⅰ. ①图… Ⅱ. ①杨… Ⅲ. ①儒学—思想史—中国—
图解 Ⅳ. ①B222. 05 - 64

中国版本图书馆 CIP 数据核字（2016）第 302386 号

出 版 人	崔　刚
丛书策划	冀瑞雪
责任编辑	冀瑞雪　冯文龙
	李廷婷　孙育臣
图书审读	颜炳罡　林存光
封面设计	张　金
版式设计	李海峰

出版发行	济南出版社
地　　址	济南市二环南路 1 号（250002）
编辑热线	0531 - 86131747（编辑室）
发行热线	86131747　82709072　86131729　86131728（发行部）
印　　刷	山东新华印刷厂潍坊厂
版　　次	2017 年 11 月第 1 版
印　　次	2017 年 11 月第 1 次印刷
成品尺寸	170mm×240mm　16 开
印　　张	56
字　　数	930 千字
印　　数	1 - 5000 册
定　　价	298.00 元（全三卷）

（济南版图书，如有印装错误，请与出版社联系调换。联系电话：0531 - 86131736）

目　录

〔上　卷〕

〔中　卷〕

〔下　卷〕

第五编　清代：实学思潮与乾嘉朴学

导 言

孔子思想与中国历史文化

作为中国传统文化的主干，儒学影响中国既深且广。孔子是儒学的创始人，他继承中国上古三代以来的文化，形成了自身的思想体系；孔子以后，历代儒家"宗师仲尼"，不断对孔子学说进行阐发、弘扬与提升，这就是中国儒学两千多年的发展历程。

如果找一个最能代表"中国"的人，毫无疑问，这个人非孔子莫属！到目前为止，世界上大概还找不到第二个人，像中国的孔子这样，在两千五百多年的日子里，受着亿万人的关注。从孔子在世时开始，孔子和他的思想学说便与中国社会发生了密切联系。在传统中国社会中，孔子儒学与社会结下了不解之缘，孔子更多的则是受到世人的尊敬；而到了近代中国，孔子却遭到了怀疑以至批判，他竟然成为"封建""落后"的代名词。

当我们逐渐走出迷茫，慢慢找回民族文化自信的时候，回顾孔子与他之后两千五百多年中国社会历史文化的关系，这无疑是认识中国儒学发展脉络的关键所在，我们亦会从中得到许多有益的启迪。

一、孔子及其思想的形成

20 世纪 30 年代，著名学者柳诒徵说："孔子者，中国文化之中心也。无孔子则无中国文化。自孔子以前数千年之文化，赖孔子而传；自孔子以后数千年之文化，赖孔子而开。"孔子站在时代的高端，集上古三代文化之"大成"，深刻总结历史，反

先师孔子行教像

思现实，使其核心理念具有了"永恒价值"与"超越意义"。

孔子的远祖微子本是商纣王的庶兄，商亡后被封于宋，因为宋国内乱，后代乃避难奔鲁。孔子的父亲以勇力著称，因战功封鄹邑大夫，因此，人们一般说孔子出身于"没落贵族"。但孔子早年丧父，家境衰落，所以孔子说："吾少也贱，故多能鄙事。"[1] 他管理过仓廪，也做过管理牧畜的小官……

孔子的人生经历使他一生好学，至老仍孜孜不倦。他博学多闻，早早便确立了人生方向，并收徒授业，吸引了大批青年来学。孔子有教无类，与弟子教学相长。他曾为政仕鲁，后来又周游列国。无论得志还是失意，孔子念念于怀的总是使天下有道，礼乐大行，社会安宁，人人安康。

孔子自称"述而不作，信而好古"，他了解和熟悉唐虞、三代制度，在他心目中，"五帝""三王"具有崇高德行，他对尧、舜、禹、汤赞不绝口，对周代的文王、武王、周公表彰更多，不断称颂。孔子以继承三代文明为己任，并在此基础上结合现实进行了"创造性转化"。

孔子所在的鲁国是周公封国，周公是周朝礼乐统治秩序的奠基人。周文化乃是"损益"夏、商文化而来，经过周公"制礼作乐"，礼乐制度成为人们在社会生活中的行为规章。鲁国文化与周文化一脉相承，鲁国全盘继承了周人的礼乐文化，形成了根深蒂固的礼乐传统。所以，当春秋末年"礼崩乐

---

[1] 《论语·子罕》。

坏"之际，孔子有条件更好地收拾遗散，整理诗、书、礼、乐，研究《周易》，制作《春秋》，集合周代典章文籍、伦理道德，逐步构建起他的儒学思想体系。

二、孔子学说走向"独尊"

在春秋战国时期思想界的"百家争鸣"中，儒家似乎只是各家中的重要派别之一。孔子在政治舞台间奔走时，也受到当政者的注意。孔子曾为鲁国中都宰、司空和大司寇；齐景公想"以尼溪田封孔子"①；卫灵公给孔子"粟六万"②；楚昭王曾想"以书社地七百里封孔子"③。许多在位者遇到重大问题也往往向孔子请教。

但是，当时的乱世列国纷争，崇武尚霸，孔子的主张显得迂阔，人们不能够理解孔子。虽然孔子毕生致力于宣扬其理论学说，凄凄惶惶，四处奔波，却到处碰壁，终不见用。

春秋战国时期，孔子学说政治命运不济，然而，它体大思精，其影响注定要不断扩大。孔子弟子毕竟更了解孔子，更深切感知了孔子学说，认为孔子"仰之弥高，钻之弥坚"④，说孔子像日月"无得而逾"。人们感慨地说："大哉孔子！博学而无所成名。"⑤ 就连反对孔子学说的墨子也说他"博于诗书，察于礼乐，详于万物"⑥。孔子去世后，他的弟子流散四方，将孔子学说传播到各地，还出现了像孟子、荀子这样的儒学大师。大量新的出土材料证明，战国时期，儒家的典籍著作甚至在南方的楚国都得到了传播。

秦代，儒家思想继续影响着社会。秦以法家思想变革社会，迅速强大，秦统一后，统治者试图建构起与统一大帝国相适应的统治思想体系。然而，秦始皇将主要精力放到了官僚机构建设上面，在施政定制上，基本以法家思想为依据，也兼采了阴阳等各家的思想。秦设博士官，包括儒家在内的诸子

---

① 《史记·孔子世家》。
② 《史记·孔子世家》。
③ 《史记·孔子世家》。
④ 《论语·子罕》。
⑤ 《论语·子罕》。
⑥ 《墨子·公孟》。

秦灭六国形势图

百家均可立为博士。终秦之世，儒生的活动史不绝书。因为儒学之盛影响到了政治，才出现了秦始皇"焚书坑儒"。这种"焚""坑"的直接目的是为了限制儒生，使其就范，并非要消灭儒学。因为焚书的对象是《诗》、《书》、"百家语"，即使《诗》《书》，在禁民藏时，还允许秘府收藏、博士掌握。

"焚书坑儒"毕竟使儒家等各派思想遭到一定的禁锢。《太平御览》卷八六引《异苑》曰："始皇既坑儒焚典，乃发孔子墓，欲取诸经传。"孔子地位明显下降，儒生的境况也急转直下，他们不敢公开传道授学。这种文化高压政策激起了人们的极大怨愤。当陈胜起而反秦时，儒生们便纷纷加入到了反秦的行列之中。

楚汉战争后，刘邦取得了天下。这位起于小吏的农民领袖，开始的时候并没把儒生放在眼里。当战争烟尘散尽后，面对残破的社会局面，刘邦等汉初君臣不能不思考秦"二世而亡"的教训。陆贾因此撰成《新语》，认为秦"用刑太急"，不知教化，是导致强秦速灭的重要原因。人们也对儒学与政治的关系进行反思，叔孙通认为："夫儒者，难与进取，可与守成。"① 这种观点很具代表意义。叔孙通"征鲁诸生"，参秦仪，采古礼，制汉仪，使刘邦感知到"为皇帝之贵"②。从此，孔子与儒学开始受到重视。汉高祖还"以太牢祀孔子"，开历代帝王祭祀孔子的先例。

汉初，社会凋敝，百业俱废，不能不取用"清静无为"的黄老思想。而汉高祖的尊崇，使儒家与黄老思想并行发展。从汉朝立国到汉景帝，儒学和儒生的地位虽不太高，但由于诸侯割据势力逐渐增大，黄老

《易大传》㉒："天下一致而百虑，同归而殊涂㉓。"夫阴阳、儒、墨、名、法、道德，此务为治者也，直所从言之异路㉔，有省不省耳㉕。尝窃观阴阳之术㉖，大祥而众忌讳㉗，使人拘而多所畏㉘；然其序四时之大顺㉙，不可失也。儒者博而寡要㉚，劳而少功，是以其事难尽从；然其序君臣父子之礼，列夫妇长幼之别㉛，不可易也。墨者俭而难遵㉜，是以其事不可遍循；然其强本节用㉝，不可废也。法家严而少恩㉞；然其正君臣上下之分，不可改矣。名家使人俭而善失真㉟；然其正名实㊱，不可不察也。道家使人精神专一㊲，动合无形㊳，赡足万物㊴。其为术也，因阴阳之大顺，采儒墨之善，撮名法之要，与时迁移，应物变化，立俗施事，无所不宜㊵，指约而易操，事少而功多。儒者则不然。以为人主天下之仪表也，

太史公自序第七十　　　7637

主倡而臣和，主先而臣随㊶。如此则主劳而臣逸。至于大道之要㊷，去健羡㊸，绌聪明，释此而任术㊹。夫神大用则竭㊺，形大劳则敝㊻。形神骚动，欲与天地长久，非所闻也㊼。

《史记·太史公自序》："序君臣父子之礼，列夫妇长幼之别。"

之术越来越力不从心，而客观上又要求加强思想统一，儒学遂更受重视。文、景之后，政府渐开献书之路，有意识地搜求旧典，发掘古籍。汉初古墓出土的书籍中，儒家经典占据多数，这是汉初儒家境遇的真实反映。

汉初统治者重视黄老学说，但黄老思想对"礼"的蔑视，也容易构成对社会的威胁，而且其因循的成份较多，虽可成功于一时，却不能保全于久远。相反，儒家"序君臣父子之礼，列夫妇长幼之别"③ 的特点，却可以巩固政治秩序，维护社会伦常。所以，汉初并非以黄老思想作为统治思想或定其为一尊，而是利用各家而偏重儒、道。但有一点很明确，汉初对黄老的"尊"

---

① 《史记·刘敬叔孙通列传》。

② 《汉书·叔孙通传》。

③ 《史记·太史公自序》。

并不是建立在"抑"儒的基础上。

秦的统一,使各民族相互融合,也促进了学术思想的综合。汉代学术是一种综合学术,连汉武帝格外器重的董仲舒也"兼儒、墨,合名、法"①,具有显著的综合色彩。加强中央集权,实行专制统治,当政者更偏爱法家的"尊君抑臣"等思想,他们王、霸相杂,儒、法并用,"内多欲而外施仁义"②。

政治一统要有思想统一与之相适应。儒者在汉初十分活跃,他们著书立说,授徒讲学,重视儒家经典,从师习读成为普遍风尚。如河间献王经术通明,积德累行,网罗了大批儒生。经学大师董仲舒为给汉武帝的经济、政治等政策制造舆论,便结合阴阳五行,对孔子学说进行了系统修正和改造。当汉武帝不允许师有"异道"、人有"异论"的局面存在时,儒术便自然上升到"独尊"的地位。由此,诸子百家"并进"归于"一统",它们都不得不改贴上"六艺之科,孔子之术"的标签,被纳进儒学体系之中。

三、经学时代的孔子思想

儒学思想的载体是"六经","经学"就是训解和阐述儒家经典之学。经学的起源可以追溯到春秋战国时的子夏和荀子,但直到汉武帝"独尊儒术",设置五经博士,以"通经"作为进选人才的标准,经学才始成为中国传统文化的正统。从此,其盛衰、分合、争辩往往与政治相关联。

两汉是经学兴盛时代。秦朝焚书和秦汉之际的动乱,使许多儒家著述遭到损毁,汉初兴复文化,一些典籍只能赖年长儒生的记诵,用汉代的隶书写定,这便是今文经。西汉时期是今文经学的一统天下。后来,山间屋壁发现一些战国古文典籍,自西汉末年始,古文经学兴起,到东汉中叶,逐渐有取代今文经学地位而跃居独尊之势。今、古文经学之间斗争激烈,直到东汉末年郑玄注《三礼》,杂糅今、古文两派学说,这场斗争才告平息。

战国时期,儒学的影响主要在齐、鲁地区,由于王、霸思想的不同以及

---

① 《汉书·艺文志》。
② 《史记·汲郑列传》。

齐、鲁民俗的差异，反成为经学内部派别分立的因素，于是有了所谓"齐学"与"鲁学"的称谓。齐地多神仙方士，盛行阴阳五行学说。秦始皇、汉武帝都抵御不了"万寿无疆"的诱惑，迷信阴阳五行和神仙方术，派人入海求仙，客观上促进了神仙学说的发展。汉初儒、道杂糅，阴阳五行思想也有相当的市场，甚至汉武帝"独尊儒术"，在本质上也是利用阴阳五行学说加强思想统治。

汉武帝时期，董仲舒地位很高，人们把他看成是"汉代的孔子"。他讲天人感应和阴阳灾异，思想体系也是在阴阳五行学说基础上建立起来的。作为《公羊》学大师，董仲舒把《春秋》也阴阳五行化了，他以阴阳五行理论证明上天主宰世界，也主宰人类社会。他认为"王者承天意从事"，"天"经常用符瑞和灾异来表示希望与谴责。当然，统治者的兴趣在于"王者承天之意"的"君权神授"理论，而对大讲灾异以及所谓"天谴"十分反感。董仲舒认为，历史朝代循环更迭，新的王朝重新享有天命，就应"改正朔，易服色"。他结合阴阳理论，对孔子学说进行了一次系统修正和改造。

在今文五经中，《公羊春秋》强调"大一统"和君臣大义观念，非常适合汉武帝维护统一和加强皇权的需要。公孙弘以儒生而登丞相，董仲舒"罢黜百家"之建议被采纳，他们皆治《公羊春秋》学。武帝时，博士教授学生每经十人，全国博士弟子共五十人。这些博士弟子可以"复其身"，免除徭役，成绩优良的还可以做官，故士人竞相为之。昭帝时，博士弟子增到一百人，宣帝时更增至二百人。宣帝时博征群儒，考定五经于石渠阁。宣帝以前，许多儒生以儒士居丞相、权臣之位，朝廷公卿均从经术而进，"上无异教，下无异学"，连皇帝诏书及群臣奏议都援引经义为依据。到元、成之时，能通一经即"复身"免役。

在本质上，汉代今文学以孔子为政治家，以六经为孔子致治之说，偏重于微言大义。王莽虽是古文经学的政治支撑，但他却主要利用了今文经学家所制造的种种理论，如"汉运中衰，当让国传贤，易姓受命"，"汉为尧后，当火德之运"，以及阴阳灾异和符命谶记之说等。而在改制时，他又援据经

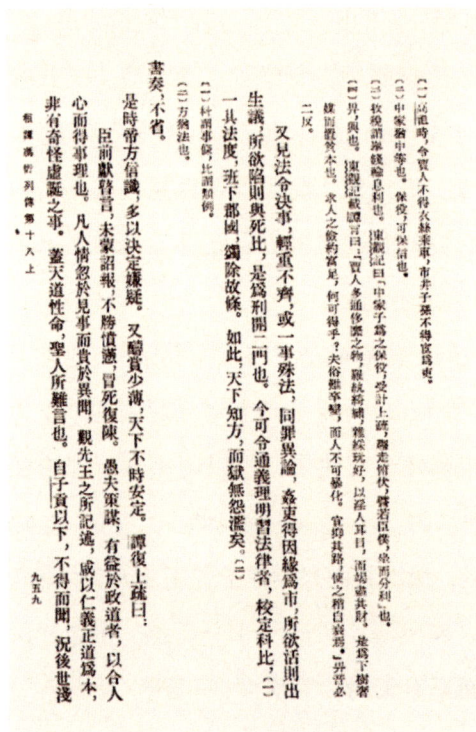

《后汉书·桓谭传》："多以决定嫌疑。"

义，或用今文经传，或用古文经传，或杂用今、古文经传。

政治的需要，使人们着重发挥经文"大义"。后来，天文学进步，大讲灾异行不通了，于是东汉又讲谶纬，假托天神或圣贤之言，诡为隐语，以示凶吉之兆。光武帝刘秀深信于此，不仅为其代汉制造舆论，还遇事"多以决定嫌疑"①。当时有《诗》《书》《礼》《乐》《易》《春秋》《孝经》七经之纬，是为《七纬》。其时，五经之义皆以谶决，于是五经为外学，七纬为内学，遂成一代风气。这样，孔子被捧上神位，成了被神化的中心人物，孔子逐渐成为能预知来世的"神人"。

随着今文经学失去了生命力，古文经学于西汉末年兴起。今文经学以古文经为伪作，不足凭信。哀帝时，刘歆建议将古文经《左氏春秋》《毛诗》《古文尚书》《逸礼》列于学官，遭到今文博士的反对。但古文经学势力不断发展，到东汉中叶后，古文经学就压倒了今文经学，古文经学兴盛起来。

古文经学家斥责今文经学家、谶纬的妖妄，注重研究文字，认为训诂不明，经义不彰。与今文经学重现实政治不同，古文经学主张恪守经传原意。今文经学推崇神化孔子，谶纬神学把孔子捧上神位，在皇权支持下，白虎观会议又将孔子的学说宗教化，但儒学毕竟没有成为正式的宗教，这与古文经学家对灾异、谶纬学说的指摘有重要关系。

---

① 《后汉书·桓谭传》。

四、"三教之争"中的孔子思想

东汉后期，社会长期动荡，意识形态发生巨大变化，西汉以来儒家学说在思想界的一统局面发生了动摇，于是玄学产生。佛教、道教流行，对魏晋隋唐社会产生了很大影响。然而，总体看来，儒学与玄学、佛道并没有达到不可两存的地步，儒家的纲常名教仍是立国之本，儒家的天命论仍是皇权的支柱，佛教、道教只能作为一种精神统治的辅助工具而存在。

汉末，经学衰落，郑玄遍注群经，但他是大学问家，却不是大思想家，不能为变化了的时代提供新的思想体系。魏晋时期，王肃向郑玄的权威发起攻击，经学进入王、郑对抗时期。但王肃同样没有提出新的哲学体系，他最多算是对郑玄的修正与补充，理论上超出郑学的任务便由玄学承当了。

玄学用道家思想解说儒家经典，可说是一种义理经学。玄学的重点在于发挥注者本人见解，而不是疏通经义，是揉和儒、道而形成的新的思想体系。魏晋玄学盛行，清谈成风，士大夫把道家的《老子》《庄子》和儒家的《易》称为"三玄"。文人士大夫或厌世纵酒，斥责儒、道，或寄托于老、庄之虚无。有人痛骂仁义礼法，认为名教是"乱危死亡之术"；有人提出要"越名教而任自然"，对儒家的名教纲常展开猛烈抨击。

玄学盛行时，人们没有从根本上否定儒学。曹操当政时曾下《举贤勿拘品令》，宣称可以任用"不仁不孝而有治国用兵之术"的人，但他也认识到"承平尚德治，乱世赏功能"，所以谈到培养下一代的问题时他曾说："后生者不见仁义礼让之风，吾甚伤之"。他下《修学令》，希望"先王之道不废，而有益于天下"。继起的晋代司马氏更标榜以孝道治国。有的玄学家批判儒家"名教"，也都是调和而不否定，还宣称"名教"出于"自然"，要求人们"安分""顺命"，肯定儒家伦理纲常合乎人性自然。

魏晋隋唐时期，儒学与佛、道长期并存，互相斗争融合。佛教是外来宗教，在共争正统地位的斗争中，儒、道往往结成联盟。除道教反佛外，学者们也从儒家的角度反对佛教，如宋末顾欢《夷夏论》说佛教"剪发旷衣"，"狐蹲狗踞"；"下弃妻孥，上绝宗祀"，与华夏礼俗不合。唐初的傅奕斥责僧徒"非孝无亲",斥佛教为"无父之教"。中唐以后,韩愈也指责佛教,希望发扬儒家之道。建立了从尧、舜开始到孔、孟时代相传的儒家道统,以此论证儒家的正统地位。

社会乱离之时,人们寄希望于来世,推动了佛教的流行。佛教让人们忍受现世苦难,也给贵族阶级以美妙幻想,使不少统治者提倡佛教。然而,佛教盛行使佛寺遍地,上百万劳动力隶籍佛寺,寺院经济和僧侣地主势力恶性膨胀,政府兵源、财源枯竭。政府不得不"求兵于僧众之间,取地于塔庙之下"①,出现了北魏太武帝、北周武帝、唐武宗的"三武灭佛",禁断佛教,没收财产,僧尼蓄发,以充军国之用。有人看到"民焉不事其事"和佛、道耗费大量财富,也大力主张除去佛教,益国足兵。

儒学适合维护国家的长治久安,儒家思想也得了统治者的支持,由此,佛、道二教便向儒学妥协,与儒学相互交融。道教思想在批判、斥责原始道教的同时,把许多儒家伦理教条变成贵族道教的教义,如寇谦之教人"不得逆君王","于君不可不忠"等,与儒家忠君尊王思想一致。唐初尊重和利用佛教,但同时抬高道教,并用儒学的君父之义加以约束,使之纳入"周、孔之教"的范围。当时的佛徒可能有的已意识到这一点,如在唐代,华严宗的宗密曾说"佛且类五常之教,令持五戒"②,将佛教的"五戒"比附"五常",以显示佛徒也拥护儒家的伦常道德。他们还有所谓《父母恩重经》《孝子报恩经》等,声称"孝道"乃"儒释皆宗之"。佛教的重要支派禅宗也简化教义和修行方法,吸收儒家的思想因素,增添了世俗宗法色彩,逐步从外来宗教转化为具有中国特色的宗教。

魏晋到隋唐时期出现了"三教可一"等主张,有人认为"法无内外,万善同归;教有深浅,殊途共致"③,而立足点仍是儒家。在政治上,许多帝王利用佛、道思想治国,却以儒家思想为其根基。如梁武帝年轻时修习儒业,

---

① 《广弘明集》卷二四。
② 《原人论》。
③ 《历代三宝纪》卷一二。

中年信仰道教，即位不久又宣布改信佛教，但儒家思想毕竟是他思想的主流。即使由游牧民族而后入主中原的鲜卑族，在汉化过程中也大量吸引汉族士人参政。北魏孝文帝崇尚经术，重儒兴学，还亲至鲁城祀孔。唐太宗更说："朕今所好者，惟尧舜之道，周孔之教，以为如鸟有翼，如鱼依水，失之必死，不可暂无耳。"①

五、孔子思想在理学时代

宋初儒者批判佛、道，基本是对韩愈的重复和继续。但后来，理学家则开始融汇儒家的礼法纲常和道家与道教的宇宙生成、万物演化以及佛教的思辨哲学，构思出既是儒家但又不是原本儒家的理学哲学体系，这种新的儒家学说便是宋明时期的理学。

在宋朝，"三教"融合趋势更为明显，不少理学家都出入佛、道。如张载"访诸释、老之书，累年尽究其说"②；程颢则"泛滥于诸家，出入于老、释者几十年"③；朱熹亦自称其"出入释老者十余年"④。宋儒"入"释、老的目的却在于"出"释、老，他们都主张变革图强，以为佛、道不能强兵富国，应摒弃佛、道，振兴儒学。连一些佛徒也看到了"力扶姬孔"的必要性，认为"非仲尼之教，则国无以治，家无以宁，身无以安"⑤，倡导以"宗儒为本"，佛教出现了儒学化趋势。

周敦颐是宋明理学的先驱者和奠基人，他在当时儒、释、道思想趋于融合的形势下，对《老子》《易传》《中庸》等思想熔铸改造，从宇宙生成、万物变化到建立人伦道德标准，都作出了概括。后来经朱熹等人解说之后，周敦颐的学说克服了玄学、佛、道空无本体的理论局限，建立了以"理"为本的天人合一的宇宙观。继周敦颐和二程之后，朱熹建立和发挥了"理一分殊"学说，使传统儒学的哲理化迈出极重要的一步；尔后，又把三纲五常、忠孝

---

① 《贞观政要》卷六《慎所好第二十一》。
② 《近思录》卷十四《圣贤气象》。
③ 《近思录》卷十四《圣贤气象》。
④ 《朱文公文集》卷三十八《答江元适》。
⑤ 《续藏经·闲居编·中庸子传》。

节义等政治伦理道德说成至高无上的天理，主张人们"去人欲，存天理"，君、臣、父、子都要依照本分，按"天理"行事。

宋明理学家关心现实社会问题，也注重"天之何物"等问题的思虑，建立了他们的理气、道器理论，把中国哲学推到一个新的高度。宋明理学在哲学上臻于成熟，它是宋代新儒学运动的主流，代表着宋明儒学的时代精神和理论精华。相比于董仲舒把儒学神学化，朱熹等人更加高明地把"性""理"作为政治社会伦常的根据。朱熹说："性是太极浑然之体，本不可以名字言，但其中含具万理，而纲领之大者有四，故命之曰：仁、义、礼、智。"① 他把仁、义、礼、智提到了世界本原、万物本性的高度。理学是儒家思想接受异域佛教文化、融汇道教思想的结果，这种开放精神也是儒学的生命力所在。

《御制重修孔子庙碑》

在理学兴盛时期，宋、元、明诸朝都注重尊孔崇儒。以对孔子后裔的封赐为例，北宋以前相袭延续的"侯""公"基本属于"荣誉"性的虚爵。北宋仁宗至和二年（1055 年），封"孔子后为衍圣公"，以后，"衍圣公"在不断加码的"推恩""优渥"下，成为炙手可热的不衰显贵。历代皇朝"崇倡儒教""优渥圣裔"，其着眼点在于孔子"留下三纲五常垂宪万世的好法度"②。明宪宗成化四年（1468 年）的《御制重修孔子庙碑》，明确道出了孔子

---

① 《朱文公文集》卷五十八《答陈器之》。
② 《朱元璋与孔克坚、孔希学对话碑》。

之道与社会政治之间的密切关系："朕惟孔子之道，有天下者不可一日无焉。生民之休戚系焉，国家之治乱关焉……有孔子之道，则纲常正而伦理明，万物各得其所焉。"

宋明时期，程朱理学基本上居于统治地位。后来，陆王心学的兴起也在思想界掀起了波澜。从根本上看，二者都维护政治统治，王阳明也把"人欲"看成"天理"的对立面，竭力主张"去人欲，存天理"。王阳明不满于朱学"析心与理为二"，认为这只能约束人的外表，而不能从思想深处加以规制。王阳明提出"致良知"，进而引出"求之于心而非也，虽其言之出于孔子，不敢以为是也"，断然否定了孔子和儒家经典的权威地位。启蒙派实学发挥了这一异端思想，如王艮、何心隐、李贽等人，都强调儒家经典仅是"印证吾心"的工具，公开否定"以孔子之是非为是非"的传统观念。清初思想家试图对儒学进行调整，产生了他们早期的启蒙思想。

值得注意的是，在历代发挥作用的儒家思想，有时不是孔子本人原来的思想，后来的孔子形象亦经过了后人的改造，失去了本来的面目。孔子形象被扭曲，孔子思想中的诸多积极因素被埋没和抹杀，这也是一些进步思想家在反对理学时，往往打出孔子旗号的原因所在。

六、孔子思想在近代中国

19 世纪 40 年代，鸦片战争的隆隆炮声把中国驱向了半殖民地化道路，中国传统文明受到前所未有的挑战。这种"天崩地裂"的社会局势，使中国脱离了原来的发展轨道，开始了几千年来从未有过的变化。这使人们揭起经世旗帜，救亡图强，"睁开眼睛看世界"。

鸦片战争的失败和外国资本主义势力的入侵，使少数进步思想家开始正视现实。例如魏源，他参加了抵抗英国侵略者的斗争，《南京条约》订立后，为"师夷长技以制夷"，他编写了《海国图志》，斥责宋学（理学）和汉学（考据学），有强烈的主变意识。

十多年后，英法联军进攻北京，纵火焚烧圆明园，逼迫清廷签订了《北京条约》，西方商品大量倾销到中国，使一些思想家如王韬、薛福成、马建忠、郑观应等看到经济体制改革的必要性，他们因而主张变法。后来，洋务运动出现，人们兴办近代工业，训练新式军队，以"求富""自强"相标榜，思想界也都主张中学为体，西学为用。如王韬说："器则取诸西国，道则备自当躬，盖万世不变者，孔子之道也。"① 薛福成说："取西人器数之学，以卫吾尧舜禹汤文武周孔之道。"② 郑观应说："中学其本也，西学其末也；主以中学，辅以西学。"③

然而，甲午中日战争的惨败给国人带来了巨大震撼！与前几次战争败在西洋强国手下不同，中国这个"一喜惊四海，一怒四海秋"的"天朝大国"，被"东方的小国"击败，签订的条约又是那样苛刻，使所有中国人"闻而怵惕伤心"④。严复在《直报》上连续发表文章，他惊呼："观今日之世变，盖自秦以来未有若斯之亟也。"⑤ 许多人从对"圣贤之书"的攻读中走出来，改变观念，从事"新学"，学术"大变"。他们毅然宣布与传统决裂，直接向以儒学为代表的传统文化发动猛攻。

在学术层面上，宋代以来以"卫道"为目的的疑古思潮开始转变为怀疑与抛弃传统。维新运动的代表人物康有为撰写了《新学伪经考》，怀着对"祖宗之法，莫敢言变"的强烈不满，把《古文尚书》《逸周书》《左氏春秋》等被历代奉为经典的书籍说成是刘歆为帮助王莽篡汉而伪造的。从本质上，虽然他仍然留恋中国文化传统，但他的论断推动了疑古的进一步发展，由此，"五经去其四，而《论语》犹在疑信之间，学者几无可读之书"⑥。

戊戌维新运动失败后，民族灾难更加深重。八国联军进攻中国，清政府签订丧权辱国的《辛丑条约》。到 20 世纪初，日益深重的民族危难和持续发展的人民反抗斗争，促进了资产阶级、小资产阶级的觉醒。1901 年以后，伴

---

① 《弢园文录外编》卷十一《杞忧生易言跋》。
② 《筹洋刍议·变法》。
③ 《盛世危言》卷一《西学》。
④ 《中日和约书后》。
⑤ 《论世变之亟》。
⑥ 朱一新：《朱侍御答康有为第四书》，收入苏舆编：《翼教丛编》卷一。

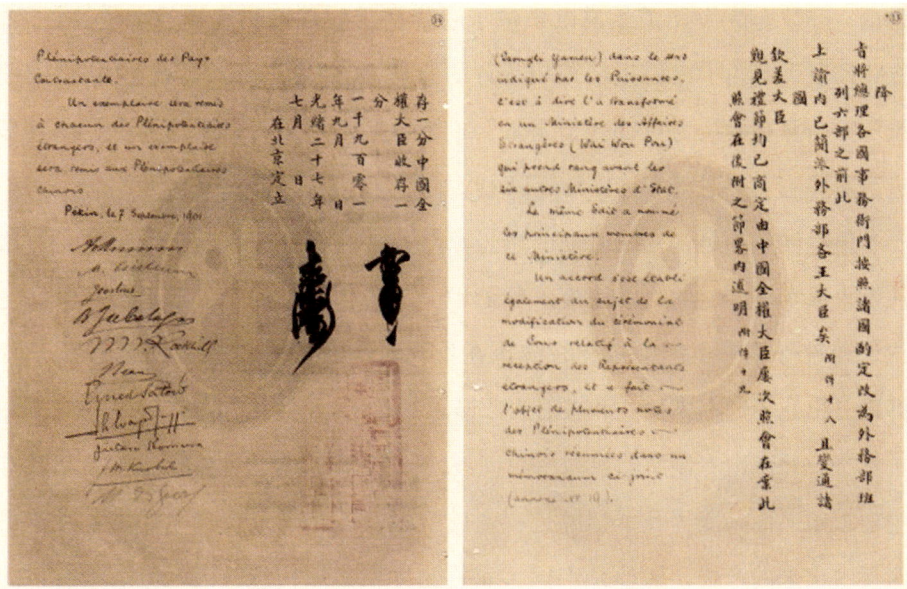

《辛丑条约》中法文合璧本

随着废科举、办学堂、派留学生，中国出现了一个不同于已往的新式知识分子群体。这些青年学生在民族危难的刺激下，在西方资产阶级政治学说以及自然科学的影响下，逐渐接受并传播民族主义和民主思想。

随着民主革命思想的广泛传播，康有为、梁启超的改良主义被资产阶级民主革命派主张所代替，他们提出"民主共和国"的口号，孙中山更把他的主张归结为"民族""民权""民生"三大主义。"三民主义"同中国传统文化之间具有既创新又承传的双重关系。在辛亥革命推翻几千年君主专制制度的变革中，传统文化并不是作为消极的对立面存在的。

但是，辛亥革命后，由于思想的冲击，许多学校废除了尊孔读经，有的孔庙被改建成学校或习艺所，停止了每年春、秋两季的祭孔典礼。后来，袁世凯为给其复辟帝制制造舆论，颁布《崇孔伦常文》，公布《整饬伦常令》，发布《尊孔祀孔令》，要求恢复学校祀孔，把孔学宗教化，以孔教为国教的声浪十分高涨。袁世凯复辟的失败，反过来导致了对孔子儒学更强力的反对与声讨。

自 1915 年开始，新文化运动兴起。人们围绕"复辟与尊孔"等问题展示讨论，多数人认为孔子学说已不适于时代精神、政治制度和社会道德标准，主张彻底否定孔子与民主精神相违背的伦理政治思想。后来，新文化运动继续深入，又有人认为对"孔子主义"进行批判不仅是反专制的需要，而且是进行新民主主义运动和传播马克思主义的需要。

值得注意的是，五四时期的思想家对孔子和传统文化的批判，已经开始注意采取实事求是的科学态度。他们中一些头脑清醒的学者或思想家，已经认识到对待孔子不能简单化，应该在批孔时注意"真孔子"和"假孔子"，即区分出孔子的本来面目和被后人改造了的孔子。他们剖击孔子，"非剖击孔子本身，乃剖击专制政治灵魂"①。李大钊说，孔子的这种作用绝不是因其有绝对权威，而是因为孔子学说是"适应中国二千年来未曾变动的农业经济组织反映出来的产物，因他是中国大家族制度上表层构造，因为经济上有他的基础"。在反对孔子儒学的巨大声浪中，有人开始认真检讨孔子与中国社会历史文化的关系。

七、认识原始儒学"真精神"

孔子是伟大的思想家，也是有巨大争议的思想家。两千五百多年过去了，我们回头看孔子时，我们发现他竟是那样地受到了关注。关于孔子及儒家思想的评价，很多看法和观点明显对立。时至今日，模糊认识依然存在。

面对儒学，我们自然要"剔除其封建性的糟粕、吸收其民主性的精华"，明确孔子如此跌荡起伏"文化景观"形成的复杂原因，搞清这种"文化景观"形成的历史过程。

从前面的叙述看，在对待孔子与传统文化的问题上，人们的态度形成明显的两极还是近代以来的事情。近代以来，不少人将中国落后挨打的原因归结为传统文化，强化和放大了人们对传统文化负面影响的认识。于是，在20世纪的一个时期内，中国形成了一个"反传统的传统"，似乎中华民族要摆脱苦难就必须摒弃传统文化。近代以来学术上的疑古思潮，对此起到了推波助

---

① 李大钊：《李大钊选集》，人民出版社1959年版，第80页。

澜的作用。从思想文化史的角度看，近代疑古思潮是宋代以来疑古思潮的继续，但二者又存在明显不同。后者是为了"卫道"（即"捍卫儒家道统"）而疑古，前者则变成了为摒弃传统而疑古。在"古史辨"运动中，学者们更是由"疑古史"演变到"疑古书"，我国古代文化典籍遭到了前所未有的怀疑，"疑古过勇"造成了严重的后果！

经过最近30多年的学术研究，尤其是随着地下早期文献资料的面世，我们对相关学术问题看得比以往更清楚了。原来，秦汉以来儒学出现过一个显著变化，即原始儒学（先秦儒学）具有明显的"德性色彩"，而汉代以后的儒学则具有明显的"威权色彩"。原始儒学的代表人物如孔子等强调"正名"，主张"修己安人"和"仁政""德治"；汉代以后的儒学适应专制制度的需要，逐渐片面强调君权、父权和夫权，儒学慢慢蜕变，呈现了为后人诟病的"缺乏平等意识和自由理念"等特征，与现代社会显得格格不入。对于这一点，我们如将有关文献相互比较，就能够清晰地看出来。比如，所谓"君君，臣臣，父父，子子"，孔子讲的是"为人君，止于仁；为人臣，止于敬；为人子，止于孝；为人父，止于慈"，强调君、臣、父、子各尽其本分，后来才逐渐演变为对君权、父权、夫权的片面强调；所谓"刑不上大夫"，根据《孔子家语》中的记载，孔子所说的意思是"一个尊贵的人"也应该是"一个高尚的人"，当官的人犯了死罪贵在自裁，用不着通过用刑来进行惩罚，也是在汉代以后，它才成为维护贵族特权的一个依据。

《孔子家语·五刑解》："刑不上大夫。"

今天，很多学者包括外国学者都承认这一事实：因为有了孔子，中华民族比世界上别的民族更和睦、更和平地共同生活了几千年；当今时代，一个昌盛、和谐的社会，在很大程度上仍然立足于孔子所确立和阐述的很多价值观念。新文化运动的矛头直指孔子，是因为他在专制时代受到尊崇，儒学一直是统治学说。这样看来，一些当年对孔子和儒学传统持"保守"立场的人，更多地看到了原始儒学的真精神；而一些对孔子和儒学传统持"激进"立场的人，则更多地看到了作为"封建专制灵魂"的那个"偶像的权威"。

回望两千五百多年来孔子学说与中国社会的关系，我们可以更好地把握孔子及儒家思想的内涵和价值。儒学与封建专制统治的结合，使之片面强调君权、父权与夫权，带有"缺乏平等意识和自由理念"的色彩，但原始儒学"正名""修己安人"和"仁政""德治"等核心价值观念依然深入人心。我们不应把二者混为一谈，而应更加关注原始儒学，澄清误解、明辨是非，弘扬原始儒学的真精神。

第（一）编

先秦：孔子与早期儒家思想体系

春秋末年，在"泰山之阳"的鲁地，诞生了中国历史上伟大的思想家、教育家孔子，产生了以孔子为代表的儒家学派。

中国有漫长的人文文化传统，在大约与"五帝"时期相当的龙山时代，中国的礼制已经形成。以后，历代递相"损益"，在西周初年，周公制礼作乐，形成了郁郁煌煌的礼乐文明。春秋以降，天子衰微，礼崩乐坏。春秋末年，孔子希望重整社会秩序，发奋向学，收拾遗散，"祖述尧舜，宪章文武"，集上古三代文化之"大成"，创立了具有"永恒价值"与"超越意义"的儒家学说。孔子以后，孔子弟子、子思、孟子、荀子等继承和发扬孔子学说，逐步完善了儒家思想体系。儒学不仅是战国时期的"显学"，而且奠定了中国数千年传统文明的基础，对中华传统文化的传承与发展做出了杰出的贡献。

第一章 孔子思想的来源

对于孔子在中国文化史上的地位，不少学者有明确表述，例如，近代文化史家柳诒徵说：

> 孔子者，中国文化之中心也。无孔子则无中国文化。自孔子以前数千年之文化，赖孔子而传；自孔子以后数千年之文化，赖孔子而开。①

钱穆也指出：

> 孔子为中国历史上第一大圣人。在孔子以前，中国历史文化当已有两千五百年以上之积累，而孔子集其大成。在孔子以后，中国历史文化又复有两千五百年以上之演进，而孔子开其新统。②

他们都不约而同地指出孔子思想乃是集以前数千年文化之大成。之所以如此，既有孔子本人由"好学"而"博学"的个人主观原因，也有他所在的齐鲁区域文化滋润与培育的空间环境因素，更有他以前中国文明漫长发展的广阔文化背景。唯有了解了孔子思想的来源，才有可能真正理解孔子学说的博大精深。

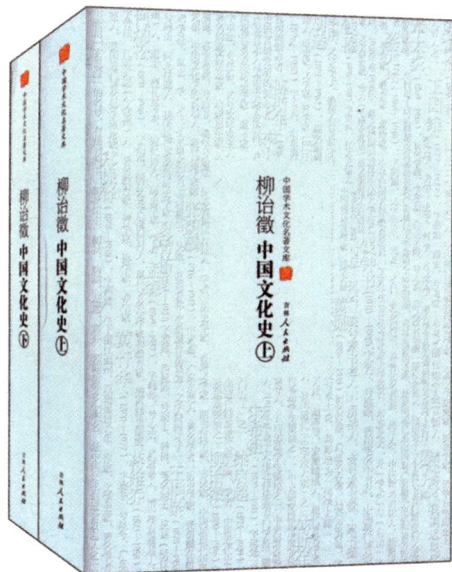

《中国文化史》

---

① 柳诒徵：《中国文化史》（上册），东方出版中心 1988 年版，第 231 页。
② 钱穆：《孔子传·序言》，三联书店 2002 年版，第 1 页。

第一节　孔子的家世与生平

孔子（前551—前479），名丘，字仲尼，春秋时期鲁国人。

孔子的远祖是宋国贵族，商朝王室的后裔。周武王灭商后，封商纣王的儿子于商朝旧地，后来，商纣王的儿子等人反叛，在平定叛乱后，周公封商纣王的庶兄微子启于宋。微子就是孔子的远祖。微子以后，四传至潜公共。潜公共长子弗父何让国于其弟，弗父何为卿。孔子先祖遂由诸侯转为卿大夫之家。弗父何之曾孙正考父久为上卿，连续辅佐宋戴公、武公、宣公，以谦恭著称。孔子六世祖孔父嘉继任宋国大司马，后宋国太宰华父督作乱，弑宋殇公，杀孔父嘉。孔父嘉的后代避难奔鲁，成为鲁人，丧失卿位。孔子曾祖父防叔曾任鲁防邑宰。祖父伯夏事迹无考。父亲叔梁纥以勇力著称，因战功封鄹邑大夫。据《孔子家语》，叔梁纥年老时求婚于颜氏，娶颜氏女徵在为妻。他们曾到鲁都东南的尼丘山祈祷求子，后生孔子。关于孔子的出生，后人有许多优美的传说，神化了孔子，表现了对他的景仰与尊崇。孔子早年丧父，家境衰落。颜徵在带着年幼的儿子迁居鲁城，过着

微子启　像

贫困的生活。由于家境贫寒，孔子不得不从事各种各样的劳动，他年轻时做过管理仓廪的"委吏"，还做过管放牧牛羊的"乘田"。所以孔子说："吾少也贱，故多能鄙事。"① 孔子一生矢志于学，至老学而不辍。孔子幼年时做游戏，常常"陈俎豆，设礼容"②，摆设祭祀用的礼器演习礼仪。少年时期，孔子学习的是礼、乐、射、御、书、数"六艺"，这是当时贵族子弟的必修课程。后来，他开始总结历史，反思现实，立志向学，思考修

颜母教子

俎豆礼容

己安人之道。他曾说："吾十有五而志于学。"③ 又说："吾尝终日不食，终夜不寝，以思，无益，不如学也。"④ "十室之邑，必有忠信如丘者焉，不如丘之好学也。"⑤ 孔子"三十而立"，早早确立了人生的方向。孔子的"好学"成就了他的"博学"，他名声远播，早年即授徒讲学。孔子"有教无类"，他

———————

① 《论语·子罕》。
② 《史记·孔子世家》。
③ 《论语·为政》。
④ 《论语·卫灵公》。
⑤ 《论语·公冶长》。

孟懿子 像

说："自行束脩以上，吾未尝无诲焉。"① 凡是束带修饰，到了一定的年龄的人向他请教，他没有不加以教诲的。他弟子众多，既有平民子弟，也有贵族子弟，连鲁大夫孟僖子的儿子孟懿子也向孔子学礼。孔子"弟子盖三千焉，身通六艺者七十有二人"②，他与他的弟子形成了最早的儒者群体，形成了儒家学派。他创设的"私学"，打破了"学在官府"的传统，使学术中心下移民间，促进了文化的发展。自宣公以后，鲁国政权操持在以季氏为首的三桓手中。昭公初年，三家又瓜分了鲁君的兵符军权。孔子对季氏"八佾舞于庭"之类的僭越礼的行为不满。昭公二十五年（前517年），鲁国内乱，昭公奔齐，孔子也离鲁至齐。在齐国，齐景公向孔子问政，孔子说："君君，臣臣，父父，子子。"孔子强调君、臣、父、子都要加强自身的修养。孔子又说："政在节财。"③ 齐政权操持在大夫陈氏手中，景公欣赏孔子却未能用他为政。孔子在齐不得志，遂返回鲁国，那时，鲁政权掌握在季氏手中，而季氏又受制于其家臣阳货。孔子不满这种政不在君而在大夫、"陪臣执国命"的状况，也不愿出仕为政。于是，孔子"退而修《诗》《书》《礼》《乐》，弟子弥众"④。孔子集中精力整理文献，教授弟子，从远方来求学的人来自于各诸侯国。

---

① 《论语·述而》。
② 《史记·孔子世家》。
③ 《史记·孔子世家》。
④ 《史记·孔子世家》。

但是，孔子毕竟有宏大志向，希望能够有机会从政治国，一展宏图。鲁定公八年（前502年）十月，阳虎（即阳货）篡权叛乱。鲁国内有强悍跋扈、握有实权的卿士家臣，外有强大的邻国。此时，51岁的孔子受命于危难之中，被任命为鲁中都（今山东汶上西）宰。邑宰职位不高，孔子却政绩突出。仅一年时间，"四方皆则之"①，次年，孔子便被擢升为司空。司空是鲁国贵族政权中掌握土木建筑的职官。不久，又被提升为大司寇。大司寇是掌管国家司法、

夹谷会齐

礼隳三都

刑狱及社会治安的最高长官，在鲁国公室政权中与"三卿"并列。孔子上任后，显示了非凡的政治才能。鲁定公十年（前500年）夏，齐景公与鲁定公在夹谷（今山东莱芜境内）会盟，孔子任鲁君相礼（司仪）。孔子预想到，齐必以强凌弱，遂劝告鲁君说："有文事者必有武备，有武事者必有文备"②，说服鲁君派遣左右司马带兵前往。会盟之初，齐奏莱夷之乐以揶揄鲁君，被

① 《史记·孔子世家》。
② 《史记·孔子世家》。

孔子斥退；齐又引出倡优、侏儒，孔子根据礼法，下令将其处死。孔子识破了齐国的阴谋，临危不惧，以礼法斥责对方，以武力辅助文事，迫使齐放弃了原来的阴谋，并在盟誓后归还了侵鲁的郓（今山东郓城东）、汶阳（今山东泰安西）、龟阴（今山东泰安南）之田。夹谷之会的胜利，显示了孔子卓越的政治、外交才能和胆识，他也由此声誉大增。鲁国公室衰微，国君失权，孔子要钳制"三桓"，遂提出了"隳三都"的主张。叔孙氏因家臣曾据郈叛乱，主动拆除了封邑的城堡。在拆毁季孙氏的费都时，费宰公山不狃率兵袭击鲁都，孔子率军抗击获胜，公山不狃奔齐。孟孙氏本来赞同隳都，但家臣公敛处父力抗隳邑，导致了"隳三都"的失败。以后，"三桓"认识到抑制家臣的同时也削弱了自身，与孔子的矛盾日渐暴露出来。孔子励精图治，"与闻国政三月"① 而鲁大治。鲁的强大，使齐人感到恐惧。鲁定公与季桓子好声色犬马之乐，齐人遂投其所好，赠送 80 名美女、120 匹骏马。鲁国君臣果然迷于声色，怠于政事，疏远孔子。执政的季桓子甚至不顾及礼的约束，不仅三日不听政，而且郊祭以后，又不致膰俎于大夫。这样，孔子安邦定国的愿望已不可能实现，遂在绝望中忍痛弃官去鲁，带领一批弟子，开始了长达 14 年的"周游列国"生涯。

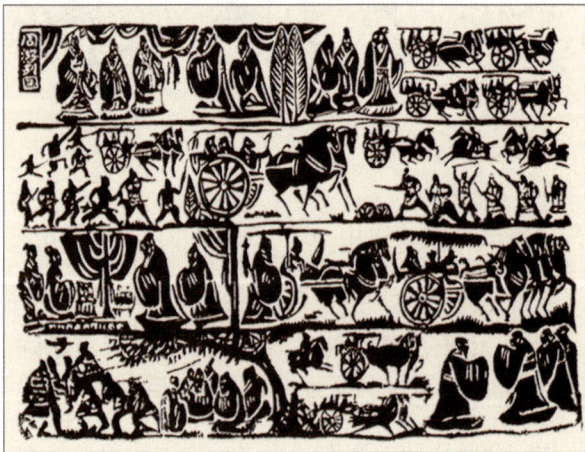

孔子周游列国

孔子 55 岁离开鲁国之后，可谓颠沛流离。他先至卫国，始受卫灵公礼遇，后又受监视，恐获罪，将适于陈。过匡地，被围困五天。解围后原打算过蒲至晋，但因晋内乱而未往，又返卫。孔子说："苟有用

---

① 《史记·孔子世家》。

我者，期月而已可也，三年有成。"① 但卫灵公怠于政事，不用孔子。在卫国时，孔子曾见南子，此事引起多方猜疑。

后来，卫国内乱，孔子离卫经曹至宋。宋司马桓魋欲杀孔子，孔子微服过宋，经郑至陈，是年孔子60岁。其后，孔子往返陈、蔡多次，曾"厄于陈蔡之间"。据记载，因楚昭王来聘孔子，陈、蔡大夫围孔子，致使其绝粮七日。解围后，孔子至楚，不久楚昭王死。卫出公欲用孔子，孔子认为为政必以"正名"为先，返卫后，孔子虽受"养贤"之礼遇，但仍不见用。鲁哀公十一年（前484年），冉有归鲁，率军在郎战胜齐军。季康子派人以币迎孔子，孔子遂归鲁，时年68岁。

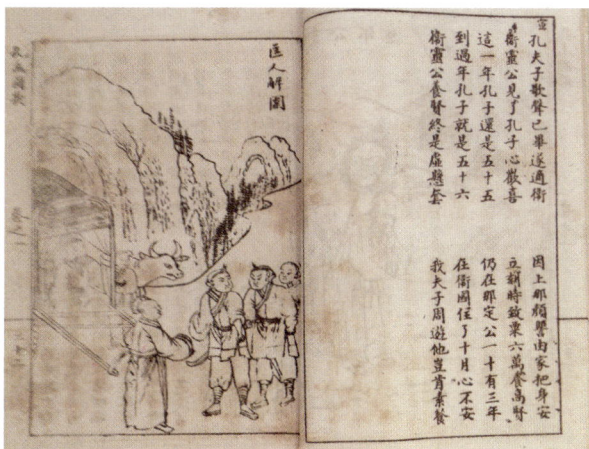

匡人解围

陈、蔡绝粮

梦奠两楹

① 《论语·子路》。

孔子回到鲁国后，鲁人尊之以"国老"。起初，鲁哀公与季康子常以政事相询，但仍然不被重用。归鲁后的孔子致力于整理文献，继续从事教育。晚年的孔子，连续遭受失去爱子孔鲤和爱徒颜回、子路的巨大创痛。鲁哀公十六年（前479年），孔子逝世，葬于鲁城北泗水之上。

第二节　孔子对上古文化的继承与总结

在文化观上，孔子自称"述而不作"[1]。孔子所"述"者何？典籍中说得十分清楚，《礼记·中庸》说："仲尼祖述尧舜，宪章文武。"当时，齐国有人说："孔子生于衰周，先王典籍，错乱无纪，而乃论百家之遗记，考正其义，祖述尧舜，宪章文武。"[2]

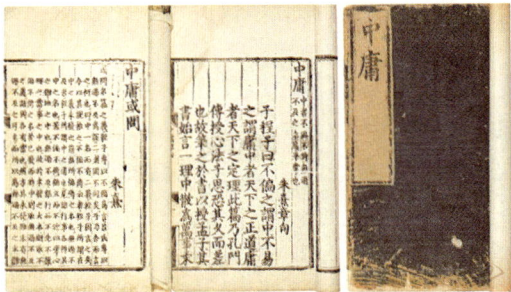

《中庸》

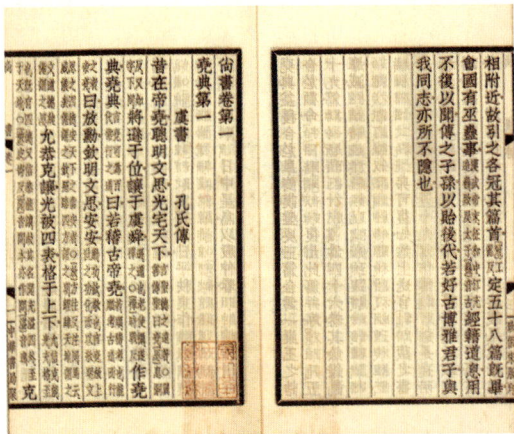

《尚书》

尧、舜时代较远，周代制度就是"损益"前代而来，因此，孔子更加推崇文、武、周公之制。按照朱子的解释：祖述者，远宗其道；宪章者，近守其法。孔子以继承三代文明为己任，并在此基础上进行"创造性转化"。孔子思想不是向壁虚造，也不是推倒传统另起炉灶，而是"寓作于述、述中有作"的创新。对于孔子的思想有以下几个方面需要注意：

第一，孔子时三代历史记载并不缺乏。

---

① 《论语·述而》。
② 《孔子家语·本姓解》。

孔子之时，夏、商"文献不足徵"是历史事实。然而，孔子所说"文献不足徵"乃是相对于详尽言说夏、商二代之礼而言。长期以来，在疑古思潮的影响下，人们怀疑古代典籍的记载，遂多认为上古三代"茫昧无稽"，严重影响了对古代社会的认识。其实，西周初年，周公就说"惟殷先人有册有典"①，殷商先王的典策还有一定的存在。孔子说："文武之政，布在方策。"②周代典章在孔子之时仍有许多保留。可见，春秋末年，人们可以看到许多古代历史记录，这为孔子继承古代文化创造了客观条件。值得注意的是，孔子也曾经说"三代之英"的记载可以看到。《孔子家语》与《礼记》中都有《礼运》篇，该篇记孔子说："昔大道之行，与三代之英，吾未之逮也，而有记焉。"以往人们多误读其中的"与"，其实，这里的"与"不是连词，应该做动词，是"谓""说的是"的意思。该字之训，清人王引之《经传释词》有说。前人也指出《礼运》此字应该释为"谓"。这句话应当今译为："大道实行的时代，说的是三代之英，我虽然没有赶上那个时代，却有相关的典籍记载可以看到。"③孔子时代，关于三代先王的记载一定不少。

　　实际上，先秦时期有不少人说到三代圣王时期"有记"，孔子的说法有不少旁证。如《墨子》就说："何知先圣六王之亲行之也？子墨子曰：'吾非与之并世同时，

墨子 像

① 《尚书·多士》。
② 《礼记·中庸》。
③ 杨朝明：《〈礼运〉成篇与学派属性等问题》，《中国文化研究》2005年第1期。

亲闻其声，见其色也，以其所书于竹帛，镂于金石，琢于盘盂，传遗后世子孙者知之。'"又说："古之圣王，欲传其道于后世，是故书之竹帛，镂之金石，传遗后世子孙，欲后世子孙法之也。"类似说法还有不少。《墨子》还说"何书焉存？禹之《总德》有之"，又接着引述或者论及《禹誓》《汤说》《泰誓》等"先王之书，圣人之言"。可能春秋战国时期还有夏朝初年的历史记载。《古文尚书·五子之歌》中有曰："明明我祖，万邦之君。有典有则，贻厥子孙。"应该并非无中生有。

第二，孔子"好学"，立志于"道"，他不放弃任何学习的机会。

很显然，古代典册具备，并非所有的人都可以"博学于文"，而孔子则可以在"先王典籍，错乱无纪"的情况下"论百家之遗记，考正其义"①。孔子说："我欲观夏道，是故之杞，而不足徵也，吾得《夏时》焉。我欲观殷道，是故之宋，而不足徵也，吾得《坤乾》焉。《坤乾》之义，《夏时》之等，吾以是观之。"② 为了学习、了解夏、商二代的礼制，他到杞国、宋国，虽然因年代久远已无法详细引证，却得到了《夏时》和《坤乾》，从《夏时》中看到时令周转的顺序，从《坤乾》中看到阴阳变化的道理，进

尧像

---

① 《孔子家语·本姓解》。
② 《礼记·礼运》。

而推测研究夏、商两朝礼制的相关问题。孔子更精心研究周代礼制，他认为周礼乃是"损益"夏、商二代而来，所以他说："周监于二代，郁郁乎文哉，吾从周。"① 除了研究"方策"中的西周礼制，他还专门到周朝都城洛邑考察访学。《孔子家语·观周》篇记载说："问礼于老聃，访乐于苌弘，历郊社之所，考明堂之则，察庙朝之度。"他学礼

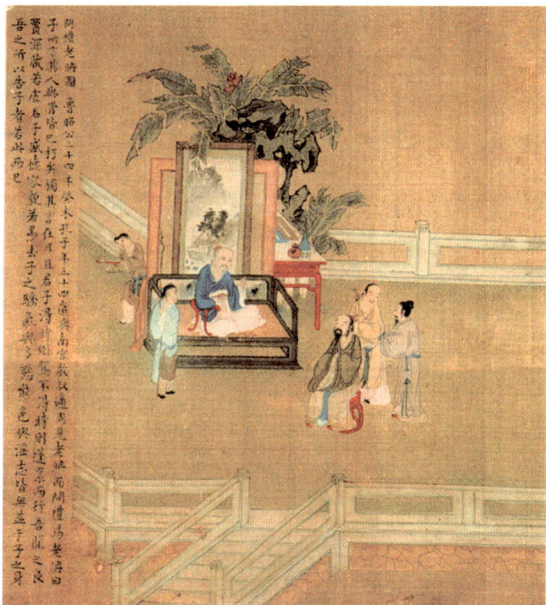

问礼老聃

问乐，游历郊社，考察宗周明堂制度，了解宗周宗庙、朝廷法度。孔子十分感慨，说自己终于了解了"周公之圣，与周之所以王"。

实际上，孔子对唐、虞、夏、商、周制度的熟悉，从《礼记》《大戴礼记》中所保存的关于孔子的论述可见一斑。孔子常常将历代制度进行对照，如果不是用心学习，不是稔熟于心，则很难做到。在孔子生活的时代，社会上的一般人对三代事情已经知之不多，而孔子不仅熟悉三代圣王，而且对"五帝"事迹也有较多的了解。例如，据《孔子家语·五帝德》记，孔子弟子宰我曾经向孔子请教关于"五帝"的事迹。对于宰我的"上世黄帝之问"，孔子竟然能够凭借渊博的历史知识和理性的历史态度，具体指明"五帝"以及禹的族系与世系，明确了"五帝"以及禹的历史时间坐标，从而使后世学者对"五帝"以及禹的历史事实有所把握。由"五帝"而"三王"，孔子的了解超出常人。

---

① 《论语·八佾》。

黄帝 像

第三，孔子特别推崇"三代明王"。

在孔子心目中，"五帝""三王"具有高尚的道德修养。在《孔子家语·五帝德》中，孔子对"五帝"德行盛赞不已。他称赞黄帝"幼齐叡庄，敦敏诚信""仁厚及于鸟兽昆虫"；称赞颛顼"静渊而有谋，疏通以知远，养财以任地，履时以象天。依鬼神而制义，治气性以教众，洁诚以祭祀，巡四海以宁民"；称赞帝喾"博施厚利，不于其身"，"仁以威，惠而信，以顺天地之义。知民所急，修身而天下服。取地之财而节用焉，抚教万民而诲利之"，"其色也和，其德也重"；称赞帝尧"其仁如天，其智如神。就之如日，望之如云。富而不骄，贵而能降"，"其言不忒，其德不回"；称赞帝舜"孝友闻于四方，陶渔事亲。宽裕而温良，敦敏而知时，畏天而爱民，恤远而亲近"。孔子对于"三王"的德行更是称赞有加。他称赞大禹"敏给克齐，其德不爽，其仁可亲，其言可信。声为律，身为度，亹亹穆穆，为纪为纲"①。他称赞商汤"天无私覆，地无私载，日月无私照。其在《诗》曰：'帝命不违，至于汤齐。汤降不迟，圣敬日跻。昭假迟迟，上帝是祗，帝命式于九围。'是汤之德也。"② 对于周代文、武、周公，孔子表彰更多，赞不绝口。在论述三代礼的运行时，孔子说："今大道既隐，天下为家，各亲其亲，各子其子。货则为己，力则为人。大人世及以为常，城郭沟池以为固。禹、汤、文、武、成王、周公，由此而选，未有不谨于礼。"③ 在

---

① 《孔子家语·五帝德》。
② 《孔子家语·论礼》。
③ 《孔子家语·礼运》。

孔子看来，"三王"德行高尚、勤政爱民、选贤任能、恪尽职守，足以为后世楷模。

孔子格外推崇"三王"，相关的材料可谓俯拾即是。如：

《礼记·表记》记曰，"子言之：'昔三代明王，皆事天地之神明。'"

《礼记·哀公问》记曰，"孔子遂言曰：'昔三代明王之政，必敬其妻子也，有道。'"

上博竹书《从政》篇有孔子曰：

舜 像

禹 像

"昔三代之明王之有天下者，莫之余（予）也，而□（终）取之，民皆以为义……其乱王，余（予）人邦家土地，而民或弗义。"

与"明王"或"圣王"相对的是桀、纣等"乱王"或"暴王"。其实，在孔子生活的时代，推崇"三王"者不止儒家，如《墨子·鲁问》云：

昔者三代之圣王禹、汤、文、武，百里之诸侯也，说忠行义，取天下。三代之暴王桀、纣、幽、厉，仇怨行暴，失天下。

当时，"三代圣王"之治被社会普遍认可。人们认为，三代时期有

"明王""圣王"，也有"乱王""暴王"，有治有乱。三代的治世，就是"三代之英"时期，他们之后就是"大道既隐"的时期。

孔子以前，历史上帝王无数，孔子对"五帝""三王"格外推崇，其中或有夸大溢美之辞，但孔子的认识应该有历史依据，绝非无源之水、无本之木。对于包括尧、舜在内的古帝事迹，时人认为属于"隐微之说"，孔子也谦称"略闻其说"，但从孔子对尧、舜的大力称赞中，依然见其有丰富的了解。孔子言称尧、舜、禹、汤、文、武，常常"梦见周公"，在他亲自整理的《尚书》等古代典籍中，这些圣王事迹是其内容的主体。从中可见，从尧舜到文武，尤其是"三王"，这些"圣王"对孔子的影响一定十分深刻。

第四，从商周时期的"儒"到"儒家"。

《孔丛子》

在孔子创立儒学之前，社会上已经有"儒"的存在。作为学术派别，"儒"与"儒家"既有联系又有区别。

据《孔丛子·儒服》记载，战国时期有人询问孔子的七代孙孔穿，说："儒之为名，何取尔？"东汉许慎《说文解字》说："儒，柔也。术士之称。从人，需声。""儒"字从"人"，是从事某种职业的一类人。有学者考证，"儒"在殷商时期已经存在了。甲骨文中作"需"，像以水冲洗沐浴濡身之形①。《孔子家语·儒行》说："儒有澡身而浴德。"《孟子·离娄下》

---

① 徐中舒：《甲骨文中所见的儒》，《四川大学学报》1975 年第 4 期。

中说："虽有恶人，斋戒沐浴则可以事上帝。"在祭祀、相礼等行为中，儒者常常斋戒沐浴，"儒"字作"需"或"濡"很有道理。中国很早就有重死观念与丧葬、祭祀等礼仪，"儒"精通丧葬、祭祀等各种礼仪，最初的"儒"可能就是贵族礼仪中的相礼。西周时期注重教化，由于"儒"在

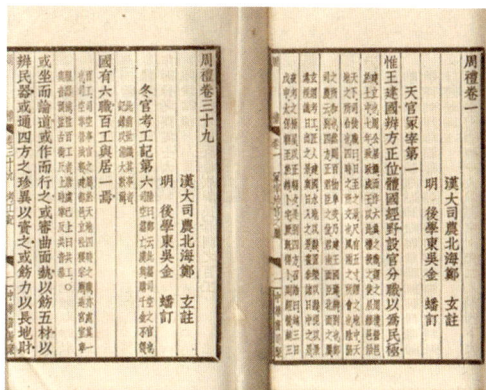

《周礼》

社会中的特殊身份和地位，他们又成为隶属于司徒之官的教官。《周礼·天官·大宰》云："以九两系邦国之民……四曰儒，以道得民。"郑玄注："儒，诸侯保氏有六艺以教民者。"可见，"儒"是一种教职，以"六艺"为教，向人们传授知识。但这时候的"儒"可能只是以教育贵族子弟为主的官儒，与孔子儒学之"儒"还有区别。春秋以来，官学解体，学术下移，原来从事祭祀礼仪和"六艺"之教的儒地位下降，流散各地，为人赞礼、相礼而谋生。孔子早年可能也是这样一位儒者，他勤奋好学，知识丰富，名声远播。随着对社会认识的逐步深入，他不仅仅是相礼而已，而且致力于治理社会教化人心的思想学说，收徒授学，培养弟子，逐渐形成了儒家学派。所以，《汉书·艺文志》说："儒家者流，盖出于司徒之官。助人君、顺阴阳、明教化者也。游文于六经之中，留意于仁义之际。祖述尧舜，宪章文武，宗师仲尼，以重其言，于道为最高。"这里所谓"儒家者流"应该就是"儒学"一词的最早来源。

可见，"儒"与"儒学"有重要的联系，但二者又有不同。冯友兰说："儒家与儒为两名，并不是同一的意义。儒指以教书相礼为职业的一种人，儒家指先秦诸子中之一派。儒为儒家所自出，儒家之人或亦仍操儒之职业，但二者并不是一回事。"他还说："后来在儒之中，有不止于教书相礼为事，而且欲以昔日之礼乐制度平治天下，又有予昔日之礼乐制度

以理论的根据者，此等人即后来之儒家。孔子不是儒之创立者，但乃是儒家之创立者。"①

第三节　鲁文化对孔子思想的培育

孔子生活在春秋末年的鲁国，他的思想既属于那个时代，更属于他所在的鲁国。鲁国的开国君王是周公之子伯禽，是姬姓"宗邦"、诸侯"望国"，所以有学者说："周之最亲莫如鲁，而鲁所宜翼戴者莫如周。"② 鲁文化与周文化一脉相承。周初开始完善起来的宗法礼乐制度，其影响所及，铸就了鲁国根深蒂固的礼乐传统。这一传统深深影响了鲁国社会的方方面面，而其中最为重要、影响后世既深且广的，当然是培育了以孔子为代表的儒家礼乐之学。

礼乐传统是中国悠久文化传统中的荦荦大端。西周以来，人文理念逐步加强，礼乐具有了更为显著的规范人的行为和调整人际关系的功能。尤其经过周公"制礼作乐"，礼乐成为人们社会生活中的行为规章。在周族分封的众多诸侯国中，鲁国由于其封国的特殊性质以及所处的地理环境，成了宗周礼乐文明的嫡传，全盘继承了周人的文化传统。鲁国是周公之子伯禽的封国，而周公无论是帮助武王争夺天下，还是辅佐年幼的成王平定天下，都有着卓著的功勋。因此，鲁国初封，不仅受赐丰厚，而且相对于他国来说还得到了不少特权。在赐给鲁国大量文化典籍的同时，还特许鲁国享有天子之礼乐。鲁有行天子之礼的特权，乃是为"褒周公之德"，因此，鲁人便不能忘记祖述先王之训，

曲阜周公庙

---

① 冯友兰：《原儒墨》，《中国哲学史》（下册），商务印书馆 2011 年版，第 513 页。
② 《左传纪事本末》卷一《王朝交鲁》。

追忆周公之礼。实际上，鲁国对周礼别有一种亲切感，"先君周公制周礼"成了他们的口头禅，在行为上循礼而动成了十分自然的事情。鲁国建国之地是殷商势力较为顽固的地区，伯禽率周人的一支作为胜利者被分封到鲁地，就是要把鲁国建成宗周模式的东方据点。为强化统治，伯禽花费了很大气力改变当地风俗，力图把周的文化传统推广开来。鲁国重礼文化风格的形成，与鲁先君的努力是分不开的。鲁建国前，鲁地被称作"奄"，曾是殷

伯禽 像

商旧都，鲁有代表周王室担负镇抚徐、奄、淮夷，从而传播宗周文化的历史使命。既然周室对鲁国寄予厚望，把鲁国分封在商奄旧地，那么，在推行周代礼乐制度时，有"望国"地位的鲁国也就不能不以表率自居了。鲁国适宜农桑的地理环境，客观上也为鲁国推行西周礼乐制度创造了条件。周人有崇尚农业的传统，鲁人对这一传统又加以继承和光大。"尊祖"和"敬宗"是宗法制度的基本信条，人们依照与周王的血缘亲疏以及嫡庶、长幼等关系，确立起贵族之间的贵贱、大小、上下等各种等级差异，从而形成确立伦理规范和行为准则的具体名分。"夫名以制义，义以出礼，礼以体政，政以正民"①，这种情形，在游移不定的以畜牧或工商活动为主的人们中间是谈不上的，只有在稳定的定居农业社会区域才得以确立。西周正是这样一种典型的宗法式农业社会，在这个社会中，划分成若干等级的人们必须和谐地相处于同一社会群体中。周代先王就是根据这种需要制礼作乐的。鲁国既然继承了

---

① 《左传·桓公二年》。

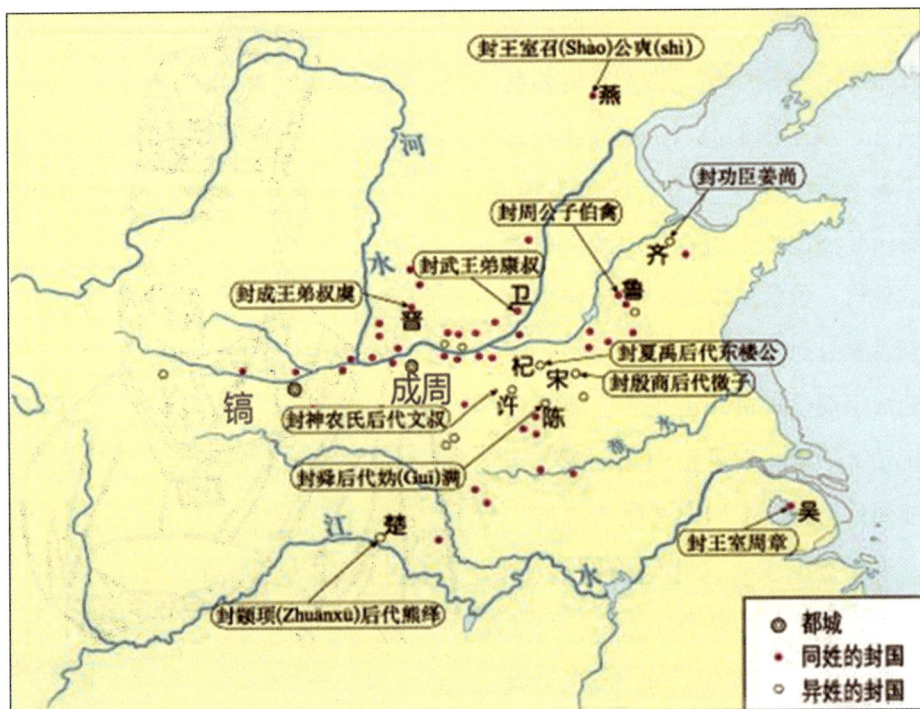

"封建亲戚，以藩屏周"（《左传》）

周人的重农传统，那么，客观上也就要求其文化上的重礼风格与之相适应。

各种条件的结合，使鲁国成了典型的周朝礼乐的保存者和实施者。时人称"周礼尽在鲁矣"①，鲁国也因此而成为各国诸侯学习周礼的去处，"诸侯宋、鲁，于是观礼"②。宋国保存的自是殷礼，而鲁国保存的则是典型的周礼。在鲁国，礼乃是人们的行为准则，上自鲁公，下至卿士，无不循礼而动。不论是"国之大事"，还是往来小节，如君位继承、祭天祀祖、对外战争、朝聘会盟，以及燕享、乡射等无不如此，否则就会受到指责，甚至被视为"不祥"的举动。礼乐传统对鲁国的社会生活产生了极大影响。

春秋末年，鲁国依然保存着较为完整的礼乐典籍，这种文化氛围深深地影响了孔子，培养了他"信而好古"的品质。孔子自幼受礼的熏陶，他为儿

---

① 《左传·昭公二年》。
② 《左传·襄公十年》。

嬉戏时，便"陈俎豆，设礼容"，对周代传统的礼乐制度表现得十分执着。孔子好学，他进入祭祀周公的太庙，遇事便向他人请教。郯子来见鲁公，谈论少昊氏"以鸟命官"的问题，孔子知道后马上前去拜见，还到洛邑学习周礼、制度，又向师襄学琴，精益求精，揣摩深思，以求领略音乐神韵。他在鲁国都城之西的矍相圃演习射礼，据说当时"观者如堵"①。鲁国有人评论说："大哉孔子！博学而无所成名。"② 孔子十分了解周礼，是有名的知礼之人。在春秋以降的社会动荡中，鲁国虽也出现了"礼崩乐坏"的局面，但由于礼乐文化传统深厚，直至春秋末年，这里的古典乐舞仍令吴公子季札叹为"观止"。晋国范宣子也赞叹鲁国典册之富，说"周礼尽在鲁矣"③。没有浓厚的礼乐文化氛围，就很难产生孔子这样一位礼乐大师。

　　春秋后期，尤其是孔子生活的时代，鲁国违背礼乐制度的情况层出不穷。据《论语·八佾》篇记载，孔子对鲁国违背礼乐传统处多作评论指责，如对

金人铭背

---

① 《孔子家语·观乡射》。

② 《论语·子罕》。

③ 《左传·昭公二年》。

"季氏八佾舞于庭"，"三家者以《雍》彻"，"季氏旅于泰山"等。诚然，孔子批评的季氏之举，有的难免是为了保存周代礼乐，但正如《礼记·郊特牲》所说："礼之所尊，尊其义也。失其义，陈其数，祝史之事也。故其数可陈也，其义难知也。知其义而敬守之，天子之所以治天下也。"

鲁自隐公以来，往往撇开周室，专行征伐。宣公以来，以季氏为首的三桓控制了鲁国政权，所谓"政在季氏"已好几代。季氏等又忙于与国君争权，将采邑政事委与家臣，家臣势力膨胀，鲁国又出现了"陪臣执国命"的现象。鲁昭公聘晋时，虽然看起来"自郊劳至于赠贿，无失礼"，但晋大夫女叔齐却说："是仪也，不可谓礼"①。这是因为其礼之数虽在，而礼之义已失。孔子就看不惯这种状况，谓之"天下无道"，他说："天下有道，则礼乐征伐自天子出；天下无道，则礼乐征伐自诸侯出……天下有道，则政不在大夫；天下有道，则庶人不议。"② 这是针对鲁国的情况而言的。

由于宗法制度逐渐解体，社会上出现了礼崩乐坏的局面。周代礼乐既有崩坏之势，则"王官之学"的典章制度也逐渐失传。如在鲁国，其乐人便四处流散，境况不佳："大师挚适齐，亚饭干适楚，三饭缭适蔡，四饭缺适秦，鼓方叔入于河，播鼗武入于汉，少师阳、击磬襄入于海。"③ 这时，许多贵族不习礼文，即使有些人主观上企图保存周礼，也泯灭了礼之本义。可是，礼毕竟是鲁国的立国之本，于是，在鲁国，贵族阶级中的个别人便思收拾遗散，弘扬礼乐传统。孔子所学以礼、乐为主，他的一家之学便是在此基础上，集合西周以来的文籍及典章制度、伦理道德而形成的。

---

① 《左传·昭公五年》。
② 《论语·季氏》。
③ 《论语·微子》。

第二章　孔子的教育成就与文化贡献

孔子"学而不厌，诲人不倦"[①]，将毕生精力投入到私学教育，他的不少弟子都学有所成，他也形成了系统的教育思想。最为重要的是，孔子的教育与他的政治学说密切相关，他要求弟子"志于道"，他从事教育的过程，也是他创立儒学的过程。孔子结合自己的教育事业，整理了"六经"等典籍，为后世留下了宝贵的历史文化遗产。孔子与他的弟子共同形成了中国最早的儒者学术群体，对中国社会历史文化产生了巨大影响。

第一节　孔子兴办私学

孔子以前，学在官府，教育由贵族阶级垄断。春秋以来，贵族教育没落，官府收藏的典籍文献开始散落民间，在官学中任教的人也流散到平民中去。作为下层的"士"，孔子较早揭起私学旗帜，招收弟子，推动了学术下移。在各国，鲁国是私学出现较早的国家。就现有资料看，孔子的私学应是中国教育史由"学在官府"到"学移民间"的标志。儒家之所以成为学派，并对后世产生了巨大影响，首先归功于孔

孔子授教

---

① 《论语·述而》。

子切实的勤苦努力。孔子的努力包括两个方面：其一，孔子本人好学、善学，在继承古代文化传统的基础上，创立了自己的一整套思想学说；其二，孔子招收门徒，长期从事教育，培养了大批人才。

儒学产生之前，社会上已经有"儒"的存在。"儒"本来是作为"术士"出现的，但到后来，逐渐衍生出了教化社会、安定人心的意义。段注解其为"优也""柔也"，乃是从以知识、道德教人的角度而言，乃是基于社会教化的柔性特征。"儒"与"濡"通，因为敦化人心、移易民风本来就是一个"润物细无声"的过程。孔子所创立的"儒家"与先前的"儒"，其区别正在于此。

西周以及春秋时期，社会上有一个深厚的教化传统，即从事教化之职者称为"师"与"儒"。《周礼·天官·太宰》说："师以贤得民"，"儒以道得民"。郑玄注："师，诸侯师氏，有德行以教民者。儒，诸侯保氏，有六艺以教民者"。孙诒让《周礼正义》说，"儒"泛指诵说《诗》《书》、通该术艺者而言。作为传承文化的儒者，孔子收徒施教，正是"先之以诗书，导之以孝悌，说之以仁义，观之以礼乐，然后成之以文德"①，"以诗、书、礼、乐教"②。

孔子生活在春秋末年的鲁国，无论"春秋末年"这个历史时期，还是"鲁国"这个诸侯国，对造就孔子之学都有重要意义。春秋末年的"礼崩乐坏"引发了孔子深深的忧虑，鲁国浓厚的礼乐传统哺育了孔子深厚的学养，使他把传统与现实结合起来进行思索。鲁人重视"周礼"和先王"遗训"，到春秋时期周礼依然"尽在"。在浓厚的文化氛围中，孔子刻苦好学，勤勉发奋，很早就被认为是"能礼者""达者"③。有人评论说："孔子博于诗书，察于礼乐，详于万物。"④

---

① 《孔子家语·弟子行》。
② 《史记·孔子世家》。
③ 《左传·昭公七年》。
④ 《墨子·公孟》。

孔子生活的时代，如果不懂礼仪几乎无法从事政治与外交，这使得贵族们普遍感到学习礼仪的重要性和紧迫性。春秋时期，"礼乐征伐自天子出"的局面被"礼乐征伐自诸侯出"代替，在当时的不少贵族知识分子看来，这是一个"无道"之世，而要使天下归于"有道"，就必须加强礼乐修养，以礼治国。因此，这又反过来强化了人们的礼治观念，春秋时期的礼治主义思潮比以往任何时期都要高涨。在这样的背景下，在位的贵族要学习，不在位者亦可以凭礼乐之学晋身从政。所以，"学而后入政"① 逐渐成为制度，这为下层民众提供了进入贵族阶层的机会。

随着孔子名声的提高，特别是三桓之一的孟僖子令其儿子学于孔子，这是对孔子治礼成就的一种肯定。果然，孔子逐渐受到重视，得到委任，取得了从政的机会。鲁定公以孔子为中都宰，孔子为政一年，成为各地诸侯学习和效法的榜样。以后，孔子由中都宰而司空，由司空而大司寇，还担任了为国君"相礼"的工作。在鲁国，大司寇等官职一般都是由鲁国公族担任，异姓参政的事例很少。孔子参政时间不长，却充分显示了他以礼治国的才能，他也成为以修习礼乐而从政的典型。孔子所走的是一条下层知识分子"学而后入政""学而优则仕"的道路，这对那些希望晋身上层的平民来说，无疑是一个成功的典型。毋庸讳言，孔子门下集聚的数千弟子，其求学的最初动机大都与晋身入仕有关。

孔子修习礼乐，希望能治国平天下，但他的主张却不容于时。孔子对春秋时代礼乐的"崩坏"和"王道"的散失感到痛惜，他以周礼为依据，严厉批判一切违礼之举。出仕与否要以邦国有道与否来决定，孔子坚持这一传统观念，他以"国无道而贵"和"国有道而贱"为"君子之耻"②，他说："邦有道，贫且贱焉，耻也；邦无道，富且贵焉，耻也。"他的信条是"笃信好学，守死善道。危邦不入，乱邦不居。天下有道则见，无道则隐"③。孔子向

---

① 《左传·襄公三十一年》。
② 《列女传·柳下惠妻》。
③ 《论语·泰伯》。

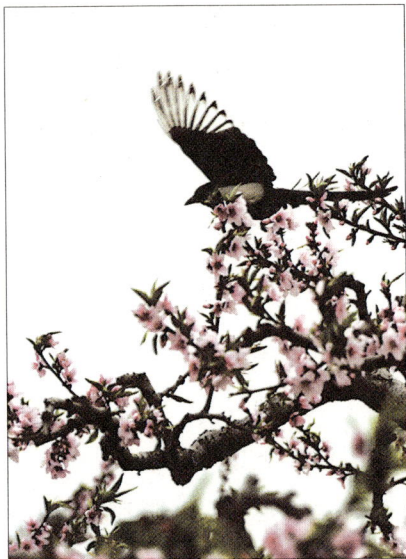

择木之鸟

往有道之世，他所谓的"道"就是王道，即"礼乐征伐自天子出"的礼治秩序。他说："道不同，不相为谋。"① 又说："道不行，乘桴浮于海。"② 这个原则支配了孔子的一切行动，使他与无道政治采取了坚决不合作的态度。

孔子不仕无道之邦，他曾经以"择木之鸟"自喻，说"鸟能择木，木岂能择鸟"③。孔子就像非梧桐不栖的"凤凰"，在求仕时，他有绝对的主动权，自己完全可以以"危邦不入，乱邦不居"的标准来决定是否出仕。但是，孔子所期望的"有道"政治始终没有出现。即使在曾经礼乐氛围浓厚的鲁国，"季氏亦僭于公室，陪臣执国政，是以鲁自大夫以下皆僭离于正道"。因此，孔子最终只能"退而修《诗》《书》《礼》《乐》"，在从政无门的情况下，转而收徒授学，从事教育事业，以至于"弟子弥众，至自远方，莫不受业焉"④。孔子曾说："自行束脩以上，吾未尝无诲焉。"⑤ 以往，许多学者认为"束脩"是十条干肉，是学生致送老师的"学费"或"见面礼"。其实，这里的意思是"束带脩饰"。唐朝李贤注："束脩谓束带脩饰。"郑注《论语》："'束脩'谓年十五以上也。"《大戴礼记·保傅》曰：

> 古者年八岁而出就外舍，学小艺焉，履小节焉。束发而就大学，学大艺焉，履大节焉。

实际上，汉代的情形也大致如此。《汉书·食货志》说："八岁入小学，

---

① 《论语·卫灵公》。
② 《论语·公冶长》。
③ 《史记·孔子世家》。
④ 《史记·孔子世家》。
⑤ 《论语·述而》。

学六甲五方、书计之事，始知室家长幼之节；十五入大学，学先圣礼乐，而知朝廷君臣之礼。"这可以印证孔子所教乃《大戴礼记》所说的"大艺""大节"。孔子所教，乃穷理、正心、修己、安人之学，此即所谓大人之学。这类的学问，如果年龄太小就不能理解，故孔子收的学生必须达到一定的年龄。所以，《孔子家语·本姓解》说：

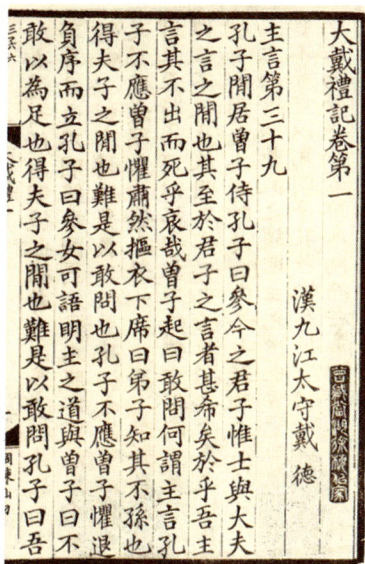

《大戴礼记》

> 齐太史子与……谓南宫敬叔曰：'今孔子先圣之嗣，凡所教诲，束脩已上，三千余人。'

关于孔子弟子的数量，历来有"弟子三千"之说。此说亦见于《吕氏春秋·遇合篇》，其曰："委质为弟子者三千人"。后来，司马迁在《史记·孔子世家》中说："孔子以《诗》《书》礼乐教，弟子盖三千焉，身通六艺者七十有二人。"值得注意的是，《孔子家语》一书的记载，《观周》篇说：

> 自周反鲁，道弥尊矣。远方弟子之进，盖三千焉。

《七十二弟子解》篇说：

> 七十二人，弟子皆升堂入室者。

《弟子行》则记有卫将军文子与子贡的对话：

> 卫将军文子曰："吾闻孔子之施教也……盖入室升堂者七十有余人。孰为贤？"……子贡曰："夫子之门人，盖有三千就焉。赐有逮及焉，未逮及焉，故不得遍知以告也。"

这里提供的信息十分重要。孔子长期从事教学，收授弟子众多，"三千"乃取其整数。"三千"数量众多，故子贡云"不得遍知"。孔子弟子数量决不会少，《孔子家语·弟子行》不仅言明"三千"，而且特意用"就"字表明及于孔子之门者有"三千"之多。司马迁说"弟子盖三千焉"，此处的"盖"

第二章　孔子的教育成就与文化贡献

孔子讲学图

也同样是"大约"的意思。当然，这"三千"弟子情况各有不同，但学业有成的就有七十多人。

第二节　孔子的教育思想与理论

孔子的教学生涯大约是在 22 岁时开始的，颜路、曾点、子路、冉有、公西华等人是孔子较早的弟子。在长期的教学实践中，孔子总结出了一套较为科学和完整的教学方法，并形成了他系统的教育思想。

孔子的教育思想主要有以下六个方面：

第一，教育的价值与意义。

孔子认为教育对社会发展有重要作用，是立国、治国的三大要素之一，教育事业的发展要建立在经济发展的基础上。《论语·子路》记载：

　　子适卫，冉有仆。子曰："庶矣哉。"冉有曰："既庶矣，又何加焉？"曰："富之。"曰："既富矣，又何加焉？"曰："教之。"

侍席鲁君

　　通过冉有之问，孔子扼要地阐明了他由"庶"而"富"而"教"的治国理政思想的大纲。从庶、富、教三者的先后关系上看，孔子直观地认识到治理好一个国家要具备三个条件，即增加劳动力、发展生产、进行教化。没有物质基础就谈不上教育的发展，而解决了基本的生活问题之后，发展教育的意义就显得十分重要。

　　孔子认为，教育在人的发展过程中起关键作用。在中国历史上，孔子首次提出"性相近也，习相远也"[1] 的论述，认识到后天教育的重要价值。正如《大戴礼记·保傅》篇所言：

　　　　故孩提，三公三少固明孝仁礼义，以导习之也。逐去邪人，不使见恶行。于是比选天下端士孝悌闲博有道术者，以辅翼之，使之与太子居处出入；故太子乃目见正事，闻正言，行正道，左视右视，前后皆正人。夫习与正人居，不能不正也；犹生长于楚，不能不楚言也。故择其所嗜，必先受业，乃得当之；择其所乐，必先有习，乃得为之。

----

[1] 《论语·阳货》。

孔子对人性、人的成长规律的认识具有一定的科学性，他指出人的天赋素质相近，这是其"有教无类"思想的理论基础，也是他长期从事教育工作的思想结晶。

第二，提出"有教无类"的口号。

按照前述《大戴礼记·保傅》篇的描述，古代年轻人的学习有所谓"小节""大节"的区别。所谓"小节"是指基本技能，"大节"则谓"大学"。后来，宋代大儒朱熹在《大学章句序》中总结那时的教育制度说：

> 人生八岁，则自王公以下，至于庶人之子弟，皆入小学，而教之以洒扫、应对、进退之节，礼、乐、射、御、书、数之文。及其十有五年，则自天子之元子、众子，以至公、卿、大夫、元士之适子，与凡民之俊秀，皆入大学，而教之以穷理、正心、修己、治人之道。

也就是说，学习基本技能的人相对较为普遍，"自王公以下，至于庶人之子弟"皆可"出就外舍"，学习"洒扫、应对、进退之节"，以及"礼、乐、射、御、书、数之文"等"小艺"；而学习诗、书、礼、乐等"大艺"的人相对较少，除了贵族，只有所谓"民之俊秀"。而在那时世卿世禄的贵族制度时代，真正能够学而从政的"民之俊秀"一定少之又少，一般平民难以有资格入学接受教育。

与以往的官学有很大不同，孔子提倡"有教无类"，可谓"开门办学"。所谓"有教无类"，东汉马融说："言人所在见教，无有种类。"梁朝皇侃说："人乃有贵贱，宜同资教，不可以其种类庶鄙而不教之也，教之则善，本无类也。"不分贫富和贵贱，人人都可以入学受教育。孔子自己表示，凡是已经束带脩饰，年龄达到15岁以上的孩子，他都一视同仁，进行教诲。孔子的弟子来自各个诸侯国，有齐、鲁、宋、卫、秦、晋、陈、蔡、吴、楚等国，分布地区十分广泛。孔子弟子的成分复杂，出身于不同的阶级和阶层，但大多数出身平民，如穷居陋巷箪食瓢饮的颜回，卞之野人、以黎藿为食的子路，穷困至于三天不举火、十年不制衣的曾参，居室蓬户不完上漏下湿的原宪，父为贱人家无置锥之地的仲弓。也有个别商人出身的，如子贡曾从事货殖贩卖。

还有少数出身贵族的，如鲁国的孟懿子和南宫敬叔，宋国的司马牛……

孔子兴办私学主张"有教无类"，所以他的弟子显得品类不齐，各色人物都有。当时有人对此不理解，产生种种疑问。还有人向孔子弟子子贡询问说："夫子之门，何其杂也？"子贡回答说："君子正身以俟，欲来者不距，欲去者不止。且夫良医之门多病人，檃栝之侧多枉木，是以杂也。"① 孔子门下虽然人品混杂，但他能兼收并蓄，教之成才，这不仅说明作为教育家的孔子胸怀博大、兼容并包，同时也表明孔子教育艺术高明善化。

孔子"有教无类"的思想顺应了当时历史发展的潮流，在当时，孔子私学规模最大、培养人才最多、社会影响最为广泛。从总的社会实践效果看，孔子的教育活动打破了旧的教育格局，使下层百姓也有了受教育的机会，对文化的下移起到了极大的促进作用。

第三，教育的目的在于培养"士君子"。

孔子教育的基本目的是培养"志道"和"弘道"的志士和君子，他以"朝闻道，夕死可矣"② 的精神追求"道"。但孔子一生不得志，所以他就把志道、弘道的希望寄托在弟子身上。他认为，"人能弘道，非道弘人"③，"士志于道，而耻恶衣恶食者，未足与议也"④，"笃信好学，守死善道"⑤，"志士仁人，无求生以害人，有杀身以成仁"⑥。他的学生对此也颇有体会，如曾参说："士不可以不弘毅，任重而道远。仁以为己任，不亦重乎？死而后已，不亦远乎！"⑦ 子夏曰："百工居肆以成其事，君子学以致其道。"⑧ 可见，"教道"和"学道"是孔门师生共同的目的，孔子教育的目的已转化为学生学习的目的。

① 《荀子·法行》。
② 《论语·里仁》。
③ 《论语·卫灵公》。
④ 《论语·里仁》。
⑤ 《论语·泰伯》。
⑥ 《论语·卫灵公》。
⑦ 《论语·子张》。
⑧ 《论语·泰伯》。

子夏说："学而优则仕"①，从理论上概括了孔子教育目的的另一个重要方面。"学而优则仕"包含多方面的意思，一方面，学习是通向出仕从政的途径，培养官员是教育最主要的目的；另一方面，学习成绩优良是出仕从政的重要条件，如果不学习或虽学习而成绩不优良，也就没有出仕从政的资格。孔子对实行"学而优则仕"的态度非常明确，他鼓励学生说："不患无位，患所以立。"② 意即不必担心没有自己的职位，应当担心的是自己没有能够任职的才学本领。孔子培养的一批弟子，大多或早或迟地参加政治活动，他们"散游诸侯，大者为师傅卿相，小者友教士大夫"③。

"学而优则仕"和孔子倡导的"举贤才"是一致的，它确定了培养统治人才这一教育目的，在教育史上有重要意义。孔子认为可以用"举贤"的办法补充世袭制，以造就更多"贤臣"和"良民"。例如，据《孔子家语·五仪》篇记载，有一次，鲁哀公想选拔鲁国的人才，同他们一起治理国家，于是向孔子询问怎样选择。在回答中，孔子特别强调修身与为政的内在统一，认为君主应当见微知著，居安思危。所以他注重人才要修身为本，在"修己"的基础上推己及人，成己成物，由仁学到仁政，把自身的道德修养作为治国、平天下的起点，同时又把治国、平天下作为自身道德修养的归宿。

孔子把培养"贤才"作为教育目的，把道德教育作为其教学的主要内容，培养崇高志趣与良好情操。在教学内容方面，《论语·述而》说："子以四教：文、行、忠、信。"以文学、品行、忠诚和信实教育学生。既然他要培养从政人才，便希望弟子们志向远大。孔子也注重"艺"，当然也绝不像许多人误解的那样"轻视生产劳动"，他的着眼点在于培养治国、平天下的人才。正如后来孟子所言，社会分工"有大人之事，有小人之事"，孔子认为"君子谋道不谋食"④，人们职责不同、分工有别。所以，他吸收平民子弟入学，讲述传统

---

① 《论语·子张》。
② 《论语·里仁》。
③ 《史记·儒林列传》。
④ 《论语·卫灵公》。

孔子杏坛讲学

的《诗》《书》《礼》《乐》，希望他们成为"士"或"君子"。

第四，总结了一些教学规律与原则方法。

孔子善于根据学生在学业和性格上的特点"因材施教"，对不同的学生用不同的方法进行教育。南宋朱熹在《论语集注》中说："孔子教人，各因其材。"这是对孔子教育方式与原则的精到总结。

孔子十分强调"知人"，说"不知言，无以知人也"①。他从与弟子们的谈话中了解弟子。孔子与弟子进行个别谈话，也有聚众而谈。他常耐心地听学生表述个人志向、看法，从而循循善诱，根据学生的不同特点进行教育引导。孔子十分注意观察学生，他了解自己的弟子，把握每一位弟子的个性。他多方面观察学生，洞察学生的内心世界。孔子主张"听其言而观其行"②，他认为，在了解一个人时，应当"视其所以，观其所由，察其所安"③，要注

---

① 《论语·尧曰》。

② 《论语·公冶长》。

③ 《论语·为政》。

意学生的所作所为，观看他所走的道路，考察他的感情倾向，只有这样，才能了解透彻一个人的思想面貌，而不能单凭公开场合的表现作出判断。在考察人的方面，孔子积累了很多经验。我们很难想象不善于了解学生的教师能取得好的教学效果，孔子具有识人、察人的能力，这也是他作为伟大教育家的优秀素养。

孔子还注意启发诱导，循序渐进，运用启发式方法，引导学生的学习动机，适时教育，以收到良好的教育效果。孔子说："不愤不启，不悱不发，举一隅，不以三隅反，则不复也。"① "愤"与"悱"是内在心理状态在外部容色言辞上的表现。就是说，在教学时必先让学生认真思考，已经思考相当时间但还想不通，然后可以去启发他；虽经思考并已有所领会，但未能以适当的言辞表达出来，此时可以去开导他。教师的启发是在学生思考的基础上进行的，启发之后，应让学生再思考，获得进一步的领会。孔子在启发诱导、循序渐进的教学中常用的方法有三种，即由浅入深，由易到难；能近取譬，推己及人；叩其两端，以求真知。

第五，"学而不厌，诲人不倦"的教学态度。

孔子热爱教育事业，他把毕生的精力都倾注到了教育事业上面。他敏而好学，学而不厌，温故知新，诲人不倦，具有丰富的教学经验。孔子以身作则，主张教学相长，以德服人。尤其在道德修养方面，孔子是一位尽职尽责的好教师。他回答子贡的提问时说："圣则吾不能，吾学不厌而教不倦也。"②他也曾在学生面前评价自己说："若圣与仁，则吾岂敢。抑为之不厌，诲人不倦，则可谓云尔已矣。"③

作为教师，孔子说自己"发愤忘食，乐以忘忧，不知老之将至"④，又说"三人行，必有我师焉"⑤。只有虚心向别人请教，才能不断完善自己；只有

---

① 《论语·述而》。
② 《孟子·公孙丑上》。
③ 《论语·述而》。
④ 《论语·述而》。
⑤ 《论语·述而》。

勤学善问，才能得到知识。孔子还说"敏而好学，不耻下问"①，为师者也应当好学，虚心向一切人求教学习。孔子本人就是一位师德典范。

第六，指导学生学习的方法。

孔子主张要学、思结合，因为"学而不思则罔，思而不学则殆"②；要学、习结合，"温故而知新"③，只有经常复习以前学过的知识，才能学好新知识；要学、闻结合，"多闻，择其善者而从之，多见而识之"④；要学、用结合，"耻躬之不逮"⑤，"耻其言而过其行"⑥；还要有实事求是的态度，"知之为知之，不知为不知"⑦。总之，孔子的学习经验诚如《中庸》所概括的那样，是"博学之，审问之，慎思之，明辨之，笃行之"。

第三节　孔子整理"六经"

孔子在迟暮之年回到鲁国，他与当权者政见不合，也只是以"国老"的身份，用议政的方式表达主张，过问政治。他人生的最后几年异常不幸，可谓晚景凄凉。归鲁后的几年之中，他的儿子孔鲤，弟子颜回、子路相继去世，这位饱经风霜的老人一次次受到沉重打击。孔子自称"七十而从心所欲不逾矩"，达到人生的最高境界，心中更加澄然，更专心于整理研究古代文献。实际上，在出仕之前，孔子已经开始在收徒讲学的同时"修《诗》《书》《礼》《乐》"⑧。孔子以前，学术官有，典籍文献由官府保存。春秋以来，情况发生了巨大变化，此即所谓"周室微而《礼》《乐》废，《诗》《书》缺"⑨。虽然

---

① 《论语·公冶长》。
② 《论语·为政》。
③ 《论语·为政》。
④ 《论语·述而》。
⑤ 《论语·里仁》。
⑥ 《论语·宪问》。
⑦ 《论语·为政》。
⑧ 《史记·孔子世家》。
⑨ 《史记·孔子世家》。

孔子整理"六经"

前代的典籍也有传述，但典籍废、制度坏的局面已经相当严重，甚至像孔子这样的学者也已经有了"文献不足征"① 的感叹。

周代被广泛应用的知识以"六艺"为主。"六艺"含义有二，一是礼、乐、射、御、书、数技艺，二是《诗》《书》《礼》《乐》《易》《春秋》典籍。按《大戴礼记·保傅》的说法，前者是幼年时在"外舍"（即小学）中所学的"小艺""小节"，后者则是束发成年之后在"大学"中学习的"大艺""大节"。周代的贵族教育可大致分成这两个阶段。进入"大学"中所学的六种典籍，也像幼年所学的技艺那样，包含各方面的内容。

先代典籍虽有散乱，但孔子仍有不少接触，并对经籍的社会教化功能有深刻认识。孔子说：

> 入其国，其教可知也。其为人也，温柔敦厚，《诗》教也；疏通知远，《书》教也；广博易良，《乐》教也；洁静精微，《易》教也；恭俭庄敬，《礼》教也；属辞比事，《春秋》教也。②

---

① 《论语·八佾》。
② 《孔子家语·问玉》。

又说："六艺于治一也。"① 孔子补救保存、整理传播了"六经"。"六经"（现存五经）反映了夏、商、周时期的政治、经济、文化、思想，并融入了孔子的政治理想、思想主张，是富有学术价值和史料价值的古代文化瑰宝。

在周末"官守"散失时代，孔子是第一个保存文献的人。孔子自称"述而不作，信而好古"②，并说"我非生而知之者，好古，敏以求之者也"③，他本着这种精神不断地整理、学习、研究古代文化典籍。司马迁称赞孔子说："自天子王侯，中国言'六艺'者，折中于夫子，可谓至圣矣！"这道出了孔子继承和发扬中国古代文化的巨大贡献。

孔子这方面的成就，具体表现在他整理了《诗》《书》《礼》《乐》《易》《春秋》。

一、论次《诗》《书》

孔子整理《诗》《书》的方法，《史记·儒林列传》称之为"论次"。所谓"论次"，应该是研究整理、去其冗杂、重新编排。

《诗》，后世又称为《诗经》。司马迁在《史记·孔子世家》中解释说："古者《诗》三千余篇，及至孔子，去其重，取可施于礼义，上采契、后稷，中述殷、周之盛，至幽、厉之缺，始于衽席，故曰'《关雎》之乱以为《风》始，《鹿鸣》为《小雅》始，《文王》为《大雅》始，

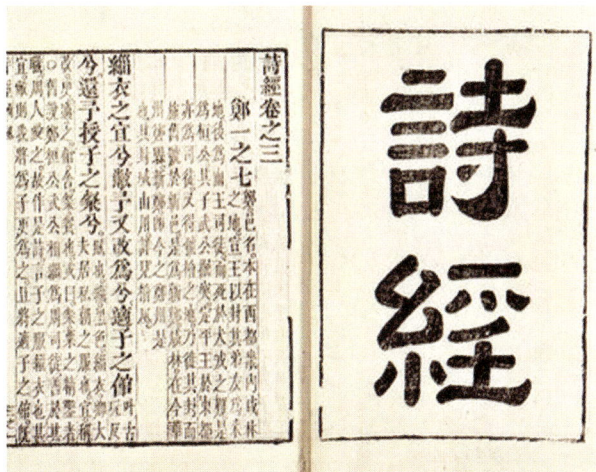

《诗经》

---

① 《史记·滑稽列传》。
② 《论语·述而》。
③ 《论语·述而》。

《清庙》为《颂》始'。三百五篇，孔子皆弦歌之，以求合《韶》《武》《雅》《颂》之音。"这部分文字不仅谈到《诗》在孔子以前是什么面貌，也谈到孔子为何以及怎样整理《诗》的。今本《诗经》以外有不少的逸诗，说明今本《诗经》的确经过了编订。儒家典籍所述所引基本不离今本，很能说明它经过了孔子的删订，《论语》两次提到"诗三百"，又有 12 次提到"诗"，除了个别句子，所引诗篇都在今本《诗经》。《孟子》引《诗》共 37 次，其中也仅有一次称引逸诗，而且只有一句。孔子删《诗》，标准之一是"取可施于礼义"，由此"以备王道，成六艺"，作为儒家的教科书。因此，在后世的著作中，儒家所引的比率明显不及其他各家。

《诗》在孔子之前已经形成，鲁襄公二十九年（前 544 年），吴国公子季札至鲁"请观周乐"，鲁国师工所歌《诗》之内容与今日所传的《诗》相近，时孔子 8 岁。鲁国乐工所演奏的《国风》和《雅》《颂》等虽然编次与今本大体相同，但毕竟两者还有差异。对于这种差异，晋朝学者杜预已经有所注意，他在《春秋经传集解》中将演奏次序与今本不同者一一注明，并说："后

坐观周乐

仲尼删定，故不同。"《诗》待孔子而删定，这恰恰是很好的证明。在长期的传授过程中，《诗》出现了错讹，曲调离谱，或有句而不能成章，或有章而不能成篇。孔子留意搜求，核对校勘，对《诗》进行整理。情况很可能是，孔子对《诗》的语言文字进行一定的统一整理，删除重复篇章，调整了篇章编次。孔子还进行了"正乐"的工作，他说："吾自卫返鲁，然后乐正，《雅》《颂》各得其所。"①

孔子认为《诗》内容丰富，思想纯正，十分重视《诗》的学习。在教学中，他首先进行的就是《诗》的教学。他说："《诗》三百，一言以蔽之，曰：'思无邪。'"② 又说："小子何莫学夫《诗》？《诗》，可以兴，可以观，可以群，可以怨。迩之事父，远之事君。多识于鸟兽草木之名。"③ 孔子认为《诗》可以使人"温柔敦厚"，具有陶冶性情、表情达意的作用，所以孔子非常重视"诗教"。孔子说："人而不为《周南》《召南》，其犹正墙面而立也与！"④ 他认为："不学《诗》，无以言。"⑤

《书》，又称《尚书》《书经》。在孔子之前，已经有《夏书》《商书》《周书》等散篇流行于世，《尚书纬》记曰："孔子求《书》，得黄帝玄孙帝魁之书，迄于秦穆公，凡三千二百四十篇。断远取近，定可以为世法者百二十篇。以百二篇为《尚书》，十八篇为《中侯》。"所记虽未必足信，却说明孔子整理编纂《尚书》是有资料可寻的。

孔子认识到三代时期文献档案的思想价值和文献价值，便广泛搜求，把零散的资料汇编成集。"序书传，上纪唐虞之际，下至秦缪，编次其事。"⑥ 孔子所做的工作，主要是"编次"和"纂"，即对古代文献进行汇集编排。孔子不仅作了《书序》，还进行了断限和选材，"断远取近"，"上断于尧，下

---

① 《论语·阳货》。
② 《论语·为政》。
③ 《论语·阳货》。
④ 《论语·阳货》。
⑤ 《论语·季氏》。
⑥ 《史记·孔子世家》。

讫于秦"，"其文不雅驯"者不选，舍弃了尧舜以前的材料。从此，《书》就成为孔子所编订的这部文献总集的专称。

孔子认为《尚书》可以使人"疏通知远"，他十分重视，常常引用。《论语·述而》说："子所雅言，《诗》、《书》、执礼，皆雅言也。"孔子向弟子教授《诗》《书》，指导学生的礼仪实践时均使用"雅言"。

二、修起《礼》《乐》

孔子曾经"修起《礼》《乐》"，《礼》指的是《仪礼》，《礼》和《乐》都是儒家"六经"之一，孔子应当对《礼》和《乐》进行过整编和修订。

《仪礼》现存 17 篇，记载了周代所倡导和施行的有关仪节制度和行为规范。殷商时代，礼主要表现在祭祀仪式方面，周灭殷后，承袭部分殷礼，加以改造成为周礼，并扩展到社会政治范围。儒家强调"陈其数"而"知其义"，讲求礼的本质意义，不仅要明了各种礼仪的具体规定，更要明了其中的思想内涵。孔子"追迹三代之礼"，对《礼》有所阐述，所以司马迁说"故《书传》《礼记》自孔氏"。

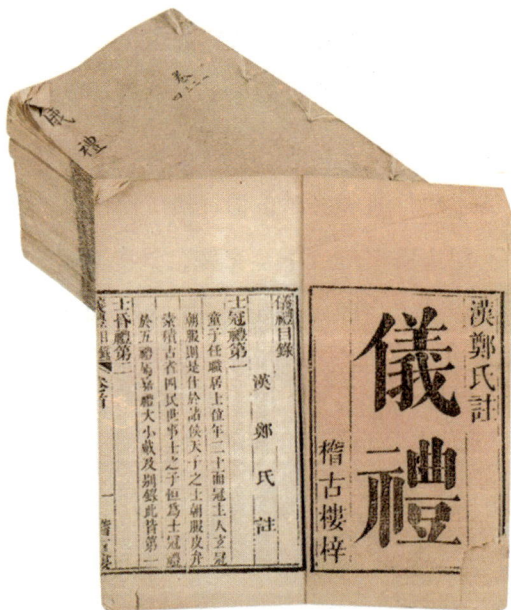

《仪礼》

《仪礼》十七篇的某些内容可能是周公"制礼作乐"时规定的一些礼仪。《经典释文·序录》说"《周》《仪》二礼并周公所制"很有道理，礼典的实行往往先于礼书的撰作，礼书很可能是对已经施行的礼制的系统化和总结。但是，《礼记·杂记》说："恤由之丧，哀公使孺悲之孔子，学士丧礼。《士丧礼》于是乎书。"孺悲跟随孔子学习士丧礼，这之后才有了著于竹帛的《士丧礼》。《仪礼》中的其他篇章也很有可能与孔子有关。《礼经》（即《仪礼》）应当经过了孔子的整理与传授，孔子对礼确有"修起"之功，所以《汉书·艺文志》说："《礼古经》五十六卷，《经》十七篇……《礼古经》者，出于鲁淹中及孔氏，与十七篇文相似，多三十九篇。"现存经书没有"乐经"，对于"六经"中的"乐经"何指，人们看法不一。先秦、秦汉时期，人们将《诗》《书》《礼》《乐》《易》《春秋》并提，历史上有名为《乐》的书籍存在应该没有问题。有人认为，《乐》本来有经，只是因为秦始皇焚书而归于亡佚。亦有人认为，由于《诗》具有可以"弦歌"的特征，它原来只是附于《诗经》的乐谱或者举行礼仪活动时所奏的乐曲，未必有经文存在。对于作为"六艺"之一的《乐》，今天可以从《周礼·大司乐》和《礼记·乐记》等篇之中略知其中的一些精神。

孔子重视音乐，也精通音乐。孔子以仁为本，礼、乐并提，他说："人而不仁，如礼何？人而不仁，如乐何？"① 他强调音乐对人的塑造作用，认为人

过庭诗礼

第二章　孔子的教育成就与文化贡献

---

① 《论语·八佾》。

41

作猗兰操

应当"兴于诗，立于礼，成于乐"①，通过乐方能达到仁的最高境界。在音乐上，孔子造诣很深，在齐闻《韶》乐，三月不知肉味；孔子曾与鲁国的太师谈论音乐，他从声调方面说明乐的发展。孔子早年就"恶郑声之乱雅乐也"②，对音乐有独到的见解，他晚年自述道："吾自卫返鲁，然后乐正，《雅》《颂》各得其所。"③ 所以，孔子对乐进行了加工和整理，确有"正乐"之功。

三、作《春秋》

《春秋》是我国第一部编年体史书，系孔子根据鲁国史书修编而成。该书纪事起自鲁隐公元年（前722年），迄于鲁哀公十四年（前481年），以鲁国为主，记录了春秋242年的历史。

---

① 《论语·泰伯》。
② 《论语·阳货》。
③ 《论语·阳货》。

　　《春秋》是孔子基于世道衰微的社会现实而作。其时诸侯纷争，礼崩乐坏，君臣父子名分紊乱，孔子对此深为忧虑，于是作《春秋》以警诫乱臣贼子。《孟子·滕文公下》云："世衰道微，邪说暴行有作，臣弑其君者有之，子弑其父者有之。孔子惧，作《春秋》。《春秋》，天子之事也。是故孔子曰：'知我者，其惟《春秋》乎！罪我者，其惟《春秋》乎！'……孔子成《春秋》而乱臣贼子惧。"

　　孔子在特殊历史条件下写成《春秋》，有深刻的政治寓意。《孟子·离娄下》也说："王者之迹熄而诗亡，诗亡然后《春秋》作。晋之《乘》，楚之《梼杌》，鲁之《春秋》，一也。其事则齐桓、晋文，其文则史，孔子曰：'其义则丘窃取之矣。'"《春秋》是孔子所作，它与晋、楚、鲁等国史书不同，其中存在孔子的"窃取"之义。司马迁也多次论及"孔子因史文次《春秋》"[1]，还指出《春秋》的写作原则是"据鲁，亲周，故殷，运之三代"，

---

① 《史记·世表》。

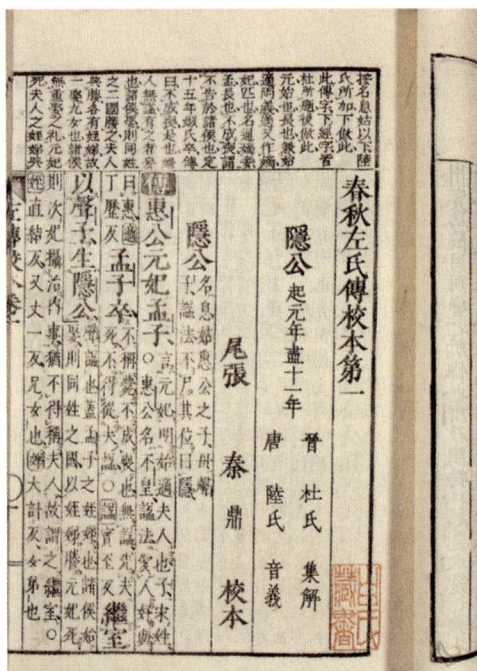

《春秋左氏传校本》

通过鲁国史事来表现周朝的王道之义。杜预在《春秋序》中也说："仲尼因鲁史策书成文，考其真伪，而志其典礼，上以遵周公之遗制，下以明将来之法。"

不少人否认孔子作《春秋》的说法。有人认为《左传》记载孔子"修"《春秋》，孟子说孔子"作"《春秋》，这与孔子自称"述而不作，信而好古"相矛盾。其实，"孔子修改鲁史，自其本于旧作而言是'修'，由其终成新书而言是'作'，其间实无矛盾……孔子自谦'述而不作'，弟子后人尊之为圣人，则称为'作'，其间也没有矛盾。如因孔子有此语，就否定孔子有所著作，便与实际不合了"[1]。有人认为早在孔子以前鲁国已有《鲁春秋》，且文字与今之《春秋》大体相同，因此今本《春秋》其实是《鲁春秋》。其实，二者之所以有相同之处，是由于孔子修《春秋》时参考了《鲁春秋》，因此而否认孔子作《春秋》十分牵强。

《春秋》寄寓了孔子的"微言大义"，融入了孔子的思想主张，最直接地表现了孔子的观点，所以《史记》说"《春秋》以道义"。《春秋》本着"拨乱世，反诸正""为尊者讳，为亲者讳，为贤者讳"等原则进行编写，具有针砭时弊、规范世人的意义。

四、作《易传》

《周易》本为卜筮之书，有"经"有"传"。《周易》古经分上经、下经

---

① 李学勤：《缀古集》，上海古籍出版社 1988 年版，第 19 页。

韦编三绝

两部分；"传"又称为《易传》。《易传》有八个部分，共十篇，所以叫作"十翼"，意思是它们是"经"的羽翼。

《汉书·艺文志》称《周易》"人更三圣，世历三古"，认为伏羲创八卦，周文王演重卦，孔子作《易传》。孔子之前，《周易》长期流传，春秋时鲁国还出现了论述卦象的《易象》。晚年的孔子对《周易》产生浓厚的兴趣，说："加我数年，五十以学《易》，可以无大过矣。"[①] 《史记》记载，"孔子晚而喜易，序《彖》《系》《象》《说卦》《文言》；读《易》，韦编三绝。曰：'假我数年，若是，我于《易》则彬彬矣。'"[②] 应当说，今本《易传》虽然非成于一时一人，但其思想却属于孔子，在一定意义上，可以说孔子就是《易传》的作者。从先秦到汉初的古书都曾明引或者暗引《易传》。1973 年，长沙马王堆汉墓出土的帛书《易传》，其中的《要》篇记载了孔子晚年研究《周易》的情况，说"夫子老而好《易》，居则在席，行则在橐"，说明孔子确实与

---

① 《论语·述而》。
② 《史记·孔子世家》。

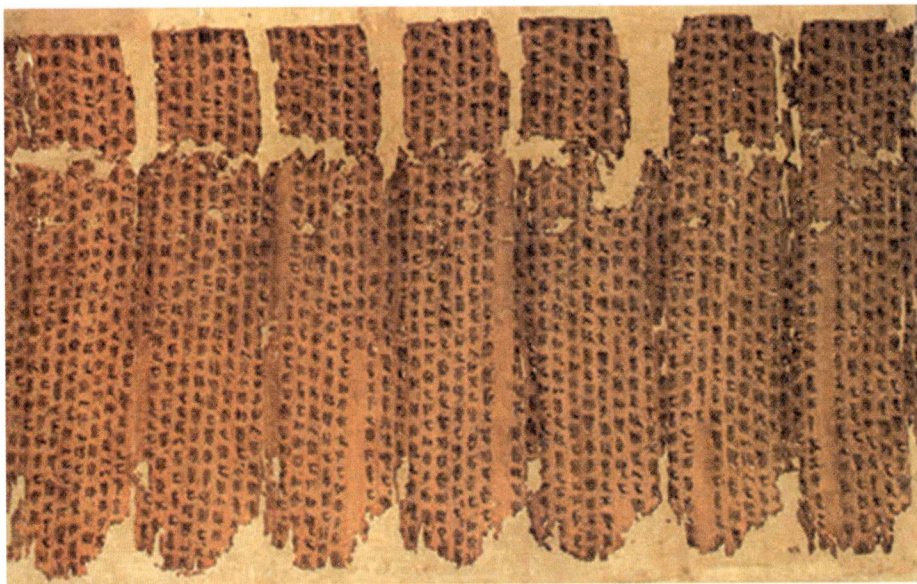

马王堆帛书《易传》

《易传》密不可分。孔子肯定《周易》有往圣遗教，他所要探讨的是《周易》蕴涵的义理，他说《周易》"有古之遗言焉。予非安其用，而乐其辞"，并说他乃为"观其德义"，"与史巫同途而殊归"，与占筮者不同。孔子还说："后世之士疑丘者，或以《易》乎？"孔子的口吻很像他说的与《春秋》的关系，孔子说："知我者，其惟《春秋》乎！罪我者，其惟《春秋》乎"[1]。孔子笔削了《春秋》，他才口出此言，由此推之，孔子与《易》的关系也非同一般。[2]

---

① 《孟子·滕文公下》。

② 李学勤：《失落的文明》，上海文艺出版社1997年版，第279页。

第三章　孔子的思想体系

春秋末年，面对急剧变革的社会，孔子对历史与现实进行了深刻的反思。孔子熟悉夏、商、周三代文化，向往"圣王"之治，尊崇由周公制礼作乐而奠定的宗周文化。他以继承和发扬礼乐文化传统为己任，追求"讲信修睦"的"大同"社会境界，希望建立一个人人相互关心、个个仁爱礼让的和谐盛世。于是，孔子收徒授学，以诗、书、礼、乐等教育学生，对古代文化特别是礼乐文化加以反思和总结，抽象其根本精神，倡言"修己以安人"的忠恕之道，建构了他以礼、仁、中庸等为基本内容的思想学说。

孔子思想的发展有一个历史过程。孔子关注现实，积极入世，他思索的中心是如何使社会安定，形成了以"礼"为核心的政治思想。早年，孔子关注最多的是"礼"，步入社会后，他念念于怀的，乃是怎样以周代礼乐重整社会。他到处推行"礼"的主张，却事与愿违，处处碰壁，因此，他开始越来越多地提到"仁"，议论"仁"与"礼"的关系，孔子"仁"的学说逐步得到拓展和完善。随着社会阅历的增加，孔子的人生境界逐渐提高，晚年更达至"从心所欲不逾矩"的佳境，并在《易传》中进行了阐发，他的"中庸"学说也臻于成熟。

第一节　"大同"社会理想

孔子曾表述过自己的政治理想，这就是同见于《孔子家语》和《礼记》的《礼运》篇"大同"说。《孔子家语·礼运》记孔子之言说：

大道之行，天下为公，选贤与能，讲信修睦。故人不独亲其亲，不独子其子，老有所终，壮有所用，矜寡孤疾，皆有所养。货恶其弃于

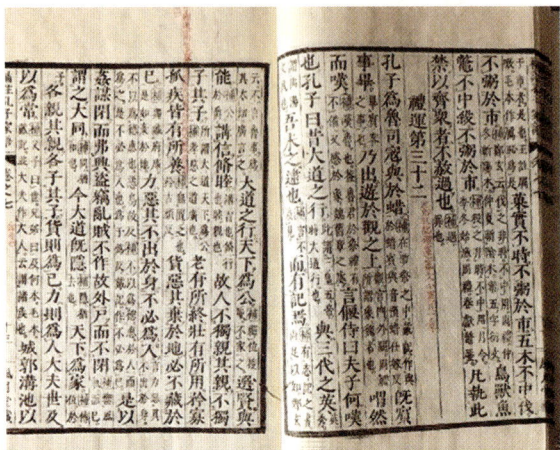

《孔子家语·礼运》

地，不必藏于己；力恶其不出于身，不必为人。是以奸谋闭而不兴，盗窃乱贼不作，故外户而不闭。谓之大同。

孔子追求的社会理想境界就是"天下为公"。这里所谓的"公"与"共"相通，它强调的是人的公共意识与社会公德。人们生活在一起，每个人都不能脱离他人而存在，因而对每个人都必须具有"社会性"的要求。

在这样一个"天下为公"的社会里，人人都应该思考自己的社会性内涵，而不应自私自利。天下的管理要照顾人们的共同利益，管理者是经过大家共同选出的贤德者。全体成员都为社会积极贡献，不是为自己的私利而劳作，人们不应占有财物为自己独享。人与人之间互相关心、互相帮助，共享和平安乐。未成年人受到很好的教育而健康成长，成年人有合适的工作能发挥作用，老年人得到赡养能安度晚年，鳏寡孤独之人都能得到照顾与关爱。这样的社会没有坑蒙拐骗，没有阴谋诡计，没有弱肉强食，没有野蛮欺诈，也没有盗窃乱贼，人们生活安闲平和，甚至可以夜不闭户。这便是孔子心目中的"大同"社会。

从表面看，孔子的"大同"理想是对为政者提出的要求，但更为关键的则是社会人心的教化。他认为，品德高尚的君子应该心系天下，以宽广的胸怀对待现实世界，以天下人的利益为重。孔子经常与他的弟子们在一起谈论社会与人生，谈论志愿与理想。有一次，孔子对他身边的弟子谈起自己的志向，他说自己的目标是"老者安之，朋友信之，少者怀之"①，也就是让全社

---

① 《论语·公冶长》。

会的老人都感到过得很安逸，让朋友之间都感到相互信任，让所有的少年人都能够胸怀大志。

有一次，孔子与曾点、子路、冉求、公西华在一起谈论志向，孔子对几位弟子说："如果你们得到重用，都打算干点什么呢？"于是，弟子们分别谈论了自己的想法。子路希望以勇武治国，他自信地认为，自己可以用 3 年的时间让一个饱受内忧外患的中等邦国振奋精神，使人们懂得道理；冉求希望尽快发展经济，使一个小国的百姓都过上富足的日子。公西华愿意身穿礼服，头戴礼帽，在邦国的礼乐活动中充当一名小小的司仪。

四子侍坐

曾点最后发言，并认为自己的志向与其他诸位都不相同。他说：

> 莫春者，春服既成，冠者五六人，童子六七人，浴乎沂，风乎舞雩，咏而归。

曾点想象，如果到了暮春三月，人们已经穿上了春天的衣服，能够与一伙成年人，带领一帮孩子，到沂河进行洗浴后，在舞雩台上吹吹风，一路唱着歌走回来。

与子路、冉求、公西华相比，曾点的志向看起来并不远大，但孔子对曾点的想法表示赞同。孔子说："吾与点也！"① 在孔子看来，曾点所向往的正是一番升平景象，这种令人惬意的感觉，这种宁静的生活，只有在国家强盛，百姓富足，没有内忧外患的情况下才能实现。

在与弟子们"农山言志"时，孔子的政治理想表现得最为具体生动。据

---

① 《论语·先进》。

农山言志

《孔子家语·致思》记载：一天，孔子到鲁国北部游览，登上农山山顶，弟子子路、子贡、颜渊在旁边陪侍。孔子四下远望，感叹地说："在这个地方静心深入思考，什么都可以想到。你们可以谈谈自己的志向，我将从中做出选择。"子路似乎更想做一位勇武的将军，子贡则希望发挥自己的辩才，但颜回与他们都不同。颜回说：

> 回愿得明王圣主辅相之，敷其五教，导之以礼乐，使民城郭不修，沟池不越，铸剑戟以为农器，放牛马于原薮，室家无离旷之思，千岁无战斗之患。

颜回希望能辅佐贤明的君主，布施父义、母慈、兄友、弟恭、子孝这五种教化。用礼乐教导民众，让百姓不用去修建城墙，无须越过护城河去打仗，将刀枪剑戟都熔铸成农具，在原野湖畔放牧牛马，夫妇没有分别的苦痛思念，天下永远没有战争的灾难。

颜回说完，孔子变得非常严肃，说："真是美好的德行啊！"对于子路的"勇"、子贡的"辩"，孔子也进行了夸赞，但他更赞叹颜回的志向。在颜回的理想境界中，子路"无所施其勇"，子贡"无所用其辩"。很显然，颜回的回答令孔子十分满意，他的志向十分契合孔子的"王道"理想，这与孔子的"大同"社会理想完全一致。

第二节　"礼"的政治主张

孔子学说是从对"礼乐之治"的思考开始的。春秋以来的"天下无道""礼崩乐坏"，为孔子政治思想的形成提供了现实的社会土壤。当时，许多思想家都具有"务为治"①的特征，孔子更是如此。他积极入世，十分关注社会的治乱与秩序问题，从而使得孔子的思想学说开始产生、形成。没有春秋时期的特殊时势，可能很难产生孔子的思想学说。不难理解，政治文化生活的目的在于"济变"，杜绝纷争，防止混乱，使社会有序和谐。中国的礼乐文化，正是维持社会长期稳定的智慧结晶。孔子尊崇周礼，在他看来，三代之礼有着"损益"关系，由于周公"制礼作乐"，使得"周监于二代，郁郁乎

杏坛礼乐

①　《史记·太史公自序》引《论六家之要指》。

文哉"。与夏礼、殷礼相比，孔子更倾向于"从周"①，因为周代"礼"的发展已经十分完备。经过长期的积淀，周代礼乐文化以长期的社会风俗习惯、礼仪规范、典章制度为基础，以血缘关系为纽带，补充了殷商之礼的有益成分，把法律、礼仪、风俗、道德合而为一，充分反映了周朝的政治、经济、文化传统。

"礼"作为孔子政治思想学说最基本的范畴，可以说孔子一生都在思考这个问题。孔子主张"复礼"②，但绝非要简单地恢复周礼。在他看来，"人之所以为人"者，无非礼义而已，所以他认为，无论个人自我成长，还是对人的教育培养，都是礼义的完善。无论人际交往，还是家国天下，都离不开礼的规范。孔子对礼的功能有深刻的认识，他认为："民之所由生，礼为大。非礼，无以节事天地之神也；非礼，无以辨君臣上下长幼之位也；非礼，无以别男女父子兄弟之亲，婚姻疏数之交也。"③ 可见，恢复礼治对于实现社会和谐至关重要。

孔子生活在春秋末年的乱世，他"自东至西，自南至北，匍匐救之"，以挽救"礼仪废坏，人伦不理"④ 的危局。他重视"礼"，极力主张以"礼"的标准来处理各种社会关系。他在青少年时学礼、相礼，早年便以"能礼者"⑤ 而闻名。他仕而"齐之以礼"⑥，晚而主张"复礼"，以"礼"作为评价诸侯国政治、人事的标准，认为人应当"立于礼"⑦，"不学礼，无以立"⑧。孔子重视礼的教化作用，希望人们通过加强修养，以"礼"为标准来约束自己的行为，达到人际关系的和谐。他对"礼"的功能有深入的研究和认识，他归纳"礼"的意义，希望通过"礼"，使人"敬上""弗畔"，最终

---

① 《论语·八佾》。
② 《论语·颜渊》。
③ 《礼记·哀公问》。
④ 《韩诗外传》。
⑤ 《左传·昭公七年》。
⑥ 《论语·为政》。
⑦ 《论语·泰伯》。
⑧ 《论语·季氏》。

实现社会的稳定。广义的"礼"则包括"乐"在内，即所谓的礼乐。"礼"的作用在于别异，区分上下、贵贱的等级；"乐"的功能则是和同，使具有不同身份地位的人和谐共处，亲爱融洽。"礼"与"乐"相互为用，最终达到安定社会的目的。

基于对社会政治的深刻理解，孔子将君臣关系置于各种社会关系的重要地位。他既主张"臣事君以忠"，"事君尽礼"，同时也主张"君使臣以礼"①，"敬事而信，节用而爱人，使民以时"②。孔子政治思想的理论基础是他的德政学说，孔子注重修身，德政乃以修身为根本。齐景公问政于孔子，孔子说："君君、臣臣、父父、子子。"③ 无论君还是臣，都应当加强自身的素养，使君仁、臣忠。孔子认为正人必先正己，强调从政治国者的表率作用，他说："其身正，不令而行；其身不正，虽令不从。"④ 又说："君子之德风，小人之德草，草上之风，必偃。"⑤

从本质上讲，"尊尊"与"亲亲"是礼的两个重要原则。"尊尊"把人分为若干等级，要求低贱者尊崇尊贵者，平民服从贵族、君主。"尊尊"实际上是维护等级制，首先要尊君，不仅要求"事君尽礼"，还希望"事君，能致其身"，"事君，敬其事而后其食"。"尊尊"是等级制原则，"亲亲"则是宗法制原则。"亲亲"即以亲为亲，包括父慈、子孝、兄友、弟恭，孝悌是"亲亲"原则最为重要的部分，孔子甚至将"孝悌"看作君子的所务之本。

为了挽救社会秩序，维护"尊尊""亲亲"的宗法等级制，孔子十分注重"正名"，即按照周礼的标准匡正混乱的等级名分，使人的言论、行动都符合名分的要求，使君、臣、父、子各安其位。孔子"正名"的主张，主要是针对当时的诸侯对天子、卿大夫对国君、陪臣对大夫的僭越行为。孔子欲变天下"无道"为"有道"，用周代的礼制改变"礼崩乐坏"的现实。

---

① 《论语·八佾》。
② 《论语·学而》。
③ 《论语·颜渊》。
④ 《论语·子路》。
⑤ 《论语·颜渊》。

从"礼"的属性上看，它既是一种政治主张，也是一种伦理要求。例如，儒家经典《大学》可以看作是孔子政治思想的总纲，也是中国独特的政治哲学。它之所以名曰"大学"，用郑玄的话说就是道理博大精深，可以用以指导政治行动。《大学》开篇说道："大学之道，在明明德，在亲民，在止于至善。"而要达至"至善"之境，则要求自天子以至于庶人，都要积极修身。对治国者而言，他们修身以礼，为国以礼，本身是一种"君君"的表现。而对于社会上的一般民众，自觉以礼规范自身行为，便成为一种伦理原则。

但是，如果转换角度，从政治国，教化百姓，自然同样离不开礼。在孔子看来，人应守礼，就像人出门必须经过门户那样，是不言而喻的事情。孔子说："谁能出不由户？何莫由斯道也？"① 这正如孟子所说："夫义，路也；礼，门也。惟君子能由是路，出入是门也。"② 礼的存在具有天然的合理性。孔子说："礼也者，理也；乐也者，节也。君子无理不动，无节不作。"③ 如果政治教化达致人人自觉守礼，依礼行事，循礼而动，便是孔子所说的"有耻且格"，显然，这需要为政者"道之以德，齐之以礼"④，这无疑是政治的最高境界。

作为人人都应当遵循的法则，"礼"又有表面的"礼仪"与内在的"礼义"两个不同的层面。所谓"礼仪"，指的是礼的仪式、仪程、仪节，这些仪式是以"礼义"为根本的。所谓"礼义"指的是抽象的礼的道德准则，人们只有懂得礼义，了解到礼的本质，才能自觉接受礼的约束，将其内化成为一种自觉的秩序意识，这样营造有序社会才不是一句空话。所以，从本质上讲，"礼"以"德"为内容，以"敬"为精神机制。既然如此，为政治国，就应当抓住根本，使人人加强修养，知礼明礼，谨慎戒惧，敬而守之。《礼记·郊特牲》说："礼之所尊，尊其义也。失其义，陈其数，祝史之事也。故其数可

---

① 《论语·雍也》。
② 《孟子·万章下》。
③ 《礼记·仲尼燕居》。
④ 《论语·为政》。

陈也，其义难知也。知其义而敬守之。天子之所以治天下也。"孔子也说："治国不以礼，犹无耜而耕也；为礼不本于义，犹耕而弗种也。"① 所谓"为政以德"②，就是要以礼治国，不仅应践行礼的外在形式，更要领会礼的内在精神。

第三节 "仁"的伦理学说

在孔子学说的发展过程中，"仁"的地位十分重要。为了达到礼治目的，孔子提出并深刻阐发了"仁"的思想主张。孔子说："克己复礼为仁。"③ 又说："人而不仁，如礼何？人而不仁，如乐何？"④ 显然，孔子"仁"的思想与"礼"的学说密切关联，从某种意义上说，孔子"仁"的伦理学说正是在思考"礼"的政治思想的基础上逐渐形成的。

在《论语》中，"仁"字出现达 109 次之多，也可见"仁"在孔子思想中的地位。在孔子那里，"礼"是向外求，而"仁"是向内求；"礼"有外在的约束性，而"仁"则要靠内在的自觉。"礼"与"仁"密不可分，以"礼"的标准求仁，修己爱人；用"仁"的自觉复礼，实现等级有序。"仁"是"礼"的主要内容，"礼"是"仁"的外在表现。

孔子"仁"的思想学说继承发展了西周以来重视人伦关系的传统，孔子深入思考了

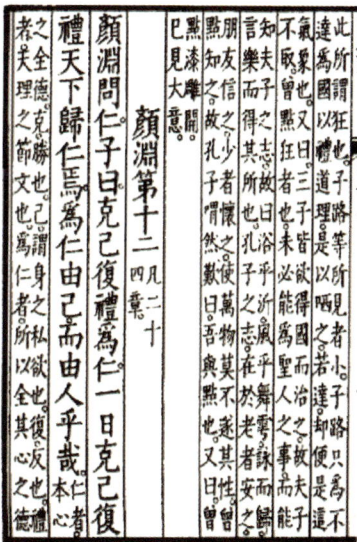

《论语》："克己复礼为仁。"

---

① 《礼记·礼运》。
② 《论语·为政》。
③ 《论语·颜渊》。
④ 《论语·八佾》。

第三章 孔子的思想体系

55

郭店楚简中的"仁"

做什么样的人以及如何做人的问题，他抓住人们思想意识中"仁"的观念，加上自己的理解和思考，对"仁"的思想加以充实、提高，使之系统化，从而形成自己明确而又完整的"仁"的思想体系。孔子以"仁"为核心的伦理道德学说，是一种典型的伦理型人文主义学说。

"仁"首先是一种内在的道德修养。从文字上看，"仁"从人从二，是指人与人之间的关爱，即孔子所谓仁者"爱人"①。而在新出土的战国儒简中，"仁"字从身从心，上下结构，其含义是"反求诸身""反省自身"，加强自身修养，这乃是"仁"的本初意义。孔子"仁"的学说首先立足于子女对于父母的亲情，它也是人最基本的、最根本的情感，此即孔子所说的"仁者，人也，亲亲为大"②。人之为人，必须孝敬父母，这是孔子仁爱思想的逻辑起点。子女对于父母的爱，父母与子女之间的爱，乃出于真实的天然情感，带有原始、自然的特点，但又超越了原始情感，具有普遍的道德性。家庭中的各个成员靠"亲情"联系起来，所以才有很强的亲和力和凝聚力。

子女对于父母的"亲"，这种特殊的"亲情"就是"仁"在家庭关系中的表现，它是一种内在情感，即发自内心的敬爱之情。人之区别于其他的动物，就应当"仁"，就应当孝亲。"仁"在家庭成员的相互关系中存在，"孝道"正是表现这种

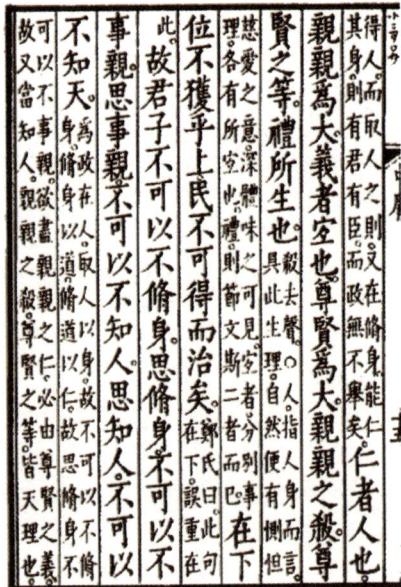

《中庸》："仁者，人也。亲亲为大。"

---

① 《论语·颜渊》。
② 《礼记·中庸》。

亲情关系的形式，而亲情之于"仁爱"却是本质性的。孔子曾说："立爱自亲始，教民睦也；立敬自长始，教民顺也。教之慈睦，而民贵有亲；教以敬，而民贵用命。民既孝于亲，又顺以听命，措诸天下，无所不可。"① 他教导百姓树立仁爱的观念，从孝敬自己的双亲开始，进而尊敬别人，乐于听从政令，把这种教化方法扩而广之，用来治理天下，就不会有什么办不到的事情。将血亲之爱这种天然的亲情推而广之，形成了孔子"仁学"的思想体系。

《孔子家语》："立爱自亲始。"

　　在充分肯定亲情之爱的基础上，孔子"仁爱"学说逐步向外推延。以"亲亲"作为起点或第一步，"爱人"则是"仁"的第二步。由于血缘之"亲"与非血缘之"人"属于同类，具有共同性，所以由"爱亲"到"爱人"，很自然地具有逻辑上的必然性。孔子向往的仁爱境界是："人不独亲其亲，不独子其子，使老有所终，壮有所用，矜寡孤疾，皆有所养。"② 由"亲亲"到"不独亲其亲"，也就是孟子所说的"老吾老，以及人之老"③，进而就能达到一种"博爱"，即"泛爱众而亲仁"④，"四海之内皆兄弟"⑤，这正是孔子伦理学说的"泛爱"。

　　从"爱亲"到"爱众"，是社会发展对文化发展提出的要求。孔子生活的时代，血缘氏族已不再是社会结构中的唯一存在，建立在血缘关系基础之上的宗法社会组织，已经基本上被建立在地缘关系基础上的阶级社会组织取代。那么，孔子的"仁"学既要对建立在宗族血亲基础上的"爱亲"加以肯

----

① 《孔子家语·哀公问政》。
② 《孔子家语·礼运》。
③ 《孟子·梁惠王上》。
④ 《论语·学而》。
⑤ 《论语·颜渊》。

定，同时又必须有所突破和发展，把"仁者爱人"扩展到整个社会的人际关系。

众所周知，人类社会面临的威胁主要包括天灾、人祸两个方面，孔子的"爱亲"和"爱众"思想，显然是针对克服"人祸"而提出的。针对"天灾"，孔子又提出了"爱物"的主张。在孔子心目中，山之可乐、可爱，不仅在于山之高大、险峻、雄奇、秀丽、壮观，还在于山上山下"草木生焉，鸟兽蕃焉"，一片盎然生机。为保护自然环境，孔子反对乱捕乱杀，他捕鱼用钓竿而不用网，以免把幼小的鱼苗捕捞上来；他用带生丝的箭射鸟，却不射杀巢宿的鸟，因为杀巢宿的鸟会殃及巢中雏鸟。这种生态资源节用观体现了孔子的博爱之心。孔子曾说："知者乐水，仁者乐山；知者动，仁者静；知者乐，仁者寿。"① 他认为只有心中充满仁爱之情，才能做到热爱大自然中的山水，对水中之鱼、山中之鸟充满爱心。

这种博大的"仁爱"观，是孔子思想的核心内容，也是孔子政治思想的理论基础。在博大的"仁爱"思想基础上，孔子提出了著名的"仁政"理论。"仁政"是孔子的政治理想，孔子提倡"仁政"的目的就是要建立一个充满"爱"的社会。这种"爱"包括"爱亲人""爱人类"和"爱自然"，它是一种无限博大的"爱"。"博爱"是孔子留给中国人和中国文化最宝贵的遗产，在此基础上，早期儒家乃至中国文化具有了"天人合一""厚德载物"的博大胸怀。

为了让人们心悦诚服地将这种博爱理念外化为一种行为准则，即从理论上沟通"爱自己"和"爱他人"以及"爱万物"之间的逻辑联系，孔子提出了"推己及人"的思维方式。所谓"推己及人"，简单地说，就是中国民间常说的"将心比心""换位思考""设身处地为别人着想"。孔子认为，"推己及人"的思维方式，主要体现在"己欲立而立人，己欲达而达人"②、"己所不欲，勿施于人"③ 两个方面。

---

① 《论语·雍也》。
② 《论语·雍也》。
③ 《论语·颜渊》。

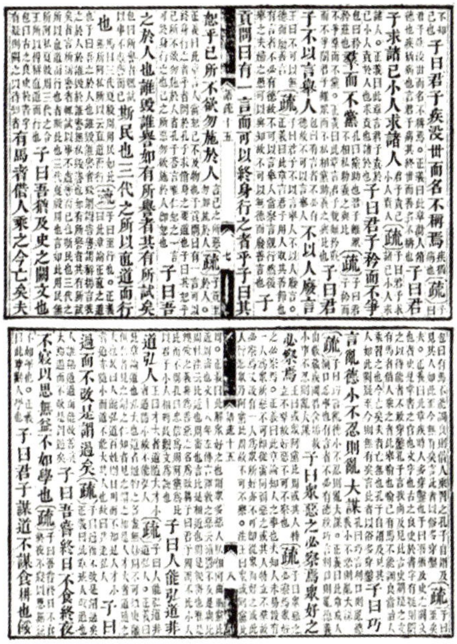

《论语》："有一言而可以终身行之者乎?"

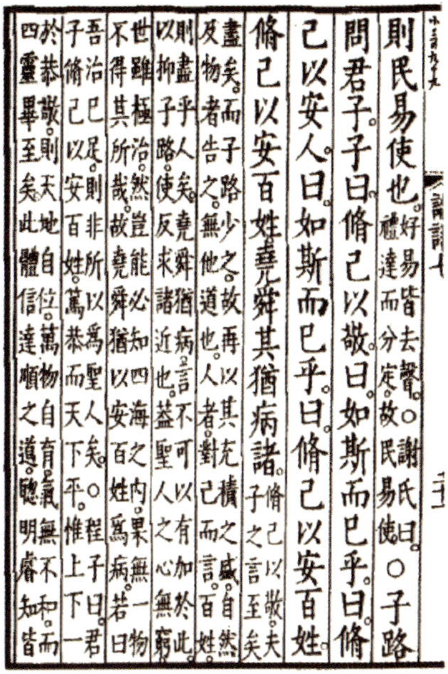

《论语》："修己以敬。"

孔子"仁"的思想是他一以贯之的核心学说。实际上,孔子自己也曾经说:"吾道一以贯之",这个"道"便是"忠恕"。曾子明确地说:"夫子之道,忠恕而已矣!"① 按照朱熹的解释,"尽己"就是"忠","推己"就是"恕"。一个人能够自觉"推己",他一定能够做到"尽己","尽己"乃是"推己"的前提。所以,当子贡向孔子请教"有一言而可以终身行之者乎"时,孔子回答说:"其恕乎!己所不欲,勿施于人。"② 然而,要真正做到"推己及人",需要极高的修养,所以孔子说:"修己以敬……修己以安人……修己以安百姓。修己以安百姓,尧舜其犹病诸。"③ "己所不欲,勿施于人"被广泛赞誉,并得到世人的认可,恰恰说明了孔子仁学思想的高度和深度。

总之,"仁"是孔子道德理论的基本原则,是各种道德规范、道德要求的基本出发点,整个儒家的道德规范体系都是以"仁"为核心展开的。在仁爱思想

① 《论语·里仁》。
② 《论语·卫灵公》。
③ 《论语·宪问》。

指导下，孔子又推衍出了"爱""敬"等具体原则，以及其他道德规范、范畴，它们其实都是"仁"的体现，都是从"仁"的基本原则中派生出来的。

第四节　"中"的思想方法

在孔子思想中，"中庸"是一个十分重要的概念。"中庸"不仅是儒家的道德准则，还是一种思想方法，是指以不偏不倚、无过无不及的态度为人处世。"中"谓中和，中正；"庸"谓常，用。

孔子提出了"中庸"的概念，把它作为最高的道德准则进行发挥。孔子的"中庸"思想承认矛盾的存在，但他认为对立的双方应当采取"致中和""和而不同"的方法，以防止矛盾的激化与转化，通过把握事物各方面的联系、平衡、调和、渗透等关系，寻找出事物的最佳状态。这里的"和"是处于动态中的"中"，即"时中"。中庸就是"用中"，就是将客观存在的"中"付诸实践，不偏不倚，切合时宜，达到"和"的目的。

清华简《保训》

孔子的"时中""中庸"思想渊源有自。如《论语·尧曰》中记载尧对舜说："天之历数在尔躬，允执其中。四海困穷，天禄永终。"而"允执其中"也成为孔子心目中上古三代圣王传"道统"的不二法门。新出土文献"清华简"《保训》篇，证实了儒家"中"的思维方式是对上古以来思想的继承与发展。作为周文王"遗言"，《保训》篇记载了文王临终前给太子发讲述上古三代圣王如何"求中""得中"，进而"用中"的故事。上古时期的圣王已经执"中"而行，如尧将"中道"

传于舜，舜修行"中道"；上甲微时同样依"中"而行，并将"中""传贻子孙，至于成汤"，至汤始有天下；周文王告诫即将即位的太子发，一定要遵循"中"道，不可轻慢懈怠。可见，"中"的观念，在治国理念中有着重要的作用，这也是"清华简"《保训》篇带给人们的重要启示。①

在古代圣王中，孔子十分赞赏舜，认为他是真正的大智者。在孔子看来，舜是"好问而好察迩言，隐恶而扬善，执其两端，用其中于民"的圣王。孔子继承并发展了"执两用中"思想，其中的"时中"理念成为早期儒学的重要组成部分。而"时中"实际上包含了两个层面的意思：一是"无可无不可"，一是"无过无不及"。没有一定可行之事，也没有一定不可行之事，一切都应以合"义"与否而定。"中庸"作为一种思维方式，具有很强的实践性，在社会生活的各个方面，孔子的主张都包含有中庸的智慧。

孔子的中庸思想与他的政治思想相互联结。孔子十分重视礼，主张以礼"制中"，用礼作为衡量标准。礼是不断发展变化的，孔子的中庸思想本身也讲究"权变"与"时中"，他希望处理事情审时度势，随时势的变化而处"中"。孔子是十分重视权变、通达的圣者，他曾说："可与共学，未可与适道；可与适道，未可与立，可与立，未可与权。"② 学习、得道、有所立，最重要的是要权衡事物的轻重、缓急，这也正是孔子说"谨权量，审法度，修废官，四方之政行"③ 的原因所在。

孔子的中庸思想也主导了他对世界的看法，并决定着他人生境界的高度。在孔

《中庸》："君子而时中。"

---

① 参考清华大学出土文献研究与保护中心：《清华大学藏战国竹简〈保训〉释文》，《文物》2009 年第 6 期。

② 《论语·子罕》。

③ 《论语·尧曰》。

子看来，人应当遵循自然与社会的运行法则，应当效法先王。他对自己心目
中的圣王尧帝在法天道上的成功大加赞赏，说"大哉尧之为君也！巍巍乎！
唯天为大，唯尧则之。"① 孔子在区别了"天""人"概念的基础上，把
"人"作为万物之灵长与"天""地"并列，称为"三才"，从《易》道讲到
了天道、地道、人道，讲到天地自然的运行规律，讲到做人应当遵循的法则。

　　孔子认为历史在不断发展，在"损益"中前进。《周易》整部书都在讲
"时"，讲"变化"，多次说到"与时偕行"。不管进退、出处，不管自励、教
学，孔子一生都体现了"时"的智慧。他决不复古倒退，也不蔑视古人。他
从历史中、从生活中体悟到了"时中"的哲学。孔子说："愚而好自用，贱而
好自专，生乎今之世，反古之道。如此者，灾及其身者也。"② 正因如此，孟
子才称其为"圣之时者"③，并从内心"私淑"④ 孔子其人。在孔子的心目

《论语》："山梁雌雉，时哉！时哉！"

---

① 《论语·泰伯》。
② 《礼记·中庸》。
③ 《孟子·万章下》。
④ 《孟子·离娄下》。

中，中庸是一种鲜能久持的"至德"，所以《中庸》记录孔子之言说："中庸其至矣乎！民鲜能久矣！"在周代，师氏"掌国中、失之事，以教国子弟。凡国之贵游子弟学焉"①。郑玄注："教之者，使识旧事也。中，中礼者也；失，失礼者也。"师氏主管教化，将有利于社会教化的"中礼"与"失礼"的过往之事传授给子弟，使他们懂得为政治国之道。可见，"中"在西周时期受到怎样的重视。孔子更是如此，他希望人们言行合乎中道，如他称赞闵子骞说："夫人不言，言必有中。"②又曰："不得中行而与之，必也狂狷乎。狂者进取，狷者有所不为也。"③

在政治管理中，孔子同样重视"中"道。例如，孔子十分看重刑罚之"中"，他说："名不正，则言不顺；言不顺，则事不成；事不成，则礼乐不兴；礼乐不兴，则刑罚不中；刑罚不中，则民无所错手足。故君子名之必可言也，言之必可行也。君子于其言，无所苟而已矣。"④在刑罚之中，实际蕴含着应当如何为人处世、治国行政的标准。从孔子的言语中可以看出，"礼乐兴"是"刑罚之中"的前提，"礼乐不兴，则刑罚不中"。所以，断案理狱，其标准还在于礼义。执行刑罚时，考虑的重点应当在于对社会的影响，在于对民众的教化意义。只有眼光远大、富有智慧的人才能找到"刑罚之中"，只有像孔子那样的人才能做到"见之以细，观化远也"⑤。

总之，孔子将古代的"中"赋予了"时""权"的意蕴，奠定了儒家"中庸"的思维模式。尤其是子思的《中庸》，也将早期儒家的天命观、心性学说，以及社会教化结合在一起。《中庸》开篇的"天命之谓性，率性之谓道，修道之谓教"，则将孔子"中庸"学说定位于"实学"的范畴。"中庸"不仅是人们认识世界的基本方法和为人处世准则，而且成为中国人的一种思维方式。

---

① 《周礼·地官·师氏》。
② 《论语·先进》。
③ 《论语·子路》。
④ 《论语·子路》。
⑤ 《吕氏春秋·察微》。

第四章　孔子弟子宣扬孔子学说

孔子弟子，史籍有的称为"七十子"，或泛称"孔门"。在中国文化史上，"孔子弟子"是一个特殊的群体，他们与孔子共同组成了早期儒者群体。孔子逝世后，孔子弟子"散游诸侯"，或从政，或经商，或授徒讲学，或隐居研究，他们都敬仰孔子，以弘扬儒学为己任。至战国中期，儒学已成为具有重大影响的"显学"，对后世中国文化产生重大影响。

第一节　孔门师徒所组成的儒者群体

孔子由"好学"而"博学"，在礼乐文化方面造诣精深。他积极倡导仁义礼让，主张恢复周公之治，在鲁国乃至其他邦国享有较高声望。在此基础上，许多年轻人慕名前来向孔子请教，不少弟子学有所成。随着孔子影响的扩大，他周围聚集的弟子越来越多。孔子弟子后学以孔子为"宗"，史籍称"礼义由孔氏出"①，儒家"宗孔子"②，"儒之所至，孔丘也"③。《淮南子·要略》叙述儒学产生过程说："孔子修成、康之道，述周公之训，以教七十子，使服其衣冠，修其篇籍，故儒者之学生焉。"实际上，最早的儒家学派便是由孔门师徒所组成的儒者群体。

孔子开始收徒后，弟子们陆续投入到他门下。孔子与弟子可谓朝夕相处，他非常了解弟子，对每个学生的特点几乎都了如指掌。例如，孔子说："由也果""赐也达""求也艺"④，说子路有决断，子贡通情达理，冉求多才多艺。

---

① 《盐铁论·论儒》。
② 《论衡·案书》。
③ 《韩非子·显学》。
④ 《论语·雍也》。

他还说："柴也愚，参也鲁，师也辟，由也喭。"① 这是说高柴愚笨，曾子迟钝，颛孙师偏激，仲由率直。孔子了解学生的方法和途径很多，如他自己所说的，要了解一个人，可以"视其所以，观其所由，察其所安"②，看一个人所作所为，了解其经历，观察他的爱好，也就很自然地掌握了弟子的基本情况，从而根据每个人的具体情况进行教育。

孔子了解每一位弟子的优点，也知道如何引导弟子改正缺点。有一次，孔子与子夏谈论其他弟子，孔子说："回之信贤于丘""赐之敏贤于丘""由之勇贤于丘""师之庄贤于丘"③。身为老师，孔子坦言颜回的诚信、子贡的机敏聪慧、子路的勇敢、子张的庄重都超过自己。但孔子也看到"回能信而不能反，赐能敏而不能诎，由能勇而不能怯，师能庄而不能同"④。唯有对弟子如此这般了解，才能对他们因材施教，使他们不过亦不能"不及"，引导他们全面发展，养成完善的君子品格。孔子说："自行束脩以上，吾未尝无诲焉。"⑤ 那时，15 岁左右的孩子，他们大都带着"为政"的理想，前来跟从孔子学习穷理、正心、修己、安人的道理。对此，孔子都进行教诲，向他们传授仁、义、礼、智等学说。时人评论说："孔子之施教也，先之以《诗》《书》，而道之以孝悌，说之以仁义，观之以礼乐，然后成之以文德。"⑥ 孔子先以诗书教育弟子，然后用孝悌思想教导他们，用仁义说服他们，用礼乐启示他们，以成就他们的道义和德行。

孔子教学的形式灵活多样，无论是闲居还是出游，甚至师徒临时相聚，都有可能成为他与弟子讲论问题的时机。弟子们珍视师说，将孔子的"善言嘉语"随时加以记录。如弟子子张向孔子"问行"，孔子回答说要认真履行"言忠信，行笃敬"6 个字。子张听后，担心忘记，连忙写在腰间的带子上。

---

① 《论语·先进》。
② 《论语·为政》。
③ 《孔子家语·六本》。
④ 《孔子家语·六本》。
⑤ 《论语·述而》。
⑥ 《孔子家语·弟子行》。

实际上，孔子弟子都是如此。很多时候，弟子觉得老师的言论十分精到，便注意及时整理。在《孔子家语》中，有几处有关弟子听完孔子讲述后立即"退而记之"的记载，说明弟子手头一定有不少的"听课笔记"。

孔子晚年，他的言语更受到弟子的格外重视。据《孔子家语·七十二弟子解》记载，孔子讲学时，他的身边往往有年轻的弟子加以记录。例如，叔仲会比孔子小 50 岁，与孔琁年龄相当，每当有学童在孔子身边执笔记事，常常二人轮流服侍左右。可以想见，以孔子为中心，他们常常相聚研讨，切磋琢磨，而且有年龄较小的弟子负责笔录。

在亲密的相处之间，孔门师徒结下了深深的情谊。孔子弟子服膺师说，也与老师同甘共苦，志趣相投。孔子不论在为政之余，还是在漫长的周游列国期间，总有弟子相伴左右。有的弟子更是如影随形，不离不弃，就如同孔子的家庭成员。孔子也离不开自己的弟子，直至终老都是如此。

在孔子的教导下，有的弟子走上"从政"的道路；有的继续研究经典，传承学术；还有的在生活实践中践行孔子思想。孔子弟子视孔子"犹父"，孔子也视弟子"犹子"①。孔子与弟子之间虽然没有血缘关系，但是形成了可以称为"拟血缘亲"的关系。孔子逝世后，孔子弟子"丧夫子如丧父"②，为孔子服丧 3 年，子贡甚至服丧 6 年。在服丧期间，孔子弟子思念孔子，他们十分不适应失去恩师之后的空缺，有几位弟子甚至推出"似圣人"③ 的有若，侍奉他像对待老师那样。弟子为老师服丧 3 年结束后，遂"相诀而去"。很多弟子"散游诸侯"，在各地传播与弘扬孔子学说；还有一些弟子留了下来，如孔子弟子及鲁人有百余家居住在孔子墓附近，形成了一个名为"孔里"的村落。《史记·孔子世家》说："故所居堂，弟子内。"孔子弟子有的就住进了孔子家里，并将这里改作祠堂，岁时奉祀孔子。

作为以孔子为核心的儒者群体，孔门师徒的影响很大。孔子以后，儒学

---

① 《论语·先进》。
② 《孔子家语·终记解》。
③ 《孟子·滕文公上》。

子贡庐墓处

成为战国时期的"显学"。正如有人所说，孔子"收的门弟子很多，他的思想有人替他宣传，所以他的人格格外伟大。自从孔子没后，他的弟子再收弟子，蔚成一股极大的势力，号为儒家"①。实际上，孔子在世的时候，他的弟子有的已经开始招收门徒，这对儒家学派的形成与壮大起了很大作用。在孔子弟子及再传弟子的影响下，鲁国民众也都服膺儒学，一时之间形成了崇儒、重儒的风气。《淮南子·齐俗训》说："鲁国服儒者之礼，行孔子之术。"《史记·游侠列传》说："鲁人皆以儒教。"孔子师徒作为儒者群体的影响可见一斑。

① 顾颉刚：《春秋时代的孔子和汉代的孔子》，见《顾颉刚全集·顾颉刚古史论文集》卷4，中华书局2010年版，第9页。

第二节 孔子的主要弟子

孔子学而不厌，诲人不倦，弟子众多。从总体上讲，孔门师徒之间教学相长，感情笃深，关系密切。他们互相爱护，甚至亦师亦友，和谐融洽。不过，孔子弟子性格各异，师从孔子有先有后，时间长短不一，因而其影响有大有小，对孔子学说与早期儒学的贡献也有不同。

《论语》中曾将孔子弟子分为"四科"，《先进》篇中记载说：

> 德行：颜渊、闵子骞、冉伯牛、仲弓。言语：宰我、子贡。政事：
> 冉有、季路。文学：子游、子夏。

此语未标明是孔子之言，而从被列举之人称字的情形看，可能确非孔子之言。但完全可以看作是孔门共识，或许出于孔子的评价。孔子因材施教，弟子秉性各异，也各有所长。德行，自然指的是道德、品行，《周官·地官·师氏》注云："德行，内外之称。在心为德，施之为行。"这也是孔门

圣门四科

"四科"中最为重要的一科。言语，即宾主相对之辞；政事，即治国之政；文学，即先王典籍文献。

《论语·先进》开篇还记有孔子"从我于陈、蔡者，皆不及门"的言语。不难理解，孔子对"四科"弟子的评述很值得重视。孔子周游列国十几年，在由陈去蔡的途中，曾因被陈国人包围而绝粮。这时，跟从他的学生有颜渊、子贡、子路等人。孔子回到鲁国后，子路、子贡先后入官而去，颜回离世，孔子于寂寞悲伤之余，经常怀念自己的学生，这或许可以看作孔子心境的反映。

悼道图

《论语》所叙述的"四科"弟子仅是列举而已，其他著名的弟子还有不少，如曾参、颛孙师、言偃、有若、澹台灭明等。这里，分别介绍在孔子人生及早期儒学舞台上比较有影响的几位。

一、颜子

颜子（前521—前481），即颜回，字子渊，故亦称颜渊。小孔子30岁。春秋末年鲁国人，他是孔子最得意的弟子。虽然颜回家境贫寒，生活窘迫，但他安贫乐道，对学术孜孜以求，是孔子弟子中最为"好学"的一位，受到孔子的高度称赞。颜回跟从孔子学习，可能一生未曾出仕。直到去世，颜回

颜子 像

也未离开孔子。颜回十分尊重孔子。孔子说："回也视予犹父也。"① 后人说："颜回之于孔子也，犹曾参之事父也。"② 曾子是有名的孝子，人们将颜回敬重孔子与曾子事父作比。

颜回尊敬孔子，乃基于他对师说的精到理解。孔子学说博大精深，正如西方学者所言，其中孔子"所提出的方法是简单的，也许你不会马上就喜欢它，但是其中却蕴涵着比人们第一眼所看到的更多的智慧"③。当时，社会上有很多人并不理解孔子，或许一些孔子弟子开始也是如此。但颜回却深深感知到"夫子之道至大"，了解孔子在乱世之中的境界，看到"能修其道，纲而纪之，不必其能容"④ 的特征。孔子的"君子"之德感召着他，使他认识到，一个人的思想学说越不为人们所理解，不为世道所容，越能看出这个人的信念与情怀，所以他说："不容，然后见君子"⑤。在危难之际，颜回更清楚地了解到孔子的"君子"之德。因此，颜回才会对孔子"亦步亦趋"，才会称

① 《论语·先进》。
② 《吕氏春秋·孟夏纪·劝学》。
③ （英）恩·贡布里希（sir E. H. Gombrich）著，张荣昌译：《写给大家的简明世界史》，广西师范大学出版社 2003 年版，第 85 页。
④ 《孔子家语·在厄》。
⑤ 《孔子家语·在厄》。

复圣小像

赞孔子说："仰之弥高，钻之弥坚。瞻之在前，忽焉在后。夫子循循然善诱人，博我以文，约我以礼，欲罢不能，既竭吾才。"①

在孔子弟子中，颜回以"德行"著称。他十分注重仁德修养，对老师的尊重也是他德行的重要体现。孔子说："自吾有回，门人益亲。"② 颜回崇仰孔子及其学说，作为道德践履的典范，颜回在孔门弟子中表现卓异，努力追随、掌握并力行孔子学说，去追求道德上的最高境界。孔子说："君子无终食之间违仁，造次必于是，颠沛必于是。"③ 孔子有很多称赞颜回的话，如《论语·雍也》记载说：

回也，其心三月不违仁，其余则日月至焉而已矣。

有颜回者好学，不迁怒，不贰过。

贤哉回也！一箪食，一瓢饮，在陋巷，人不堪其忧，回也不改其乐。贤哉回也！

尽管生活艰苦，但颜回却一心向学，矢志不移。孔子极力赞同颜回，后

---

① 《论语·子罕》。

② 《史记·仲尼弟子列传》。

③ 《论语·里仁》。

陋巷

人遂将这种境界称为"孔颜乐处"。颜回时时处处都以"仁"的标准严格要求自己。在孔子的诸多弟子中，只有颜回能做到"无终食之间违仁"。相传，孔子"不饮盗泉之水"①，颜回亦不舍朝歌之馆。孔子不饮盗泉之水，是因为该泉以盗为名，孔子认为喝了之后，会玷污自己的清白之名。朝歌是殷纣王都城的名字，殷纣王又是以暴虐而著称的帝王，因此，颜回认为朝歌是不仁、不德之地，因而忌讳在那里住宿。可见，颜回对仁德的重视程度。孔子不轻易以"仁"许人，但他却明确地说颜回是仁人！对颜回的仁德，孔子甚至自叹"弗如"。在孔子看来，仁作为一种崇高德行，在一般人身上能够存在就很了不起，而颜回却能"三月不违仁"。颜回如此，在于他能不断坚持善的积累，在日常的生活中把修德行仁落到实处。

《韩诗外传》中记载了子路、子贡与颜回3个人之间关于如何对待他人的对话。子路主张人对"我"好，"我"就对人好；人对"我"不好，"我"也会对人不好。子贡主张人对"我"好，"我"当然要对人好；人对"我"不好，"我"要随机应变。而颜回主张人对"我"好，"我"自当对人好；人对"我"不好，我也要善待人家。孔子对颜回的待人之道给予很高的评价。在颜回看来，不能以礼待人，就不要指望别人以礼待己。颜回始终保持着

复圣庙（即颜庙）

———————————

① 《尸子》卷下。

谦谦君子的形象，曾子说颜回是"犯而不校"①，受了别人的气也从来不去计较。

作为孔门高足，颜回堪称千古道德典范。后世所谓的"颜子精神"，就是指对道德最高境界的身体力行，也称为"德性之乐"。在宋儒大倡"寻孔颜乐处"的影响下，颜子精神为后世称许，为历代统治者重视。

二、曾子

曾子（前505—前435），即曾参，字子舆。春秋末年鲁国人。在孔子弟子中，曾子是道德修养比较全面的一位，他尤其强调"省""信""孝"等，对孔子学说的理解非常精到而深刻。曾子特别注重内心的修省，《论语·学而》记曾子曰："吾日三省吾身：为人谋而不忠乎？与朋友交而不信乎？传不习乎？"曾子所强调的这种无须外人强制，主动而发自内心的自我反省，也是他修养方法最突出之处。相传《大学》为曾子写定，在《大学》《中庸》中，都有君子"慎其独"的说法。所谓"慎独"，就是一个人独处时，也不要做出违背道德之事来。"省身"与"慎独"都是道德素养很高的表现。

曾子格外注重"信"。曾子"杀猪教子"的故事可谓千古美谈。据《韩非子·外储说左上》记载，曾子之妻为哄骗孩子不跟自己去集市，答应回来杀猪给他吃。但回来之后，她又说是"与婴儿戏耳"。曾子很严肃地批评妻子，指

曾子 像

---

① 《论语·泰伯》。

曾子杀猪教子

责妻子不应不守诚信，以免给孩子造成不好的影响。于是，曾子决然杀了猪给儿子吃。由此不难理解，曾子所注重的反省，其中也包括与人交往时的"信"。曾子以"孝"著称。据说《孝经》出于曾子，全面阐发了孔子的"孝"的学说。人应当事亲以孝，注重孝道，家庭伦理乃是政治伦理的基础。正如孔子所说，对待父母，"生，事之以礼；死，葬之以礼，祭之以礼"①。在曾子看来，只有谨慎地办理父母的丧事，诚心诚意祭拜祖先，民众才会受到感化，德行也会趋向敦厚，最终使近者亲善、远者来附，从而天下安定和谐。曾子不仅在理论上关注"孝"，在现实生活中，他也是一个不折不扣的孝子。传统的《二十四孝》中的"曾子耘瓜受杖"的故事，已为大家所熟知。就是因为他锄坏了一棵瓜苗，就被父亲打得昏死过去。

曾子醒来后还安慰父亲，生怕累着父亲。他的这种行为，有点近似于一种"愚孝"，在当时就受到孔子严厉批评。曾子孝亲的例子还有很多，如"曾子不吃羊枣""曾子不过胜母坊"等等。曾子的"孝"亲言行，始终贯穿着一个"敬"字。因此，曾子能够成为以"孝"而彪炳千古的典范。曾子对于儒学

授受孝经图

①《论语·为政》。

耘瓜受杖图

思母吐鱼图

的发展有重大贡献，他上承孔子，下启子思，孟子又"学于子思之门人"。由曾子及其弟子们所组成的"洙泗学派"，被视为孔门后学中发展孔子学说的重镇之一。在唐宋之后的儒家所厘定的儒家道统中，曾子无疑具有极为重要的

宗圣庙

75

地位，此时他在孔门弟子中，与颜子的地位相伯仲，同列儒家"圣人"的行列。在元代至顺元年（1330年）被封为"郕国宗圣公"，这是曾子谥号称"圣"之始。

三、子贡

子贡（前520—?），即端木赐，子贡是其字。春秋时期卫国（今河南濮阳）人。在孔门弟子中，子贡以能言善辩著称，他既是当时著名的商人，又是孔门中最具有外交才能的弟子。在子贡身上体现出一种"现实主义"与"理性主义"精神，他格外推崇孔子思想及其人格，积极宣扬师说。子贡在那时是一位具有重要影响的人物。《史记·仲尼弟子列传》中说："子贡一出，存鲁、乱齐、破吴，强晋而霸越。子贡一使，使势相破，十年之中，五国各有变。"他的外交才能对春秋社会形势产生重大影响，所以当时各诸侯国君对子贡都十分尊重。如司马迁所言，"国君无不分庭与之抗礼"①，子贡在晋见诸侯国君时，他们都以平等的礼节会见子贡。至于他的经商水平，孔子曾评价说："赐不受命，而货殖焉，亿则屡中"②，充分肯定子贡的经商能力。子贡"家累千金"③，应该是孔门弟子中最富有的一个。子贡富有之后，常做一些慈善仁义之举，譬如从其他诸侯国赎回鲁国人等。

子贡是一个谦虚而有自知的人。据

子贡 像

---

① 《史记·货殖列传》。
② 《论语·先进》。
③ 《史记·仲尼弟子列传》。

《论语·公冶长》记载，当孔子问子贡"女与回也孰愈"时，子贡回答说："回也闻一以知十，赐也闻一以知二"①。孔子对子贡的回答也表示赞同。当有人说子贡"贤于仲尼"时，子贡立刻反驳说："譬之宫墙，赐之墙也及肩，窥见室家之好。夫子之墙数仞，不得其门而入，不见宗庙之美，百官之富，得其门者或寡矣。"② 这表明子贡的自知与"知圣"，更显示出他对孔子的爱戴与崇敬。从子贡对孔子的尊崇中，可以了解到孔子学说的博大精深。例如，当有人诋毁孔子时，子贡说："仲尼不可毁也。他人之贤者，丘陵也，犹可逾也；仲尼日月也，无得而逾焉。人虽欲自绝，其何伤于日月乎？多见其不自量也。"③ 在他看来，是时势造就了孔子这样的"圣人"。

四、子路

子路（前542—前480），即仲由，子路为其字。春秋末年鲁国人。子路拜孔子为师，在孔门弟子中最有特点，也是最富有戏剧性的一位。据说孔子最初见到子路时，他的装扮很是特别，他身披野猪皮，头上插着色彩斑斓的公鸡毛，还带着佩剑，看上去随时都会惹事的样子。孔子想收他为徒，但子路却不以为然，他说："世上的好多东西都是先天生就的。比如南山上的竹子，并没有人去整修它，它照样长得很直；把竹子做成箭，连犀牛皮都可以穿透。这难道不是先天生就的吗？如此而论，何必要学？"孔子说："竹子如果

子路 像

① 《史记·仲尼弟子列传》。
② 《论语·子张》。
③ 《论语·子张》。

削尖了再配上羽毛，装上箭头，射入犀牛皮不是会更深吗?"几句话把子路说得心服口服，立刻拜孔子为师。很显然，子路拜师孔子是他人生道路上的一大重要转折。

　　子路是尊师卫道的典范，他为人果敢率真，但有时也会过于偏激。在孔子的耐心开导下，子路逐步去掉了鲁莽的缺陷，对孔子思想的理解逐步加深。典籍多处记载子路向孔子提出的各种问题，他的问题主要围绕三方面：一是与做人有关，包括问强、问勇、问君子、问士、问礼、问孝、问完人等；二是与政事有关，包括问政、问事君、问贤人治国等；三是对历史人物、历史事件的评价，包括问管仲、问子产、问中行氏等。对子路提出的问题，孔子总是给予耐心回答。在孔子学说的感召下，子路成为孔子最忠实的弟子，毕生都在捍卫和弘扬孔子之道。子路尊重孔子，拳拳之心溢于言表。在周游列国期间，他们困厄重重，子路或亲自驾车，或充当侍卫，随时准备以他的生命保护孔子。孔子无论是在匡地被围，还是在蒲邑被困，最后的脱身都得力于子路。为保护老师的尊严，子路一方面对攻击老师的言论进行反击，另一方面对老师不盲从。在子路看来，只有老师尽可能少地出现过失，才能最大限度保持师道尊严。所

子路受教

过蒲赞政

以，子路往往会直言不讳地对孔子言行提出质疑与规劝。例如，孔子欲应公山弗扰之召，子路表示"不悦"①；孔子在卫国"见南子"，子路同样表示"不悦"②。他对孔子的言论提出质疑时也言辞直接。如孔子提出"正名"的主张时，子路竟然脱口而出，说："有是哉！子之迂也，奚其正?"③ 尽管子路的言论有时难免使孔子难堪，但孔子还是很喜欢，并庆幸有子路这样的弟子。孔子曾说："自吾得由，恶言不闻于耳。"④ 子路曾有短暂的从政生涯，曾做过卫国的蒲邑宰，将此边鄙之地治理得井井有条。在施政过程中，子路坚守孔子提倡的德治主张，孔子看后竟至"三称其善"⑤。子路遵循孔子教诲，按照"君子"的标准要求自己，他甚至在卫国内乱遇难时，还不忘整理衣冠，最终"结缨而死"⑥。子路孝行突出，他"百里负米养

① 《论语·阳货》。
② 《论语·雍也》。
③ 《论语·子路》。
④ 《史记·仲尼弟子列传》。
⑤ 《孔子家语·辩政》。
⑥ 《史记·仲尼弟子列传》。

第四章 孔子弟子宣扬孔子学说

子路百里负米

亲"的德行被后世广为流传。

五、子夏

　　子夏（前507—?），即卜商，子夏是其字。卫国温邑（今河南温县西）
人。子夏属于孔子晚年的弟子。据记载，子夏投师孔子门下时，家境也相当
贫穷，"衣若县鹑"。在孔子的培养下，子夏对古代典籍产生了极大的兴趣。
子夏"学而优则仕"① 的思想，对中国人的心态产生了根深蒂固的影响。子
夏这一主张的提出，应是基于对孔子"内圣外王"思想路线的深刻理解。孔
子讲"修己以安人"，"修己"是齐家、治国、平天下的基本出发点。子夏深
刻领会老师的学说，在"修己"问题上，尤其强调"学"的重要意义。

　　孔子在世的时候，子夏曾做过莒父宰。据《韩诗外传》记载，鲁哀公曾
经问子夏："只有先学习然后才能安国保民吗？"子夏说："我还没听说过有谁

―――――――――――

　　① 《论语·子张》。

没通过学习就能安国保民的。"哀公
又反问："难道像五帝这样的古圣王
也有老师吗?"子夏说:"当然有。"
五帝如果没有老师,他们的功业也
不可能彰显于天下。可见,子夏已
经把"学"的重要意义做了进一步
的提升。在子夏心目中有其独特的
好学标准,如他说:"日知其所亡,
月无忘其所能,可谓好学也已矣。"①
当然,他更注重人们贯穿于现实生
活中的活学问。子夏说:"贤贤易
色,事父母能竭其力,事君能致其
身,与朋友交言而有信。虽曰未学,
吾必谓之学矣。"②

子夏 像

在孔门弟子中,子夏对古代典
籍的兴趣和造诣都是首屈一指的。
子夏多次向孔子请教《诗》《书》
《易》《春秋》等问题。子夏在读到《诗经·卫风》时,向孔子请教说:"'巧
笑倩兮,美目盼兮,素以为绚兮。'何谓也?"孔子说:"绘事后素。"子夏立
刻领会出"礼后乎",孔子也因子夏的心领神会而高兴,并说:"起予者商也!
始可与言《诗》已矣。"③ 子夏能领会孔子的思想,有时还能对孔子有所
启发。

子夏在文献方面的功底相当深厚,尤其精于《春秋》之学。据说,孔子
以《春秋》授子夏,史有记载。《史记·孔子世家》说:"孔子……为《春

---

① 《论语·子张》。
② 《论语·学而》。
③ 《论语·八佾》。

第四章 孔子弟子宣扬孔子学说

秋》，笔则笔，削则削，子夏之徒不能赞一辞。弟子受《春秋》，孔子曰：
'后世知丘者以《春秋》，而罪丘者亦以《春秋》。'"《古微书》所记更明确，
《春秋纬·春秋说题辞》称："孔子作《春秋》一万八千字，九月而书成，以
授游、夏之徒。游、夏之徒不能改一字。"《孝经纬·孝经钩俞诀》则曰：
"孔子在庶，德无所施，功无所就。志在《春秋》，行在《孝经》。又曰：'某
以匹夫徒步以制正法，以《春秋》属商，以《孝经》属参。'"

　　后人以《古微书》属纬书而不信其说，其实这些说法不为无据。《吕氏春
秋·察传》记子夏经过卫国去晋时，有读史的人说"晋师三豕涉河"，子夏马
上听出"三豕"为"己亥"之误，说明他精于春秋史事。《韩非子·外储说
右上》称"患之可除，在子夏之说《春秋》也"，又说："子夏曰：《春秋》
之记臣杀君、子杀父者以十数矣。"《春秋繁露·俞序》记曰："卫子夏言：
有国家者不可不学《春秋》，不学《春秋》则无以见前后旁侧之危，则不知
国之大柄，君之重任也。"又记："子夏言《春秋》重人，诸讥皆本此。"如
此等等，皆能说明子夏与《春秋》的密切联系。

　　子夏在学习儒家典籍的同时，还积极教授弟子。《后汉书·徐防传》中记
徐防说："《诗》《书》《礼》《乐》，定自孔子；发明章句，始于子夏。"所谓
"章句"，是借助辨章析句发明本意来释读儒家经典的一种方法。子夏的"章
句"之学，对儒家经典的传播意义重大。子夏曾经收徒授学，所收门徒可能
为数不少。《后汉书·徐防传》注引《史记》曰："孔子没，子夏居西河，教
弟子三百人，为魏文侯师。"《论语·子张》中记有"子夏之门人"与子张的
对话，《墨子·耕柱》也有关于"子夏之徒"的记载。子夏教授弟子，为儒
家经典的解释与传授做出重要贡献。

　　就子夏的经学而言，他于诸经皆有钻研，也有所侧重。《史记·孔子世
家》称孔子以《诗》《书》《礼》《乐》等教育学生，孔门弟子对于孔子所整理的
这些典籍皆有所学，其弟子"身通六艺者七十有二人"，但后人明确说，"孔

子弟子，惟子夏于诸经独有书"①。其他弟子虽通六艺，而在后来接续孔子事业，并以经书从事教育、传授弟子的，子夏可谓最为突出。子夏于各经有所侧重，但于《诗》《乐》之学、于《春秋》微言大义、于孔子所见的《易》学之理，见解尤其独到。从孔子与诸经的关系中，不难看出孔子"述而不作"，他整理"六经"时当然不会随意对经书进行整理编排，而是有一定的指导思想蕴含其中，《春秋》如此，其他各经应该也是这样。子夏等人号为"孔子之通学"，

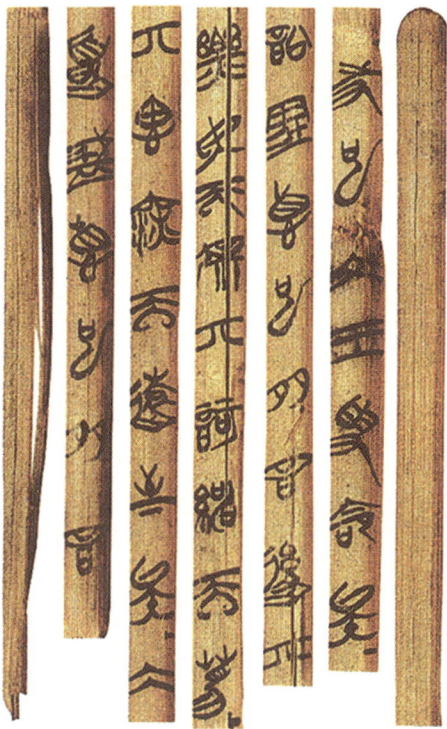

上博简《孔子诗论》

他们常常用心体味经书中的孔子思想。子夏习经很擅长发掘经书潜在的深义，这正是子夏经学的一个突出特点。在与同门的交流中，子夏经常会发表一些真知灼见。如孔子弟子司马牛出身于宋国贵族，其兄司马桓魋在宋国发动叛乱，司马牛深以为耻和不安。他发誓不再认其为兄，但又常常为骨肉兄弟之情而叹息。他说："人皆有兄弟，我独亡！"子夏说："四海之内皆兄弟也，君子何患乎无兄弟也？"② 子夏也有一些消极言论，如他说"死生有命，富贵在天"③ 之类。

---

① 洪迈：《容斋续笔》卷14《子夏经学》，《四部丛刊续编》本。

② 《论语·颜渊》。

③ 《论语·颜渊》。

第三节　孔子弟子弘扬传播师说

　　孔子的人格魅力及博大精深的学说，使得弟子们深深服膺。孔子生前，孔门弟子已经开始弘扬孔子学说，但那时对孔子思想的弘扬往往是孔门师徒共同完成的，在地域上，也受到孔子及其弟子活动范围的影响，局限于鲁、齐、宋、卫、陈、蔡等地。由孔子和弟子所组成的儒学团体虽然因孔子去世而松散，并在阐释孔子学说上出现了重大分歧，但并不意味着孔子学说的分裂。孔子弟子除"隐而不见"者外，无论是"为师傅卿相"，还是"友教士大夫"，都遵循着"遵夫子之业而润色之"①，希望将孔子学说发扬光大。

　　孔子去世后，其弟子按时祭祀孔子。除此之外，孔门弟子之间很可能依然保持着一定的联系，如子夏之子去世后，子夏眼睛失明，曾子则前往"吊之"②；"原宪居鲁"，子贡曾"往见原宪"③。然而，整体来说，他们已经分散于当时各诸侯国。在传世文献中，此时孔门弟子在诸侯国的活动，主要是通过政治路线结交诸侯、士大夫，进而扩大师说的影响。此外，孔门弟子著书立说，招收学徒，也是弘扬孔子学说的重要方式。

　　孔子以后，关于弟子们的去向，司马迁在《史记》中说到子路居卫、子张居陈、澹台灭明居楚、子夏居西河、子贡终于齐。其中，子路居卫，还是孔子生前的事情。唐代学者司马贞在《史记索隐》中说："子夏为魏文侯师。子贡为齐、鲁，聘吴、越，盖亦卿也。而宰予亦在齐为卿。余未闻也。"在传世文献中，关于孔子弟子活动的记载不多，自孔子至孟荀间，儒学史似乎有一个较为薄弱的环节。不过，通过梳理传世文献，孔门弟子结交诸侯士大夫、弘扬孔子学说，仍可以勾勒出一个大体轮廓。

　　孔门弟子中，弘扬师说最力者应是子贡。子贡虽然不以"立言"的思想家形象显世，但他却凭借雄辩的口才以及善于经商的优势，在列国之间奔走，四

---

① 《史记·儒林列传》。
② 《礼记·檀弓上》。
③ 《庄子·让王》。

处宣扬师说。作为孔子的高足，子贡的学识不同于一般商人。诸侯不仅需要他的货物，更尊重他的学识，因此，他能得到"所至，国君无不分庭与之抗礼"①的殊遇。在转运货物、结交诸侯的过程中，他并没忘记自己是孔子弟子。他在积极地宣扬孔子学说的同时，也对世人对孔子的误解做出有力的回应，甚至与抨击者进行激烈的辩论。司马迁赞誉说："夫使孔子名布扬于天下者，子贡先后之也。"② 也就是说，子贡是孔门弟子中弘扬孔子学说最重要的一位。

与子贡通过经商结交诸侯、士大夫的方式不同，子夏是通过在魏国西河"设帐讲学"的方式在诸侯、士大夫间弘扬孔子学说的。子夏继承孔子"学而优则仕"的原则，他的三百名弟子中，多数都是参与政治、建功立业的著名人物。据《史记》之《儒林列传》《礼书》记载，田子方等人曾"受业于子夏之伦，为王者师"，甚至魏文侯也服膺于子夏所宣扬的孔子学说。正因如此，子夏在西河的名声大噪，西河人甚至称其为当时、当地的孔夫子。如《礼记·檀弓上》记曾参批评子夏的三条罪状，其中第一条就是"吾与女事夫子于洙泗之间，退而老于西河之上，使西河之民，疑女于夫子"。当然，虽然子夏宣扬孔子学说，侧重于政治路线，但"好与贤己者处""可者与之，不可者拒之"③ 的原则，决定了子夏具有"不畏大国君主和不受其侮辱的精神"。尽管他曾将自己的过失归结于"离群而索居"，但子夏在与诸侯、士大夫的交往中，同样未忘记他是孔子弟子的身份，如《尸子》记子夏说："君子渐于饥寒，而志不僻；鍐于五兵，而辞不慑；临大事，不忘昔席之言。"子夏"不忘昔席之言"，也表明他在处理重大问题时，所遵循的仍然是孔子之道。

除子贡、子夏外，积极弘扬孔子学说的弟子还有很多，如前引司马贞之语，就提到澹台灭明、子张、宰予等人。其中澹台灭明的贡献也不小，虽然传世文献对他南方之行中结交诸侯、士大夫的情况记载有限，但通过招收弟子的方式弘扬孔子学说也应没有问题。如《史记·仲尼弟子列传》中说："（澹台灭明）既已受业，退而修行，行不由径，非公事不见卿大夫。后南游

---

① 《史记·货殖列传》。

② 《史记·货殖列传》。

③ 《论语·子张》。

子羔仁恕为政

至江，从弟子三百人，设取予去就，名施乎诸侯。"澹台灭明不太愿意与政治
人物接触，但他在诸侯、士大夫心目中却有显赫的地位。孔子弟子都如水中
涟漪般以其独特方式将儒学扩散开来，提高了儒学的影响力。澹台灭明将孔
子学说南传与子夏的北传遥相呼应，不仅使孔子学说在更大范围内产生影响，
而且使儒学有机会与其他地域文化相互碰撞，为孔子学说的发展创造了条件。

　　在南传与北进的同时，曾子及子思等孔门后学在鲁、齐、卫等地传播儒
学，也加深了孔子学说在诸侯、士大夫间的影响。在《孟子》《礼记》《孔丛
子》等文献中，有不少子思结交诸侯、士大夫的记载，如费惠公就曾以子思
为师。

　　总之，孔子在世时，孔子学说的影响范围主要是孔子师徒所到之处。尽
管孔子在世时已经是人们心目中的"圣人"，但儒学仍限于以齐、鲁为中心的
地域。孔子去世后，孔门弟子散游各地，他们通过交友、开坛授学、潜心研
究等方式弘扬孔子学说。尤其是通过友教诸侯、士大夫的方式，使孔子学说
在社会上层获得了较大的生存空间，使儒学成为战国时期的"显学"，也使之
在与其他地域文化的碰撞与应对挑战中得到更广泛的传播。

第五章　子思子整理孔子遗说

　　孔子未能实现自己的理想，郁郁不得志，而晚年又遭丧子丧徒之痛，或许值得他欣慰的，就是有可堪造就的裔孙孔伋。据《孔丛子·记问》记载，有一次，孔子在家闲居，喟然而叹。当时年幼的孔伋见此情形，对孔子说："您是担心子孙不修，辱没了祖先？钦羡尧舜之道，但遗憾的是无法赶上那个时代吗？"这令孔子大喜过望，他欣然而笑，感慨道："吾无忧矣！世不废业，其克昌乎？"果然，孔伋日后成为了一代儒宗，昌大了孔子的学说。

　　孔伋，字子思，春秋战国之际著名的思想家。关于子思享年，《史记·孔子世家》记"年六十二"，今有学者认为是"八十二"之误。子思之父孔鲤先孔子而去世。子思年幼好学，学于曾子，又直接受到其祖孔子的影响。作为孔子裔孙，在孔子去世以后，子思的地位越来越高，逐渐成为孔子后学的中心人物。子思曾受教于曾子，孔子的思想学说由曾参传子思，子思的门人再传孟子。后人把子思、孟子一系称为"思孟学派"。所以，子思上承孔子"中庸"之学，下开孟子"心性"之论，在孔孟"道统"传承中起着桥梁作用。

　　子思曾为鲁穆公之师，他与孔子相似，一生历尽艰辛，生活贫困。他说："道伸，吾所愿也，

曾思授受图

子思子 像

今天下王侯其孰能哉，与屈己以富贵，不若抗志以贫贱。屈己则制于人，抗志则不愧于道。"① 子思的秉性与孔子相同，他在政治上同样刚傲不屈，忠恳诚实，他说："恒称其君之恶者为忠臣。"② 这恰是他本人忠臣品格的体现。

　　子思在儒家道统上占有重要地位，被尊为"述圣"，但是，他的思想却因其著作的逸佚而显得模糊不清。传统上，人们以《中庸》为子思作品，但由于其写定于汉代，关于其作者也存有争议。所幸的是，地下新出文献的面世，使久已失传的子思著作重新呈现在世人面前，使传世的子思作品亦有了检视的机会，为重新审视子思学术带来了契机。

　　根据研究，子思不仅继承发展孔子学说，最为重要的是，子思曾将"孔子遗说"进行收集整理，专门辑录孔子言论，而且《论语》《孔子家语》的最初编订也可能出自子思。在继承孔子思想的基础上，子思对孔子学说进行了拓展和深化，开启了儒家心性论的先河。

---

① 《孔丛子·抗志》。
② 郭店楚墓竹简《鲁穆公问子思》。

第一节　《子思子》中的孔子遗说

子思自幼受孔子之教，得其祖亲传，后又学于曾子、子夏、子游等孔门高足，加上他本人天资聪颖，很快成为战国初期著名的思想家、儒家学派的正宗传人。随着子思声名的日益扩大，又有孔子嫡孙的特殊身份，当时就有不少人投到他的门下读书学习。其中，我们所知比较著名的弟子就有县成、胡毋敬、曾申、申祥等人。以子思为中心，形成了孔子之后一个重要的儒家派别——子思之儒。

据《韩非子·显学》记载："自孔子之死也，有子张之儒，有子思之儒，有颜氏之儒，有孟氏之儒，有漆雕氏之儒，有仲良氏之儒，有孙氏之儒，有乐正氏之儒。"有人认为，韩非所提到的儒家八派，乃是孔子死后在孔门后学争正统的斗争中先后涌现的以孔子真传自居的八大强家①。儒家八派并非同时出现的，子思、孟子、乐正子之间师承相接，应有着一贯的学术思想。由此看来，在孔子死后所造成的儒家领袖的真空中，子思确实起到了旗手的作用。

据史书记载，子思有不少著作。不过，其著作却有着一个复杂的流传、分合和亡佚的过程。据《史记·孔子世家》，司马迁说"子思作《中庸》"，而《汉志》则著录"《子思》二十三篇"。至《隋书·经籍志》则著录《子思子》7卷，《唐志》记载同。然而，这些本子却都陆续亡佚。今天我们可以看到的《子思子》有南宋汪晫和清儒黄以周的重辑本。不过，学者以往对此辑本持怀疑态度，认为不可信据。

所幸的是，1993年湖北荆门郭店楚简的发现，使子思的作品重见天日。经过众多学者的研究，学界基本取得共识，郭店儒简基本上属于子思一系的作品。郭店儒简共14篇，其中《五行》《六德》《缁衣》《成之闻之》《性自命出》《尊德义》《鲁穆公问子思》诸篇皆应属于《子思子》。1994年上海博

---

① 吴龙辉：《原始儒家考述》，中国社会科学出版社1996年版，第108页。

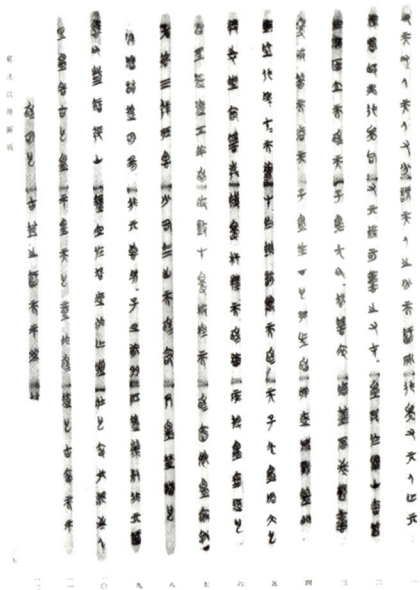

郭店楚墓竹简《穷达以时》

物馆购藏了一批与郭店简年代相近的楚简，其中有定名为《从政》的两篇简文，可以考定为《子思子》佚篇。据此，人们断定，原来收入《礼记》的4篇：《中庸》《表记》《缁衣》《坊记》皆应属于子思的作品，南朝梁沈约的说法是可信的。另外，郭沂先生考证，现存《淮南子》的《缪称训》可能即子思佚文《累德篇》。由此，因考古发现而重新面世的子思一系著作，使这位战国儒宗成为可以重新认识的历史人物，也使探求其本人思想成为可能，探求其与孔子之关系亦有了较为充足的资料。我们可以发现，在现存的子思著作中，大体包含着三种类型：其一是子思本人的作品，其二是子思弟子或后学辑录的子思言行事迹，其三是子思辑录的孔子言行。其中，子思所辑录的孔子言论，在子思作品中占据极大的篇幅。比如上面提到的《礼记》4篇——《中庸》（部分）、《表记》、《缁衣》、《坊记》，另外如上博简《从政篇》、郭店简《穷达以时》等皆应属于此类。子思的一大贡献就是辑录整理了孔子的遗说。《子思子》书中记载有大量孔子遗说，可以得到文献记载的印证。

在《孔丛子·公仪篇》中，记载了一段故事：

穆公谓子思曰："子之书所记夫子之言，或者以谓子之辞也。"子思曰："臣所记臣祖之言，或亲闻之者，有闻之于人者，虽非其正辞，然犹不失其意焉。且君之所疑者何？"公曰："于事无非。"子思曰："无非，所以得臣祖之意也。就如君言，以为臣之辞，臣之辞无非，则亦所宜贵矣。事既不然，又何疑焉？"

据学者考证，《孔丛子》绝非伪书，所记当有根据。由此可知，子思的作品中包含着不少孔子的言论，同时也说明这些孔子语当时就被怀疑为子思假托，而子思对此进行了反驳。

第二节　子思子领纂《论语》

《汉书·艺文志》中说："《论语》者，孔子应答弟子时人及弟子相与言而接闻于夫子之语也。当时弟子各有所记。夫子既卒，门人相与辑而论纂，故谓之《论语》。"也就是说，《论语》是由孔子弟子及再传弟子结集而成，结集的时间当在孔子去世后不久。唐代以后，历代都有学者对《论语》成书问题进行研究。但直到清朝以前，似乎学者们的探讨还大致不离《汉书·艺文志》的框架，即主要讨论《论语》具体出于孔子哪一位或者哪几位弟子，出于孔子去世后的什么时间。清朝以来，疑古思潮兴起，同几乎其他所有的典籍一样，《论语》的成书问题也受到学者的质疑，其真实性渐成问题。崔述的研究最具代表性，他的《洙泗考信录》和《论语余说》用考究授受源流等方式，论定《论语》一书有"窜乱"，有"续附"，《论语》编订初始，各篇不出于一人之手，而是"各不相谋"，其后才汇为一本，又有"采自他书以足成之者"。崔述的根据主要是前十篇与后十篇文体上有所不同，认为尤以最后五篇不足信。近代以来，学者更是对此展开讨论。有学者说"《论语》的结集，时间可能晚得多，不是在公元前五世纪，而是在公元前二世纪的景、武之际"，不承认《论语》有"原始结集"之一事，认为不论其结集时间、篇目多少、《论语》传本，还是文字

《论语》

真伪，都还存在问题，从而主张对《论语》进行"分解"式的研究①。还有学者认为，《论语》中的资料不能相信，如其中《微子》篇中的一些记载，就不能据以评价孔子，以为"他们分明是庄子学派的人编造，儒家的后生记了下来，略加改造而附在《论语》后面的"②。

崔述的观点也受到外国学者的推崇。如美国学者顾立雅（H. G. Creel）就说："似乎不太可能确定什么时候孔子讲了这些话以及什么时候他的弟子们首次集录成书。首先进行集录的可能不是孔子弟子而是弟子们的某些弟子。正如有人所主张的，现存《论语》中的前十章是原书，接下来的五章是后来某个时候增补的。大抵可以肯定崔述的假定是正确的，这就是，十六到二十章是更晚些的增补。"他在其书的注中还说："崔氏对《论语》的批判——这是一位独一无二的学者对此论题做出的最重要的贡献。"③ 日本学者木村英一也是如此，他研究《论语》各篇，一一落实各篇写成的时间，认为某些篇成于孔子再传、三传、四传甚至五传弟子之手，这与崔述的看法大体一致。西方学者对《论语》的怀疑更有过之而无不及，据说，20 世纪 30 年代，"受疑古思潮的影响，英国的汉学家韦利坚持认为，《论语》一书 20 章，只有第三至第九章是可靠的，其余各篇均系后人所加。这一疑古考证已经成为西方汉学的经典著作至今仍有较大的影响"；"有一对学者夫妇——布鲁克斯夫妇（白牧之、白妙子）……只相信第四章的前二十节是可靠的，其余都是孔子的学生们在 240 年的时间内逐步加上的"④。

其实，《论语》中记载有曾子临终之言，该书成书时间的上限在曾子去世之后当然没有什么问题，问题在于《论语》成书时间的下限。从《论语》中的句子被传世文献引述看，时间较早的是《孟子》，而且其中多次征引，这

① 朱维铮：《论语结集胜说》，《孔子研究》1986 年创刊号。

② 李毅夫：《研究孔子思想必须正确使用资料》，《齐鲁学刊》1987 年第 3 期。

③ （美）顾立雅著，高专诚译：《孔子与中国之道—现代欧美人士看孔子》之《附录：〈论语〉的确实性》，山西人民出版社 1992 年版，第 407 页。

④ 程钢：《西方学教的先秦思想史研究》，载黄留珠、魏全瑞主编：《周秦汉唐文化研究》（第一辑），三秦出版社 2002 年版。

样，《论语》的结集时间可以初步定于曾子已死之后、孟子既生之前，具体时间大致在公元前428年至公元前372年间中。

随着郭店竹简的发现，我们还可以继续思考《论语》结集时间的下限。郭店楚简研究证明，其中的儒家著作属于久已佚失的《子思子》，同时也证明《隋书·音乐志》引沈约所云"《中庸》《表记》《坊记》《缁衣》皆取《子思子》"是有根据的。《礼记·坊记》中已经出现了"论语"之名，《坊记》曰："《论语》曰：'三年无改于父之道，可谓孝矣'。"《坊记》中明引《论语》，则子思时代《论语》已经成书。

子思子作《中庸》处

《论语》像那时的许多典籍一样，并没有现代意义上的"作者"。从字面上看，"论"有集合简册、比次群言的意义；《汉书·艺文志》认为，"语"是众弟子"接闻于夫子之语"。因而，"论语"就是孔门弟子把从孔子那里得来的话汇辑集合起来的意思。《论语》为孔门弟子所记，史书对此记载非常明确。刘向在《汉书艺文志》中说《论语》为孔子弟子"辑而论撰"，王充《论衡·正说篇》说《论语》为"弟子共记孔子之言行"，应该都是可信的。《论语》中不仅以"子曰"的形式叙述孔子的言语，而且记有许多孔子与弟子的问答，其中涉及弟子有名姓者就有30人，这些材料当不会出于一人或者少数几人，其中内容是由这些弟子或其再传弟子记录而成。

那么，《论语》的汇辑者是谁？是一个人，几个人，还是一批人？对于《论语》的编纂者，有人认为是孔子众弟子，有人认为是仲弓、子游、子夏，有人认为是有子、曾子弟子，有人认为出于曾子弟子，还有学者提出《论语》为曾子领纂。我们认为，子思领纂《论语》的说法可能最接近事实。

子思为曾子弟子，在曾子去世后地位特殊，有儒学领袖风范。说《论语》出于子思，不仅与以前学界的论证相合之处较多，更重要的是符合《论语》记载所反映出来的信息，与孔子之后儒学传承的实际比较吻合。

在孔子的著名弟子中，有可能纂辑《论语》者，曾子首当其冲。然而，《论语》记其临终之言，则曾子没有主持其事，即使主持此事，亦未能终其事。孔门德行科弟子颜回、冉伯牛早死，仲弓年长于曾子。除了德行科弟子，子夏、有若也是孔子弟子中的佼佼者。但与曾子相比，他们似乎都在其次。有若有夫子之表，无夫子之里，无法回答别人提出的问题，因而受到责难。"此非子之座也"一语，已经否定了有子的特殊地位。有若，今本《论语》载其言论四处，三处称子（有子），一处称名（有若）。但称名者为与鲁哀公问答，故此章为特例，并不与前者矛盾。另外，冉有、闵子骞也偶一称"子"，说明他们也是当时较有影响的人物。但他们还都远不至于达到可以领纂孔子遗说的地步。在孔门"四科"中，子夏长于"文学"，与《论语》主题不洽。子夏尊重曾子，地位不及曾子。更重要的是，《论语》记录子夏言行，全部直称"子夏"，无一处称"子"。《论语》的最后编定者当不会是子夏。《论语》出于曾子门人，阅读《论语》，其中厚重的曾子言行会给人留下深刻的印象，除了曾子门人，他人一般不会如此。众弟子将材料汇聚到

有子　像

一起，最后主要由一人进行整理、选辑、编订，而这位整理编订者应在孔门之中地位尊隆，而且是曾子门人，符合这种条件的人只有子思。

《论语》注重做人、修身，这正是曾子门派的特征，这一特征或许就是孔安国所谓的"切事"。子思学于曾子，从上博竹书《从政》等篇看，子思不仅谈论心性问题，也十分关注为人、为政等世间现实，他谈论心性也是他深刻思考社会人生的表现。正因如此，子思纂辑《论语》，才首重做人。如梁·皇侃《论语义疏》说："此篇章语君子、孝弟、仁人、忠信、导国之法、主友之规，闻政在乎行德，由礼贵于用和，无求安饱，以好学能自切磋而乐道，皆人行之大者，故为诸篇之先。"子思这样编辑，既符合其祖孔子原意，又与其师曾子保持一致，还与子思自己的思想通贯。《论语》这种清晰的思想主旨和内在逻辑，又说明其最后纂辑完成者就是子思。

第三节　子思子汇编《孔子家语》

汉代许慎《说文解字》中说："语，论也。"《广雅》说："语，言也。""孔子家语"应该就是"孔子家"的论说集或言论集，也是在"孔子家"中编辑而成的论说集、言论集。不难理解，《孔子家语》与《论语》在内容性质上完全相同。既然《论语》的领纂者是子思，那么《孔子家语》的最初汇编也极有可能与子思有关。《孔子家语》又名《孔氏家语》，或简称《家语》，是一部记录孔子及孔门弟子思想言行的著作。这部著作汇集了大量孔子的言论，再现了孔子与弟子、孔子与时人谈论问题的许多场景。此外，还有经过整理的孔子的家世、生平、事迹，以及孔子弟子的材料。现在流行的《孔子

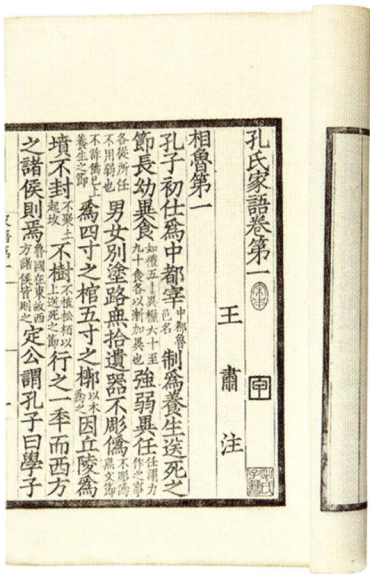

《孔子家语》

家语》一般称为"今本《孔子家语》""今本《家语》"，或直接称为"《孔子家语》"，是由汉代的孔安国根据旧有材料写定的。今本《孔子家语》共十卷四十四篇，与《汉书·艺文志》的著录不同，这是因为当时流传着不少有关的材料，在分卷上，孔安国整理的本子与其他的《孔子家语》本子可能有所不同；在内容上，其他本子中也可能有孔安国没能够看到的《孔子家语》材料。

　　孔子在世之时，长期从事教育活动。那时，在与孔子的交流过程中，弟子都有随时记录和整理孔子言语的习惯。比如，《论语·卫灵公》记载说：

　　　　子张问行。子曰："言忠信，行笃敬，虽蛮貊之邦，行矣。言不忠信，行不笃敬，虽州里，行乎哉？立则见其参于前也，在舆则见其倚于衡也，夫然后行。"子张书诸绅。

孔子的弟子子张向孔子请教"行"的问题，孔子认为，人应当"言忠信，行笃敬"，即说话忠诚守信，行事庄重严肃。人应当时刻牢记，将"忠信""笃敬"装在心中，用来指导自己的行动。只要做到这一点，无论走到哪里都能够顺畅通达。子张觉得老师的话太好了，于是"书诸绅"，也就是把这些话写在腰间的大带上。

　　其实，孔子弟子对孔子的言论也都会及时进行记录和整理。《孔子家语》中这样的例子很多，比如：

　　　　《入官》："子张既闻孔子斯言，遂退而记之。"

　　　　《论礼》："子夏蹶然而起，负墙而立，曰：'弟子敢不志之！'"

　　　　《五刑解》："冉有跪然免席，曰：'言则美矣，求未之闻。'退而记之。"

　　　　《正论解》："子贡以告孔子，子曰：'小子识之：苛政猛于暴虎。'"又曰："孔子闻之，曰：'弟子志之：季氏之妇，可谓不过矣。'"

　　一方面，孔子弟子将孔子的嘉语善言主动加以记录；另一方面，孔子遇到一些重要问题，也常提醒弟子注意、记住。

　　在上引材料中，"志""识"都有"记"之意。如《礼记·礼运》记孔子曰："大道之行也，与三代之英，丘未之逮也，而有志焉。"其中的"志"，在《孔子家语》的《礼运》篇中作"记"。《礼运》篇中，不论"记"还是"志"，都有"记载""记录""志书"之义，朱彬《礼记训纂》即引刘台拱解此字曰："识也，识记之书。"

《孔子家语·七十二弟子解》记载说：

> 叔仲会，鲁人，字子期，少孔子五十岁。与孔璇年相比。每孺子之执笔记事于夫子，二人迭侍左右。

《孔子家语·七十二弟子解》

很显然，这条材料十分重要。这说明在孔子晚年讲学时，常常会有弟子在旁边记录。也许正是因为如此，早期典籍中才有那么多的"子曰"留存下来。以前人们不相信《孔子家语》，遂没有人注意到该书此则记载。

在与孔子的交流中，弟子们学到了很多东西，可以想见，不少弟子自然也都有自己整理保存的有关记录。那么，这些材料是什么时候汇聚起来的？又是怎样汇聚起来的？按照孔安国的说法，《论语》与《孔子家语》的编撰时代一致，那么，《孔子家语》的编纂也一定与子思有重要的联系。

《孔子家语》为何被称为"家语"？该书的最初形态如何？有人以为《孔子家语》的名称是后来才有的，因为《孔子家语》的《孔安国后序》谈到了荀子入秦所带书籍，其中没有"孔子家语"的名字，而称为"孔子之言及诸国事、七十二弟子之言"；再说到秦始皇焚书时，才又冠以"孔子家语"之名。于是有人认为本来没有"孔子家语"之名。后来，该书曾经流散，几经周折，照《孔序》的说法是"《孔子家语》而与诸国事及七十二弟子辞妄相错杂"，直到最后，孔安国重新得到，分门别类，撰集成四十四篇的《孔子家语》。在王肃所作序言中，也没有说先秦已有《孔子家语》；子襄壁藏诸书有《孔子家语》，清人孙志祖引徐鲲说指出："此'家语'二字后人妄加也。"今也有人认为，《后孔安国序》两次讲到孔安国"集录孔氏家语""又撰次孔子家语"，而又将该序当作王肃伪托之作，由此得出王肃也认为《孔子家语》是由孔安国编成的，"家语"的名字可能与他有关的结论。

其实，这样的推断是难以讲通的。荀子入秦所带书籍不止一种，没有提及《孔子家语》的书名十分正常，这与战国时期《孔子家语》已经成书的说法并不抵触。《孔安国后序》和孔衍奏言都说孔安国和《孔子家语》有密切关系，这当然没有问题。但如果说孔安国之前并没有《孔子家语》一书，看来难以成立。孔安国所编撰的《孔子家语》在汉代一直没有流行，但《汉书·艺文志》将《家语》列为《论语》十二家之一，这实际上间接证明了《孔安国后序》的说法，即认定了孔安国以前已经有《孔子家语》的存在。

《孔子家语》的名字，在《史记·孔子世家》已经透漏了端倪。按照司马迁的描述，孔子去世后，"孔子冢"成为诸生演习讲礼的场所，成为弟子后学缅怀、追思恩师的场所。其中记载说：

> 鲁世世相传以岁时奉祠孔子冢，而诸儒亦讲礼乡饮、大射于孔子冢。

> 孔子冢大一顷，故所居堂、弟子内，后世因庙。

有学者指出，其中的"冢"应为"家"之误，这里的三处"孔子冢"都应当作"孔子家"。① 这与后面所说的"诸生以时习礼其家"正相对应，因为乡饮、大射之礼也不能在"冢"上举行。而《孔子家语》之有"家"之称，也隐含了该书的性质与成书问题的真相。

弟子后学住进孔子原来的居堂中，除了按时举行礼仪，他们还将各自整

---

① 韩兆琦《史记笺证》曰："按：句中'冢'字应作'家'"。引阎若璩曰："'诸儒讲礼乡饮大射于孔子冢'，误写作'冢'，此'家'字与赞曰'以时习礼其家'合。"又引郭嵩焘曰："此'冢'字应作'家'。"（南昌：江西人民出版社 2004 年，第 3272 页。）此外，王叔岷《史记斠证》等也有此说。

理保存的孔子的"讲课记录"汇聚到一起。可以想象，随着孔子的逝世，弟子后学失去了恩师，也失去了自己精神的寄托，因此，他们便聚汇孔子言论，集中孔子学说，最终在孔子裔孙子思的主持下，共同编辑了《孔子家语》。这应当是该书的第一次汇编，此后经过战国秦汉的流传和散乱，孔子的又一位后裔孔安国对该书进行了再次编辑整理，并以孔氏家学的形式流传下来，直至三国时王肃为之作注并公之于世，这部记载孔子言行的重要典籍才"重见天日"。

第六章   继往开来的儒学大师孟子

战国中期，列国间的战乱愈演愈烈，民众的苦难自然有增无减。这时，在毗邻孔子闾里的邹（邾）国，诞生了一位承前启后的儒家大师，这就是孟子。与孔子的身世相类似，孟子的祖上原是鲁国"三桓"之一的孟孙氏，后来陵夷没落，到了孟子父亲这一辈，就已跟平民阶层差不多了。家族由煊赫至没落，加上自身寄托乱世，使孟子对民众的苦难感同身受，拯民救世的愿望也格外强烈。孟子青少年时期，邹鲁地区早已在孔子儒家的映照之下，儒家修齐治平的理念对他产生了深厚的影响。最终，孟子成为战国中期儒家学派的重要代表。

孟庙中的继往圣坊

孟庙中的开来学坊

孟子是天才的演说家，更是深刻的政治思想家。与孔子一样，孟子也曾周游各国，推行其王道思想、施政理念，并与各国君主、各派人物进行了无数次的思想交锋，深入地宣传了儒家思想。作为充满人间关怀的思想家，他又对儒家义理进行了多层面、多角度的发展，不仅使儒家学派有效抵制了杨、墨诸家的挤压与侵蚀，而且极大充实了其思想之内涵与学理。孟子的这些努力，使他无可争议地成为早期儒学发展的又一代表人物。

第一节　孟子生平与学术渊源

孟子，名轲，战国中期邹（或称邾）国人。孟氏出自春秋时鲁国"三桓"之一的孟孙氏，追本溯源，"三桓"乃周公长子伯禽之后。周王室东迁以来，礼崩乐坏，至春秋末年，不仅原有的王室、公室衰微，即使是大夫之家，也往往为家臣所把持。"三桓"就是如此，孟孙氏的一枝因此而由鲁迁邹，这便是孟子的近祖。

关于孟子的父亲，典籍少有记载，孟子的母亲却是后世"贤母"的典范。据《韩诗外传》等记载，孟子年轻时曾欲休妻：孟子外出回家，入室见妻子姿态不端，于是想要休妻，却遭到孟母反对。孟母认为，礼制规定，进门时，要问谁在家里；上堂时，要发出声音；进到室内，目光要向下，这样是为了尊重别人的隐私。而孟子没有按照礼制的规定去做，因而违礼的应是孟子。

三迁成名　　　　　　　断机喻学

由此可见，孟母通晓礼义，她对孟子的影响应是相当深厚的。汉代赵岐《孟子题辞》说："孟子生有淑质，夙丧其父，幼被慈母三迁之教，长师孔子之孙子思，治儒术之道，通五经，尤长于《诗》《书》。"汉代去古未远，赵岐之言应有所本。但他说孟子师从子思，恐怕是难以成立的，其关键即在于子思卒年与孟子的生年问题。关于这两点，历代说法较多，比较可靠的是子思卒于周安王二年（前400年），或之前；孟子生于周安王十七年（前385年）或威烈王四年（前372年）。则孟子之生，与子思之卒，至少应距十数年，故二人不会有直接的师生关系。孟子自己也曾说："予未得为孔子徒也，予私淑诸人也。"孟子倾心向慕孔子，推崇子思，如果孟子确为子思弟子，以子思之身份、地位、名望，他大可坦言其师名讳，而不需赘言不知谁何之"诸人"。

揆情度理，孟子与子思的关系应如《史记·孟子荀卿列传》所言："孟轲……受业子思之门人。"这应当比较合乎事实。子思幼时曾跟随孔子活动，并亲承孔子的教诲，是孔子之后、孟子以前儒家最重要的代表人物。孟子对曾子、子思非常推崇。曾子居武城，子思居卫，同样面临来犯之敌，而他们

思孟授受图

孟子 像

的反应迥然不同：曾子一走了之，子思却坚持不走，负起抵抗之责。对此，孟子的评论是："曾子、子思同道。曾子，师也，父兄也；子思，臣也，微也。曾子、子思，易地则皆然。"① 曾子在武城为师，为父兄，肩负着师教的重任，有来犯之兵理应先受到保护；而子思在卫国为臣，大敌当前，他必须担当起保卫社稷的职责。如果他们调换位置，也许都会照着对方的样子去做。

孟子十分赞赏子思不卑不亢的态度，他说："穆公亟见于子思，曰：'古千乘之国以友士，何如？'子思不悦，曰：'古之人有言曰事之云乎，岂曰有之云乎？'子思之不悦也，岂不曰：'以位，则子，君也；我，臣也，何敢与君友也？以德，则子事我者也，奚可以与我友？'"② 子思居鲁，论位，是国君之臣；论德，是国君之师。因此，国君不可以不给予子思以相当的尊敬，

孟子勤学

---

① 《孟子·离娄下》。
② 《孟子·万章下》。

而子思正因为知道这一点，才敢于以德抗位。孟子推崇曾子、子思，又认为曾参、子思同道，说明孟子与他们在思想上、精神上有某种契合。

经过刻苦学习钻研，孟子后来开门授学。孟子说，人生最快乐的事之一即"得天下英才而教育之"①。孟子的弟子虽不及孔子多，但仅从《孟子》本书所记，也有公孙丑、万章、乐正子、公都子、屋庐子、孟仲子等数百人。孟子也因此成为战国时期重要的教育家。

中年以后，孟子开始"以儒道游于诸侯"，多年游走于诸国之间，劝导诸国君、贵族，推行仁政学说。在邹国，他劝邹穆公力行仁政，才能使民众亲附；在齐国，他一面参与稷下学宫的学术活动，又以更多的精力劝说齐威王以及后来的齐宣王，并且据《孟子》本书记载，他曾亲自见证了齐人入燕以及燕人叛齐，齐宣王甚至言"吾甚惭于孟子"，可见其政治影响力之大。在宋国，他积极帮助宋君延揽人才、推行仁政；在梁国（即魏国），梁惠王称其为"叟"，说明孟子此时已进入老年，但他仍积极劝说梁惠王不可一味言利，而要讲求仁义，全面推行仁政。然而，在战国中期战乱杀伐横起的局势中，孟子"性善""仁政"的理念和主张却难以获得统治者的青睐。他的社会影响力虽日益扩大，但其政治主张却一直不得实施。以至于到其垂暮之年，孟子也不由地感叹："五百

万章　像

_____

① 《孟子·尽心上》。

年必有王者兴，其间必有名世者。由周而来，七百有余岁矣。以其数，则过矣；以其时考之，则可矣。夫天未欲平治天下也。"① 此后他便不再出游，而和"万章之徒序《诗》《书》，述仲尼之意，作《孟子》七篇"，寄希望于后世了。在长期的政治活动中，孟子与诸国国君、贵族、学者等交流、交锋，不仅扩大了儒家的政治影响，而且在孔子、子思等的基础上扩展、深化了儒学的理论内涵，从而为早期儒学发展开辟了新的篇章。

第二节　仁、义、礼、智"四德"说

孟子对子思思想学说的继承，其中很重要的一个方面是在"五行"的传承与诠释上。荀子批评子思、孟子说："略法先王而不知其统"，"案往旧造说，谓之五行。甚僻违而无类，幽隐而无说，闭约而无解。案饰其辞而祗敬之曰：此真先君子之言也。子思唱之，孟轲和之，世俗之沟犹瞀儒，嚾嚾然不知其所非也，遂受而传之，以为仲尼、子弓为兹厚于后世。是则子思、孟轲之罪也。"② 荀子批评他们只取法先王而不知道纲领，根据往古旧制，臆造了"五行"学说；同时又指出思、孟的"五行"学说是不伦不类的，神秘而难以通晓，晦涩而难以理解。正由于荀子亦未明言"五行"为何物，所以引起后人的种种猜测。

唐代杨倞为《荀子》作注，首先指出："五行，五常，仁、义、礼、智、信是也。""五常"是五种德行，与金、木、水、火、土相去甚远，性质完全不同，然而在这里却被搭配起来，并为后世不少学者所接受。

《孟子》

---

① 《孟子·公孙丑下》。
② 《荀子·非十二子》。

如近代章太炎作《子思孟轲五行说》，援引郑玄"木神则仁，金神则义，火神则礼，水神则智，土神则信"之说，将五行与五常相搭配，认为此乃"子思之遗说"。其后，郭沫若作《儒家八派的批判》，亦大致接受了以五常为五行的说法，只不过他认为，思孟学派的"五行"，并非指仁、义、礼、智、信，而是指仁、义、礼、智、诚。理由是，孟子未将信与仁、义、礼、智并提，信在孟子哲学中并不重要。而诚则不然，孟子说："诚者，天之道也；思诚者，人之道也。至诚而不动者，未之有也，不诚，未有能动者也。"① 诚是天道，故可与仁、义、礼、智相配。这些问题一直悬而未决，直至马王堆帛书《五行》篇、郭店竹简《五行》篇的问世，才为解决这一问题提供了新的契机。

20 世纪 70 年代，马王堆帛书《五行》篇出土，庞朴先生对其作了深入细致的研究后认为，帛书《五行》篇的"五行"说应来自于《孟子》，并进一步断定帛书《五行》篇中的"五行"乃指仁、义、礼、智、圣。其根据是《孟子》一书中已有将仁、义、礼、智、圣并提的证据，如《尽心下》篇说："仁之于父子也，义之于君臣也，礼之于宾主也，智之于贤者也，圣之于天道也。"② 仁、义、礼、智、圣是五种德行，它们与金、木、水、火、土之类毫无联系，全无瓜葛。③

1993 年，湖北省荆门市郭店的战国楚墓葬中出土了一批战国时期

《帛书五行篇研究》

---

① 《孟子·离娄下》。
② 原文作"圣人之于天道也"，庞朴认为，"人"字乃衍文。
③ 庞朴：《帛书五行篇研究》，齐鲁书社 1980 年版，第 20–21 页。

的竹简，其中就有《五行》一篇。该篇与帛书《五行》篇的"经"的部分完全相同，而无其"说"的部分，从而对庞朴先生的观点提供了有力支持。亦可见子思、孟子之间在思想学说上存在一脉相承的关系。

仁、义、礼、智是思孟"五行"的基本构成部分，其重要性不言而喻。在《孟子》中，仁、义、礼、智又称"四德"，与恻隐之心、羞恶之

告子 像

心、辞让之心、是非之心"四心"相对应，成为孟子性善说、仁义论、仁政主张的基础。不难理解，孟子"四心"说的提出，真正标志着他思想的成熟。

孟子说："恻隐之心，人皆有之；羞恶之心，人皆有之；恭敬之心，人皆有之；是非之心，人皆有之。恻隐之心，仁也；羞恶之心，义也；恭敬之心，礼也；是非之心，智也。仁义礼智，非由外铄我也，我固有之也，弗思耳矣。故曰：'求则得之，舍则失之'。"①"四德"及"四心"说的提出，是孟子为其性善说等构建的理论基石，是孟子对儒家理论的一个重要发展。

早期儒学植根于传统的宗法伦理社会，其理论体系不可避免地打上宗法社会的印痕。在与告子等人的辩论中，孟子日益认识到早期儒学理论中的这一不足，于是意识到必须突破这一藩篱，为儒学理论寻找更坚实的基点。正是在这一背景下，孟子创造性地提出"四德""四心"说，"把仁的基点由血亲孝悌转换到'恻隐''羞恶''辞让''是非'等更为普遍的道德情感中"②。

正是在"四德""四心"说的基础上，孟子的性善论才更加完善。孟子认为，人性善可以通过每一个人都具有的普遍的心理活动加以验证。既然这种心理活动是普遍的，因此性善就是有根据的，是出于人的本性、天性的，

---

① 《孟子·告子上》。

② 梁涛：《郭店竹简与思孟学派》，中国人民大学出版社2008年版，第318页。

道性善石刻图

其内在依据就落实在"四德""四心"说，或者"四善端"上。

孟子曾打比方进行论证说：

今人乍见孺子将入于井，皆有怵惕恻隐之心。非所以内交于孺子之父母也，非所以要誉于乡党朋友也，非恶其声而然也。由是观之，无恻隐之心，非人也；无羞恶之心，非人也；无辞让之心，非人也；无是非之心，非人也。恻隐之心，仁之端也；羞恶之心，义之端也；辞让之心，礼之端也；是非之心，智之端也。人之有是四端也，犹其有四体也。有是四端而自谓不能者，自贼者也；谓其君不能者，贼其君者也。凡有四端于我者，知皆扩而充之矣，若火之始然，泉之始达。苟能充之，足以保四海；苟不充之，不足以事父母。①

人突然看见孩子即将掉入井中，都会马上生出"怵惕""恻隐"之心，担心孩子的生命安全，这是自然而然的。所谓恻隐之心、羞恶之心、辞让之心、是非之心，既不是为了与孩子的父母交往，也不是图邻里朋友的赞誉，更不是不愿意听到孩子入水的声音，而是一刹那间发自本能的想法。推广到政治层面，这就是"不忍人之心"。孟子说："先王有不忍人之心，斯有不忍人之政矣。以不忍人之心，行不忍人之政，治天下可运之掌上。"②"不忍人之心"本来是自然而然的，这就意味着人人皆有此心。"四心"，即四善端，为人人皆有，就像人的身体四肢一样为人所固有，也可说是人之所以为人的先决条件，进一步说明人人皆是可以向善的。

---

① 《孟子·公孙丑上》。
② 《孟子·公孙丑上》。

第三节　孟子的"仁政"思想

前面说过，孟子的"四德""四心"之说也为其"仁政"理论提供了内在依据。孟子推崇尧、舜、禹、汤、文、武诸位先王，认为他们施政设教，无所不宜，制礼作乐，粲然可观。同时，每有仁心，发而为政，自然是推行仁政的典范。在孟子看来，他那个时代的政治，必须效法先王，并且只有效法先王，"行不忍人之政"，才会真正地平治天下。"不忍人之心"也就是仁心，"不忍人之政"也就是仁政。因此，孟子在政治上极力主张"法先王"，要求实行仁政。

然而，在孟子生活的时代，推行仁政与现实政治几乎是不相容的。为实现这一目标，孟子孜孜以求，先提出"王霸之辨"，提倡"王道"政治。孟子指出："以力假仁者霸，霸必有大国；以德行仁者王，王不待大。汤以七十

孟子与滕文公论治国

里，文王以百里。以力服人者，非心服也，力不赡也；以德服人者，中心悦而诚服也，如七十子之服孔子也。"①

"王道"就是要以德服人，而"王道"理论的核心便是仁德，孔子说："道二，仁与不仁而已矣。"② 判断政治的有道与无道，就是看其是否符合仁德。在孟子看来，霸者崇尚"力"，可以成为大国；王者崇尚"德"，可以一统天下。霸者以力服人，但无法收服人心；王者以德服人，才会使人心服。

同时，孟子对"虐政"、暴君进行了深刻的揭露和批判。这种揭露和批判，在先秦诸子中是不多见的。如在传统的礼法观念上，臣弑君、下犯上都属于非礼的行为。但孟子对历史上残暴的君主，如桀、纣、幽、厉之属，认为他们是罪有应得，而汤、武革命则是合理的，所谓"闻诛一夫纣矣，未闻弑君也！"他进而抨击了当时的统治者只贪图个人享受，不问百姓疾苦，不顾百姓死活的暴行。"庖有肥肉，厩有肥马，民有饥色，野有饿莩，此率兽而食人也。"③ 这种见识和勇气，千载而下，仍令人感佩系之。

仁政的本质在于爱民。在孟子之前，"民本"思想就已产生，在《尚书》《国语》《左传》等典籍中多有记载，从而对早期儒家重民思想的产生有直接影响。孔子接受和继承了西周以来"敬天保民"的思想，将"重民"作为政治生活中的头等大事。要求以教化为先，主张"为政以德"④，统治者要"节用而爱人，使民以时"⑤，要"因民之所利而利"⑥。这些都体现了孔子的重民思想。

孟子继承和发展了古代的"民本"思想，并在对历史和现实的统治经验进行总结的基础上，提出了"民贵君轻"的光辉命题，把中国古代的"民本"思想发展到了一个新的高度。他说："民为贵，社稷次之，君为轻。是故

---

① 《孟子·公孙丑上》。
② 《孟子·离娄上》。
③ 《孟子·梁惠王上》。
④ 《论语·为政》。
⑤ 《论语·学而》。
⑥ 《论语·尧曰》。

得乎丘民而为天子，得乎天子为诸侯，得乎诸侯为大夫。"① 人民群众在兼并战争中所显示出的巨大力量，也给孟子的"民本"思想以深刻启迪。在孟子看来，民心向背决定了统治者的政治基础，从某种意义上说，百姓比君主更为重要，只有得到百姓的支持，才能拥有天下。他要求统治者效法先王，并总结了历史经验教训，指出只有行"王道"，得民心，才能真正治国安邦。

孟子生活的时代，连绵的争霸战争，人民深受其害，因而渴望统一与社会的安宁。孟子自然也力主统一。梁襄王问孟子："天下恶乎定？"孟子答曰："定于一。"襄王进一步又问："孰能一之？"孟子说："不嗜杀人者能一之……今夫天下之人牧，未有不嗜杀人者也。如有不嗜杀人者，则天下之民皆引领而望之矣。诚如是也，民归之，由水之就下，沛然谁能御之？"因此，孟子得出了"天时不如地利，地利不如人和"② 的结论。孟子指出："三里之城，七里之郭，环而攻之而不胜。夫环而攻之，必有得天时者矣；然而不胜者，是天时不如地利也。城非不高也，池非不深也，兵革非不坚利也，米粟非不多也，委而去之，是地利不如人和也。"③ 只有民心归服才是统一天下的决定性因素。所以他得出结论说："天下不心服而王者，未之有也。"④

孟子的民本思想还表现在他对历史传说中尧舜禅让的解释上。在孟子生活的时代，尽管"天"的权威已经发生了动摇，但仍然束缚着很多人的头脑。孟子的天命观直接从孔子的天命观承袭而来，同时，孟子赋予了"天命"以新的解释，《孟子·万章上》记载说：

　　万章曰："尧以天下与舜，有诸？"孟子曰："否。天子不能以天下与人。""然则舜有天下也，孰与之？"曰："天与之。""天与之者，谆谆然命之乎？"曰："否。天不言，以行与事示之而已矣。"曰："以行与事示之者，如之何？"曰："天子能荐人于天，不能使天与之天下；诸侯能荐

① 《孟子·尽心下》。
② 《孟子·梁惠王上》。
③ 《孟子·公孙丑下》。
④ 《孟子·离娄下》。

人于天子，不能使天子与之诸侯；大夫能荐人于诸侯，不能使诸侯与之大夫。昔者，尧荐舜于天，而天受之；暴之于民，而民受之；故曰，天不言，以行与事示之而已矣……尧崩，三年之丧毕，舜避尧之子于南河之南，天下诸侯朝觐者，不之尧之子而之舜；讼狱者，不之尧之子而之舜；讴歌者，不讴歌尧之子而讴歌舜。故曰，天也。夫然后之中国，践天子位焉……《泰誓》曰："天视自我民视，天听自我民听。"此之谓也。"

很明显，在孟子思想中，"天与"最终还是表现在"人归"上。孟子把民心置于天意之上，民心即代表天意，因而，民心才是至高无上和不可违抗的。

孟子推行"仁政"的另一思想基础是义利之辨。在儒家学说中，义、利具有这样的含义："义者，宜也。"① "行而宜之之谓义。"② 而"利"，显然是指私利、功利、利益等。孔子讲"君子喻于义，小人喻于利"③，把义和利作为区分君子与小人的标准。可见，孔子重义轻利的观点是很鲜明的。孟子继承了孔子的这一观点，并且对义利问题有进一步发挥，认为应根据不同的对象，采取不同的侧重点。

首先，统治者应着重于"义"：

孟子见梁惠王。王曰："叟！不远千里而来，亦将有以利吾国乎？"孟子对曰："王何必曰利？亦有仁义而已矣！王曰，'何以利吾国？'大夫曰，'何以利吾家？'士庶人曰，'何以利吾身？'上下交征利，而国危矣。万乘之国，弑其君者，必千乘之家；千乘之国，弑其君者，必百乘之家；万取千焉，千取百焉，不为不多矣，苟为后义而先利，不夺不餍。未有仁而遗其亲者也，未有义而后其君者也。王亦曰仁义而已矣，何必曰利？"④

---

① 《礼记·中庸》。
② 《原道》。
③ 《论语·里仁》。
④ 《孟子·梁惠王上》。

孟子与梁惠王讨论义利关系

国有国的利，家有家的利。如果一个社会仅以利己作为终极目的的话，必然会使各种矛盾激化，不可避免地发生争夺、残杀，甚至毁家亡国。反之，如果能"去利怀义"，君臣父子都能以仁义相处，就能创造出可贵的王道局面来。君主如果是仁义之君，上下争行仁义之事，君主便可在不曰利之中实现大利，即王天下。

其次，对于"民"来讲，只有在获得实际的利益后，才能讲仁义。在孟子的学说中，也有讲求"利"的一面，他要求统治者满足百姓对于"利"的正当要求，施"利"于民，用看得见、摸得着的物质利益，来晓谕百姓，安抚，稳定百姓。概括言之，从王霸之辨、义利之辨，以及民本思想出发，孟子主张只有行仁政，才能"保民而王"。

孟子"仁政"思想具体体现在以下几点：

第一，"制民之产"。孟子强调义利之辨，认为百姓逐利是正常的，统治者必须满足民众对于利的基本需求，即首先满足人们生存所必需的衣、食、住、行问题。他指出："无恒产而有恒心者，惟士为能。若民，则无恒产，因无恒心。苟无恒心，放辟邪侈，无不为已……是故明君制民之产，必使仰足以事父母，俯足以畜妻子，乐岁终身饱，凶年免于死亡；然后驱而之善，故民从之也轻。"① 孟子认为，对统治者而言，一个急需解决的问题，就是老百姓的温饱问题。这个问题解决得好，才有可能引导百姓"从善"与"为仁"。如果民众的生计都难以维持，那么，仁义就更无从谈起了。可见，孟子并不是空谈"恒心"，他强调"恒产"是"恒心"的物质前提，把经济条件与道德教化有机结合起来，这是孟子对孔子"富而后教"思想的重要发展。

第二，"取民有制"。孟子主张轻税薄敛，对百姓征收赋税要有一定的制度，并且提出了一系列措施。其施政主旨即在于一般情况下，只收农业税而不主张对其他行业收税。对农业税的征收，主张实行劳役税的"助"法，反对实物税的"贡"法。农业税的税率，他认为"什一而税"和耕者"九一而助"比较合理。如果赋敛过重，便会侵害百姓利益。

第三，尊贤重教。孟子首先提出"为天下得人难"② 的问题。在孟子看来，先有"仁人"而后才有"仁政"，而他所提倡的道德政治，归根到底，就是一种贤人政治。所以，他大力提倡尊贤使能。他说："不信仁贤，则国空虚。"③ 又说："为天下得仁者谓之仁。"④ 他希望统治者"贵德而尊士"，让"贤者在位，能者在职"，这样，就能广泛招揽人才，形成人才济济的局面。具体则要体察民意，"国君进贤如不得已，将使卑逾尊，疏逾戚，可不慎与？左右皆曰贤，未可也；诸大夫皆曰贤，未可也；国人皆曰贤，然后察之；见贤焉，然后用之。左右皆曰不可，勿听；诸大夫皆曰不可，勿听；国人皆曰不可，然后察之，见不可焉，然后去之……如此，然后可以为民父母"⑤。孟子的尊贤主张，是对孔子"举贤才"思想的继承和发展，表现在孟子注重从下层社会选拔人才的主张上。如孟子对出身贫贱的舜、胶鬲、傅说等人，给

① 《孟子·梁惠王上》。
② 《孟子·滕文公上》。
③ 《孟子·尽心下》。
④ 《孟子·滕文公上》。
⑤ 《孟子·梁惠王下》。

予高度评价。

注重道德教化，是孟子仁政学说的又一重要内容。他说："善政不如善教之得民也。善政，民畏之；善教，民爱之。善政得民财，善教得民心。"①

孟子继承了孔子"富而后教"的主张，认为"德治"要胜于"政刑"。他说："上无礼，下无学，贼民兴，丧无日矣。"② 教化是统治者施仁政、争得民心的重要条件。对于如何施教，孟子主张"谨庠序之教，申之以孝悌之义"③。在孟子看来，人因为有"心"而与动物有着本质的不同。他说："人

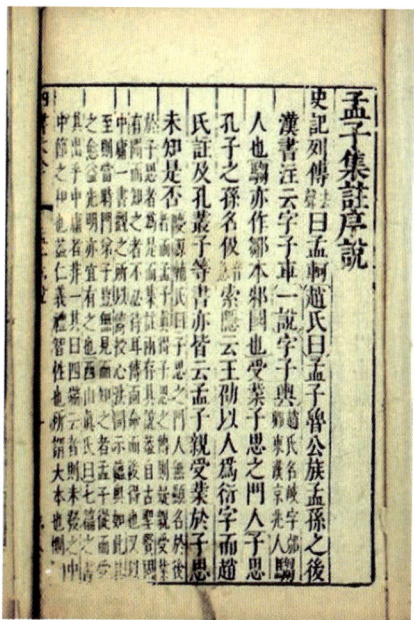

《孟子集注序说》

之有道也，饱食暖衣，逸居而无教，则近于禽兽。"④ 如果没有教化，一个人只知吃、穿、安乐，那样和禽兽没有什么差别。教化可以使人"明人伦"，使之做到"父子有亲，君臣有义，夫妇有别，长幼有序，朋友有信"⑤，"人人亲其亲，长其长"⑥，教化是通过"明人伦"为政治服务的。

孟子说："乃所愿，则学孔子也。"⑦ 孔子"贵仁"，孟子高扬"仁学"的主题原则，并将其推向深化，在他的"仁政"学说中，将"仁"的精神阐发得淋漓尽致并使之得到进一步发展。孟子提出的"民贵君轻""保民而王"等一系列原则，都是孔子所不曾提出的。孟子也走上了与孔子相同的路，为

---

① 《孟子·尽心上》。
② 《孟子·离娄上》。
③ 《孟子·梁惠王上》。
④ 《孟子·滕文公上》。
⑤ 《孟子·梁惠王上》。
⑥ 《孟子·离娄上》。
⑦ 《孟子·公孙丑上》。

实施其"仁政"学说，奔走于各诸侯国之间。然而，当时诸侯争战正酣，急功近利是当时各国统治者的普遍心态，因而，当孟子津津乐道于"仁政"理论的时候，"王顾左右而言他"，也是极其自然的了。因而，孟子的"仁政"理论在当时只能是一种美好的愿望。

第四节 孟子的性善论

性善论是孟子仁政学说以及伦理学说的理论基石。后儒对孟子的性善说评价很高，宋代理学家程颐说："孟子有大功于世，以其言性善也。""孟子性善、养气之论，皆前圣所未发。"① 性善论的提出，是孟子在儒家思想发展史上的重大贡献。

人性问题是中国哲学史上一个备受关注的问题，但对于人性问题的探讨，并非发端于孟子。在孔子之前的一些典籍里，如《诗经》《逸周书》《左传》等均曾经涉及过"性"的概念，但这还只是一些关于人性的朦胧意识。孔子提出了"性相近也，习相远也"② 的命题，在人性问题上，较前人推进了一步，但对人性到底怎样，从现有材料看，似并未作充分发挥。

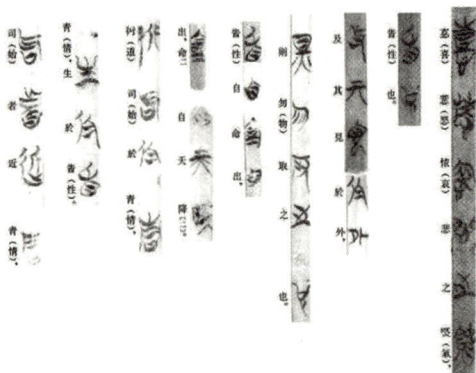

郭店楚简《性自命出》

此后，孔子弟子提出了对人性的看法。据《论衡·本性篇》记载："周人世硕，以为人性有善有恶，举人之善性，养而致之则善长；性恶，养而致之则恶长。如此，则性各有阴阳，善恶在所养焉。故世子作《养书》一篇。宓子贱、漆雕开、公孙尼子之徒，亦论情

---

① 朱熹：《孟子序说》引，见朱熹：《四书章句集注》。
② 《论语·阳货》。

性，与世子相出入，皆言性有善有恶。"而孔子嫡孙子思，更对人性问题提出许多新的认识，其中以《中庸》中的论述尤其深刻而全面。该篇开头说道："天命之谓性，率性之谓道，修道之谓教"，意思是天所赋予的称为人性，顺应天性称为道，而按照道的要求修治人自身，就称为教。这三句话将天道、人性、教化很好地结合起来。其中，"天命之谓性"与《性自命出》中"性自命出，命自天降"① 都是讲人性由天所赋予。正由于此，人性中一切符合真、善、美要求的品性都具有天然的合法性。

在子思看来，要统治国家、教化民众，首先必须要明了人性，知其性情。学者指出，子思没有将人的血统、地域或种族的特征，而是将人性作为其治世之道的基础和主体，认为治道发端于人情，"情"有本真之义，人情就是人性，人性就是人与生俱来的、不教而能的喜怒哀乐之情，要建立和谐的社会

孟子为梁惠王论仁义

---

① 据学者研究，郭店楚简《性自命出》《成之闻之》等篇应出自子思之手。

秩序，首先必须顺应人性。子思高扬人性、人情的旗帜，是对周公、孔子以来周代人本主义思想的继承与发展。周公提出"明德慎罚""无于水监，当于民监"，开人本主义先河；孔子提出仁者"爱人""仁者，人也"，更突出人的价值；子思继而深化周公、孔子的思考，提倡对人性、人情之尊重。

到了孟子时代，关于人性的观点共有四种，孟子的性善论是其中一种。另外三种：其一，"性无善，无不善。"其二，"性可以为善，可以为不善。是故文武兴，则民好善；幽、厉兴，则民好暴。"其三，"有性善，有性不善。是故以尧为君而有象，以瞽叟为父而有舜，以纣为兄之子，且以为君，而有微子启、王子比干。"① 孟子是在对以上几种人性论进行批判和辩难的同时阐发他的性善论的。

孟子首先通过人与禽兽的区别来界说"性"。他从"类"的角度考察人，认为人作为一个统一的物类是有其共性的。孟子说："麒麟之于走兽，凤凰之于飞鸟，太山之于丘垤，河海之于行潦，类也。圣人之于民，亦类也。"② 又说："圣人，与我同类者。"既然神明的圣人与一般民众都同属于人的一类，那么，自然会有属于这一类的共性。孟子把人的共性分为三个层次：第一，"天下之足同"，是说人的形容、体貌是相似的；第二，口之于味，耳之于声，目之于色有共同的感受；第三，礼义是人类共同的心理需求。在这三个层次中，第三个层次才是人类共性中最高的层次。这说明人不仅有共同的生理需求，更重要的是具有共同的心理需要，而心理需要才是人类区别于动物的根本标志。这种共同的心理需要就是人具有仁、义、礼、智四种向善的本能，即孟子的"四德""四端"说。

孟子强调人的善端的"扩而充之"，这与孔子的"推己及人"以及"能近取譬"的"为仁之方"一脉相承，只是孟子更为强调善端的本能性、固有性而已。总之，孟子是从人与禽兽的区别上把握人性，进而找出人"异于禽兽者"的根本原因所在。他说："人之所以异于禽兽者几希，庶民去之，君子

---

① 《孟子·告子上》。
② 《孟子·公孙丑上》。

存之。"① 而"这少而隐微的'人之所以异于禽兽者',才是孟子所说的'性'"②。

孟子认为,人所具有的一切"善端"都是"心之官"思维的结果,人的一切活动都会受到"心"的支配。他说:

> 耳目之官不思,而蔽于物。物交物,则引之而已矣。心之官则思,思则得之,不思则不得也。此天之所与我者。先立乎其大者,则其小者不能夺也。③

孟子对"心之官"与"耳目之官"进行了区分,以"心之官"为"大体""贵体",以"耳目之官"为"小体""贱体"。因为在孟子看来,"耳目之官"由于不能思考,所以具有盲目性,在接触外界事物时,常常会受外物的引诱而受蒙蔽,很容易把人引向歧途。只有具备思维功能的"心"才是可靠的,"心"可以通过思维,而找到自己内心所固有的善性。孟子说:"仁义礼智,非由外铄我也,我固有之也,弗思耳矣。"④ 由于"心之官"有清醒的自觉性,所以孟子强调人应"先立乎其大者",就是要先立足本心。但是,这并不意味着孟子完全否认人的自然属性。他认为人和其他动物一样,不能没有"小体""贱体",而人之所以异于禽兽,在于人具备"大体"。这一点与前面孟子所谈的人禽之辨思路是一致的。归根到底,孟子是为了说明人性终究是"心之官"之性,而不是"耳目之官"之性。

最后,孟子又通过对"性"和"命"的区分来界定人性。在孟子看来,之所以会产生性命之别,是因为人作为一个动物的人,都要满足其生理的要求,以保障其基本生存,这是人的生性或者说是天性。但是这种满足有时会受到客观必然性的限制,即"命"。人的仁义礼智等道德行为,固然会受到客观必然性的限制,却属于人之固有"善端"的发挥,因而是人之"性"而不

---

① 《孟子·离娄下》。
② 马振铎:《仁·仁道——孔子的哲学思想》,中国社会科学出版社 1993 年版,第234 页。
③ 《孟子·告子上》。
④ 《孟子·告子上》。

孟子"道性善"

是"命"。很明显，"性"与"命"是有区别的，只有将其区别开来，才能更好地理解"人性"。

　　孟子性善论的观点，主要是在与告子的辩论中阐发出来的。在辩论中，告子首先以水为喻，认为水原本没有固定的方向，在东方掘个口它就向东流，在西方掘个口它就向西流，水的流向完全取决于外力。人性也是一样，善或者不善，也是由于外部影响造成的，所以人性无所谓善或者不善。孟子则认为，水在自然的状态下应该是向下流的。外力决定的水的流向已经不是水的本性，而人性之善就像水之就下的道理是一样的。

　　尽管如此，孟子并不否认人有不善的事实，但这与人性无关，都是由于外部环境的影响造成的。孟子说，牛山上的树木本来是茂盛而美丽的，但是由于不断遭到砍伐和牛羊的啃噬，才变成了光秃秃的荒山。这并不说明牛山的本性是不能生长树木。人性也是一样，人由于受外部环境的引诱，有时会有不善的举动，道理都是一样的。孟子还举例说，在丰收的年景里，少年子弟多会懒惰；在有灾祸的年景里，少年子弟会有暴力倾向，也是因为外界的环境影响造成的。

正由于孟子立志于救世，所以他对人性的理解与告子等是根本不同的。告子是将现实存在的人的欲望、习惯、感官视之为人性，而孟子则是将形而上的"仁、义、理、智"视为人性，是以内在的道德品质、道德禀赋为人之善性。归根结底，孟子论性，不是为论性而论性，而是有他的政治社会追求，根本上还是为了救世，为了教化君臣、民众。因而孟子"道性善"，本身并非在于对"性"做客观的描述与分析，而是将"性"看作人之为人之所在，进而通过对"性"的反省、自觉，使人们确立人生信念，安顿精神生命，实现终极关怀，最终实现整个社会的和谐稳定。

这样，在反观自身、反省人性的基础上，按性善的要求修治自己，便成了题中应有之义。孟子道性善，言必称尧舜。尧舜是古代先王，是扩充善性、完善自身的典范。以舜为例，舜在深山之中时，居住在木石堆砌的房子里，与野兽为伍，从表面看，他几乎与野人无异。但是，一旦他听到一句善言或看到一件善行，马上像江河决堤般沛然起效仿之念，因而能充实其善性，得以成为圣人。可以说，从善如流、扩充善性，是尧、舜等圣人区别于常人的最显著之处。常人也有恻隐、羞恶、辞让、是非之心，也就是同样具备善端，只是常人还没有将自身善性扩而充之。如果做到了，那么人人都可以成为尧舜那样的大圣人，那样，整个社会自然会进入一个和谐稳定的完美样态中。

可以说，孟子是中国历史上第一位比较系统地阐发人性问题的人，在战国那样一个充满血腥气息、人性颠倒的时代，能够热情赞美和讴歌人性，这在先秦时期可以说是独树一帜，在儒学发展史上的意义也十分重大。更为重要的是，孟子从"人之所以为人"的角度，将人类之性与动物之性区别开来。孟子开启了内求诸己、扩充善端的教化模式，为社会中形形色色的人提供了修己入圣的法门，在思想史上具有显著意义。孟子从性善论的角度，认为仁

孟庙亚圣殿

是人的天赋本性，是人固有之善端，所以是"求在我者"①。这种"求在我者"的主体意识，解答了孔子关于"仁学"理论没有解答的问题，并使之获得了理论基础，这是儒学发展史上的一次飞跃。后来，王阳明受孟子的影响极大，他发挥心学，开创"致良知"之说，从而推动了明代儒学的民间普及运动。

---

① 《孟子·尽心上》。

第七章　晚周儒学大师荀子

与孟子比较，荀子的生活年代相对较晚，已属于战国后期。其时，政治局势的混乱无序与思想文化的激荡交融恰成鲜明对比。荀子生活在战乱和百家争鸣的时代，以救世安民为己任，博采众长，标新立异，却又归宗儒家，为早期儒学的继承与发展做出了重要贡献。许多学者习惯性称荀子为"先秦时期最后的儒家"，这是符合历史实际的。

同时，从《荀子》一书可见，与同时期其他儒家人物相比，荀子是一位与战国晚期的社会现实更加切近的政治思想家。他不仅吸收了那个时代所有学说的精华以充实自己的学说，而且更重要的是，他从礼学的角度极大地扩展了儒学的内涵，使得儒家内圣外王之学变得更加坚实可行。然而，荀子在后来的儒学系统中却远没有孟子那样的地位，以致今天我们走进孔庙，在配享与从祀的众多先贤先儒中，竟然找不到荀子的位置。这种历史的诡异真实地呈现于人们面前，值得人们认真观察和思索。

第一节　荀子的生平事迹

荀子，名况，字卿，赵国人，生于战国末期，后人尊称其为荀子，后来汉代人为避汉宣帝讳又称其为孙卿，具体生卒年代不详。

关于荀子的生平事迹，史书记载很少。《史记》有《孟子荀卿列传》记载，荀子年五十始来游学于齐。如果根据这个记载，那么即使他来时在齐宣王末年，他应当寿约120岁，这与事理难合，而且与一些材料多有抵牾和矛盾。根据应劭的《风俗通义》以及其他有关资料，我们认为，《史记》中的年"五十"应该为"十五"之误。荀子15岁游齐，如在齐宣王时期，与相关材料的矛盾便可以解决。如果荀子到齐国时处在齐宣王在位末期，那么春申

荀子 像

君被杀时，荀子大约 70 至 80 岁，比较符合事实。荀子在 15 岁，即齐宣王时到齐国游学。

齐国有稷下学宫，创建于战国齐桓公田午时期，是战国时期百家争鸣的产物，也是当时的文化学术交流中心。孟子游齐时，荀子似乎曾经与之相见。《孟子外书》说："孙卿子自楚至齐，见孟子而论性。"在成书问题上，《孟子外书》被认为并不可靠，但其中的材料未必不真。如果这条材料可靠，那么在齐宣王时期荀子来齐与孟子相见是完全可能的。我们认为荀子的游学与政治活动，应该开始于齐国至春申君被杀这段时间之内，大约相当于公元前 305 年到公元前 238 年之间。

荀子一生曾经游历齐、燕、楚、赵、秦等国。早年，荀子可能曾经由齐国到过燕国，因而才有燕王哙"非孙卿"的事情发生。之所以如此，可能是因为荀子当时还比较年轻。另外，刘向的《叙录》和《风俗通义》都有荀子对于张仪、苏秦态度的记载，说："苏秦、张仪以邪道说诸侯以大显贵，孙卿退而笑之。"张仪、苏秦被视为战国纵横家的代表，荀子似乎还见到过张仪、苏秦。

秦昭王时期，荀子还曾经到秦国。《荀子》记载了荀子与秦昭王的答问。秦昭王问荀子说："儒者对国家没有什么好处吧？"荀子回答道："儒者效法先王，注重礼义，使臣子谨慎地履行其职责，敬重他们的君主。"尔后，荀子对儒家进行了论述，指出儒者注重效法先王，强调礼义修行，人君亦应当重视儒家。并且，他还谈到儒家的内在差别，把儒家分为大儒、雅儒、俗儒几类。荀子认为："君主用俗人，那么拥有万辆兵车的大国也会灭亡；用俗儒，拥有

稷下学宫

万辆兵车的大国仅会得以生存；用雅儒，则拥有千辆兵车的小国也可以得到安定。用大儒即使是百里之地的方国也可以长久，三年以后，天下就可以统一，诸侯称臣，没有越礼之事；用于拥有万辆兵车的大国则可以平定天下，不久就可以称霸。"无论如何，儒者毕竟不同于"俗人"，都有益于国，只是不同的儒者对国家治理所起到的作用会有不同。

总体看来，荀子在齐国待的时间较长，其中可能以在稷下学宫的活动为主，甚至到了齐襄王时期，他已是学宫资格最老的人，成为稷下儒家的代表人物。在这期间，他因为反对齐湣王好大喜功、频繁发动战争，曾去楚国，直至襄王复国，并重整稷下学宫，他才从楚国回到齐国。到这时，荀子在齐国居住时间已久，他在稷下学宫也应当比较活跃，而他的思想学说此时也达到了成熟时期。但到了公元前265年，齐襄王卒，其子建即位，即是齐王建，国家权力由其母君王后执掌，政治又趋黑暗。作为稷下学宫祭酒的荀子不满国政昏庸，遭到齐人的谗害，不得已又去了楚国。荀子到楚国后，春申君任

春申君

命他为兰陵（今山东兰陵）令。刘向的《叙录》讲了荀子出任兰陵令的故事。据说，开始有人对春申君说："当年商汤封地只有七十里，文王一百里，他们都是贤人，分别取代了夏朝和商朝。荀卿也是贤人，您现在给他一百里，楚国可能会有危险。"于是春申君谢绝了荀子。荀子不得已离开楚国到了赵国。尔后，春申君的门客又有人对春申君讲道理说："伊尹离夏入殷，殷商兴国而夏朝灭亡；管仲去鲁入齐，鲁国衰弱而齐国强盛。故贤者所在，君尊国安。荀卿是天下的贤人，他所离开的国家，恐怕将会不安全了。"春申君听从了劝说，遂派人聘请荀子。荀子写信给春申君，指责评论楚国，并作了歌赋给春申君。据说，春申君十分不高兴，又拒绝荀子。但荀子最终还是到了楚国，任兰陵令。后来，春申君死，荀子废居兰陵。这之后，荀子潜心著述，著数万言而卒，葬于兰陵。从有关记载看，荀子曾经收徒授学。《史记》之中，除了《孟子荀卿列传》说"李斯尝为弟子"，《老庄申韩列传》说韩非"与李斯俱事荀卿"，《韩非子》中亦有关于荀子的记载。而关于荀子与李斯的关系，《盐铁论·毁学篇》亦有所记载："方李斯之相秦也，始皇任之，人臣无二，然而荀卿谓之不食，睹其罹不测之祸也。"结合《史记·孟子荀卿列传》"李斯尝为弟子，已而相秦"的语气，再参考《荀子》所展现的荀子的思想，似乎荀子与其弟子李斯的分歧是比较明显的。

荀子一生的经历，使他的思想汇通各家，批判诸子，具有集众家之长的特征。他立足于战国中晚期的具体实际，使他的思想显得更加具有时代气息。

第二节　荀子的"隆礼"思想

关于孔子儒学的核心观念究竟是仁还是礼，学术界历来见仁见智，但"礼"在整个儒学体系中的重要地位，却是不言而喻的。作为孔子后学，荀子重点发展了早期儒学中"礼"的思想方向，从而使儒学的内涵更加丰富。荀子对孔子礼学的继承和发展，不仅在于明确了礼的各种社会政治规定，使礼的操作性更切实可行，而且深化了礼的内涵，把礼看作是个人修身的根本和维护社会等级以及治国的根本，是人类道德规范及社会治理的最高规范。这样，就使儒家的礼学达到了一个空前的高度。荀子对礼学的发扬，使他成为继孔子之后与孟子并驾齐驱的儒学代表。

谈到荀子礼学，不能不提周公、孔子以及子弓（仲弓）对荀子的巨大影响。

在荀子的心目中，周公可谓儒者楷模，至诚至圣。荀子曾把儒者分为大儒、雅儒、俗儒、俗人，并明确称周公为大儒。而且，他还把人臣分为大忠、次忠、下忠、国贼四等，又以周公为大忠，《荀子·臣道》篇："若周公之于成王也，可谓大忠矣。"此外，《荀子·解蔽》还称赞说："故德与周公齐，名与三王并，此不蔽之福也。"这里，"周公"与"三王"并提，二者相并而有区别，"三王"即早期儒家常常说到的"三代之明王"，习惯上属于"先王"

仲弓　像

的行列，周公与他们的区别也就是他属于荀子心目中的"后王"。

此外，荀子自称继承孔子及其弟子仲弓，并且荀子在《荀子·儒效》中还说"非大儒莫之能立，仲尼、子弓是也"，《荀子·儒效》开篇就说："大儒之效：武王崩，成王幼，周公屏成王而及武王以属天下，恶天下之倍周也……"可见在荀子那里，周公、孔子和子弓同属"大儒"之列，在这里，周公与孔子相等，这正是荀子心目中的周公，也正是他心目中的"后王"。这里彰显出来一个思想学说的传承统绪，即周公——孔子——子弓——荀子，这也是荀子礼学形成的渊源和脉络。周公是文王之子，武王之弟，成王的叔父，在商末周初这一王朝鼎革的历史时期，他不仅帮助武王取得了天下，更辅助成王巩固了天下。他本人多才多艺，高瞻远瞩，富于政治智慧，尤其在周朝取得天下以后，面对周初风云变幻的复杂形势，他成功地解决了殷商的遗臣和顽民等问题，彻底消除了复辟的隐患；还推行分封制，建立了西周新的统治秩序。更为重要的是，周公提倡"敬德"，制定礼乐，从政治思想方面强化了西周王朝的统治。

从本质上讲，"敬德"乃是加强周统治集团的内部团结，其标准在于遵守礼乐制度。周公制礼作乐，标明了人与人之间的等级名分制度，规定了君臣、父子、兄弟、夫妻、朋友之间的上下尊卑关系。因此，只要各个等级人的行为合乎礼乐制度，就是发挥了"敬德"精神，周朝的政权就能得到巩固。无论是敬德思想还是礼乐制度，对巩固周朝政权都起了重要的作用，对后世也影响极大。

在荀子看来，周公的作为有两点很值得肯定：其一，周公拥戴成王而继承武王掌管天下，乃是"恶天下之离周"；其二，周公返政成王，乃是"明不灭主之义"。周公的功效可谓"大儒之效"！

孔子是周公之后的又一位礼乐大师。孔子"祖述尧舜、宪章文武"，主张仁政德治，但他的仁政思想是在其礼治思想基础上阐发开来的，他曾说："人而不仁，如礼何？人而不仁，如乐何？"① 其仁的思想乃根基于他的礼治思想。为了保证礼制的施行，孔子又注重刑罚。据《孔子家语·刑政》中记载，孔子曾经说过："太上以德教民，而以礼齐之；其次以政焉导民，以刑禁之，刑不刑也。化之弗变，导之弗从，伤义以败俗，于是乎用刑矣。"即治理教化百姓最好的方法是用道德来教化百姓，用礼仪来统一；其次才用政令法制来教导百姓，用刑罚来禁止他们的行为，用刑的目的不在于刑罚。教化后不改变，教导又不听从，对于伤风败俗的人，只好用刑来惩罚他们。在这里，孔子指出刑之用乃以德为前提，刑只用于愚顽不化、不守法度的人。刑以止刑，刑以佐教，宽猛相济，这其实正符合孔子的一贯主张。

孔子以后，荀子推崇仲弓，尊称其为"子弓"，或者有格外敬重仲弓以至于以之为自己学说所宗之人的意义，就如同《墨子》书中称墨子时往往称为"子墨子"那样。更为重要的是，荀子在思想上与仲弓保持高度一致。《论语·雍也》中，孔子称赞仲弓（冉雍）的政治才能，说："冉雍这个人可以让他做官。"还比喻说："犁牛的儿子长着赤色的毛，整齐的角，虽然不想用它作牺牲来祭祀，山川之神难道会舍弃它吗？"孔子认为像仲弓这样的贤才必须推举出来。

孔子重视仲弓的才能，主要着眼于政治方面。而仲弓的政治思想恰恰与荀子完全合拍。《论语·雍也》记载说："仲弓问子桑伯子，子曰：'可也，简。'仲弓曰：'居敬而行简，以临其民，不亦可乎？居简而行简，无乃大简乎？'子曰：'雍之言然。'"即仲弓问孔子子桑伯子这个人，孔子回答说："他行事简单。"仲弓说："居心恭敬而行事简要，这样来治理百姓，不是也可以吗？存心简单而又简单行之，不是太简单了吗？"对仲弓"居敬行简"的思想，孔子表示完全赞同，这与孔子、荀子的思想有相通之处。

从孔子到荀子思想的过渡，仲弓是一个重要的中间环节，其中最为重要的材料是《孔子家语》的《刑政》篇。《孔子家语》长期被视为伪书，严重

---

① 《论语·八佾》。

第七章　晚周儒学大师荀子

影响到了对该书的利用。现在，学术界已经认识到此书的价值，也开始正确对待该书。《刑政》篇记述孔子与弟子仲弓之间的对话，谈论的是刑罚与政教问题，故以"刑政"名篇。《刑政》篇中所记述的孔子关于刑罚的论述，闪烁着孔子政治思想的智慧之光。《刑政》篇记述孔子与仲弓的对话，显示了仲弓的思想倾向。该篇与孔子"德主刑辅"的政治思想相应，他主张德政，也不排斥刑罚，认为"为政以德"是政治的根本，刑罚是德政的必要补充。

上海博物馆藏战国楚竹书中有《中弓》一篇，为我们提供了研究荀子、仲弓学术的宝贵材料。该篇内容属于孔子与仲弓对话的记录，是先秦时期标准的语录体文献，由于该篇简文第 16 枚的简背有"中弓"二字，这应该是本篇的标题，所以本篇可以称为《中弓》或《仲弓》。从初步的编连看，该篇明显可区分为孔子弟子向孔子询问"为政"与"事君"的两大事类。从该篇内容看，它与传世文献，尤其是《论语》等都有相同、相通之处，反映了仲弓的思想倾向，也昭示了该篇资料的宝贵价值，这证明我们的上述认识是正确的①。

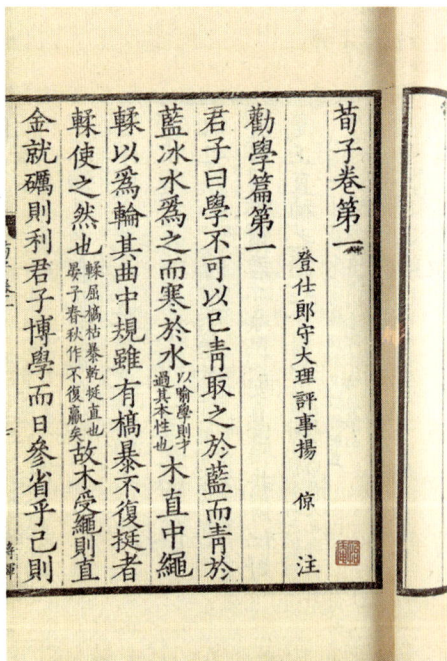

《荀子》

荀子的政治主张，显然继承了孔子、仲弓等的礼、法结合的思想。《论语·为政》中孔子说："道之以政，齐之以刑，民免而无耻；道之以德，齐之以礼，有耻且格。"孔子的意思是说用政纪来教导民众，用刑罚来规范民众，民众往往会为了侥幸得到逃脱而不顾忌耻辱；用道德来教导民众，用礼义来规范民众，民众就不仅有明确的是非之心，而

---

① 杨朝明：《从孔子弟子到孟、荀异途——由上博竹书《中弓》思考孔门学术分别》，《齐鲁学刊》2005 年第 3 期；又，人大报刊复印资料《中国哲学》2005 年第 9 期。

且会真心归附。在这种思想的影响下，荀子的思想呈现出了"礼治"与"法制"并重的特征。仔细研究《孔子家语·仲弓》等篇，很容易发现荀子与孔子、仲弓思想的高度一致。

荀子重视"礼"学，恰恰是继承了孔子的思想传统。《荀子》中有《礼论》篇，是荀子阐发"礼"的起源、内容和作用的文章。在该篇中，荀子解释"礼"的产生与社会功能说："人生来就有欲望，想要得到而得不到，就会去追求，追求却没有度量分界，就会发生争斗，发生争斗就会导致混乱，混乱就会导致穷苦。先王厌恶其混乱，因此制礼义来区分，来教养人的欲望，供给人的需求，使欲望不必穷尽事物，事物不必屈从于欲望，两者相持而长，是礼的起源。"很明显，荀子把"礼"解释为调解财产关系、社会关系的伦理范畴和标准，是"先王"为了调节人们的欲望、避免战乱而制定出来的"度量分界"。荀子的"礼"已经包含了"法"的思想，所以他的"法"实际上也就是在他所处的社会中起不成文"法"的作用，这就有了调和"礼""法"的倾向。

荀子认为，"礼"的内容虽包含"事生""送死""祭祀""师旅"等，实质上不外乎"养"和"制"，即所谓"养人之欲"以及"贵贱有等，长幼有差，贫富轻重皆有称者也"。荀子强调"礼"的重要性，在《荀子·大略》中他说："人如果没有了礼就不会生存，事情如果没有礼就不会成功，国家如果没有礼就不会安宁。"他认为礼是治国的根本，乃至衡量一切的最高标准，即"人道之极"，同时也是至高无上、永恒存在的最高原则。所以，《荀子·礼论》篇中指出，天地、日月、四时、星辰、江河、万物、好恶、喜怒，都有一定的顺序，万物变化却不混乱，都是礼在起作用。

在荀子的心目中，"礼"应当是人们社会生活、政治生活、文化生活和物质生活的规范。礼起着一种规范、法式的作用，为人们的活动、行为规定界限和标准。社会成员必须尊重和遵守礼的规定，所以，《荀子·礼论》中说："不法礼，不足礼，谓之无方之民；法礼，足礼，谓之有方之士。"意思是没有规矩就不成方圆，因此礼在国家政治生活中有极其重要的作用。荀子还指出君主也要用礼统率群臣、治理国家，在《荀子·儒效》中他认为："礼者，人主之所以为群臣寸尺寻丈检式也。"又《荀子·王霸》说："国无礼则不正。礼之所以正国也，譬之犹衡之于轻重也，犹绳墨之于曲直也，犹规矩之于方圆也，既错之而人莫之能诬也。"这段话指出有了礼作为尺度标准，就好像衡器可以称量轻重、木匠的绳墨可以判断曲直、直尺圆规可以用于确定方圆一样，礼也能用来衡量人们的行为，只要人们的视听言行都符合礼的规定，国家就能治理得好。由于荀子以人性为"恶"，并不符合礼的要求，因此，要使人们的视听言行符合礼的标准，就必须改变人的本性。礼作为一种规范、法式，起着导化和矫饰人性的作用。荀子强调"明礼义以化之"，主张通过礼义的教化，诱导人们"化性起伪"，去"恶"从"善"。

在强调礼治的同时，荀子还强调法治。在《荀子·君道》中他说："法，是治理国家的开端。"以"法"为实现统治不可缺少的重要方面。荀子认为，通过礼义教化，可以"赏不用而民劝，罚不用而民服"，这是礼治的优越性。但是，礼义的教化又不是万能的，社会上总有礼义所不能教化的人，对于不能用礼义教化的所谓"嵬琐"，就只能待之以刑罚。荀子这里所说的"嵬琐"，其实就是孔子所说的"化之弗变，导之弗从，伤义以败俗"的人。荀子指出对于善的人要用礼来对待，而对于不善的人就用刑罚来对待，即《荀子·王制》中说的"以善至者待之以礼，以不善至者待之以刑"。荀子主张，要把礼义的教化同法制的刑赏结合起来，他反对"不教而诛"，也反对"教而不诛"和"诛而不赏"。在《荀子·富国》中他指出："故不教而诛，则刑繁而邪不胜；教而不诛，则奸民不惩；诛而不赏，则勤励之民不劝。"即不教化就诛杀，刑罚就会繁重而且滋生邪恶；只用教化而不用刑罚，奸民就得不到惩罚；只惩罚而不奖赏，勤快的百姓就不会劝服。可见，荀子对于法制上的赏罚手段也是非常重视的。

在荀子的社会政治思想中，"礼"是居于核心地位的观念。在《荀子·劝学》中，他曾明确说："礼者，法之大分，群类之纲纪者也。"指出礼是核定国家法律和其他一切规章制度的准绳。因此，在《荀子·君道》中他提出治

《荀子·劝学》

国的指导思想应该是"隆礼重法""尚贤使能"。又《荀子·大略》中说："君人者，隆礼尊贤而王，重法爱民而霸。"指出君主做到注重礼，尊重贤才就会称王；重视刑罚，爱惜百姓就会称霸。他继承和损益了孔子、仲弓的思想，突出强调"礼学"，又十分重视刑罚在治国中的辅助作用。这种倾向与法家主张有相近之处，以至于后期法家的代表人物韩非子、李斯都出于荀子门下，应与此不无关系。

第三节　荀子的"制天命而用之"思想

在中国古代思想中，"天命"是一个十分重要的概念。"天命"与"天道"既有联系又有区别，如果说"天道"是具有本体论意义的客观范畴，那么，"天命"则属于天人关系的范畴。从孔子到荀子，早期儒家注重天人关系，他们在思考社会管理与人生等问题时，将自己的学说建立在天道观与人性论的基础之上。由"天道"而"人性"，"天命"是一个重要的环节，"天道"通过"天命"降而在人，赋予人以"人性"。以此为出发点，儒家进一步思考"人道"，使自己的主体意识反映自身的本质属性，从而沟通"人道"与"天道"。

既然"天命"关乎天、人，存在于天、人之际，那么，人思索"天命"，从而认真对待"天命"就是非常自然而且必须重视的问题。作为西周以来天命神学的一个总体性范畴，"天"或者"天命"具有多重含义。人们认为"天"可以分为自然之天、意志之天、义理之天，以其具有庄严而神圣的性质，它可以指上天的意志，也指上天主宰之下人们的命运。但是，无论如何，人们对"天"的认识总是建立在"人间"基础上的，如果"天"不与"人"发生联系，"天"不"命"之于"人"，也就无所谓"天命"。所以，人们认识"天道"，思索"天命"，都是基于"人"或者"人道"。

在孔子的论述中，"天命"的含义比较复杂。孔子很多次提到"天"，同样具有不同含义，但大致归结，都可理解为具有主宰的意义，对于人的生死寿夭、吉凶祸福、尊卑贵贱、贫富穷通，乃至国家的盛衰存亡，具有某种决定意义。自然，孔子对于"天"和"天命"的认识，是与春秋以来人们对于"天"与"天道""天命"认识相应。郑国人子产所谓"天道远，人道迩"，正是那时期人们对于"天道"认识时代潮流的概括。由对"天""天道"的认识，决定了人们对"天命"的态度。在孔子心目中，"天"与"天命"虽难以捉摸，但"天道"却有一定的运行规律，这促使他认识到应在遵循天道前提下致力于人事，即所谓"尽人事而知天命"。

在这一点上，荀子与孔子的认识不尽相同，而且进一步发展了这一认识。荀子说："从天而颂之，孰与制天命而用之！"这里的"制天命而用之"一语实际反映了他对于天命自然的态度，他主张不能单纯地去适应自然，而是要积极、主动地改造自然。要正确理解这一点，关键在于对"制"字的准确把握。许慎在《说文解字》中指出："制，裁也。从刀从未。未，物成有滋味可裁断。"因此，后之学者多将"制""裁"连用。理解荀子"制天命而用之"

一语也是如此，如唐代学者杨倞注解该句话说："颂者，美盛德也，从天而美其盛德，岂若制裁天之所命而我用之。谓若曲者为轮、直者为桷，任材而用也。"王先谦在《荀子集解》中也继承了这一说法。由上述前贤看法得知，传统所谓"制"，实有利用、顺应、顺势之意，并没有特殊历史时期所谓的"与之对抗""斗争""征服"的意思。

其实，人何以能够"胜天"呢？事实上，历史已经无数次地证明，人在自然灾害的面前常常显得十分渺小，违背自然规律，常常遭遇失败乃至灾祸。仔细分析《荀子》文本，看不出荀子思想中有所谓"人定胜天"的意思，而要理解荀子"制天命而用之"的真正内涵，有必要结合上下文重新诠释。

荀子"明于天人之分"的主张，即将天、人两分的思想，是正确理解荀子天命思想的前提所在，也是正确把握荀子"制天命而用之"思想的关键所在。作为中国哲学的核心范畴，"天"与"人"是思想家思索的中心问题，中国古代哲学就是围绕"天人之辨"发生并且展开的。以前，说到"天人关系"，一般认为荀子与孔子、孟子不同，孔子、孟子等人多言"天人合一"，荀子则言"天人之分"。现在，有了新材料尤其是郭店楚简的发现，使我们认识到孔子、孟子、荀子在这一点上并没有明显的不同，仔细分析材料，不难发现"天人相分"不是荀子一人的专利，同时，荀子也不是没有"天人合一"的思想。

《荀子·天论》篇系统地阐发了荀子的自然观。针对当时天有意志、治乱

《荀子集解》

荀子墓

在天、天命可畏等观点，荀子进行了深刻的论述。在他看来，天生万物不是上天或神意的体现，也不是人为的结果，而是一个自然过程，他将这称作是天职；同时，他将星辰的旋转变化、日月的交替出现、四时的季节更替、阴阳的相互作用，以及万物在这一过程中所得以出生、成长，称作是天功。荀子认识到"天职""天功"是自然法则，客观实在，所以他说"唯圣人为不求知天"。荀子又说到所谓"天养""天政"，他说："财非其类以养其类，夫是之谓天养。顺其类者谓之福，逆其类者谓之祸，夫是之谓天政。""天养""天政"同样具有自然法则、规律的含义。对此，荀子主张积极认识和利用，以造福人类。

　　天道运行的规律、斗转星移等自然现象都是客观的存在，所谓："天行有常，不为尧存，不为桀亡""不为而成，不求而得""列星随旋，日月递照，四时代御，阴阳大化，风雨博施，万物各得其和以生，各得其养以成，不见其事而见其功"。荀子在此指的是一个无意志、无目的的自然界。因而从另一个角度说，"天"与"人"是有分别的，天无善恶、福祸之意，人并不能因自己修德或者作恶而得到赏罚。因此，天是天的事，人是人的事，二者之间并不存在必然的联系，更不存在所谓"天人感应"之类神秘的东西。"明于天人之分"的本质目的，不是要人们去迷信自然之"天"，而是要认识"天命"，并按照其内在规律性利用它。

　　显然，在这个问题上，荀子是寄予了一种政治关怀的。《荀子·天论》的以上论述，并非简单地为了论述一个客观世界的存在，其所关注的重心，乃在于人如何把握客观世界的规律，实现社会的治理。在荀子看来，社会的治乱、国家的存亡、人的吉凶祸福，都是由人的行为决定的，而与天的意志没有必然联系。他希望人都要明白"天"与"人"的不同，明确各有自己的职分，二者不可混淆。在这样的基础上，荀子进一步提出了"制天命而用之"，从而顺应自然，而不是在自然面前消极被动，做到"应时而使之"，即顺应时令并为我所用；"骋能而化之"，即施展人的才能使万物根据人的需要而变化；"理物而勿失之"，即管理好万物而不是抛却它们。由此可以看出，荀子的"制天命而用之"与孔子的"知天命"理念非但不矛盾，且有其内在理路的一致性。说到底，它们都是早期儒家"灾妖不胜善政"观念在不同时代的哲学呈现。

第四节　荀子的性恶论

荀子主张人性恶，但他却认为人人都可以为善，用他的话说，就是"涂之人可以为禹"，即积善全尽可以为圣人。在这一点上，荀子与孟子是相同的，因为孟子赞同"人皆可以为尧、舜"的看法，所以，荀子的性恶论与孟子的性善论似乎没有什么根本上的不同。正因如此，清代大学者戴震也在其所著《孟子字义疏证》中议论荀子的性恶论说："此与性善之说不惟不相悖，而且若相发明。"甚至有学者提出疑问，说："涂之人可以为禹，即孟子所谓人皆可以为尧、舜，但改尧、舜为禹耳。如此，则何必自立一说乎？"这倒显示了孟子、荀子在人性学说上的一致性。

在人性论上，孟子、荀子二人确实是殊途而同归。孟子言"性善"所注重的是人生而固有的各种"善端"，所以性必须继续扩充；荀子所言性乃指自然生就的本能，顺性则走向恶，故而性必须加以改造，"善"生于人为的礼义教化。所以，他们的人性主张看起来截然相反，但两者的归结点却是一致的，即他们从强调人的社会性出发，都认为人的本质价值的真正实现在于道德仁义。

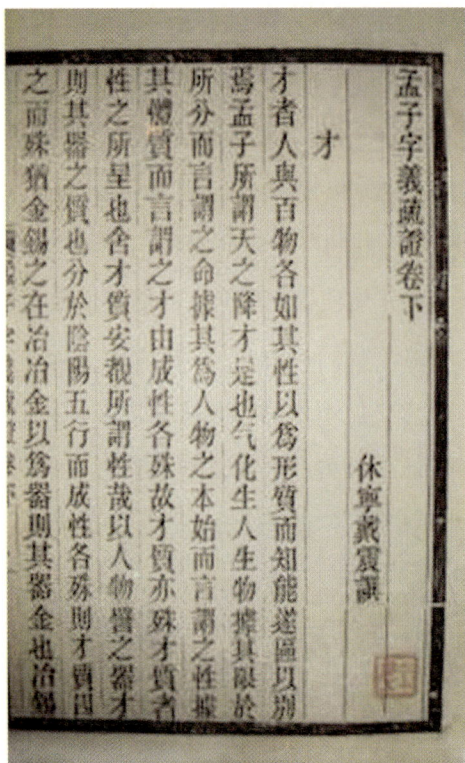

《孟子字义疏证》

孟子把性善作为仁义的根底，荀子则把仁义作为改造人性的武器和结果。孟子、荀子都认为尧、舜是圣人，是人的价值的最高体现，是做人的典范。孟子与荀子为了鼓励人们修仁义之道，提出了"人皆可以为尧舜"的富于鼓动性的号召。孟子教导人们努力去发扬自己的善性，沿着仁义的道路前进，从而成就为尧、舜；而荀子却教导人们努力用礼义改造自己，认为改造的尽头就会变成尧、舜。两人的不同点在于，孟子引导人们向内作功夫，修心养性，荀子则强调自我改造与社会改造。

荀子处在孟子之后，他的性恶论是在批评孟子人性善学说的基础上形成的，因而具有其独有的特色与价值。荀子的性恶论在揭示人的性伪之分的内在冲突时，也言明了人的欲望与性情可能导致邪恶的客观事实。如果简单地进行归纳，庄子的人性论可以称为自然人性，孟子的人性论可以归结为道德人性，到了荀子那里，自然人性与道德人性的外在冲突，便转化成人自身的理性与感性的冲突。荀子认为，人都会不可避免地受到内在感性生命冲动的支配，但是人人又都有理性意志，都往往能够做到抑制感性，以使之与礼义契合。如若不是如此，如若不是礼义教化的作用，人们趋向于邪恶便是十分自然的事情。

荀子提出性恶论，可能与他所处的时代具有直接的关系。当天下乱离之际，人们朝不保夕，在礼义道德的呼吁被战争的呐喊淹没的时候，邪恶的事实不断地呈现出来。荀子在时代上稍后于孟子，他比孟子看到了更多的征战与杀伐，因此他也比孟子更多地注意到了争夺、残贼、淫乱之类。孟子之时，已经出现了"争地以战，杀人盈野；争城以战，杀人盈城"的局面，到荀子的时候，各国之间的兼并战争更是血雨腥风不断，在这样的历史文化背景下，荀子提出了他的性恶论。

不少人认为，人性恶对于推动历史的进展是有益的，它甚至远远超出了人性善的理论。由此，人们认为看到了人性恶的问题，也就看到了历史发展的杠杆。例如，恩格斯在《路德维希·费尔巴哈和德国古典哲学的终结》中说：

> 黑格尔指出："人们以为，当他们说人本性是善的这句话时，他们就说出了一种很伟大的思想，但是他们忘记了，当人们说人本性是恶的这句话时，是说出了一种更伟大得多的思想。"在黑格尔那里，恶是历史发展的动力借以表现出来的形式。这里有双重的意思，一方面，每一种新的进步都必然表现为对某一神圣事物的亵渎，表现为对陈旧的、日渐衰亡的、但为习惯所崇奉的秩序的叛逆；另一方面，自从阶级对立产生以来，正是人的恶劣的情欲——贪欲和权势欲成了历史发展的杠杆。

在专制时代，性恶论的提倡为君主专制提供了合理性论证。《荀子·性恶》篇中说："故古者圣人以人之性恶，以为偏险而不正，悖乱而不治，故为之立君上之势以临之，明礼义以化之，起法正以治之，重刑罚以禁之，使天下皆出于治，合于善也。"意思是说人性中贪婪欲望的无限膨胀，必然会导致人们之间对社会与自然有限资源的不断纷争，为避免相互之间的残害与争斗，避免社会秩序的混乱，就必须建立社会道德的规范，对人的欲望加以限制和改造。在这个过程中，社会中的君权、道德、刑罚也不断地被制定与完善起来。

荀子的性恶论最为积极的一面，在于它为提倡"隆礼重教"做出了哲学上的铺垫。在荀子看来，人之性恶说找到了世界种种罪恶的根源。那么，既然人性是恶的，就应当摒恶向善，改变人性。如何向善？人的道德理性从哪里来？人们会自然发出这样的疑问："人之性恶，则礼义恶生？"

对此，在《荀子·性恶》篇中也有探讨："凡礼义者，是生于圣人之伪，非故生于人之性也……圣人积思虑、习伪故，以生礼义而起法度。然则礼义法度者，是生于圣人之伪，非故生于人之性也。"即，礼义产生于圣人的人为努力，而不是本来就产生于人的本性。圣人深思熟虑，常习人为的事情，从而使礼义和法度产生和建立。也就是说，要改变人性之恶，就应当用圣人的礼义法度引导与教化，这是礼义产生的必要性所在。既然人的欲望和情性的扩张会导致邪恶的产生，那么就应该加强礼义教化。所以荀子说："故必将有师法之化，礼义之道，然后出于辞让，合于文理，而归于治。"① 意思是说：所以一定要有了师长和法度的教化，礼义的引导，然后人们才会从推辞谦让出发，遵守礼法，最后达到社会的太平。如此在人性恶学说的基础上，荀子才倡导了他的"化性起伪"的思想，这正是他人性学说的价值导向。

---

① 《荀子·性恶》。

第（二）编

秦汉：从"焚书坑儒"到"独尊儒术"

　　先秦时期，孔子儒家主张"修己安人"和"仁政""德治"，强调"正名"，带有明显的"德性色彩"。为适应专制政治的需要，秦汉以后的儒学逐渐强化了君权、父权和夫权，具有显著的"威权色彩"。如果说中国儒学的发展在历史上呈现出明显的由"德性儒学"向"威权儒学"的转变，那么，秦汉时期无疑是这种转变的过渡阶段。这种过渡是秦汉社会政治发展的必然，虽然这一过程消解了儒学的德性色彩，但众多儒家学者也在寻求儒学与社会的契合点。可以说，在吸收融合先秦各流派思想基础上，秦汉儒学对先秦儒学又有了新的发展，形成了规模宏大、内容丰富的新儒学体系，它改造了先秦儒学，为秦汉以后的儒学发展奠定了基础，产生了多方面的重大影响。

第一章　秦朝的儒学状况

　　秦朝儒学是中国儒学发展史上不可或缺的重要一环。先秦时期，儒学不仅在东方六国广为传播，产生了深刻影响，而且其影响力远达秦国，对向来以法家立国的秦地也产生深刻影响。儒学在秦王朝的政治统一、政治制度构建，以及社会教化等方面发挥着巨大作用。同时，儒学也不可避免地受到秦代社会的影响。秦朝的文化政策以法家为指导而兼容并蓄，旨在达成思想文化领域的统一，这对儒学的传播创造了有利条件。然而，秦代法家政策的极端化也造成了"焚书坑儒"的悲剧，对儒学发展的危害显而易见。伴随着深刻的社会变革，儒学内部出现了一定的转向，逐渐失去原始儒学重视德性的传统，转而加快与专制制度的结合，开启了汉代儒学发展的新方向。

第一节　秦朝初期儒学的发展

　　完成于秦国统一前夕的《吕氏春秋》，试图融汇诸家之学，创立一个全新的思想体系，以完成思想的统一。虽未最终实现，但对于秦王朝统一后的政治、文化有着深刻影响。

一、《吕氏春秋》与儒家思想

　　《吕氏春秋》，又称《吕览》，是先秦时期的重要典籍。它成书于战国晚期，是由秦相吕不韦召集门客集体编撰

吕不韦 像

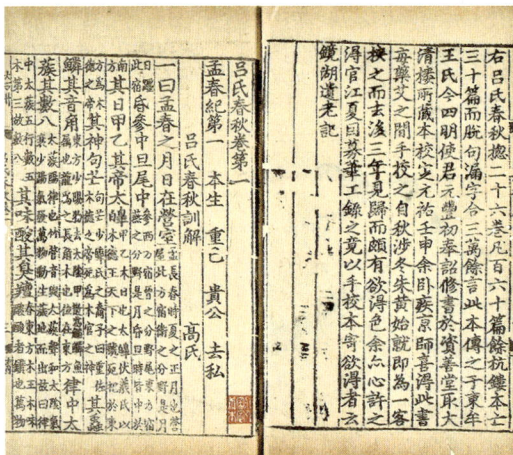

《吕氏春秋》

的一部著作。吕不韦在秦国庄襄王、秦王嬴政时期曾为相13年。秦王嬴政即位时年幼，吕不韦被尊为仲父，掌控秦国大政，后为嬴政所杀。

《吕氏春秋》分为八览、六论、十二纪，每览分为8篇，每论分为6篇，每纪分为5篇，总计160篇。

《吕氏春秋》不仅是一部学术性著作，而且是"大一统"时代到来之前秦朝构建统一意识形态的初步尝试。《吕氏春秋》形成于秦国统一天下已成定局之时，此书写作目的就是为秦朝立法，为秦统一后施行中央集权提供理论基础，确立统一帝国的施政宪章。

从学派属性上讲，《汉书·艺文志》将《吕氏春秋》纳入"杂家"之列可以说颇为精到。所谓"杂"，并不是指此书杂乱无章、杂糅各派，而是有会聚各家、融会贯通的意思。从表面看来，这部书确实很"杂"，然而，如果仔细推敲，此书又有一定的统系，它与所谓"杂陈"诸说有明显区别。

《吕氏春秋》虽兼取各家之长，融会儒、墨、道、纵横之学，但仍以儒家思想为主流。《四库全书总目》说："是书较诸子之言，独为醇正。大抵以儒为主，而参以道家、墨家，故多引六籍之文典与孔子、曾子之言。其他如论音则引《乐记》，论铸剑则引《考工记》。虽不著篇名，而其文可案。所引庄、列之言，皆不取其放诞恣肆者；墨翟之言，不取其《非儒》《明鬼》者；而纵横之术、刑名之说，一无及焉，其持论颇为不苟。"这就是说，《吕氏春秋》引据典籍以儒家的"六经"和孔子、曾子言论为主，而在引据其他各家的说法时却是有所选择的。①

――――――――――

① 杨朝明：《儒家文化常识》，江西人民出版社2015年版，第87页。

民本、德治都是儒家政治理念的基本主张。《吕氏春秋》吸取了儒家的民本思想，提出"主之本在于宗庙，宗庙之本在于民"①，以百姓为天下之本，只有得到百姓，以百姓为务，天下才能归之②。以民本思想为基础，《吕氏春秋》还提出了以德治为主、以赏罚为辅的思想。与民本思想一样，德治也是儒家的一贯主张，如孔子就极力提倡"为政以德""德主刑辅"。《吕氏春秋》也说："行德爱人，则民亲其上；民亲其上，则皆乐为其君死矣。"③ 又说："为天下及国，莫如以德，莫如行义。以德以义，不赏而民劝，不罚而邪止，此神农、黄帝之政也。"④ 以德治国，将会政通人和，无往不胜。所以说："德也者，万民之宰也。"⑤《吕氏春秋》把"孝"作为道德的基础，说："凡为天下治国家，必务本而后末""务本莫贵于孝""夫孝，三皇五帝之本务，而万事之纪也"⑥，甚至还说以孝为本就能"百善至，百邪去，天下从"。除了讲孝，《吕氏春秋》还讲忠，以孝为忠的基础。另外，《吕氏春秋》的德治思想也很重视礼乐之教。德治以外，赏罚也是一种辅助手段，"凡用民，太上以义，其次以赏罚"⑦，而赏罚应该以"义"为标准，这样才会促使人们遵行"忠信亲爱之道"。

《吕氏春秋》中儒家思想占有很大比重，这有多方面的原因，例如秦相吕不韦的个人原因、突破秦国崇法传统的现实需要等。但其中最主要的，还是儒家经国济世的思想特征所决定的。就儒学自身的发展来讲，孔子毕生致力于儒家理论学说的宣扬，教授学徒，培养门生。他还带领弟子奔走于各国之间，力图把自己的政治主张付诸实施。尽管孔子学说终未被用，但客观上却扩大了儒家的影响。孔子去世后，儒家学派发生了分化，孔子之徒散游诸侯，

---

① 《吕氏春秋·务本》。
② 《吕氏春秋·爱类》。
③ 《吕氏春秋·爱士》。
④ 《吕氏春秋·上德》。
⑤ 《吕氏春秋·精通》。
⑥ 《吕氏春秋·孝行》。
⑦ 《吕氏春秋·用民》。

通过不同的方式宣扬儒家学说。战国时期，孔子的影响日益扩大。在孟子、荀子等人的宣扬下，儒学成了当时的"显学"，孔子也受到了普遍的尊重。因此，从总体上讲，孔子和儒学的地位一直处于上升的趋势。在这样的情况下，吕不韦纠集门客，撰著成书，其中儒家思想占有重要地位便是自然的了。

二、秦置博士官

秦始皇没有如吕不韦所愿，将《吕氏春秋》作为施政纲领，秦统一六国后，仍然尊崇法家，但是，秦朝也注重吸收儒家思想，征用、礼遇经生、儒士，其最主要的表现就是广置博士。

《汉书·百官公卿表》记载说："博士，秦官。掌通古今，秩比六百石，员多至数十人。"秦朝设置博士之官的具体年代不可考定，但据史料记载，其数量众多。秦始皇时曾征聘学者70余人，授以博士之官，又召集两千多"文学方术之士"置于博士领导之下，谓之诸生。秦始皇不但召集博士、诸生，而且会给予他们一定的礼遇。秦始皇曾自谓"悉召文学方术士甚众"①。所谓"悉召""甚众"，说明"文学方术"之士为数多而来路广。"文学"，在先秦时期是指《诗》《书》等典籍或其研习者。可见，在这些"百家"博士之中，不少人应该是与经学、儒学有关的博士。如孔子九世

高堂生　像

---

① 《史记·秦始皇本纪》。

孙孔鲋"通六艺"，秦始皇召为鲁国"文通君"；还有叔孙通，他"秦时以文学征，待诏博士"[1]；伏生"故为秦博士"[2]，《水经注·河水》还有这样的记载："谬水又东迳汉微君伏生墓前，碑碣尚存，以明经为秦博士。秦坑儒士，伏生隐。"也印证了关于伏生为秦博士的事实。史籍所载任秦博士的儒生还有淳于越、周青臣、黄疵、茅焦、桂贞、羊子、沈遂、高堂生等人。儒生被列为秦博士官，表明秦对儒生和儒学并不排斥。无怪宋人郑樵认为秦帝国儒风未衰，他曾说："陆贾，秦之巨儒

孔鲋与鲁壁藏书

也；郦食其，秦之儒生也；叔孙通，秦时以文学召，待诏博士数岁。陈胜起，二世召博士诸儒生三十余人而问其故，皆引《春秋》之义以对。是则秦时未尝不用儒生与经学也。况叔孙通降汉后，有弟子百余人，齐鲁之风，亦未尝替。故项羽既亡之后，而鲁为守节礼义之国，则知秦时未尝废儒。"[3] 清人梁玉绳也有类似论断，他在《史记志疑》中说："《叔孙通传》载二世召博士诸儒生三十余人问陈胜，又通降汉从儒生弟子百余人，征鲁诸生三十余人……则知秦时未尝废儒，亦未尝聚天下之儒而尽坑之。"[4]

秦始皇时不仅设置博士官并为之配备"诸生"，还允许博士参与议论朝政。论官吏职能，博士官是文化、礼仪之官，不论是秦始皇还是秦二世，都

---

① 《史记·叔孙通列传》。
② 《史记·儒林列传》。
③ 《通志·校雠略一》。
④ 《史记志疑》。

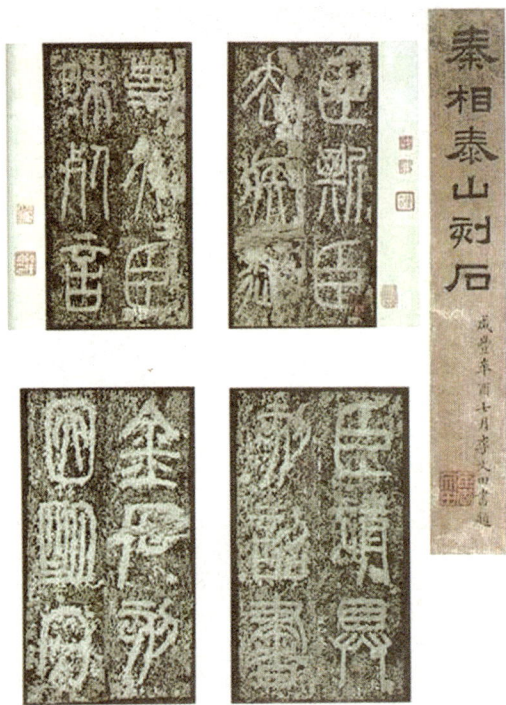

泰山刻石（北京故宫博物院藏明拓本）

经常与博士、诸生议论政事，允许他们发表自己的见解，《史记》就有议帝号、议封禅、议分封等记载。

以议封禅为例，《史记》中详细记载了秦始皇封禅的情况。秦始皇即位第三年（前219年），在东巡途中，他准备在泰山封禅。于是，他召集"齐鲁之儒生博士七十人，至乎泰山下"，征询封禅礼仪。有儒生建议，要遵照古时封禅的做法，上山乘坐的车要用蒲叶裹轮，打扫地面作为祭祀场地，祭祀时跪垫的席要用去皮的禾蒿芯做。这样做，一方面可以保护山上的土石草木，另一方面也易于施行。秦始皇最终没有采纳儒生的建议，反而多是采用在雍城祭祀上帝所用的仪式。他命人修理、打扫行车道路，自阳坡登上泰山的顶峰，立石碑歌颂功德；下山时，在梁父又禅祭地神。秦始皇并没有采用儒生提供的古代礼仪而是有所创制，这是中国历史上把封禅仪式具体化的第一次实践。然而下山途中遇到暴风雨，他们不得已在一棵大树下躲避，儒生们则以此作为笑谈。这一过程中所体现出的秦代最高统治者与儒生的互动关系，颇值得后人玩味。

秦设置博士官，推动了秦文化与以齐鲁文化为代表的东方文化的合流，进而促进了儒学的传播。秦始皇时，丞相王绾、御史大夫冯劫、廷尉李斯等曾与博士们讨论"帝号"的问题。古代有天皇、地皇、泰皇"三皇"的称谓，其中泰皇最尊贵，因而他们建议秦王尊号为泰皇。"三皇"说来源于何时何处，历来都有争议。但由于是王绾、冯劫、李斯等人与博士讨论后提出，他们又都是出自关东，因此，"三皇"说应出自关东而不是秦地。虽然嬴政最终选择去掉"泰"字，留下"皇"字，采用上古"帝"的位号，称为"皇帝"，但秦时博士们将东方文化输入秦廷，促进秦文化与东方文化合流的作用则是显而易见的。

秦设置博士官，也推动了儒学的研习和传授。秦博士官的职责是"掌古今""辨然否""典教职"①。所谓"典教职"，就是从事教学。在秦代，博士已经自发地从事教学。"焚书坑儒"之后，博士制度也并未废除。叔孙通降汉时，"从儒生弟子百余人"②。由此可见，秦代始终允许博士官研习和传授儒学，这对于儒学的延续具有重要意义。

朝廷设置博士官的同时，民间儒者也进行着儒学的研习与传授。孔鲋是孔子的九世孙，他在秦朝也公开授业，弟子甚众。据《汉书·儒林传》的记载，高堂生亦为鲁人，历秦世，传礼于汉代；齐人浮丘伯"与李斯俱事荀卿"，精通《诗》及《穀梁》，秦时曾授《诗》楚元王刘交、鲁穆生、白生、申公等人，"及秦焚书，各别去"。汉时《易》的传承本之田何，而田何为齐人，可见，时当秦末，田氏《易》学亦在继续传授。典籍还记载荀子曾在秦代传播儒学，《盐铁论·毁学》说："李斯之相秦也，始皇任之，人臣无二，然而荀卿为之不食，睹其罹不测之祸也。"三国时魏明帝诏令中则有"荀卿丑秦世之坑儒"③ 等语。此外，燕、楚等地的韩婴、陆贾诸人也当在从事儒学研习活动。

齐鲁之间学术一直得到传承，"夫齐鲁之闲于文学，自古以来，其天性也。故汉兴，然后诸儒始得修其经艺，讲习大射、乡饮之礼"④。孔子林庙故居依然是儒生们演习礼乐的道场，所以，《史记·孔子世家》说："鲁世世相传以岁时奉祠孔子冢，而诸儒亦讲礼乡饮、大射于孔子冢。孔子冢大一顷，

---

① 《汉书·百官公卿表序》。
② 《史记·叔孙通传》。
③ 《三国志·魏书·高堂隆传》。
④ 《史记·儒林列传》。

故所居堂、弟子内，后世因庙藏孔子衣冠琴车书，至于汉二百余年不绝。"这里的"冢"，后人考证是"家"之误，应该指的是孔子故居。儒学传承未尝间断，正是得益于这种氛围。

第二节 秦始皇"焚书坑儒"

由于儒学之盛影响到了秦代政治，因而它在秦代遭到了"焚书坑儒"的厄运。人们往往把"焚书"与"坑儒"看作是一回事，其实不然，"焚书"和"坑儒"是发生在秦代的两个重大文化事件，它们一前一后，背景各异，性质有别。如王充所言："燔《诗》《书》，起淳于越之谏，坑儒士，起自诸生为妖言。"①

一、"焚书"：禁毁《诗》、《书》、百家语

秦始皇的一场宴会，平地里掀起一场封建之争，而这场争论，又点燃了"焚书"之火。秦始皇三十四年（前213年），秦始皇设宴于咸阳宫。宴会进行中，博士70人前来敬酒，仆射周青臣发表了一番颂词。他说："以前秦国土地不过千里，仰仗陛下的神灵明圣，平定天下，驱逐蛮夷，凡是日月所照耀到的地方，没有不臣服的。把诸侯国改置为郡县，人人安居乐业，不必再担心战争，功业可以传之万代。您的威德，自古及今无人能比。"秦始皇听到这番赞誉，自然心中大喜。

可是博士齐人淳于越却不以为然，他颇有些"不识趣"地上前说到："据臣下了解，殷、周能统治天下千余年，得益于其分封子弟、功臣，以此作为辅佐。而如今，您虽拥有天下，但您的子弟却仍是平民百姓，一旦出现田氏代齐之类的祸患，没有他们的辅弼，那么谁会来救援呢？"随后他又进一步说："凡事都应从历史中吸取教训，不师法古人而妄图实现长久之治是不可能

---

① 《论衡》卷七《语增篇》。

的。周青臣当面阿谀，其实是在加重陛下的过失，这不是忠臣所为。"

对于两人的议论，秦始皇并没有当场做出决断，而是采取了廷议的方式来解决分封与郡县之争。在廷议中，丞相李斯

"焚书"

认为，五帝以来，至于夏、商、周三代，其制度不是简单的重复与因袭，而是各有所依据，时代不同，制度就会有变化。秦始皇开创了大业，建立起万世不朽之功，那些愚陋的儒生不可能理解得了，淳于越提倡的复古效法更是不可取。随后，李斯转移话题，把矛头对准了儒生，他说："从前诸侯并起，为争夺天下才大量招揽游说之士，现在天下平定，法令出自陛下一人，百姓在家就应该致力于农工生产，读书人就应该学习法令刑禁，而如今儒生们不学今却要效法古，并且以此来诽谤当世，实在是惑乱民心。"

在给儒生加上以古非今，惑乱黔首的罪名后，李斯又进一步说："古时天下纷乱，诸侯并起，征伐不断，因而思想无法统一，这就导致了道古害今、虚言乱实、欣赏私学、非议朝政的状况大量存在。当今天下一统，分辨是非黑白一切本应决定于皇帝一人，可是现在私学不绝，人们时常非议法令，一有命令下达，就各据所学加以议论，入朝在心里指责，出朝就去街巷谈议。他们追求奇说异辞以抬高自己，在君主面前求取名利，在民众中又制造谤言。长此以往，会危及君主的权势。"李斯不仅否定了分封制，而且借机打击了官学、私学，其目的就是统一思想。为此，李斯向秦始皇提出建议：

臣请史官非秦记皆烧之。非博士官所职，天下敢有藏《诗》、《书》、百家语者，悉诣守、尉杂烧之。有敢偶语《诗》《书》者弃市。以古非

李斯 像

今者族。吏见知不举者与同罪。令下三十日不烧，黥为城旦。所不去者，医药、卜筮、种树之书。若有欲学法令，以吏为师。①

李斯的上述建言，最终以律令的形式颁行于天下，即所谓的《挟书律》②。其具体内容可分解成如下条目：

1. "史官非秦记皆烧之"：秦史保留，六国史记皆烧掉，即使是史官所藏也不例外。此有毁灭六国文化遗产的意图。

2. "《诗》、《书》、百家语"：除博士官所掌管的，其他一律烧掉。这就意味着，不仅仅《诗》《书》等六经体系，法家之外的其他诸子著作（包括诸子传记、子书等）均在焚烧之列。博士官管理的书可以不烧，其背后的深意是官方要垄断文化遗产。

3. "医药、卜筮、种树之书"：这三种书具有实际用途，因而不在焚烧之列。

4. "若有欲学法令，以吏为师"：如果有人想要学习法令，就以官吏为师。前人多把"以吏为师"与殷周"学在官府"等同起来，其实是一种误解。殷周王官之学包括礼、乐、射、御、书、数，秦之"以吏为师"则学法令而已。③

---

① 《史记·秦始皇本纪》。

② 李学勤：《从出土简帛谈到〈挟书律〉》，黄留珠主编：《周秦汉唐研究》（第一册），三秦出版社 1998 年版，第 4 页。

③ 李学勤：《从出土简帛谈到〈挟书律〉》，黄留珠主编：《周秦汉唐研究》（第一册），三秦出版社 1998 年版，第 6 页。

5. "诣守、尉杂烧之"：根据云梦秦简，"杂"有共同的意思，所谓"杂烧之"就是说上缴《诗》、《书》、百家语的人与官吏一块儿来烧，互为见证。[1]

6. "偶语《诗》《书》者弃市"：以往多将"偶语"理解为是偶然谈谈，这样未必符合本义。其实，"偶语"是指互相谈，"偶语《诗》《书》"就是两个人互相谈《诗》《书》，如果出现这种情况，谈论者将处以死刑示众。[2]

7. "以古非今者族"：借古非今的灭族。

8. "吏见知不举者与同罪"：官吏知而不报，以同罪论处。

9. "令下三十日不烧，黥为城旦"：命令下达 30 天仍不烧书的，处以脸上刺字的黥刑，并且处以城旦之刑 4 年，发配边疆，白天防寇，夜晚筑城。

综合分析，进入禁令范围的书籍种类包括，史记类、《诗》《书》类及百家语类等。对于不同的书籍种类，则采用不同的管理方法，史记类只能保留秦史，即使史官所藏六国史、周史等也都要焚毁；《诗》《书》类，博士官可以收藏于官府，但不可互相讨论；百家语类，同样只能由博士官收藏，但百家语尚可以谈说、称引。除秦史外，医药、卜筮、种树之书由于具有实际用途，因而不在焚烧之列。当然，最为重要的是任何人不能以古非今。最终，秦始皇同意了李斯的建议。

属于秦代写本的出土文献进一步证实了《史记》所载并非虚言。李学勤先生指出，现在发现的凡是属于《挟书律》实行的将近四十年左右时间的墓葬里面出土的文字材料，内容都符合这个法律，没有任何人敢在死后埋违反法律的东西。[3] 以马王堆帛书为例，马王堆帛书中确定是秦写本的，一件是《篆书阴阳五行》（暂名），书中避讳"正"字，把"正月"改为"端月"。另外《五十二病方》从字体看也可能是秦代的抄本。这两种书籍，前者是术数之类，后者是医药之书，都不在禁毁之列。这都说明，李斯所上"焚书"之建言在当时发挥了相当大作用。[4]

---

① 李学勤：《三代文明研究》，商务印书馆 2011 年版，第 215 页。
② 李学勤：《三代文明研究》，商务印书馆 2011 年版，第 215 页。
③ 李学勤：《三代文明研究》，商务印书馆 2011 年版，第 215 页。
④ 李学勤：《简帛佚籍与学术史》，江西教育出版社 2007 年版，第 15－17 页。

二、"坑儒"：方士？儒生？

"焚书"之祸起因于分封与郡县之争，而发生在秦始皇三十五年（前212年）的"坑儒"之灾则是由两位方士"诽谤"皇帝引起的。据《史记·秦始皇本纪》记载，侯生、卢生为秦始皇求仙药不成，而依照秦律，如果方术不能应验，就要处死。尤其是秦始皇处理泄密事件的手段让二人更加恐惧，他们认为秦始皇"刚戾自用""专任狱吏""以刑杀为威""贪于权势"，于是便逃亡而去。由于此前方士韩众、徐市等也去无踪影，秦始皇为之震怒，他说："为了使国家太平，我招集大量文学方术之士，但这些方士却打算炼丹得到奇药。韩众离去后一直不来复命，徐市等人耗费巨万最终还是没有得到仙药，只是每天传来一些为奸谋利的事情；我对卢生等人很尊敬，赏赐丰厚，如今却诽谤我，来加重我的不仁；通过派人查问，在咸阳的一些诸生还制造怪诞邪说来惑乱百姓。"秦始皇于是下令收取天下书籍，凡不合时用的全部烧毁；又派御史审问诸生，对于触犯法禁的460多人，全部在咸阳活埋，并使天下知之，以儆效尤。其他更多的犯禁者则发谪徙边。

在此事件中，另一个看似不相干的人物公子扶苏也受到影响，并付出了惨重代价。扶苏是秦始皇长子，《史记·秦始皇本纪》说他"为人仁"，可见其受儒家思想的影响。对于"坑儒"一事，扶苏不同意秦始皇的做法，他曾进谏道："天下初定，远方百姓尚未归附。儒生们都学习和效法孔子，现在您用严厉的刑罚绳治他们，恐怕会

"坑儒"

引起天下动乱。"秦始皇非常生气，遂派他到北方的上郡监督蒙恬。

扶苏 像

秦始皇所坑，到底是方士还是儒生？历来有不同看法。有学者认为所坑者为方士，有学者认为是儒生，大部分学者则认为方士、儒生可能均有。其实，《史记·秦始皇本纪》中所记有两点特别重要，一是坑儒由方士引起，二是所坑者为诸生。秦始皇提到卢生等人诽谤自己，诸生在咸阳妖言惑众，因为这两点，他才大开杀戒。在史料中，虽并未直接出现儒的字样，但由于公子扶苏有言"诸生皆诵法孔子"，因而诸生不可能与儒没有关联。显然，所坑的既有方士，又有儒生。另外，许慎《说文解字》曰："儒，柔也，术士之称"，而方士亦称方术士，二者都属术士范畴。儒生与方士皆有共指，故将二者混用也属情理之中。

三、"焚书""坑儒" 与儒学

"焚书""坑儒"事件的发生，显然有政治方面的因素，但更深层次的原因还在于文化，"焚书"与"坑儒"之所以出现在秦朝，其实与秦的文化传统有着密切的关系。

秦的文化传统是多重迭合而形成的，虽曾先后历经秦族文化、秦国文化和秦朝文化三个阶段，但其文化传统却因长期受到戎狄文化的影响而具有一脉相承之处。秦族位居西北，长期与戎狄杂居，生活方式一直以游牧人的文化传统为主导。即使后来成为周朝的诸侯国，开始受到礼乐文化的影响，"秦

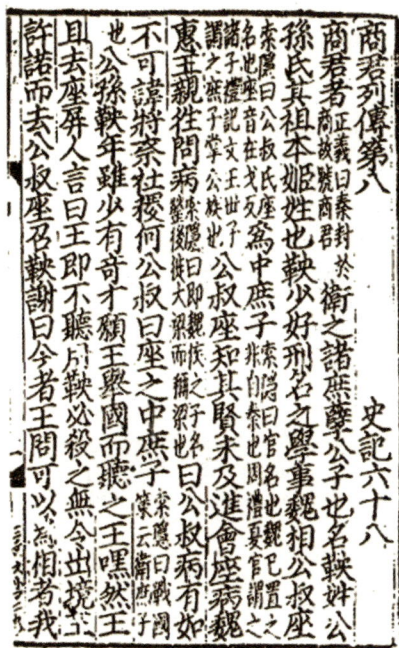

《史记·商君列传》

"人周化"也带来了穆公时代的繁荣昌盛，使秦国步入了霸主的行列，但戎狄文化的影响依然存在，甚至在商鞅变法以前，秦国依然是"与戎狄同俗"①，"始秦戎狄之教，父子无别，同室而居"②。可以说，秦人并没有领会到西周礼乐文化的精髓，甚至还带有怀疑和抵触，他们对西周文化的吸收基本上都是以实用为标准的。比如，秦国君主更重视富国强兵，推崇霸道，轻视王道。商鞅初到秦国，秦孝公对其所讲"帝道""王道"并不感兴趣，甚至听到就打瞌睡，但当商鞅讲到"霸道"时，秦孝公大为高兴，连谈几天都不觉得疲倦。正是由于秦国的文化传统，使得它比其他国家更容易接受法家的理念，并将其定为治国方略。

法家一直提倡反智识、反文化，而主要策略就是破坏典籍。《韩非子》中《和氏》篇云："商君教孝公以连什伍，设告坐之过，燔《诗》《书》而明法令。"《五蠹》篇更说："故明主之国，无书简之文，以法为教；无先王之语，以吏为师。"这些思想均为秦始皇所赏识。由此可见，秦代"焚书"一事其实早有法家学说的根源，禁毁《诗》、《书》、百家语，本来就是商鞅变法以来秦国一贯的政策。睡虎地秦墓中出土秦简共十种，包括《编年记》《南郡守腾文书》和《语书》《秦律十八种》《效律》《秦律杂抄》《律说》《封诊式》《吏道》和两种《日书》。其中，《编年记》是所谓"秦记"一类秦人编写的史书，《吏道》是秦人编纂的供学做官吏的人使用的读本，《日书》则是卜筮

---

① 《战国策·魏策三》。
② 《史记·商君列传》。

一类的书。尽管此处墓葬的年代略早于李斯的《挟书律》，但竹简的内容却与李斯限定的允许范围相合①。秦对典籍控制之严格由此可见一斑。

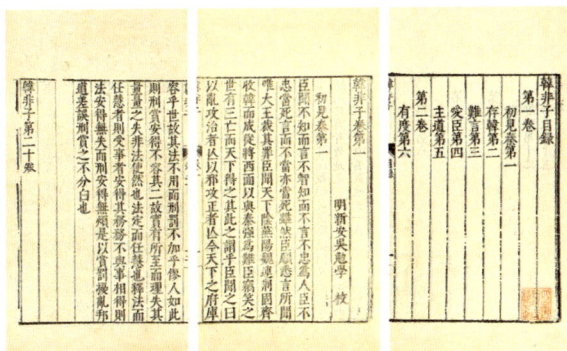

《韩非子》

法家的治国理念在秦得到贯彻和施行，也使得秦国政、俗为之大变，逐渐形成了一种全新法家文化体系，其特点如《淮南子·要略》篇所概括的"刻薄寡恩""尚首功""虎狼之国""贪狼强力，寡义而趋利"。秦的这种文

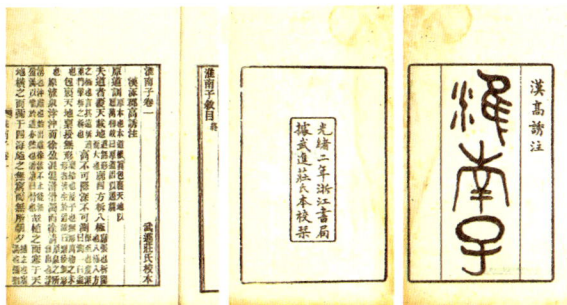

《淮南子》

化形态与东方六国的文化存在本质的区别，并没有得到广泛的认同。伴随着秦征服六国，两种文化形态的矛盾更加尖锐。

秦统一后，继续以法家思想为指导，师申商之法，行韩非之说，禁绝人们议政，在意识形态上以法家思想为一统，而法家提倡"故明主之国，无书简之文，以法为教；无先王之语，以吏为师"②，把人们的思想意识简单地统一在法律之中和官吏身上③。这种做法其实是企图用秦国的文化形态统一东方六国文化，然而，秦国的社会制度和文化实际上在很多方面远落后于东方六国。比如，秦人相当普遍地保留着奴隶制的残余。睡虎地秦简《封诊式》中

---

① 李学勤：《简帛佚籍与学术史》，江西教育出版社 2001 年版，第 15-17 页。

② 《韩非子·五蠹》。

③ 韩星：《骊山坑儒谷与秦文化反思》，《西安航空学院学报》2014 年第 2 期，第 7 页。

睡虎地秦简《封诊式》

有一个题为《告臣》的典型案例，记载某地某里有一个士伍（没有爵位的男子）甲，他拥有的一个名叫丙的男奴隶，但丙骄悍不肯耕作，不服从甲的命令，于是甲就把丙捆送官府，准备卖给官府，让他服城旦的刑役。李学勤先生指出，这种典型的野蛮的奴隶制关系，在秦简各种律令中有很多反映。正由于秦国的文化传统是落后于六国的，它并未能创造出可观的文化成果来替代曾经相当繁荣的六国文化。简帛中值得称道的秦文化的产物，只有条目众多的法律，成为汉律的依据和凭借。

企图以相对落后的秦文化统一东方六国文化，势必会激起强烈的反抗。而正在此时，六国旧贵族的复国热望以及六国民众的敌对情绪也更加高涨。秦始皇二十九年（前218年），秦始皇第二次东巡，途中遭到韩国贵族张良所派刺客的袭击。但他仍按计划经黄县直赴芝罘，然后再次住进琅琊行宫。此后，秦朝对六国文化的态度已经悄然发生转变，在芝罘刻石、东观刻石中使用了"六国回辟，贪戾无厌，虐杀不已"等严厉措辞，同时，大力颂扬秦始皇"奋扬武德""烹灭强暴"的功业，赞誉秦朝"建定法度，显著纲纪""普施明法，经纬天下，永为仪则"的法治原则，这与峄山刻石的行文形成了显著的区别。

秦朝建立后，秦始皇虽有设置博士官、采纳儒学的举措，但是儒生们依然在朝野上下发表"以古非今""相与非法教"的言论，甚至还要求秦王朝改变"以刑杀为威""专任狱吏"的法家传统，这些显然是秦始皇绝不可能接受的。可以说，正是由于秦文化与东方六国文化的巨大差异，加之帝国大一统的政治体制与关东儒生们自由议政之间的尖锐矛盾不断凸显，最终导致了"焚书""坑儒"这样的极端事件。

我们已经知道，"焚书"与"坑儒"本为两个相对独立的事件，两者之间并不存在为灭《诗》、《书》、绝儒术而坑杀诸生之类的因果关系。他们是秦帝国文化专制政策的直接体现，并非针对儒学、儒生的专门事件，其根本目的在于统一思想，在"焚书"与"坑儒"的过程中并没有贯穿消灭儒生、儒学的动机和目的。但是历经"焚书"与"坑儒"这两个事件的打击，儒学也遭受了巨大损失。

其一，儒家典籍遭到焚毁。李斯的《挟书律》直指《诗》、《书》、百家语，大批儒家典籍毁于一炬。司马迁讲道："及至秦之季世，焚《诗》《书》，坑术士，六艺从此缺焉。"① 他生活的时代距秦"焚书"不过几十年，所言并非虚妄。刘歆在《移让太常博士书》中也说："至于暴秦，燔经书，杀儒士，设挟书之法，行是古之罪，道术由是遂灭。"② 在刘歆看来，儒家在秦代遭遇的打击也是灾难性的。欧阳修在《新唐书》中则说，由于遭遇了"焚书"之难，儒家经典的真实面貌已经很难寻觅了。也正是因为如此，汉儒的章句之学，虽试图整理和诠释经典，但也不免流于烦琐。

其二，儒家的私学教育受到打击。在李斯的"焚书"动议中特别提到了私学的影响："私学而相与非法教，人闻令下，则各以其学议之。"③ 由于私学教育在民间的开展和传播，人们在听到了新的政令后，便按照自己所崇尚学派的思想来评价和议论，由此造成谣言四起，诽谤成风的现象。在当时，儒家的私学应该是一股不可小觑的力量，自然在重点打击之列。赵岐在《孟子题辞》中说："孟子徒党虽尽矣，其篇籍得不泯绝。"徒党皆尽可见儒家私学遭到的打击程度。

---

① 《史记·儒林列传》。

② 《汉书·楚元王传》。

③ 《史记·秦始皇本纪》。

其三，儒家政治精神受到摧残。先秦儒家坚持道统高于正统的政治思想，对于王权政治保持着一定独立观察的距离。而秦始皇焚烧六国史籍，针对的是讥刺现实政治的可能性；焚烧民间所藏诗书，针对的是儒家以古讽今的议政传统。尽管没有证据表明"焚书"令对儒家政治精神带来的转变，但事实上，在不久后的汉代，董仲舒便一反儒家的传统，强化了"尊君"思想。也许，在面临灭顶之灾的打击之后，儒家学派也不得不思考如何与王权相妥协①。

在秦代文化专制的政策下，以《诗》、《书》、百家语为中心的文明传承遭到了沉重打击，在某种程度上说，这个打击还相当彻底。然而，文明并没有因此而完全断绝。李学勤先生认为，秦代的文化思想仍然是活跃的。以楚文化为例，秦简《南郡守腾文书》有楚人乡俗未改的记载。李学勤先生曾指出虽然秦朝采取的以秦文化为本的政策，对楚地的思想学术是严重打击，但楚文化并未由此断绝。此外，《汉书·艺文志》所载"纵横十二家"中有《秦零陵令信》一篇，云"难秦丞相李斯"，据顾实所著《汉书艺文志讲疏》，《文选·吴都赋》注引"秦零陵令信上书"有"荆轲挟匕首，卒刺陛下"之语，当即《秦零陵令信》佚文。对此，李学勤先生说："秦始皇时楚地还有纵横家上书反对李斯的法家观点，这在秦代是很罕见的。"可见，"秦代并非只有法家存在"②。此外，新近考古发掘的成果也表明，秦亡以后不久的墓葬中，《诗》、百家语等典籍就纷纷出现了。这说明秦朝的禁令和秦汉之际的动乱，所造成的只是学术文化暂时的低潮，并没有真正截断中国

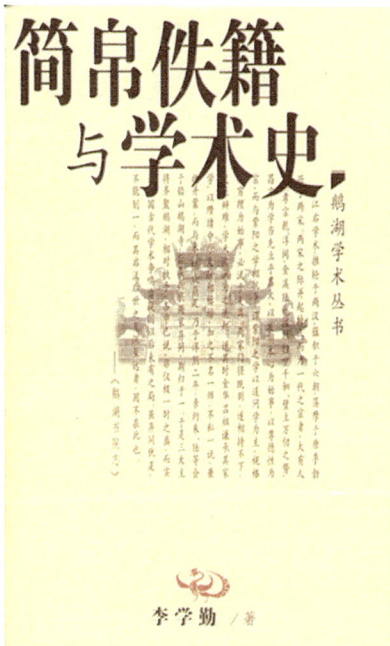

《简帛佚籍与学术史》

---

① 李勇强：《焚书坑儒的真相：秦朝儒学》，中州古籍出版社 2014 年版，第 85 页。
② 李学勤：《简帛佚籍与学术史》，江西教育出版社 2001 年版，第 19 页。

古代文化的传流①。

最后，必须要强调的是，"焚书"多少本，坑杀多少次其实只是事件的细节，问题的关键在于，秦始皇以极其残酷的手法，对文化及士人进行了公开的摧残。这种文化政策的核心在于禁私学，不许民众"以古非今"。将知识传统与政治极端对立起来，在中国历史上是第一次。秦政治对于文化的干涉，方式极其野蛮，无论对于秦还是后世，都带来了强烈的负面效应。

第三节　儒学与秦代社会

从商鞅变法开始，秦以法家思想立国，迅速强大起来；秦始皇时，秦朝又"焚书坑儒"，在历史上影响很深。于是，人们往往误以为儒家思想在秦朝没有活动的空间，地位极端低下。其实，情况并非如此。秦朝时期，儒家思想一如战国时期那样影响着社会。秦对儒家思想的基本态度是整体不尊而部分利用。由于儒家思想在调整君臣、父子、夫妇等人伦关系中发挥着特殊的作用，因此，尽管秦自商鞅以来一直推崇法家，但由于现实的需要，秦朝还是采纳了很多儒家的思想，也就是说，秦朝未尝不用儒生与经学。

秦始皇　像

---

①　李学勤：《简帛佚籍与学术史》，江西教育出版社 2001 年版，第 19 页。

一、儒家思想与秦朝政治

虽然秦朝在国家治理方面实行严刑峻罚，但是在社会道德建设诸多方面却重视儒家的内圣之道，这也从一个侧面表明秦代并不完全排斥儒学。

儒家的"大一统"思想对秦王朝有着重大影响，它不但为秦的统一设计了理想的政治蓝图，奠定了强大的舆论基调，而且也为秦朝怎样维护天下一统指明了方向。大一统，即"以一统为大"，强调"一"的本根性和始基性，指政令、法度、思想的统一。见诸文字的"大一统"最早出自《春秋公羊传》，其文曰："何言乎王正月？大一统也。"这体现了儒家的社会治理理念。众所周知，秦朝建立后，秦始皇实行专制集权，天子成为唯一的立法者，他自视为始皇帝，帝位由二世三世传之无穷，实现了政令、帝位的一统。同时，他还统一币制、统一度量衡、统一法律制度，为经济发展提供了便利条件。此外，秦始皇还实施了统一文字的措施，以秦国的文字为基础制定小篆，在全国统一推行，推动了中华文化共同体的发展。可见，秦始皇不但实现了统治疆域的"大一统"，而且从制度上彻底解决了强干弱枝的政治课题，真正实现了治权一统。

儒家的道德观念深深影响了秦代精英群体。如《史记·李斯列传》记载，当公子扶苏接到秦始皇要他自杀的遗诏时，蒙恬怀疑其中有诈，于是建议扶苏先做查证以确定是否属实，但扶苏却说"父而赐子死，尚安复请"。公子高请求殉葬，扶苏说"臣当从死而不能，为人子不孝，为人臣不忠"。甚至当胡亥谋求篡位时，扶苏考虑到的还是"礼"的原则，他认为："废兄而立弟，是不义也；不奉父诏而畏死，是不孝也。"[①] 可以看出，"忠""义"和"孝"等道德观念深植于他们的内心，影响着他们的抉择。

秦代精英阶层受儒家道德观念的影响同样为出土文献所证实。1975 年，在湖北省云梦县睡虎地秦墓中出土了一批竹简，约 1 150 余枚。其中 51 枚竹

---

① 《史记·赵高列传》。

简，置于墓主人"喜"的腹部前，因开篇有"为吏之道"四字而被称为《为吏之道》，其内容主要叙述的是秦代为官必须遵守的道德行为规范。纵观简文，其中有许多重民和实行德政的内容，如要求官员修身养性，主张谨慎、正直、慈孝、忠信等，要具备忠、孝、

睡虎地秦简

义、仁、清廉、勤奋等素质；还对官吏的行为提出要求，强调宽柔爱民，正行修身，喜为善行，为民兴利等。这些内容亦可见于《礼记》《大戴礼记》《说苑》等，贯穿着儒家的道德观念。简文中出现了大量与儒家主张相类似的

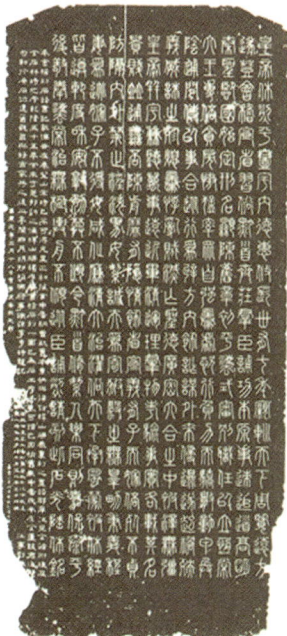

会稽刻石

词语和思想，一方面反映了当时儒法思想的博弈和交融，随着秦文化与六国文化的融合，儒家思想对秦代社会生活的影响不断深入；另一方面也表明秦国的统治政策在发生调整，"以法为本，以儒为用"，以期达到"亲民、惠民而用民"的目的①。秦代对儒家文治教化的作用是有所肯定的，在众多秦代石刻中，经常可以看到与道德教化有关的内容。会稽刻石中就有"饰省宣义，有子而嫁，倍死不贞。防隔内外，禁止淫佚，男女絜诚"。泰山刻石中有"男女礼顺，慎遵职事，昭隔内外，靡不清净"。峄山刻石中更是明确提到孝道"孝道显明"。可见，儒家的礼仪及孝、贞等伦理规范

① 朱振辉：秦简《为吏之道》综合为治思想探赜，《光明日报》2011年3月31日第11版。

均有涉及，因而顾炎武在《日知录·论秦刻石》中论述道："然则秦之任刑虽过，而其坊民正俗之意固未始异于三王也。"也就是说，秦虽然主要依靠法家来实施统治，但是，在文化及社会政策等方面，秦代对儒家思想还是认可的。秦代社会精英阶层所践行的这些道德观念必然也会影响到平民，进而影响社会风气。同时，这在客观上也推动了儒学的传播及其社会功能的发挥。上述秦刻石内容中的儒家思想、大量博士的儒家身份，以及对官吏行为要求中的儒家观念都表明，儒学在秦代并未中断。由于秦朝仅历时 15 年，而且崇尚法家学说，加之后期又实行禁私学的思想文化政策，儒学在秦代没有取得引人注目的成就，但不可否认，儒学以各种方式介入了秦代的政治，仍在继续发展。

二、儒学与秦代社会

秦朝以前，由于自身的特点所决定，儒家学说无力应付剧烈变化的复杂社会局面，而法家在数百年的大变乱、大动荡中显示了积极进取的思想活力。但是，作为儒家代表人物的孔子，其影响却越来越大。孔子生前虽曾遭到讥讽和围攻，却更多地受到人们的称赞和尊重。战国时期，他的影响继续扩大，在孟子、荀子等人的宣扬下，不仅儒学成为"显学"，而且孔子也成了"圣人"。孟子说："孔子，圣之时者也，孔子之谓集大成。"儒家后学十分推崇孔子，其他各派也给孔子不少肯定，如属于道家的《列子》在《力命》篇中

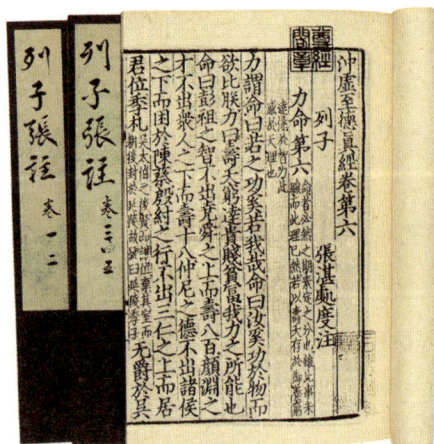

《列子》

说："仲尼之望，不出诸侯之下。"属于法家的《韩非子》在《内储说下》篇中称："仲尼为政于鲁，道不拾遗。"孔子受到人们的普遍尊重，乃是在社会活动中自然形成的结果。秦以法家思想变革社会，迅速强大，但秦统一后，到底用什么思想对国家进行统治，却带有一定的盲目性。在这历史的大转折时期，秦朝统治者也试

图建构起与统一大帝国相适应的思
想体系。然而，为了稳定形势，使
国家机器运转，秦始皇将主要精力
投注到了官僚机构的建设上面，在
利用法家学说建立专制统治的时候，
统治思想也吸收了儒、墨、阴阳诸
家的思想因素。当然，这并不是说
他已有了成熟的统治思想体系。事
实上，很难说秦朝统治者已经认真
思考过这一重大问题，因而秦前期
在施政上仍然基本以法家思想为依
据，也兼采了阴阳家等的思想。秦
设博士官，包括儒家在内的诸子百

列子 像

家均可立为博士，这表明秦始皇虽然不一定重视儒家学说，但至少一开始并
不排斥儒家。所以秦始皇说自己"悉召文学方术士甚众"，并"置酒咸阳宫，
博士七十人前为寿"①。这些"文学方术士"和"博士"中，有不少就是儒
生。终秦之世，儒生在历史舞台上的活动史不绝书。如始皇二十八年（前219
年）"与鲁诸儒生议刻石颂秦德，议封禅望祭山川之事"②；公子扶苏称"诸
生皆诵法孔子"；秦二世"召博士、诸儒生问"，博士诸儒生30余人引《春秋
公羊》之义以对；叔孙通降汉，"从者儒生弟子百余人"③。

即使秦始皇"焚书坑儒"，也并不意味着儒学被消灭。正因为儒学之盛影
响到了政治，才使得它遭到了这一厄运。同时，这种"焚""坑"的直接目
的是为了控制儒生，使其就范。因为如果要消灭儒学，就应在"焚书"时只
烧儒家经典，而不是"百家语"；在禁民藏《诗》《书》的同时，也不应允许

---

① 《史记·秦始皇本纪》。
② 《史记·秦始皇本纪》。
③ 《史记·秦始皇本纪》。

《论六家之要指》

秘府收藏、博士掌握。所以，"以坑儒为绝儒术者，亦妄言也"①。

当然，"焚书坑儒"既然是秦始皇执行法家集权政治的必然结果，那么儒家等各派的思想在一定程度上遭到禁锢也是必然的。作为新的空前统一专制帝国的创立者，秦始皇没有经验可以借鉴，在统治思想方面他要利用各家各派中合理的内容，司马谈《论六家之要指》中曾说："儒者博而寡要，劳而少功，是以其事难尽从。然其序君臣父子之礼，列夫妇长幼之别，不可易也。"这种看法再适宜于秦不过了。秦统治者对儒家的伦理思想特别器重。《吕氏春秋》是一部以儒家思想为主体的著作，这在其伦理主张方面表现得尤为突出。吕不韦为秦相时，儒家思想占有重要地位，即使吕不韦集团下台后，孔子的伦理思想，尤其是君臣、父子、夫妇之道，也始终未废。秦律规定：老人控告不孝，要求判以死刑，是否应经过三次原宥的手续呢？回答是，不应原宥！要立即拘捕，勿令逃走。对被老年人告为不孝者要处以死刑，足见秦对不孝之子的惩罚十分严厉。

不过"焚书坑儒"事件，使儒家等许多学派的发展在一定程度上受到了限制，他们失却了原来在社会舞台上的地位。《太平御览》卷八六引《异苑》曰："始皇既坑儒焚典，乃发孔子墓，欲取诸经传。"孔子在当时的地位明显下降，儒生的境况也急转直下，他们不敢公开传道授学。这种文化高压政策，激起了人们的极大怨愤。当陈胜起而反秦时，"鲁诸儒持孔氏礼器往归之"②，孔子的九世孙孔甲甚至做了他的"博士"。

---

① 《新学伪经考·秦焚六经未尝亡缺考》。
② 《汉书·儒林传》。

第二章　西汉初年的儒学与政治

先秦时期，儒学在与各派的争鸣、融合中得以发展，他们都强调自觉修身，以人为本，崇礼明德，重视教化。而到汉代，儒学却发生了质的变化，由民间学术上升为官方学术，儒学与政治紧密结合起来，呈现出明显的纲纪观念与浓重的"威权政治"色彩。

第一节　西汉初年思想文化的复杂局面

西汉建立前，中国社会长期处于动荡状态。汉王朝建立之初，民生凋敝，

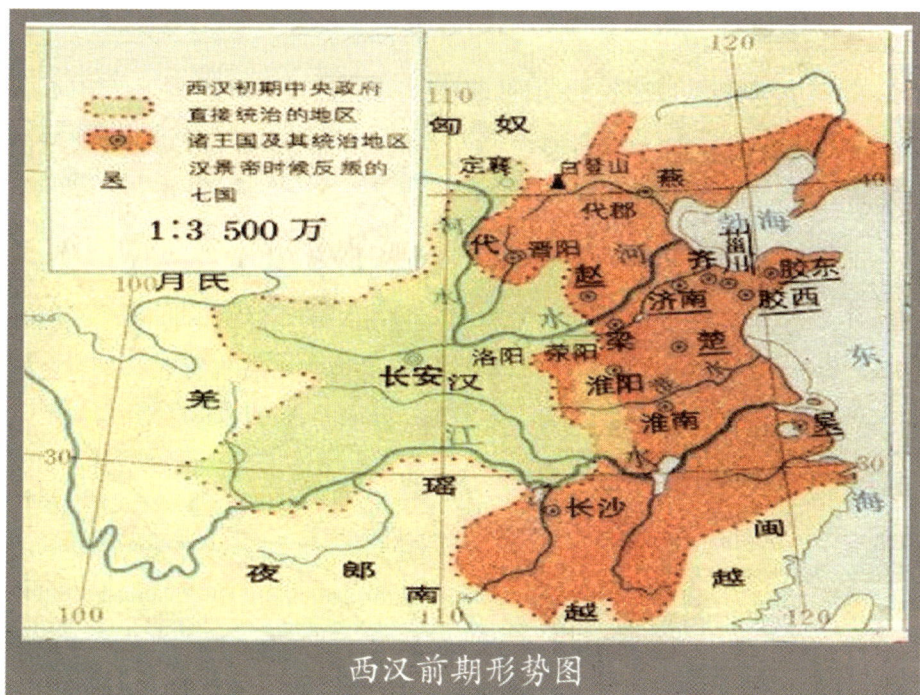

西汉前期形势图

百废待兴。但是，异姓王的存在仍然对西汉政权构成威胁。另外，匈奴日益强大，不断侵扰西汉边境。此时，巩固来之不易之政权，探寻长治久安的治国方略当是首要任务。于是，反思秦亡教训成为最高统治者和思想家共同的任务，在社会上形成了反思的思潮，而对儒家的反思就是其中最为重要的环节。

秦始皇"焚书坑儒"政策的实施，使儒家经典受到了重创，儒学自孔子逝世以后的发展进入到了低谷期。但另一方面，秦朝实行暴政，导致了王朝的迅速覆灭，汉初统治者不得不反思秦二世而亡的历史教训。他们认识到"仁义不施"是造成强秦覆灭的重要原因，也认识到"纯法"之治"严而少恩"的弊端。以此为鉴，汉初统治者曾大力倡导黄老之学，与民休息。与此同时，在这种相对宽松的政策环境下，儒学也获得了发展的机遇，开始走向复兴。

一、汉初对"秦二世而亡"的思考

在汉初，如何治理这个千疮百孔的社会，成为汉朝上下共同思考的问题。对"秦二世而亡"的认识及社会现实的需要，成为统治者及儒家反思儒学的出发点。

汉初反思儒学的原因，可以从以下几个方面来分析：

首先，"秦二世而亡"所带来的震撼。秦消灭东方六国，建立了统一的大帝国。但统一后，秦始皇没有采取顺应民心的措施来安抚百姓，反而施行"以吏为师，以法为教"的政策，加剧了社会矛盾，最终被推翻，仅延续二世便消亡。汉代的建立者对此有深刻认识，为避免重蹈秦之覆辙，他们认真吸取教训，认识到需要构建因时、因势而变的思想体系才能使汉朝长治久安。

其次，汉初社会现实的需要。经过秦末农民战争和四年楚汉战争，至西汉初年，整个社会早已变得千疮百孔，残破不堪，社会经济亦已陷入全面崩溃的境地。而在此时，诸侯王在政治、经济上具有极大的独立性，当时的势力已经可与中央分庭抗礼，这对汉初的中央集权统治构成极大威胁，中央政权临着被分裂的危险。

最后，边地防御外患的需要。汉初政权建立后，由于国力不足，匈奴借机经常侵扰边境。从高祖到景帝，匈奴始终是汉朝北方的严重威胁。

二、黄老之学的兴盛

西汉初年，满目疮痍，城乡破碎，土地荒芜，民生凋敝，饿殍载道，整个民族在死亡线上挣扎。社会亟望安定，休养生息。要想巩固统治，建立正常社会秩序，必须安定民心，休养民力。秦因横征暴敛、严刑峻法导致迅速灭亡的历史也给汉初统治者以深刻教育，促使他们寻求稳妥的统治方略。严峻的社会形势要求最高决策者以较为宽松的政策，偃武修文，恢复正常的统治秩序，迅速修复并改善破败纷乱的局面，否则一旦出现人心不安、社会不稳的局面，刚刚建立起来的西汉王朝就无法维持。在这种背景下，主张"清静无为"的黄老之学很快流行起来。

"黄老"一词始见于《史记》，《老子韩非列传》云："申子之学本于黄老而主刑名。"汉初，黄老之学曾一度成为"显学"而盛极一时。因此，自古以来，只要提到黄老之学，人们往往错误地将它的理论源头归之于汉初。但是近几十年来，这种状况却发生了重大的变化。特别是 20 世纪 70 年代以来，以 1973 年马王堆汉墓帛书《经法》《十六经》《称》《道原》等"黄帝四经"的发现为标志，大量简帛文献的出土，彻底改变了以往人们对黄老之学的错误认知。

由于"黄老"一词未见于传世先秦文献，加之将黄老之学定位于汉初的固有观念，人们对司马迁的上述记载长期以来都不以为然，没有给予应有的重视。帛书"黄帝四经"出土以后，其内容与《史记》

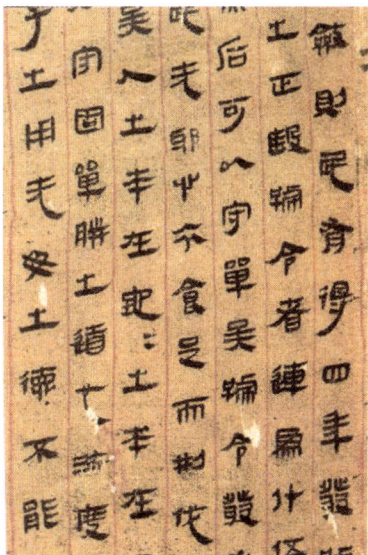

马王堆帛书《黄帝四经》

所载先秦黄老派学者的著作和思想有相当程度的吻合，因此，黄老之学起于先秦已经成为共识。

黄老之学是道家学派在战国时期出现的一个分支，它肇始黄帝，本宗老子，以热衷于探讨治国之道为鲜明特色。东汉王充云："黄者，黄帝也；老者，老子也。黄老之操，身中恬澹，其治无为；正身共己而阴阳自和；无心于为而物自化；无意于生而物自成。"① 黄老思想要求个人追求内在道德修养，以"无为"达"有为"。关于黄老的"无为"思想，陆贾在《新语·至德》中指出："君子之为治也，块然若无事，寂然若无声，官府若无吏，亭落若无民。闾里不讼于巷，老幼不愁于庭。近者无所议，远者无所听。邮驿无夜行之卒，乡间无夜名之征。"这意味着"无为"要求统治者对百姓的生活少加干预，使其自由发展，达到"无不为"的效果。另外，黄老思想还主张权威与德化的高度统一，以实现理想政治。尤其是，马王堆帛书"黄帝四经"特别强调刑德的重要意义，受到汉初当政者的高度重视，开启了后来儒、道并用的局面。

黄老之学具有兼容性。司马谈谈论六家之要旨，他认为道家"其为术也，因阴阳之大顺，采儒墨之善，撮名法之要，与时迁移，应物变化，立俗施事，无所不宜，指约而易操，事少而功多。"细思之，这与后世以《老》《庄》《列》为基本经典的道家，有太大区别。但帛书"黄帝四书"第一篇《经法》中有《道法》一节，其云：

> 天地有恒常，万民有恒事，贵贱有恒位，畜臣有恒道，使民有恒度。

天地有恒常：四时、晦明，生杀、柔刚。万民之恒事：男农、女工。贵贱之恒位：贤不肖不相放。畜臣之恒道：任能毋过其所长。使民之恒度：去私而立公。变恒过度，以奇相御，正奇有位而名弗□去。

此段中"四时、晦明，生杀、柔刚"的天地恒常即司马谈所论阴阳家"四时之大顺"，"贤不肖不相放"的贵贱恒位即司马谈所论儒家"君臣父子

---

① 《论衡·自然》。

之礼"，"男农，女工"的万民恒事即司马谈所论墨家"强本节用"，"任能毋过其所长"的畜臣恒道即司马谈所论法家"明分职不得相逾越"；"正奇有位而名□弗去"即帛书同节所论"形名"，司马谈所论名家"控名责实，参伍不失"。司马谈认为阴阳等五家合于道家的各种论点，几乎都可以在帛书中找到，这正是黄老之学兼容性的特点所决定①。

从汉高祖建国至汉武帝独尊儒术这六七十年间，黄老之学大兴。期间，《老子》《黄帝书》等相关著作在社会广泛流传，治黄老之学的名家有盖公、黄生、司马谈等数十人。黄老学术思想在思想领域占据主导地位，在政治实践中发挥着重要作用，信奉者遍及朝野，影响很大。从《史记》《汉书》等文献看，不仅社会上层的王侯将相们醉心于黄老，文人学者以黄老之言显闻于世的也极多，甚至民间士人、卜者等各阶层人物均受到影响。

比如，汉初思想家陆贾、贾谊、晁错、刘安等人，虽并非黄老学派中人，但其思想中无不吸收了黄老之学的理论内容。陆贾的《新语》、贾谊的《新书》中都有黄老思想烙印；贾谊《鹏鸟赋》的有些语言就是黄老著作中的道家语言；刘安的《淮南子》更是深受黄老思想的影响，正如高诱《淮南子注》叙所言，"其旨近《老子》，淡泊无为，蹈虚守静，出入经道。"《汉书·艺文志》把"《淮南》内、外篇"列于杂家，是把内篇和外篇合在一起考虑，而颜师古已说明"内篇论道，外篇杂说"。李学勤先生进一步提出"道家由以黄老为主转移到以老庄甚至庄列为主，这一转变在《淮南子》书中已可见端倪。作为楚文化重要内容的黄老道家兼阴阳数术的思想传统到《淮南子》的成书已经是殿军之作了。"② 可见，《淮南子》实为黄老之学的集大成之作。

此外，司马迁父子也深受黄老之学影响。司马谈"习道论于黄子"，其著《论六家之要指》评论了阴阳、儒、墨、法、名、道六家，对道家之外的五家既有肯定又有批评，指出各家的弊端，唯独对道家只有肯定而无批评，足见

---

① 李学勤：《失落的文明》，上海文艺出版社 1997 年版，第 269 页。
② 李学勤：《简帛佚籍与学术史》，江西教育出版社 2001 年版，第 26 页。

他对黄老之学的认可。至于司马迁，班固曾批评他"论大道则先黄老而后六经"①，其思想所受到黄老之学的影响可见一斑②。

黄老之学曾对稳定汉初政治局面，发展生产等都起过一定的积极作用，但不可否认，黄老之学也有许多局限。它是兼收儒法、汇合阴阳之说的产物，本身具有包容性，但也正是因为其成分较多，虽可成功于一时，却不能保全久远。比如，黄老思想对"礼"的蔑视，也容易构成对社会的威胁。与之相反，儒家"序君臣父子之礼，列夫妇长幼之别"的特点，却可以在巩固统治秩序、维护社会伦理纲常方面发挥巨大作用。"汉家之谥，自惠帝已下皆称孝也"③，这也说明了汉统治者对儒家伦理的重视。此外，西汉置太子与诸侯王的太傅多用儒者，如辕固生、韩生、申公等均曾见用，充分反映了统治者对儒家的信任。所以，汉初推崇黄老之学，并非将其定为一尊以统一思想局面，而是利用各家，但偏重儒、道，对黄老的尊崇并不是建立在对儒家的压制基础之上，儒道思想在汉初并存，同时发展。经过长期的实践，儒家思想在汉代统治者的选择中逐渐占据优势，及至汉武帝时，儒学终于跃居了主导地位。

司马迁 像

三、汉初儒学状况

汉初，社会凋敝，百业俱废，统治者不能不适应人们渴望安定以恢复生产的要求，采用"清静无为"的黄老之学。另一方面，汉初统治者大都出身贫贱，又多武臣，他们对儒学并不重视。《史记·儒林列传》记载："汉朝建立后，儒

---

① 《汉书·司马迁传》。
② 李景明：《中国儒学史·秦汉卷》，广东教育出版社1998年版，第38-39页。
③ 《汉书·惠帝纪》。

生们重新获得研究经学的机会，又开始讲授演习大射和乡饮的礼仪。但是，当时天下战乱尚未止息，兴办学校之事尚无暇顾及。孝惠帝、吕后当政时，公卿大臣都是有战功的人。孝文帝时略微起用儒生为官，但是孝文帝本人只爱刑名之学。到孝景帝当政，不用儒生，而且窦太后又喜好黄老之学，那些博士们只是徒居官位以待询问，儒生无人进身受到重用。"可见，从汉朝立国到汉景帝时，儒学和儒生的地位并不太高。

当政者的好恶使儒学发展受到影响，但汉初统治者却没有人为地压抑儒学。相反，高祖重用叔孙通后，惠帝时又废"挟书之律"，民间开始有儒家经典的传授。如济南人伏胜，他原为秦博士，为躲避楚汉战争，曾把《尚书》藏在壁缝中。汉初，伏胜找出所藏之书，"即以教于齐、鲁之间"，使得"学者由此颇能言《尚书》，山东大师亡不涉《尚书》以教"①。尤其在文、景之世，由于诸侯割据势力增大，亟待加强思想上的统一，但黄老之术不能统治天下，儒学遂进一步受到重视。故文、景后，献书之路渐开，并有意识地搜求旧典，发掘古籍。文帝还派晁错去向伏胜学习《尚书》，又设《韩诗》博士，列于学宫，景帝时又立《齐诗》博士、《春秋》博士。

此外，汉初墓葬中也出土了不少儒家典籍。1977 年，安徽阜阳双古堆一号汉墓发现一批竹简，除一些数术书外，主要是《诗》《孔子家语》，类似《荀子》的子书和《仓颉篇》等。不难看出，这些书的重点是儒家而不是黄老之学。马王堆汉墓中除了出土《老子》甲、乙本及"黄帝四经"，《经法》《十

阜阳双古堆一号木牍

---

① 《汉书·儒林传》。

六经》《称》《道原》等黄老著作外，同时出土有帛书《周易》。帛书《周易》由两件帛书构成，上卷为经文、《二三子问》上下篇；下卷为《系辞》《易之义》《要》《缪和》《昭力》。传文共 6 种 7 篇。其中传文部分的《要》篇，记载孔子同子贡的问答，说到"夫子老而好《易》"。而且孔子还说："后世之士疑丘者，或以《易》乎?"这明确说明了孔子与《易》的密切关系①。上述典籍是作为随葬品被埋藏在地下的，它们与儒家思想在汉初的传播、尊崇有密切联系。

李学勤先生指出，双古堆 1 号墓的墓主已推定为汝阴侯夏侯灶，他卒于汉文帝十五年（前165 年）；马王堆 3 号墓则葬于文帝十二年（前 168 年），两者相距只有三年，但随葬典籍的主要思想倾向并不相同。可见马王堆帛书还是有着它本身的独特性，通过它可以看出墓主在当时思想文化形势中的趋向。因此，不能把汉初思想文化的复杂局面过分简单化了，汉初的几十年可称为百家争鸣的继续，直到武帝独尊儒术，这种盛况才渐归收束②。由此我们可知，在汉初黄老之学盛行之时，儒家思想仍在当时思想文化领域有着重要影响。

第二节　汉初对儒学的反思

秦二世而亡，为汉初统治者寻求治国之道提供了历史教训。同时，面对满目疮痍的政治经济状况，人们渴望废除暴政，减轻负担，过上安稳的生活，而统治者也迫切需要巩固新建的政权，使社会恢复稳定，使农业经济复苏。在此背景下，开始了对儒学的反思。

一、陆贾、贾谊等人对儒家思想的反思

以陆贾、贾谊为代表的汉初思想家，他们立足于汉初社会的实际，大力

---

① 李学勤：《古文献丛论》，中国人民大学出版社 2010 年版，第 4 - 5 页。
② 李学勤：《失落的文明》，上海文艺出版社 1997 年版，第 264 - 265 页。

宣扬儒家的仁义德治，批判法家片面崇尚法治和黄老之学清静无为的思想，同时又吸收其他各家思想，表现出会通、融合的历史特点。

陆贾（约前240—前170），西汉思想家、政治家、外交家。陆贾早年追随刘邦，汉得天下后，陆贾经常在刘邦面前称引《诗经》《尚书》等儒家典籍。刘邦讨厌儒生，因而骂道："我马上打得天下，要《诗》《书》何用？"陆贾反驳说："在马上得到天下，岂能在马上治理？"随后陆贾援引历史，以商周和秦朝的兴亡为例，向刘邦说明行仁义的重要性，指出"逆取"和"顺守"的不同。刘邦听后面有惭色，便命陆贾著书论述秦亡汉兴、天下得失的道理，以资借鉴。史载，陆贾为刘邦总结思考"秦所以失天下，吾所以得之者何，及古成败之国"[1]。陆贾作为汉朝初年力倡以儒学治国的第一位思想家，以其特有的身份和适用的主张，不仅扩大了儒学的影响，而且促进了儒学与现实政治，特别是与政权的结合。陆贾的努力虽未能使儒学全面振兴，但终究为

陆贾 像

贾谊 像

---

① 《汉书·郦陆朱刘叔孙传》。

日后儒学的大行于世创造了条件。

贾谊（前200—前168），西汉初年著名的政论家、文学家。汉文帝时曾征召入朝，立为博士，成为西汉政治集团中的一员。汉文帝对贾谊很器重，在把他破格提升为太中大夫后，又与诸大臣商议，想把他升擢为公卿。在思想上，贾谊在坚持原始儒学的基本精神前提下，根据当时的实际需要，提出一些切实致用的政治原则。他把实行礼治作为当务之急，同时不忽视仁义，把仁与礼结合起来。贾谊对政治的实质和仁义作用的理解，较之他的前辈要更为现实。他的思想充分表明儒学是最适宜治国安邦的。可以说，贾谊加速了儒学的政治化进程。

二、由叔孙通看汉初儒学的转变

儒学在汉初得以复兴，不仅在于当时具有复兴的环境，而且与儒家的努力分不开，许多儒者为儒学复兴做出贡献，其中最为突出的当属叔孙通。

（一）叔孙通其人其事

叔孙通，汉初薛（今山东滕州）人。秦时以文学被征，为待诏博士。后转投刘邦，被司马迁誉为"汉家儒宗"。叔孙通之所以获得如此高的赞誉，主要是因为其儒学入仕实践的嚆矢之功。表现在如下三个方面：

其一，叔孙通通达时变，知当世之要务。

叔孙通精通"时变"，审时度势。对此，有人斥责叔孙通，说他所侍奉过的人主将近十位，大都是凭当面阿谀得到信任和富贵。秦朝时，他是一位"待诏博士"，当陈胜起义时，秦二世召集在咸阳的博士

叔孙通 像

诸儒生 30 余人询问情况和对
策，但由于他们的回答不符合
秦二世的心愿，以至于有的儒
生被交给执法的官吏问罪。叔
孙通则不然，他故意迎合秦二
世，以寻求机会逃离虎口。他
脱身后，前往薛地。当时，薛
已降楚，等到项梁去薛时，叔
孙通就跟随了他。后来，项梁
在定陶战死，叔孙通就跟随楚

叔孙通制定汉家礼仪

怀王。楚怀王做义帝后，迁往长沙，叔孙通留下来服事项王。汉高帝二年（前
205 年），汉王刘邦率领五个诸侯的军队攻入彭城，叔孙通又投降了汉王。在秦
末汉初的动荡岁月中，叔孙通多次易主，实际上他是在选择可事之君。

　　叔孙通跟随刘邦后，仍然不忘灵活变通，去就取舍"与时变化"。刘邦是
楚人，他开始时很讨厌儒生，于是，叔孙通便打扮成楚人装束，这让刘邦非
常满意。叔孙通投降刘邦时，跟随的弟子有 100 多人，然而他没有推荐过谁，
却专门举荐曾经聚众偷盗的勇士。弟子们都偷偷地骂道："服事先生几年，又
跟随他投降了汉王，如今他不能推荐我们，却一味推荐那些大强盗，这是什
么道理呢？"叔孙通则对他们说："汉王正冒着矢石争夺天下，你们难道能够
战斗吗？"后来，战争平息，刘邦取得了天下，叔孙通也有了地位，被任命为
博士，称稷嗣君。跟随叔孙通的儒生也都做了郎官，都高兴地称叔孙通"知
当世之要务"。

　　其二，叔孙通制定汉家礼仪。

　　作为儒生，叔孙通对儒学有深刻的认识，他曾对刘邦说："夫儒者，难与
进取，可与守成。"[1] 此可谓对儒学与社会政治关系的高度概括。当群雄竞

---

① 《史记·刘敬叔孙通列传》。

汉殿论功图

力，以勇武相尚时，儒学很难找到用武之地；而社会一旦安定，儒学便可发挥其协调社会关系的功能。对于儒学"难与进取"的特点，春秋战国时期的历史已可为证，而统一的秦王朝却没有也没来得及验证儒学"可与守成"的优势。等到汉朝"已并天下"之后，叔孙通便开始用儒学为汉家"守成"的努力。汉高帝五年（前202年），诸侯们在定陶一同拥戴刘邦做皇帝。此时，上升到统治阶层的刘邦群臣自恃功高，有的酒醉后乱吵乱闹，甚至以剑击柱，混乱的朝仪令刘邦这位新君不知所措。叔孙通看准了机会，在刘邦越来越感到厌烦的时候，他请求到鲁地征求儒生，与他的弟子们共起朝仪。叔孙通等参照秦仪，采古礼，制汉仪。两年以后，长乐宫成，行仪于朝，"自诸侯王以下莫不震恐肃敬"，"无敢欢哗失礼者"①。刘邦当时十分得意，说："吾乃今日知为皇帝之贵也。"② 这件事对刘邦震动很大，他由此明白了儒生的好处，开始尊重儒生和孔子了。叔孙通受到重用，对儒学地位的提高十分有利。他进位太常，一大批儒生得到任用，进入到了汉代的统治阶层之中。此后，叔孙通又成为太子太傅，辅佐和教导一国储君。刘邦曾打算以赵王如意易太子，叔孙通亦曾力谏，迫使刘邦让步，由此可见叔孙通在刘邦心目中的重要地位。刘邦死后，惠帝即位，遂废《挟书之律》，民间开始有了儒家经典的传授，此为文、景之后渐开献书之路，搜求旧典古籍的先声。

---

① 《史记·刘敬叔孙通列传》。
② 《史记·刘敬叔孙通列传》。

惠帝时，叔孙通又为太常，定宗庙仪法，"及稍定汉诸仪法，皆叔孙生为太常所论著也"①。须知，儒家极重礼乐仪法，而叔孙通制定的这些仪法，则一直在汉代通行。另外，三国魏·张揖在《上广雅表》中有"鲁人叔孙通撰置《礼记》"一语，清人陈寿祺《左海经辨·大小戴记考》又据而认为："《礼记》乃先秦旧书，圣人七十子微言大义，赖通以不坠。"今也有人认为这些论断比较合理。如果真是如此，叔孙通弘扬儒学之功则更高。

汉惠帝刘盈 像

其三，汉代"以孝治天下"，叔孙通肇其端。

汉以孝治天下。汉人认为，能孝者"善继人之志，善述人之事"②。汉初不仅设孝弟力田之科，而且自惠帝以下的汉朝皇帝都以"孝"为谥，如孝惠、孝文、孝景、孝武、孝昭等等。《汉书·霍光传》记汉人之言曰："汉之传谥，常为孝者，以常有天下。"这代表了汉人的普遍看法。儒家的《孝经》一书在汉代受到了特别的器重，人们不仅把它看成是三才之经纬，五行之纲纪，而且认为它是六艺之总会。后汉时更使天下诵《孝经》，社会上出现了不少以诵习《孝经》而成为孝子和以《孝经》进行教化的实例。

在推行孝行方面，帝王的行为更具有表率意义，因为帝王以孝相标榜会使得从孝到忠的转移来得更加自然。在其他汉初思想家之先，叔孙通就已开始用孝的思想教育汉惠帝。

叔孙通得宠于刘邦之后，于汉高帝九年（前198年）做了太子太傅，成

---

① 《史记·刘敬叔亦通列传》。

② 《中庸》。

为一国储君之师。几年以后，刘邦打算以赵王如意易太子刘盈时，叔孙通极力出面劝阻，称"太子仁孝，天下皆闻之"，并说"太子天下本，本一摇，天下振动"。刘邦不得不回答说："吾听公言。"① 从这里我们可以看出两个问题：第一，叔孙通以太子"仁孝"而且天下共知阻止刘邦易太子，并使刘邦不得不勉强答应，说明刘邦的头脑中已初步形成了孝治的观念。第二，太子是未来的国君，叔孙通用"仁孝"来规范太子，并使太子以仁孝闻名天下，也显然昭示了叔孙通"以孝治天下"的思想。

至于叔孙通如何用孝教导太子，史无明言，不过，后来的一件事很能说明问题。刘盈做了皇帝后，住在未央宫中，其母吕雉住在东面的长乐宫中。刘盈东朝太后时，每次都必须往来清道，停止交通。因此，为了减少麻烦，便利过往行人，便修筑了复道。可是汉高祖刘邦的衣冠每月从陵寝出游至高庙的道路却在复道之下，叔孙通对惠帝说："奈何令后世子孙乘宗庙道上行哉！"刘盈听后非常恐惧，打算立即拆除。叔孙通则反对，他认为做君主的不能有错误的举动。现在复道已经建成了，百姓全知道这件事，如果又要毁掉它，那就是显露出皇帝有错误的举动。叔孙通建议，在渭水北面另立一座原样的祠庙，把高帝衣冠在每月出游时送到那里，同时要增多、扩大宗庙，也是大孝的根本措施。刘盈照做后，刘邦的衣冠每月出游不致经过复道之下了。一方面，这说明叔孙通在极力维护刘盈的威望；另一方面，也说明在叔孙通的辅佐下，刘盈能以孝作为行为标准，儒家的"尊祖"与"敬宗"观念在他身上得到了充分的体现。惠帝死后，他的谥号上加了个"孝"字，以后诸帝死后也都加上个"孝"字，表示"以孝治天下"之义。胡适认为："这一个制度，史家虽没有明文，我们很可以归功于那位叔孙太常。这便是儒教成为国教的第一声。"②

（二）汉初儒学发展方向的转变

从秦始皇"焚书坑儒"到汉武帝"独尊儒术"，这一时期被认为是中国

---

① 《史记·刘敬叔孙通列传》。
② 《胡适文集》（第6卷），北京大学出版社1998年版，第493页。

古代文化发展史的大转变时期。儒学的发展也是如此，先秦时期，儒学未与君权结合，基本处于自由发展状态；汉代尤其是汉武帝以前，儒学转而与君权逐步结合，得到官方的认可，儒学便成了统治者的"守成"之学，儒家思想一跃而成为传统社会的主流意识形态。

在叔孙通身上就十分鲜明地体现了汉代儒学的转变。叔孙通是个儒生，但他懂得顺应历史潮流，随时势而变化，这是汉儒与先秦儒家的一个显著不同。读《史记》《汉书》中叔孙通的传记，给人留下印象最深的是他精通"时变"，审时度势，能在秦汉之际的动荡岁月中出入自由，游刃有余。在当时的历史背景下，他多次易主，实际上是在选择可事之君。他跟随刘邦后，仍然不忘灵活变通，去就取舍"与时变化"，他甚至把"不知时变"的儒士称为"鄙儒"。

秦汉之时已与春秋战国时期不同，孔子时代，世界多元，孔子可以像"择木之鸟"那样在列国之树中间进行选择。秦汉之时，多元的世界归于一统，此时只有一棵皇权大树，儒者无选择余地，因此，如果再像孔子那样"道不同不相为谋"，便意味着永不用世。更何况，像孔、孟那样的儒学大师，尽管一生凄凄惶惶，到处奔走，可在当时众树林立的情况下，仍然没能找到适合的栖身之所。叔孙通显然也是在寻找可栖之树，他几经选择，终于归从了即将取得天下的刘邦。后来，他就极力寻找儒家与皇权的结合点，以求儒学和儒生受到重视。也许，如果没有叔孙通等人的"变通"或者"圆通"，儒家或将永远摆脱不了孔子那种"丧家之狗"的命运，儒学成为官学也无从谈起。

一言概之，叔孙通不同于一味埋首儒家经典的儒生，而是知当世要务，以致用为宗旨，能够与时俱进，开启了儒学与皇权结合的新路径。然而，叔孙通毕竟只是一位通晓儒家礼仪的博士，他只能借助诸如制定朝仪及宗庙仪法等具体事务来证明儒学并非像法家说的那样毫无用处，而是实实在在的"守成"之学，并由此为儒生在新政权里争得一席之地。同样，儒学要适应专制社会的需求以推动自身发展，还必须在经典的解读、理论体系的重构、传承体系的创新等方面做进一步的努力。当这些转换完成时，儒学就完成了由"德性"向"威权"的过度，定于一尊，开辟了一个新的时代。

三、汉高祖对儒学态度的转变

刘邦是一位起于小吏的布衣天子，对儒学缺乏基本的了解，他即位称帝之初，对儒家的《诗》《书》等典籍没有丝毫兴趣，对儒家典籍的教化作用一无所知。可是，后来的刘邦却与先前判若两人。他在敕太子书中说："吾遭乱世，当秦禁学，自喜谓读书无益。泊践阼以来，时方省书，乃使人知作者之意。追思昔所行，多不是。"① 以后，路过鲁地时，他甚至还"以太牢祠孔子"。他对孔子和儒学的态度发生了根本性的转变。

（一）汉高祖不重儒

楚汉战争后，刘邦取得了天下。这位起于小吏的开国之君，开始并没把儒生放在眼里。《史记·郦生陆贾列传》记载，郦食其请同乡帮助向刘邦引

汉高祖刘邦 像

荐，但这位同乡却告诫他："沛公并不喜欢儒生，许多人头戴儒生的帽子来见他，他就立刻把他们的帽子摘下来，在里边小便。在和人谈话的时候，动不动就破口大骂。所以您最好不要以儒生的身份去向他游说。"果然当郦食其拜见刘邦时，初次见面，刘邦就骂他"竖儒"。而叔孙通初降时，总是一身儒生打扮，刘邦见了非常讨厌，叔孙通只好改变了自己的服装，当他穿上按楚地

---

① 《全上古三代秦汉三国六朝文·全汉文》卷一。

习俗裁制的短袄时，刘邦则非常高兴。

当战争的烟尘散尽后，面对汉初残破的局面，虽不得不思考秦二世而亡的教训，但刘邦其实并没有马上认识到可以得天下而不能治天下的道理。建汉之初，刘邦把秦朝的仪礼法规全部取消，只是保留了一些简单易行的规矩，而当儒生在他面前谈论儒家经典时，他也是以大骂作为回应。

认识上的不足也马上带来了很多严重的问题，比如由于朝仪缺失，朝堂之上混乱不堪，与刘邦一起打天下的诸布衣将相在朝堂饮酒作乐、争论功劳，有的醉酒后狂呼乱叫，甚至拔出剑来砍削庭中立柱，这使刘邦不知所措。后来，在叔孙通、陆贾等儒生的帮助下，刘邦逐渐改变了固有的观念，孔子与儒学开始受到重视。

（二）汉高祖幸鲁祀孔

在历史上，有不少帝王曾经亲自到孔子故里曲阜的孔子庙祭祀孔子，在这些帝王中，汉高祖刘邦是最早的一位。汉高帝十二年（前195年），在南征淮南王英布并击败叛军主力后，已年逾花甲且患病的刘邦没有径直西返长安，

汉高祖曲阜祭孔图

而是不顾鞍马劳顿，迂回北上。首先来到阔别已久的故乡，盘桓十多天，留下慷慨悲壮的《大风歌》。同年十一月，刘邦来到曲阜，以太牢之礼仪祭祀孔子，给予孔子极高的礼遇。刘邦是中国历史上首位祭祀孔子的皇帝，开创了历代皇帝亲到曲阜祭祀孔子的先河。刘邦的这一项小举动，乃是儒学发展史上的重大事件。后世诸侯卿相至鲁，无不将拜谒孔子作为必行之事，而官员到任曲阜，常拜谒孔子庙后才走马上任。此后，为了更好地奉祀孔子，并表达对孔子后裔的优渥，刘邦又封孔子的九世孙孔腾为"奉祀君"，专司祀事。

刘邦从"不好儒"到"好儒"，其对儒学的态度有很大的转变，而这种转变本身则意味深长、发人深思。刘邦对孔子和儒学由谩骂、蛮横转为敬重、尊崇，主要缘于当时残破现实的逼迫。汉初，经济极度凋敝，政治混乱，民怨沸腾。历史的曲折多难和巨变，给新兴的汉王朝提出了时代的主题，他们不能不思考如何建立自己的统治秩序，改变当时的残破局面，正视这突如其来的国家学说的空缺。当战争的烟尘散尽之后，他们首先思索的是秦朝二世而亡的教训。有的思想家一针见血地指出，用刑太急、仁义不施、不知教化是导致强秦速灭的重要原因。他们试图用儒家的礼仪建立汉朝的统治秩序。

而直接引导刘邦态度转变的则是叔孙通、陆贾等汉初儒生。《汉书·高帝纪》记曰："天下既定，命萧何次律令，韩信申军法，张苍定章程，叔孙通制礼仪，陆贾造《新语》。"律令、军法、章程都是具体的政治制度，而叔孙通制礼仪、陆贾造"述存亡之征"的《新语》，应属于意识形态范畴的建设。在促成汉初儒学地位的变化方面，人们很推崇陆贾，有人说"汉代重儒，开自陆生也"。这主要是就他撰著《新

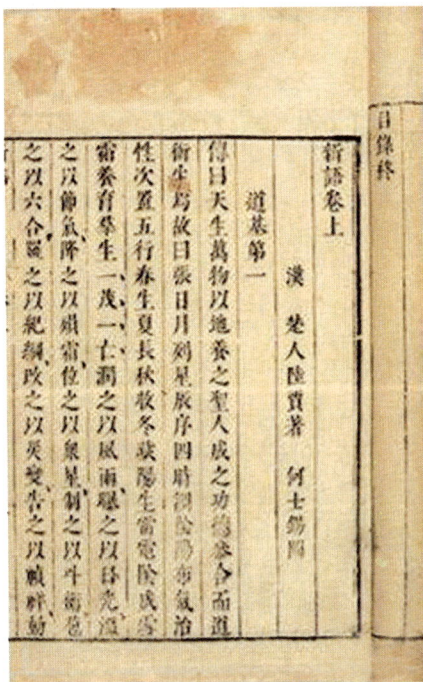

《新语》

语》而言的。史载，陆贾时时称说《诗》《书》而受到刘邦的责骂后，便向刘邦说明骑在马上得天下却不能骑在马上治天下的道理，并写了《新语》12篇，以说明古今国家的成败原因。陆贾"每奏一篇，高帝未尝不称善，左右呼万岁"。从陆贾的《新语》看，他是一个厚今论者，他也反对"淡于所见，甘于所闻"，反对泥古、尊古的偶像崇拜与保守，主张"制事者因其则，服药者因其良。书不必起仲尼之门，药不必出扁鹊之方。合之者善，可以为法，因世而权行"。他认为行事应该注重实效，至于是否出于古道并无多大关系。这种崇尚现实、顺应时势的思想倾向颇合汉初君臣的口味，故能深得他们的欢迎。正因为刘邦等人注重实际问题的解决，他们在探索和选择封建统治的指导思想过程中，可能会更加欢迎学说的实证性。因此，被司马迁称为"汉家儒宗"的叔孙通制定汉代朝仪，可能对刘邦的刺激会更大一些。

可见，西汉统治者选择以儒学治国，改变了原始儒学德性思想的浓郁色彩，这一点，在汉高祖刘邦那里就已经显露出端倪。

第三节　儒学在汉初复兴的原因

汉初崇尚黄老，但并未实行思想的专制，因而，儒家、法家等思想仍活跃，并影响着汉初社会。儒学在汉初黄老盛行的情况下能够复兴，主要有以下原因：

第一，汉初黄老思想统治下的宽松学术环境为儒学的复兴创造了客观条件。黄老之学反对人为的干涉和纠正，不用行政手段去禁止其他学派发展，所以汉初思想领域是一个诸子并存的局面，各家在政治上均可发挥影响。汉初崇尚黄老之学，但儒学在汉初仍处于"显学"地位。特别是汉惠帝时正式废除秦代制定的"挟书律"，开放了民间学术文化活动之后，儒家经籍的研究和传授也开展起来，出现了一批经学大家。汉初儒家经学虽然和其他学派一样处于民间传授的地位，但其学术活动的规模、传授内容的重要程度，都是其他学派无法比拟的。汉初儒家教育的兴盛也为后来儒学确立为独尊地位奠定了基础。

第二，汉初统治者对文化的态度为儒学的复兴提供了便利条件。这方面最具代表性的当属汉高祖刘邦。他出身布衣，没有受过多少教育，文化素质不高。对于各家思想，他并无个人喜好，这就使他在面对各种思想学说时采取的是一种实用主义的态度，没有任何偏爱。加之一些儒家学者适时地向他介绍儒学的积极作用，使刘邦对儒家学说有了一定的认可。特别是令叔孙通重定朝仪，使刘邦亲身体验到儒家礼仪的重要作用后，从"不好儒"到"好儒"，对儒学的态度也有了很大的转变。开国之君的经历对继承者也有很大影响，后继国君崇儒术、重儒生，实际上是刘邦崇儒、重儒思想的发展。

第三，黄老之学自身的不足，给儒学的复兴、进而"定于一尊"创造了机会。黄老主张顺应自然、清静无为，特别适应社会休养生息的需要，但它也有自身不可克服的弱点，就是缺乏进取精神，缺乏将全社会调动起来、全面建功立业的恢宏气势。随着汉代整体实力的恢复，社会上也出现了各种潜在的危机。在上层，诸侯王势力膨胀，产生离心倾向，威胁中央政权；在下层，豪强兼并，造成对民众的危害，干扰社会正常秩序；对少数民族的侵扰，则缺乏有力的对抗措施。面对这种局面，黄老之学缺乏应对之策，而儒学确实"可与守成"，这就为儒学的复兴创造了机会。

可见，"清净无为""因循为用"的道家学说并不能有效适应封建社会的大一统政治需要，相反，儒学在"列君臣、父子之礼，序夫妇、长幼之别"方面的优长则有利

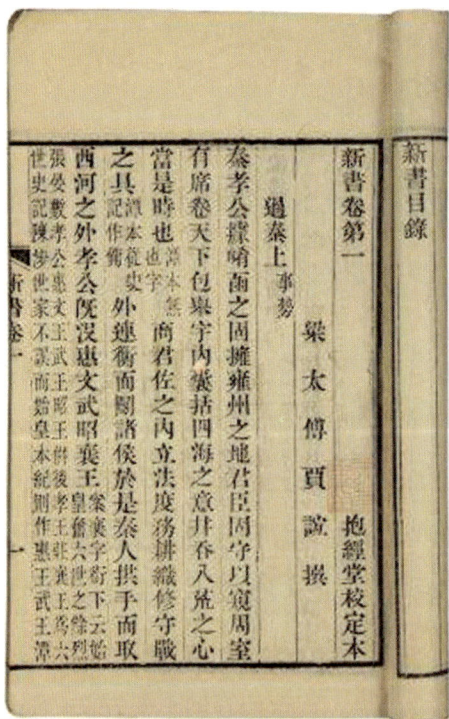

《新书》

于封建宗法与专制统治的加强。于是，在经过反复辨析、权衡利益得失后，汉代统治者最终还是选择了儒学。

第四，汉初儒林诸贤的不懈努力，是儒学在汉初复兴的内因。汉初儒学能够复兴，除叔孙通的贡献外，陆贾也发挥了重要作用。如果说叔孙通是通过重定朝仪的这种可体验的方式转变了高祖刘邦对儒学的态度，那么儒学要复兴，要真正成为政权的指导思想，就必须从理论上证明儒学治国安民的可行性，并以自身思想体系的完善和实用，让统治者相信只有儒学才会使长治久安的理想变成现实，从而在根本上转变最高统治者对儒学的偏见，陆贾、贾谊、董仲舒等正是承担起了这一任务。

在这些儒家学者的努力下，儒学在汉初虽未能成为统治思想，却也再度兴盛起来。直至武帝时，董仲舒在综合前人思想的基础上，根据现实政治需要，提出了一系列新儒学思想，得到汉武帝的认可，最终使儒家登上了"独尊"的地位，成为封建社会的统治思想。

总之，回顾汉初儒学的发展历史，从叔孙通、陆贾到贾谊，再到董仲舒，儒家学者既坚持了一以贯之的传统，又注意面对现实，不断修正自己的学说。特别是他们善于把握时代的脉搏，融进具有强烈时代气息的新观念，还勇于吸收他家之长，弃己之短，以保持本学说具有必要的张力和活力，这是儒学在汉初黄老思想盛行下得以复兴，并由在野到在官的历史性转变的根本原因。

第三章 儒学独尊地位的确立

汉初崇黄老，并非实行思想专制，因而，各家思想仍然活跃。此后，以董仲舒为代表的儒家学者面对君权强化的局面，审时度势，把握时代的脉搏，勇于吸取众家之长，不断深化儒家学说的内涵，使之适应当时的社会需求，形成了具有浓厚威权色彩的理论体系，最终完成"定于一尊"的历史性转变。

第一节 汉武帝独尊儒术

统一思想的要求在秦代就已经提出，但当时的条件并不成熟，秦统治者统一思想文化的尝试失败，给后世留下深刻教训。继秦而起的汉王朝面对汉初的政治、经济局面，采取了特殊的治理方略，实行"无为"治术，于是黄老清静无为思想盛行，并成为政治指导思想。直到汉武帝时，统一思想的条件基本成熟，他采纳董仲舒的建议，实行"罢黜百家，独尊儒术"的政策，使儒学"定于一尊"。

一、汉武帝尊儒的曲折历程

汉武帝采纳董仲舒的建议而实施独尊儒术的政策是逐渐展开的，经历了对儒术进行选择、提升到最终独尊的历程。其实，在董仲舒之前就有许多倡导独尊儒术的先驱者，而受此影响，汉武帝本人的思想也由倾向儒学逐步发展为重视儒术。

汉武帝即位之初，就一反汉初的传统，轻黄老之徒，而选用一些好儒术者为辅弼大臣，体现出重视儒学的倾向。他任命窦婴为丞相，田蚡为太尉，赵绾为御史大夫，王臧为郎中令，主持政府重要部门。《史记·儒林列传》记载，赵绾、王臧等皆明儒学。

此外，汉武帝还通过举贤良方正招揽直言极谏之士。《汉书·武帝纪》记载："建元元年冬十月，诏丞相、御史、列侯、中二千石、二千石、诸侯相举贤良方正直言极谏之士。"所谓"贤良"，汉武帝解释为"明于古今王事之礼"之人。显然，这些人以儒家学者为主。

窦婴、田蚡、赵绾、王臧等上任后，武帝又安车驷马迎接著名儒生申公入朝，作为朝制兴革的顾问。他们准备设立明堂，让诸侯回到各自的封地，取消关禁，按照古礼规

汉武帝刘彻 像

定制服，用以表明太平气象。但是，以太皇太后身份摄政的窦太后笃信黄老，极力反对推崇儒学，致使改革举步维艰。建元二年（前139年），御史大夫赵绾和郎中令王臧奏请，上书不必"奏事太皇太后"，企图乘机免去窦太后摄政的名位。结果，窦太后借故将赵绾、王臧抓捕入狱，此前的所有改革措施都被废除。武帝在强大的压力下，只好让步，暂时停止兴礼作乐的举措。

武帝的政治实践虽然遭受挫折，但其改革的努力仍在不断进行。他在选取贤良方正时，留意收揽儒生，授以官职。建元五年（前136年），汉武帝置五经博士，这是他尊儒的重要举措。他鼓励学者研读儒家经典，使五经传习更有系统，进而有利于理论建设。

窦太后病逝后，武帝完全掌握执政权，加快了崇儒的步伐。他启用田蚡为相，把黄老、刑名百家等不治儒家五经的博士官一律罢黜，儒家以外的诸子百家之言被排斥于官学之外，还以优厚的待遇聘请了数百名儒生。布衣大儒公孙弘被擢为三公，封平津侯，引得"天下学士靡然乡风矣"。儒生真正在

治国理政中发挥作用，习儒成为最令人向往的职业。

二、罢黜百家，独尊儒术

汉武帝时，思想统一的条件已经基本成熟，他采纳董仲舒的建议，实行了"罢黜百家，独尊儒术"的政策。主要表现便是重视公羊学说及设置五经博士。

1. 推崇公羊学

汉武帝"独尊儒术"，主要是尊崇《春秋》公羊学。公羊学受到汉武帝的重视，与他获得王位继承权有着直接联系。景帝时，各种政治势力曾就王位继承展开争夺。最终，景帝前元七年（前150年），皇太子（景帝长子）刘荣被废时，窦太后喜爱梁孝王（景帝胞弟），欲立其为太子，但外戚窦婴和大臣袁盎以公羊学"君子大居正"为据，坚持立景帝次子刘彻为太子，最终通过了公羊学的"君子大居正"之说，确保了刘彻的继承权，这对于刘彻来说，非同小可。因此，汉武帝重视公羊学，倾向儒家学说，与现实及其亲身经历有着密切关系。

汉武帝之所以推崇公羊学，最主要的原因还是公羊学家阐发的"《春秋》大义"与汉武帝对文治武功的需求有着某种契合。由于公羊学家所阐发的经义适应了汉武帝解决现实政治问题的需要，所以汉武帝利用"《春秋》大义"进行了许多政治活动，解决了一些重大理论问题。如汉武帝利用公羊学家的"大一统"理论作为强化中央集权的依据。会稽太守严助，自以为地处边郡，数年不向皇帝报告情况。汉武帝赐书责问，命其全部根据《春秋》经义禀告，并且要求不能使用苏秦的纵横之术。严助上书谢罪说："《春秋》载，天子出居

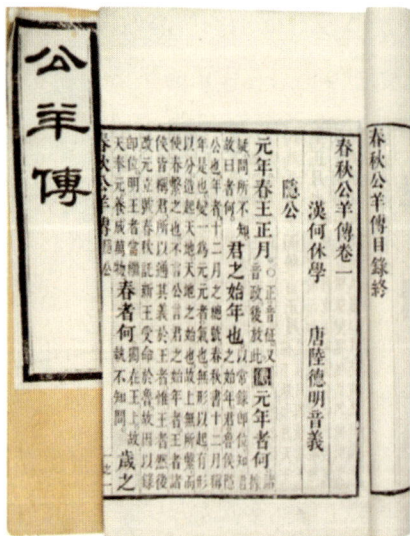

《春秋公羊传》

郑国，是因为不能孝顺母亲，所以失去天子位。臣子侍奉君主，就好像子女侍奉父母一样，臣应该接受惩罚。陛下不忍心杀我，我希望亲自进京奉上三年的考绩。"严助所引见《公羊传·僖公二十四年》，虽是公羊家的曲解，但汉武帝却认可了严助的解释，同时对"臣事君，犹子事父母"之义加以发挥，将君臣关系建立在宗法伦理关系上，君父合一，使君权更加强化、绝对化。除强化君臣关系外，在加强皇权、

严助 像

抑制诸侯国势力等方面，汉武帝都采用了公羊学的理论。

以《春秋》决狱更是汉武帝利用公羊学的重要内容。淮南王刘安之狱就是以"《春秋》大义"判决案件的典型事例。依公羊学家的理论，凡是图谋杀害君上父母、阴谋叛乱的，即使未见诸行动，只要证据确凿，同以叛逆论罪。依此，刘安不但有图谋不轨之心，而且有行动，更应伏诛。

汉武帝还利用了公羊学"大复仇"的理论作为反击匈奴的理论支撑。例如，太初四年（前101年），诏书中援引"齐襄公九世复仇"之义，表明汉武帝为讨伐匈奴乃是为高皇帝等复仇，符合《春秋》大义。加之，汉代强调以孝治天下，这样做就更有利于争取各方支持，统一舆论。

综上所述，正是由于公羊学所阐发的"大一统""大复仇"等"《春秋》大义"适应了汉武帝文治武功的需求，所以公羊学受到汉武帝的格外重视。

2. 设置五经博士

汉武帝于建元五年（前136年）设置五经博士，《汉书》对此的记载虽然仅有五字，但其意义却重大而深远。这是独尊儒术的重要措施和体现，因而

第三章　儒学独尊地位的确立

191

王充在《论衡·别通》中说："博士之官，儒者所由兴也。"

汉初之时，博士之职涉及百家，与儒学有关的仅有《诗经》和《春秋》。在实行"罢黜百家、独尊儒术"的政策之时，武帝特别增置五经博士，这意味着从国家层面认同《诗》《书》《礼》《易》《春秋》五部经书为"常道"的载体，需要设专门人才对每部经典加以注释、阐发和传授，以便将符合现实政治需要的"大义"阐发出来。此举既壮大了儒学的势力，又提高了儒学的地位，使博士一职产生质变，开始转向专门的儒家经学博士，独尊之意十分明显。

汉武帝元朔五年（前 124 年），他又接受丞相公孙弘、太常孔臧等人的建议，为博士置弟子员 50 人。《后汉书·百官志》说，博士"掌教弟子，国有疑事，掌承问对"。博士除参与政治活动外，主要职责便是从事教育。博士弟子制的建立也标志着以儒家经学为教育内容的官方教育的开始，此后儒学教育还进一步扩展到私学、蒙学和家庭教育各个领域，并且通过选士制度将培养出来的人才选拔到政府机构中来，这样，儒学就成为国家培养和选拔人才的一个重要标准。儒学与仕途联系起来，使尊孔读经、学习儒术的人日益增多，儒学影响日益扩大。

汉武帝尊崇儒家，五经皆立博士，最受青睐的是公羊之学。如前所述，当时所尊崇的经义，主要是董仲舒融合阴阳五行说而创立的新儒家学说。此外，还需要说明的是，武帝置五经博士，并不意味着同时罢黜其他博士，博士职位被儒者经生垄断是个渐进的过程。

"五经"

汉武帝罢黜百家，表彰"六经"，为开创新的历史局面奠定了坚实的思想基础。班固在《汉书·儒林传》结尾叙述了设立五经博士的影响，从汉武帝设立五经博士，开创选送弟子员，设科射策，用官禄勉励，至元始的一百多年间，传承经学的人渐多，分支也增加了，一经解释到一百多万字，大师多达一千多人。同时，儒家文献得到了前所未有的收集和整理。起初，《书》只有欧阳，《礼》后，《易》杨，《春秋》公羊而已。到孝宣之世，又立大、小夏侯《尚书》，大、小戴《礼》，施、孟、梁丘《易》，穀梁《春秋》。到元帝之时，又立京氏《易》。平帝时，立左氏《春秋》《毛诗》逸《礼》、古文《尚书》。

三、汉武帝独尊儒术的原因

孔子思想在汉武帝时期取得"独尊"地位，是社会发展的必然结果。

汉初儒、道并重而兼采各家的情势，是历史发展造成的。春秋战国以来，由于长期的分裂割据和各地自然条件的不同，逐渐形成了秦、楚、齐、鲁等各具特色的地域性文化。秦的统一，从实质上讲，固然是法家思想的胜利，但秦汉的这种统一局面，也使得各民族之间相互融合，导致了学术思想的综合。汉代学术是一种综合学术，连汉武帝格外器重的董仲舒也在思想上"兼儒、墨，合名、法"①，具有显著的综合色彩。不过毕竟马上可以争天下，却不能在马上治天下，于是他们才选择"难与进取，可与守成"② 的儒家思想。而加强中央集权，实行专制统治，也离不开其他各家的一些主张，诸如法家的"尊君抑臣"等思想就备受汉武帝的欢迎。因而，他们以法治与德治相结合，"刑德并用"作为施政方针，"内多欲而外施仁义"③。正如汉宣帝所说："汉家自有制度，本以霸、王道杂之。"④ 这里清楚表明了汉初统治者王霸相杂，儒法并用的态度。

黄老"无为政治"适应汉初休养生息的需要，促进生产的发展，但其"因循为用"，漠视礼制的态度既破坏了社会秩序，又大大助长了社会上目无

---

① 《汉书·艺文志》。
② 《史记·刘敬叔孙通列传》。
③ 《史记·汲郑列传》。
④ 《汉书·元帝纪》。

法纪的心理和行为，导致经济繁荣而社会不安、政治不稳。汉景帝末年发生的"七国之乱"足以说明黄老学说对于地方割据势力拿不出解决的良方，即使靠"削藩"和镇压手段，也只能奏一时之效。因此，黄老学说只能作用于一时，而不能成为汉代治国安邦的长治久安之道。

在当时，儒家思想由于其自身的特点，在社会上还拥有广泛的基础。儒者著书立说，授徒讲学，在汉初十分活跃。人们对儒家经典特别是《诗》《书》等普遍重视，从师学习成为一时风尚。如"申公退居家教，弟子自远方受业者百余人"①；"楚元王交，少时尝与鲁穆生、白生、申生俱受《诗》于浮邱伯"②。上至王公子孙，下至平民百姓，均研习儒学。又如，河间献王经术通明，积德累行，天下雄俊众儒皆归之，网罗了大批儒生。另一方面，汉武帝颇为赏识的经学大师董仲舒，为给汉武帝的经济、政治等方面的政策制造舆论，便结合阴阳学说，对孔子思想进行了系统的修正和改造。因此，当汉武帝不允许师有"异道"，人有"异论"的局面存在时，儒术便升到了"独尊"的地位。由此，诸子百家"并进"的现象归于"一统"，它们都不得不改贴上"六艺之科，孔子之术"的标签，而被纳进儒学体系中。

第二节　儒学"定于一尊"

汉武帝"罢黜百家，独尊儒术"的举措，对儒学发展产生了深远影响。然而，从政策的提出到目标的实现却有着艰难的历程。历经盐铁会议、石渠阁会议，"独尊儒术"的政策才真正达到预期效果，儒学终在汉代"定于一尊"。

一、盐铁会议与儒法之争

盐铁会议，又称盐铁之议，是汉昭帝始元六年（前81年）二月时召开的

---

① 《史记·儒林列传》。
② 《汉书·楚元王传》。

一次讨论国家政策的著名会议。会议对汉武帝时期推行的各项政策进行了评估。汉宣帝时，桓宽根据当时的会议记录整理为《盐铁论》。此次会议是汉代儒法之争的一次集中体现，也是儒学意识形态化的重要环节。

盐铁会议

（一） 盐铁会议的背景

但公羊学在内容上有儒法合流的特征，《春秋公羊传》与汉王朝的刑罚结合起来，文饰酷吏，带有浓厚的法家色彩。所以汉武帝虽然接受了董仲舒"罢黜百家，独尊儒术"的建议，但在政治实践中，法家学说依然存在并发挥作用，严苛重刑，政府专制经营等成为西汉此时为政的显著特征。特别是从元光二年（前133年）讨伐匈奴开始，社会由和平转入战争状态，法家思想获得了再次兴起的有利条件。

这场对匈奴的战争持续了39年之久，与此同时，武帝还以武力平东瓯、南越，"征西南夷"。为了保证战争的胜利，解决国家的经济困难，汉武帝采纳了桑弘羊的建议，实施盐铁官营、酒专卖，以及均输、平准等一系列措施。汉武帝连年用兵，不仅引起政治、经济措施的变化，而且带来指导思想的改变，崇功尚利的法家学说复盛；而儒学渐衰，以至于公孙弘的客馆、讲堂都变成了马厩、妇舍，无养士之礼，而尚骄矜之色[1]。

汉武帝晚年，社会矛盾凸显，甚至出现了类似秦朝末年的种种迹象，国家面临着危机。武帝也开始反思内外政策的利弊得失，以求力挽狂澜，遂于

---

[1] 《盐铁论·救匮》。

征和四年（前89年）下《轮台罪己诏》，开启了政策的转变。但是，汉武帝的改革终因时间短暂而未见明显效果。昭帝继位后，首要问题是如何对待汉武帝时期的政策，应该用何种方策以缓解、消除社会政治危机从而达成中兴。是因循武帝后期的政策措施，还是沿着《轮台罪己诏》的精神进行改革？这是高层决策者们必须做出的抉择。

时谏议大夫杜延年多次向辅政大臣霍光建言，由于连年歉收，流民未尽返乡，因而要行文帝时的政策，昭示俭约宽和。如能顺应天心，取悦民意，年岁当有丰收相回应。他还建议举贤良，议论废除酒专卖，盐铁专营。于是在昭帝始元六年（前81年），贤良文学集会京师，问以民所疾苦，询以治乱，商讨"罢酒榷盐铁"的问题。史称盐铁会议。

（二）盐铁会议的内容及其实质

盐铁会议由丞相田千秋主持，以御史大夫桑弘羊为代表的御史、丞相史等为一方，以贤良文学汝南朱生、茂陵唐生、鲁国万生、中山刘子推、九江祝生等60多人为另一方，他们从是否取消盐铁官营这一汉武时期的具体经济政策出发，围绕义利、王霸、德刑、本末等问题展开激烈辩论。在盐铁会议上，贤良文学被问及"民间所疾苦"时，他们首先提出应该废除盐铁、酒榷、均输等经济政策，桑弘羊则坚决反对，双方由此展开论战，并将论辩的范围扩展到国家政策的各个方面。

贤良文学主张"贵德而贱利，重义而轻财"①，抨击盐铁官营、实行功利政策滋长人们求利思想，使民背本趋末，引起民心和风俗的败

桑弘羊 像

① 《盐铁论·错币》。

坏，与民争利的表现，"今郡国有盐、铁、酒榷、均输，与民争利。散敦厚之朴，成贪鄙之化。是以百姓就本者寡，趋末者众"①。因而主张罢盐铁官营，让利于民，向百姓广开财路。可见，他们是从儒家义利之辨、本末之情的角度出发，请求罢免盐铁国营之政策。政治上，他们还主张尚德废刑，推崇德治，反对刑法，认为"法能刑人而不能使人廉，能杀人而不能使人仁"②。他们反对战争，揭露战争给人民造成的苦难。

桑弘羊等人则与贤良文学针锋相对，他们认为盐铁官营等政策的施行既增强了朝廷经济实力，又起到了"赡民用""足民财"的作用，如果废罢官营专卖，会造成"内空府库之藏，外乏执备之用"的后果。他们还认为，实行道德亦须以物质财富为基础；政治上则推崇法治，认为治民必须严刑峻法。

会议结果终罢盐铁官营。宣帝时，桓宽依据盐铁会议的记录，编撰成《盐铁论》一书。《盐铁论》采用对话体形式，共60篇。第1篇至第41篇记叙盐铁会议上的辩论；第42篇至第59篇，记双方对"未尽事项"之余论。第60篇为作者所写后序。《盐铁论》一书保存了大量西汉中期的经济史、思想史资料。盐铁会议上，双方论争的问题表面上看都是具体的政策问题，如盐铁专营、酒专卖等，但从根本上来说，则是具体政策背后的治国指导思想的争议。因此，盐铁会议总论政治得失，实质上是汉代儒法之争的集中表现。此后，汉武帝时制定的战争政策被终止，转入新的休养生息状态，儒家思想的影响进一步扩大。正如葛兆光先生所

《盐铁论》

① 《盐铁轮·本议》。
② 《盐铁论·申韩》。

言，"儒家成功地把它的价值观念与意义准则提升到了绝对的高度"①，儒家的道德与伦理由此成为后世制度、法律与策略不言自明的前提。

二、石渠阁会议与儒学独尊的最终确立

甘露三年（前51年），汉宣帝在未央宫石渠阁"诏诸儒讲五经异同"，并且"亲称制临决"，史称石渠阁会议。此后，"经"和"经学"作为主流意识形态较为完整地建立起来。

（一）石渠阁会议的背景

石渠阁会议的召开与当时的社会状况和经学内部的矛盾紧密相连。昭、宣之世，世家豪族的势力经历长期打击后，逐步抬头发展，官僚集团和以窦氏为代表的外戚集团，势力亦越来越大，并不断膨胀。到汉宣帝时期，由于战争的止息和政策的转变，国力逐渐恢复。休养生息和平环境的到来，又造

石渠阁会议

① 葛兆光：《中国思想史》，复旦大学出版社2001年版，第271页。

成了汉武帝执政初期的形势，
"稽古礼文"再次提到了重要地
位。这便是石渠阁经学讨论会召
开前的社会政治背景，也是促使
汉宣帝召开这次讨论会，以调整
统治思想的真正原因。此外，
"累世经学"的出现，为经学家
特别是同经、同师的经学家垄断
仕途打开方便之门，而官僚集团
又往往与文人、儒士集团相勾
结，这样更造成了经学内部的纷
争。本来推崇经学目的在于建立
统一的思想体系，然而由于"传
业者浸盛，支叶蕃滋"，再加上
集团化的倾向，反而不利于统一思想的建立。

汉宣帝刘询 像

《汉书·儒林传》载，宣帝即位后，听说卫太子喜欢《穀梁春秋》，问丞
相韦贤、长信少府夏侯胜和侍中乐陵侯史高，他们都是鲁人，说穀梁子本是
鲁学，公羊氏是齐学，应当兴学《穀梁》。宣帝于是召见《穀梁》学者蔡千
秋，让他与《公羊》家展开辩论。汉宣帝认同《穀梁》的解释，提升蔡千秋
为谏大夫给事中。由此次辩论可见，学派已跟地域观念结合在一起，出现了
"齐学"和"鲁学"的分野。这种现象的出现，说明当时统一的学术思想已
朝着集团化前进，是世家豪族势力开始膨胀在学术思想上的反映，这势必会
削弱刚刚建立起来的统治思想的整合力。

《公羊春秋》虽也强调宗法等级制度的建设，但其主要精神是强调大一统
和"大义灭亲"，贯穿着严法的精神。其矛头是针对诸侯王的叛乱活动，目的
是强化中央集权的等级制度的权威。这种法制精神盛行的结果，既加强了中
央的专制集权和大一统，又使宗法伦常温情脉脉的一面大为削弱，以致淮南

狱广事株连，就连武帝父子之间也以兵戎相见，骨肉亲情、父慈子孝的圣训被抛到九霄云外去了。精于政治的汉宣帝，看到了一味强调法治的弊病，因而一面强调法治，一面又十分重视礼义教化、宗法情谊。这既是缓和统治集团内部矛盾的需要，又是稳定封建统治长远利益的需要。

较之《公羊春秋》，《穀梁春秋》十分重视礼制的教育，礼的观念被提到了突出地位。如传《春秋》"隐公元年，春，王正月"，《公羊传》说："立适以长不以贤，立子以贵不以长"，"子以母贵，母以子贵"。《穀梁传》则重宗法情谊，说："孝子扬父之美，不扬父之恶。"二年冬十月，伯姬归于纪。《穀梁传》发挥说："《礼》，妇人谓嫁曰归，反曰来归，从人者也。妇人在家制于父，既嫁制于夫，夫死从长子。妇人不专从，必有从也。"桓公三年（前709 年）九月，齐侯送姜氏于谷。《穀梁传》又发挥说："礼，送女，父不下堂，母不出祭门，诸母兄弟，不出阙门。"庄公二十二年（前 672 年），冬，公如齐纳币。《穀梁传》也对之加以"微言大义"一番，宣扬说："纳币，大夫之事也，礼有纳采，有问名，有纳征，有告期，四者备而后娶，礼也。公之亲纳币，非礼也，故讥之。"如此等等。由此看来，《穀梁春秋》反复宣扬"礼"之有关规定，而对非礼行为则加以批评、讥讽。锺文谷在《穀梁补注·论传》中的一段话，可谓一语道破《穀梁》的这一特点。他说："《穀梁》多特言君臣父子兄弟夫妇，与夫贵礼贱兵，内夏外夷之旨。"因此，汉宣帝看重《穀梁春秋》，不但是要秉承祖父的遗爱，而且《穀梁春秋》更有利于加强宗法礼仪的特殊功效，纠正《公羊》学片面强调法治已经导致和可能引起的弊病。另一方面，汉宣帝贬黜《公羊春秋》，是因为它所受命的思想不符合刘氏集团的利益。

（二）石渠阁会议的召开及其影响

基于上述经学内部的纷争及复杂的社会政治背景，汉宣帝要想统治稳固，势必要采取强有力的措施。因而他于甘露三年（前 51 年）召开了石渠阁会议。

《汉书·儒林传》记载，汉宣帝召"五经"名儒、太子太傅萧望之等在殿中进行论辩，评《公羊》《穀梁》异同，体现各家学说的实际效用。当时《公羊》博士严彭祖，侍郎申挽、伊推、宋显，《穀梁》议郎尹更始，待诏刘向、周庆、丁姓一起辩论。《公羊》家多不被赞同，他们又请侍郎许广参加，使者也同时让《穀梁》家、中郎王亥参议，双方各五个人，议论30多件事。萧望之等11人各自用经义核对，多赞同《穀梁春秋》。《穀梁》学由此大为兴盛。此后，汉宣帝乃立梁丘《易》，大、小夏侯《尚书》，穀梁《春秋》博士。博士增至14家，除《诗》学原有齐、鲁、韩三家外，汉代博士经学的分家，皆始于石渠阁会议。

据《汉书·艺文志》载，会议留下的文件包括《五经杂议》18篇，《书议奏》42篇，《礼议奏》38篇，《春秋议奏》39篇，《论语议奏》18篇。今皆已散佚，清人马国翰《玉函山房辑佚书》有辑本。

石渠阁会议形成了一些共同的结论，扩大和加强了儒家礼仪制度的控制力量，提高了经学的地位，对此后白虎观会议建立统一经学铺垫了道路。同时，王权对经学发展的干预也进一步增强。一方面，经义得到了王权的支持和肯定，更增强了其权威性，儒学在政治上获取成功；另一方面，儒学在学术思想上也丧失了一些独立性，反而加深了各家各派的分歧。

第三节　"阐道醇儒"董仲舒

董仲舒是西汉时期著名的思想家、政治家，又是《公羊》学大师。在中国儒学史上，他是一位十分重要的人物，他曾向汉武帝建议"罢黜百家，独尊儒术"，并对传统儒学的发展转化做出了重要贡献，被后人称为"阐道醇儒"。

一、董仲舒生平及著述

董仲舒，广川（今河北枣强）人，其生卒年月，史籍均无明确记载，约生于汉文帝前元元年（前179年），约卒于汉武帝太初元年（前104年）。青年时期，董仲舒随公羊学派的大师子寿学习《公羊春秋》。景帝时为博士，讲

授《公羊传》。其治学精思专一，志无他顾，以至于三年不照看自己的园圃，精心钻研学问到如此程度。直到年老依然如此，桓谭说董仲舒"专精于述古，年至六十余不窥园中菜"①。

汉武帝即位后，立即颁布了"举贤良文学"的诏令，要求各地的官员推举学者以备朝廷策问，董仲舒也被推举到了京城。汉武帝曾经先后三次召见董仲舒上殿策问，在这三次对策中，董仲舒借机阐述了自己的思想主张，建议"罢黜百家，独尊儒术"，为汉武帝所采纳。

董仲舒 像

随后，汉武帝任命董仲舒为江都相，辅佐易王。易王刘非是汉武帝之兄，平时骄横、彪悍而好勇力。董仲舒用礼义教化易王，受到易王敬重。易王曾问董仲舒："越王勾践和大夫泄庸、文种、范蠡密谋攻打吴国，后来消灭吴国。孔子说殷纣王有三位仁人，我认为越王勾践也有三位仁人。春秋时的齐桓公有疑难的事让管仲解答，我有疑问则请您帮助。"董仲舒则以鲁僖公与柳下惠的对话为例，借古喻今以规劝，认为越王君臣不过是实行不正当的诈术罢了，暗示刘非不要为霸，而要施行仁义。他提出，仁人不牟取私利，不计较自己的功劳。孔门之中，即使是尚未成年的儿童也羞于谈论"五霸"，原因就在于"五霸"先行欺诈和武力，而后才想到仁义。"五霸"纵然比其他诸侯贤明，可是与"三王"相比，就好像武夫和美玉，优劣自现。对于董仲舒

---

① 《新论·本造》。

董仲舒三载不窥园

所言，易王十分赞同。这一时期，董仲舒还经常宣扬公羊学派关于灾异、阴阳的思想，后还因大讲灾异而遭陷获罪，废为中大夫。后又为胶西王相。

董仲舒为人耿直，经常向汉武帝上疏谏争，批评时政，加上丞相公孙弘对他的愤恨和排挤，他在担任胶西王相时便称病辞官结束了仕宦生涯。董仲舒辞官后，朝廷遇有大事，还常常派人征询他的意见。当时，朝廷中主司法之事的大臣张汤遇到棘手的案子就去问董仲舒，后来，董仲舒将其系统化为著作，称为《春秋决狱》，主要说明判案应以《春秋》为根据。此书已佚，但后来依据《春秋》决狱却风行一时。

在居家的日子里，董仲舒专意于读书和著述，后终老家中。其死后葬于长安西郊，汉武帝经其墓时曾下马致意，故其墓地又名"下马陵"。

董仲舒的著作大都阐发《春秋》之意。他认为，孔子在《春秋》里蕴含的"微言大义"并没有被人们真正领会，只有通过他的著作才能明白。董仲舒将自己解释《春秋》的文章汇编成集，取名为《春秋繁露》。在这部书中，董仲舒系统地阐述了其"天人感应"学说和"三纲五常"等伦理道德观念，受到后世统治者的重视和尊崇。

董仲舒著述很多，据《汉书·董仲舒传》，他的著作以阐明儒家经学意旨为主，还有奏疏教令等，共计 123 篇。此外还有解说《春秋》记事得失及《闻举》《玉杯》《蕃露》《清明》和《竹林》之类的文章，共计几十篇，十多万字。《汉书·艺文志》收录《董仲舒》123 篇及《公羊董仲舒治狱》16篇。《隋书·经籍志》收录《春秋繁露》17 卷及《春秋决事》10 卷。这些著述至今绝大部分都已亡佚。流传至今的只有《春秋繁露》和《汉书·董仲舒传》中记载的"天人三策"。此外，《汉书·食货志》《汉书·五行志》《汉书·匈奴传》中还载有董仲舒疏奏之片断。

二、董仲舒的思想体系

董仲舒杂糅阴阳五行、黄老、墨、法等诸家思想，以春秋公羊学为骨干，建立了一个符合大一统中央集权需要的新的思想体系，对当时社会所提出的有关哲学、政治、社会、历史等一系列问题，作了较为系统的阐述。董仲舒以天为最高的哲学概念，认为天是有意志、知觉，能主宰人类命运的人格神，是至高无上的；天的意志和主宰作用则是通过阴阳五行的变化来体现，《春秋繁露·天地阴阳》曰："是故明阴阳人出实虚之处，所以观天之志，辨五行之本末顺逆，小大广狭，所以观天道也"，四季变化源于仁德，雨露风霜等自然现象皆是天有意识、有目的的活动，天体运行成为一种道德意识和目的的显现。对于天人关系，他提出"天人感应"说，认为天依照自己的形象创造了人，天人同类，人副天数，"人之为人本于

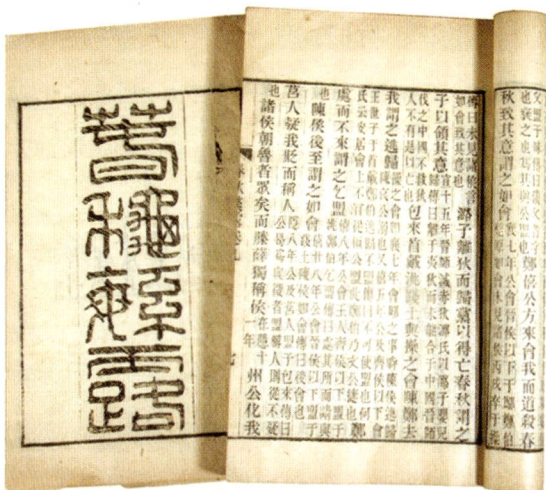

《春秋繁露》

天，天亦人之曾祖父也，此人之所以上类天也"①。人的形体化天而成，人类社会秩序亦按照"天道"而制，故强调人从形体精神到政治道德观念都须依"天道"而行事。在此基础上，他又提出"灾异谴告"说，指出天分别用符瑞和灾异对人间的统治者表示赞赏和谴责，用以指导人世间的活动。特别是灾异具有警惧作用，统治者须承天意而施政，否则就要受到天的谴告和惩罚。他认为，如果国家将要发生违背道德的事情，那么天就会降下灾害来谴责和提醒；如果不知道醒悟，天又会生出一些怪异的事来警告和恐吓；还不知道悔改，那么伤害和败亡就会降临。由此可以看出，天对人君是仁爱的，希望帮助人君消弭祸乱。他还主张"君权神授"，要求人民服从代表天意的君王；同时又强调统治者须尊天而保民，提出"屈民而伸君，屈君而伸天"② 的观点，意在限制君权，维护统治阶层的整体利益。

董仲舒将"三纲""五常"等伦理道德原则及规范神学化，认为君臣、父子、夫妻等关系皆源于天，他说，"王道之三纲可求于天"，"君臣、父子、夫妇之义，皆取诸阴阳之道。君为阳，臣为阴；父为阳，子为阴；夫为阳，妻为阴。"③ 伦理纲常由永恒不变的天意决定，天道不可移易，人道亦然，因而提出"道之大原出于天，天不变，道亦不变"④ 的论断。

董仲舒指出人区别于禽兽，具有先天的善质，但有善质并非等于先天性善，他以米与禾来说明这种关系，"善如米，性如禾。禾虽出米，而禾未可谓米也。性虽出善，而性未可谓善也"⑤。所以，潜在的善质是须经后天的教化方可转化成人道之善，"性者天质之朴也，善者王教之化也。无其质，则王道不能化，无其王教，则质朴不能善"⑥。他将人性分为上、中、下三品，认为"圣人之性"与"斗筲之性"都是少数，唯有"中民之性"是大多数，其可

---

① 《春秋繁露·为人者天》。
② 《春秋繁露·玉杯》。
③ 《春秋繁露·基义》。
④ 《汉书·董仲舒传》。
⑤ 《春秋繁露·实性》。
⑥ 《春秋繁露·实性》。

善可恶，可以名性，需要加强道德教育而使其向善。提出人性包括"性"与"情"两方面，应该从天道以性限制情，"天有阴阳禁，身有情欲柜，与天道一也。是以阴之行不得干春夏，而月之魄常厌于日光。乍全乍伤，天之禁阴如此，安得不损其欲而辍其情以应天"①。在义利关系问题上，董仲舒强调义重于利，但并不否定利，认为"利"也有重要的作用。还强调"重志"，认为动机比效果更重要，"本其事而原其志。志邪者不待成，首恶者罪特重，本直者其论轻"②，提出惩罚、判罪首先要强调思想、行为的动机。

董仲舒主张"大一统"，加强巩固统一的中央集权制度。他主张"独尊儒术"，以保持政纪、法纪的统一。他吸收黄老的"刑德"及法家刑名思想，提出了以仁义教化为根本的仁德思想。他继承发挥了儒家传统的民本思想，提出"天之生民非为王也，而天立王以为民也，故其德足以安乐民者，天予之；其恶足以贼害民者，天夺之"③，坚持民为贵的思想。对于君民关系，一方面提出"屈民而伸君"，同时又强调民是克制君的力量；要求治民者先富之而后加教。在此基础上，他反对土地兼并、违法逾制、与民争利，主张盐铁皆归于民、"薄赋敛，省徭役，以宽民力"④；力倡文化教育，主张"立大学以教于国，设庠序以化于邑，渐民以仁，摩民以谊，节民以礼"⑤。在官吏的选拔任用上，强调以贤能为上，量材而授官，录德而定位。

董仲舒还提出"三统三正"，认为历史的发展是按照黑、白、赤三统不断循环的，每个相继朝代新王受命之始，都要根据三统循环的次序，改正朔，易服色，以顺天意，表明王者受命于天各统一正。同时强调"王者有改制之名，无易道之实"，新朝建立改变的只是礼仪制度的具体形式，至于"大纲人伦、道德、政治、教化、习俗、文义"等人伦之道则皆如故。他还提出"古

---

① 《春秋繁露·深察名号》。
② 《春秋繁露·精华》。
③ 《春秋繁露·尧舜不擅移汤武不专杀》。
④ 《汉书·食货志》。
⑤ 《汉书·董仲舒传》。

之天下，亦今之天下；今之天下，亦古之天下"①，认为先王之道永远是治理天下之准则，主张"奉天而法古"，以"法天""法圣"为古今之通道。

董仲舒建立的新的儒家思想体系，为巩固和加强中央集权提供了理论依据，成为汉王朝及整个传统社会统治的理论基础。

三、董仲舒上书"天人三策"

汉武帝即位后，让各地举荐贤良文学之士，以备咨询。据《汉书》记载，汉武帝曾经三次召见董仲舒询问对策，董仲舒借此机会阐述了自己的思想主张。

第一次策问时，汉武帝首先提出五帝三王治理国家之道不外乎改革制度与创作乐章两种方式，后世君王都照此行事，却无济于事，王道反而继续衰落。因而他提出了一系列的问题：这是他们的措施不利，还是天命不可反？努力效法上古，也于事无补吗？三代受命，有何征兆？灾异的变化又是因何而产生的？性命之中蕴涵什么道理？作为君主，如何才能治理好天下？归结起来主要有三个方面的问题，一是天命与人为的关系，二是性情之中包含什么道理，三是如何治理好天下②。

对此，董仲舒回答说，天下是否安定取决于君主自己，并不是天意不可挽回。由于君主的所作所为非常荒谬，丢弃先王的治国之道，因而国家得不到有效治理。因此，君主应该全身心地治理国家。董仲舒用儒家的"五帝三皇"之道、"三皇受命"之符，论证

董仲舒上书"天人三策"

---

①　《汉书·董仲舒传》。
②　周桂钿：《董仲舒研究》，人民出版社 2012 年版，第 12 页。

了他的"天人感应"观点，认为上天不仅主宰着自然界，也主宰着人类社会，自然界的变化和灾异都和国家政治有关。一个国家的政治出现了问题，"天"会发出信号警告君主。若君主还不改邪归正，那么就会有灾难降临了。对于性情问题，董仲舒认为性情虽十分复杂，但是它是可塑的。圣王使人民品德高尚、生命长寿，暴君则使得人民鄙薄夭折。王者顺从天意行事，对百姓的教育应以德教为主，不轻易使用刑罚。最后，董仲舒以《春秋》为依据，告诫汉武帝，君王应以身作则，做万民模范，实行教化，才能达到王道政治。

第二次策问时，汉武帝提出自己尽力以身作则去施以仁德，但效果却不明显。董仲舒谈论了选才任吏对于治国的重要意义，并提出了一套选官措施。他回答说，先王治理国家、任用贤人，以驱逐奸党为首要措施。而现在的许多官员不是用君主的仁德和恩惠去教化百姓，而是对百姓任意迫害，为自己谋求更大的经济利益。他进而指出，任用官吏要看他自己的才能和德行。他还提出，太学是产生贤士的地方，是教化的本源，建议汉武帝兴办太学，培养人才。

第三次策问时，汉武帝详细询问了天命、人道的关系。对此董仲舒说，天道和人道之"道"具有永恒不变性，但人事又有变化性，圣人的责任在于"法天而立道"。最后，董仲舒提出了统一理论的建议。他说，《春秋》推重统一，这是天地永恒的原则，是古今共通的道理。如今老师所述的道理彼此不同，人们的议论也彼此各异，诸子百家研究的方向不同，意旨也不一样。所以，人君不能掌握统一的标准，法令制度多次改变，百姓则不知道应当怎样遵守。他提出，凡是不属于六艺科目和孔子学术的学说都一律禁止，不许它们同样发展。待邪僻的学说消失，学术就可以统一，法令制度才可明确，百姓也就知道服从的对象是谁了。

董仲舒的这三道对策，就是后人所称的"天人三策"。他系统地提出了一套"王者受命于天""天不变，道亦不变"的理论，并强调应该用儒家思想来指导治国理政。汉武帝采纳了这个建议，实行"罢黜百家，独尊儒术"的文化政策，实现了治国思想的转变。

四、董仲舒的历史地位

作为一代大儒，董仲舒既博通经籍，又"专精一思"，是西汉时《春秋》公羊学的代表人物。他的天人合一学说、大一统论，以及独尊儒术等主张都对儒学的发展产生了重大影响。在此后的两千余年中，儒学虽然多次改变自己的理论形态，然而儒家精神一直在中国的历史发展中得到传衍。应该说，董仲舒起到了承前启后的历史作用。

对于董仲舒的学术思想在儒学史上的成就和影响，历代学者都给予了高度评价。刘向说："仲舒为世儒宗，定议有益天下。"① 班固在《汉书·五行志上》中直接肯定"董仲舒治《公羊春秋》，始推阴阳，为儒者宗"。刘歆认为："仲舒遭汉承秦灭学之后，六经离析，下帷发愤，潜心大业，令后学者有所统壹，为群儒首。"② 王充在《论衡·案书》中说："孔子终论，定于仲舒之言"，他甚至把董仲舒归入圣人之列，在《超奇》篇中他讲到："文王之文在孔子，孔子之文在仲舒。"朱熹评价说："汉儒惟董仲舒纯粹，其学甚正，非诸人比。"③ 黄震《黄氏日钞》说："汉世之儒，惟仲舒仁义三策，炳炳万世。"魏源《董子春秋发微序》则称："三科九旨，灿然大备，且弘通精淼，内圣而外王，蟠天而际地，远在胡母生、何劭公之上"，"故抉经之心，执圣之权，冒天下之道者，莫如董生"。徐复观先生亦言："汉代思想的特性，是由董仲舒所塑造的。"以上这些都揭示了董仲舒思想在中国儒学史和中国思想文化史上的崇高地位与里程碑意义。

（一）创造新的哲学体系，推动儒学理论发展

董仲舒的哲学思想是西汉时期学术思想的精华，他吸取了阴阳五行学说和道家黄老之学的理论，通过天人感应来实现天人之间的贯通，其"天"主要是主宰之天，天人相类是其主要的思维方式。

---

① 《汉书·楚元王传》。
② 《汉书·董仲舒传》。
③ 《朱子语类》卷一三七。

董仲舒塑像

在先秦儒学中，"天"有"主宰之天""义理之天""自然之天"等多种含义。"主宰之天"的思想源于上古对天神的崇拜，孔子讲"唯天为大，唯尧则之"①，至战国末期荀子则专讲"自然之天"，"天行有常，不为尧存，不为桀亡"②。

董仲舒认为，"天者，百神之大君也"③，"天亦人之曾祖父也"④，"察于天之意，无穷极之仁也"⑤。可见，他赋予"天"以人格和道德意志方面的内涵，显然，这是依据加强君主集权制度的现实需求而在理论上对"天"的概念所做出的调整。

对董仲舒而言，天乃是统摄一切的终极依据或价值根源，具有无上的权威，而正是基于此，他最为关注和探究的就是"天人感应"的问题。董仲舒这一信仰及其问题意识，正体现了两汉之世特别是自汉武帝之后的整体思想趋向和精神特性，而作为"始推阴阳"的一代汉儒宗师，他又对于引领和塑造这一时代性的思想趋向和精神特性做出了最为重要的贡献。司马迁深受董仲舒"推《春秋》义"之学术旨趣的影响，提出"究天人之际，通古今之

---

① 《论语·泰伯》。
② 《荀子·天论》。
③ 《春秋繁露·郊祭》。
④ 《春秋繁露·为人者天》。
⑤ 《春秋繁露·王道通三》。

变"，正是对"天人相与"问题的回应与深化①。

董仲舒所说的"天"与自然之天没有分离，而且具有道德意志的"天"，也体现出儒学的"宗教性"特色。这种意义的"天"，源自中国上古，而不同于其他民族的宗教。在宋明理学中，这种意义的"天"仍有延续。②

（二）上书天人三策，直接促成儒学复兴

据《汉书》记载，"自武帝初立，魏其、武安侯为相而隆儒矣。及仲舒对册，推明孔氏，抑黜百家。立学校之官，州郡举茂材孝廉，皆仲舒发之。"汉武帝接受了董仲舒"对策"的建议而实行了"罢黜百家，独尊儒术"的政策，儒学逐渐发展为官学。董仲舒的这个建议决定了儒学自西汉中期以后发展的大方向、大格局、大演化。因而，吴菘《下马陵诗》曰："道分谊利千秋范，策对天人百世师。"

"宋初三先生"之一孙复曾言："暴秦之后，圣道晦而复明者，仲舒之力"，"始终仁义，不叛不杂者，惟董仲舒、扬雄、王通、韩愈。"③明确肯定了董仲舒在汉代复兴儒学之功。如果没有董仲舒在西汉时期重振儒学，综合百家，发挥春秋公羊学的"大一统"思想，儒家学说在汉魏以后就难以继承下去，儒学就难以在中国传统社会中继续发展，中国文化的结构、格局就有可能发展成为另外的走向。

---

① 林存光：《略论董仲舒的思想品格与特性及其历史影响》，《东方道德研究》（第11辑），吉林人民出版社 2013 年版，第 251 页。

② 李存山：《董仲舒在中国思想文化史上的地位与影响》，《河北学刊》2010 年第 7 期。

③ 《宋元学案》卷二《泰山学案》引《唯阳子集》。

第四章 汉代经学与政治

经学即训解和阐述儒家经典之学，它是儒家学说的核心组成部分，也是整个中华文化的基石。经学承载着中国古代的价值观，是做人做事、论人论事的基础所在。

两汉时期是经学的兴盛时代。由于所依据经书的文字不同，汉代经学出现了今文、古文的区别。西汉时期，今文经学占据优势，但今文经学的发展走向极端，导致谶纬之风大行于世。汉初并无古文经学，后来孔壁出书，古文经学仍限于私家传授，并未设立官学。从西汉末年到东汉，古文经学逐渐兴起，到了东汉中叶，有取代今文经学地位而跃居独尊之势。到东汉末年，郑玄注《三礼》，杂糅了今、古文两派学说，今、古文开始趋于合流。

第一节 今、古文经学

所谓今文经和古文经，是西汉末年才出现的两个概念。"今文"和"古文"，最初只是字体的不同，"今文"是指汉代通行的隶书，"古文"则是指秦朝统一之前的古文字。今文经，是指汉代学者传述的儒家经典。这些经典大多由于没有先秦时的古文旧本，而由战国以来学者间师徒父子传授，所以是用当时通行的隶书写成定本，如

伏生授经图

伏生所传的《尚书》、高堂生所传的《礼》、公羊氏和胡母生所传的《春秋公羊传》等。古文经，相传出自民间，还有一些出自孔子旧宅的墙壁中，如《古文尚书》《礼》《论语》《孝经》等。

一、今文经学的形成与发展

帝制时代，儒学不可避免地具有威权的气息。在这方面，今文经学即是典型，纵观整个帝制时期的儒学史，今文经学与现实政治相结合，阐发微言大义，在中国经学史、政治史上都占据了重要的地位

（一）经学博士与今文经学

博士是古代学官名，始于战国。秦始皇时有博士 70 人，不仅仅是儒家学者。汉承秦制，诸子百家都有博士。后专置五经博士，进一步推动了今文经学的发展。

与今文经学相关的博士官，汉文帝时有三位，传《诗经》申培公、韩婴及传授《尚书》的伏生弟子欧阳生。汉景帝时又增设三位博士官：《诗》博士辕固生、《春秋》博士董仲舒及胡母生。至此，《诗》有三家，《春秋》有两家，《书》有一家。到了汉武帝建元五年（前 136 年）春，根据公孙弘之建议，专置《诗》《书》《易》《礼》《春秋》五经博士，此时儒家经学在学官中已占有相当重要的地位。汉宣帝黄龙元年（前 49 年），又增置五经博士为12 类，《诗》齐、鲁、韩三家，《书》欧阳、大夏侯（夏侯胜）、小夏侯（夏侯建）三家，《礼》后氏，《易》梁丘贺、孟喜、施仇三家，《春秋》公羊、穀梁二家。

东汉初期，光武帝建武年间立今文十四博士，即《诗》齐、鲁、韩三家，《书》欧阳、大夏侯、小夏侯三家，《礼》大戴（戴德）、小戴（戴圣）二家，《易》梁丘、孟、施、京房四家，《公羊春秋》严、颜二家。这是今文经学的极盛时期。

今文经学作为两汉时期的官学，主要就是依靠博士制度而发展的。博士定员日益扩大，人数日渐增多，他们秉承师法，演绎家法，推动了今文经学

的繁荣。

（二）今文经学的特征

今文经学在发展中逐渐形成了自己的特点，从其发展情况和对后世的影响来看，注重微言大义和师法、家法是最为明显的。前者使得今文经学与现实紧密结合，一直保持着活力，直到晚清时期，仍然在政治舞台上有所表现；后者则是西汉时期经学界的写照，展现了当时的学术风貌。

1. 微言大义

在今文经学中，一个首要的概念，就是对孔子的尊崇。他们把孔子抬到相当高的地位，认为他是受命于天的素王，而"六经"皆孔子所作，是孔子阐发自己托古改制思想的作品。由此，今文经学家把"六经"当作教材的创作，故而将"六经"由浅到深依次排列为：《诗》《书》《礼》《乐》《易》《春秋》，并不重视它们在历史上的客观产生次序。

因此，今文经学家注重经书中孔子的"微言大义"。"微言大义"实际上是两个词汇，汉代刘歆《移让太常博士书》中讲："及夫子殁而微言绝，七十子卒而大义乖。"所谓微言是指精当而含义深远的话；大义则是指经书的要义，后指大道理。两者在后来逐渐融合，指包含在精微语言里的深刻的道理。

这种"微言大义"一般有三个方面的特征：一是今文经学家们研究的典籍虽是儒经，而表达的观念却是汉代的思潮，是一个融合了先秦各家学说但以儒家面貌表现的汉代儒学。二是今文经学家在解经时的理论性格极富创造性，且充满了神学的意味，最终出现了谶纬神学。例如董仲舒的《公羊春秋》学及孟、喜、京房等的《易》学，都体现了两汉自然科技知识、宗教神学迷信发达的理论性格。三是从经书中抽取有关社会方面的内容，结合新的时代现实，提出新的建制措施。

2. 师法、家法

今文学派在西汉皆立为学官，其师承传授清晰，因此后学特重师法、家法，并将谨守门风的传统保存了下来。

荀子曾言："不是师法，而好自用"，形容那些不尊重老师所传授知识的不成材的学生。清代著名学者皮锡瑞在《经学历史》中提到今文经学的师法与家法，"先有师法，而后能成一家之言。师法者溯其源，家法者衍其流也"①。所谓"师法""家法"，指的是老师传授的学问和技术。如《易》有施、孟、梁丘之学，是师法；施家有张、彭之学，孟有翟、孟、白之学，梁丘有士孙、邓、衡之学，此乃家法。家法从师法分出，而施、孟、梁丘之师法又从田王孙一师分出。由此可见，家法源于师法。

在汉代经学之中，师法、家法有着极为严格的规定，《经学历史》中讲："汉人最重师法，师之所传，弟之所受，一字毋敢出入。"② 从这里可以看出，在汉代师法传播的过程之中，最为重要的是要忠诚于老师的教导，不可以做改变，尤其是不可以将自己的理解与老师的教导混为一谈。汉代孟喜传《易》，他提出了一套"阴阳灾异"之说，但这些内容与其师法不同，因而不少学者对其提出质疑。为了增加自身学说的可信度，孟喜自称这些内容是老师田王孙在其濒死之际，秘密传授给他的，所以不为外人所知。但后来师出同门的施仇与梁丘贺共同证明此为孟喜瞒天过海之计，因而当后来有人举荐孟喜为博士官时，皇帝也因为这个原因而没有任命孟喜。

师法、家法之所以如此严格，与当时学术与政治紧密结合的氛围有关。今文经学占据西汉官方学术的主流，为了避免其他学术思想的混入，必须严格要求。同时，体制下每一个人既是学生，也有机会成为老师，他们也易于接受这样的形式。

客观地讲，师法的长处在于保证了今文经学核心理念的传承，使其学术发展始终围绕一个比较稳定的方向展开，家法则保证了个人在学术上进一步发挥的空间。但是，师法、家法的存在也造成了一种学术垄断，导致故步自封，这也是此后今、古文之争产生的重要原因。

---

① 《经学历史》。
② 《经学历史》。

二、古文经的发现与流传

古文经来源于民间，最初只是在民间流传。汉成帝时，刘向校读藏于皇帝秘府中的古文经籍，发现了一些问题；哀帝时，刘向的儿子刘歆发现古文《春秋左氏传》，引《左传》解释《春秋》并作《移让太常博士书》，提出应立古文经传于学官。平帝时，王莽利用政治上的权势，把古文经籍立为博士，但到东汉光武帝刘秀时，古文经博士又被废除。直到郑玄之学兴起，今、古文经学趋于统一。

（一）古文经的来源

秦始皇嬴政焚书之时，"六经"、诸子典籍都被焚毁。汉朝学者传习的经书，大都是用隶书书写的今文经。自汉惠帝废《挟书律》后，儒家经艺之学得以进一步恢复和发展，社会上兴起寻经热潮，朝廷亦曾多次下令收集，许多达官贵人也不惜用千金购买，以收获古文为豪……并开始号召献书，因而陆续发现了一些用战国时期的文字写成的古文经书。其来源主要有以下几方面：

鲁壁

1. 汉初，北平侯张苍献《春秋左氏传》。西汉最早习《春秋左氏传》者为北平侯张苍，其《左传》之学乃受于荀子，《汉书·儒林传》、刘向的《别录》、许慎的《说文解字叙》都曾记载。刘歆曾经提到《左氏传》在汉时藏于秘府，此《左传》应当是张苍所献。

2. 汉景帝子鲁恭王刘余从孔宅壁中发现《尚书古文经》《礼古经》《春秋古经》《论语》《孝经》。此事在《史记》《汉书》等史书中都有记载。

3. 西汉昭帝时，鲁国三老所献古文《孝经》。东汉，许慎子许冲上书汉安帝说："古文《孝经》者，孝昭帝时鲁国三老所献"。东汉光武帝时由卫宏予以校订。

4. 汉景帝之子河间献王刘德从民间收购的《周官》《尚书》《礼》《礼记》《孟子》《老子》等。据《汉书·河间献王德传》称，刘德修学好古，人称宗室之贤，曾"广求天下善书"，从民间古迹旧宅，找寻经书。凡闻民间有善书者，则亲自前去出重金购之，并命人重抄一份留与百姓。对不愿出让者，则好言求之，从不采取强制手段。由此刘德贤名远扬，众多知识分子和百姓，都不远千里，携先祖旧书，前来奉献。刘德均给予重用和奖费。《隋书·经籍志》记载：

> 汉初，河间献王，好古爱学，收集余烬，得而献之，合五十六篇，并威仪之事。而又得司马穰苴《兵法》一百五十五篇及《明堂阴阳》之记，并无敢传之者。《周官》盖周公所制官政之法，李氏得《周官》进献于河间献王，独阙《冬官》一篇。河间献王购以千金不得，遂取《考工记》以补其缺，合成《周官》六篇奏之。河间献王还得仲尼弟子及后学者所记一百三十一篇献之，时亦无传之者。而又得《明堂阴阳之记》三十三篇、《孔子三朝记》七篇、《王史氏记》二十一篇、《乐记》二十三篇，凡五种，合二百十四篇。戴德删其烦重，合而记之，为八十五篇，谓之《大戴记》。而戴圣又删大戴之书，为四十六篇，谓之《小戴记》。

刘德 像

史书记载，刘德藏书数量巨大，与西汉朝廷不相上下，他还大力推广儒术，立《毛诗》《左传》为河间献王府的博士，聘毛苌为博士。

5. 鲁淹中所出《礼古经》。淹为曲阜旧称，处鲁国之地，《礼古经》从此出土。《礼古经》即用古字写成的《仪礼》。《汉书·艺文志》载："《礼古经》五十六卷，《经》七十。"

6. 藏于汉廷的古文经典。刘向、刘歆等人校订古文，正是从这些书开始的。中秘古文经的来源有两个：一是承袭秦廷所藏，即萧何带入汉中的那部分；一是从民间求得，文景之后，广开献书之路，到汉末百余年间已经累积如山。前面所提及的古文经很多都献于此。

7. 民间私下传习者，古文经学兴起之前，民间传习古文经学者并不在少数，较为典型的是《易》。《易》属于卜筮之书，并不在秦始皇焚书之列，所以秦汉之间学习《易》者较为普遍。除却官方的《易》之外，民间尚有费、高二氏，其中费氏易便是古文经。刘向曾经以中秘所藏《易经》校订施、孟、梁丘经，或脱去"无咎""悔亡"，唯费氏经与古文经同。

（二）刘歆与古文经学的发端

古文经的发端离不开刘歆。刘歆，字子骏，后改名秀，字颖叔，是西汉后期的著名学者，古文经学的真正开创者。他不仅在儒学上很有造诣，而且在校勘学、天文历法学、史学、诗学等方面都堪称大家，他编制的《三统历谱》被认为是世界上最早的天文年历的雏形。

1. 刘歆子承父业

刘歆能成为古文经学开创宗师，与其父刘向密不可分。在汉成帝河平三年（前26年）时，成帝命陈农搜集全国各地遗书，下诏刘向领校宫中藏书。刘向校书于秘阁，长达19年，逝世前任中垒校尉。

刘向主持的校书工作是一项艰巨的任务，因为当时搜集到的图书都是经众人积年口传或传抄的，内容上、文字上差异很大。刘向等人首先明确了分工：刘向校经传、诸子、诗赋，步兵校尉任宏校兵书，太史令尹咸校数术，侍医李柱国校方技。另外，刘向等人在校勘中统一了工作方法，先把每种书的不同抄本收集在一起，由一人持底本，一人读复本，逐字逐句核对，专挑其中的差异，就像雠（仇）家对证一样，非常认真，后人把校勘图书也称为校雠，即源于此。

每一种书经过校勘、整理、缮写出定本后，由刘向撰写一篇叙录，介绍书的名目、校勘经过和主要内容，一同奏上。这些叙录辑集在一起，名为《别录》，共 20 卷。《别录》全书已失传，现仅存《战国策》《管子》等 8 篇。刘向的校勘可谓是中国古代校勘学的开端，为刘歆之后的成就奠定了基础。

刘歆是刘向的幼子，年轻时就参与校书工作。刘向死后，刘歆任中垒校尉，继承父业。根据《别录》，他撮要编出第一部反映当时国家藏书的分类目录《七略》，共 7 卷，包括辑略、六艺略、诸子略、诗赋略、兵书略、术数略、方技略。辑略是目录的总说明，其余六略共著录图书 603 家，13 219 卷。《七略》也已失传，现仅可从《汉书·艺文志》中了解其概貌。

2. 刘歆与《移让太常博士书》

刘歆在领校群书之后，发现古文不但文字与当时所立学官的博士本有异，而且其含义也未见于作为博士本的今文经，所以刘歆一方面指出秦焚书之后今文经残缺不全的事实，请立《毛诗》《古传》《礼》等学官，极力提倡古文经。刘歆认为，当时太学中的博士们所传习的经典是在秦焚书之后由汉初经师凭记忆口耳相传下来的，因此难免会有差错。所以这些用汉初文字记载下来的"今文经"是不完全的，不是全经，也不是真经。因此，他作《移让太常博士书》，争取立古文经传。在《移让太常博士书》中，刘歆首先肯定了孔子与"六艺"的关系，认为孔子正《乐》《雅》《颂》，修《易》，序《书》，制《春秋》，"以纪帝王之道"，"夫子薨而微言绝，经历战国和暴秦"，"道术由是遂灭"。汉兴七八十年间，虽然经书频出，广立学官，建置博士，但"离于全经，固已远矣"。文中还披露了孔壁古文《尚书》与《逸礼》发现的事实，介绍了秘府所藏左丘明撰的《春秋》古文本，指责太常博士们"保残守缺，挟恐见破之私意，而无从善服义之公心"。最后指出，根据汉宣帝广立《穀梁春秋》、梁丘《易》、大小夏侯《尚书》的成例，"义虽相反，尤并置之"，应当将古文经列为学官。"若必专己守残，党同门，嫉道真，违明诏，失圣意，以陷于文吏之议，甚为二三君子不取也。"①

刘歆对古文经学的贡献在于：

第一，重新排列了"六艺"的次序，把《易》经提到首要的地位。今文经学家认为"六艺"次序是以《诗》《书》为先，然后一般是《礼》《乐》《易》《春秋》。刘歆认为，"六艺之文……《易》为之原"。他对《易》颇有研究，认为《易》经由上古伏羲、中古文王、下古孔子三位圣人才完成的，故曰"《易》道深矣，人更三圣，世历三古"。因此，"六艺"之首当推《易经》。从此以后，历代志书和目录关于"六艺"的次序，均以刘歆的说法为准。

同时，他还协助刘向以内朝秘藏中发现的《古文易经》校对当时通行的《易经》各种隶书本，把费氏《易》定为古文经典。

刘歆作《移让太常博士书》

第二，首次披露了《古文尚书》和《逸礼》的来历，将秘藏的古文经本传出内朝，使更多的士人有机会学习。鲁恭王从孔子旧宅中发现了古文《尚书》与《逸礼》，后由孔安国献给朝廷，藏于秘府。刘向、刘歆父子整理时，发现古文《尚书》比今文本多出 16 篇，并对欧阳氏，大、小夏侯氏三家

_____

① 《汉书·刘歆传》。

今文本做了校核，发现了一些脱字之处。刘歆在《移让太常博士书》中，首次披露孔壁古书的事实，使朝野士人都知道还有《古文尚书》与《逸礼》的存在。这对推动古文经典的广泛流传起了重要作用。

第三，首次把《毛诗》归于古文经典。刘歆少时通习今文《诗》学，后来才读到《毛诗》。他根据内朝秘府的资料，知道"又有毛公之学，谓子夏所传，而河间献王好之，未得立"①。

第四，首次把《周官》称为"经"，列入古文经典。《周官》名称，始见于《史记·封禅书》，原来不称"经"，与儒家经典没有什么关系。刘向、刘歆整理时，开始归入"六艺略"礼类，称之为《周官经》6篇。

第五，重新整理《左氏春秋》，探求全书的义理。从汉初直到汉成帝时，传习《左氏春秋》的有北平侯张苍、贾谊、赵人贯公、张禹、尹更始及其子尹咸、翟方进、房凤等人。由于"《左氏传》多古字古言，学者传训诂而已"，刘歆校"中秘书"时，看到《左氏传》古文本"大好之"，还向丞相翟方进和丞相史尹咸学习《左氏春秋》大义。刘歆认为，与通过"口说"流传下来而备受尊崇的《公羊春秋》相比，《左氏春秋》是由左丘明执笔记录下来的，是孔子与左丘明一起研究鲁国历史的成果，因此它最能代表孔子的思想。

在刘歆看来，只有古文经才是真经、全经，而且刘歆对比古文经的来源，认为从坏壁中和秘府中得到的经典更加可靠。因此，刘歆竭力主张将古文经《左氏春秋》《毛诗》《逸礼》及《古文尚书》立为博士。刘歆争立古文经，尽管由于今文派势力的强大而失败，但是，他打破了今文经学对儒学的垄断，开启了古文经学的发展道路。

三、今、古文经的差异及其论争

如前所述，今文经用汉代通行之隶书书写，而古文经则用先秦古文字书

---

① 《汉书·艺文志》。

成。二者经文中文字既异，且衍脱不同，篇章多少有别，但最为重要的差别还是在于其主张，兹撮述其大要如下：

其一，所列"六经"次序不同。今文经学所列次序为"《诗》《书》《礼》《乐》《易》《春秋》"，古文经学所列次序为"《易》《书》《诗》《礼》《乐》《春秋》"。其原因在于，今、古文对"六经"看法不同。今文以为"六经"是孔子作以垂教者，故以程度浅深为次序。《诗》《书》是文字之教学，故列在最前；《礼》《乐》身心之训练陶冶，故列于其次；《易》言哲理，《春秋》有大义微言，故列于最后。古文以"六经"为周公之旧典，是古代之史科，故以时代先后为次序。《易》源于八卦，八卦相传为伏羲所作，故列于首；《尚书·尧典》为虞史所记，故次之；《诗》有《商颂》，故又次之；《礼》《乐》为周公所制，故又次之；《春秋》为孔子据鲁史修成，故列最后。

其二，治学方法不同。今文经多重口耳相传之师法师承，故派别繁多，其研究经典之方法，重视"微言大义"。盖今文家认为"六经"大抵代表孔子之思想，以为孔子之所以借古人作号召，实应人心之需要，其作用正如墨家之称夏禹，老庄之尊崇黄帝。故谓其治学态度是宗教的，而政治见解则是革新的。

古文家虽同样重家法承传，但注经则反对妄测古圣贤之意，而强调章句训诂，推究文字之本义。古文家又相信三代为中国社会政治之最高境界，去古越远，治道益衰，主尊古、信古。故谓其治学态度是考证的，而政治见解则是守旧的。

纵观两汉经学史，今、古文经之间发生过多次争论，但其总体趋势是今文经学日渐衰微，而调和今、古经学最终成为经学发展的主流。

刘歆领校中秘，上《移让太常博士书》，建议立古文经于学官，但被今文经学者反对，此可视为两汉时今、古文的首次论争。此后，今、古文经壁垒分明，其争论从西汉末年一直延至东汉末年，前后达 200 多年。据《汉书·刘歆传》记载，这次论争历经了相互衔接的三个阶段：第一阶段是刘向、刘歆父子之间的论争；第二阶段是刘歆与太常博士之间的论争；第三个阶段是刘歆与太常博士之争立《毛诗》《古文尚书》《左氏春秋》及《逸礼》。刘歆移书太常博士，遭到了太常博士的猛烈反击。斗争愈演愈烈，刘歆怕遭到不测，只好要求外出补吏。

刘歆对今文经学的批评中有偏颇的成分，但他指出今文经学中存在着"专己守残，党同门，妒道真"的情况，十分精辟。今文经学家把经学视为仕途，千方百计加以垄断。他们结党营私，排斥异己。这种"杜塞余道，绝灭微学"的态度显然不利于经学的发展。

东汉建武初年，今、古文之间又产生了一次较大的争论。据《后汉书》中范升、陈元诸列传记载，这次论争是由当时的尚书令韩歆"欲为《费氏易》《左氏春秋》立博士"引起的。值得注意的是，汉光武帝亲自主持了这次辩论。

范升 像

建武四年（28 年）正月，汉光武帝于云台召见在朝公卿、大夫博士，并首先让议郎范升就韩歆的论议发表看法。范升认为："《左氏》不祖孔子，而出于丘，明师徒相传，又无其人，且非先帝所存，无因得立。"① 他的看法遭到尚书令韩歆、太中大夫许淑等人的反驳。于是两派之间"互相辩难，日中乃罢"。辩论结束之后，范升复又上疏，进一步申述了《费氏易》和《左氏春秋》两书"无因得立"的意见，他说："从之则失道，不从则失人，将恐

---

① 《后汉书·范升传》。

陛下必有厌倦之听"，"今《费》《左》二学，无有本师，而多反异，先帝前世，有疑于此，故《京氏》虽立，辄复见废。疑道不可由，疑事不可行"，"今陛下草创天下，纪纲未定，虽设学官，无有弟子，《诗》《书》不讲，礼乐不修，奏立《左》《费》，非政急务"，"愿陛下疑先帝之所疑，信先帝之所信，以示反本，明不专已。天下之事所以异者，以不一本也"，"五经之本自孔子始，谨奏《左氏》之失凡十四事"①。范升所论从东汉立国之初的政策谈到为学之道，从经学流传谈到学习的方法，文辞简约，表达清晰。而对于范升所论，古文经学家则举"太史公多引《左氏》"为例反驳，后范升又上"太史公违戾五经，谬孔子言，及《左氏春秋》不可录三十一事"，反对立《左氏春秋》博士。

陈元 像

对于范升和韩歆、许淑的辩难，汉光武帝并没有立即进行裁决。他把范升的意见复又放到了博士、学者中去讨论。于是，又引出了范升与陈元的论争。陈元是古文经学家。陈元的父亲陈钦习《左氏春秋》，与刘歆同时而又别自名家，王莽时很受重用。陈元"少传父业，为之训诂，锐精覃思，至不与乡里通。"在与范升的辩论中，陈元主要从三个方面反驳了范升的观点：其一，针对范升所说"《左氏》浅末，不宜立"的观点，诣阙上疏反驳说，《左氏》绝不是什么"浅末"的著作，相反《左氏》的作者左丘明亲受孔子，要比"传闻"的《公羊》《穀梁》二传更有根基。过去《左氏》成为"孤学"完全是因为今文学家"沉溺所习，玩守旧闻"，排斥异己的结果。其二，针对范升所谓的"先帝不以《左氏》为经，故不置博士，后主所宜因袭"的观点，他认为，如果先帝所行而后主必须照办的话，那么盘庚不应迁到殷都去，周公也不应营洛阳，陛下也不应都山东了。过去，孝武皇帝好《公羊》，卫太子好《穀梁》，有诏书叫太子受《公羊》，不得受《穀梁》。孝宣皇帝在世时，听说卫太子好《穀梁》，于是独自学习。等到即位，在石渠讨论"五经"而《穀梁》之学兴起，至今与《公羊》学并存。这就是先帝后帝各有所立，不必互相因袭。现在干戈初停，战事略止，应分明白黑，建立《左氏》学派，解释先圣的积结，解答学者的困惑，使基业垂于万代，后进不再狐疑，那么天下就幸甚了。其三，针对范升列举的太史公违戾四十五事，陈元也与范升进行了激烈的争论，共有十几次。陈元甚至说："如果能以粗布衣召见，俯伏庭下，诵孔氏的正道，理丘明的宿冤；如果言辞不合经传，事情不合古人，退下来甘受重刑，即使死了，也等于活着。"可见他为了争立《左氏》的决心。

据《后汉书·陈元传》载，范升和陈元辩论后，汉光武帝刘秀立《左氏》为学官，以李封为博士，但公卿以下仍有很多人反对，到李封病死，《左氏》博士又被废。这次《左氏》争立以"立"而复"废"结束，其实是意料之中的事情。在辩论中，范升有"从之则失道，不从则失人"的说法，这表明了在今、古文学的立学选择中，从各个方面网罗人才是最高统治者十分注意的问题。汉光武帝在认可今文经学的同时，又面向古文经学。在学派论争中，他立了《左氏》学，旋又废之，实际上是保持了两个学派的平衡。这种情况与东汉政权的特色相一致。

第二节　白虎观会议与《白虎通》

　　由于儒学自身的发展，其内部出现了分化，今、古文经之间的分歧越来越大。加之东汉初期，统一的意识形态一直没有建立起来。于是，汉章帝亲自主持了白虎观会议，讲议"五经"同异，使诸儒共正经义，后又命班固将讨论结果编成《白虎通》，作为官方典籍公布。白虎观会议和《白虎通》的编集，实际上是把儒家经义系统化和法典化，标志着统一经学的建立，儒学独尊的地位也得以通过政权的力量稳定下来。

白虎观会议

一、白虎观会议

自汉武帝"罢黜百家，独尊儒术"以来，儒学"定于一尊"，地位日益稳固。但与此同时，儒家学说也在发展，其自身在逐步走向分化乃至僵化。一方面，他们各承师法，形成了"徒为章句"的烦琐学风，如仅"曰若稽古"四字，经学家秦延君便用了三万言去解说。这种章句繁多、琐碎释经的学风，与其作为主流意识形态的地位实在难以相合，无法发挥整合人心、引领社会的功能。

另一方面，从西汉末年开始，儒学内部出现了两股思潮。一股是由刘歆倡导的古文争立的运动，一股是将儒学神秘化的谶纬思潮。由刘歆而王莽，古文经学登上政治舞台，并与今文经学形成抗衡之势，两派之间展开了接二连三的辩难与论争。至东汉初年，尽管最高当权者们仍然极力提倡今文经学，但崇好古文经的学者日多，古文经学的势力日渐兴盛。同时，西汉末年以来的谶纬神学受到统治者的格外青睐，王莽利用谶纬神学实现了篡汉的目的。至东汉光武末年，光武帝更"宣布图谶于天下"①，但东汉初年的古文经学大家如桓谭反对谶纬神学，从而与皇帝的好谶之风发生公开的冲突。

此外，经过王莽篡汉及西汉末年的农民大起义，由武帝、昭帝、宣帝所建立起来的官方的统治思想受到巨大冲击，以至于"礼乐分崩，典文残落"。

汉章帝时，曾诏贾逵入宫讲论各经，贾逵便分析《左传》的大义长于《公羊》与《穀梁》二传的地方，还为章帝讲述今、古文《尚书》的异同。当时今文学家李育习《公羊春秋》，也涉猎古文经学，曾读《左氏传》，但认为"不得圣人深意"。汉章帝认为，汉继暴秦，褒扬儒术，建立"五经"，设置博士。此后学者精进，虽说是继承老师学业，但又别为一家之学。孝宣皇帝认为离圣人久远，学不厌博，就设立大、小夏侯《尚书》，后来又设立京氏《易》。至建武中，再设置颜氏、严氏《春秋》，大、小戴《礼》博士。这都

---

① 《后汉书·光武帝纪》。

第四章 汉代经学与政治

贾逵 像

是为了扶持衰微之学，尊新开放道艺。中元元年（56 年），诏书中提出《五经》章句繁多，应议定减省。至永平元年（58 年），长水校尉樊鯈亦上奏说，先帝大业，应当及时施行。另据《后汉书》记载，杨终曾上言："宣帝博征群儒，论定五经于石渠阁。方今天下少事，学者得成其业。而章句之徒，破坏大体，宜如石渠故事，永为后世则。"于是，为使诸儒正确理解经义，建初四年（79 年）十一月，章帝便颁布诏令，召集太常以下，将、大夫、博士、议郎、郎官及诸生、诸儒会于白虎观，讲议"五经"同异，连月乃罢。

参加此次会议的大儒有贾逵、丁鸿、杨终、班固、李育、楼望、成封、桓郁等数十人。会议由五官中郎将魏应代表皇帝发问，各家儒生加以讨论，形成共识后由侍中淳于恭奏议，章帝则"亲称制临决"，对奏议做出裁断。最后，由史臣班固将其撰集成书，后称《白虎通》。白虎观会议是继西汉宣帝石渠阁经学会议之后，又一次旨在重建统一意识形态的非常重要的会议，但这次会议规模之大、时间之长，以及最高统治者的重视程度和会议取得的成果都远远超过了石渠阁会议。

二、《白虎通》

《白虎通》又称《白虎通义》，或《白虎通德论》。它以简明精确的语言集中论述了 43 个专题，包罗了大部分当时所需要的政治经济制度、思想文化的内容。它对经今、古文学采取了"兼收""博存"的原则，而且大量引征图谶纬书来解释经义，是一部集儒学与谶纬于一体的神学化的"国宪"法典，初步实现了经学的统一。

"君臣之正义、父子之纪纲"无疑是整部书的中心思想。《白虎通》中说："三纲者何谓也？谓君臣、父子、夫妇也……故《含文嘉》曰：'君为臣纲，父为子纲，夫为妻纲。'……人皆怀五常之性，有亲爱之心，是以纲纪为化，若罗网之有纪纲而万目张也。"从三纲出发，它进一步提出三纲之纪，即六纪"诸父，兄弟，族人，诸舅，师长，朋友"。它利用阴阳五行学说，说明"三纲""六纪"与自然法则是相通的，"三纲法天地人，六纪法六合"，具体而言，"君臣法天，取象日月屈信，归功天也。父子法地，取象五行转相生也。夫妇法人，取象六合阴阳，有施化端也"。宣扬了尊卑等级观念，强化了"君为臣纲，父为子纲，夫为妻纲"的政治伦理原则。

在沟通与融合经学不同派别观点的基础上，《白虎通》进一步强化了儒学的神学化色彩，体系更加完整，也更加符合东汉统治者的现实需要。如它在解释天地星辰运转时，强调天对五星的绝对关系，即强调神权的绝对主宰地位，用以比附"臣"对"君"的从属关系，强调君权至高无上的地位。在宗法关系上，它强调尊宗敬祖，还重复董仲舒的"天不变，道亦不变"的思想，说明专制统治的永恒性和神圣性。这些伦理道德规范，强化君权的思想准则，均与东汉社会现实息息相关。

综上所述，白虎观会议及其成果《白虎通》是由最高统治者亲自出面，在协调今文经学、古文经学、谶纬神学各派关系基础上建立起来的统一经学。自此，今、古文经学派逐渐走向融合。它的出现，标志着汉代官方经学思想体系建设的完成，从而使儒学作为统治意识形态在重建儒家各派共同的思想基础之上重新稳固地"定于一尊"。

第三节 汉代公羊学

春秋公羊学是今文经学的一个重要学术流派，以阐发《春秋》的微言大义为特征。由于其独特的理论，两汉时期颇为盛行。

《春秋》经书中用于记事的语言极为简练，正因如此，后世出现了很多对《春秋》所记载的历史进行补充、解释、阐发的书，被称为"传"。其中成于先秦时期，较著名的是被称为"《春秋》三传"的《左传》《公羊传》《穀梁传》。春秋公羊学便是基于《公羊传》而发展出的学术。

一、两汉时期春秋公羊学的传承

《公羊传》旧题为子夏弟子、战国时齐人公羊高所传，一直口耳相传，自战国初至西汉初的传承系统是：

子夏→公羊高→公羊平→公羊地→公羊敢→公羊寿→胡母子都（生）

公羊学派对《春秋》的研究开始仅口说流传，至西汉景帝时由公羊寿与胡母生"著之于竹帛"，方撰写成书。胡母生也是公羊学派的第一位著名的经学大师，汉景帝时博士，他曾与董仲舒同业，董仲舒著书称其德。胡母生年老后，归教于齐地，齐地言《春秋》者多从其学。

胡母生后，董仲舒曾作《春秋繁露》，系统阐述《春秋》"借事明义""正名为本"的微言大义，为大一统皇权专制提供了一套完整理论体系。武帝时，春秋公羊学列于学官，设博士，遂大盛。

除董仲舒外，公孙弘亦治春秋公羊学。公孙弘，字季，西汉名臣。先后任左内史（左冯翊）、御史大夫、丞相之职，谥献侯，被称为"儒学中兴的健将"。

如果说董仲舒的"天人三论"是从理论上论证儒学独尊的必要性，而公孙弘则是将董仲舒所建立的理论运用于汉王朝政治运行当中，使两者完美结合在一起。他所提出的这一系列建议和措施，使儒学在此后的发展中获得了法律上的保护和物质上的保障。一是为博士置弟子员并复其身，必然使儒学队伍不断获得新的补充，在一定程度上也将确保儒家政治的连续性；二是强调从儒家学者中择优充实各级官吏，使儒学对一般士人具有更大的吸引力，并且随着官吏中儒家学者的增多，势必不断改变官吏的构成，从组织上

公孙弘 像

进一步保障儒学的独尊地位和儒家政治的连续性。

更为重要的是，公孙弘支持公羊齐学，对平息儒学内部的争执，保障儒学在与其他学说争斗中的实力和保障儒学地位的独尊，有积极意义。众所周知，儒学本身存在文化区域上的差别，即鲁学与齐学之分。汉武帝时，两派相争，皇帝决定让鲁学大师江公和齐学大师董仲舒比试一番定输赢，"仲舒通五经，能持论，善属文。江公讷于口，上使与仲舒议，不如仲舒。而丞相公孙弘本为公羊学，比辑其议，卒用董生。于是上因尊公羊家"。可见公孙弘明显偏向公羊齐学。他的这一做法在儒学发展史上有积极意义，就是通过牺牲儒学内部个别派别的利益，而换取儒学至尊的稳定性，从而避免了因儒学的内讧而损失他们几代人努力奋斗所获得的成果。

此外，董仲舒之后，其弟子赢公、褚大、段仲等皆治公羊学；其再传弟子睦孟又传严彭祖及颜安乐，二家于宣帝时分别立于学官，《公羊春秋》遂有"严氏学"及"颜氏学"。东汉时，何休专注《公羊》，撰《公羊解诂》，为

《公羊传》制定义例，以"尊王攘夷"为《春秋》之大义，以"三科九旨"为《春秋》之微言。

二、何休与春秋公羊学

何休是汉初胡母生、董仲舒以后最著名的公羊学者，《后汉书》称他"妙得公羊本意"。何休师从羊弼学《公羊春秋》，为董仲舒四传弟子。其父何豹官至少府，何休因以列卿子诏拜为郎中。因非其所好，称病辞归。不仕州郡，进退以礼。后应太傅陈蕃征聘，参与政事。因党锢事起，陈蕃谋诛宦官，事泄被杀，何休受牵连，遭禁锢，遂闭门不出十余年，作《春秋公羊传解诂》。后党锢之禁解，复被征辟。《后汉书·儒林传》载："群公表休道术深明，宜待帷幄，幸臣不悦之，乃拜议郎。"其间，何休"屡陈忠言，再迁谏议大夫"。何休为人质朴，多智博学，雅有心思，精研"六经"，长于天文历算，《后汉书集解》引《拾遗记》说他"三坟五典，阴阳算术，河洛谶纬及远年古谚，历代图籍，莫不成诵"。何休一生著述较多，其中以《春秋公羊传解诂》为代表。

何休 像

石渠阁会议后，增立《穀梁》博士，《公羊》不再一家独占。何休之时，古文经学业已兴盛起来，学习《左氏春秋》成为热点。公羊学不断遭到古文经学家的批评，日趋衰微。同时，春秋公羊学自身也出现不少问题，如研习《公羊》的学者只贵文章而不重义理，"至有倍经任意，反传违戾者，其势是以讲诵言至于百万，犹有不解"；他们的研究方法也不得当，"援引他经，失其句读，以无为有，甚可闵笑"；此外，他们还偏重谶纬之学，多非常异义可怪之论。至东汉末年，甚至有"《公羊》可夺，《左氏》可兴"的呼声，何休为此感叹不已："余窃悲之久矣！"

除了当时今文经学出现的学术流弊之外，何休作《公羊》学，与当时的政治情况、其个人经历也是密不可分的。何休与陈蕃等有千丝万缕的联系，多次受到宦官集团的排斥和打压，他对现实感到不满，又"屡陈忠言"。而《春秋》本就与政治联系密切，"上明三王之道，下辨人事之纪，别嫌疑，明是非，定犹豫，善善恶恶，贤贤贱不肖，存亡国，继绝世，补蔽起废"①。在相似的背景下，何休治春秋公羊学也是在情理之中的。

何休能够超脱今文经学内部门户之见，以春秋公羊学为纲，博采众家，择善而从。他在《春秋公羊文谥例》中所概括的"五始""三科九旨""七等""六辅""二类"等一系列"义例"，已成为后世公羊学的理论核心，并产生了极其深远的影响。其中，"三科九旨"为主旨所在。"三科九旨"是对孔子所作《春秋》"微言"的概括，何休在《春秋公羊文谥例》中解释说："三科九旨者：新周、故宋，以《春秋》当新王，此一科三旨也"，"所见异辞，所闻异辞，所传闻异辞，二科六旨也"，"内其国而外诸夏，内诸夏而外夷狄，是三科九旨也"。就时代论，孔子为殷人的后裔，据东周之世，笔削《春秋》以成素王

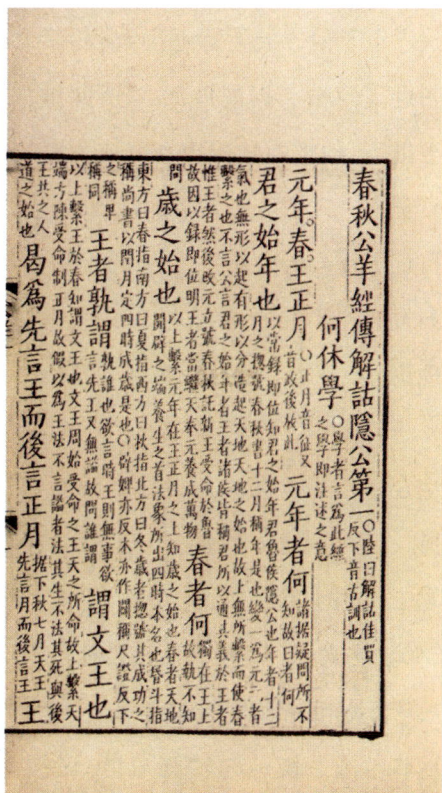

《春秋公羊经传解诂》

---

① 《史记·太史公自序》。

之业，以为后世立法；就史事论，《春秋》分十二公为三世，隐、桓、庄、闵、僖五公之事为孔子所传闻，文、宣、成、襄四公为孔子所闻，昭、定、哀三公为孔子所亲见；就亲疏论，《春秋》为鲁史，故以鲁国为内，诸夏列国为外，"夷狄"又为诸夏列国之外。

何休对历史发展的特征和规律有着系统而深刻的认识，他将公羊家的"张三世"与"通三统"学说加以整合与融会，提出了"衰乱世、升平世、太平世"这一系统理论。董仲舒在《春秋繁露·楚庄王》中首先提出："春秋分十二世以为三等：有见，有闻，有传闻。"何休进一步托为三世之说，"于所传闻之世，见治起于衰乱之中，用心尚麤粗，故内其国而外诸夏"，"于所闻之世，见治升平，内诸夏而外夷狄"，"至所见之世，著治太平，夷狄进至于爵，天下远近小大若一"①。即以为孔子在《春秋》中，以"所传闻世"隐喻"据乱世"，"所闻世"寓含"升平世"，"所见世"暗藏"太平世"。他把春秋历史划分成为三个不同而又前后递进的发展层次，提出了衰乱——升平——太平的社会进化发展模式，及其实现的步骤和方法，从而肯定了社会历史是一个从低级到高级、从衰乱到太平、从野蛮到文明的不断发展和不断进步的过程。这也是中国思想史上第一个明确的历史进化理论。

何休不仅继承和发展了公羊学"通三统"的论点，并将之与"张三世"结合。公羊学家认为，每逢新王朝建立，都应当封前二代之后，并存其旧典，与新王朝合而为三，就是"通三统"。何休借"王二月""王三月"阐发了"通三统"之义，他认为"通三统"的意义在于"尊先圣"，表明"师法之义"，提倡"恭让之礼"。何休进一步将"通三统"总结为"新周、故宋、以《春秋》当新王"，并作为其"三科九旨"中的"一科三旨"，从而将"通三统"与"张三世"说、"异内外"说视作一个不可分割的统一的有机整体。

---

① 《春秋公羊传解诂》卷一。

"经世致用"是公羊学的传统，何休公羊学思想的经世色彩尤为明显，"衰世救失"，关照现实政治需要，是何休解诂《公羊》的重要原则。

　　首先，何休继承公羊学在"大一统"问题上的立场，并在《春秋公羊传解诂》一书中进一步阐发。他认为，"大一统"是上天意志的集中体现，即"上系天端"，"故假以为王法"是事物发展变化的客观结果，不以人们意志为转移。为此，何休提倡"尊王"大义，主张维护中央权威，"重本尊统"，"一法度，尊天子"，反对大臣擅权，贵戚秉政，以巩固封建中央集权的统治秩序。

　　其次，何休极为重视统治者的德行，提出了"仁义"为先的民本主义原则。何休认为，为政的中心任务就是实施德治，推行仁政，为此，他指出统治者应本于"仁义"的立场，努力做到"爱民尊老""忧民之急"，以"合诸天道"。而对于暴君、暴政，何休认为，民众的反抗是合理正义的。他还提出"诸侯国体，以大夫为股肱，士民为肌肤"，"著其自亡者，明百姓得去之，君当自绝"。

　　最后，与其"大一统"理念相适应，何休在民族关系上主张"进夷狄"，即"夷狄"与"诸夏"民族平等、和睦相处，实现天下一家。何休认为，"夷夏之辨"并非种族和地理之辨，而是道德之辨。夷狄与中国、诸夏的区别，实际上是野蛮与文明的分界。夷狄亦可接受教化，逐步进化到诸夏，"夷狄进至于爵，天下小大远近若一"，夷狄如果能慕仁义、行礼乐便可以摆脱野蛮状态，逐渐融入文明社会，成为中国和诸夏的一分子。何休的"进夷狄"思想体现了一种进步的民族观。

　　此外，援引谶纬、侈言灾异，是何休公羊学的特点之一，他将"人事与灾异"总结为"二类"，列为公羊学的"义例"之一。灾异说在何休的思想体系里占有很大的比重，《春秋》共记录各种灾异 140 次，除了庄公二十五年（前669年）"秋，大水，鼓用牲于社于门"和宣公十六年（前593年）"冬，大有年"之外，何休皆加以引申发挥。甚至一些《春秋》未明言为灾异的，何休也作灾异解。

　　何休的公羊学思想是与东汉的社会现实紧密联系的，思想体系宏达，内涵精深，他将公羊学提高到了一个前所未有的高度，在儒学史上具有特殊的地位，对后世影响深远。

第四节　郑玄会通今、古文经学

郑玄，东汉经学家，字康成，北海高密（今山东高密）人。为区别于有"先郑"之名的经学名家郑兴、郑众父子，后人称郑玄为"后郑"。郑玄会通两汉今、古文经学，对二者进行了全面的加工改造，遍注群经，创立郑学，对当时及后世都产生了深远而巨大的影响。

一、郑玄的生平及著述

郑玄年轻时曾为乡小吏，做过掌管诉讼和征收赋税的乡啬夫。他家境贫寒，却不愿为吏，而是一心研究学问。北海相杜密巡视高密时，见到了郑玄，认为他很有才能，"召署郡职，遂遣就学"①。郑玄入太学受业，先师事京兆第五元先，学习《京氏易》《公羊春秋》《三统历》《九章算术》等；后又随东郡张恭祖学习《周官》《礼记》《左氏春秋》《韩诗》《古文尚书》等。在此期间，郑玄浮游南北，往来求学十余年，凡"在位通人，处逸大儒，得意者咸从捧手，有所授焉"②。

郑玄后师事马融，继续求学。最初，马融只是让高足弟子给郑玄讲授。虽三年未能见到马融，但郑玄并不消极，寻绎诵读经文未曾懈怠。有一次马融召集门生研讨图纬，听说郑玄善算，于是召见，郑玄才得亲见马融。马融等提出七个问题，郑玄当场解答五个，卢植仅解答两个，马融惊服。郑玄也趁机向马融请教各种疑难问题。郑玄学成东归时，马融对门人说："郑玄现在离开了，我的学问就能到东方去了"，对郑玄寄予厚望。回到山东后，郑玄一面躬耕东莱，一面致力于聚徒讲学，门下弟子成百上千。

---

① 《后汉书·杜密传》。
② 《后汉书·郑玄传》。

灵帝建宁元年（168 年）党锢事起，郑玄被禁，闭门教学撰述 14 年之久。此间，他集中精力注经撰文。当时何休著《公羊墨守》《左氏膏肓》《穀梁废疾》，认为"《春秋》三传"中只有《公羊》义理深远，而《左氏》《穀梁》则不值得研究。郑玄乃针锋相对，作《发墨守》《针膏肓》《起废疾》反驳何休。何休读了郑玄的文章后，带有叹服的口气说："郑玄能从我的文章中找出矛盾，用我的说法去驳倒我的看法。"郑玄兼通今、古文

郑玄 像

经学，对何休的批驳有力，切中要害，故经生儒者为之惊服，京师的人们称之为"经神"。

汉灵帝末年，何进、袁隗、董卓等相继征召，俱未就，仍潜心经术，但亦忧伤时事，时刻关注国家命运。孔融为北海相，尊敬郑玄，特立高密一乡为"郑公乡"，开"通德门"。70 岁时，郑玄写下了著名的《诫子书》。黄巾起义爆发，郑玄避至徐州。袁绍为冀州牧，表为左中郎将，征为大司农，仍不就。汉献帝建安五年（200 年），袁绍与曹操决战官渡，郑玄被迫带病随军，途中在元城病逝。

郑玄弟子众多，数以千计，可考者达 30 人。《后汉书·郑玄传》记载："其门人山阳郗虑至御史大夫，东莱王基、清河崔琰著称于世。又乐安国渊、任嘏，时并童幼，玄称渊为国器，嘏有道德，其余亦多所鉴拔，皆如其言。"郑玄去世后，弟子们将他生前回答诸弟子关于"五经"问题的言论收集汇总，

依照《论语》的体例编为《郑志》，共8篇。

郑玄以毕生精力从事经学活动，注释典籍、撰述著作之多，可谓空前。《后汉书·郑玄传》记载，郑玄所注释的典籍有《周易》《尚书》《毛诗》《仪礼》《礼记》《论语》《孝经》《尚书大传》《中候》《乾象历》等，他自著的书有《天文七政论》《鲁礼禘祫义》《六艺论》《毛诗谱》《驳许慎五经异义》《答临孝存周礼难》，共100多万字。此外，《隋书·经籍志》还著录其《周官礼》12卷、《丧服经传》《丧服谱》及纬书类注释。

时至今日，郑玄现存著述仅有《毛诗笺》《周礼注》《仪礼注》《礼记注》四种。《乾象历》《七政论》二书亡佚，今已无处可考，其余诸书亦多已残缺。

二、遍注群经

论及郑玄最大的学术成就，当属其遍注群经。郑玄站在"通学"的立场上遍注群经，"整"而"齐"之。据《后汉书》载，他注经共达百余万言。

郑玄最精于"三礼"。他通"三礼"，开创"三礼"之学。《后汉书·儒林列传》曰："中兴，郑众传《周官经》，后马融作《周官传》，授郑玄，玄

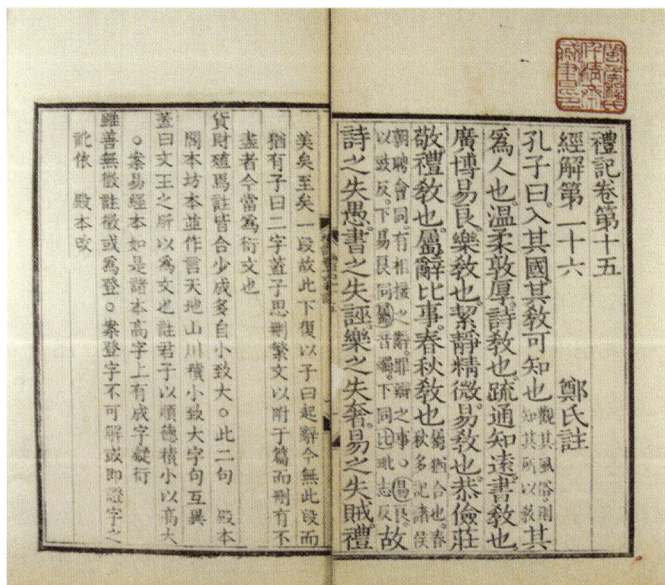

《礼记》

作《周官注》。玄本习《小戴礼》，后以古经校之，取其义长者，故为郑氏学。玄又注小戴所传《礼记》四十九篇，通为三礼焉。"郑玄集诸儒之成为《周礼注》，又以刘向《仪礼》本为底本，参校戴圣本，择善而从，"取其义长者"撰成《仪礼注》。至于《礼记》，因两汉注家不多，郑玄注简明扼要，独创性最多。

在《易》学方面，郑玄先通京氏《易》，后师事马融，再通费氏《易》。其中京氏《易》系今文，费氏《易》则系古文。《后汉书·儒林列传》记载，马融授费氏《易》于郑玄，玄作《易》注。他综合了今、古文《易》学的成果，兼采义理、象数之说。在义理方面，他以"礼"注《易》，据"三礼"中的观点以证易道广大，凡涉及嫁娶、祭祀、朝聘等项，所注皆与礼经所说相合，同时"辨大小之序，正不易之伦"，强调其社会伦理功能。在象数方面，把象与经文合在一起，加"象曰""象曰"等字以与经文相区分，不仅用互卦、消息等方法，还力主五行生成说与交辰说。皮锡瑞在《经学通论》中褒言道："其注《易》，亦据《礼》以证《易》义广大，无所不包。据《礼》以证《易》，以视阴阳术数，实远胜之。"① 郑玄以《礼》证《易》，改造了传统的象数《易》学，代表了两汉《易》学发展的最高成就。

《后汉书·儒林列传》曾载："扶风杜林传《古文尚书》，林同郡贾逵为之作训，马融作传，郑玄注解，由是《古文尚书》遂显于世。"郑玄将杜林、贾逵、马融等人的学术成果兼收并蓄，作《尚书注》，使《古文尚书》显于当世，儒者宗之，成为东汉一代《尚书》研究的高峰。

《后汉书·儒林列传》又记载："中兴后，郑众、贾逵传《毛诗》，后马融作《毛诗传》，郑玄作《毛诗笺》。"郑玄的《诗》学研究主要来源于马融，但他首创以"笺"的形式注解《诗》，撰写《毛诗传笺》。笺与注释不同，笺是宗一家之说而又有所引申发明。郑笺以《毛诗故训传》为主，《毛诗》讲

---

① 《经学通论》。

的简略之处，便加以补充，有不同的见解，则另加标明，即"若有不同，便下己意"，实际上也是融会今、古经，兼采三家诗说。就"笺"注内容而言，郑玄同样是多以《礼》释《诗》。此外，他还首次提出《毛诗》作者有大、小毛公之别。郑笺的成就是多方面的，他对《诗》义的理解较为深刻和符合原意，不仅在文字、音韵、训诂等方面无出其右者，而且点明了诗的象征特性，凸显出诗的文学意味。

郑玄先学《公羊春秋》，后习《左氏春秋》《穀梁春秋》，他认为《左氏》善礼，《公羊》善谶，《穀梁》善经。郑玄本"欲注《春秋传》"，《世说新语·文学》记载，由于服虔《左氏传》注本与郑学内容相近，故未成之。郑玄对"三传"之义综合融通，重点落在"善于礼"的《左氏传》上，他曾写作驳难公羊家何休的《发墨守》《针膏肓》《起废疾》等文，表明其扬《左氏》抑《公羊》的态度。

郑玄注经别具一格，其特点可以概括为会通、简约、灵活。所谓"会通"，主要是指郑玄注经兼采今古、不守门户之见。郑玄之前，今古文经师大多严守家学、师法，壁垒森严，少有融汇。而自郑玄遍注群经，使今、古文经合流，通学也大行于世。所谓"简约"，是指郑玄注经坚持"文义自解，故不言之，凡说不解者耳"，"举一纲而万目张，解一卷而众篇明"，与其他经师繁复冗长、动辄以二三万言解五字之文的风格形成鲜明对照。所谓"灵活"，则是指郑玄遍注群经，不仅训诂形式多样，还在经学研究以及与其他学者的论战中自创了"论""议""赞""驳""难""发""针""起"等灵活多样的文体形式。

郑玄"但念述先圣之元意，思整百家之不齐"①，倾毕生之力注释儒家经典，合流今、古文之学。郑玄《毛诗笺》出而三家诗不行，《三礼注》出而大戴《礼》不行，《论语注》出而他本《论语》不行，经学至此而又一变。他集两汉经学学术之大成，给儒学发展带来深远影响。

---

① 《后汉·郑玄传》。

三、开创郑学

郑玄以自己渊博的知识，遍注古文经。他在注的过程中既采古文家的释义，同时也用今文家的解释，以古文为主，兼采今文，择善而从。这样，今、古文的糅合，形成了"郑学"。"郑学"亦称"郑氏学""通学"，其内容主要通过经注表现出来，体式以训诂为主，涉及古代政治、经济、哲学、法律、教育、历史、天文、历法、数学、物理学、机械制造等多种学科。

郑学具有广义和狭义两种内涵。广义上的郑学涵盖了郑玄全部的学术成果，其内容与成就都是全方位的。除上文所述遍注群经外，还包括郑玄在训诂学、音韵学、词汇学等方面的成就。训诂学在汉代逐渐成熟，而汉人的训诂学成就尤以郑玄为最。郑玄遍注群经，包括释词、释句旨、说语源、说通假、注音读、说修辞、说制度、解名物、释方言、校勘文字、分析语法等诸多方面。他不仅采用传统的义训、形训、声训等方法，还使用了直训、义界、推因等训诂方式，形成了丰富的训诂术语，如："犹""所以一也""……之

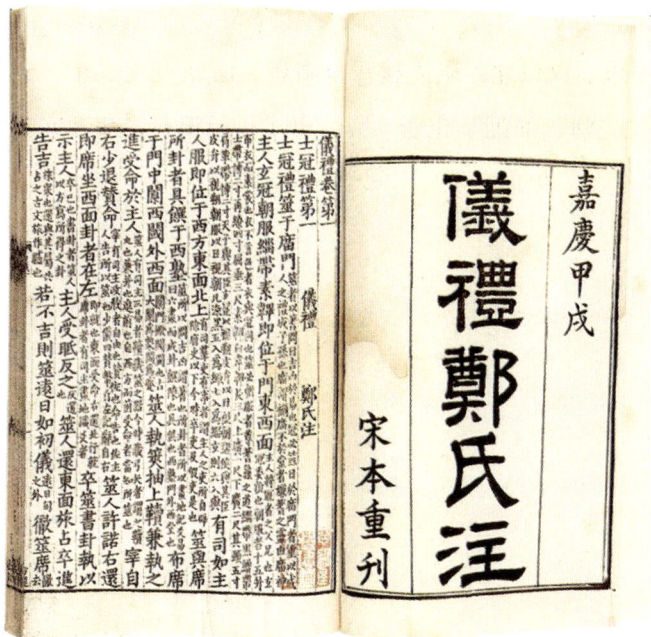

《仪礼郑氏注》

声""读若"等等，此皆为后世所沿用。此外，郑玄在古音韵学上第一次明确指出了"声类"和"音类"，分析了二者的不同点，并注意发挥其在注释中的作用。在词汇学方面，郑玄重在阐述词的引申义与假借义，在注经过程中对词的诸多义项和用法进行全面训释，揭示出一些客观规律，从而巩固了先秦以来词义发展的成果。

狭义上的郑学专指郑玄的礼学。郑学最精于"三礼"，受党锢之祸遭禁的14年间，郑玄潜心研究礼经，自郑玄起，始有"三礼"之名。其用时最长、用力最深、用心最专的经学著作就是《三礼注》，为考证名物制度，他不仅旁征博引，保存了大量汉代的文献，成为后人研究汉代学术史、政治思想史不可或缺的资料，尤其是考释地下发掘的先秦出土文物，郑玄的《三礼注》更是最重要的依据，而且训诂精湛，校雠严密，为后世学者所宗。以礼说经还成为郑玄注经、解经的特色，他注《易》多依《礼》，《毛诗笺》虽开创"笺"之新体例，但内容上仍以《礼》说《诗》。

郑玄会通今古，择善而从，遍注群经，使得经今、古文趋近混同于一，他还综合创造，创立"郑学"，因此"名冠华夏，世为儒宗"①。其影响及于伊、洛以东，淮、汉以北，流传魏晋至隋唐。唐朝贞观二十一年（647年），郑玄被尊为"先师"而配享孔庙，其后历代孔门祀典，郑玄亦多居其中。至清代，"乾嘉学派"提倡汉学，对郑学颇多发挥。

---

① 《三国志·魏书四·三少帝纪》。

第五节 汉代儒学的"威权政治"色彩

作为"百家争鸣"的一部分，先秦儒学在与各派的互相排斥、争鸣与融合、吸收中得以发展，他们都强调修身，以人为本，以民为本，重视仁德，重视教化。而到汉代，儒学却发生了质的变化，由民间学术上升为官方学术，儒学与政治紧密结合起来，呈现出明显的纲纪观念与浓重的"威权政治"色彩。

秦始皇"焚书坑儒"使儒家受到了重创，儒学自孔子逝世以后的发展进入到低谷期。但另一方面，秦朝用法家思想治国，进而实行暴政，导致了秦统一王朝的覆灭。秦朝二世而亡的深刻教训，也使得继起的汉朝统治者不能不细细反思，在经过反复辨析、权衡利益得失后，他们选择了儒学。

实际上，西汉统治者选择以儒学治国，却改变了原始儒学"德性政治"思想的浓郁色彩。

尤其是到汉武帝"罢黜百家、独尊儒术"，儒学上升为"独尊"的官学，自然也不可避免地演变为政治统治的有利工具。但是，尽管儒术已经"独尊"，儒者中的某一个人如果违背了统治者的一己之欲，仍然会遭到统治者的严惩，甚至危及生命。《汉书·京房传》记载，元帝时，京房企图利用象数《易》学的卦气理论，劝谏统治者摆脱谗言邪说的蒙蔽和干扰，推行考功课吏法等改革措施，但最终他却以"诽谤政治，归恶天子"的罪名而被杀，由此先秦时期臣对上忠

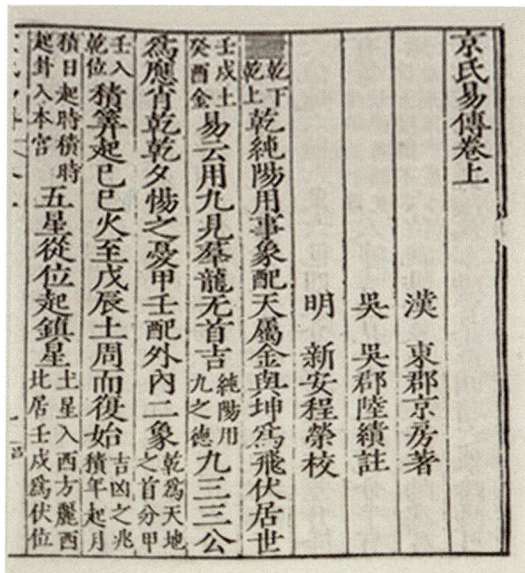

《京氏易传》

诚以谏的传统渐趋抹杀。儒生为了更好地适应社会的发展，也变得唯唯诺诺，唯君主是从。

自儒学被"定于一尊"后，儒家经典也就成为国家思想与政治生活的重要组成部分。西汉时期，经学兴盛，其原因正在于此，正像班固在《汉书·艺文志》所说的那样："自武帝立五经博士，开弟子员……百有余年，传业者寖盛，支叶蕃滋……盖禄利之路然也。"可见传经的目的已不仅仅在于弘道，而是将着眼点放在现实政治上面，与当时的政治紧密结合起来。于是，经学博士们为了满足统治者的需要，甚至不得不改变经文原意。例如，在强调民本的同时，他们会自觉不自觉地抛弃孟子的"君轻"论，放弃荀子的"从道不从君"论，而代之以突出君权的"尊君卑臣""君为臣纲"等，从而强化君主专制的理论。

《礼记》作为儒家经典之一，就体现出了明显的"威权政治"特色。《礼记·缁衣》篇开头第一句为："子言之曰：'为上易事也，为下易知也，则刑不烦矣。'"表面上看这是孔子的言论，体现的是上下之间应有的义务。所以，"形式上是对上下双方提出的要求，但实际上只是希求在上者不过于苛虐而易被事奉，而在下者则在事奉在上者的同时还须袒露心曲，无所隐匿。设若在上者认为在下者未尽事奉之责，或在下者虽尽责但在上者却认为其不'易知'……其刑罚都会降于在下者之身。"① 很明显，这强调的只是臣子对君主单方面的义务，而把一切责任都归到臣子一人身上，这离先秦时期儒家提倡的"君臣上下各尽义务"的思想相去甚远。

在《礼记·缁衣》篇中，还有这样的记载，"子曰：'有国者，章善惮恶，以示民厚，则民情不贰。'"释读出后的郭店楚简却是，"子曰：'有国者，章好章恶，以视民厚，则民情不贰。'"虽然两者只在个别文字上有所改动，但所透漏出的思想却有很大不同，郭店简中的"章"字不带有任何感情色彩，可释为"辨别、区分"。《孔子家语·曲礼子贡问》中孔子曰：

---

① 胡治洪：《原始儒家德性政治的遮蔽》，《孔子研究》2007 年第 1 期。

"季氏之妇可谓知礼矣！爱而无私，上下有章。"就是其证。这样郭店楚简中的意思可以理解为"区别爱憎之情，以培养臣民之敦厚"，重在强调为政者做出表率，以教化百姓。而《礼记》一书几字的改动，却把意思侧重于刑罚的惩恶，使臣子更驯服，思想重点或主旨则变成了培养为君王服务的忠臣。

在汉代编辑的文献中，与上述例子类似的情况比比皆是。如《礼记》《大戴礼记》中有许多与《孔子家语》相同、相通的材料，经过认真对比，我们发现，与《孔子家语》相比，《礼记》《大戴礼记》在写定时可谓处处顾及时政，回避时讳，这与汉代中央集权政治的发展是相应的。

《礼记·中庸》有一节内容与《孔子家语·哀公问政》相应，《孔子家语》作：

> 齐洁盛服，非礼不动，所以修身也；去谗远色，贱财而贵德，所以尊贤也；爵其能，重其禄，同其好恶，所以笃亲亲也；官盛任使，所以敬大臣也；忠信重禄，所以劝士也；时使薄敛，所以子百姓也；日省月考，既廪称事，所以来百工也；送往迎来，嘉善而矜不能，所以绥远人也；继绝世，举废邦，治乱持危，朝聘以时，厚往而薄来，所以怀诸侯也。治天下国家有九经，其所以行之者，一也。

《中庸》此处则是：

> 齐明盛服，非礼不动，所以修身也；去谗远色，贱货而贵德，所以劝贤也；尊其位，重其禄，同其好恶，所以劝亲亲也；官盛任使，所以劝大臣也；忠信重禄，所以劝士也；时使薄敛，所以劝百姓也；日省月试，既廪称事，所以劝百工也；送往迎来，嘉善而矜不能，所以柔远人也；继绝世，举废国，治乱持危，朝聘以时，厚往而薄来，所以怀诸侯也。治天下国家有九经，其所以行之者一也。

两相比较，有一些文字发生了变化。"齐洁盛服"作"齐明盛服"，盖因《礼记·中庸》的前面孔子回答"子路问强"的部分中，有"使天下之人，齐明盛服，以承祭祀"的句子。此句，郑玄注曰："明，洁也。"孔疏谓："言鬼神能生养万物，故使天下之人齐戒明洁，盛饰余服以承祭祀。"又说："此云'齐明盛服，以承祭祀'，是兼人之鬼神也。"《礼记》编者将后面的"齐洁盛服"加以改动以前后统一，遂变成了"齐明盛服"。孔疏则谓："'齐明盛服'者，齐，谓齐整；明，谓严明；盛服，谓正其衣冠，是修身之体也。此等'非礼不动，是所以劝修身。'"前面的"明"解释为"洁"，这里本来为"洁"，却又解释成"严明"。其实，前面是对鬼神，需要"齐明"，也就是所谓齐整、严明；这里不对鬼神，而仅对现世的众生，目的在于劝人修身，只需齐整、洁净即可。这一改动，让后世注家好不为难。治理国家的"九经"，所涉及的动词多有改变，这些显然都与西汉中央集权政治的加强有关。其中，"尊贤""笃亲亲""敬大臣""子百姓""来百工"，分别变成了"劝贤""劝亲亲""劝大臣""劝百姓""劝百工"，动词都变成了"劝"；"绥远人"变成了"柔远人"。从词义上看，"劝"为"劝勉""劝说"。言上对下时多用"劝"，如《庄子·天地篇》："昔尧治天下，不赏而民劝。"《左传·成公二年》："我戮之不详，赦之以劝事君者。"《史记·货殖列传》："太公劝其女工。"与"尊""笃""敬""子"之类带有温情的字眼相比，"劝"字中所包含的似乎更多是皇权的恩威。"绥"字从"妥"，为妥当、平安，有安抚人心以保持平静之意。而"柔"虽也有安抚意，却更有通过让步而平息的含义，带有明显的以上对下的味道。

"爵其能"变成"尊其位"，显然带有汉人加工的印记。汉代，"非刘氏不王"，只有极少数异姓功臣封侯，封赐爵位是一个敏感的话题，根本谈不上什么"爵其能"，《礼记》编者改其为"尊其位"，在当时则无不可。这里的改变与《大戴礼记》将《孔子家语》的《王言》改为《主言》极为相似，戴圣将"爵其能"改成"尊其位"，也与西汉的政治有关。除此之外，《论语·子张》："道之斯行，绥之斯来"；《礼记·表记》："子曰：'君子不以口誉人，则民作忠。故君子问人之寒则衣之，问人之饥则食之，称人之美则爵之。"这里用"绥""爵"而不用"柔""尊",也是与汉朝专制皇权加强有关。

至于"举废邦"变成"举废国",自然是为了避高祖刘邦的名讳。古人早就指出:"班(颁)讳之典爰自汉世"①,"汉法,天子登位,布名于天下,四海之内,无不咸避"②。汉代的颁讳布名之制,由今存文献来看,最常用的手法是以同训字相替换。汉高祖刘邦,讳邦曰国,如定州汉墓竹简《论语》之中,所有的"邦"字都用"国"代替。戴圣编订《礼记》,自然不能允许"废邦"二字赫然存于礼书之中。

仅仅从儒生改造儒家经典所透漏的信息,我们就可以明显看到汉代儒生价值观念的转变,与先秦经典相比,汉代儒学典籍色调有了明显改变,读汉儒改造后的儒家论述,处处闪现着帝制时代的纲纪观念,散发出汉代威权政治的气息。在这些典籍里,先秦儒家提倡的以重修身、重民,以及君臣之间互尽义务、彼此信任为特征的德性政治被遮蔽起来,在君臣、上下之间,要求更多的是臣对君、下对上的忠诚,至此,儒学蜕变成为两千多年帝制时代君主独尊的"威权政治"学说。

---

① 《南齐书·王慈传》。
② 《全北齐文》卷三《避太子讳议》。

第五章　汉代的谶纬之学

西汉中后期阴阳灾异思想流行，至两汉之际谶纬之学兴盛，经学被谶纬化，具有越来越多的神学内容。谶纬之学虽提倡"尊经""崇圣"，学说中亦含有经学的内容，但其主要思想却违背了传统的儒家精神。因此，在谶纬思潮泛滥时，不断有学者起来抵制、批判，其中以桓谭、王充等人为代表。特别是王充，不但对谶纬之学本身进行批判，而且对社会上流行的各种神学思想进行了批判。

第一节　两汉之际谶纬的流行

为了论证专制主义中央集权统治的合理性，以董仲舒为代表的今文经学家利用阴阳五行思想阐发儒家经典中微言大义，其中便已经包含了天人感应、符瑞灾异等内容。而西汉中叶以后，随着社会政治危机的日益加深，今文经学更进一步演变而成谶纬神学。

（一）谶与纬

人们总是习惯于将"谶纬"合称，其实谶、纬别为二途。

《说文解字》曰："谶，验也，从言，从韱声。"谶，本义是应验。一些方士和巫师依据星相或自然界的变化"诡为隐语，预决吉凶"，假托神来预示人间的吉凶祸福，即《四库全书总目》所言："谶者预决吉凶。"他们制造出来这些隐语或预言被称为"谶"或"谶语"。宣扬这种宗教性启示的书被称之为"谶书"，有些谶书的作者为了增强其神秘性，还在谶书中画有许多稀奇古怪的图画，因此谶书也叫做图书、图谶。

一般认为，战国时已经有谶出现。《史记·赵世家》载，秦穆公于梦中会见上帝，上帝告以晋国将要大乱，五世不得安宁，他们的后代将称霸，于是秦谶出矣。晋顷公十三年（前513年），赵简子生病，五天不省人事。醒来后，他对大夫们说："我到了上帝那里，上帝对我说：'晋国将逐渐衰落，再传七代就要灭亡，嬴姓的人将在范魁的西边大败周人，可是你们却不能占有那里。现在我追念虞舜的功勋，到时候我将把舜的后代孟姚许配给你的第七代孙子。'"董安于记下了这番话并妥为保存。这是有记载的较早的谶语。以后，秦代也出现了不少的谶语，如"亡秦者胡也""今年祖龙死""始皇帝死而地分"等，这些都是当

董安于 像

时的人们假上帝之名发出来的预言。汉兴，谶继续流行，至两汉之交达到全盛。当此之时，王莽预谋篡汉，上帝的预示几乎每天都有。时至东汉，刘秀登基，又出现了《赤伏符》42篇；而公孙述亦欲称帝，也找来许多谶语以造势。

与"谶"相比，"纬"出现较晚，通常认为它最早见于《汉书·李寻传》，李寻上王根书中提到："太微四门，广开大道，五经六纬，尊术显士。"纬是相对经而言的。经本义是直线，而纬本义是横线，后引申为对经书的解释。刘熙《释名·释典艺》云："纬，围也，反复围绕，以成经也。"《四库全书总目》说："纬者，经之支流，衍及旁义。"从"纬"的命名即可以看出它与经之间的关系，乃是神学、阴阳灾异之说与儒家经义的结合。因此，所谓纬书，就是以神学理论附会、解释儒家经典的书籍。纬书的实质是对经学

作神学的解释，并把这种解释假托于孔子。

如上所述，"谶"与"纬"无论是内涵还是外延都存在着很大的区别，"谶""纬"并不能相等同。但是随着学术思想的发展，"谶"与"纬"也出现了合流的趋势。《四库全书总目提要》卷六《易》类六附录《易纬》按语称："儒者多称谶纬，其实谶自谶，纬自纬，非一类也。谶者诡为隐语，预决吉凶……纬者，经之支流，衍及旁义……盖秦汉以来，去圣日远，儒者推阐论说，各自成书，与经原不相比附……其他私相撰述，渐杂以术数之言，既不知作者为谁，因附会以神其说。迨弥传弥失，又盖以妖妄之词，遂与谶合而为一。"意思是说，谶纬本不相同，但到了西汉末期，纬书越来越多地用"妖妄之词"来牵附经传之说，谶言已经成为其重要的组成部分。而谶书也由原来的假托天命逐渐发展到假托儒家圣王。这样，"谶书"与"纬书"又有了一定的相通之处，两者在内容上常常相互引用，两者之间的分别也日益缩小。"谶""纬"互通，纬书中往往夹杂谶语，"谶"有时也依托于经。由此开始，"谶""纬"逐渐合流，形成了"谶纬"的思潮。

谶纬内容庞杂，主要涉及天官星历，灾异感应，谶语符命等，也有对经学的发展和解释，以及天文地理，风土人情，自然知识，文字训诂，旁及驱鬼镇邪、神仙方术及神话幻想，可谓光怪陆离，无奇不有。

这一时期产生了大量的谶纬之书，但自隋焚之后大都散亡，保存至今的有易纬《乾凿度》《乾坤凿度》，其余的都系残篇断片。明代孙谷作《古微书》36卷，清代学者中，黄奭《汉学堂丛书》辑谶纬11类，55种；马国翰《玉函山房辑佚书》辑纬书40种；赵在翰辑有《七纬》。国外学者对纬书亦有辑佚，如日本学者安居香山、中林璋合著《纬书集成》，是比较完备的辑本。

（二）谶纬的起源与兴盛

西汉前、中期，不论政治人物还是学者，都很少引用谶语解经。武帝"独尊儒术"后，今文经学兴盛。出于为汉政权确立合法性依据的目的，今文经学往往穿凿附会，掺杂怪诞、灵异等内容解释经典，此为谶纬产生之先兆。西汉后期，谶纬之说逐渐兴起。王莽篡汉，大量利用谶纬。光武中兴，以谶纬为国家意识形态，谶纬之学盛行。可见，从谶纬的起源到全盛经历了三个阶段：

1. 独尊儒术，谶纬萌芽

谶纬之学的思想来源十分丰富，中国传统的天人关系思想、邹衍的阴阳五行学说等都是其重要源头。如阴阳五行学说本身就具有神秘诡异的特性，后世谶纬之学正是在此基础上扩而广之，以妖妄怪诞之言阐发经义。而谶纬之学的直接理论来源则是董仲舒所构建的天人感应学说及祥瑞灾异思想，如刘师培所言："董刘大儒，竞言灾异，实为谶纬之滥觞。"①

董仲舒的思想学说对谶纬之学有很大的影响，在对一些重要哲学范畴的理解与诠释上，谶纬之学与董仲舒的观点是一脉相承的。如"王""君"，董仲舒说："王者，民之所往，君者，不失其群者也。"②"王""君"分别被解释为"往""群"。《易纬·乾凿度上》则有："王者，天下所归"。《春秋纬·元命包》还有："王者，往也，神之所输向，人所归乐。"《孝经纬·钩命决》又有："君者，群也"。两者比较，对"王""君"的解释基本趋同。

此外，谶纬之学有时甚至直接引用董仲舒的文字。如《春秋繁露·精华》说："《诗》无达诂，《易》无达占，《春秋》无达辞。从变从义而一以奉人。"到了《诗纬·汜历枢》则成为："《诗》无达诂，《易》无达言，《春秋》无达辞"。两

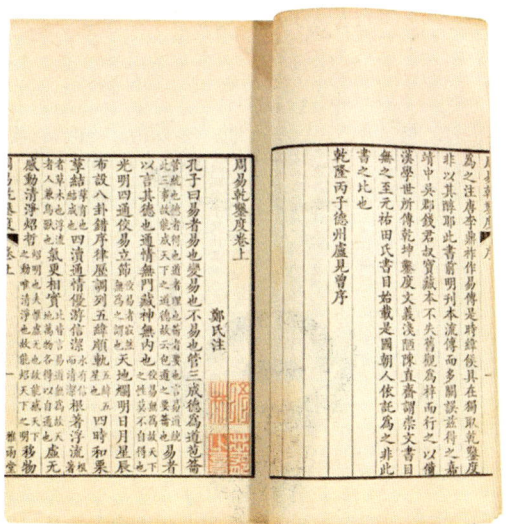

《周易乾凿度》

---

① 刘师培：《国学发微》，《刘师培全集》（第一册），中共中央党校出版社 1997 年版，第 481 页。

② 《春秋繁露·灭国上》。

者不仅表述的观点相同，而且只相差一字而已。

可见，虽然在西汉前期还没有谶纬的名目，但其思想萌芽已经出现。以董仲舒为代表的今文经学已经在穿凿附会、衍附缘饰等思维方式及思想倾向方面为谶纬的出现埋下了伏笔。

2. 王莽篡汉，谶纬盛行

据《后汉书·张衡传》记载，张衡认为图纬虚妄，不是圣人之法，在上疏中，他提到汉初时尚无人说谶，如夏侯胜、眭孟等都以道术立名，他们的著述中没有谶字。刘向父子领校秘书，审定九流，也没有记录谶言。成、哀帝以后，才开始听说有谶。而图谶合一、谶纬流行并广为传播则是在"哀、平之际"，"王莽篡位，汉世大祸，八十篇何为不戒，则知图谶成于哀、平之际也。"张衡的论说中提到谶纬的流行与王莽篡位有关。西汉末，王莽专权意欲代汉，他大造符命以为依据，而"天下之士，莫不竞褒称德美，作符命以求容媚。"① 时夏贺良鼓吹"赤精子下凡，汉家要再受命"的谶言以迎合王莽，王莽则利用此谶胁迫哀帝再受命，自称陈圣刘太平皇帝。汉平帝元始元年（1年），王莽又暗示益州令塞外献白雉一、黑雉二，借以宣扬其辅政功德，被封为"安汉公"。孺子婴时，朝臣上奏说，武功长孟通在掏井时掘得"告安汉公莽为皇帝"的白石，王莽随即借此代行天子之位。3 年后，哀章造谶"天帝行玺金匮图"及"赤帝行玺邦传予黄帝金策书"，谓王莽应为真

王莽 像

---

① 《后汉书·桓谭传》。

天子，还列出包括哀章在内的八大臣。王莽应谶代汉，改国号为"新"。王莽即位后颁布《符命》42篇于天下。可见，谶纬之学在王莽代汉自立过程中发挥了巨大作用，遂形成一种普遍的社会心理，由此逐渐兴盛并成为一种社会思潮。

3. 光武中兴，谶纬定型

汉光武帝刘秀从发迹以至称帝，也都充分利用了谶纬之学。他认为谶纬对东汉王朝具有至关重要的作用，于是宣布图谶于天下，向天下公布由他钦定的81篇谶纬类著作，赋予它们权威地位，加以显扬。此

汉光武帝刘秀 像

举使得谶纬更加盛行。光武以图谶立国，但同时删除了王莽受命的言辞，只是保留了刘汉受命的内容，他对谶纬进一步加以整理完备，确定了谶纬的形态。

在谶纬大兴的时代，儒生们大都以宣扬图谶为荣。《后汉书·张衡传》记载："光武善谶，及显宗、肃宗因祖述焉。自中兴之后，儒者争学图纬兼复附以妖言。"而《后汉书·方术传》则云："士之赴趣时宜者，皆聘驰穿凿，争谈之也。"苏竟以明《易》为博士，还曾与刘歆等典校经书。东汉初年，邓仲况拥兵自重，四处掠地扩大实力，以夺取天下。刘歆哥哥的儿子刘龚是邓仲况的谋士。苏竟写信给刘龚劝降，他在书信中说："孔丘秘经，为汉赤制，玄包幽室，文隐事明，且火德承尧，虽昧必亮。"① 苏竟通过讲解图谶，验证变异，让其分辨善恶，投降汉朝。后邓仲况和刘龚都投降了汉朝，汉水流域得

① 《后汉书·苏竟传》。

以平定。此外，还有人专以教授谶纬为业，如当时的博士薛汉，擅长《韩诗》，曾受诏校定图谶，弟子达数百人。由此可见谶纬之风行。

由于光武帝刘秀对谶纬的提倡和支持，东汉帝王大都受到影响而倚重谶纬之学，图谶有时甚至成为决定国家大事的依据。据史料记载，东汉皇帝在颁布历法、制定礼仪、任命官员、裁定经义等方面都曾依图谶而行事。

（三）谶纬之学流行的原因

谶纬之学在西汉中期以后逐渐产生，至两汉之交全面兴起并盛行于世。作为一种社会思潮，谶纬之学能在两汉之交流行，有其思想起源与社会根源。

1. 深刻的思想起源

谶纬的兴起有着广泛的文化背景。《古微书·说纬》云："纬之兴，其兴于符命乎？五德承运，递有感生，故首《尚书》焉。符命之替也，灾异滋多，获麟而经，亦孔子龙与马也，故次《春秋》。有灾有异，天人之道洽，《易》数幽元，乃可证向也。"由此看来，谶纬之学大体上有两个来源，一是自古以来天地鬼神为信仰的宗教传统，二是阴阳学说。这为谶纬之学阐释社会现象提供了强有力的工具和理论框架。

董仲舒通过吸收阴阳五行学说的理论，创立并发展了天人感应学说及祥瑞灾异理论，并且将之引入儒学体系，完成了新儒学理论体系的构建。这种儒学体系被"定为一尊"，成为主流意识形态，而儒学的神学化亦肇始于此。儒学神学化的直接后果便是谶纬之学的兴起，而董仲舒新儒学中的天人感应、灾异符瑞思想亦成为谶纬之学形成的直接理论基础。

2. 极端尖锐的社会政治矛盾

班固在《汉书·佞幸列传》中慨叹说："汉世衰于元、成，坏于哀、平"。而张衡亦言："图谶成于哀、平之际也"[1]。可见，谶纬之学的流行与哀、平帝时期极端尖锐的社会政治矛盾有着密切关系。据《汉书·孔光传》载，哀、平之世，天地间阴阳之气乖谬不和，农业生产连年不获丰收，国家

---

① 《后汉书·张衡传》。

粮仓空虚，百姓受饥挨饿，父子分散，四处流离，数目高达十万多人。而朝廷百官职责废缺，各种奸邪横行，盗匪猖獗，有的攻打官府，杀死官吏。严重的政治危机，使各方势力为争夺政权，展开了极其尖锐复杂的斗争。在这样的社会背景下，今文经学进一步神学化，谶纬成为各种势力达成政治目的的重要工具而广泛流行。

3. 当权者的积极推动

自谶纬之学流行后，经学内部一直存在着反对的声音，然而这并没有动摇谶纬在东汉时期思想界的统治地位，其中最为重要的原因，就是谶纬之学得到当权者的大力支持，王莽、刘秀是最重要的推动者。

如前所述，谶纬的出现和流布当在哀、平帝之际。此时，王莽权力日盛，为篡汉预做舆论准备。众所周知，汉朝政权的合法性地位由经学为之立论，王莽如欲"继体受命"，显然不能继续沿用经学，必须要在经学的基础上更进一步，方能确立合法性，于是他将谶纬作为论证自身合法性的工具，谶纬之学的出现就成为必须。

光武帝刘秀推崇谶纬之学更是不遗余力。他宣布图谶于天下，使得谶纬之学正式取得了官方学术的地位，从而得以凭借政权的保护而盛行于东汉。

第二节　谶纬与汉代儒学

两汉之际，谶纬思潮的风行对儒学的发展产生了极大影响。当时，在统治者的积极提倡下，谶纬具有至高的权威性，被尊为秘经，号称内学。谶纬之学如日中天，盛极一时，众多儒生争相趋从，侈谈纬候，妄言图谶，成为当时儒士尤其是今文经学家的共同风尚和特色。受此影响，孔子由儒家创始人逐渐成为知古通今的"神人"，儒家经典亦神学化。同时，汉代经学也吸收了大量谶纬的内容，加强了与皇权之间的联系。在政治权力的关照下，经学的发展呈现繁荣景象。

（一）谶纬与孔子的神化

随着谶纬的兴起，儒学逐渐神学化。孔子被渲染成了神，由原来的儒家圣人变成了通天教主，儒家典籍也由不可怀疑的"经"变成了神秘的"天书"。

《春秋孔演图》说："孔子母颜氏徵在游于大冢之陂，睡，梦黑帝使请与己交。语曰：'女乳必于空桑之中'，觉则若感，生丘于空桑之中。"① 孔子是其母亲梦与黑帝交配而生，因此孔子是黑帝的儿子，玄，即黑的意思，所以孔子被称为"玄圣"。依照"圣人吹律有姓"的办法，以丘吹律定姓，因而以"孔"为姓，属殷人后裔。因其"首类尼丘，故名丘"。说到孔子的容貌时，更是十分夸张，身长十丈，腰大十围，海口、河目、龙颡、龟脊、骈齿、虎掌、谷窍、雷声，眉比尧多四采，目比舜多 12 瞳，掌上和胸上都带有天生的文字，站着像只凤，坐着像条龙。他们还认为，孔子的使命是为汉朝制法，"圣人不空生，必有所制，以显天心。丘为木铎，制天下法"②，"墨孔生，为赤制"③，"玄丘制命帝卯金"，"丘览史记，援引古图，推集天变，为汉帝制法，陈叙图录"④。孔子不仅能预知建立汉朝等事，而且能预知自己身后的遭遇，"不知何一男子，自谓秦始皇，上我之堂，踞我之床，颠倒我衣裳，至沙丘而亡""董仲舒，乱我书"⑤。正如《论衡》所言："儒者论圣人，以为前知千岁，后知万世，有独见之明，独听之聪，事来则名，不学自知，不问自晓，故称圣则神矣。"孔子不再是勤奋好学、诲人不倦、信仰坚定、屡历坎坷仍致力于使天下有道的人，而被塑造成了逾越古今的神。孔子与儒家经典的关系亦被神化。他们认为《春秋》《孝经》等是孔子承天命而作，来为汉制法，有不同寻常的含义，《春秋纬演孔图》就说："孔子作法五经，运之天地，稽之图象，质于三王，施于四海"。孔子因"获麟""血书"的启示，知其无法得位行道，只能为赤帝子刘邦制法，于是写作《春秋》。《春秋纬演孔图》中说："得麟之后，天下血书鲁端门，曰：趋作法，孔圣没，周姬亡，慧东

---

① 《艺文类聚》。
② 《春秋孔演图》。
③ 《春秋纬感精符》。
④ 《春秋纬汉含孳》。
⑤ 《论衡·实知篇》。

西狩获麟

出，秦政起，胡破术，书纪散，孔不绝。子夏明日往视之，血书飞为赤鸟，化为白书，署曰：演孔图。中有作图制法之状。孔子仰推天命，俯察时变，却观未来，豫解无穷，知汉当继大乱之后，故作拨乱之法以授之。"作《孝经》则是"文成道立，斋以白天，则玄云踊北，紫宫开北门，角亢星北落，司命天使书题号：《孝经篇》云神星裔孔丘知天，今使阳衢乘紫麟，下告地主要道之君。后年麟至，口吐图文，北落郎服，书鲁端门，隐形不见。子夏往观，写得十七字，余字灭消。其余文飞为赤鸟，翔摩青云。"① 为强化经典的神圣性，谶纬还虚构出经典作成之后孔子率弟子封坛沐浴告于上天的情景。如孔子在作成《春秋》《孝经》之后，便使"七十二弟子向北辰，磬折而立，使曾子抱河洛事，北向，孔子斋戒，簪缥笔，衣绛单衣，向北辰而拜，告备于天曰：'《孝经》四卷、《春秋》、《河》、《洛》凡八十一卷，谨以备。'天乃洪郁起白雾摩地，赤虹自上下，化为黄玉，长三尺，上有刻文。孔子跪受而读之曰：'宝文出，刘季握，卯金刀，在轸北，字禾子，天下服！'"② 此外，谶纬还用来解释儒家经典的流传，如伏生壁藏《尚书》29篇本，后得28

① 《孝经中契》。
② 《孝经纬·援神契》。

篇，亡佚 1 篇，汉儒对此解释说："《尚书》二十九篇者，法斗四七宿也，四七二十八篇，其一曰斗矣，故二十九。"①

（二）谶纬与经学的互动

谶纬在两汉之交时曾盛行一时，最高统治者将它尊奉为施政治国的指导思想。在这种环境下，儒生不可避免地受到谶纬之学的影响，他们在治经过程中大量引入谶纬学说，用以注释发挥儒家经义。谶纬与经学逐渐融为一体。

众所周知，汉代经学的发展错综复杂，经学内部存在着分化及论争，然而，不论汉代的今文经学还是古文经学都受到了谶纬之学的影响。今文经学在产生过程中吸收了阴阳灾异天人感应等思想，使得其与谶纬之学的联系更为紧密。东汉景鸾治《齐诗》《施氏易》，同时兼受《河》《洛》图纬，还多次上书述陈救灾变之术。他曾兼取《河》《洛》文句，作《易说》及《诗解》②。何休在作《春秋公羊传解诂》时也大量引用谶纬以注经，如在注解"西狩获麟"时，何休接受了孔子"为汉制法"的观点，认为这是"赤帝当代周"；在解释"君子曷为《春秋》"时，又借图谶加以申说，将孔子描绘成神。清代四库馆臣甚至认为"盖秦汉以来，去圣日远，儒者推阐论说，各自成书，与经原不相比附。如伏生《尚书大传》、董仲舒《春秋阴阳》，核其文体，即是纬书"③。

古文经学重训诂，求实证，但仍然不可避免地受到谶纬影响。刘歆时曾想立《左氏传》为学官，但遭到今文经学儒生的强烈抵制。光武帝时，兴立《左氏》《穀梁》两家，却又因两家先师不通晓图谶，半途而废。汉章帝时，贾逵又上书建议将《左传》立于学官，他提出《左氏》以为少昊代替黄帝，即图谶所讲的帝宣，这能说明汉朝皇族乃是尧的后代；而其他各家理论都以颛顼代替黄帝，如果依此，那么尧就不能为火德，尧不得为火，那么汉就不得为赤，这样汉代立国的依据就无法得到解释。两者比较，《左氏传》与图谶

---

① 《论衡·正说》。
② 《汉书·儒林传》。
③ 《四库全书总目提要·经部·易类六》。

相合，应当立为学官。贾逵的这次上书得到了皇帝的肯定，让他挑选《公羊》学派的严、颜诸生有高才的 20 人，以《左氏传》作教材，并给予经传各一通。《左传》由此得到朝廷的认可，古文经学亦缘此而有一大发展。此外，会通今古文的郑玄其实也受到了谶纬思潮的影响。郑玄为《中候》《乾万象》等纬书作注，《后汉书·郑玄传》还载："以谶合之，知命当终。"此外，《旧唐书·艺文志》及《新唐书·艺文志》都著录郑玄有《书》纬 3 卷、《诗》纬 3 卷。由此可见，谶纬之学其实已渗透到经学的各个方面。

值得注意的是，虽然谶纬思潮显著影响着经学的发展，但在经学内部也存在着对谶纬的抵制。桓谭在《新论·启寤》中说："谶出河图洛书，但有兆朕而不可知。后人妄复加增依托，称是孔丘，误之甚也。"进而又在光武帝面前"极言谶之非经"。尹敏则说："谶书非圣人所作，其中多近鄙别字，颇类世俗之辞，恐疑误后生。"[1] 张衡主张"宜收藏图谶，一禁绝之"[2]。正如《文心雕龙·正纬》所言，"桓谭疾其虚伪，尹敏戏其浮假，张衡发其僻谬，荀悦明其诡诞：四贤博练，论之精矣"。

经学的谶纬化在某种程度上促进了经学的发展，带来了经学的繁荣。皮锡瑞在其著《经学历史》中将西汉元、成至东汉这一时期称为"经学极盛时代"，"大师众至千余人，前汉末已称盛；而《后汉书》所载张兴著录且万人，牟长著录前后万人，蔡玄著录万六千人，楼望诸生著录九千余人，宋登教授数千人，魏应、丁恭弟子著录数千人，姜肱就学者三千余人，曹曾门徒三千人，杨伦、杜抚、张玄皆千余人，比前汉为尤盛"[3]。后汉经学之繁荣，由此可见一斑。究其原因，谶纬与经学的结合则是重要一环。

谶纬的盛行带来了经学的繁荣，与此同时，受到谶纬的影响，汉代经学的内容亦日趋荒诞，这导致经学陷入危机。谶纬的盛行，不但使经学家转而研治谶纬之学，而且他们在解经说传时都会适应谶纬的需要，言说"五经"，

---

① 《后汉书·尹敏传》。
② 《后汉书·张衡传》。
③ 《经学历史》。

皆凭谶纬之说，致使经学带有极为强烈的神学色彩。这种经学形式虽可获得皇权的青睐，带来一时的繁荣，但经学也因此逐渐失去独立性而依附谶纬，当人们对谶纬的认识发生动摇时，也势必会对经学信仰产生怀疑，从而危及儒学在意识形态领域的权威性。

总之，谶纬的出现与流行有其深厚的文化背景，具有历史的合理性。虽然谶纬之学在某种程度上促进了经学在东汉时期的繁荣，但经学的谶纬化使经学中充满了神秘而荒诞的内容，导致经学走上歧途。

第三节　王充及其对谶纬的批判

"光武中兴"以后，儒者争学图纬。在这种情势下，仍有不少学者对谶纬之学进行了深入批判，王充便是当时反对谶纬之学的一个突出代表。

（一）王充与《论衡》

王充，字仲任，会稽上虞（今浙江上虞）人，生于汉光武帝建武三年（27年），约卒于汉和帝永元年间。

王充　像

王充家世显赫，先世原籍魏郡元城（今河北大名），祖辈数世从军有功，被封会稽阳亭。后失去封爵，祖父辈遂"以农桑为业"，"以商贾为事"，成为"细族孤门"。他年少好学，乡里称孝，后到京师，受业太学，师事扶风班彪，不守章句，博通众流百家之言。他曾任地方小吏，历任县掾功曹、都尉府掾功曹、郡太守五官功曹从事，"以数谏争不合去"，后为州从事，转治中，自免还家。罢官归里，对世书俗说，多所不安，于是幽处独居，考论实虚，以著述为事，以教书为生。晚年"贫无供养"，穷困潦倒。虽然贫病纠缠，仍坚持著述。年70余而终。

王充一生著述颇丰。据《论衡·自纪》记载，有《讥俗》《节义》《政务》《论衡》4种。《后汉书·王充传》则提到《论衡》85篇，《养性书》16篇。王充通《易》学，著有《周易王氏义》，著作已佚，清·王仁俊《玉函山房辑佚书续编》辑存《周易王氏义》1卷。此外，《汉书》本传注引《袁山松书》还提到《六儒论》等著作，亦已佚。

《论衡》是王充的代表作，历时30多年完成，其书于当世并未流传，在他去世后近百年，才分别由蔡邕和王郎得之于吴郡与会稽。该书历来著录都为85篇，但今本《论衡》实存84篇，其中第44篇《招致》有篇目而无正文。《论衡》集中反映了王充的思想。王充之时，经学派别林立，诸说纷呈，不但支离烦琐，而且多有失实、怪异之说。《论衡·正说》说道："故虚说传而不绝，实事没而不见，《五经》并失其实。"经学发展已经偏离了孔子思想的本义。因此，王充认为《论衡》这部书就是用来权衡是非之言确立判断真伪标准的，并不是随意玩弄笔墨修饰文辞故作奇伟。他还引用孔子"《诗》三百，一言以蔽之，曰：'思无邪'"之言，提出《论衡》的宗旨也可以用一句话来概括，那就是"疾虚妄"，即反对虚假荒诞的事物和言论。

"疾虚妄"的写作宗旨使得《论衡》一书极具批判性。在《论衡》中，王充通过旁引古籍及事实例证，阐述了他的思想，在《谈天》《说日》《自然》《物势》

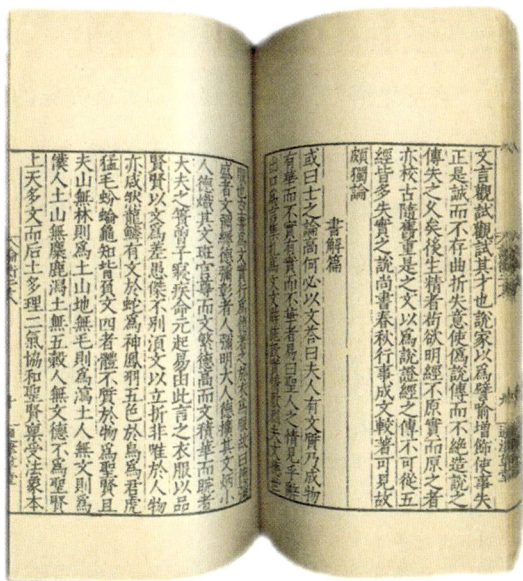

《论衡》

《论死》《实知》等篇中阐述了其"元气自然论"；在《自然》《雷虚》等篇中批判了"天人感应"说，在《程材》《量知》等篇中肯定了知识的力量；在《论死》《订鬼》等篇中讨论了鬼神问题，认为人死不能为鬼，精神依赖于形体存在；在《须颂》《宣汉》等篇中论述汉代各方面都比周朝进步的观点；在《问孔》《刺孟》《非韩》《薄葬》《定贤》等篇中，对儒、墨、道、法各家思想做了分析、批评；在《四讳》《讥日》等篇中分析批判了世俗迷信。

（二）王充对谶纬之学的批判

在谶纬思潮的影响下，经学不断神学化，严重背离了其宗旨。王充对此非常不满，针对神化孔子、神化儒家经传的现象，对谶纬之学展开了批判。

王充反对谶纬的神学世界观，否定有意志的天的存在。他认为，天地万物是由元气自然凝聚而成，"天地合气，万物自生"①。王充以元气论为基础，反复论述天的物质性，他说，"天地，含气之自然也"，"天体，非气也"②。可以说，天地万物自然生成这一观点从根本上动摇了谶纬之学有关天人感应、灾异谴告学说的理论基础。天既然是自然的天，天授命帝王也就是荒诞了，"人，物也。虽贵为王侯，性不异于物"③。因此，谶纬之学的所谓灾异谴告实为"衰乱之语"。针对谶纬之学大讲灾异的情况，他不仅指出谴告论者"天神谴告人君，犹人君谴告臣下"④ 的虚妄本质，还指出灾异实际上是由"风气不和"造成的，与"血脉不调，人生疾病"同一道理，灾异与国家的政治根本没有什么关系。

当时的儒生热衷于以谶纬解经，神化孔子、神化"五经"。针对这种现象，王充直接对孔子、"五经"展开批判，提出被神化的人物和经典本身并非完美无瑕，并不"神"。他从理性分析入手，抵制了谶纬神化孔子的做法。他

---

① 《论衡·自然》。
② 《论衡·谈天》。
③ 《论衡·道虚》。
④ 《论衡·谴告》。

曾举出有关孔子言行的 16 条材料，用以证明孔子并非神人，不能生而知之。他在《论衡·实知》中说："今耳目闻见与人无别，遭事睹物与人无异，差贤一等尔，何以谓神而卓绝？"直接批判了谶纬神化孔子的做法。

与此同时，王充对于谶纬神化"五经"的做法，也给予了有力批判。他在《论衡·正说》中讲到："儒者说'五经'，多失其实，前儒不见本末，空生虚说；后儒信前师之说五经，随旧述故，滑习辞语。"正是儒生的矫揉造作，使传统的儒家思想填进了许多虚妄的成分。他还说："汉兴，收'五经'，经书缺灭而不明，篇章弃散而不具"① 经书在收集之初本是错乱不堪的，毫无神圣性可言，从而揭示了谶纬的荒诞不经。

王充反对美化儒家圣贤，主张学问之道贵在得实，强调"尚有不晓解之问，追难孔子何伤于义；诚有传圣业之知，伐孔子之说何逆于理"，以"问孔""刺孟"的求索态度，对先秦时期的儒家思想进行了批判。这类观点主要集中在《问孔》《刺孟》《本性》《率性》《自然》诸篇中。如《本性》中批判了孟子的性善说，虽承认"性善之论亦有所缘"，然究其实际，则"未为实也"。《本性》中还批判了荀子的性恶说之"未为得实"，如指出性恶说不能表明"人之为善安从生"。对先秦儒家的批判，体现了王充一贯严谨的治学态度。

不仅如此，王充对于汉代以来的儒学也进行了反思。如《论衡》中《谢短》《案书》等篇，批判了汉代儒生的迷信思想，提出了 14 个历史问题、30 个经学问题、6 个法律问题，对汉代儒生"守信师法，不颇博览"的做法进行了斥责。《书虚》《道虚》《语增》《儒增》《艺增》《对作》是直接针对当时伪书的批判；《变虚》《异虚》《感虚》《福虚》《龙虚》《雷虚》《寒温》《谴告》《变动》是对天人感应说的批判；《讲瑞》《指瑞》《是应》是对祥瑞思想的批判。

此外，王充站在否定谶纬之学的立场上，其批判对象还涉及道、名、法、

① 《论衡·书解》。

墨、阴阳等各家，评论的著作包括《老子》《吕氏春秋》《淮南子》《史记》《列士传》《说苑》等多种。如在《论衡》中《薄葬》《案书》《物势》《自然》诸篇里，反对墨家"明鬼"之论，接受"节葬"之义，还指出名家公孙龙的"坚白论"，只是概念和形式上的游戏，不能指导实践。《非韩》《案书》《对作》等批判法家任法而不尚贤之失，任力而不养德，指出其"必有无德之患"。《谈天》《案书》《自然》《效力》诸篇集中谈论道家，《自然》批判道家"不知引物事以验其言行"；《效力》篇将"蔽于天而不知人"的道家思想，发展为"因春播种""耒耜耕耘"的能动思想；《道虚》篇中批判汉代流行的道教是"方术之学"，"此虚言也"。对于阴阳家，王充批判"其文少验"，"无实是之验"，"无审察之实"。

　　还需要说明的是，王充与谶纬之学的关系其实较为复杂，他虽然全力批判谶纬学说，但也不可避免地受到谶纬的影响，这在《论衡》一书中表现得尤为突出，如《论衡》一书常引用或化用纬书，这表明王充不仅熟悉谶纬，而且多受其影响。

中
卷

图说中国儒学史

杨朝明·主编

山东城市出版传媒集团·济南出版社

目　录

第 三 编

魏晋至隋唐：儒、释、道三教之争

　　第三编的主要内容是介绍从魏晋至隋唐时期的儒学发展，以及这一学说在国家和社会中的地位、作用。魏晋南北朝、隋唐时期，道教经过清理和整顿，为知识分子所接受；佛教传入中国后，受到包括统治者在内的社会各个阶层的青睐，其思想内容和社会地位，对两汉时期占据支配地位的儒家学说形成了巨大的挑战。因此，这一时期的思想界是极为繁荣和多元的，出现了儒、释、道三教相互排斥、相互斗争、相互吸收又相互融合的活泼局面。

第一章 "名教"危机与魏晋玄学

两汉时期，统治者依靠"名教"治理天下。所谓"名教"，也就是儒家的礼法名分之教。"名教"之"名"指的是儒家礼制所规定的每个人在社会上所处的地位，以及与此地位相符合的行为规范。因而，"名教"既是传统社会的政治制度、阶层等级、道德规范和意识形态的总称，又是维持当时统治秩序的根本的思想政治原则。

东汉晚期，由于险恶的政治环境，儒家"名教"维系社会人心的作用遭到了巨大的破坏，知识分子开始寻找和探索新的统治思想，玄学由此产生。玄学成功地调和了"名教"和自然的关系，成为当时世家大族知识分子的主要精神寄托，风靡一时，直到东晋末期，此风才逐渐消歇。

第一节 "名教"衰微与玄学产生

玄学是儒家思想与道家思想相互融合而产生的一种哲学、文化思潮，它研究的主要对象是《周易》《老子》《庄子》，这三部经典著作合称"三玄"。它研究的主要问题涉及有与无、生与死、"名教"与自然、圣人是否有情、声有无哀乐、言能否尽意等形而上方面的问题。

中国思想界的主流由两汉时期的经学演变为魏晋时期的玄学，这是思想史上的一次重大转变。这一转变的背后有着深刻复杂的社会和思想根源。这些根源既有儒家学说内部深层次的矛盾，又与当时政治社会的变迁息息相关，其中最根本的原因是，"名教"已经不能维系当时的政治和社会秩序。

一、"名教"之治的衰微

自汉武帝"罢黜百家、独尊儒术"以后，儒家学说就成了中国传统社会的正统意识形态。在这期间，儒家在维持社会的政治秩序、等级名分、伦理规范等方面起到了非常重要的作用。

但东汉末年，随着统治阶层内部权力斗争的加剧和儒家学说内部矛盾的发展，"名教"之治逐渐暴露出严重的弊端和危机。儒学对知识分子的吸引力大大下降，它已经难以起到维护社会秩序的作用。当时的统治阶层和知识分子纷纷开始寻找新的思想学说来满足个人与社会的需要。

"名教"之治在汉末的衰微，固然受到汉末腐朽、混乱政局的影响，但究其原因，也是两汉儒学与政治关系及儒学自身发展的必然结果。其衰微之表征与原因大致体现在以下三个方面：

（一）儒家学说与政治权力的关系

两汉时期，知识阶层主要凭借儒家思想维系其社会地位，但当这种思想逐渐定型，并通过官方的认可成为国家意识形态时，知识阶层反而失去了抗衡政治权力的能力，并且逐渐被边缘化。这种边缘化从东汉明帝与大儒桓郁的关系就可以看出来。

汉明帝 像

汉明帝是光武帝的第四子，小时候就很聪明，10 岁时，"通《春秋》"。后来，从学于东汉大儒桓荣，"学通《尚书》"。继位后，明帝作《五行章句》，让桓荣的儿子桓郁帮他校定。明帝此时非常自信，亲自到国家设立的专门培养人才的学校"辟雍"讲授自己的《五行章句》。明帝讲完之后，又让桓郁接着再讲一篇，得意之余，竟然自比孔子。他对桓郁说："我为孔子，卿为子夏，起予者商也。"

"起予者商也"原本是孔子对弟子子夏的赞许之辞。《论语·八佾》篇记载：有一次，孔子和他的弟子讨论《诗经》，其中子夏问道："'巧笑倩兮，美目盼兮，素以为绚兮'何谓也？"孔子回答说："绘事后素。"意思就是绘画时，先用粉素，

陈蕃

再施以五彩。子夏由此受到启发，举一反三，感觉礼乐制度应该是后起的，所以又问道："礼后乎?"孔子非常高兴地说："起予者商也，始可与言《诗》已矣。"意为：子夏，你真是一个能够启发我的人，现在可以和你一起讨论《诗经》了。

明帝以帝王之尊自命为先师孔子，这便将儒生以"帝王师"自居的资格都给剥夺了。这意味着高高在上的君主不仅掌握着至高无上的权力，而且掌握着真理和道德的评鉴权力。儒生攀附权力，使儒学成为国家独尊的意识形态，没想到其结果却是帝王借此独占了儒家学说的解释权。儒生所能够凭借与权力相抗衡的最后壁垒也被统治者无情地摧毁了，这是独尊儒术的必然结果，也是儒生最不愿看到的结果。

于是，儒生为了挽回自己的政治地位，开始以君子人格相标榜，高扬一种理想主义精神，以高洁的

李膺 像

范滂 像

人格来衡量个人与世界。当时正直的儒生顽强地恪守古典知识，坚持理想主义，抵抗政治权力的侵蚀。他们已经从入世为官来实现价值，转移到超越世俗，以坚守道德、人格、真理来体现价值。由此，他们也在社会上获得很好的名声，引导社会风气向好的方向发展，为儒生赢得了地位和尊重。

但是，儒生这种反对特权、高扬理想人格的行为，必然会导致思想与权力之间的冲突，以及儒生与皇帝之间关系的紧张。而在东汉时期，由于权力一直在皇族、外戚和宦官之间轮流周转，儒生受到相当大程度的排挤，其关系更加紧张。这种蔑视权威的行为，迟早会遭到权力的反击。所以，桓、灵时期接连发生了针对儒生的大规模迫害活动，这就是我们所熟知的"党锢之祸"。

"党锢之祸"不仅把天下的正人君子搜捕殆尽，而且使儒生原来奉行的凭借知识、人格与权力相抗衡的想法彻底破灭。儒生不得不转而寻求一种更个人化的独立与自由的精神境界，他们"遂闭门自守，不与之群，以六籍娱心而已"①。这种理想取向在魏晋时期得到老庄等道家思想资源的支持，并很快向玄学蜕化，成为当时社会的主流思潮。

（二）儒家关于宇宙本原思想论述的缺失

孟子曾说，孔子是所有圣人中的集大成者，是"圣之时者"，是圣人中能适应时势发展的人。而孔子一生也是以道自任，以拨乱反正自期，其关注的

_____

① 《中论·序》。

武梁祠汉画像：孔子问礼

重心也往往是人们现实的生活世界。子曰："道不远人。人之为道而远人，不可以为道。"并且从孔子一贯的主张来说，对于那种高远而不切实务的东西，他是不提倡的，而是以"存而不论"的态度加以规避，如"子不语怪力乱神"①，"未知生，焉知死"② 等态度和做法。孔子的这种态度造成儒家在宇宙本原思想论述上的缺失。

西汉时期，董仲舒对儒家思想进行改造，构建了一个以阴阳五行为架构的宇宙结构论。董仲舒所阐发的这种"天道"，可以直接映射社会政治，可以直接通过数术方技解释现实生活中的种种现象。然而，董仲舒的天道观，总体来说还是一种与现实有着极大关联的思想结构③，它也远没有解决宇宙与人性的终极依据这一问题。

汉魏之际，在现实问题成为言论禁忌的情势下，知识分子开始摒弃传统的思考路径，转而探究宇宙的本原，开始追寻思想幽深玄远的终极依据。他们认为，"道"是一切事物与现象的本质，"性"是一切品格与道德的源头。这从玄学初创时期何晏、王弼二人的思想中可以清晰地看出来。

何晏在《论语集解》中注解"性与天道"时说：

> 性者，人之所受以生也。天道者，元亨日新之道，神微，故不可得

---

① 《论语·述而》。

② 《论语·先进》。

③ 葛兆光：《中国思想史》第一卷，复旦大学出版社 1998 年版，第 319 页。

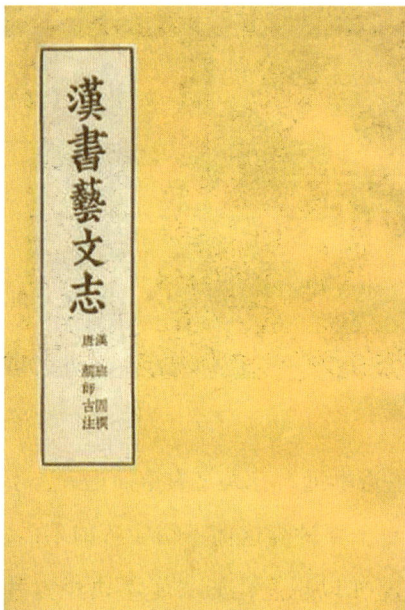

《汉书·艺文志》

而闻也。

何晏所谓的"性"，已经不是人的品格与行为，而是人之所以为人的终极依据。而"天道"，也不再是五行的运行、星象的流转，而是宇宙之所以为宇宙的深微大道①。正是对这些问题的探讨，形成了魏晋时期的玄学。

（三）两汉经学的发展困境

班固在《汉书·艺文志》中曾具体描述过汉代的经学研究状况：

> 古之学者耕且养，三年而通一艺，存其大体，玩经文而已，是故用日少而畜德多，三十而五经立也。后世经传既已乖离，博学者又不思多闻阙疑之义，而务碎义逃难，便辞巧说，破坏形体；说五字之文，至于二三万言。后进弥以驰逐，故幼童而守一艺，白首而后能言；安其所习，毁所不见，终以自蔽。

班固说，古时人们研习经典，只是玩索经文，寻其大意，所以，30 岁时，就已经把"五经"都读完了。但汉代独尊儒术，经学逐渐变成了烦琐的章句之学，师生之间严守家法，不顾经文，巧立名目，使经文的解释越来越琐碎，以至于为了解释五个字要用两三万字。人们研读经典，从幼年开始，到头发白的时候，才能讲明白这部经典。

经典的解释训诂有两种方式，一是解说疏通词义，二是阐发微言大义。汉代章句之学的琐碎，使经师精于词义疏通，而疏于经义阐发，结果章句愈繁，意义愈昧。而且汉代经师在解释经义的过程中，经常断章取义，他们故意抹杀、掩盖经义体系的统一性和语境对意义的影响，对经典中的某些语句

---

① 葛兆光：《中国思想史》第一卷，复旦大学出版社 1998 年版，第 321 页。

作孤立的研究和随心所欲的解释。

所以，东汉时期，儒家经师开始不断地精简删改西汉经师的章句之学。大儒桓荣在西汉末年跟随博士朱普学习《尚书》，学章句40万言，"浮辞繁长，多过其实"①。后来桓荣为明帝讲授《尚书》，减为23万言。桓荣之子桓郁又再度删减，最后完成定稿12万言。

两汉时期的《周易》训诂也已经走上极端，到了不得不变的时候。《周易》包含《易经》和《易传》两部分。《易经》是一部占卜书，《易传》是一部哲学书，但《易传》的思想是通过《易经》中的卦象卜辞推衍出来的。所以，《周易》的形式是象数，内容是义理。

所谓"象数"，就是占卜时显示出来的征兆。象是八卦的卦象，数是爻的奇偶，人们就是根据象、数显示出来的变化来预测吉凶祸福的。《易传》的作者对象数作了全新的解释，不把它们看作是占卜，而是阐发了其中的阴阳哲理。

两汉时期盛行的是以象数解卦，为了由卦象推导出卦辞、卦义，当时的易学家提出了互体、卦气、卦变、纳甲、乾坤升降等方法，但还是无法圆满地解释卦象与卦辞的关系。而且用他们这种方法解易，几乎可以对卦象作任意的发挥，这从根本上动摇了象数派解易的基础。曹魏时期，王弼吸收道家思想，发挥《易传》中的义理学说，成功地由汉代通过象数解易发展到通过义理解易，创立玄学思想。

八卦方位图

---

① 《后汉书·桓郁传》。

273

第一章 「名教」危机与魏晋玄学

二、诸子学与名理学

汉魏之际，儒学的独尊地位被打破，儒学也无力解决当时社会和政治中存在的急迫问题，于是统治者和知识分子纷纷开始寻求新的学术资源。他们首先想到的是先秦时期的诸子之学，由此出现了先秦诸子学复兴的局面。

诸子学中最先复兴的是道家，其风气大致始于汉安帝时期的马融。马融博通经传及诸子百家之言，又为老子作注。受此风气影响，道家学说逐渐流行起来。研究《老子》《庄子》的，世代不乏其人。《老子》《庄子》也与《周易》并列，成为玄学家们研究的主要著作。

道家之外，还有法家。汉末、三国时期的政治家，如曹操、诸葛亮等都崇尚法术。傅玄曾经对晋武帝说："近者魏武好法术，而天下贵刑名。"① 而诸葛亮以管、乐（管仲、乐毅）自期，对管仲治齐的功绩非常敬佩。刘备临终前留给刘禅的遗诏中，让他闲暇时"历观诸子及《六韬》《商君书》"。当时诸葛亮为刘禅抄写了《申子》《韩非子》《管子》《六韬》等著作，让他学习。

"建安七子"之一的徐干著《中论》、桓荣的子孙桓范著《世要论》，他们在书中虽没有公开标榜申、韩，却受到法家思想的影响。《三国志·魏志·杜恕传》载："今之学者师商、韩而上法术，竞以儒家为迂阔，不周世用。"由此可见法家思想的流行状况。

曹操 像

---

① 《晋书·傅玄传》。

这一时期，研究兵法的人也很多。曹操曾给《孙子兵法》十三篇作注，又曾抄集诸家兵法，名曰《诸家兵法接要》。诸葛亮曾作《兵法二十四篇》，桓范的《世要论》中也有《兵要》一篇。

这一时期，影响最大的还是名家。三国时期的爰俞曾研究过公孙龙的思想，而西晋的鲁胜曾为墨子著作中最为晦涩难懂的逻辑学部分——《墨辩》作注。当时称名家为刑名学，不过，他们所研究的名家，已经不是纯粹的名家思想，而是将名家学说与孔子的正名思想、法家循名责实思想结合起来的学说。这个"名"，实际上是政治教化的标准或政治思想原则。

汉魏之际，复兴的诸子学说有道、法、名、兵等家，加上当时国家一直在弘扬的儒家，至少有五家思想在相互争胜。不过，这一时期的诸子之学还是无法与先秦时期的"百家争鸣"相比。此时的诸子思想只是在儒家思想僵化、出现危机的时候，在不改变儒家主导地位的前提下应运而生，它补充了儒家思想的不足。

当时的人主要是从社会实践的紧迫需要出发，为了解决某些具体的问题，而从诸子学中寻找政治谋略和方法措施，并不把它们确立为独立的学派，所以汉魏之际的诸子学很快融合成曹魏初期的名理学。

所谓名理学，又称形名学，或刑名学，是以名实问题为本，品评人才和时事的政治思想。汉代取士的方法是地方察举、公府征辟。而察举以乡里舆论为标准，这样，人物品鉴就显得极为重要。它可以使有名者瞬时青云直上，无闻者终生委弃沟渠。而有名、无闻完全是乡里臧否人物的结果。所以，民间的清议实际上主导着士人的用进废退。

曹操墓，即安阳高陵，位于河南安阳市安丰乡

汉代察举也重门第，这从不同官吏乘坐的车中可看到。图为辕车，是大夫以上官吏才可以乘坐的。

这种选拔人才的方式，一方面能够使士人讲求操行，洁身自好，"名教"由此也可以鼓舞风气，奖励名节。另一方面，却也可能让士人辗转提携，互相吹捧，从而出现操行高尚者不一定知名，而虚诈伪装者可能流誉天下的现象。当时有民谣专门讽刺这一现象：

> 举秀才，不知书；察孝廉，父别居。寒素清白浊如泥，高第良将怯如鸡。①

这种名实不相符的现象令一些士人痛心疾首，于是转而寻求检形定名、控名责实的方法。东汉思想家王符在其著作《潜夫论》中主张考绩，以达到"官无废职，位无非人"的理想境地。

持这一看法的还有汉末著名思想家崔寔。崔寔是大书法家崔瑗之子，其本人书法亦为世人称道。这一家族向来以儒学传家，然遭逢汉末乱世，崔寔认为应该综核名实，实行刑罚之治。崔寔著《政论》五卷，详细地阐述了自己的这一主张，并被当时的人称作"法家"。

曹魏初期的政治就是这种注重名实相符的"名法之治"。《文心雕龙·论说篇》上说："魏之初霸，术兼名法，傅嘏、王粲校练名理。"这是说，魏武帝曹操建立霸业之后，采纳法家和名家的学说来治理国家，并任用当时的大学者傅嘏、王粲考察人物，通过循名责实这种手段，检验所考察之人是否与

---

① 顾久译注：《抱朴子外篇全译·审举卷第十五》，贵州人民出版社1995年版，第323页。

其职位相称。这种学说虽称为名理学，但其实与法家相近。

受此风气影响，汉魏之际出现了很多品核人物的著作。如魏文帝的《士操》、姚信的《士纬新书》、卢毓的《九州人士论》、刘劭的《人物志》，其中《人物志》是最能代表汉魏之际这种社会思潮的。

刘劭，字孔才，广平邯郸人，魏尚书郎、散骑侍郎、赐爵关内侯。

五行生克图：人禀五行而生，五行相生相克

他学问详博，通览群书，曾经敷衍大义，执经讲学。他受诏搜集五经群书，分门别类，纂为《皇览》，这是中国最早的类书。之后，他又参与制定律令，作《新律》十八篇，著《律略论》。由此可见，刘劭长于法制，与法家相近。

《人物志》主要讨论了人才选拔问题。刘劭认为，人"禀阴阳以立性，体五行而著形"，从人的形质可观察其才性。由于人物所含的形质不同，所以才性也有中庸、偏至的不同。

但这所有的才性并不是平等的，其中"中和"品行是最可贵的，只有圣人才禀此一性。刘劭说："中庸之德，其质无名"，这样他就通过引入道教无名的思想对儒家的中庸进行了新的解释，表现出儒道合流的倾向。后来的何晏、王弼，正是在这一点上突破了名理学的理论框架，从"无名"扩展到对天地万物的认识，从而导致了魏晋玄学的产生。

三、玄学的产生与发展

汉魏之际的名理学转而发展为正始①以后的玄学，大概有两方面原因：一是现实政治的影响，使品评人物的乡间清议不得不转向空虚玄谈。汉末时期

---

① 正始，魏理宗曹芳的年号（240—248）。

的清议，又被称为清谈，内容都是正名分、评人物。所研究的对象主要是政治人伦，绝不高谈性理天道。然而，正始以后，司马氏与曹氏斗争激烈，司马氏为政苛刻猜忌。士人为了躲避灾祸、保全自身，高谈玄远，不敢再讨论具体的政治时事。于是曹魏时期的清谈就由谈具体事实发展到谈抽象原理，由切近人事而玄虚悠远。

二是理论本身的自然发展，特别是名理学与老子无名、无为思想的结合。先秦的名家学说本就与道家学说具有相当的关系，因为追求名理的最后归宿必然是无名。就道家理论而言，凡是有"名"就有其限制性，但操持循名责实之权的君主应该没有限制性，必然是无名的，这从刘劭的《人物志》中就可以看出来。刘劭认为天下之治平系于圣人一人，而圣人明智至极，知人善任，垂拱而治。圣人之所以能够如此，是因为圣德中庸，平淡无奇，不偏不倚，因而能与万物相应，故不以事自任。

正始时期的玄学家王弼在注《老子》时，提出了与刘劭相似的见解。只不过刘劭所说的君德中庸，仅仅施之于政治，作为知人任官之本。而王弼则认为君德能够中庸平淡，在于君主能够效法道的无形、无名，任万物之自然，并因此而跻身于至治之境。这样，王弼就通过道家学说，成功地将汉魏之际的名理学引向一个更幽深玄远的形而上领域，开始讨论有无、本末等根本性的问题。玄学，于是应运而生。

玄学的主题是自然与"名教"的关系，也就是本末、有无的关系。道家明自然，儒家贵"名教"，如何处理儒道之间的矛盾，使它们会通无碍，是玄学清谈的热门话题。根据不同玄学家对"名教"与自然关系的见解，可以把玄学的发展分为三个阶段。

第一期——正始时期。首先将研究的重点由名理发展到无名的是何晏。何晏虽把无名凌驾于有名之上，却并不反对"名教"，只是说名教复本于自然。王弼在其著作中发挥了"本末体用"之说，"无"为本，"有"为末，自然为本，"名教"为末，"名教"是自然的体现。

王弼尚未弱冠，去拜访当时的吏部郎裴徽。裴徽一见之下，非常惊异，问弼曰："夫无者，诚万物之所资也，然圣人莫肯致言，而老子申之无已者，何？"① 意为："无"是万物产生的根本，但是孔子却从来没谈论它，反而是老子反复不断地讨论这一问题，这是为什么？

王弼回答说："圣人体无，无又不可以训，故不说也。老子是有者也，故恒言无所不足。"这是说，圣人早就明白"无"的道理，但"无"又不能解释，所以不说。老子只看到了有，没有体会到"无"为万物之本，所以就不停地解释自己不知道的。

《老子·第十四章》："天下万物生于有，有生于无。"王弼以老子思想解释儒家思想，把"无"作为宇宙本源，解决儒家思想的终极依据的问题。而且他极聪明地调和了自然和"名教"的关系，将孔子的地位提高到超越老子的程度，这种方式是非常高明的。

第二期——竹林时期。何晏、王弼主张"名教"本于自然。这虽然解决了"名教"与自然的矛盾，但在有无之间，他们是有所偏重的，即认为无更为根本，无是万物的本源。这在无形中，就将与"无"相应的自然秩序置于与"有"相应的道德秩序之前，那种淳朴、混沌的自然生活态度就被置于理性、和谐的礼乐生活态度之前，具有了价值上的绝对意义。② 但有、无产生矛盾，"名教"、自然发生冲突时，玄学名士就会选择自然，舍弃"名教"。

嘉平元年（249 年），司马懿发动"高平陵之变"，曹爽一族被处决，何晏、夏侯玄、李丰等名士亦受株连而被杀，政权落入司马氏之手。司马氏是出身于河南温县的儒学世家，执政之后，重新开始提倡"名教"，以维护统治。但不愿与司马氏合作的名士，却看不惯这种虚伪的做派，于是在口头上和行为上表达了对"名教"的反抗，这就是以"竹林七贤"为代表的"竹林名士"。他们"非汤武而薄周孔，越名教而任自然"③，蔑视礼法，轻视世务，任性自肆，纵酒放达，在曹魏末期形成一股放荡之风。

---

① 《三国志·锺会传》。
② 葛兆光：《中国思想史》第一卷，复旦大学出版社 1998 年版，第 331 页。
③ 《与山巨源绝交书》。

第三期——中朝①时期。景元五年（263 年），司马昭杀嵇康，两年后其子司马炎篡魏，建立晋朝。"竹林名士"虽然受到压制，但其倡导的放达之风却在西晋延续下来。当时，"时俗放荡，不尊儒术"，士人"口谈浮虚，不遵礼法"，虽身居高位，但是尸位素餐，不问世事。

裴𬱟痛感"风教陵迟"，于是作《崇有论》。他认为："夫至无者无以能生，故始生者自生也。"这就是说，无既然是无，就不能生有，始生只是自生，而生之始只能体有，也就是有始能存在，无不能存在。自然就是万有的综合，这个万有，当然包括社会中的"名教"礼法，所以"名教"不仅本之于自然，而且"名教"本身就是自然。

与裴𬱟思想类似的人，还有永嘉时期的郭象。郭象主张万事万物自生自化，自足其性，各安其分，这就达到了庄子所说的逍遥自由的境界。他在其撰写的《庄子注》中说："无既无矣，则不能生有。有之未生又不能生。然则生生者谁哉？块然而自生耳。自生耳，非我生也。我既不能生物，物亦不能生我，则我自然矣。"

郭象的玄学思想可以用他在《庄子注序》中的一段话来概括，这段话也是郭象对自然与"名教"关系的看法。他说："神器独化于玄冥之境。"神器指的是国家政权，也就是儒家"名教"；独化就是块然独处，自生自化；玄冥之境，指的是自然。这样一来自然与"名教"就不再有分别，自然就是"名教"，"名教"就是自然。

玄学思想经过不断发展，终于彻底解决了自然与"名教"之间的分歧，为"名教"找到了完美的终极依据。此后，"名教"与自然的同一，就成为当时玄学家的一致认识。

西晋时期，玄学清谈的中心人物是太尉王衍。当时陈留阮修有声誉，王衍见他问道："老庄与圣教同异？"阮修回答说："将无同。"意为：没有什么不同吧。王衍认为他的回答非常好，就征辟他为僚属，时人称之为"三语掾"。

---

① 东晋人称西晋为中朝，时间段主要为太康、元康年间。

第二节　玄学的代表人物

魏晋时代，涌现出一大批思想深刻的玄学家，其中的重要人物代表了不同时期玄学思想发展的高度。正始时期重要的玄学家为何晏、王弼二人，竹林时期的代表人物则是"竹林七贤"，其中阮籍、嵇康、向秀著述较多，影响较大。中朝时期，玄风独畅，玄学成为士族共同的精神活动，几乎有名望的士人皆参与其中，而声望最高的是王衍、乐广、裴頠、郭象。

一、正始名士

何晏（？—249），字平叔，南阳宛人，东汉大将军何进的孙子。其父早逝，曹操纳其母尹氏为妾，所以何晏是在曹氏的宫廷内长大的，后娶金乡公主，成为曹魏驸马。

何晏聪明过人，深得曹操喜爱，食物、服饰都和曹操的几个儿子相似，所以曹丕很讨厌他，称他为"假子"。曹丕继位后，也没有授予何晏任何官职。明帝时，仅授何晏毫无权力的冗官。

当时，何晏与毕轨、邓飏、李胜、丁谧皆有才名，但明帝深抑浮华，诸人皆不得志。曹爽辅政时，任用当时的名士进行政治改革，何晏等人得到了施展抱负的机会。何晏先被任命为散骑常侍，后转为吏部尚书，主管选举人才，内外职位都各得其才，人尽其用。

曹爽执政时，虽然政局承平小康，但何晏其实深知曹魏的政权面临重重危机。他本人望重名高，又是曹氏的驸马，虽心怀忧戚，但无由得退。他曾作五言诗一首，表达自己的忧愁惊惧之情：

> 鸿鹄比翼游，群飞戏太清。
>
> 常畏大网罗，忧祸一旦并。
>
> 岂若集五湖，从流唼浮萍。
>
> 永宁旷中怀，何为怵惕惊。

《论语集解》

果然，好景不长，正始十年（249 年）正月初六，司马懿发动"高平陵政变"，曹爽被囚禁。正月初十，司马懿以谋逆罪，将何晏与曹爽等一同诛灭三族。

何晏好《老》《庄》《周易》，曾亲自为《老子》作注，作《道德论》二卷，也曾为《论语》作解，作《论语集解》一书。当时的名士裴徽曾与何晏讨论《老》《庄》《周易》等，在辩论中难以赢他。当时的人受他熏习，"皆归服之"。刘邵也曾几次与何晏讨论《周易》及老庄之道，他感到何晏在阐述玄理时，"精神遐流，与化周旋，清若金水，郁若山林"。

正始时期，何晏声望既著，又身处权重之地，他利用自己的地位和声望，奖掖后进，提倡老庄，使玄学蔚然成风，成为正始玄学的倡导者和领袖人物。何晏之后，老庄与孔子争胜，玄学成为当时文人士大夫服膺的中心学说。当然，之所以会出现这种局面，除了何晏的提倡之功，还有赖于一位天才少年——王弼对玄理的阐发。

王弼（226—249），字辅嗣，山阳高平（今山东济宁）人。他出身于儒学世家，其高祖父是党锢时期"八俊"之一的王畅。王畅生王谦，王谦为大将军何进的长史，王谦生"建安七子"之首的王粲。汉末，王粲与族兄王凯一起去荆州投靠同乡刘表。刘表本有意把女儿许配给王粲，但是他嫌王粲矮小、丑陋，就把女儿嫁给了王凯，王凯生王业。后来，王粲的两个儿子参与魏讽的叛乱，被杀。曹丕就把王业过继给王粲为子。王业生王弼，王弼为王粲之孙。

王弼小时候就非常聪明，十几岁时，就好老氏之言。当时他父亲王业为尚书郎，裴徽为吏部郎，王弼去拜见他，裴徽一见之下，就认为王弼非同常人，王弼由此开始知名。他与锺会的关系最好，二人经常在一起研究玄理，锺会"每服弼之高致"。

正始间，何晏为吏部尚书，有威望，当时谈客盈坐。王弼未弱冠，去见何晏。何晏早就听说过王弼的名声，因此把刚才谈论中获胜一方的理论，向王弼阐述了一遍，问他："这一理论，我以为已经达到极致了，您还能反驳它吗？"王弼于是开始反驳，众人都理屈词穷。随即王弼又自为主客，几番自问自答，这些问题都是宾客们不能企及的。

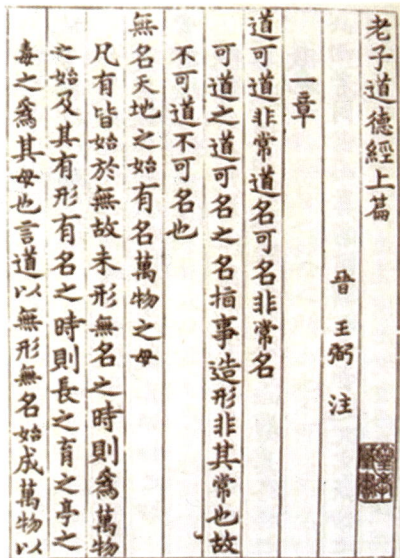

《老子道德经》

何晏曾给《老子》作注，作成之后，去见王弼，而王弼恰好也在给《老子》作注。何晏见王注精奇，对他非常佩服，说："若斯人，可与论天人之际矣！"于是把自己的注改作为《道德论》2卷。

何晏对王弼非常赏识，推荐他任台郎一职。不过王弼高傲不群，为人刻薄，时常以自己的优点和别人的缺点作比较，为此得罪了不少人。他也不善于打理政务，对此亦不甚在意。正始十年（249年），曹爽被杀，王弼因公事被免职。当年秋，遇疠疾病亡，时年23。司马师听到王弼的死讯后，为之伤心累日。

王弼人生短暂，但学术成就卓著，著有《周易注》《周易略例》《老子注》《老子指略》《论语释疑》等。王弼综合儒道，借用、吸收了老庄的思想，建立了体系完备、抽象思辨的玄学哲学。此后玄学成为足以与儒学抗衡的思想体系，王弼也成为当时思想最为深刻的玄学家之一。

二、竹林七贤

曹魏末期，阮籍、嵇康、向秀、山涛、刘伶、阮咸、王戎七人经常集于竹林之下，酣饮于黄公酒垆，世人称之为"竹林七贤"。

阮籍 像

阮籍（210—263），字嗣宗，陈留尉氏人，"建安七子"中的阮瑀之子。阮籍3岁丧父，家境清苦，勤学成才。阮籍在政治上本有济世之志，曾登广武城，观楚汉之争时期的古战场，慨叹自己生不逢时，说："时无英雄，使竖子成名！"①

正始时期，曹爽与司马懿争权，政局十分险恶。曹爽曾召阮籍为参军，他托病辞官回归乡里。正始十年（249年），司马懿杀曹爽，独专朝政。司马氏杀戮异己，被株连者很多。阮籍本来在政治上倾向于曹魏皇室，对司马氏集团怀有不满，但同时又感到世事已不可为，于是他采取不涉是非、明哲保身的态度，或者闭门读书，或者登山临水，或者酣醉不醒，或者缄口不言。他经常驾着一辆驴车，随意所之，走到穷途末路时，就痛哭一场。

锺会是司马氏的心腹，曾多次探问阮籍对时事的看法，阮籍都用酣醉的办法躲避。司马昭本人也曾数次同他谈话，试探他的政见，他总是发言玄远、口不臧否人物，以致司马昭说："阮嗣宗，天下之至慎者。"司马昭还想与阮籍联姻，阮籍竟大醉60天，使事情不了了之。

阮籍崇奉老、庄，是魏晋玄学中的重要人物。他曾作《通老论》《达庄论》等阐发玄学思想的文章，还有《大人先生传》和82首《咏怀诗》等文学作品。《大人先生传》是阮籍现存最长的作品，据说是阮籍游苏门山见到仙人孙登之后而作。文章阐发了他越名教而任自然的旨趣，他讽刺世俗中的"礼法君子"就如同裤中的虱子："汝君子之处区之内，亦何异夫虱之处裈之

---

① 《晋书·阮籍传》。

中乎!"而大人先生则得"自然之至真",能够"陵天地而与浮明（日月的意思）遨游无始终",自由而逍遥。

嵇康（223—263），字叔夜，谯郡铚（今安徽宿州）人。嵇康出身儒学世家，其父嵇昭曾为督军粮治书侍御史。

嵇康少有俊才，旷迈不群，学不师授，博洽多闻。他身高七尺八寸，风姿特秀，不加修饰，而龙章凤姿。虽在人群之中，远望即知非常人。他的好友山涛这样称赞他："嵇叔夜之为人也，岩岩若孤松之独立；其醉也，傀俄若玉山之将崩。"

嵇康 像

二十五六岁时，嵇康结婚，娶曹操之子沛王曹林的孙女长乐亭主为妻，官拜郎中，后又迁至中散大夫，所以又被称为嵇中散。此时，司马氏已经独掌政权，但作为曹魏女婿的嵇康并不认同司马氏的统治，而且嵇康对高官厚禄也没有兴趣，他向往的是出世逍遥的生活。因此，他隐居于河内郡山阳县（今河南焦作），与阮籍、山涛、刘伶、向秀、阮咸、王戎等人在竹林酣饮。

嵇康的好友山涛，由选曹郎调任大将军从事中郎，山涛向司马昭举荐嵇康来代替自己。嵇康知道后，写下了《与山巨源绝交书》，谢绝了山涛的举荐。嵇康在信中说，自己性情疏懒，不堪为官，再加上性格耿直，为礼法之士所不容。如果做官之后，肯定会有意想不到的祸患找上自己。而且自幼就羡慕隐栖山林的高士，性情傲散，与礼相悖。年长之后，"又读老庄，重增其放，故使荣进之心日颓，任实之情转笃"。

嵇康当然理解山涛对自己的赏识，他之所以如此决绝，并非真与山涛绝

河南云台山，嵇康隐居处

南朝时期的《竹林七贤和荣启期砖印模画》，长244厘米，宽88厘米，由300多块古墓砖组成，出土时分东西两块，一块为嵇康、阮籍、山涛、王戎四人，另一块为向秀、刘伶、阮咸、荣启期四人。1960年4月在江苏省南京市西善桥南朝墓葬出土。现藏于南京博物院。

交，而是想借这个机会表达自己不会出仕的节操，防止以后再有人举荐自己。实际上，他对山涛是非常信任的，嵇康被杀前，就对他的儿子嵇绍说："巨源在，汝不孤矣。"

大将军司马昭听闻嵇康谢绝山涛举荐的事后，知道嵇康不可能为己所用。后寻故将嵇康杀掉。自嵇康被杀、阮籍醉亡，"竹林七贤"的放达之举就消失了，"竹林七贤"中的幸存者都出仕于司马氏的西晋王朝，其中年龄最小的王戎做到了尚书令。有一次，他从当年"竹林七贤"酣饮的黄公酒垆经过，对随行的人说：

吾昔与嵇叔夜、阮嗣宗共酣饮于此垆。竹林之游，亦预其末。自嵇生天、阮公亡以来，便为时所羁绁。今日视此虽近，邈若山河。[1]

---

[1] 《世说新语·伤逝》。

王戎的品格虽然在"竹林七贤"中微不足道，但他的这段话却是整部《世说新语》中最为打动人心的一个故事，物是人非，豪情不在，酒垆虽存，往事却像山河一样缥缈难寻了。

三、中朝名士

中朝名士的领袖是王衍，王衍（256—311），字夷甫，琅琊（今山东临沂）人。王衍出身于魏晋高门琅琊王氏，他清明俊秀，风姿文雅，其族弟王敦曾说："夷甫处在人群之中，犹如明珠美玉落在瓦片石块之间。"[1] 王衍幼年时，去拜见山涛，山涛在他离开后，对人说："不知道是哪位妇人，竟然生出一个这样好的儿子！然而，误尽天下苍生，未必不是这个人。"

惠帝元康时期，他"名声藉甚，倾动当时。妙善玄言，唯谈《老》《庄》为事"。无论朝廷高官，还是在野人士，都很仰慕他，称他为"一世龙门"。王衍接连担任多个显要职务，很多年轻求仕的人，没有不仿效他的所作所为的。

当时的名士，乐广、裴楷、王戎、张华、卫玠等人经常在洛阳举行集会，谈玄论理。王衍得到众人一致的推崇，其堂兄王戎这样称赞他："太尉神姿高彻，如瑶林琼树，自然是风尘外物。"

王衍在洛阳谈玄时，晋朝的政局已经一发不可收拾。先是发生了绵延十余年的"八王之乱"，接着匈奴贵族刘渊建立前赵，时

王衍 像

① 《晋书·王衍传》。

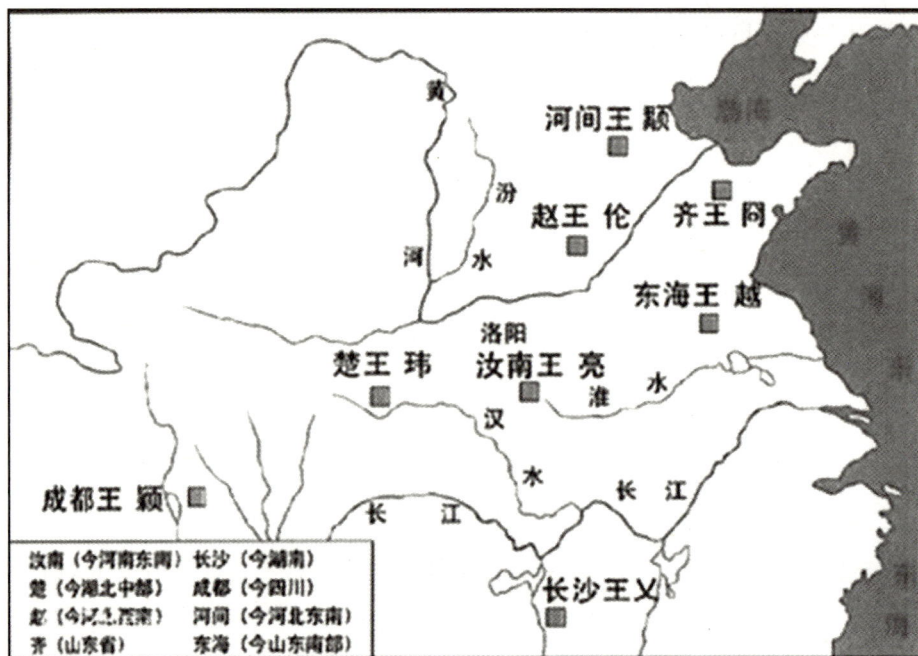

导致西晋灭亡的"八王之乱"：八王分封图

刻准备进攻洛阳。永嘉二年（308 年），刘渊的部将王弥进攻洛阳，被王衍击退。永嘉五年（311 年），东海王司马越去世，王衍护送司马越灵柩还葬东海国，路上被石勒击破，被俘。

王衍临死时，对身边的人说："唉！我们即使不如古人，平时如果不崇尚浮华虚诞，勉力来匡扶天下，也不至于到今天的地步。"

乐广（？—304），字彦辅，南阳淯阳人，也是中朝清谈的领袖人物。他性情简约，有远识，寡嗜欲，与物无竞。他尤其擅长清谈，用很少的言语就能把精深的义理谈得透彻明白，当时没有几个人能比得上他。

太尉王衍对他也非常推崇，他对人说："与人语甚简至，及见广，便觉己之烦。"意为：我和别人谈论时，觉得自己的语言已经足够简单了，但见了乐广，才发觉我用语还是相当烦琐的。

这一时期，士人作风虚浮，放荡成风。王澄、胡毋辅之等人，皆狂放不羁，有的甚至不以裸体为羞耻。乐广并不认同他们这种行为，他听说之后，轻蔑地笑着说："名教内自有乐地，何必乃尔！"乐广虽是清谈领袖，但他并不把名教与玄学对立起来。

王衍、乐广虽擅玄谈，但不擅长著作。西晋时期，以著作阐发玄理的代表人物主要是裴頠和郭象，他们对玄学理论的发展做出了巨大的贡献。

裴頠（237—291），字逸民，河东闻喜人，王戎女婿，曾任散骑常侍、国子祭酒、右军将军、尚书左仆射。裴頠少时儒雅有远见，很早就以善谈《老子》《周易》而知名于世，时人称之为"言谈之林薮"①。

中朝时期，太尉王衍、河南尹乐广，继承了何晏、王弼的"贵无"理论，认为天地万物以无为本，有生于无；行为上更是任性放达，不以世务为心。裴頠深患时俗放荡，不尊儒术，言谈浮夸虚幻，不遵礼法，以至于相互仿效，风俗教化衰败，于是作《崇有论》，反驳"贵无"说。

裴頠作《崇有论》，有人和他辩论，可是没有人能驳倒他。只有王衍来和他辩论时，他才稍稍有点理屈。但当别人用王衍的理论来驳他时，他的观点又展开了，讲得头头是道。

郭象（252—312），字子玄，河南洛阳人。从小就有才学，好《老》《庄》，擅长清谈。时人都认为他是王弼一流的人物。州郡征召，他不去上任。他常闲居在家，以文自娱。后来，他被任命为司徒掾，逐渐升为黄门侍郎。东海王司马越任其为太傅主簿，对他非常信任。

在中朝名士中，郭象也是受到一致推崇的。当时的名士庾敳对他称许有加。庾敳经常说："郭子玄何必减庾子嵩。"意为：郭象又有什么不如我庾子嵩的呢。王衍也很欣赏他，说："听郭象说话，如河水悬空倾泻而下，长流不息。"

郭象少时就慕道好学，把自己的志向

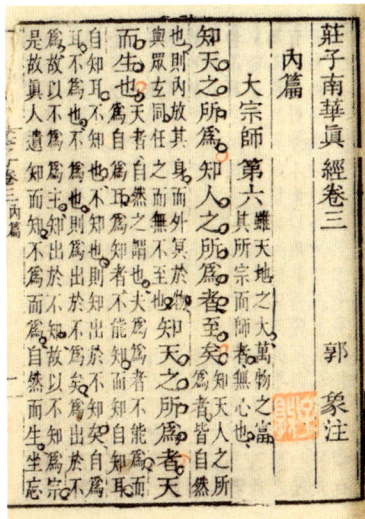

《庄子南华真经》

---

① 《晋书·裴頠传》。

情趣都放在《老子》《庄子》这两本书上面。向秀没有把《庄子注》全部完成就去世了，其子年幼，不能继续整理。郭象就以向秀的注解为基础，述而广之，扩充改写，写成《庄子注》三十三篇。当时的人对郭象的注解评价很高，认为"最有清辞遒旨"。郭象的《庄子注》一面世，就使"儒墨之迹见鄙，道家之言遂盛焉"，是当时影响最大的著作。

第三节　儒学、玄学与政治

魏晋时期，玄学虽盛，但统治者一旦等到政权稳定，往往都开始不遗余力地提倡儒学，由此出现了魏晋时期独特的儒学、玄学与政治之间，三者微妙而曲折的关系。总体来说，儒学在维系人心和维持社会秩序方面有着玄学不可替代的作用。玄学虽受到世家大族的青睐，但是儒学对政治仍有着重要的影响。

一、曹魏时期的儒学与玄学

曹操生处乱世，讲求实用，他好申、韩法术和孙、吴兵法，对儒家思想不甚在意。所以他在《求贤令》中对人才的要求是，即便"负污辱之名，见笑之行，或不仁不孝"，但是如果"有治国用兵之术"，也要"各举所知，勿有所遗"。

然而曹操也深明"治平尚德行，有事赏功能"的道理。所以，虽然他崇尚名法之治，但政权稳定后，也开始兴学、兴教。建安八年（203年），曹操击败袁绍占领邺城后，便下令修学，他在《修学令》中说：

> 丧乱以来，十有五年，后生者不见仁义礼让之风，吾甚伤之。其令郡国各修文学，县满五百户置校官、选其乡之俊造者而教学之，庶几先王之道不废，而有以益于天下。

曹操去世后，其子曹丕建立魏国，开始尊儒祀孔，并以仁义忠信相标榜。吏部尚书陈群创立九品官人法，州、郡、县各级都设立大小中正，以公卿及郎吏中德高才茂的人充任。他们以道义言行为标准，并选择其中的优异者，推荐给政府，任命为官。

文帝之后的明帝对儒学更是尊崇。太和二年（228 年），他下诏说："尊儒贵学，王教之本也。自顷儒官或非其人，将何以宣明圣道？其高选博士，才任侍中、常侍者。申敕郡国，贡士以经学为先。"①

明帝认为儒学为"王教之本"，这意味着曹魏的政治开始从名法之治向儒术治国转变。然而此时清谈正盛，新思潮喷薄而出，明帝提倡儒学的政策并不能吸引当时的世家子弟。

《正始石经》

刘靖认为当时儒教陵夷，是因为所选任教的博士学问浅薄，不堪其任，不能吸引优秀的学生，其实就当时的社会风潮而言，即使政府能够征召到通晓经学、品行端正的博士，也未必能吸引当时优秀的世家子弟。因为当时的优秀年轻人都已群趋清谈名理之门：

> 窃见当今年少，不复以学问为本，专更以交游为业；国士不以孝悌清修为首，乃以趋势游利为先。合党连群，互相褒叹，以毁誉为罚戮，用党誉为爵赏，附己者则叹之盈言，不附者则为作瑕衅。②

当时的贤俊之士，如散骑常侍夏侯玄、尚书诸葛诞、邓飏等人，互相褒扬，以夏侯玄、邓飏等四人为"四聪"，以诸葛诞等人为"八达"，以刘熙、孙密、卫烈三人为"三豫"，共 15 人。当时人称他们为"浮华"之徒，认为他们是"毁教乱治"的罪魁祸首。所以，明帝下诏把他们都罢官禁锢。

---

① 《三国志·明帝纪》。

② 《三国志·魏书·董昭传》。

司马懿 像

明帝逝后，其子曹芳即位，曹芳年幼，由曹爽、司马懿辅政，而事权主要由曹爽掌握。曹爽于是任命当时的清谈名士主持政治改革，建立属于自己的功业，这就是正始玄学家的改制运动。他们主张改革当时压制清谈，偏袒豪门的九品中正制，改革当时烦琐低效的官僚制度。

然而，正始名士所选非人，曹爽骄横而软弱，在政治斗争中，根本不是老谋深算的司马懿的对手。结果"高平陵政变"后，曹爽被杀，正始名士被株连殆尽，正始玄学在政治领域的第一次实践就这样失败了。此后，司马氏当政，大力弘扬儒学，不愿与司马氏合作的名士放浪形骸，蔑弃礼法。玄学与儒学之争呈现出一种新的形态。

二、西晋时期的崇儒与玄风

司马氏是河南温县的儒学世家，在其与曹氏斗争的过程中，又得到了颍川荀氏、平阳贾氏、颍川锺氏、东海王氏、河东裴氏、河东卫氏等家族的支持，这些世族都是东汉时期就开始世传儒学的高门大族。所以，西晋时期的统治集团又开始重新提倡名教，特别是孝道这一思想。

司马昭把持朝政时，恰好是"竹林七贤"纵酒放达之时。司马氏集团中的何曾非常看不惯阮籍的所作所为，他曾当着司马昭的面斥责阮籍，对他说："卿纵情背礼，败俗之人，今忠贤执政，综核名实，若卿之曹，不可长也。"[1]的确如何曾所言，司马氏最后还是没有放过"竹林七贤"。竹林名士或者被

---

[1]　《晋书·何曾传》。

杀，或者酒醉而死，或者被迫出仕与司马氏合作。

晋武帝司马炎篡位之后，有意为治，曾经下诏命郡国守相和两千石以上官吏巡行各属县，敦促开导人们遵守父义、母慈、兄友、弟恭、子孝的道德准则，整顿吏治、查处非法，举荐有贤才的人，提拔寒门士人。其诏曰：

晋武帝司马炎 像

> 敦喻五教，劝务农功，勉励学者，思勤正典，无为百家庸末，致远必泥。士庶有好学笃道，孝悌忠信，清白异行者，举而进之；有不孝敬于父母，不长悌于族党，悖礼弃常，不率法令者，纠而罪之。田畴辟，生业修，礼教设，禁令行，则长吏之能也。①

西晋是以儒学治国的。如果我们把武帝的这个诏令，与曹操的《求贤令》做一对比，就可以看出，其统治思想与曹魏时期相比已有很大不同，这其中的崇儒倾向已经与汉末崇尚的名法之治完全不同。

崇尚儒家文教，首先就要尊孔兴学，制礼作乐。武帝泰始三年（267年），改封宗圣侯孔震为奉圣亭侯，令太学及鲁国，四时准备三牲祭祀孔子。晋初，继承了曹魏时期的太学，立博士 19 人。咸宁四年（278 年），又设立国子学，以教授生徒。

除了兴学，还有制礼，因为就儒家学说而言，"隆礼以率教，邦国之大务也"②。司马昭执政时，就曾命朝臣撰定新礼、官制和法律。武帝即位后，又命令傅玄、荀勖、张华等人改定礼乐音律，整理图籍。晋惠帝元康年间，裴

---

① 《晋书·武帝纪》。
② 《晋书·礼志》。

颁又奏修国学，刻写石经，为皇太子讲解儒家经典。

然而，惠帝即位之后，西晋的思想界为之一变——玄学大盛，儒学消沉。虽然这一时期，朝廷仍在提倡儒学，朝臣中仍有很多礼法之士以儒学、德行为世所重，甚至裴颁专门著文，反对玄学，但仍然扭转不了老庄玄学大兴的局面。

中朝玄学以清谈为主，清谈当时在士林之中蔚然成风，成为士人生活不可或缺的部分。中朝清谈的规模和现实影响，虽然超过正始玄谈，但思想深度却不及后者。此时的清谈少了探究玄理的精神，却加入了游戏风流和博誉求名的成分。如《世说新语·言语》篇记载的一次洛水清谈：

> 诸名士共至洛水戏。还，乐令问王夷甫曰："今日戏，乐乎？"王曰："裴仆射善谈名理，混混有雅致；张茂先论《史》《汉》，靡靡可听；我与王安丰说延陵、子房，亦超超玄著。"

乐广将王衍等人的洛水清谈称为"戏"，可见他们并不完全把清谈看作是玄理的探讨，而是把它看作是消遣方式。这样做的目的主要在于名士之间通过相互交往和捧场，从而邀得高名，显示自己的卓尔不群。

与清谈风气相应的是名士的玩世心态。他们怡情山水，宅心事外，不愿为庶务所累，不愿为俗规所拘，风流蕴藉，潇洒自由。《世说新语·简傲》记载：

> 王平子出为荆州，王太尉及时贤送者倾路。时庭中有大树，上有鹊巢。平子脱衣巾，径上树取鹊子。凉衣拘阂树枝，便复脱去。得鹊子还，下弄，神色自若，傍若无人。

王平子，即王澄，王衍的弟弟。他被任命为荆州刺史，众官都来送行，他却完全不以为意，脱下衣服，爬树去掏鸟窝。而送行诸人不以为怪，反而羡其风流，传为美谈。王澄到了荆州之后，日夜饮酒，不理政事，最终导致荆州大乱。

西晋的统治阶层一方面消极政事，醉心于个人的玩乐；一方面以我行我素的放浪行为为通达。在这种玩世心态和清谈玄虚中越陷越深，以致士无操守，国无正人，终于在昏暗和淫乱中一步步走向灭亡。

三、东晋时期的儒学与玄学

西晋灭亡后，中原士族为躲避战祸，络绎南下。317 年，这些士族拥立镇守建康的琅琊王司马睿为帝，建立了偏安江东的东晋王朝。

东晋政权建立后，当政者鉴于西晋王朝的灭亡，开始总结反省前代的得失教训。在这一反省中，他们大多将矛头指向正始以来所流行的玄学思潮，他们认为，正是由于西晋时期的玄远放达之风，破坏了伦常道德、礼法刑政，最后导致了中原倾覆、王室南迁的局面。

晋元帝司马睿 像

所以，东晋始建，就开始敦崇儒教，明经兴学。在司马睿即位的第一年，即建元元年（317 年），王导、戴邈上书兴学，其中王导在兴学疏中说：

夫风华之本，在于正人伦。人伦之正，存乎设庠序。庠序设，五教明，德礼洽通，彝论攸叙，而有耻且格。父子、兄弟、夫妇、长幼之序顺，而君臣之义固矣。今若聿遵前典，兴复道教，择朝之子弟并入于学，选明博修礼之士而为之师，化成俗定，莫尚于斯。

元帝看过这篇疏之后，"甚纳之"。这篇兴学疏可以说是王导以儒教治国的政治纲领。当然从思想上

王导 像

看，它并无新的发展，与以往的兴学弘儒之论也并无重大区别，但就其时间和内容看，却有着深刻的意义。这是他在总结魏晋时期兴亡得失的基础上提出的针对性主张。

自此以后，东晋政权采取了一系列措施恢复儒学。他们建立太学、征召博士、讲授经典，加强对储君的儒家经典教育。祭祀孔子，恢复郊祀之礼，以示他们对名教的重视和礼制的坚持，这也是他们以儒家思想重整秩序的努力。东晋一朝，不断有大臣上书复兴儒学，甚至在自己执政的局部区域大力弘扬儒学。像陶侃在荆州，庾亮在武昌，范宁在豫章，都曾大设庠序，讲授经学。

东晋时期，虽然太学衰颓，但自汉末以来，儒家学术的传承转入士大夫家族内部，经学教育都是在家族内部自行传承的，家族承担了原来由国家负担的教育功能。所以王朝兴办的太学虽不能稳定发展，但是并不妨碍儒学在社会上的影响。

东晋时期，有很多博综群书的大儒，如吴郡范平、庐江杜夷、陈留范宣，还有孙盛、袁宏、贺循、谢沈、虞喜，以及范汪、范宁父子等等。他们或甘于贫贱，足不出户，闭门授徒；或为官在位，从容兴学，风化大行。但不论穷达，都是世好儒学，究心经典，以讲诵为业，弟子常常达到数百上千人。

正是由于朝野双方的这种努力，东晋时期，儒学虽不像两汉时期那样繁荣，但仍然保持着在思想上和政治上的支配和主导地位。历代帝王将相的执政，也基本上遵循着儒学的基本原则。东晋政权之所以能够维持下来，实际上是因为儒学的宗法伦理观念在统治阶层中仍然起着支配作用。

东晋统治者经过反省西晋的兴衰败亡，毅然选择了儒家思想。然而以士族为主体的东晋统治集团，却并不喜欢直接为君权服务的儒家思想束缚自己。尽管他们也认识到在维持社会秩序上，儒学有着不可替代的作用，但还是希望以一种符合士族需要的学说作为指导思想，而这一学说只能是玄学。

于是，东晋时期的统治思想就出现了一种复合现象。一方面宣扬崇儒兴学，振兴名教；另一方面又主张清静简易，不废玄谈。他们公开宣称儒家为正统思想，但在这一框架内，却以玄学作为平衡各方矛盾、维持士族团结的指导思想。这种局面可以说是一种外儒内道的格局。

在这一格局影响下，西晋的清谈也为江东继承下来。王导渡江之初，就经常与同僚会聚清谈，《世说新语·文学篇》记载了他与殷浩、桓温、谢尚、王濛、王述等人的一次清谈：

> 殷中军为庾公长史，下都，王丞相为之集，桓公、王长史、王蓝田、谢镇西并在。丞相自起解帐带麈尾，语殷曰："身今日当与君共谈析理。"既共清言，遂达三更。丞相与殷共相往反，其余诸贤略无所关。既彼我相尽，丞相乃叹曰："向来语，乃竟未知理源所归。至于辞喻不相负，正始之音，正当尔耳。"

谢安也继承了王导的衣钵，在江东大倡清谈之风。而且，他并不认为西晋完全亡于清谈玄虚，只要为政清明务实，仅仅谈玄，未必会导致亡国。所以当王羲之希望他效法夏禹、文王时，谢安并没有接受：

> 王右军与谢太傅共登冶城，谢悠然远想，有高世之志。王谓谢曰："夏禹勤王，手足胼胝；文王旰食，日不暇给。今四郊多垒，宜人人自效。而虚谈废务，浮文妨要，恐非当今所宜。"谢答曰："秦任商鞅，二世而亡，岂清言致患邪？"

东晋的玄学思想不仅是高门士族不可或缺的精神享受，而且是当时实实在在的施政原则。东晋的很多政策，可以说主要反映了玄学的治国主张——玄学的治国主张要求君主无为而治，群臣便民省费，百姓淳朴守真，共同维护社会秩序。

渡江之初，王导辅政，"为政务在清静"，"以宽和得众"。

谢安 像

谢安执政时，"不存小察，弘以大纲"，时人比之为王导。然而在东晋外儒内道的格局下，玄学并不能在儒学体系外自立门户，它只是对儒家思想发挥调节作用，实行一种宽容开明的儒家政治。

第四节　魏晋时期的经学

魏晋南北朝时期的经学，是中国经学史上的重要发展阶段。这一时期的经学研究虽然不像两汉时期那样兴盛，但是也涌现出了一批精深渊博的经学家，产生了一批足以传世的经学著作。《十三经注疏》中，除《孝经》为唐玄宗御注外，汉人与魏晋人注疏各居其半。汉人注疏包括郑玄的《毛诗》和"三礼"、何休注《公羊传》、赵岐注《孟子》。魏晋人注疏有王弼注《周易》、何晏《论语集解》、杜预《左传集解》、范宁《穀梁传集解》、郭璞《尔雅注》，还有东晋时期出现的《尚书伪孔传》。所以，仅就经注而言，魏晋时期的经学成就还是比较可观的。

一、三国时期的经学

东汉末年以来，经学界的最高权威是郑玄。郑玄兼通今古文之学，集两汉经学之大成，自成一家之言，形成经学史上的"郑学"。当时的学者靡然向风，学习和研究的都是"郑学"。三国时期，以王肃为代表的"王学"崛起，在经学内部引起了一场激烈的纷争。

王肃（195—256），字子雍，东海郯城（今山东临沂）人。王肃的父亲王朗，以"通经"著名。汉献帝末年，王朗任会稽太守，孙策称其为"雅儒"。王朗后来投奔曹操，做过魏国的司空、司徒。王朗曾为《易》《春秋》《孝经》《周官》作传，是一位博通五经的大儒。

王肃幼承父教，在孩童时期，就有志于学。18岁时，曾跟随宋衷读扬雄的《太玄经》。由于家学渊源深厚，王肃能够广泛地研习今古文经典及传注，很早就完成了对儒家经典的传习。在研习经传的过程中，王肃逐渐形成了自己的治学风格，这就是喜好贾逵、马融之学，而对郑玄之学颇有异议。

魏明帝时期，王肃历任散骑常侍、秘书监，兼崇文馆祭酒等职。他著书立说，采撷诸家异同，为《尚书》《诗》《论语》《三礼》《左氏传》作注，并撰定父亲的遗著《易传》。

齐王曹芳正始年间，王肃卷入了当时的政治斗争。曹爽与司马氏争权夺利，王肃的女儿嫁给司马昭为妻，所以，他站在司马氏集团一边。正始十年（249年），司马懿发动"高平陵政变"，诛杀曹爽一族，完全掌握了魏国的政权。

王肃 像

司马懿死后，其子司马师任大将军，录尚书事。王肃参与朝政，任太常，太常总领五经博士，王肃借此把自己的一系列经注以及他父亲的《易传》都立为学官。曹魏末年，博士共19人，其中王学博士8人，郑学博士7人，可见王学权势的显赫。

王肃作为著名的经学家，其治学特点是"采会同异"而"不好郑氏"①，"采会同异"，即不管是今文学还是古文学，兼而采之，会异同于一体。所以，就治经方法而言，他与郑玄并没有区别。但就经学内容而言，他又是郑学的批驳者和挑战者。他遍注群经的目的主要是纠正郑学的疏漏。在《孔子家语·序》中，他这样自述其学术经历：

> 郑氏学行五十载矣，自肃成童，始志于学，而学郑氏学矣。然寻文责

---

① 《三国志·魏书·王肃传》。

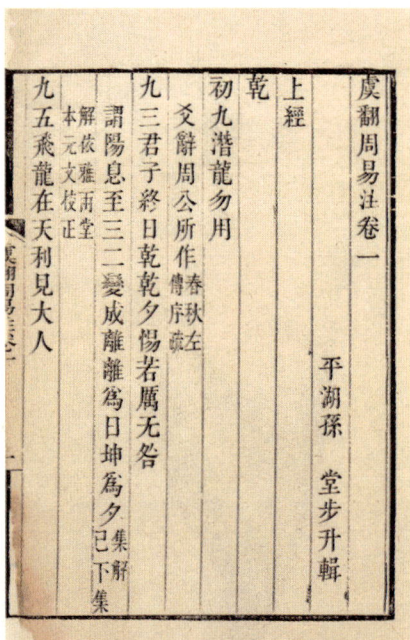

《周易注》

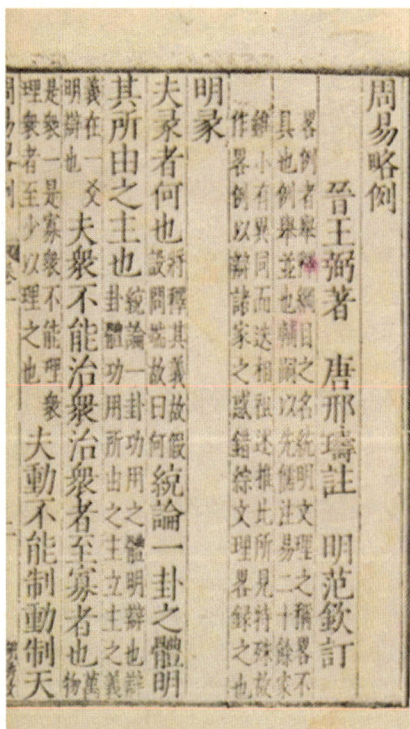

《周易略例》

实，考其上下，义理不安，违错者多，是以夺而易之。然世未明其款情，而谓其苟驳前师，以见异于前人。乃慨然而叹曰：予岂好难哉？予不得已也。圣人之门，方壅不通，孔氏之路，积棘充焉，岂得不开而辟之哉？若无由之者，亦非予之罪也。

平心而论，郑玄遍注群经，其注释的确有不少疏漏，会通今古文学，也不如贾逵、马融的古文学那样纯正。王肃之前，吴国人虞翻曾找出郑玄所注《五经》违误处 167 例，上书要求驳正。但是，王肃的经学却处处与郑学为敌，郑氏采用古文说，王肃就采用今文说驳斥；郑氏采用今文说，王肃又采用古文说来批判。本来，学术意见的不同可以相互批判，但统统反其道而攻之，毫不认同和吸收别人的合理意见，这样的研究又走上了极端。这是王学不能超越郑学的重要原因。

西晋王朝的开创者司马炎是王肃的外孙，司马炎承袭魏国制度，仍然保持博士 19 名，王学在西晋时期仍然占据主导地位。"永嘉之乱"后，东晋偏安江左，博士减为 9 人，王学博士仅留 1 人。以后，王学基本上销声匿迹，王肃的著作全部散佚，现仅存部分佚文，保存在历代经学著作的引文之中。

与王肃同时的，还有两个经学史上的重要人物，他们是王弼与何晏。王弼、何晏都是玄学家，其注经的目的是阐发自己的玄学思想，但客观上却促进了经学的发展和转向。王弼的《周易注》和《周易略例》以道家思想解释《易经》，把重点放在对经文义理的阐释上，一扫两汉以象数、谶纬解《易》的风气，开创了玄学解《易》的新风尚。

何晏的《论语集解》是现存最早的《论语》集解本，是何晏与郑冲、孙邕、曹羲等人共同编写而成的。他们收集各家学说，采纳其中训诂注疏中正确的，标注其注释者的姓名。对意义不明确的，就根据自己的看法进行修改，或者使用自己的见解。这部书保留了大量已经亡佚的古注，内容丰富，要言不烦，是《论语》研究中非常重要的注释本，故一直深受后人重视。

二、西晋时期的经学

西晋时期，司马氏虽以经学世家立国，服膺名教，倡导儒学，但是仍然难以抑制玄学在士族中的流行，再加上惠帝之后，内乱外患频仍，经学相对衰落。这一时期比较重要的经学家有王沉、荀颉、荀勖、杜预等，其中最著名的是杜预。

杜预（222—284），字元凯，京兆杜陵（今陕西西安）人。杜预是司马懿的女婿。西晋建立后，曾任河南尹，后拜镇南大将军，都督荆州诸军事，镇襄阳。在平蜀之战中，他是钟会的参谋；在平吴之战中，他攻下江陵，平定荆州，因功封当阳侯。杜预多谋略，熟悉国家的兴废之道，当时的人称他为"杜武库"，称赞他博学多通，就像武

杜预 像

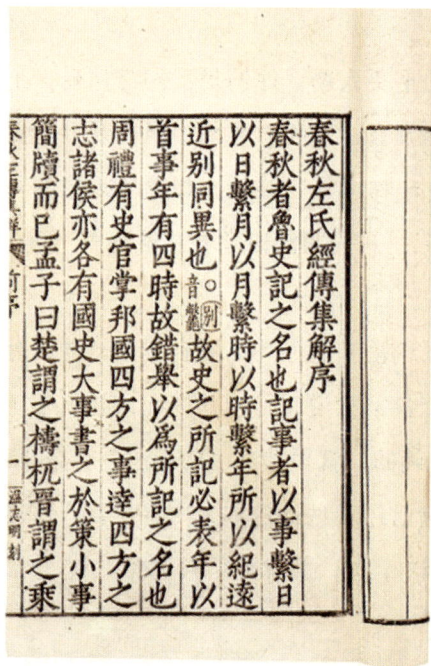

《春秋左氏经传集解》

库一样无所不有。

杜预博学多通，潜心经典研究，他好《左传》，自称有"《左传》癖"。《左传》原本独立成书，而《公羊》《穀梁》都是以问答体的方式解释《春秋》的著作。杜预以《左传》来阐释《春秋》，将经传合成一书，以经之年与传之年相附，著《春秋左氏经传集解》，又参考前人的研究成果，作《春秋释例》《盟会图》《春秋长历》等著作，一直到去世时才完成。

杜预之前，为《左传》作注的有很多家，像张苍、刘歆、郑众、贾徽、贾逵、马融、服虔、王肃等人。杜预认为他们都没能透彻理解左丘明的意旨，又轻易以《公羊》《穀梁》二传的意思来解释《左传》，造成文义和主旨的混淆。杜预《春秋左氏经传集解》的特点，就在于专以《左传》来注解《春秋》。西汉公羊学家一向以为孔子"以《春秋》立素王之法"，杜预破除了这种迷信，把《春秋》视为孔子根据"经国之常制，周公之垂法，史书之旧章"① 修成的一部史书。

杜预的《春秋左氏经传集解》，在义例运用、名物制度、文字训诂、文义诠释等方面无不剖析，取得了超越前人的成就，在历史上享有崇高的学术权威。东晋初年，《左传》杜预注和服虔注并立为学官，各置博士。南朝时期，杜注比服注略盛。及至隋代，杜注盛行，服注渐渐衰微。唐代的孔颖达认为在先儒之中，杜注是最好的，他修《五经正义》时，《春秋左传正义》就是以杜预的《春秋左氏经传集解》为基础。

---

① 《春秋左氏经传集解·序》。

三、东晋时期的经学

东晋时期，也涌现了一批经学家，他们以恢复儒学为己任，重操两汉旧业，代表了当时经学发展的水平。这其中比较著名的有郭璞、虞喜、徐邈、范宣、干宝、范宁等人，而郭璞、范宁二人的著作流传至今。

郭璞（276—324），字景纯，河东闻喜人，西晋建平太守郭瑗之子。西晋末年战乱将起，郭璞避乱，南下江东。西晋末，被王敦任为记室参军。东晋初年，敦欲谋反，命他占卜，郭璞预言必败，被杀，时年49岁。郭璞博学多才，一生不仅写了许多优美的文学作品，而且做了大量的古籍注解工作。他所注解的古籍有《山海经》《穆天子传》《尔雅》《楚辞》等，其中最重要的是《尔雅注》。

《尔雅》是中国古代最早的一部解释语词的著作。它大约是秦汉间的学者缀辑春秋、战国、秦、汉诸书旧文，递相增益而成的。全书19篇，其中最后7篇分别是：《释草》《释木》《释虫》《释鱼》《释鸟》《释兽》和《释畜》。这7篇不仅著录了590多种动植物及其名称，而且还根据它们的形态特征，纳入一定的分类系统中。

在郭璞之前已经有犍为文学、刘歆、樊光、李巡、孙炎等人为《尔

郭璞 像

郭璞墩：郭璞衣冠冢，位于南京市玄武湖内

雅》作注。郭璞从小就对《尔雅》感兴趣，他认为旧注"犹未详备，并多纷谬，有所漏略"，于是"缀集异闻，会粹旧说，考方国之语，采谣俗之志"①，并参考樊光、孙炎等旧注，用了 18 年的时间，对《尔雅》作了新的注解。

范宁（339—401），字武子，南阳顺阳（今河南淅川）人。范宁父范汪曾任东阳太守，在郡大兴学校，甚有惠政。范宁少时就笃志问学，多所通览。他最为痛恨的事，是王弼、何晏力倡玄风，使儒学日渐衰微。他认为王弼、何晏二人的罪过比桀、纣还要大，一生以恢复儒学为己任。

他做余杭令时，兴学校、养生徒。自东晋建立以来，尊崇儒学，复兴教化，没有超过范宁的。后来，范宁做豫章太守，在豫章郡又广建学校，远近来求学的达到千余人。这些人读书的费用，都出自他个人的俸禄。

后来，因江州刺史王凝之的弹劾，范宁获罪免官，退居丹阳，勤于经学，终年不辍。他精研沉思，为《春秋穀梁传》作集解 12 卷。

《春秋穀梁传集解》是《穀梁传》注解的集大成者。范宁在《自序》中说："《穀梁》传者近十家，皆肤浅末学，不经师匠，辞理典据，既无可观，又引《左传》《公羊》，以解此经，文义违反，斯害也已。"对于各种旧说，范宁汇集诸儒异同之说，敷陈疑滞，然后择善而从，广采博取。所以，该书释义精审，为世所重。

范宁的《春秋穀梁传集解》虽然精审，但是在东晋后期和南朝时期，始终未列于学官，北朝更未采用范注。南北朝时期，对于《春秋》三传，都是只重视《左传》而轻视

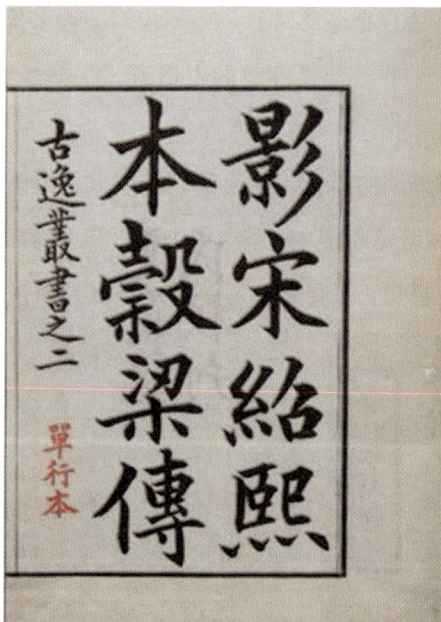

《春秋穀梁传集解》影宋绍熙本

---

① 《尔雅注·序》。

其他二传。隋朝，《左传》独自盛行，《公羊》《穀梁》渐渐衰微而无人传授。但是，范宁的《春秋穀梁传集解》还能留存，南宋以后，被收入《十三经注疏》之中，一直流传至今。

东晋时期重要的经籍注疏，除了《尔雅注》《春秋穀梁传集解》，还有《尚书伪孔传》。在"永嘉之乱"中，今、古文《尚书》全都散失了。东晋初年，豫章内史梅赜向朝廷献上了一部《尚书》，包括今文《尚书》33 篇（梅赜从原先的 28 篇中析出 5 篇）、古文《尚书》25 篇，共有 58 篇，一同进上的还有伪托孔安国所作的《尚书传》和《尚书序》。

梅赜所上《古文尚书》虽伪，但其中却保存了伏生所传的 33 篇《今文尚书》，其余的 25 篇虽然真伪相杂，但也保存了一些上古时期的史料，不可尽弃不用。至于《尚书伪孔传》，作者虽伪，传注却真，他汇集了八百余年人们所引用的《尚书》文句，及四百年来今、古文经师的传注解说，对每章每句都加以梳理、分析，做到每句都有解释，是《尚书》研究上的一大成就。

由于这些原因，伪《古文尚书》甫一出现就取得了"书经"的正统地位，被立于学官。后又收入《五经正义》和《十三经注疏》，一直流传到现代。

第二章 孔子思想与佛道二教

南北朝时期，玄学虽然衰落，但佛教东传，风靡中国，道教经过清整，逐渐被世人，特别是上层知识分子接受，儒学仍然面临着艰困的局面。这一时期，儒家思想虽然仍作为意识形态受到国家的尊奉，其思想也在儒学世家中不断传承，但儒学思想并没有大的发展和突破。作为一种思想的儒学，面对佛道二教的挑战。在儒、释、道共同发展的背景下，这一时期的思想界呈现出三教并行、相争、融合的景象。

南北朝后期，儒家思想在吸收、借鉴佛道两家思想的基础上，开始有复兴的迹象。他们重拾孔子所倡导的"先王之道"，鼓吹儒、释、道三教融合，为唐宋时期儒学复兴贡献了可贵的思想资源。其中最著名的是颜之推和王通，他们是这一时期为数不多的以儒家思想为根底，又有所创造发展的思想家。

第一节 儒、释、道三教并行

东晋后期，玄风消歇，佛教在统治者和知识分子中间逐渐风靡。南北朝时期，佛、道二教逐渐得势，中国的思想界由儒、玄两家相容相争，转变为儒、释、道三教并行。

一、南朝政权与儒家学说

南朝从 420 年刘裕篡晋称帝始，至 589 年隋平陈统一全国，共历四朝 169 年。在这 169 年间，篡弑相仍，骨肉相残，政治极端混乱，统治阶层内的斗争也是血腥而残酷。让人不可思议的是，尽管充斥着种种越礼悖伦的行为，南朝帝王却以比东晋时期更大的热情来提倡儒学，这一时期的儒学也有个别时期比东晋更加兴盛。

宋武帝刘裕以军功起家，"本无术学"，但他颇负经国大略，在发展自己势力的过程中，逐步认识到儒家思想对巩固政权、争取人心的作用。所以，他即位之后，就采取了一些崇儒的措施：

> 博延胄子，陶奖童蒙，选备儒官，弘振国学。①

宋文帝刘义隆是南朝少见的英明君主，他"聪明仁厚，雅重文儒，躬勤政事，孜孜无倦"，当时"政平讼理，朝野悦睦，自江左之政，所未有也"②。文帝施政时特别注意遵循儒教恤民、任贤、尚文、重学等原则，任内也不断推出恢复礼制、尊孔弘儒的措施。

宋武帝 像

宋文帝 像

当时，孔子的出生地鲁郡属于南朝，宋文帝下诏营造孔庙，按时祭祀，又修复阙里学舍，选收生徒，并免除孔子墓旁民户的课役，命他们以时奉扫孔墓。

南齐一代的儒风更胜于刘宋。元嘉时期，大儒雷次宗立学于鸡笼山，后来的齐高帝萧道成，当时年仅13岁，从之受业，学习《礼》及《左氏春秋》。所以，即位之后，他

① 《宋书·武帝纪》。
② 《南史·宋本纪中》。

齐高帝萧道成 像

特别留心设立国学，宣扬文教。其后的武帝、明帝也继承了这一传统，无不立学崇儒。受此影响的王公贵胄，如竟陵王萧子良，也多向学尚儒。

萧子显在《南齐书·刘瓛陆澄传》中这样称赞南齐一代的儒学风尚：

> 晋世以玄言方道，宋氏以文章间业，服膺典艺，斯风不纯，二代以来，为教衰矣。建元肇运，戎警未夷，天子少为诸生，端拱以思儒业，载戢干戈，遽诏庠序。永明纂袭，克隆均校，王俭为辅，长于经礼，朝廷仰其风，胄子观其则，由是家寻孔教，人诵儒书，执卷欣欣，此焉弥盛。

继齐而立的梁朝历55年，其中梁武帝在位48年，他多才多艺，文化修养极高。武帝在位前期，崇尚儒学，晚期陷溺于佛教。他在位时间长，崇儒的成效比较显著。天监四年（505年），梁武帝下诏设立五经博士，广开馆宇，选聘名儒。以后数年，求学者云集京师。又分遣博士祭酒，至各州郡立学。

《陈书·儒林传序》这样称赞梁武帝在位时期的儒学之盛：

梁武帝萧衍 像

魏晋浮荡，儒教沦歇，公卿士庶，罕通经也矣。宋、齐之间，国学时复开置。梁武帝开五馆，建国学，总以五经教授，经各置助教云。武帝或纡銮驾。临幸庠序，释奠先师，躬亲试胄，申之燕语，劳之束帛，济济焉，斯盖一代之盛矣。①

梁武帝死后，诸子争立，陈霸先乘势而起，建立陈朝。文帝陈蒨继位后，颇重儒术，他"留意经史，举动方雅，造次必遵礼法"②。宣帝陈顼施政遵循儒家学说，他根据"民惟邦本"的学说，施行"约己济民""去其甚泰"的政策，"甚泰"即奢侈，去除奢侈浪费，使大乱之后的百姓得到休息。

南朝时期，佛教风靡中国，在上层统治阶层的信徒越来越多，佛教对政治的影响也越来越大，但是在施政过程中，南朝诸帝没有不崇儒兴学的，儒家学说和儒学所倡导的原则仍然是他们用来维护自己统治的重要工具。

二、北方胡族政权与儒家学说

与南朝不同的是，北方胡族的统治者多迷信佛教，他们陷溺于这种由西方传入的宗教神仙方技，不能自拔。但这些统治者建立政权后，为了组织行政机构，巩固统治地位，也开始大规模地模仿汉族政权的组织形式、典章制度，以及与之相配的社会伦理规范。这样，儒学就成为他们急需大量接受和采纳的意识形态。

十六国中前赵的建立者刘渊，虽出身匈奴，但幼年时受儒家学说熏习甚深，他"师事上党崔游，习《毛诗》《京氏易》《马氏尚书》，尤好《春秋左氏传》《孙吴兵法》"。刘渊曾经对他的同门朱纪、范隆说：

> 吾每观书传，常鄙隋陆无武，绛灌无文。道由人弘，一物之不知者，固君子之所耻也。二生遇高皇帝而不能建封侯之业，两公属太宗而不能开庠序之美，惜哉！③

---

① 《陈书·儒林传》。
② 《陈书·儒林传》。
③ 《晋书·刘元海载记》。

后赵皇帝石勒　像

"隋陆"指隋何、陆贾，是汉高祖刘邦的谋士；"绛灌"指周勃、灌婴，是灭吕氏、辅佐文帝即位的功臣，刘渊嘲笑隋、陆无武，绛、灌无文，是自负自己文武兼备、远超前人。在刘渊的影响下，刘氏子侄都有相当的儒学修养，自刘渊至刘曜，其立国行政多奉行儒家思想。

后赵统治者迷信佛教，奉佛图澄为国师，宠信无二，但也并不排斥儒家，后赵的创立者石勒也"雅好文学。虽在军旅，常令儒生读史书而听之"①。其从子石虎虽然凶残嗜杀，但也"颇慕经学"，曾派国子博士去洛阳抄写石经，又下令诸郡国设立五经博士。

前燕是十六国中儒化最深的国家，慕容廆初创政权，就广泛接纳汉族士人，接受儒家传统。其子慕容皝继位，也一并继承了这种接受儒家观念礼制的做法。慕容皝"雅好文籍，勤于讲授，学徒甚盛，至千余人"②。其子慕容儁消灭冉魏，称帝建国，但也雅好文籍，崇尚儒学。

前秦的君主虽然多信奉佛法，但在治国理民的过程中，还是遵循儒家的思想原则的。苻健当政时，曾"与百姓约法三章，薄赋卑宫，垂心政事，优礼耆

前秦皇帝苻坚墓

① 《晋书·石勒载记》。
② 《晋书·慕容光载记》。

老，修尚儒学，而关右称来苏焉"①。关中地区，因为实行儒家所提倡的恤民休养的政策，社会经济逐渐得到了复苏。

苻健的侄子苻坚，幼时受过良好的教育。苻坚8岁时对他的爷爷苻洪说，要请一个师傅来教育他。苻洪笑着说："汝戎狄异类，世知饮酒，今乃求学邪！"对于苻坚的请求，苻洪虽感到惊异，但非常高兴地答应了他。

苻坚继位后，施行了一系列崇尚儒学的措施——起明堂、立学校、修学官、祀孔子、耕籍田等。

王猛 像

他任用儒生王猛施政，王猛帮他"拔幽滞，显贤才，外修兵革，内崇儒学，劝课农桑，教以廉耻，无罪而不刑，无才而不任，庶绩咸熙，百揆时叙"。前秦的兴盛，与推行儒家的政教是分不开的。

383年，苻坚败于淝水，前秦迅速瓦解，乘势而起、统一中原的是拓跋鲜卑建立的北魏。北魏的统治阶层来自落后的东北地区，他们对异族文化没有排斥性，对儒、释、道三教都持兼收并蓄的欢迎态度。而出于稳定政权和巩固统治的需要，与佛、道二教相比，北魏统治阶层更重视对儒家思想的学习、吸收，在崇儒与重儒的态度上也更加明确和积极，儒学的发展也有超过南朝的势头。

从道武帝，到明元帝，再到太武帝，北魏的政权越来越完备，他们对儒家学说的了解也越来越深入，儒学在北魏的地位不断提高，终于在孝文帝拓跋宏时期达到高峰。孝文帝迁都洛阳，推行全面汉化的措施，确立了儒家思想在北魏王朝的统治地位。

北魏后来分裂为东魏、西魏，这两个政权又分别为北齐、北周所取代。东魏、北齐政权，继承了北魏时期的重儒风气。东魏的实际掌控者虽为武人，也知尊礼儒者，以儒术教育子弟。但北齐君主多"昏邪残暴"，放纵恣睢，并不能真正施行儒家的仁政原则。所以，不久亡于北周。

宇文氏掌权的西魏、北周，与东魏、北齐不同，不仅继承了北魏以来重儒、崇儒的传统，而且以恢复周礼为旗号，把儒学所倡导的思想原则贯彻到政权组织和政治经济实践中去。

宇文泰是西魏的实际掌权者，也是北周的奠基者，他崇儒好古，留心治术，希望从儒学中寻找治国的方法。当时有大儒苏绰，宇文泰向他请教"治道"，苏绰于是向宇文泰说明了帝国安邦定国的正确措施，同时又论述了法家代表人物申不害、韩非学说的要点。宇文泰对苏绰所讲很感兴趣，正襟危坐，

周文帝宇文泰 像

向苏绰请教问题，连膝盖在座席上往前移了也不知道。

苏绰向宇文泰提出六条治国方案，宇文泰定为"六条诏书"，即治身心、敦教化、尽地利、擢贤良、恤狱讼、均赋役。这六条诏书，完全是依照儒家《大学》修齐治平的原则制定出来的。此后，宇文泰又任用苏绰及大儒卢辩，改革汉魏时期烦琐的官僚体制。

宇文泰之后的北周武帝宇文邕，"幼而好学，博览群书"。即位之后，继承宇文泰的基本国策，在思想文化上更重儒学。他经常在宫殿之内，刊经校史，并多次临幸太学，为群臣亲讲《礼记》。

保定五年（565年），周武帝听说南朝大儒沈重品行高洁，专心儒学，精通《诗经》《礼记》《左氏春秋》，便命使者带着书信去后梁召请。他在信中说："欲定画一之文，思杜二家之说"①，也就是独尊儒家之学，杜绝佛教和道教二家的学说。

北齐大儒熊安生，是著名的经学大师，他博通五经，尤精三礼。北周灭齐后，安生命童仆洒扫门庭，家人感觉很奇怪。熊安生说："周帝重道尊儒，必将见我。"②不久，武帝果然临幸其宅第，下诏特许他不必叩拜，亲自握住其手，让他和自己坐在一起，后将他任命为露门学博士。

天和元年（566年），武帝集群臣亲讲《礼记》，其政权儒学化加速，引起了民间道士、僧侣的不安。以后武帝举行了几次关于三教关系的辩论，讨论三教的先后顺序。建德元年（572年），再次集群臣、沙门、道士，御敕"以儒教为先，道教为次，佛教为后"。第二年，武帝开始灭佛，"佛、道二教俱废"③。

三、道教的清理和整顿

道教形成于东汉时期，主要是由神仙方术和道家思想杂糅而成的。最初

---

① 《周书·沈重传》。
② 《周书·熊安生传》。
③ 《周书·武帝纪》。

出现在下层民众中间，东汉顺帝时期，琅琊人宫崇向朝廷进献其师于吉在曲阳泉水上得到的《太平清领书》，但被斥为妖妄不经，摒而未用。

东汉末年，巨鹿人张角利用《太平经》传播道教，发动了黄巾起义，不久被镇压。同时沛县人张陵（后改名为张道陵）在巴蜀创立了天师道。

东晋时期，天师道逐渐由民间走入上层士族阶层，形成很多世代信仰天师道的高门大族，如陈郡殷仲堪家族、琅琊王羲之家族等。晋末，江南天师道的领袖孙泰阴谋造反，被会稽王司马道子诛杀，其侄孙恩聚集徒众叛乱，绵延数年，才被镇压下去。

天师道屡屡纠集徒众发动叛乱，这很容易招致官方的限制和镇压，也不利于道教的传播和发展。南北朝时期，一些出身上层士族的道教徒开始出来改造天师道，他们吸收大量儒家伦理观念，争取得到统治阶层的认同。这些道教徒的代表，在北方是寇谦之，在南方是陆修静和陶弘景。

北魏天师寇谦之神道碑

寇谦之（365—448），字辅真，冯翊万年人（今陕西临潼）。寇谦之出身世家大族，少好仙道，修张鲁之术，后随仙人成公兴入嵩山修道。神瑞二年（415年），寇谦之自称在嵩山上忽遇太上老君降临，授予他天师之位，命他清整道教。

寇谦之的道教清整，割除了交纳租米钱税制度和隐晦的男女合气之术，代之以儒家的礼教制度和神仙道教的服药内炼之术。这种新道法更符合统治集团的利益，也更能吸引下层的普通民众。

南方的陆修静（406—477）出身世家大族，是三国吴丞相陆凯的后代。他早年就弃家修道，遍游方外名山。宋文帝钦其道风，请他入宫讲道。陆修静对天师道原来的做法并不认同，他主张用艰苦的方法砥砺志行，以获上天的福报。他认为道教应该"神不饮食，师不受钱，使民内修慈孝，外行敬让"①。

陶弘景 像

陶弘景（456—536）出生于江南士族之家，他早年为官，中年失意之后，入茅山修道。由于学识渊博，齐、梁两朝的公卿士大夫都很尊敬他，纷纷从之学道。梁武帝对他恩礼尤隆，每有军国大事，无不咨询，一月之内常有数信，时人称之为"山中宰相"。

陶弘景著述甚多，最著名的为《真诰》。他又撰写了《真灵位业图》，建立起完整有序的神鬼谱系，使道教的信仰体系更加完备。经过陶弘景的努力，他所属的茅山宗广泛传播于江南地区，后来成为隋唐时期的道教第一大宗派。

四、佛教风靡中国

佛教大概在西汉末年传入中国，汉哀帝元寿元年（前2年）大月氏国的使者伊存把《浮屠经》口授给博士弟子景卢，这是佛教传入中国之始，但是这时信奉佛教的人很少。东汉明帝的异母弟楚王刘英是最早信仰佛教的人，

---

① 《正统道藏·太平部·陆先生道门科略》。

但楚王刘英对佛教并没有很深入的了解，他只是把佛当作以祈求现世利益和长生不老为宗旨的宗教来信仰。

中国的第一座佛寺：洛阳白马寺

三国时期，曹魏与西域交流密切，译经僧昙柯迦罗、昙谛、安法贤、康僧铠、帛延等不远万里，从西域诸国甚至更远的天竺，来到洛阳。他们翻译了《摩诃僧祇律》《大般若涅槃经》《首楞严经》等经典，并开始为僧侣传授戒律，使僧侣按照佛教戒律生活。

西晋时期，随着更多西域佛僧来华，洛阳成了佛教传播的中心，有佛寺42所，佛教开始兴盛起来。据说至晋末的永嘉年间，参与翻译佛经的人有道俗12人，译出经律600卷，建立佛寺180所，度僧3 700人。

西晋灭亡后，佛教迎来大发展的机会。西晋时期，禁止汉人出家，建寺出家的只限于西域人。而到了五胡十六国时期，这些胡族政权不仅不限制出家，还大力鼓励推行佛法。后赵的石勒、石虎叔侄特别宠信佛图澄。

佛图澄，龟兹国人，永嘉四年（310年）经敦煌来到洛阳，当时已经79岁了。相传佛图澄神通广大，长于咒术和预言，石勒、石虎都很尊重他，尊称他为"大和尚"。佛图澄的门徒将近万人，全国的寺院有893所，北方的佛教因佛图澄而昌盛。

佛图澄的弟子道安在奠定佛

佛图澄 像

教在中国的地位上做出了最伟大的功绩。他在乱世中培育了数千名弟子，得到前秦皇帝苻坚的信任。在校订和注释佛典、编纂经录、制定仪轨等方面都有巨大的功绩。此后，佛教受到统治者和普通民众的普遍信奉，风靡整个北方地区。

东晋初年，衣冠南渡，玄学与清谈之风也随之蔓延到江左，但江左玄学在义理上没有突破。为了解决玄学内部深层次的问题，很多谈玄士人开始从佛经中寻找答案，佛教逐渐在上层士族当中兴盛起来。

道安大师 像

当时，同江南贵族往来的僧人有很多，如竺道潜、支道林，剡县石城山的于法兰、于法兰的弟子于法开、康居国僧人康僧渊、道安的同学竺法汰等。在这些名僧的影响下，士族中也出现不少精通佛法者，如殷浩、孙盛、孙绰等。孙绰著《喻道论》《道贤论》，提倡"三教一致论"。

东晋中叶以后，慧远成为江左佛教界的领袖，南方佛教发展进入一个新的阶段。慧远（334—416），生于雁门楼烦县，21 岁拜道安为师。苻坚攻下襄阳后，道安北上长安，慧远与道安分别，同师弟及弟子数十人南下荆州，后长住庐山东林寺。慧远在东林寺住了 30 年，从不出山，直至逝世，享年 83 岁。

由于慧远的弟子道

净土宗发源地：庐山东林寺

生、慧严等高僧的努力，刘宋时期，佛教颇受帝王的青睐。当时的刘宋皇帝经常听名僧宣讲佛法，宋文帝甚至成为佛教徒。受此风气影响，许多外国僧侣纷纷来到中国，如西域人佛陀什、疆良耶舍、求那跋摩。

齐高帝萧道成即位当年，就行幸庄严寺，听僧达讲解《维摩诘经》。齐武帝之子萧子良声名卓著，当时的名僧无不和他交往，他也经常邀请名僧，宣讲佛典。

梁武帝统治的48年是南朝佛教的最盛期，武帝笃信佛教，晚年更全心奉佛，史称他"溺于释教"。天监三年（504年），武帝率群臣士庶两万人，当众宣布放弃道教、皈依佛教。天监十年（511年），梁武帝公布《断酒肉文》，正式开始遵守戒律的佛教徒生活。天监十八年（519年），梁武帝请钟山草堂寺慧约授菩萨戒。因武帝笃佛，后世称其为"菩萨皇帝"。

梁武帝佛法修为虽然很深，但他太过沉溺佛教，最后导致了梁朝的灭亡。557年，陈霸先建立陈朝，为了笼络人心，他也潜心奉佛，召开无遮大会，祭

北魏道武帝像：龙门石窟第20窟

祀从于阗请来的佛牙。其后的文帝、宣帝也都召开过无遮大会，舍身佛寺，并请高僧宣讲佛经。

与南朝相比，北朝佛教虽然在社会上影响巨大，但在政治领域就没这么幸运了。北魏道武帝拓跋珪迁都大同后，把流行于中原地区的佛教定为国家公认的宗教，开始在都城内建立宏伟的佛寺。皇始年间，北魏太武帝请赵郡沙门法果担任沙门统，管理僧徒。法果经常说："太祖明叡好道，即是当今如来，沙门宜应尽礼。"① 他主张拜天子等于拜佛。

太武帝最初继承了道武帝和明元帝两朝尊重佛教的政策，请高僧讲道，举行佛诞会。后来，他攻下长安和凉州，将这两大佛教传播中心纳入统治领域，使得北魏境内的佛教更加繁荣兴盛。但太武帝奉佛的政策并没有得到延续，后来他在司徒崔浩和国师寇谦之的引导下，开始了中国历史上第一次灭佛行动。

道武帝被弑后，其孙文成帝继位，发布了复佛诏书，各地隐匿的佛教徒掀起了狂热的兴佛运动。文成帝任用昙曜为沙门统，管理僧徒，领导佛教复兴运动。其后的献文帝、冯太后、孝文帝都是热心的佛教徒。作为回报，昙曜称皇帝为"当今如来"，开始在云冈石窟为皇帝雕刻释迦立像，这就是云冈石窟第十六洞至第二十洞的石像。

孝文帝迁都洛阳后，洛阳的佛教迅速繁荣起来。继孝文帝而立的宣武帝比孝文帝更崇信佛教，他曾亲自在宫廷内给僧侣和群臣讲解《维摩诘经》，并下诏在洛阳南部的龙门建造孝文帝及其皇后的石像。

其子孝明帝在洛阳城内建造了规模宏伟的永宁寺，北魏贵族也多有舍家宅为寺庙的。一时间，仅洛阳一城的寺庙就达 1 000 余所，这在杨衒之的《洛阳伽蓝记》中有生动的描述。整个北魏境内的寺庙 3 万余所，僧尼 200 万人，北魏佛教的发展臻于极盛。

北齐时期的佛教也很兴盛，文宣帝高洋尊法常为国师，任命昙延为昭

---

① 《魏书·释老志》。

龙门石窟：孝文帝礼佛图

玄统，管理僧尼徒众。他下诏禁止屠杀生灵，命百姓定时进行斋戒。据记载，当时有僧尼 400 万，寺院 4 万余所。

北周继承了北魏时期对待佛教的政策，循例事佛。宇文泰、宇文护都信佛法，对佛教僧侣有所保护和供养。但周代重经术，北周诸帝深明治国当依名教之理，虽奉佛法，但并不刻意鼓励推行。建德三年（574 年），三教冲突严重，武帝宇文邕果断下诏排佛，禁绝佛道二教。

第二节　三教之争与"三武灭佛"

魏晋南北朝时期，三教并行，但并非相安无事。其间由于夷夏之分、教义歧途，还有争夺弟子信众和君主青睐等原因，往往掀起绵延数世的纷争。这些纷争，有的表现为义理的辩论，有的表现为人身的攻讦；但也有攀附君主，通过政治权力彻底禁绝某一教派的。

其中最激烈的就是"三武一宗"灭佛，三武分别指北魏太武帝、北周武帝和唐武宗，一宗是后周世宗，他们在位时都曾经下令禁绝佛教，摧毁佛寺塔像经卷，强制僧尼还俗，佛教徒称之为"法难"。本节主要介绍太武帝和周武帝的灭佛，唐武宗制造的"会昌法难"，下一章会有介绍。

一、"三教"之争

西晋末年，天师道祭酒王浮与沙门帛远争论二教正邪。王浮常常理屈词穷，于是造《老子化胡经》一书以毁蔑佛教，该书记述老子西行出关，入天竺，化为佛陀，叫胡人信仰佛教一事。与此针锋相对，东晋的佛教徒造作了《清净法行经》一书，说佛陀派了弟子儒童菩萨、光净菩萨、摩诃迦叶来震旦教化民众。中国人称儒童菩萨为孔子，光净菩萨为颜回，摩诃迦叶为老子。

这是最初的儒、释、道"三教"之争。两晋之际，佛教势力尚弱，佛教须夤缘攀附儒道玄学，以吸引华夏士庶阶层。然而，经过五胡十六国时期的发展，佛教势力已得到极大增长，吸引的信徒越来越多，对中国本土的儒道二教威胁越来越大，由此，南北朝时期的三教争端逐渐激烈起来。当时的纷争主要是在三个层面上展开：

（一）政治层面，主要围绕沙门是否应敬王者展开

东晋成帝咸康五年（339 年），丞相王导去世，庾冰、何充辅政。庾冰代成帝作诏书，称沙门应该跪拜王者，他说国家治理最重要的就是遵守礼制，尊敬王者。而佛家沙门"矫形骸，违常务，易宪典，弃名教"，与普通人大为不同。他们剃度削发，抛家弃亲，不孝亲、不尊君，不事生产、不纳租役，不行忠孝仁义，势必会造成纲纪混乱。所以，为了维持国家秩序，"王教不得不一"，沙门应与普通民众一样，要礼敬王者。

但是，共同辅政的何充深信佛法，他认为佛教教义同维护皇权名教没有任何矛盾。何充上疏争辩，其议遂罢，沙门亦不必致敬王者。

至孝武帝时，佛教在江南已占据绝部分大势力，民众中皈依三宝者日渐增多。他们攀附权贵，妄论吉凶，机巧百端，大肆聚敛。不仅影响佛教的声

桓玄 像

誉，而且群居杂处、声气相求，引起国家的侧目。晋末，太尉桓玄下令整饬沙门，淘汰其中的不合格者。

为清理佛教，桓玄重提庾冰所倡的沙门应敬王者之论。他先致《论沙门敬事书》给吏部尚书、祠部尚书、五兵尚书等八座，但八座的态度比较消极，尤其是佛教徒王谧主张沙门不敬王者。于是桓玄又将这些书信寄给远在庐山的慧远，并致书慧远，请"释其所疑"。

慧远作《与桓太尉书》，在书中说佛经所讲有两方面的内容——在家弘教和出家修道。在家弘教要遵守和儒家所倡导的一样的道德规范，沙门理应礼敬王者，这是慧远向中国本土的儒家思想所做的一大让步。但出家修道者就不必敬礼王者了，因为佛家教义认为人生而受苦，全是因为有"身"，人生的"患累"也来自有"身"。人有"身"，是因为有"生"，生生禀化而有"身"。僧侣不重生、不顺化，不以身为物，所以，无须对产生天地君亲师的生生之化感恩戴德，也就不必礼敬王者了。

大概是听从了慧远的意见，桓玄篡位之后，允许沙门无须致

慧远法师 像

礼。不久，桓玄被杀，慧远又写了《沙门不敬王者论》，详细地阐述了这一问题。慧远为僧尼争人格，为佛教做护法，其对佛教的贡献的确是巨大的。

（二）思想层面，主要围绕"神灭论"展开

佛教的理论根据在于精神不灭，人人皆可成佛。神不依附于形体，作为轮回的主体流转于生死长流。慧远在《沙门不敬王者论》中提出了"形尽神不灭论"，说形神关系就像薪与火的关系："火之传于薪，犹神之传于形。火之传异薪，犹神之传异形。"刘宋时期，慧远的弟子宗炳著《明佛论》，继续阐扬神不灭论。

南齐时期，范缜著《神灭论》，将形神关系的讨论引向高潮。范缜，字子真，出身儒学世家，他是东晋安北将军范汪的六世孙。范汪的儿子就是为《穀梁传》作集解的范宁，而范宁的孙子则是编写《后汉书》的范晔，范缜就是范晔的侄孙。这个家族以儒学传家，深嫉佛教之虚妄，范晔在《后汉书·西域传》中就抨击过佛教，主张无神论。

范缜年轻时，虽然贫穷，但十分好学。十多岁时拜名儒沛国刘瓛为师，在其门下数年，布衣草鞋，徒行于路，在车马贵游的同学面前，毫无愧色。范缜学成后，博通经术，尤精"三礼"。南齐时为宁蛮主簿，后升为尚书殿中郎。

南齐竟陵王萧子良在建康鸡笼山西邸广延宾客，范缜也是其中之一。萧子良深信佛法，西邸之内，除了信佛的文人居士之外，他还邀请了很多

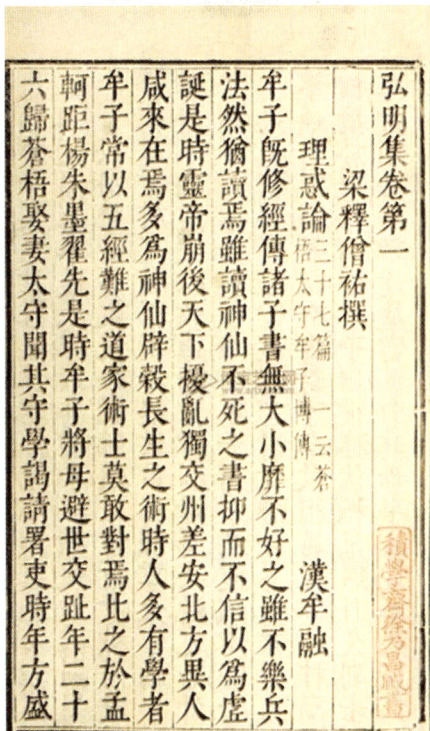

《弘明集》，收录了魏晋时期记载佛教与儒教、道教论战的文章。

南齐竟陵王萧子良 像

高僧大德，讲论佛法。范缜却坚持无佛，否认佛教的灵魂不灭、转世轮回、因果报应之说，因而与萧子良发生争辩。

萧子良问范缜："君不信因果，世间何得有富贵，何得有贫贱？"范缜说："人之生譬如一树花，同发一枝，俱开一蒂，随风而堕，自有拂帘幌坠于茵席之上，自有关篱墙落于粪溷之侧。坠茵席者，殿下是也；落粪溷者，下官是也。贵贱虽复殊途，因果竟在何处？"①

范缜为了系统地阐明自己的神灭思想，退而撰《神灭论》一文，范缜在文中说：

神即形也，形即神也，是以形存则神存，形谢则神灭也……形者，神之质；神者，形之用。是则形称其质，神言其用。形之与神，不得相异也……神之于质，犹利之于刀。形之于用，犹刀之于利。利之名，非刀也。刀之名，非利也。然而舍利无刀，舍刀无利。未闻刀没而利存，岂容形亡而神在？②

萧子良召集僧侣与其辩沦，但都不能使他屈服。崇信佛教的士人也著文攻击范缜。王琰讥讽他说："呜呼范子！曾不知其先祖神灵所在。"范缜针锋相对地回答："呜呼王子！知其先祖神灵所在，而不能杀身以从之。"萧子良又想用中书郎官位来拉拢他。范缜大笑说："使范缜卖论取官，已至令仆矣，

---

① 《梁书·儒林传》。
② 《梁书·儒林传》。

何但中书郎邪!"①

（三）社会伦理层面，主要围绕夷夏论展开

汉人奉佛，属于以夷变夏，士人抑佛者，往往攻击它是来自异域的夷狄之教。南渡之初，晋明帝手画佛像一幅，存于乐贤堂。晋成帝时，命群臣为画像作颂，蔡谟不同意，说从未听说过先帝"雅好佛道"，而且"佛者夷狄之俗，非经典制"，不宜尊奉。

南朝时期，佛教势力大肆扩张，而排佛之议也日益激烈，其中震动一时的著作是顾欢《夷夏论》。顾欢，吴兴人，好黄老，通阴阳，卒于南齐初。《夷夏论》作于刘宋末年，他虽承认孔、老、释同为圣人，但主旨却是以夷夏不同的观念来贬斥佛教：

> 今以中夏之性，效西戎之法。既不全通，又不全异。下弃妻孥，上废宗祀。嗜欲之物，皆以礼伸。孝敬之典，独以法屈。悖礼犯顺，曾莫之觉。弱丧忘归，孰识其旧？且理之可贵者道也，事之可贱者俗也。舍华效夷，义将安取？若以道邪，道固符合矣。若以俗邪，俗则大乖矣。

梁武帝崇信佛法，朝政废弛，荀济上书排佛。他认为佛教对中国社会的危害至少有三个方面：一是佛不尊君孝亲，紊乱纲常名教，背离三纲五常；二是僧尼不事生产，不纳租税；三是僧尼贪淫，耗费财物，他们多建寺院，穷极壮丽，广度僧尼，资产丰沃，耗

梁武帝与达摩祖师

---

① 《资治通鉴·齐纪》。

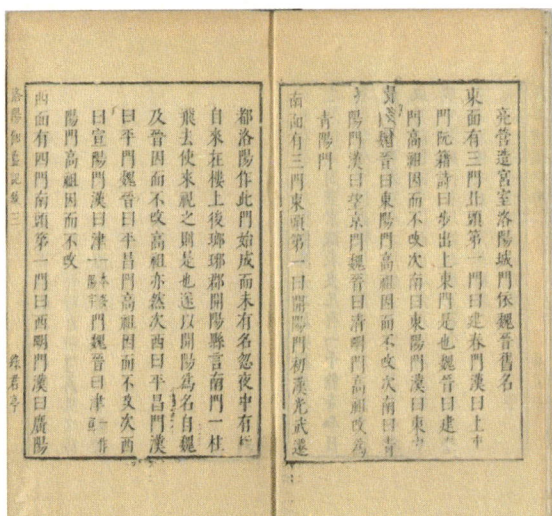

《洛阳伽蓝记》

费国家的财物，成为国家的蠹虫。梁武帝与荀济虽然是布衣之交，但看到荀济的奏疏后，勃然大怒，要把荀济处以死刑。荀济无奈，最终逃到了北魏。

与南朝一样，北魏内部也有不少儒生为了维护国家秩序和纲常名教，出而排佛。宣武帝延昌末年（515年），李瑒有感于"民多绝户而为沙门"，上书灵太后：

一身亲老，弃家绝养，既非人理，尤乖礼情。湮灭大伦，且阙王贯。交缺当世之礼，而求将来之益。孔子云'未知生，焉知死'，斯言之至，亦为备矣。安有弃堂堂之政，而从鬼教乎？[1]

沙门都统僧暹认为把佛教称为"鬼教"是毁谤佛法，向灵太后哭诉，灵太后罚李瑒金1两。

北魏灭亡后，洛阳残破，高欢迁都邺城。547年，抚军司马杨衒之经过旧都洛阳，面对"城郭崩毁，宫室倾覆，寺观灰烬，庙塔丘墟"的凄凉景象，回想承平时期洛阳园林佛寺之盛，感慨伤怀，作《洛阳伽蓝记》一书，讽刺统治者不体恤底层民众。后来杨衒之又上书言佛教虚诞无益，"无执戈以卫国，有饥寒于色养。逃役之流，仆隶之类，避苦就乐非修道者"。

二、太武帝灭佛

晋室南渡后，在北方建立政权的多是来自于北方草原的少数民族，他们

---

[1] 《魏书·李冲传》。

对同为夷狄之教的佛教没有偏见。而且北方的佛教主张，天子即是如来，拜天子就是拜佛陀，没有南朝那种是否应敬王者的争论，所以佛教要比江南发展得快。

然而，正因为北方佛教发展快，势力大，大量百姓为逃避赋役，隐匿于佛寺，影响了国家财政收入。而且僧团人员群居猥杂，也为国家所忌惮。当佛教势力超出统治者容忍的限度时，统治者就会使用残酷的手段禁绝佛教。北朝第一次灭佛为北魏太平真君七年（446年）的太武帝灭佛。

423年，太武帝继位，寇谦之谎称老子玄孙李谱文授给他《录图真经》，让他去北方辅佐太平真君。次年，寇谦之北上平城，经过崔浩的推荐，得到太武帝的信任。

崔浩出身于北方第一大高门清河崔氏，是太武帝最倚重的谋臣，太武帝对他言听计从。而崔浩信奉道教，拜寇谦之为师。崔浩、寇谦之二人，经常在太武帝面前诽谤毁蔑佛法，说佛教虚诞，耗费钱财，危害国家，太武帝深为所动。

太延四年（438年），太武帝为北征柔然，下诏清理佛教，强迫50岁以下的僧侣还俗为民。太延六年（440年），寇谦之声称太上老君再次降临，并授太武帝太平真君之号，太武帝遂改元太平真君。太平真君三年（442年），太武帝亲至道坛受箓，封寇谦之为国师，从此天师道成为北魏国教。

太平真君六年（445年）冬，盖吴在关中谋反，太武帝西征，在长安佛寺中发现大量兵器。太武帝怀疑僧侣

崔浩 像

太武帝灭佛后，北魏文成帝令沙门统昙曜开凿 5 个大石窟（第 16—20 窟），后人称为昙曜五窟。据说是要显示北魏皇帝无限的权力；而 5 个石窟的中央都雕刻了巨大的如来佛像，象征了北魏五朝的五代皇帝。其中第 18 窟象征的是太武帝拓跋焘。

与盖吴私下合谋，遂将寺内僧侣全部诛杀。在检阅他们的财产时，又发现有酿酒的器具和州郡牧守富人寄藏在寺内的财物以万数，还发现了藏匿妇女的窟室。

崔浩因此主张尽杀天下沙门，毁掉佛教经像，太武帝同意了。太武帝在灭佛诏书中说，正是因为后汉的君主迷惑于佛法，"政教不行，礼义大坏"，才导致了千里萧条、天下大乱的局面。所以要安定天下，统一中国，必须恢复王者之法，"去此历代之伪物"。太武帝命令"有司宣告征镇、诸军、刺史，诸有佛图形像及胡经，尽皆击破焚烧。沙门无少长，悉坑之。"①

表面上看太武帝灭佛，是佛教势力的扩张威胁到了太武帝的统治，然而毁佛灭法最积极的人是崔浩。崔浩既修炼服食养性之术，又精通汉代以来的儒教经术，他特别期望太武帝能够"除伪从真"，遵从孔子之道，恢复中华正

---

① 《魏书·释老志》。

统。可惜的是，太平真君十一年（550年），崔浩因为撰修国史得罪了太武帝，死于狱中。

三、周武帝灭佛

北朝时期，僧尼约有300万，占当时天下人口的十分之一。这些人口占有肥沃的土地，但又享有免除租庸调的特权，而且国家为他们建造寺院、塔楼，耗资甚巨，这种现象早就引起一些学者和官员的不满。就北周王朝而言，它又是北方胡族政权中最为"崇尚儒术"的，自宇文泰至宇文邕，都深知儒术对巩固政权和富国强兵是最有效的，因此，周武帝灭佛就成为一种必然之举。

周武帝宇文邕是一个有雄才大略的皇帝，即位初年虽也循例事佛，但他励精图治，最重儒术，并不因为出身夷狄就提倡佛教。而且，他也深知佛教对国家的危害，希望割除这一弊害。

天和元年（566年），武帝集群臣于正武殿，亲讲《礼记》。天和四年（569年），武帝召集众僧、名儒、道士讨论三教优劣，武帝以儒教为先，佛教为后，道教最上。天和五年（570年），甄鸾上《笑道论》3卷，对道教传说和教义进行驳斥、嘲讽。武帝大集群臣审议此论，最终在殿堂上将其焚烧掉。天和年间，武帝还曾邀南朝大儒沈重讲解经义。沈重为诸儒推重，亦为帝嘉

周武帝宇文邕 像

许。由此可见，以儒术治天下，是武帝的一贯政策。

建德二年（573年），武帝亲政后，再次召集群臣、沙门、道士，讨论三教先后，以儒教为先、道教为次、佛教最后。建德三年（574年），武帝大集僧、道于京师，命他们在太极殿辩论二教优劣，道士张宾不及智炫。帝升座，斥佛教为不净，智炫答曰："道教之不净尤甚。"

第二天，武帝乃下诏，禁断佛道二教，经像悉皆焚毁，沙门道士，皆令还俗。建德六年（577年），周灭齐，武帝入邺城，召僧人赴殿，宣扬废立之义，强调六经儒学弘礼义忠信，故须立，而佛教靡财养惰，悖逆不孝，故宜罢。当时僧众500余人默然无声，俯首垂泪。名僧慧远出而与帝反复争论，帝不辞坠入阿鼻地狱，仍令毁齐境佛教。

第三节　颜之推以"务道"训家

魏晋南北朝时期，玄风独畅，三教并存，思想文化领域虽然兴盛繁荣，但社会和政局却是急剧动荡，特别是南北朝末期，梁、陈、北齐相继覆亡，士人流离颠沛，备尝辛苦艰难。于是，以儒学传家的世族开始对这一现象进行反思，他们认为根本原因还是统治阶层没有施行儒家的治国思想。虽然国家暂时未能采纳他们的意见，他们却率先用儒家的先王之道规范自己的家族，教导自己的子弟，其中最著名的就是颜之推及其所作的《颜氏家训》。

一、家世与生平

颜之推，字介，出身于世家大族。祖父颜见远，南齐末年为荆州刺史萧宝融的录事参军，父颜协为梁武帝之子萧绎的湘东国常侍。

颜之推于梁武帝大通三年（531年）生于江陵，7岁时就能背诵《鲁灵光殿赋》，9岁时，其父颜协去世，之推由其兄之仪教养长大。后来颜之推在《颜氏家训·叙致》中回忆说："慈兄鞠养，苦辛备至。有仁无威，导示不切。"

大同八年（542 年），颜之推12 岁，随湘东王萧绎在江州。萧绎雅好老庄，亲自在江州开讲，"废寝忘食、以夜继朝"。颜之推虽然也作为门徒前去听讲，但并不十分热心。他认为玄谈虽能"娱心悦耳"，并非"济世成俗"的要务，私下还是研习儒家经传，用力最深的是《周官》和《左传》。

太清三年（549 年），颜之推19 岁，江东发生"侯景之乱"。萧

颜之推 像

绎在江陵称帝，是为梁元帝，颜之推被任命为散骑常侍。王僧辩将梁朝秘府藏书 8 万卷从建康运至江陵，颜之推与庾信等人受命去共同整理校订这些图书。

元帝承圣三年（554 年），西魏派兵伐梁，攻陷江陵，元帝被害，梁朝士人都被虏往长安。从征江陵的西魏大将军李穆非常看重颜之推，推荐他去给其兄李远做掌书翰。李远当时在弘农都督军防，之推就到了弘农。弘农在今河南省灵宝市东北黄河沿岸，扼函谷关口，守砥柱天险，是中原进入关中的门户。

颜之推任李远掌书翰的第二年（555 年），北齐送原梁朝的贞明侯萧渊明去建康继承梁朝的皇

梁元帝萧绎 像

侯景 像

位，而且原来梁朝的使臣被留在北方的也得到允许可以回到江南。颜之推得到这一消息之后，归心似箭，乘黄河水涨时，乘船带着妻子孩子，一夜急行七百里，逃到了北齐境内。由弘农至北齐，需要过黄河中间的砥柱山，此处非常容易触礁，颜之推无所畏惧，毅然奔逃，"时人称其勇决"。

颜之推奔齐之后，曾作诗《从周入齐夜度砥柱》记述了自己惊心动魄的逃亡经历：

> 侠客重艰辛，夜出小平津。
>
> 马色迷关吏，鸡鸣起戍人。
>
> 露鲜华剑彩，月照宝刀新。
>
> 问我将何去，北海就孙宾。

这是颜之推以逃难四方、在北海卖饼的赵岐自喻，希望可以遇到赏识自己的孙宾。然而现实中的颜之推却远没有赵岐那样的运气。颜之推到北齐后不久，江东就发生了他完全无法预料的政变。先是陈霸先废掉了由北南归的贞明侯萧渊明，557年，陈霸先自立为帝。颜之推南归的希望彻底消失了，被迫滞留北齐20余年。

颜之推奔齐之后，先是被文宣帝任命为奉朝请，随侍左右。后主时，颜之推授司徒录事参军，与李德林一起主持文林馆的事务。隆化元年（575年），周军攻破晋阳，后主被周军生擒，颜之推又成了亡国之臣。

颜之推在《观我生赋》中总结自己的一生，说："予一生而三化，备荼苦而蓼辛。"意为：我这一辈子三次成为亡国余臣，也算是历尽辛苦艰难了。侯景破建康，逼死武帝和简文帝，是为第一次亡国。西魏军陷江陵，元帝被杀，是为第二次亡国。周军生擒北齐后主，是为第三次亡国。

周武帝平齐后，征召北齐文士入长安，颜之推和卢思道、薛道衡、李德林等18人一起西行。静帝大象年间，颜之推任御史上士。581年，杨坚废静帝自立，是为隋文帝。次年，立杨勇为太子，杨勇召颜之推为学士，对他非常尊敬。

晋简文帝司马昱 像

开皇年间，颜之推与陆法言、魏渊、刘臻、卢思道等人讨论音韵。魏渊说："向来论难，疑处悉尽，何不随口记之。我辈数人，定则定矣。"所以，陆法言的《切韵》中有不少地方引述了颜之推的意见，而颜之推在《颜氏家训·音辞篇》中也讨论过音韵问题。

开皇九年（589年），隋灭陈，《颜氏家训》就是在此后不久写成的。颜之推的卒年已不可考，他大概卒于开皇十年（590年）之后，寿在60以上。

二、《颜氏家训》与先王之道

《颜氏家训》共7卷20篇，是颜之推为教训子孙，保持自己家庭的传统与地位，而写出的一部系统完整的家庭教育教科书。各篇内容涉及的范围相当广泛，但主要以阐述传统儒家思想为主，讲述如何修身、治家、处世、为学等。

北齐灭亡之后，颜之推被迁到关中，生活无所依靠，但他仍然不停地督促自己的几个儿子专心读书。其子颜思鲁经常对他说："朝无禄位，家无积财，当肆筋力，以申供养。每被课笃，勤劳经史，未知为子，可得安乎？"颜之推对他说："子当以养为心，父当以学为教，使汝弃学徇财，丰吾衣食，食之安得甘，衣之安得暖？若务先王之道，绍家世之业，藜藿蕴褐，我自欲之。"

所谓"先王之道"，就是儒家倡导的、尧舜周孔一脉相承的修身齐家治国平天下之道。所谓"家世之业"指的是颜之推家族赖以安身立命的儒学事业。《颜氏家训》的主旨就是要阐明和弘扬"先王之道"和"家世之业"，恢复儒家学说在思想文化上的统治地位。儒家思想自汉末衰微以来，至颜之推所在的隋朝初年才有复振的迹象，而颜之推正是隋初推动儒家思想复兴的最重要人物。

因为服膺儒家思想，颜之推特别鄙视南朝时期的玄学和崇尚玄虚清谈的士族。他认为，士君子处世，贵在对社会人生有益，不能专事高谈阔论，以放诞为务。颜之推对于南朝士大夫由于浮华和悠闲所导致的弊害深有体会。那些贵游子弟大多不学无术，只会讲求衣履服饰，一旦遭了乱离，除转死沟壑，别无他路可走。他在《颜氏家训·涉务》中说：

> 及侯景之乱，肤脆骨柔，不堪行步，体羸气弱，不耐寒暑，坐死仓猝者，往往而然。建康令王复，性既儒雅，未尝乘骑，见马嘶喷陆梁，莫不震慑，乃谓人曰："正是虎，何故名为马乎？"其风俗至此。

在颜之推看来，玄学祖述老庄之学，背弃周孔之教，其功能只在"娱心悦耳"，而不能"济世成俗"。所谓"济世成俗"，是指对社会人生、道德风俗要有救济与匡正的作用，而具备这一功能的显然只有周孔之教。

除了批评玄学，颜之推也通过坚持和弘扬儒家的伦理道德来弘扬"先王之道"。颜之推在《颜氏家训》中对儒家所提倡的伦理道德观念，如修身、励学、尊礼、重道、忠君、仁义、中庸等都有所论述，但最看重的是诚孝、节操二种道德。

在《颜氏家训》第一篇《序致篇》中，颜之推开宗明义提出"诚孝"二字："夫圣贤之书，教人诚孝，慎言检迹，立身扬名，亦已备矣。"诚就是做事要诚实，要尽忠尽责。人要立身成名，必须诚实，不能投机取巧，因为奸诈之心即使伪装再精巧，终会暴露。孝的作用更不待言，"孝为百行之首"[1]，是维护家族和谐和传承的根本准则。所以，诚、孝，是君子立身之本，也是待人接物、整齐家门的基本的伦理规范。

生逢乱世，除了诚孝，还要有节操。他说："君子当守道崇德，蓄价待时；爵禄不等，信由天命。"[2] 颜之推目睹了许多为追求富贵，不择手段，觍颜无耻，竞事王侯的丑恶现象。在《教子篇》，他曾将北齐士人的奴颜媚骨刻画得淋漓尽致：

> 齐朝有一士大夫，尝谓吾曰："我有一儿，年已十七，颇晓书疏，教其鲜卑语及弹琵琶，稍欲通解，以此伏事公卿，无不宠爱，亦要事也。"吾时俯而不答。异哉，此人之教子也！若由此业自致卿相，亦不愿汝曹为之。

三、儒佛一体论

颜之推虽归宗于儒家，却也信奉佛教，他作了以儒家思想为基础、用以教训家族子弟的《颜氏家训》，还作了一本阐扬佛教思想、宣扬因果报应的志怪小说《还冤志》，在《颜氏家训·归心篇》中也有诸多论证福祸报应、精神不灭的文字。

像颜之推这样既崇儒又信佛的士人，在整个魏晋南北朝时期是非常普遍的。东晋的孙绰在《喻道论》中说："周孔即佛，佛即周孔，盖外内名之耳。"名僧慧远也反复申明佛教教义与儒家伦常是不矛盾的，他说："是故悦释迦之风者，辄以奉亲而敬君；变俗投簪者，必待命而顺动。"佞佛的梁武帝也是儒佛兼弘，北朝的魏收认为佛教的五戒，"大意与仁、义、礼、智、信同"。

当然，这些人的儒佛融合观点大多是就事论事，不成系统。颜之推把这些零碎的思想材料进行总结、提高，提出了比较系统、具有理论深度的儒佛一体论思想。儒佛二教本为一体，只是深浅不同。颜之推认为："内外两教，

---

① 《颜氏家训·勉学》。
② 《颜氏家训·省事》。

本为一体，渐积为异，深浅不同。"① 儒佛二教本质相同，其差别只在深浅不同。颜之推的儒佛一体论主要包括以下几个方面：

第一，佛教教义不违背儒家纲常名教。他说："内典初门，设五种禁；外典仁义礼智信，皆与之符：仁者不杀之禁也；义者，不盗之禁也；礼者，不邪之禁也；智者，不酒之禁也；信者，不妄之禁也。"在颜之推看来，佛教戒杀乃是儒家仁者的自然用心。

第二，关于佛教与政权的关系，魏晋南北朝时期的排佛士人往往倾向于佛教蠹财害政致使国家败亡这一事实。颜之推认为佛教害政，其原因不在佛教本身，而在统治者不能适当控制，他说："内教多途，出家自是其一法耳。若能诚孝在心，仁惠为本，须达、流水②，不必剃落须发，岂令罄井田而起塔庙，穷编户以为僧尼也？皆由为政不能节之，遂使非法之寺，妨民稼穑，无业之僧，空国赋算，非大觉之旨也。"③

第三，佛教所主张的神化世界、因果报应、精神不灭皆是真实的。颜之推认为，相信精神不灭、因果报应，因此积善修行、皈依佛门，要比儒家的克己复礼、济俗益民还要实在。所以，他告诫自己的子孙，即使不能舍弃妻子和孩子出家为僧，也应该"兼修戒行，留心诵读，以为来世津梁"④，为来生做好准备。

当然，颜之推虽主张儒佛一体，但儒佛之间还是有主次之分的。他出身儒学世家，自幼受儒学熏习，儒家的人生观、价值观一直是他判断是非、进行人生取舍的最终标准。复兴儒学，使儒学重新成为统治阶层独尊的意识形态也一直是他的人生理想。

---

①　《颜氏家训·归心第十六》。
②　须达即给孤独长者，流水即《金光明经》中的流水长者。
③　《颜氏家训·归心第十六》。
④　《颜氏家训·归心第十六》。

第四节　王通倡导"三教可一"

在佛道风靡天下的历史环境当中，儒学要找到自己的立足之地和存在价值，就必须真正地恢复自己的内在特性，必须从空洞琐碎的经义注疏中解放出来，直面社会和人生问题，对社会政治问题提出自己的见解，凸显儒家学说的社会现实性和道德实践性。王通在对传统儒学的重新肯定中，在这个方面进行了可贵的探索。①

王通是魏晋隋唐时期不世出的卓异人物，他以振兴儒学、继承孔子道统为己任，年寿虽促，但续成六经，作育人材，对隋唐时期的思想转向具有重要意义。王通弟子甚多，唐初名臣多出其门下，有"河汾道统"之称。

一、王通的家世与生平

王通，字仲淹，隋河东郡龙门县（今山西省万荣县）人，开皇四年（584年），王通出生。出生之时，其父王隆以家传周易占卜之术预测他的未来，得《坤》之《师》。王隆将卦象献于其父安康献公王杰，王杰说：

> 素王之卦也，何为而来？地二化为天一，上德而居下位，能以众正，可以王矣。虽有君德，非其时乎？是子必能通天下之志。

所谓"素王"，就是有帝王之德、但无帝王之位的人，这本是汉代的思想家根据阴阳五行学说对孔子的称呼。孔子是上下古今几千年来最伟大的圣人，然而他却没有称帝封王的机会，无法推行自己的仁德主张。如何解释这一现象呢？汉代思想家认为孔子是不在位的帝王，也就是"素王"。而王隆为其子求卜，遇《坤》之《师》，王杰认为他的这个孙子也是"素王"之命，和孔子一样虽有"上德"却只能屈居"下位"，于是命其名为通。

王通早慧，十岁时就预言隋室天下将乱。而他又异常勤奋，早年接受了

---

① 商斌、任鹏、李明珠：《中国儒学发展史》，兰州大学出版社 2008 年版，第 156 页。

王通 像

系统的经典教育，"受《书》于东海李育，学《诗》于会稽夏琠，问《礼》于河东关子明，正《乐》于北平霍汲，考《易》于族父仲华，不解衣者六岁，其精志如此"。①

仁寿三年（603 年），王通西游长安，见隋文帝，献《太平策》12 篇，"尊王道，推霸略，稽古验今，恢恢乎运天下于指掌"。文帝非常高兴，说："得生几晚矣，天以生赐朕也。"让群臣公卿讨论他的主张，但群臣都不认可他的主张。王通知道王朝正有内忧，他的主张是不会得到采纳的，于是作《东征之歌》而归，其歌曰：

> 我思国家兮，远游京畿。
>
> 忽逢帝王兮，降礼布衣。
>
> 遂怀古人之心兮，将兴太平之基。
>
> 时异事变兮，志乖愿违。
>
> 吁嗟，道之不行兮，垂翅东归。
>
> 皇之不断兮，劳身西飞。

此后，王通就不再出仕，直到去世，一直隐居在家，以著述和授徒为业。大业十年（614 年），尚书征召他为蜀郡司户书佐，不就。次年，征召他为著作郎、国子博士，亦不至。王通隐居期间，隋朝重臣杨素也屡次派人征召，这件事在《文中子·事君篇》中有专门记载：

> 杨素使谓子曰："盍仕乎？"子曰："疏属之南，汾水之曲，有先人之弊庐在，可以避风雨，有田，可以具饘粥，弹琴著书，讲道劝义自乐也。

---

① 《文中子世家》。

愿君侯正身以统天下，时和岁丰，则通也受赐多矣，不愿仕也。"

大业九年（613年），杨素之子杨玄感叛乱，遣使召王通，王通对使者说："天下崩乱，非至公血诚不能安，非其道，无为祸先。"王通之所以不愿入仕，就是因为不论是隋炀帝，还是杨素、杨玄感父子，都不是他心目中的有道明君，其为政的目的都不是推行孔子之道，而是满足自己的私欲。所以王通说："古之仕也，以行其道；今之仕也，以逞其欲。难矣乎？"

杨素 像

大业十三年（618年），江都之难，炀帝被弑。王通患病，将弟子薛收召到身前，对他说："吾梦颜回称孔子之命曰'归休乎？'殆夫子召我也，何必永厥龄？吾不起矣。"病七日，遂去世。弟子数百人私下议论说："仲尼既没，文不在兹乎？"《易》曰："黄裳元吉，文在中也。"谥为文中子。

二、《续六经》和《中说》

王通隐居期间，以著作、授徒为业，《续六经》是其最主要的著述，时间大概是从大业元年至九年，这9年间，王通"续《诗》《书》，正《礼》《乐》，修《元经》，赞《易》道"。王通逝世后，门人搜寻整理他的著作，计有《礼论》10卷，《乐论》10卷，《续书》25卷，《续诗》10卷，《元经》15卷，《赞易》10卷。

王通的这些著述，除《元经》外，其他的皆已散佚，内容已不可考，只有通过后人的评论，才可窥其大略。杨炯在《王勃集序》中说：

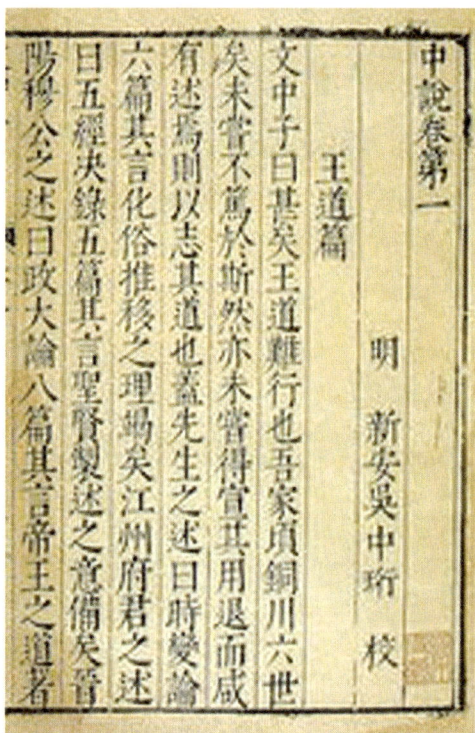

《中说》

文中子之居龙门也。睹隋室之将散，知吾道之未行；循叹凤之远图，宗获麟之遗制。裁成大典，以赞孔门；讨论汉魏，迄于晋代。删其诏命，为百篇以续书。甄正乐府，取其雅奥，为三百篇以续诗。又自晋泰始元年，至隋开皇九年平陈之岁，衰贬行事，述《元经》以法《春秋》。

王通的《礼论》《乐论》和《赞易》，应该是对《礼》《乐》《易》的阐释或评论。《续书》是以《尚书》体例编写整理的汉晋时期的诏书，《续诗》是甄选了360篇汉魏时期的乐府诗歌，仿照《诗经》的体例编成的。《元经》是仿照《春秋》编写成的编年体史书，记载了晋泰始元年（265年）至开皇九年（589年）灭陈这段时期的史事，其中重要的是王通对史事的大量评论，从体例上，接近于《春秋》三传中的《公羊传》。对于《元经》，王通大概并未完成，门人薛收又续加增补。薛收亦未最终完成，王通之孙王勃再加增补。王勃早逝，亦未完成增补。宋阮逸为《元经》作注，就是流传到今天的版本。

王通逝世后，其弟王凝根据其弟子程元、仇璋、董常、薛收日常所记的日常言行，仿照《论语》体例，整理编写了《中说》一书。此后，王通次子福畤重新分类编排，"编为十篇，勒成十卷"，就是今本《中说》，亦称《文中子》。

《文中子》共10篇，分别为《王道篇》《天地篇》《事君篇》《周公篇》《问易篇》《礼乐篇》《述史篇》《魏相篇》《立命篇》《关朗篇》，是用讲授记录的形式保存了王通授徒时的主要内容，以及与众弟子、学友、时人的对话，也是后人研究王通思想以及隋唐之际思想发展的主要依据和参考。

三、"先王之道"与"三教可一"

王通终生以明昌王道、振兴儒学为己任，在《王道篇》开篇，他感叹说："甚矣，王道难行也。""王道"就是"伊尹周公之道""周公孔子之道"，也就是儒家念兹在兹的先王之道。这种道，深远卓绝，"顺之则吉，逆之则凶"。

王道的核心为仁义，内容是五常。《文中子·礼乐篇》云："仁义，其教之本乎？先王以是继道德而兴礼乐也。"《述史篇》："薛仁问道。子曰：'五常一也。'"所以，王道是以仁义为本，以仁、义、礼、智、信"五常"为内容的统一体。这种道表现在社会政治生活中就是仁政王道，它的作用是调整社会政治秩序，表现在社会人际关系方面就是伦理之道，它的作用是建立和谐的人际关系，提高个人的道德修养。

那怎样才能实现王道呢？王通继承了孔子思想，认为王道要靠人去弘扬，而弘道的人则要对儒家经典有深入的研究。他说："人能弘道，苟得其行，如反掌尔。昔舜、禹继轨而天下朴，夏桀承之而天下诈，成汤放桀而天下平，殷纣承之而天下陂，文武治而幽厉散，文景宁而桓灵失，斯则治乱相易，浇淳有由。兴衰资乎人，得失在乎教。其曰太古不可复，是未知先王之有化也，《诗》《书》《礼》《乐》复何为哉？"[1] 上古的圣王之道是可以在后世复兴的，因为先王教化已经通过儒家经典留传下来了。

文中子根据"仁政"学说，向统治者提出了推行王道的原则，即"遗身"，他说："夫能遗其身，然后能无私。无私然后能至公。至公，然后以天下为心矣，道可行矣。"所谓"遗身"，就是统治者放弃自己的利害得失，努力做到大公无私，以天下为己任。那如何才能做到"遗身"呢？文中子认为还是要加强人的道德修养，要解决好道与利的关系、道与欲的关系。"君子之

---

① 《中说·立命篇》。

学进于道，小人之学进于利"，要努力成为一个崇道舍利的君子。

在这一王道思想的基础上，王通认为，在三教之中只有儒家思想能够成为统治思想。他说："吾视千载以上圣人在上者，未有若周公者。其道则一而经制大备，后之为政有所持循。吾视千载而下，未有若仲尼焉，其道则一而述作大明，后之修文者，有所折中矣。"① 儒教在文治上的这种作用是佛、道二教都不具备的，也是不可替代的，这是王通"三教可一"论的前提。

当然，王通虽然这样看重儒家的作用，但并不固持独尊儒家的门户之见，他认为各教都有存在的理由，对帝王来说都是有用的。他主张以平和的心态客观分析三教的利弊，就像汉初的司马谈那样分析诸子百家的精粗短长，然后善加利用。他说："史谈善述九流，知其不可废而知道其各有弊也，安得长者之言哉？通其变，天下无弊法；执其方，天下无善教。故曰：存乎其人。"三教九流无不有善有弊，对如何运用它们，完全在采纳操作他的人，因此儒释道三教完全可以并存合一。所以，王通提出："三教于是乎可一矣。"

有的学者主张彻底废除佛教，王通认为这种做法并不可取，他以太武帝、周武帝两次排佛事件为例，说："真君、建德之事，适足推波助澜，纵风止燎尔。"佛教本有其不可替代的社

魏征 像

① 《中说·天地》。

会作用，如果用行政力量强力遏制它，反而会使它的势力更为庞大。王通认为，最好的办法就是在儒学的基础上把三教统一起来，做到通其变，除其弊，以儒学为主，以佛道为辅，构成一个统一的思想体系。

四、河汾门下

王通的隐居志业，除了续成"六经"，还有就是兴教授徒。当时从他受业的大概有千余人，其弟王绩曾回忆当时的盛况，说由于门徒众多，"弟子相趋成市"。

杜如晦 像

王通的弟子杜淹作的《文中子世家》中记载了当时的名弟子：

河南董常、太山姚义、京兆杜淹、赵郡李靖、南阳程元、扶风窦威、河东薛收、中山贾琼、清河房玄龄、钜鹿魏征、太原温大雅、颍川陈叔达等，咸称师北面受王佐之道焉。如往来受业者不可胜数，盖千余人。隋季文中子之教兴河汾，雍雍如也。

客观而言，此处所列王通弟子，的确有不少属于误入，也不排除有王氏亲属或门人为耀其门庭而故意阑入者。但不能否认的是，此处所列唐初名臣多有向王通的问学之举。其中薛道衡之子薛收、杜如晦叔父杜淹、温大雅之弟温彦博、贾琼、董常、程

房玄龄 像

元、仇璋，皆可确定为王通的亲密弟子。魏征、陈叔达、王孝逸、王珪、裴晞、窦威、温大雅、凌敬、杜如晦，都时间不等地从学于王通。至于房玄龄、李靖、张玄素、李百药、李密、贺若弼、杨玄感、苏威、李德林等人虽不可能师事王通，但与他有过不同程度的交游问学。

可见，杜淹所记与《文中子·关朗》所载还是大致可信的，刘禹锡说"当时伟人，咸出其门"并不为过。由于王通授业于河汾之曲，他的弟子就被称为"河汾门下"，而其所创立的学说则被称为"河汾道统"。

大业十三年（617年），文中子病，当时他听说了江都之难，流着泪站起来说："生民厌乱久矣，天其或将启尧舜之运，吾不与焉，命也。"文中子虽于隋末大乱中"守道不仕，"他也感慨自己不能躬逢尧舜之也，但他的弟子们终于辅佐明君成就一代之治，也算是得偿夙愿。

第三章　隋唐时期的经学与儒学

　　隋唐时期，统一的中央集权帝国重新建立起来，这是自秦汉时期以来的又一个盛世，中华文明在长期战乱分裂之后达到了又一个繁荣的高峰——"隋唐盛世"。隋唐的统治者为了政治上统一的需要，也注重文化的统一以及正统伦理道德的提倡。在这一背景下，儒学由南北朝时期的分裂重新实现统一，儒家经学时代在官方的鼓励之下再次降临。

第一节　孔颖达与《五经正义》

　　《五经正义》是唐代颁布的官书，"五经"指五部被儒家奉为圭臬的经书，即《诗》《书》《礼》《易》《春秋》。作为唐代官方所颁布的经典，是对魏晋以来儒家经典诠释的总结，对后世产生了深远影响。皮锡瑞在《经学历史》中曾说："由唐至宋，明经取士，皆遵此本"。《五经正义》的出现，不仅是学术发展的需要，更是当时统一帝国建立后在政治上的迫切需要。

一、隋朝统一与儒学复兴

　　隋唐统一南北，建立了中央集权的政权。尽管当时三教纷纭，但为了在政治、文化、意识等各层面加强统治，隋唐两代格外重视和提倡儒学，希望通过此举来实现文化上的统一。

　　隋文帝杨坚出身关陇贵族集团，其父杨忠跟随宇文泰入关，是西魏、北周的重要家族势力，被赐姓普六茹氏，具有明显的胡化特征。同时，因北朝佛教兴盛，杨坚自幼便与佛教有千丝万缕的联系。据载，杨坚出生于冯翊的般若尼寺，由比丘尼智仙抚养成人。杨坚也经常宣称"我兴由佛"，大力复兴

隋文帝 像

佛教。但正是这样一位与佛教有密切联系的皇帝，在其统治期间却极为重视儒学，在统治政策调整、制度设置上多采用儒家的思想主张。

杨坚登基后，柳昂上书请求振兴儒学。杨坚甚为赞许，并下诏书：

> 建国重道，莫先于学，尊主庇民，莫先于礼。王者承天，休咎随化，有礼则祥瑞必降，无礼则妖孽兴起。人禀五常，性灵不一，有礼则阴阳合德，无礼则禽兽其心。治国立身，非礼不可。今者民丁非役之日，农亩时候之余，若敦以学业，劝以经礼，自可家慕大道，人希至德。岂止知礼节，识廉耻，父慈子孝，兄恭弟顺者乎？始自京师，爰及州郡，宜祗朕意，劝学行礼。①

在诏书中，杨坚认为世风日下的原因是"务权诈而薄儒雅，重干戈而轻俎豆，民不见德，唯争是闻。朝野以机巧为师，文吏用深刻为法，风浇俗弊，化之然也"。尽管其中尚有少数人遵习儒术，但"彼众我寡，未能移俗"。所以，文帝最终决定："始自京师，爰及州郡，宜祗朕意，劝学行礼。"

据《隋书》卷二《文帝纪》记载，开皇三年（583年）的诏书中，隋文帝提出"行仁蹈义，名教所先，厉俗敦风，宜见褒奖"，明确以儒家的价值观来褒奖官员和民众行为。开皇九年（589年）十二月，杨坚又下诏明确表示："朕祗承天命，清荡万方……制礼作乐，今也其时。"

在实际的施政过程中，杨坚也十分重视儒学，他将北朝时期春秋两次施祭孔子改为每年4次，并对州县学也做了相应的规定。据《隋书》卷九《礼

---

① 《隋书·柳机传》。

仪志》记载："国子寺，每岁以四仲月上丁，释奠于先圣先师。年别一行乡饮酒礼。州郡学则以春秋仲月释奠。州郡县亦每年于学一行乡饮酒礼。学生皆乙日试书，丙日给假焉。"并且杨坚还在施祭过程中亲自参与讲学活动。

随后即位的隋炀帝杨广，尽管在史书中记载其好大喜功，奢靡荒淫，但对儒学在文化统一中的重要地位，他有着比其父更为清醒的认识。这或许与隋炀帝喜爱文学，对文化有着更浓厚的兴趣和强烈的切身体会有关。隋炀帝在大业四年（608 年），对当时的政治制度进行了大幅度的调整，这一年历来被视为是中古时期政治制度实现总结的一年。值得注意的是，同年十月份，隋炀帝也发布了崇孔尊儒的诏书：

隋炀帝 像

> 先师尼父，圣德在躬，诞发天纵之姿，宪章文、武之道。命世膺期，蕴兹素王，而颓山之叹，忽逾于千祀，盛德之美，不存于百代。永惟懿范，宜有优崇。可立孔子后为绍圣侯。有司求其苗裔，录以申上。

孔子是万世的素王，为后世文武之道章范。诏书中称呼孔子为"先师尼父"，并将孔子后嗣封为"绍圣侯"，在国家层面重申了对儒学的重视。

因此，《隋书》卷七十五《儒林传》在总结杨坚父子在重视儒学方面的功劳时说：

> 高祖膺期纂历，平一寰宇，顿天网以掩之，贲旌帛以礼之，设好爵以縻之，于是四海九州强学待问之士，靡不毕集焉。天子乃整万乘，率百僚，遵问道之仪，观释奠之礼。博士罄悬河之辩，侍中竭重席之奥，考正亡逸，研核异同，积滞群疑，涣然冰释。于是超擢奇秀，厚赏诸儒，

京邑达乎四方，皆启黉校。齐、鲁、赵、魏，学者尤多，负笈追师，不远千里，讲诵之声，道路不绝。中州儒雅之盛，自汉、魏以来，一时而已……炀帝即位，复开庠序，国子郡县之学，盛于开皇之初。征辟儒生，远近毕至，使相与讲论得失于东都之下，纳言定其差次，一以闻奏焉。于时旧儒多已凋亡，二刘拔萃出类，学通南北，博极今古，后生钻仰，莫之能测。所制诸经义疏，搢绅咸师宗之。

隋祚短促，旋踵天下大乱的形势打断了官方复兴儒学的进程。但随后的唐帝国的建立者们，深谙儒学对稳定天下秩序的巨大作用，继续重视儒学，进一步提升了儒学的地位。

二、唐帝国重振儒学

唐建国初始就大力提倡儒学。《旧唐书》卷一八九上《儒学传》载："高祖建义太原，初定京邑，虽得之马上，而颇好儒臣。"武德元年（618 年），设国子学、太学、四门等学馆，以官员品第选取子弟学习儒学，并同时规定，在郡、县设立郡学和县学，依照郡县等级规定生额。同年，又下诏令在秘书外省新设小学，安置皇族子孙及功臣子弟学习儒学经典，恢复和发展了儒学的教育机构。

武德二年（619 年），唐高祖发布《令国子学立周公、孔子庙诏》，诏书祖述孔子的历史功绩，高度赞扬了孔子的文化地位："粤若宣父，天资睿哲，经纶齐、鲁之内，揖让洙、泗之间，综理遗文，弘宣旧制。四科之教，历代不刊。三千之文，风流无歇。"为了使"学者慕向，儒教聿兴"，在国子学立周公、孔子庙各一，并四时祭拜。

武德七年（624 年）二月，唐高祖又发布《兴学诏》，宣称"自古为政，莫不以学为先。学则仁义礼智信五者具备，故能为利深博"。明确提出施政主张："朕今欲敦本息末，崇尚儒宗，开后生之耳目，行先王之典训。"另外，在此条诏令中，唐高祖对三教中儒宗不行、佛教遍野的处境极为不满，指责"三教虽异，善归一揆，岂有沙门是佛，灵宇相望；朝贤宗儒，群辟顿废"。

佛、道主张消极避世，寺院经济占
有大量社会财富，不利于国家统治，
但此时香火日盛；儒学在社会教化、
伦理塑造等方面有着更为明显的作
用，更有利于加强中央集权，但在
此时却被冷落。这种情况自然引起
唐初统治者的警惕，成为唐高祖提
出振兴儒宗的时代背景。

　　唐初统治者一以贯之地进行着
官方复兴儒学的努力，唐太宗在施
政、文育，甚至法律制定等方面以
儒学为指导，并利用国家力量推动
着儒学的官方化发展。即位之前，
他就注意吸收儒士充当幕僚，据
《旧唐书》卷一三九上《儒学传
上》载：

唐太宗李世民 像

　　至（武德）三年，太宗讨
平东夏，海内无事，乃锐意经籍，于秦府开文学馆，广引文学之士，下
诏以府属杜如晦等十八人为学士，给五品珍膳，分为三番更直宿于阁下。

　　唐太宗即位之后，"又于正殿之左，置弘文学馆，精选天下文儒之士虞世
南、褚亮、姚思廉等，各以本官兼署学士，令更日宿直。听朝之暇，引入内
殿，讲论经义，商略政事，或至夜分乃罢"。

　　唐太宗一直将儒学作为唐代的官方意识形态进行宣扬，从多个角度确立
了儒学在唐初的地位：

　　其一，统治过程中强调和贯彻儒家理念。日常政务的政策多以儒学理念
为依据。《贞观政要》曾记载太宗于贞观二年（628年）谈论历代君王得失的
内容，明确提出尊"周孔"之教的观念：

贞观二年，太宗谓侍臣曰："古人云'君犹器也，人犹水也，方圆在于器，不在于水。'故尧、舜率天下以仁，而人从之；桀、纣率天下以暴，而人从之。下之所行，皆从上之所好。至如梁武帝父子志尚浮华，惟好释氏、老氏之教；武帝末年，频幸同泰寺，亲讲佛经，百僚皆大冠高履，乘车扈从，终日谈论苦空，未尝以军国典章为意。及侯景率兵向阙，尚书郎以下，多不解乘马，狼狈步走，死者相继于道路。武帝及简文卒被侯景幽逼而死。孝元帝在于江陵，为万纽于谨所围，帝犹讲《老子》不辍，百僚皆戎服以听。俄而城陷，君臣俱被囚挚。庾信亦叹其如此，及作《哀江南赋》，乃云：'宰衡以干戈为儿戏，缙绅以清谈为庙略。'此事亦足为鉴戒。朕今所好者，惟在尧、舜之道，周、孔之教，以为如鸟有翼，如鱼依水，失之必死，不可暂无耳。"

在这篇著名的言论中，太宗认为君主之于人民具有表率作用，他的所作所为、率先垂范直接影响到天下的风气。历代君王中正反之例不乏其人，远有尧、舜、桀、纣，近有南朝梁武帝、梁元帝的前车之鉴。唯有"尧舜之道，周孔之教"才是辅弼天下的正途，有则盛旺，无则败亡，不能一日或缺。唐太宗不但自己时刻注意此处，他对李唐皇室的继承者也时刻灌输这一理念，如《唐会要》卷四《皇太孙》就记载了这样一条史料：

贞观十七年十一月二十八日，诞皇太孙，宴宫僚于宏教门。太宗幸东宫，自殿北门入，谓宫臣曰："顷来生业稍可，非乏酒食，而唐突公等宴会，朕有甲观之庆，故就卿为乐耳。"谓太子曰："尔国之储贰，府藏是同，金玉绮罗，不足为赐。但先圣典籍，可为鉴诫耳，因赐尚书、毛诗、孝经各一部。"

唐太宗在皇孙诞辰宴会这一特殊场合，不赏赐金银珠宝等物品，而赏赐《尚书》等儒家坟典，所谓"先圣典籍，可为鉴诫"，将自己的统治理念传达给继任者，可谓高明之至。

其二，对孔子的地位进行重新界定。在武德九年（626年）登基伊始，即于十二月廿九日下诏恢复孔子的先师地位，以原先隋朝的绍圣侯后人孔德伦为褒圣侯。这一诏书后被勒石传世，即王昶《金石萃编》卷五十五所载《赠太师孔宣公碑》，其全文如下：

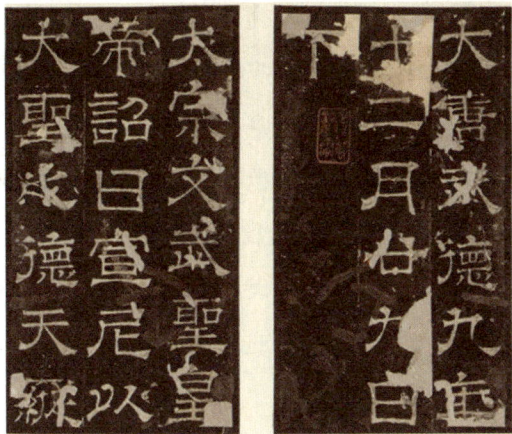

唐《赠太师孔宣公碑》阴

> 大唐武德九年十二月廿九日下

> 太宗文武圣皇帝诏曰：宣尼以大圣之德，天纵多能，王道籍以裁成，人伦资其教义，故孟轲称生人以来一人而已，自汉室驭历，魏世分区，爰及晋朝，暨于隋代，咸相崇尚，用存享祀。朕钦若前王，宪章故实，亲师宗圣，是所庶几。存亡继绝，抑惟通典。可立孔子后为褒圣侯，以隋故绍圣侯孔嗣悊嫡子德伦为嗣主者施行。

将孔子封爵由"绍圣侯"改为"嗣圣侯"，由其后裔主嗣，这就将经过战乱造成的嗣圣封爵重新续上。不久，在贞观二年（628年），唐太宗又下诏罢停周公先圣地位，直接以孔子为先圣。据《旧唐书》卷一八九上《儒学传上》记载：

> 贞观二年，停以周公为先圣，始立孔子庙堂于国学，以宣父为先圣，颜子为先师。大征天下儒士，以为学官。

又据《贞观政要》卷二七《崇儒学》载"两边俎豆干戚之容，始备于兹矣"。

唐太宗在历史上首次以孔子取代周公先圣称号，并将孔子庙立于全国最高官方学府，以颜回为先师，陪位孔子，对儒家的学统进行了新建构，具有重要的象征意义，这是唐太宗将儒学升为意识形态高度的重要事件。贞观二十一年（647年），唐太宗又下诏书将左丘明等21人配享孔庙，《贞观政要》卷二七《崇儒学》载：

> 左丘明、卜子夏、公羊高、穀梁赤、伏胜、高堂生、戴圣、毛苌、

第三章　隋唐时期的经学与儒学

孔安国、刘向、郑众、杜子春、马融、卢植、郑玄、服虔、何休、王肃、王弼、杜预、范宁等二十有一人，并用其书，垂于国胄，既行其道，理合褒崇。自今有事于太学，可并配享尼父庙堂。

其三，重视儒学教育，在科举选官中倾向儒学经典。据《旧唐书》卷一三九上《儒学传上》载，在登上皇位之前，李世民即留意于儒学经典的收集和整理，在文学馆中设立十八学士。据《旧唐书》记载，文学馆十八学士有杜如晦、房玄龄、于志宁、虞世南、陆德明、孔颖达、薛收、褚亮、姚思廉、许敬宗、苏世长、李玄道、李守素、蔡允恭、颜相时、薛元敬、盖文达、苏勖等，均为当时饱学之士。杜、房等人在贞观年间官至宰相，其他人或以谋略，或以儒术深得李世民重视。李世民曾令阎立本为上述人物绘像，并由褚亮题赞，号《十八学士写真图》。登基之后，又设立弘文馆，以通晓儒学之大臣以本官兼学士之职，闲暇时同他们讲经论道。

宋徽宗绘《十八学士写真图》

李世民本人的儒学修养也比较深厚。他曾经亲自到国子学与儒生讨论，如《旧唐书》卷二四《礼仪志》载，贞观十四年（640 年），太宗到国子学，听国子祭酒孔颖达讲释《孝经》，他问孔颖达说："孔子的弟子中，曾子、闵子骞都被称为大孝，为什么现在都传授曾子之说，而无闵子骞的学说?"孔颖达回答说是因为曾子之孝全面。太宗曾以儒学之典故反驳，洋洋洒洒间颇见对儒学典籍之熟稔，其大意如此："我记得《孔子家语》中记载，曾皙使曾参锄瓜，不小心将根锄断，曾皙生气地用大棒敲打曾参背部，竟然使之昏死过去。孔子听说此事之后，告诫他的弟子们，曾参来了不要让他来，在曾参的再三请求下，孔子才对他说：'舜帝侍奉父母，父母要驱使他时，他经常在父母身边；而父母要加害他时，则总成功不了。只有轻微的责打，他才接受，一旦（父母）虐打，则远远逃开。你如此不懂缓和父怒，让他无法顾及父子之义，实在是不孝之至。'由此事看来，怎么能比闵子骞更孝呢?"孔颖达不能对答。紧接着，太宗又对《孝经》所言之孝进行了阐发：

> 诸儒各生异意，皆非圣人论孝之本旨也。孝者，善事父母，自家刑国，忠于其君，战陈勇，朋友信，扬名显亲，此之谓孝。具在经典，而论者多离其文，迥出事外，以此为教，劳而非法，何谓孝之道耶。

太宗对儒经的造诣可见一斑。如前举例所言，太宗还以《孝经》等赐予皇子等，敦促他们熟稔坟典。太宗曾多次亲临国子监。另外还规定，只要国子学学生能熟稔一大经，即可得官。并且扩大国子学的校舍 1 200 间，太学和四门学也扩大学生规模，书学、算学设置博士、学生，诸学共有生员 3 200 余人。在北门禁军玄武门屯营飞骑中，也设置博士，教授将士诸经，能够精通者，听任其参加贡举。

因此，当时全国各地的儒生多负笈西游，辐辏于京师。进而高丽、百济、新罗、高昌、吐蕃等国首领，也多遣子弟入国子学等官学进行学习。根据史料记载，"鼓箧而升讲筵者，8 000 余人，济济洋洋焉，儒学之盛，古昔未之有也"。儒学由魏晋以降的式微之境至唐再次兴盛。

三、孔颖达与《五经正义》

隋及唐初统治者积极倡导儒学，儒学逐步繁盛起来。但原先因魏晋南北朝政治分裂、南北学术迥异而来的典籍版本纷乱、儒学经义解释分歧的问题日益成为儒学发展、国家文化统一的阻碍。为了解决这一问题，唐太宗命令整理儒家经典，但实际上对儒家经籍的整理在隋代已经开始。

（一） 隋朝统一经籍的努力

《隋书》卷四九《牛弘传》记载，牛弘曾在开皇初"以典籍遗逸，上表请开献书之路"。牛弘首先强调了儒家经典对于国家治理的重要作用，他认为"知握符御历，有国有家者，曷尝不以《诗》《书》而为教，因礼乐而成功也"。他追述了自孔子祖述宪章，制《礼》刊《诗》后，周秦以下历次战乱，共对传世经籍造成了5次大的损坏，即"五厄"，对文化传承和传播造成严重后果。当时国家所藏书籍只有15 000余卷，还不到南朝梁的一半。牛弘认为，隋朝统一之后，必然重振儒家，首先要对流散的古籍进行收集和整理，"故知经邦立政，在于典谟矣。为国之本，莫此攸先"。因此他建议以国家的名义征集民间儒家经典，"若猥发明诏，兼开购赏，则异典必臻，观阁斯积，重道之风，超于前世"。隋文帝同意了牛弘的建议，"于是下诏，献书一卷，赍缣一匹。一二年间，篇籍稍备"。

牛弘墓

牛弘认识到了当时经籍对于国家文化建设的重要意义，请求隋文帝进行国家层面的收藏和整理。由于长期战乱，南朝所藏图书错失散佚，存本亦残缺拙劣，这次官方征书总集编次，辑存古本。召天下工书之士，如京兆韦霈、南洋杜颜等人，于秘书省内补续残缺，藏于宫中和秘书省等，总共凡3万余卷，内藏大部分为儒家典籍，对隋一代图书整理事业有贡献，也为以后国家进行儒家经典版本的整理以及经义的统一诠解准备了基本条件。

牛弘还着手对经籍进行诠解，开皇三年（583年），他被授礼部尚书，奉命修撰《五礼》，写成百卷，在隋朝得以通行。

（二）颜师古与《五经定本》

唐朝建立后，在提高孔子和儒学地位等方面做出了相当大的贡献。但是南北朝经学释义纷乱的情况，不利于发挥儒学的作用。因此，在隋朝所做的儒家文献的官方收集整理的基础上，唐太宗命人进行了经学典籍的整理、勘误和注解，这对儒学发展具有里程碑式的意义。其中发挥主要作用的有颜师古与孔颖达等人。

颜师古，名籀，字师古，因魏晋隋唐时期以字行，故称颜师古。京兆万年（今陕西西安）人。唐初儒家学者，经学家、历史学家。颜师古祖父颜之推，北朝时作《颜氏家训》，父颜思鲁，曾任隋司经校书、东宫学士，后为李世民之记室参军。颜师古生于文化世家，博览群书，学问通博，擅长于文字训诂、声韵、校勘之学。他还是研究《汉书》的专家，对两汉以来的经学史也十分熟悉。

《贞观政要》卷二七《崇儒学》条对此事的来龙去脉有较为清晰的记载：

> 贞观四年，太宗以经籍去圣久远，文字讹谬，诏前中书侍郎颜师古于秘书省考定五经。

颜师古 像

及功毕，复诏尚书左仆射房玄龄集诸儒重加详议。时诸儒传习师说，舛谬已久，皆共非之，异端蜂起。而师古辄引晋、宋以来古本，随方晓答，援据详明，皆出其意表，诸儒莫不叹服。太宗称善者久之，赐帛五百匹，加授通直散骑常侍，颁其所定书于天下，令学者习焉。

由于自两汉以来今古文之争，再加上魏晋以来的战乱频仍，造成的章句错讹、文义乖谬等现象，历代如隋牛弘等辑佚亡书，进行了部分整顿，但终未完成。唐朝统一天下后，为实现这一工作创造了条件。《五经定本》的修订，是顺应当时官方的礼制、教化、科举等有统一范本的需求而采取的典籍整理工作，所重点考订的内容是《周易》《尚书》《毛诗》《礼记》《左传》等。颜师古家学尤卓，以所习古本仔细考校，故令"诸儒莫不叹服""太宗称善者久之"，最后成为通用版本，称之为《五经定本》。

贞观十九年（645 年），颜师古跟随太宗征辽东，途中病故，终年 65 岁，谥曰"戴"。故史籍中常称之为颜戴公。

正如陈启智在《中国儒学史》（隋唐卷）中所言："颜师古继蔡邕《熹平石经》之后，刊定《五经定本》，完成了经学统一的第一步，为孔颖达等撰《五经正义》奠定了文字基础。"

（三）孔颖达与《五经正义》的修纂

孔颖达 像

《五经定本》颁布后，太宗命孔颖达主持撰写《五经义疏》，作为对儒经的标准解释。书成以后定名为《五经正义》。

孔颖达，字仲达（又字冲远），新旧唐书中均有其本传，传为冀州衡水人，是孔子第三十二代孙，为儒学的世家。父安，齐青州法曹参军。孔颖达自幼聪慧，8 岁时，就能够日诵千言。及其年长，精通《左

氏传》《郑氏尚书》《王
氏易》《毛诗》《礼记》，
兼善算历，善于书文。

孔颖达为太宗文学顾
问，与魏征合撰《隋
书》，参与修订《五礼》，
并撰《孝经义疏》等，
然其最大功绩当是奉诏编
纂《五经正义》。

《五经正义》

《五经正义》是唐代颁布的官方儒学经籍定本，由孔颖达等奉唐太宗诏令而
修纂，系两汉以来经学义疏的结集。其中包括《周易正义》14 卷，《尚书正义》
20 卷、《毛诗正义》40 卷、《礼记正义》70 卷、《春秋左传正义》36 卷。

在《五经定本》颁布后，太宗"又以儒学多门，章句繁杂，诏国子祭酒
孔颖达与诸儒撰定《五经》义疏，凡 170 卷，名曰《五经正义》，令天下
传习。"①

《五经正义》是唐朝政府颁布《五经》的官方版本，科考等均以之为教
材。在修订的过程中，主要分为两个环节，第一个环节采用了标准的注经底
本，即以颜师古所注的《五经定本》参以陆德明《经典释文》等。第二个环
节才是撰写义疏。当时的许多著名学者都参与撰写，孔颖达是主持者和主要
负责人，从头至尾起着主导作用。

《五经正义》主要是对前人疏注进行取舍总结，如《易经》用王弼注，
《尚书》用孔安国传，《毛诗》主要用郑玄笺，《礼记》主要用郑玄笺，《春秋
左氏传》主要用杜预集解。编纂过程中坚持"疏不破注"原则。

《五经正义》大致内容如下：

1. 《周易正义》：《五经正义》的第一部。孔颖达认为，《周易》中所认

---

① 《旧唐书·儒学传上》。

为"以通神明之德，以类万物之情"就是古时圣人作《易》的目的。王弼作《周易注》，去芜存菁，注意发掘《周易》里的哲学性义理，而去除原谶纬所比附的五行感应之臆说。并用《老子》解《周易》，以当时的玄学思维诠释易理，使《周易》之学术地位一振。孔颖达故以王弼注为主，并融会汉代易学的部分内容，收入《周易正义》中。

2. 《尚书正义》：《五经正义》的第二部。《尚书》又名《书经》或《书》，是记载上古政治、历史之书籍。《五经正义》所采用的是当时所通行的孔安国古文《尚书》本，《周易》为探寻神明、天理之书，而《尚书》则更多的是为天、人之间的关系。《尚书正义》所言"天爱下民，为立君立师者，当能佑助天意，崇安天下，不夺民之财力，不妄非理刑杀，是助天宠爱民也"，即是对于天、君、人间的关系解说。

3. 《毛诗正义》：《五经正义》的第三部。《诗经》是中国最早的诗歌总集，在西汉时期，曾有齐鲁韩毛等诸家之注，其中，毛解为古文经学一派，出现最晚。在《毛诗古训传》基础上，东汉郑玄撰有《毛诗传笺》，对毛诗加以引申发展，影响很大。《毛诗正义》所用传注，既尊《毛传》《郑笺》，又博采其他汉魏诸家学说，能够客观地对待原有疏文，务求能准确诠释《诗经》之微言。因此，"终唐之世，人无异词"。

4. 《礼记正义》：《五经正义》的第四部。孔颖达不取烦琐的《周礼》和《仪礼》，而用《礼记》。因《礼记》本附于经书，于文简明而周全。《正义》选用东汉郑玄的《礼记注》。郑玄注内容平实详密，历来为儒者所看重，并多加疏注，至唐初，尚存有皇侃、熊安生之注本。《礼记正义》取皇侃的义疏为基础，以熊安生为补充。在《礼记正义》序言中明确提出："非礼无以事天地之神，辩君臣长幼之位。是礼之时义大矣哉。"这反映了《五经正义》的修订理念。

5. 《春秋左传正义》：《五经正义》的最后一部。因魏晋时期有"左传癖"之称的杜预已经在刘歆、贾逵等前人注解基础上集其大成，撰有《春秋经传集解》30卷，且大行于世，故孔颖达即以之为蓝本，更采汉注众书，成为对唐以前《左传》注疏的总结梳理。《春秋左传正义》虽为《五经正义》

之末，但由于它偏重于以历史史实来诠释《春秋》的风格，使其在史实陈述阐发中更容易体现出儒家的重要理念。

（四）《五经正义》的意义

《五经正义》修订当年，太宗即令"天下传习"，其后，高宗时期将"五经"中新发现的一些脱误之处进行了修订，《唐会要》卷七七《贡举下》载："永徽二年三月十四日，诏太尉赵国公长孙无忌及中书门下，及国子三馆博士、宏文学士，故国子祭酒孔颖达所撰《五经正义》事有遗谬，仰即刊正。"至高宗永徽四年（653年），重新颁布《五经正义》，科举考试中之经文、经义，即以此为准。至此，历经两汉至南北朝时期的分裂，经过隋以及唐初统治者和学者的努力，重新实现了儒学的统一。

《五经正义》撰写过程中坚持"疏不破注"的原则，做到了融汇诸家而不盲从，多择其善说，并且多有推进，是汉代以来经学发展的最高水平。

《五经正义》的修订颁布，是对隋唐之前的儒家经学的一次系统性的大总结，使经历经分古今、学分南北的儒学重归一统。它不仅是内容、音义、训诂上的总结，更是对儒学学术分野的一次深入推进和整理，通过儒学与科举的结合，使儒学能够以清晰一致的知识结构影响社会数百年。因此，这是继汉武帝"独尊儒术"以来的又一次政治性和学术性合一的儒学活动。

《五经正义》的完成，标志着儒学正式结束了长期以来的分裂歧出状态，重新进入了经学一统的稳定发展阶段，达到了繁盛时期。故皮锡瑞的《经学历史》在《经学统一时代》一章中总结说："自《正义》《定本》颁之国胄，用以取士，天下奉为圭臬。唐至宋初数百年，士子皆谨守官书，莫干异议矣。故论经学，为统一最久时代。"①

《五经正义》自贞观十二年（638年）由孔颖达等奉诏撰修，经过太宗、高宗两朝的修订，一直到永徽年间才最后定本，历时20年。自隋文帝接受牛弘建议收集散佚经籍，一直到《五经正义》的最终颁布，前后历时半个多世

---

① 《经学历史》。

纪。《五经正义》的成书，有明确的指导思想，在编排体例本身也有明确的系统考虑，不仅是学术总结，更重要的是经世致用。隋唐两个统一集权国家对儒学的制度化的重视程度可见一斑，也充分证明了儒学对于国家政治统治的重要价值之所在。

第二节 《开成石经》——隋唐时期经学官方化的完成

《开成石经》，亦称"唐石经"，现藏于西安碑林博物馆。唐文宗太和七年（833年）至开成二年（837年）间碑刻十二经文，因刻成于唐开成年间，又称为《开成石经》。唐代儒家经典由"五经"而到"十二经"，由定本而到石刻，折射出唐代儒学发展的轨迹，以下将展开叙述。

一、从"五经"到"十二经"

孔颖达《五经正义》实为"五经"之疏注。《五经正义》中《礼》本有《周礼》《仪礼》《礼记》三种，因当时政治、文化的特殊形态而只取《礼记》，《春秋》也本有公羊、穀梁、左氏三家，孔颖达独疏左氏，但从当时将《礼记》《左传》名为"大经"的情况看，唐初已经将与"五经"相关的几部传记名为"经"。但《礼记》《左传》本身只是经籍本身的"大传"之一种，因此，从经学自身的概念而言，所称"五经"者，实也应该包括三《礼》、三《传》，《周礼》《仪礼》《春秋公羊传》《春秋穀梁传》亦应包含在内，此即平常所谓之"九经"。可注意者，从"五经"到"九经"，所扩大的不仅是数量，而且是对"经"本身概念

《开成石经》（局部），今藏于西安碑林博物馆

在经与传的范围中的泛化，将《五经》诸传均上升到"经"的地位。这背后所体现的是经学知识体系的开放和扩展，与当时的儒学制度化息息相关。

《五经正义》不包括《周礼》《仪礼》及《公羊》《穀梁》的传疏。四经注疏在唐代相对晚出。因为当时的社会文化风尚等原因，人们对这四本疏注也不太重视。如《三礼》之中的《周礼》尽管居于首位，但是由于多讲制度沿革、天文律历等内容，故并不受重视。在魏晋南北朝时期，人们还是更偏向于有义理空间的《礼记》。因此，从这一背景来言，孔颖达所取"五经"也是充分考虑了当时的学风及需求。一直到永徽四年（653 年）《五经正义》的定本颁示天下后，才诏命贾公彦、杨士勋、徐彦补撰。其中贾公彦撰《周礼疏》《仪礼疏》二疏，杨士勋撰《穀梁传注疏》，徐彦撰《公羊传疏》。这四部传疏同原先的《五经正义》合起来，称为"唐人九经疏"。

《开成石经》所存的《孝经》《论语》《尔雅》等也在此一时期逐步被纳入到"经"的范畴。《孝经》在汉代就较受重视，尽管没进入"五经"之列，但经常与《春秋》并称。唐朝建立后，太宗李世民就极为重视《孝经》，曾多次

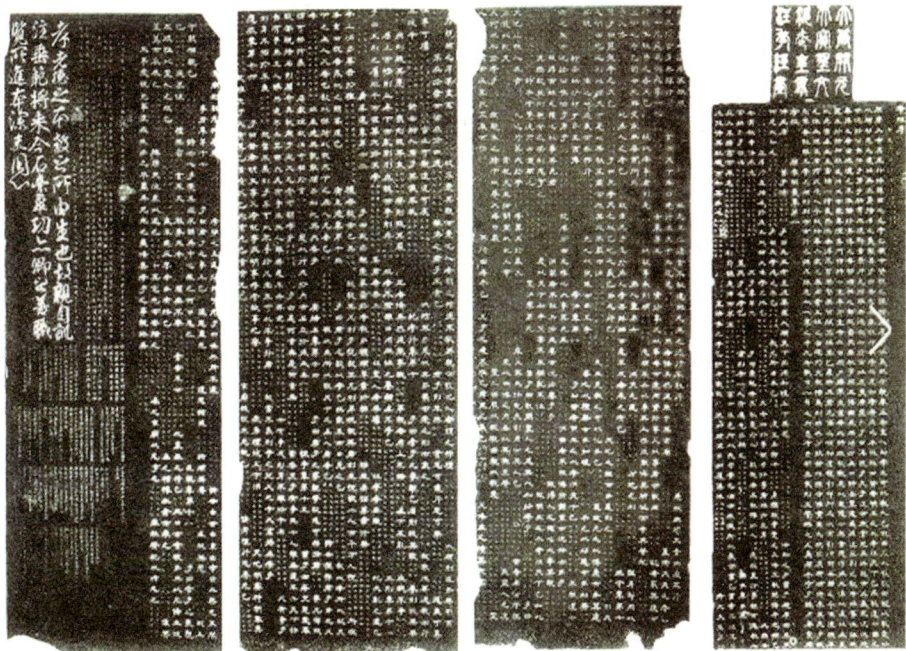

李隆基《孝经》全文

同国子祭酒孔颖达辩难，也曾以《孝经》赐予太子；至唐玄宗李隆基时，更是亲自为《孝经》作注，成为唐代的定本，后来他又命元行冲作疏，并立于学官。

在唐代，《论语》和《孝经》是要求所有应举之人都要研读的，称之为"兼经"。且其本身为孔子语录集，故尽管在唐初期，沿用西汉之"五经"而为《五经正义》，《论语》并未列入，但随着孔子地位逐渐上升，《论语》的地位也不断提高，被列入《开成石经》也是顺理成章。《尔雅》本身是一部关于上古语言文字的训诂书籍，对古代经典的语汇名词多有解释，随着儒家经典中"经"的扩大化，许多"传"也进入其范畴，作为读经所必须使用的训诂之作，也被吸收进"经"的范畴。

至唐代《开成石经》颁刻时，已经初步完成了由"五经"到"十二经"范畴的扩张。

二、从《五经壁本》到《开成石经》①

在唐代对"五经"的范围逐渐扩展至"九经"的过程中，鉴于当时尚处于文化传播之"写本时代"，雕版印刷术没有出现，为了维护经、疏的文字、音义的统一，唐代先后进行国子监讲论，屡次进行题壁或刻石活动。自《五经定本》和《五经正义》颁示以后，对于其音义字体的考辨修改便一直连续不断，这些争辩及因争辩而进行的内容修改也在历次的题壁刻经中有所体现。

根据《旧唐书》《全唐文》的记载，唐代先后进行题壁或刻石达四次之多，内容也由"五经"逐渐至"九经""十二经"，题刻材质也由墙壁而到木板，最后到石碑。

（一）代宗大历十年《五经壁本》

唐代"开元盛世"时，国力兴盛之下隐藏着各种危机，终于在天宝末年，"安史之乱"爆发。战乱历经八年，尽管历经肃、代二朝，平叛成功，但自兹

---

①　对此一发展过程的研究，学界多有成果，如路远《唐国学〈五经壁本考〉——从〈五经壁本〉到〈开成石经〉》；汤一介、李中华主编，陈启智著《中国儒学史》（隋唐卷）第四章第四节"从《五经壁本》到《开成石经》"等。本节即是在总结前人研究成果基础上进行的梳理，兹不一一列举所引材料。

以后唐代盛世一去不返。"安史之乱"后，针对危机所带来的政治道德的混乱情况，代宗开始重新重视意识形态的建设。在永泰二年（766年），代宗曾下诏重修原先经战火而破败的太学，恢复学校教育。

唐代宗 像

为统一争论，修订各抄本的讹误，唐代宗大历十年（775年），将"五经"题于国子监讲堂屋壁，以供士人儒生勘误。刘禹锡在《国学新修五经壁本记》对此事记录颇详尽：

> 初，大历中名儒张参为国子司业，始详定五经，书于论堂东西厢之壁。辨齐鲁之音，取其宜；考古今之文，取其正。繇是诸生之师心曲学、偏听臆说，咸束之而归于大同。①

根据此段文字，可知晓初次题写壁经由张参所主持，并题写于论堂东西厢之壁。

张参之事迹在正史之中不载，他于开元天宝间明经及第，大历朝官户部郎中，历任国子司业。他所编的《五经文字》3卷附于《开成石经》之末，其卷首《五经文字序例》述及其修《五经壁本》的缘起，被收入《全唐文》②。在文中，他首先列出当时存在的问题："今制国子监置书学博士，立《说文》《石经》《字林》之学，举其文义，岁登下之，变古之小学也。自顷考功礼部课试贡举，务于取人之急，许以所习为通，人苟趋便，不求当否，字失六书，犹为一事，五经本文，荡而无守矣。"接着叙述道："十年夏六月，有司以职事之病，上言其状，诏委国子儒官勘校经本，送尚书省。参幸承诏旨，得与二三儒者，分经钩考而共决之，互发字义，更相难极……卒以所刊，

---

① 《全唐文》卷六〇六《国学新修五经壁本记》。
② 《全唐文》卷四五八《五经文字序例》。

书于屋壁。"

由张参所记可以看出，因为当时"字失六书，尤为一事，五经本文，荡而无守"的严重情况，大历十年（775 年）中，相关部门上书言状，委派国子监进行"五经"的修勘，经过张参等几人的工作，最后将之书于屋壁。

张参所参与的国子监壁本经文，是唐代第一次以题壁形式公开的版本。兹可注意者，张参所修订题壁的是经过他们重新订正的经文，而他所作的《五经文字》，是在修订过程中所撰就之另一书。

（二）元和年间重写《壁经》

代宗大历十年（775 年）下诏令张参等写《壁经》后，历文宗、德宗、顺宗，一直到宪宗元和末年，尚书左仆射兼判国子祭酒郑庆余，"以太学荒毁日久，生徒不振，奏率文官俸给修两京国子监"。此次修缮在《旧唐书》《新唐书》《唐会要》《册府元龟》中均有记载。郑庆余请于现任京官一品到九品及外使兼京正员者，各自俸禄中抽钱十一文，"以充国子监修造先师庙及诸室宇，缮壁经"。自经德宗"泾师之变"后，一直到唐宪宗时期，唐朝诸藩方才归顺中央，渐有中兴迹象。郑庆余所言"寇难涤荡，天下砥平"即是此意，在此种情况下，修葺国子监及孔庙，重新修缮《壁经》等，均有彰明太平的意味。此时对《壁经》的修撰是对原先注文的重新题写，不涉及校订勘验等方面内容。

（三）太和年间木版《五经壁本》

文宗太和年间，因之前土墙剥落，《壁经》受损，故重新以木版题《五经壁本》。唐文宗时，政治形势日益崩坏，宦官专制，穆宗、敬宗及文宗本人的存亡均由他们左右，朝廷中党争渐起。因"甘露之变"的影响，文宗并无多少政治成就可言。但史载文宗本人在藩之时"喜读《贞观政要》，每见太宗孜孜政道，有意于兹"，可见文宗也是有远大政治抱负的。文宗后期欲以郑注、李训尽去宦官，便是一例。文宗性格节俭，不尚浮华，《旧唐书》其本纪言"文宗承长庆、宝历奢靡之风，锐意惩革，躬行俭素，以率厉之"，深得儒家之教旨，另外他曾经亲自撰集《尚书》中君臣的事迹，并命令画工将其画于太液亭，以备朝夕观览。由此可见文宗对儒学的重视，故能有重修国子监壁经之事。前述刘禹锡《国学新修五经壁本记》，即是记载此事。文中，刘禹锡记载了此次重修《五经壁本》的背景：

> （壁经）积六十岁，崩剥污蔑，渙然不鲜。今天子尚文章，尊典籍。于苑囿不加尺椽，而成均以治。国学上言，遽赐千万。时祭酒皥实尸之，博士公肃实佐之。国庠重严，过者必式。遂以美嬴，再新壁书。

另外，他还记载了新修壁经的一些细节：

> 惩前土涂不克以寿，乃析坚木负墉而比之。其制如版牍而高广，其平如粉泽而洁滑。背施阴关，使众如一。附离之际，无迹而寻。堂皇靓深，两庑相照。申命国子能通法书者，分章揆日，逊其业而缮写焉。笔削既成，雠校既精，白黑彬班，了然飞动。以蒙来求，焕若星辰；以敬来趋，肃如神明；以疑来质，决若蓍蔡。由京师而风天下，覃及九译，咸知宗师，非止服逢掖者钻仰而已。

文中清晰地描述了当时的木版壁经的样貌。《壁经》由国子监能通书法者分工撰写而成，书写精美，且考校准确，能够更好地满足来求、来敬、来疑等不同目的的需求，"由京师而风天下，覃及九译，咸知宗师"。

三、《开成石经》的刊布

与前几次修壁经间隔时间动辄几十年不同，精美绝伦的木版壁经存在的时间并不长，不是因为政治动荡或战乱，而是因为有了更高形制的"勒石为经"。

木版壁经因存放不便，只供学官和生员校订文刊而用，无法普及于天下读书人，且版刻后尚存不少异议。

文宗既好儒尚学，重视儒学的教化之功，故在郑覃的建议之下，进一步将木板壁经改为石经，以彰示天下。《旧唐书》卷一七下《文宗纪下》对此有详细的记载：

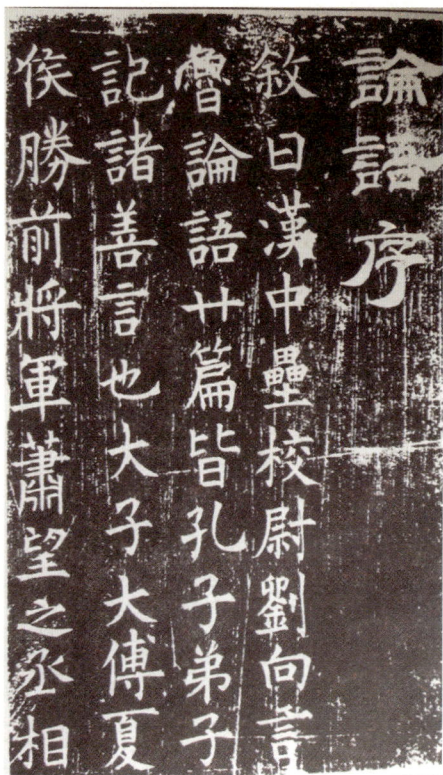

《开成石经》局部

（开成二年冬十月）癸卯，宰臣判国子祭酒郑覃进《石壁九经》一百六十卷。时上好文，郑覃以经义启导，稍折文章之士，遂奏置五经博士，依后汉蔡伯喈刊碑列于太学，创立《石壁九经》，诸儒校正讹谬。

开成二年（837 年），宰相兼国子祭酒郑覃进奉《石壁九经》——这其实是在《开成石经》刻成之后所作。接着《旧唐书》展开追溯：因为文宗喜好文学，故郑覃常以经义进行启发，对浮华文士进行压制，奏置五经博士，并依照东汉蔡邕刊碑太学的典故，创立《石壁九经》。郑覃提出勒刻石经，但因当时日益严重的党争造成的政治波动，实际过程却一波三折。

郑覃"长于经学，稽古守正，帝尤重之"。太和四年（830 年），他从容进奏"经籍讹谬，博士相沿，难为改正。请召宿儒奥学，校定六籍，准后汉故事，勒石于太学，永代作则，以正其阙"。他提出因经籍多存讹误，要求重新订正，并按照东汉（熹平）故事勒石太学，以"永代作则"。此事也得到了文宗的赞同，但未实行。因当时"牛李之争"正炽，郑覃与李党领袖李德裕相善。太和五年（831 年）时，"牛党"之牛僧孺、李宗闵为相，清除异党，故郑覃被罢去侍讲学士职务，他的建议也不了了之。一直到太和七年（833 年）李德裕重新入朝，郑覃才回到文宗身边重新担任侍讲学士，并在这一年施行原先之建议。《唐会要》卷六十六"国子监"条载：

其年（太和七年）十二月，敕于国子监讲论堂两廊，创立石壁九经，并孝经、论语、尔雅，共一百五十九卷，字样四十卷。

太和七年（833 年）年底，重新进行了"九经"的刻石工作。太和九年（835 年）以后，郑覃迁为尚书右仆射，并以本官同平章事，领导刻经事务。他"奏起居郎周墀、水部员外郎崔球、监察御史张次宗、礼部员外郎温业等校定《九经》文字，旋令上石"。此项工程一直延续到了开成二年（837年）。碑成之后，郑覃又进《石壁九经》160 卷。这就是《开成石经》刻制的过程。

《开成石经》中所谓《石壁九经》与前谓之"五经"是一致的，"五经"中的礼经实含"三礼"（《周礼》《仪礼》《礼记》），《春秋》也含"三传"（《穀梁》《公羊》《左氏》）。所称"九经"，是将"五经"中的经传泛化而均称为经，故有"九经"。尽管《开成石经》称为《石壁九经》，但并不只含九经，因文宗在敕文中明确说："《石壁九经》并《孝经》《论语》《尔雅》共一百五十九卷。"

目前所存石经，共计 114 石，包括《周易》6 卷，《尚书》13 卷，《诗经》20 卷，《周礼》11 卷，《礼仪》17 卷，《礼记》20 卷，《春秋左氏传》30卷，《春秋公羊传》12 卷，《尔雅》3 卷，以及《公羊春秋》《孝经》《论语》"十二经"，"十二经"之后还附刻有张参《五经文字》和唐玄度《九经字样》。因此由《开成石经》的颁布，可以看出已经由"五经"而成"十二经"，在实际上已经彰显了唐代经典的泛化和初步成型。到南宋时引《孟子》为经，与

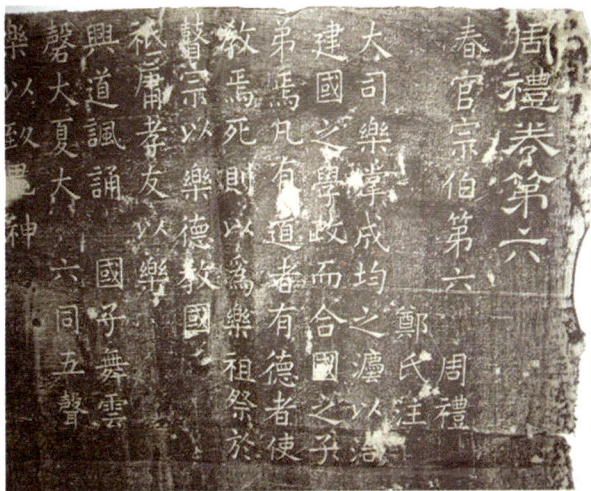

《开成石经》原碑之《周礼》局部

"十二经"相合，便成为后世所传的儒家"十三经"。

《全唐诗》卷四百六十六载薛存诚《太学创置石经》诗一首，云：

圣唐复古制，德义功无替。

奥旨悦诗书，遗文分篆隶。

银钩互交映，石壁靡尘翳。

永与乾坤期，不逐日月逝。

儒林道益广，学者心弥锐。

从此理化成，恩光遍遐裔。

《开成石经》原碑立于唐长安城务本坊的国子监内，至北宋时移至府学北墉，即今西安碑林，现去西安尚可得见。它的历史意义在文本之外，尚有重大的学术和思想意义。

其一，《开成石经》最终颁定的最大意义在于，从"五经"到"六经"，再到"十二经"，经学在国家意志下的扩张过程中，实现了儒学与国家意志的合一，这构成了隋唐时期儒学的制度化中非常重要的一极。正是以此为前提，方能通过隋唐时期的法制建设，以及科举考试等形式，自上而下推动儒学伦理的内质化进程。其二，从《开成石经》的文本价值而言，它历经战乱，得以保存，对尚处于写本时代儒学经典权威版本的保存具有无法表达的文化功绩；更重要的是，石碑在我国古代文化中具有强烈的政治、文化内涵，具有永垂后世，以为宣教的表达目的。因此，无论是"勒石为功"还是刻石为志，其具有的政治、文化、历史意义不言而喻。这是自东汉的《熹平石经》之后，中国古代进行的又一次儒学典籍的官方刻石，并将其列于官学之地，是对儒学核心典籍的官方界定，也可以看作是中央集权国家努力通过经典的体系化、系统化和权威化，巩固儒家的制度化、意识形态化的强烈愿望。从而也不难看出，传统国家对儒学在帝国统一、文化和意识塑造方面的深切体认和重视程度。也正是"石经"的空间表达和象征意蕴，承载了当时的历史记忆，我们通过它的文化象征，方得以理解儒学的真实发展流程。

第三节　隋唐时期的三教关系

隋唐统一之后，儒学从南北朝时期的分裂状态中实现了理论和观念上的统一，从而在经学化的过程中进一步完成了汉唐间的整合与总结。

另外，自魏晋以来，儒学的发展一直受到佛、道二教的冲击，佛、道二教在理论建构、现实关怀等方面不断挑战儒学的思想体系。隋唐以降，三教在思想、文化、经济、政治等多层面更是直接接触，不断发生碰撞冲突。其结果是三教在冲突中相互影响，各自发展，儒学在这一过程中逐步占据上风，形成以儒家伦理为核心的"三教合一"状态，对以后中国文化的走向产生了深刻影响。

隋唐时期三者的关系，可以分为两条发展线索：

其一是三教在各自同其他两教的冲突和批判中自身理论的发展。这一过程中，三教各自吸收其他教派有益于己的理论成分，在冲突中逐渐提高自己，也渐渐找到合适位置，逐步走出冲突，实现共生。

其二是国家层面对待三教的关系。由于三教在维护国家统治中各有利弊，因此，出于政治需要和各君主不同的政策倾向，不同时期往往对三教的重视各有侧重。总而言之，这时期的大趋势就是国家对三教均持利用态度，推动着三教的互融。

因此，至唐末，由于三教的交汇互融，终于出现了以儒家思想为本位、融合释道的新儒学。三教也在政治、思想、文化各层面达成了"默契"，这也成为自宋学以来中国文化的特质。

一、隋唐时期三教鼎立局面的出现

（一）儒学理论的发展

儒学本质上是一种关于伦理的学问，它重视现实人伦道德层面的合理性，多是以一种政治哲学的姿态出现，因此极为适应统治者关注其经邦治国之道德治术的需求。文化统一之时，统治者鼓励儒者对传统儒经进行考证辑佚，借以实现文化与价值观上的统一。隋唐儒学的发展，更多是在原先分裂局面的终结与传统儒学经籍的重新诠解与整理层面，借以实现其社会作用。隋唐时期，国家政权进行着儒学的政治制度化建构。由于在迎合社会大众的精神层面及自身的不足，儒学的新发展更多是在"经学"之外，对义理方面的新拓展，并以此重新恢复对社会层面价值和伦理的影响。

自魏晋南北朝时期，在儒佛之间就有过正面的冲突，因此时儒学体系与佛教体系关注的差异性，所谓的论争以"夷夏之辨"，以及"神灭之争"为主。此时儒家学者也注意到自身理论的不足，南北朝时期的刘焯、刘炫等人均对经学的义理方向进行诠释，而尤以隋代王通所提出"三教可一"为最。

在唐代，由于对《五经定本》《五经正义》《开成石经》等儒学经典的注疏，科举考试的贯彻，以儒经为基本教材的选官制度迅速推动了儒家思想的传播与普及，潜移默化地影响了社会整体的价值取向，这为儒学在思想文化中形成正统核心奠定了重要基础。从中也可以看出，政治制度的选择对文化与价值体系的塑造具有潜移默化的巨大功效。

（二）佛教理论的发展

隋唐时期，佛教在中国渐趋繁盛。这一时期的佛教规模、理论创设、教派的兴盛、佛教文化的发达、信徒的数量，均达到了前所未有的高峰。

佛教自汉代传入中原以来，在中国经过南北朝时期数百年的发展，逐步适应中国的社会需求，在社会各阶层有了广泛的信仰基础。到隋唐时期，由于统一的实现以及政治上的安定，原先南北互异的教义得以融会发展，顺应了当时文化大一统的要求。

佛教发展到隋唐时期，在理论上和组织上都成熟起来。理论上，围绕佛性和成佛的追问，佛教的心性学说逐步完善。不同于儒学的人伦倾向，心性学说所探求的是人的本体存在，这无疑对于传统的中国文化产生了新的影响。但是，由于人们对佛教的真谛理解不一，又产生了不同的学派，形成了各具特色的仪制和修道方法。同时各宗派有自己的寺院田产，形成了独立的寺庙经济，并在此基础上形成了各自的衣钵体系，最终形成了不同的宗派。各个宗派的并立，在中国佛教史上前无古人后无来者，是隋唐时期佛教鼎盛的表征之一。当然，佛教各宗派的成立，是其同中国内质文化不断融合关联的结果。

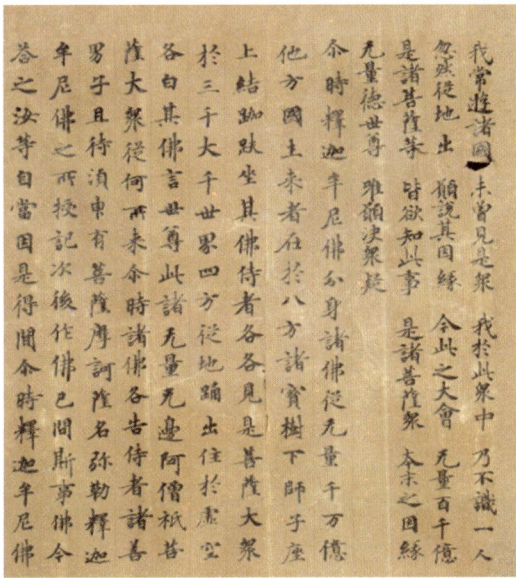

唐·郭德书《法华经》（全称为《妙法莲华经》）残卷

在思想信仰上，由于同社会民众广泛接触，以引导信徒入佛的信仰为路径，佛教把自己的影响推及至社会的各个层面。对以皇帝为首的上层贵族以及官僚阶层而言，无论他们在内心如何坚持经学带给他们的政治与伦理信仰，但是，在对人生、来世的信仰方面，必然或多或少地留有一些空间。更遑论社会下层的广大民众了。他们在经济上、文化上都处于劣势地位，尤其在与他们最相近的生存、来世等问题上，佛教产生的直接影响要大得多。因此，与当时的儒学主要在士大夫阶层流传不同，佛教在社会上的影响更为普遍。佛教在各阶层的广泛传播，加上僧侣们对佛经教义理解的差异，导致在隋唐时期出现了诸多佛法宗派，较著名的学派有天台宗、禅宗、法相宗、华严宗等。

（三）道教理论的发展

道教是中国原生宗教，在隋唐之前重在方术修行，而短于理论建构。魏晋以来，影响力一直弱于儒释二教。隋唐间，道教的理论色彩越来越浓，教义亦日益完善，原先的方术也更具神秘色彩。加上道教本身与李唐王朝的紧密关系，受到了朝廷的有意扶持。因此，道教在唐代进入了繁盛时期。

道教的发展与李唐王朝以道教教主李耳为其先祖，并以道教为"国教"

有关。同时，也与儒、释兴盛及外来的祆、景、摩尼等教派并立和相互刺激有关。

此时的道教，在内部先后有上清派、楼观派、正一派等多个教派，各个教派间既有渊源，又不相同，推进了道教教义的理论化。各教派沿袭了自汉代以来吸收利用儒家所提倡的人伦理论，努力将儒家所强调的人伦关系通过理论建构以天地之"道"统之，创设引儒入道，以道统儒的伦理建构。道教的理论发展，还受佛教的挑战而深化，因争夺教众，不得不学习主要竞争对手——佛教的理论与概念，如此时已经在其学说中借鉴佛教的法身、因果、轮回等概念。尤其到唐初，成玄英等在注释道家典籍时，已经能够熟练地运用佛教的论辩方法。其所作《老子疏》，仍然坚持无为清净的道法精神，但在修行途径的表达上注重融会佛教中观学的方法对"道""玄""理"进行诠释，明显表现出佛教的影响，道家将佛教的玄思辩证之处运用到自己的典籍解释之中，推动了自身宗教理论的迅速发展。

同时，各个宗教的教仪、修行规则各有差别，推动了典仪的完备化。这首先以老子教主身份的确认为代表。在南北朝时期，南朝以元始天尊为道教的最高神灵主宰，并创造出与之相适应的一整套自上而下的神灵体系。而北朝道教则仍然坚持老子在道教中的尊贵地位。唐代，老子被正式奉为道教的教主，其《道德经》也自然成为最高经典。因老子（李耳）同李唐王朝的同姓关系，道教成为皇族的近亲宗教，甚至可以通过道家经典考试而获得做

唐·吴道子绘老子

官的资格。唐玄宗曾亲自作《老子》注、疏，他认为之前的各家老子注往往偏于自矜，遗漏精义。注解《老子》应以理身与理国为注疏的核心，直接指出"其要在理身、理国，理国则绝矜尚华薄，以无为不言为教"。唐玄宗的注疏是当时的权威版本，被列入官学教材。

魏晋以降，道教吸引信徒的原因之一就是追求长生之术。唐代，由于皇族、士人热衷追求长生，道教炼丹之术也到达极盛。从追求长生的途径而言，可以分为内修和炼丹二派。

由于当时外丹实践的失败，特别是造成信众"欲求长生，反而速死"的严重后果，使得道教内外人士对炼制金丹的修道途径产生怀疑。在当时的儒、释普遍进行心性思辨的过程中，道教也逐步转化为由外在的修炼长生转向内息的内丹修养，从而在五代时期出现了追求天道与人道的结合，成为宋代全真道教之先声。

（四）三教的融合

儒、释、道三教经过自魏晋到隋唐时期的发展，在相互碰撞、竞争中也启发了彼此。因此，尽管各教是借鉴其他宗教精华而实现自我完善，以达到胜出的目的，但客观上，隋唐时期三教各自在理论上和组织上不断实现内在的发展和超越，却带来了社会文化的繁荣与三教的融合。作为主体的儒家文明在这一过程中对其人伦、社会的理论进行了人的本质上的思辨，而佛教在以儒学为关照的对现实关注的价值观的影响下，发展了其对人和社会的思辨性；道教则丰富了以社会和人为关怀对象的宗教观。正是基于上述契合点，三教形成了思想上的并立局面。而三教并立的大前提，主要是强调三教在社会思想中的各自归位，以及社会教化方面的统一性，这为以后三教思想的进一步交流融合准备了理论前提。唐宋之际，由三教并立逐渐走向三教融合。到宋代新儒学兴起之后，在综合儒、道的理论成果之后，儒学更关注于心性之论，逐渐成为中国思想文化发展的主流。三教终于完成了儒家为主、佛道为辅的思想模式，在思想定位上默契分工，成为影响宋以后历史文化思潮的主导力量，潜移默化地塑造着中华民族的文化品格。

二、隋唐时期的三教政策

儒学因其对人伦、社会的正面引导作用，一直是历代王朝塑造统一社会价值、实现国家认同的文化保证。因此在国家统治理论的建构层面，以儒学的理念为主——如在现实的国家法制层面以及宗法制度层面，均是以儒家观念为指导。但在隋唐时期，由于儒、释、道鼎立局面的形成，或因国家统治需要，或因个人目的，统治者也往往采取兼容并蓄的方针，乐于借鉴三者的某些有益成分，如杨坚、武则天对佛教的扶植，唐玄宗宠信道教等。这种儒学为体、释道为用的理念在客观上促成了佛教与儒、道的鼎足而立，也推动了佛教与儒、道在思想上的融合。因此，尽管以儒为主，但不同历史时期，君主对儒、释、道三者往往也采取迥异的政策。

（一）唐代的儒学制度化

前文已述，在唐代统一全国之后，出于文化统一和政权合法性的需要，采取了尊孔崇儒的国家政策。① 这些国家政策的提出，均是在"儒家的制度化"范畴之下进行的。

帕森斯曾说过："在任何既定层次产生的权力，都依赖四个基本条件，第一个条件是价值系统的制度化。这种价值系统使组织的目标和组织发挥功能以实现目标所运用的基本模式合法化。"② 而所谓价值系统的制度化，在唐代统一天下之时，便被统治者提上施政议程——因为国家建构理念的指导意义所在，统一价值系统的制度化便更具有紧迫性，但当时却并非是儒学一统天下，佛、道等均有较强的社会基础。唐代由李姓开国，以道教所尊的老子李耳为其先祖，道教对李唐王朝的建立很容易树立神性的解释体系。佛教在魏晋南北朝以来更是在南、北产生了广泛的社会影响，吸引了各阶层大量的信徒。最终唐初的统治者在深思熟虑之后，还是选择了以儒家的理念来作为立国之本，即唐代的制度建设仍然是儒家化的。这一选择是历史的必然，有其

---

① 见本章第一节。
② （美）帕森斯：《现代社会的结构与过程》，光明日报出版社 1988 年版，第 35 页。

内在的合理性：相对于道教统治理论的匮乏，佛家对人伦、国家统治的漠视等不足，儒家文化因其在国家、天下层面的担当以及本身所蕴含的人伦关怀，对统一帝国的建立有着良好的解释性，也有着有益的指导作用——更何况，作为内生的文化主干，无论其他宗教如何流行，无论是价值层面还是政治层面，它仍然是社会群体意识的主体。这也正是中国历代统治者以儒学为国家统治理念主干的思考元点。

国家统治的理论做出抉择之后，便是对此种"价值系统的制度化建设"。具体到唐初建国，便是进行"儒学的制度化"建构。关于"儒学的制度化"，干春松先生有过极为详明条理的解释，他认为儒学的制度化包括三个方面，即经典解释权威性的建立、孔子的圣人化、儒家学说传播的制度化等。[①] 自汉代"罢黜百家，独尊儒术"之后，唐代首次全面地进行了制度化儒家的建设，这在唐高祖、太宗、高宗之世格外明显。

无论是《五经定本》《五经正义》的编修，还是之后高宗将"五经"扩为"九经"，以及"开成石经"的颁布，其目的均是统一学术观点，形成国家权威之下标准的经籍解读。自然，儒家经典解释由国家权力控制，其最终的解释权便不可能归于学术本身，而必须与当时的政治、社会需要相一致。唐代从"五经"到"九经"，再到"十二经"的经典演变，也是受当时政治统治的深层需要而逐步调整扩大。当然，经典也并不仅是国家统治的附属物，在它的发展历程中，儒学因其自身对"仁""治道"的理念追寻而反方向影响着统治者的统治思想，对国家治理起着指导作用。

作为儒学的创始人以及儒学思想的开创者，孔子地位的变化是唐代儒学制度化过程的重要内容。唐初，孔子的地位由从祀于周公而变为一尊独享。唐高祖下诏在国学设周公、孔子之庙，唐太宗首次以孔子取代周公为先圣，并将孔子像立于国子监，以颜回为配位。据《唐会要》卷三五"褒崇先圣"条载：

贞观二年十二月。尚书左仆射房玄龄、国子博士朱子奢建议云："武

① 详见干春松著《制度化儒家及其解体》（修订版）第二章，中国人民大学出版社2012年版。

德中，诏释奠于太学，以周公为先圣，孔子配享。臣以周公尼父，俱称圣人，庠序置奠，本缘夫子。故晋宋梁陈，及隋大业故事，皆以孔子为先圣，颜回为先师。历代所行，古人通允。伏请停祭周公，升夫子为先圣，以颜回配享。"诏从之。

贞观二十一年（647年），又将左丘明等21人配享孔庙。高宗显庆二年（657年），孔子作为先师独享官方祭典的仪式被再次确认下来，孔庙正式成为学校体制的一个重要组成部分。开元二十七年（739年），玄宗下诏封孔子为文宣王，改服冕衮，并封颜回等为"十哲"，终于以制度形式将孔子作为"帝王师"的形象确定下来。

唐代还实现了以官方主导儒学思想传播的制度化，更使儒学的意识形态化固定下来。如唐代建立了从中央的国子学、太学到地方的州学、县学等一整套的官学体系，其教学内容以官方颁布的《五经正义》等为主要内容，即在律学、医学等专门的教育机构也要求必须研习一经，这推动了各级学校中的社会文化精英对儒学经典的学习兴趣。社会各界对官学与儒学在统治中的重要性也深有体会，如陈子昂曾经在光宅年间上书武则天：

陈子昂 像

> 臣闻天子立太学，所以聚天下贤英，为政之首。故君臣上下之礼，于是兴焉，揖让樽俎之节，于此生焉，是以天子得贤臣由此也。今则荒废，委而不论。而欲睦人伦，兴礼让，失之于本，而求之于末，岂可得哉。君子三

年不为礼。礼必坏，三年不为乐，乐必崩。奈何天子之政，而轻礼乐哉。

陛下何不诏天下胄子，使归太学，而习业乎？斯亦国家之大务也。①

他认为立太学等官学是"聚天下贤英"的头等大事，希望皇帝大行官学，使天下"胄子"归于其中。

同时，在隋唐时期科举考试制度逐步发展完善。尽管科举尚未成为选拔士人的主要途径，但是由于其在出身之选上受重视的程度远远高于门荫和流外入仕等，因此，科举制逐渐崇重于其他选官形式。而且在考试科目的设置上，尽管进士、明经、明法等诸科的考试内容不尽相同，且有唐一代所强调的经典、文学等比例也非完全一致，但是被列入科举考试的经典是经官方钦定的"九经"或"十二经"——如此则使熟稔儒家经典与获得政治优势有机结合起来。儒学成为获得社会政治地位的无差别捷径，推动大量的社会精英投身其中，儒学的制度化有了牢固的保证。

（二）唐代统治者对其他宗教的态度

在促进儒学制度化，使其伦理观念内化为朝廷及社会人人遵守的臣子道德的同时，因统治形势或君主个人好恶的考虑，则对其他宗教采取了或亲或疏的不同态度。

唐王朝与李耳有同姓之源，故唐代初期，唐高祖很注意褒扬道教，以宣示政权的神圣性。《唐会要》卷五十"尊崇道教"条记载：

武德三年五月，晋州人吉善行，于羊角山见一老叟，乘白马朱鬣，仪容甚伟，曰："谓吾语唐天子，吾汝祖也。今年平贼后，子孙享国千岁。"高祖异之。乃立庙于其地。

在这则史料中，老子在李唐龙兴之地晋州遇到吉善行，让他告诉唐高祖，李姓子孙可以世代享国。史料所载的此条传说用暗喻的方式将道教、老子、李唐王朝联系在一起，不足为征，但明显能看出唐朝廷利用老子及道教加强李唐王朝统治神圣性的意图。因此，高祖曾下诏"老教孔教，此土先宗，释教

---

① 《唐会要》卷三五《学校》。

第三章　隋唐时期的经学与儒学

377

唐玄宗 像

后兴，亦崇客礼。令老先次孔，末后释宗"①。李世民也说，"今李家据国，李老在前"，让道士女冠居于和尚尼姑之前。至高宗时，乾封元年（666年）三月二十日，唐高宗"追尊老君为太上玄元皇帝"，将太上老君李耳尊为太上玄元皇帝，李耳正式成为唐朝皇帝的"先祖"。调露二年（680年），规定在科举考试中，加试《老子》《孝经》。中宗复位之后，重新尊道，罢武则天时期加试的《臣轨》而重新加试《老子》。睿宗时，亲询道士马承祯治国之策及阴阳术数等问题，并颁布了《僧道齐行并进敕》。玄宗时，唐代帝王对道教的崇重达到了高峰。唐玄宗亲自注《孝经》《老子》，并将御注《老子》作为官学定本，他还下诏要求每家一本《老子》进行诵习，并在官学中设立崇玄学，后又改为崇玄馆，道教进入官学教育体系，《庄子》《列子》《文子》等列入科举考试的内容。玄宗不断提高老子的地位，据《唐会要》记载：

> 至天宝二年正月十五日。加太上元元皇帝号为大圣祖元元皇帝。八载六月十五日。加号为大圣祖大道元元皇帝。十三载二月七日。加号大圣高上大道金阙元元皇帝。

天宝年间，3次给老子加号，使之越来越尊贵，同时，在京城及全国其他

---

① 《续高僧传》卷二十四。

地方设立玄元庙以祭祀老子。在每年的南郊祭天仪式之前，先祭祀老子，再祭祀宗庙，将祭祀老子列入国家礼制之中。

"安史之乱"后，唐代中央集权削弱，但皇帝仍然自诩李耳后人，甚至进一步沉湎于道家神仙方术，其中以唐武宗为甚。武宗对佛教持反对态度，佞信道士，迷恋长生之术，在宫内曾修望仙观。

唐末，统治者开始逐步笃信佛教。对于佛教的信奉，大概是从武则天开始，而之前的高祖、太宗、高宗之时，因建国初期意识形态的需要，往往对佛教进行压制或冷处理。如唐太宗李世民登基之初，在长安城内"废诸道场。城中僧尼，留有明德者各 30 人，余皆返初"。贞观十一年（637 年），太宗颁《道士女冠在僧尼之上诏》，并严惩提出异议的僧人智实与法琳。但是，他也并不是一味压制佛教，在佛教有利于统治之处，也予以合理运用。如贞观三年（629 年）颁《为殒身戎阵者立寺刹诏》，利用佛教力量超度战死士兵的亡魂，赢得社会认同。

唐龙门石窟卢舍那大佛，传说以武则天相貌为原型。

唐高宗在提高道教地位同时，还试图调和佛教与儒、道的理论矛盾，他曾颁布《僧尼不得受父母拜诏》，要求僧侣不得接受父母的礼拜，试图以儒家的伦理要求折中佛教。

武则天，取代李唐而建武周，转而重用佛教理论，压制道教，"释教在道法之上，僧尼处道士、女冠之前"①。她接受佛教《大云经》的解释，借以发挥，说明自己能成为女皇，是佛法所定。也是在她的支持下，佛家的"华严宗"开始兴盛起来。武则天还大造明堂佛寺，在舆论上多以佛教来消除原先李唐宗室与道教相联系的影响。

"安史之乱"之后，唐朝国力大衰，但佛教在民众中的影响却仍然不减，中晚唐的诸帝在此背景下对佛教的态度也各不相同。如唐宪宗，本是唐室中兴的英主，元和年间重新让强藩归附，但是他过度沉迷于佛、道二教。元和十四年（819 年）正月，宪宗曾遣宦官杜英奇迎佛骨于宫内供养，并要将上谏书反对的韩愈处死，后来因为裴度、崔群求情，才饶恕韩愈死罪，将他贬为潮州刺史。同时，宪宗还迷信神仙方术，因服食丹药中毒而数月不能上朝，服食丹药致其性格暴怒无常，最后被宦官谋害。

唐武宗尊崇道教，宠信道士赵归真，与宪宗一样迷信丹方之术。由于中晚唐中央政府的财政危机加剧，而佛教寺院土地不输课税，僧侣免除赋役，佛教寺院经济过分扩张，损害了国库收入。同时，武宗在会昌年间讨伐泽潞，造成财政军费紧张，于是从会昌二年（842 年）开始进行官方的毁佛活动，并不断扩大，一直持续到会昌六年（846 年）武宗去世，这就是佛教史上有名的"会昌法难"。

武宗灭佛是唐后期对佛教排斥的尾声，其后的诸帝对佛教实行了相对宽容的政策，而唐懿宗甚至效仿宪宗，将佛骨再次迎进宫中，并且规格远超宪宗，达到了唐朝礼佛的最高峰。《资治通鉴》记载了当时的情形：

（咸通）十四年春，三月，癸巳，上遣敕使诣法门寺迎佛骨，群臣谏

① 《旧唐书》卷六《则天皇后本纪》。

者甚众，至有言宪宗迎佛骨寻晏驾者。上曰："朕生得见之，死亦无恨！"广造浮图、宝帐、香舁、幡花、幢盖以迎之，皆饰以金玉、锦绣、珠翠。自京城至寺三百里间，道路车马，昼夜不绝。夏，四月，壬寅，佛骨至京师，导以禁军兵仗、公私音乐，沸天烛地，绵亘数十里；仪卫之盛，过于郊祀，元和之时不及远矣。富室夹道为彩楼及无遮会，竞为侈靡。上御安福门，降楼膜拜，流涕沾臆，赐僧及京城耆老尝见元和事者金帛。迎佛骨入禁中，三日，出置安国崇化寺。宰相已下竞施金帛，不可胜纪。因下德音，降中外系囚。

礼佛场面之大、规格之高可见一斑。这固然与唐末中央的政治影响衰退，皇帝不再励精图治，转而求救于上天的消极统治心态有关。同时，这也从侧面说明了当时的佛教因同儒学等传统文化的交汇融合而具有了适应性。以后这一现象还在潜滋暗长，既对佛教本身的中国化有深远影响，同时又对儒学走出日渐僵化的经学时代起到了催化作用。

中晚唐三教的交融合一，为儒学走出僵化的经学框架，实现自我超越，提供了契机，而当时政治统治在思想上遇到的困境，更为儒学提供了新生的舞台。

第四章　儒学的新转向

唐宋时期，政治、社会、文化等均出现了不同于以往的变化，亦即学界所谓的"唐宋变革论"。内藤湖南在其《概括的唐宋时代观》一文中指出唐和宋在文化的性质上有显著的差异，"唐代是中世的结束，而宋代则是近世的开始，期间则包括了唐末至五代一段过渡期"①。

内藤湖南认为"唐宋变革"的内容在学术、文艺上亦有反映。从经学、文学方面而言，经学的变化自唐已经出现眉目。从两汉魏晋以来一直到唐代前期，儒学所重者为经学，注重师法传承，其对经典的解释也以义疏为主，讲求疏不破注。但是到了中唐之后，则开始对此观念有所突破，讲求对传统儒家观念的新解释，这成为宋代新儒学的理论发端。

上章所论为唐初以来儒学内在的经学化发展以及与政治结合而出现的制度化态势。唐代以来，儒学受到佛教、道教思想的冲击，而儒家学者试图复兴儒学，在三教争论斗争过程中出现了三教交融的趋势，对其各自的理论发展均提供了理论和现实背景。

唐初撰成的《五经定本》与《五经正义》，在版本、经义等方面调和了原先分裂各异的经义解释，实现了儒学的统一，从《五经正义》《九经正义》一直到《开成石经》的颁示，所代表的仍然是自汉代以来的传统儒学理论——以经为主，讲求对经学的疏注，其本质是章句、训诂之学。因此，唐前期儒学的复兴主要是以经学为依托，版本和训诂上得到一定程度的复兴。但是在儒学的理论建构、终极价值体系的构建等方面却没有发展——在面对以佛、道为代表的其他宗教学说的冲击时，其理论建设尤其苍白，儒家内在

① （日本）内藤湖南：《概括的唐宋时代观》，见刘俊文主编《日本学者研究中国史论著选译》（第一卷，通论），中华书局1992年版，第10页。

的"内圣外王"的理论逻辑始终没有完整确立。因此，为突破已经日趋僵化的经学时代，应对当时现实的挑战，中唐以后，一批以天下为己任，勇于承担时代和文化使命的儒家学者纷纷发掘儒学之内在真谛，进行新的理论创设，以弘"先王之道"。代表性人物有韩愈、李翱等，他们突破原有注解的师法传统，着重探索儒家经典的微言大义，探究"原道"之旨，开始了以"心性"为特征的新儒学时代，使儒学走出了汉唐间日渐沉闷的"经学时代"，在新的时代背景下，开拓出新的天地，成为宋明理学的思想先驱。

故陈寅恪先生在《论韩愈》一文结尾处总结说：

> 概括言之，唐代之史可分前后两期，前期结束南北朝相承之旧局面，后期开赵宋以降之新局面。关于政治社会经济者如此，关于文化学术者亦莫不如此。①

第一节　韩愈矢志复兴儒学

韩愈（768—824），在两唐书中均有其本传。韩愈生于"安史之乱"结束后不久，历经代、德、顺、宪、穆五帝，正处于唐朝政治斗争纷纭，国势逐步下滑的时代，当时的思想、文化也处于激烈的动荡与变革之际。

世所知晓韩愈者，大抵知其反对当时的骈俪文风，倡导古文运动，因其文章地位，故被称为"唐宋八大家"之首。而实不知韩愈之文章，其中大部分因阐明儒家思想与理论而作，如《原

韩愈 像

---

① 陈寅恪：《论韩愈》，收于《金明馆丛稿初编》，三联书店 2001 年版。

道》等，蕴含着极其高明的理论贡献。故苏东坡赞其"文起八代之衰，道济天下之溺"，评价不可谓不允。陈寅恪先生《论韩愈》一文评价他说：

> 退之者，唐代文化学术上承先启后转旧为新关键点之人物也。其地位价值若是重要，而千年以来论退之者似尚未能窥其蕴奥。

另外，因韩愈儒士之秉性，在唐代逐步走向衰败的中晚唐时期，他敢于疾呼于庙堂，甚至不惜于毁家辱身，切身践行儒家理念。韩愈之于儒学的作用，不仅在于启宋儒理论的新气象，而且在于平生所践行之事迹。故此节先述其生平，再分析其思想。

一、韩愈生平事迹

（一）家族世系

韩愈之先世为北魏官宦，祖籍或为昌黎，尔后不知何世移居于河南邓州之地，或许于孝文帝南迁洛阳时移居亦未可知。

韩愈七世祖韩耆之子韩茂，字元兴，为后魏尚书令、征南大将军、安定桓王。有二子：韩备、韩均。韩均，字天德，曾任定州刺史，封安定康公。其子韩晙，即韩愈高祖，其时已入唐时，为银青光禄大夫，雅州都督。韩愈曾祖仁泰，曾任曹州参军，祖父韩睿素，任朝散大夫、桂州都督府长史。韩愈介绍其祖父："安定桓王五世孙睿素，为桂州长史，化行南方。"① 韩愈祖父为都督府长史，按唐代官制，中、下之都督府，长史为从五品上，属于中层官员。韩睿素有子四人，为仲卿、少卿、云卿、坤卿，韩愈之父仲卿居长。《新唐书》说仲卿曾经居武昌令，有美政。《旧唐书》则言仲卿无名位，不确。李白曾作《武昌宰韩君去思颂碑》，是仲卿卸任时新任县宰王庭璘与邑中乡贤等托李白所写，碑文对仲卿任县令之治绩多有记载："君自潞州铜鞮尉调补武昌令，未下车，人惧之；既下车，人悦之。惠如春风，三月大化，奸吏束手，豪宗侧目。"从碑文可以看出，韩仲卿自潞州铜鞮县尉补调为武昌令，

---

① 《全唐文》卷五六四《虢州司户韩府君墓志铭》。

未到任之前，人人疑惧之，而等他上任后，则县内人人喜悦，短短几个月之间，县里教化大好，吏治乡情敦清。并且还兼理永兴治事，尽管当时吴、楚之地为财赋转输之地，百姓负担很重，但此二地却安乐晏如。仲卿居任未满二载，居民户籍已三倍于前。因治绩良好，声达朝野，故由宰相崔涣奏授为鄱阳令，此碑就是唐肃宗至德二年（757 年）李白受邀所作，其时韩愈尚未出生。

（二）少年孤苦

大历五年（770 年），韩仲卿病故，其时韩愈三岁，由其从兄韩会夫妻抚养，即《旧唐书》所谓"愈生三岁而孤，养于从父兄"。考于史籍，则可知韩会曾经官起居舍人，对韩愈的情感、思想影响较大。《旧唐书》卷一三〇《崔造传》载：

> 永泰中，（崔造）与韩会、卢东美、张正则为友，皆侨居上元，好谈经济之略，尝以王佐自许，时人号为"四夔"。

韩会既然能列于以王佐才自矜的"四夔"之中，其才学必非平常之辈。他在《考功员外卢君墓铭》亦言此事：

> 愈之宗兄故起居舍人君以道德文学伏一世。其友四人，其一范阳卢君东美。少未出仕，皆在江淮间，天下大夫士谓之"四夔"。①

另韩愈在韩滂墓志中也陈述"起居有德行言语，为世轨式"，可见韩愈对从兄韩会的文学才华极为自豪。韩会与柳宗元的父亲柳镇曾有过密切的接触，故柳宗元对韩会也比较熟悉，他在《先君石表阴先友记》中记载：

> 韩会，昌黎人，善清言，有文章，名最高。然以故多谤，至起居郎贬官。弟愈文益奇。②

韩愈 3 岁失怙，即由韩会夫妇收养，故皇甫湜在《韩文公神道碑》中言韩愈是"乳抱而孤"，此情诚可哀矣。将韩愈抚养成人的主要是其嫂郑氏及乳母李氏。韩愈对二人养育之恩的感念，在文章中时有流露。

---

① 《全唐文》卷五六六《考功员外卢君墓铭》。
② 《全唐文》卷五八八《先君石表阴先友记》。

韩愈在河南生活到 7 岁，大历九年（774 年）韩会被召调为起居郎，赴长安为官，韩愈便跟随兄嫂一起居于长安，"未龀一年，兄官王官，提携负任，去洛居秦"即是指此时情景。但在长安仅 3 年时间，韩会便被贬官。即前文柳宗元所谓韩会"至起居郎贬官"事，指的是代宗时期权臣元载因骄横跋扈于大历十二年（777 年）伏诛，韩会因当时党于元载，受株连几乎被处死，后来被赦免贬官为韶州刺史。《新唐书》卷一五六《吴凑传》载：

> 于是王缙、杨炎、王昂、韩会、包佶等皆当坐，凑建言："法有首从第，从不应死，一用极刑，亏德伤仁。"缙等繇是得减死。

《旧唐书》卷十一《代宗纪》载：

> （大历十二年）夏四月壬午……贬吏部侍郎杨炎为道州司马，元载党也。谏议大夫、知制诰韩洄、王定、包佶、徐璜，户部侍郎赵纵，大理少卿裴翼，太常少卿王紞，起居舍人韩会等十余人，皆坐元载贬官也。

文中所言即为韩会遭贬之事，其时韩愈恰好 10 岁，也随其兄一家流配到岭南韶州。年幼的韩愈对此事记忆深刻，他在文章中写道："年方及纪，荐及凶屯。兄罹谗口，承命远迁。"但在韶州时日不长，韩会便染病身故，享年 42 岁，留下一家妇孺老幼。韩会遗孀郑氏便携领一家老幼，从万里化外扶柩北返故乡。这一凄凉的场景以及郑氏坚强的行为均印于韩愈脑海中，他在《祭郑夫人文》中回忆道：

> 万里故乡，幼孤在前。相顾不归，泣血号天。微嫂之力，化为夷蛮。水浮陆走，丹旐翩然。至诚感神，返葬中原。

至今读来让人不免恻然，但好在终于能得返回故园。然而此时正值德宗登基之初，因唐德宗急于消除藩镇之害，而导致建中年间的"泾师之变"，德宗出奔奉天，中原板荡，韩氏一家不得不从洛阳再次避祸于江南。韩愈《祭老成文》中所言："从嫂归葬河阳，既又与汝就食江南"说的便是这一过程。

因战乱频仍，韩愈一家百口在郑氏的带领下迁往宣州居住，算是安定下来。屈指算来，韩愈此时已经是十余岁。韩愈家族既为世家，且其父兄等文化涵养均高，因此，韩愈必然深受熏陶，他自言"愈也布衣之士也，生七岁而读书,十三而能文"。韩愈专于学习,于学则心无旁骛,"始专专于讲习兮,非古训为无所用心"。家族的文化传承以及本人对经典的热爱,促成韩愈的文化素养。但还有一可注意者,即韩愈自幼多难的经历,以及兄嫂对他无微不至的关怀,从情感深处对他的影响是相当大的。正是这种现实的苦厄及亲情的温暖,让韩愈对儒家的人伦关爱有刻骨铭心的体认归附。因此,他一生极力反对蔑视人伦关爱之情的外来宗教。也正是这种多难的童年记忆及亲情的温暖,给韩愈复兴儒学以十分坚定的情感认同。

(三)入仕艰难

在宣州度过几年平静的读书生涯之后,贞元二年(786年),韩愈西赴长安,开始他求取功名之路。在《答崔立之书》中,韩愈坦露心迹称:

> 仆始年十六七时,未知人事,读圣人之书,以为人之仕者,皆为人耳,非有利乎己也。及年二十时,苦家贫,衣食不足,谋于所亲,然后知仕之不唯为人耳。及来京师,见有举进士者,人多贵之。仆诚乐之,就求其术。

原来韩愈惟读圣人之书,在此时方因生活压力走上仕进之途,这与韩愈内心自始至终存在的理想主义信念一致。但因家贫,韩愈到京城后竟然无以自存,不得已以故人之子的身份求助于马遂。其时马遂已封北平郡王,从衣食住行方面给韩愈提供了帮助。韩愈在长安科考不顺,到贞元八年(792年)时得中进士科,其年25岁。此年的科举主考官为陆贽,因此年一榜多为才俊之士,故称之为"龙虎榜"。

唐代的科举中第只是取得了做官的资格,真正要进入仕途还需要参加"铨选",经"身、言、书、判"的考察后才能获得官职。此外,唐代的科举考试在常科之外尚有制举。为皇帝选拔"非常之人"而设置的特科名目繁多,最常见的有贤良方正科、直言极谏科、博学宏辞科等,入选者即可获得官职。韩愈在考中进士常科后,连续3年参加其中的博学宏辞科,但均失利。尽管得到故相郑庆余的赏识,但向当朝宰相等官员的投书却杳无音讯。意兴萧瑟之际,韩愈甚至打算隐居立说以遂平生之志。

韩愈认为当时之世并非盛世，自己尚有济世安民之抱负，纵不能实现，也必要著书立说以遗后世。韩愈此时已经形成了成熟的政治抱负，这一抱负也一直指导着他的仕宦生涯。当然，这也使他在中晚唐的政治旋涡中屡遭贬斥，甚至骨肉分离，生死异途。

贞元十一年（795 年），韩愈之嫂郑氏病逝，他哀痛失意间东返河阳，为郑氏服丧一年，前所见之《祭郑夫人文》即是此时所作。

（四） 仕途坎坷

韩愈释褐为官，是从幕府宾僚开始的。贞元十一年（795 年），宣武节度使李万荣死，其子欲兵变，引起政局不稳。东都留守董晋临危受命，进同平章事，兼宣武节度使。韩愈就在此时被董晋征入幕府，担任观察推官。韩愈在卞 3 年，董晋病亡后，徐州节度使张建封又邀其入幕，担任节度推官。《旧唐书》本传记载韩愈在此时"愈发言真率，无所畏避，操行坚正，拙于世务"，儒家知识分子的形象跃然而出。其后张建封于贞元十六年（800 年）病故，韩愈便于长安、洛阳间折返，参加朝中铨选，等候朝廷安排。经贞元十

韩愈 像

八年（802 年）的冬集，韩愈于贞元十九年（803 年）春除授四门学士。同年七月，韩愈同柳宗元、刘禹锡等一起被任命为监察御史。监察御史为清要之官，主监察之职，为天下雄职，可以弹劾朝臣之不法，同时也是皇帝的谏官，给皇帝进言。以儒家忠君立世观念为理想的韩愈，天真地认为可以施展自己的抱负了，但马上就遭到一盆冷水：上任不到一年，即在十二月末的寒冬被外贬，而且在以后的仕宦生涯中，韩愈更是屡屡碰壁，一次次被贬官。

《旧唐书》本传对此次贬官有较清楚的记载：

> 德宗晚年，政出多门，宰相不专机务，宫市之弊，谏官论之不听。①

初除监察御史，韩愈以谏言为己任，但不知何故竟然语泄为仇家所得，谗言之下，韩愈被贬连州，一腔热血却遭政治陷阱之戕害，这是韩愈第一次外贬，情形很是凄凉：宦官临门催遣，片刻不得停留。重病的妹妹卧于床榻，自知无法再见，要求话别却不被允许。妻子卢氏只好怀抱幼儿，出来拜别。在风雪交加的寒冬中，韩愈一路逶迤去往连州。人生无常，早晨尚是清望之官，傍晚竟成了白头之囚——这不正是理想主义者们在蝇苟之世常遭的境遇吗？

两年之后，德宗晏驾，顺宗即位，韩愈也于此年秋季徙为江陵府参军，即《旧唐书》所谓"量移江陵府掾曹"事。朝廷云谲波诡，同一年顺宗逊位，宪宗即位，"二王八司马"事件造成朝中群臣无以自安，新登基的宪宗图有所振。在这种情况下，韩愈于元和元年（806 年）夏被召回长安，任国子博士，此时韩愈之文采深得执政者的赏识，却遭到了官场中其他人的嫉妒，韩愈的学生李翱在其《故正议大夫行尚书吏部侍郎上柱国赐紫金鱼袋赠礼部尚书韩公行状》一文中记云：

> 改江陵府曹军，入为权知国子博士。宰相有爱公者，将以文学职处
> 公。有争先者，构公语以非之。公恐及难，遂求分司东都。

因遭同行嫉妒，韩愈迫不得已，只得求为洛阳分司官，远离是非之地。韩愈在洛阳待了四年多，并由国子博士改任都官员外郎，其后判东都祠部事。都官司为尚书刑部之司，都官员外郎主掌配没隶、簿俘囚等事，祠部员外郎掌祠祀享祭、道佛之事。但当时的洛阳城中，诸宦官插手宗教事务，崇佛谀道，造成寺院飞扬跋扈，胡作非为。这既与韩愈自幼信奉的儒家伦理格格不入，也困民扰民。韩愈按照律令规定，对宦官崇佛谀道的行为进行严厉打击。据皇甫湜所作《韩文公神道碑》载：

> 除尚书都官郎中，分司判祠部。中官号功德使，司京城观寺，尚书

---

① 《旧唐书·韩愈传》。

韩愈读书图

敛手就职。先生按《六典》，尽索之以归，诛其无良，时其出入，禁哗众以正浮屠。授河南令。韩愈无视功德使对佛教徒的庇护，对佛教中奸邪之徒严厉镇压。由他的行为也可以看出他的信仰倾向。但是，韩愈也因此得罪了当朝的宦官群体，改授河南县令，实际是调离原先岗位，缓解矛盾。韩愈再次被打压了。

韩愈专任地方官后，"日以职分辨于留守及尹，故军士莫敢犯禁"。他始终严于职守，这在众藩环伺的东都之地实为不易，也能从中看出韩愈的骨鲠之性。

元和六年（811年），韩愈被授予兵部职方员外郎，回长安任职。这是韩愈第三次进京任官。后因第二年不慎卷入柳涧案，再次被贬为国子博士。甫遭此无妄之灾，韩愈写下《进学解》以明心迹。文中韩愈反思自己尽管能善六艺之文，能秉志勇为，但是仍然"不见信于人，不见助于友"，最后落得自身外贬受欺，甚至妻儿寒饥。但是，在自我反问之后，韩愈又发出感慨：

然而圣主不加诛，宰臣不见斥，兹非其幸欤？动而得谤，名亦随之。

投闲置散，乃分之宜。

他强调仍然需要竭尽自己本分，其自我宽解与固执于治平之心态流于翰墨。

幸运的是，此时的政局恰好处于"安史之乱"后最好的时代，历经肃、代、德三世，唐朝暂时在财政、军事上从转型的阵痛中缓过来。唐宪宗即位之后，励精图治，汲汲于平藩削乱，恢复唐朝的统治秩序。此时他任命了一批精明强干的官员，隐隐然已出现"元和中兴"的萌芽。韩愈也正是因为得到执政名相武元衡、李吉甫、李绛的赏识，才得以重新受到重用。据《旧唐书》载，元和八年（813年），众宰相"执政览其文而怜之，以其有史才，改比部郎中、史馆修撰"。改迁的制书由知制诰白居易所拟。

> 太学博士韩愈，学术精博，文力雄健，立词措意，有班、马之风，求之一时，甚不易得。加以性方道直，介然有守，不交势利，自致名望。可使执简，列为史官，记事书法，必无所苟。仍迁郎位，用示褒升。

韩愈在东都分司之时，其文章与品行已天下闻名，白居易同为文学才华之士，对韩愈久已知晓。因此所拟制文对韩愈的文章、性情都进行了介绍，文字公允，从中也不难看出韩愈典型的儒家士大夫品行与人格。在当时相对清明的政治氛围之下，韩愈的仕途处于一生中最顺坦的时期：元和九年（814年），韩愈转考功郎中，知制诰；第二年，迁为中书舍人。

此时，唐朝正处于宪宗削平藩镇，实现"元和中兴"的关键时期。元和九年（814年），淮西节度使吴少阳病死，其子吴元济举兵叛乱，宪宗决定用兵淮西。但此时的骄藩之首河朔诸镇在感到威胁之余，更是疑惧，通过各种方式对朝廷用兵阻挠破坏。淄青节度使李师道派人暗杀了力主用兵的宰相武元衡，并将裴度砍为重伤，造成"京城大骇"，朝廷围绕削藩也分成两派。

韩愈坚持用兵的政策。元和十二年（817年）七月，宰相裴度被任命兼彰义节度使，亲赴前线指挥用兵。裴度则奏请宪宗，调韩愈为属下之行军司马。韩愈感激裴度知遇，先赴汴州，劝说都统韩弘归附朝廷，并通过韩弘探知蔡州精卒悉聚边界，守城者尽老弱而已。他及时将这一情报报告给裴度，同年九月，李愬雪夜破蔡州，大败淮西军。以此为转折，镇州、淄青等骄藩纷纷臣服。唐代自"安史之乱"之后，再次实现了统一，这就是所谓的"元和中兴"。元和十二年（817年），韩愈因功获授刑部侍郎。

韩愈以主张用兵平叛且辅弼裴度之功，得迁刑部侍郎，于国于己，足以畅抒胸臆。但是，不久又遭遇了前所未有的挫折，甚至连家中幼女都不得保全。

事情当从唐宪宗对佛教的狂热崇拜说起，尽管宪宗在政治上堪称中兴明主，但是却执迷于佛、道二途。他于宫中安排道士柳泌秘密炼制丹药供自己服用，结果造成慢性中毒，使自己性情大变，动辄焦躁大怒。同时，他又狂热地迷信于佛教，将佛骨迎进宫中供养。《旧唐书》本纪对此事的缘起记载颇详：

> 凤翔法门寺有护国真身塔，塔内有释迦文佛指骨一节，其书本传法，三十年一开，开则岁丰人泰。十四年正月，上令中使杜英奇押宫人三十人，持香花，赴临皋驿迎佛骨。自光顺门入大内，留禁中三日，乃送诸寺。王公士庶，奔走舍施，唯恐在后。百姓有废业破产、烧顶灼臂而求供养者。

法门寺供有佛骨，传说三十年一开，开时则岁丰人泰。这引起宪宗的兴趣，于是在元和十四年（819 年）派宦官迎接佛骨入宫，留供 3 日。长安城官民也因此而轰动，奔走施舍，甚至有善男信女败家毁身以供养者。佛教盛行冲击着儒学的地位，韩愈对此一向是很反感的，原先在东都任分司官时就曾竭力抵制。此次宪宗作为一国之君竟然带头崇佛，在长安城引起如此大的轰动。韩愈冲动之余上书极谏。当时宪宗正为平定天下藩镇而沾沾自喜，迎佛骨入宫之事也足以见得其飘飘然之态。韩愈的逆鳞之辞恰好刺疼了他，更何况言辞间竟然说君主会因信佛而短命。宪宗勃然大怒，欲将韩愈处死：

> 愈言我奉佛太过，我犹为容之。至谓东汉奉佛之后，帝王咸致天促，何言之乖刺也？愈为人臣，敢尔狂妄，固不可赦。

内外震骇之余，幸得裴度、崔群等求情，韩愈才得以免死，改为贬官潮州刺史。对于韩愈而言，这是一生中最痛苦的记忆，不论是政治抱负上的失意，还是亲情上难以愈合的伤痕。

遭贬的这一天是元和十四年（819 年）正月十四日，第二天就是上元节——唐代长安城一年中最繁华热闹的节日。韩愈在中使催促之下，不得不当日上路，据他后来所作《潮州刺史谢上表》记载："臣以正月十四日，蒙恩除潮州刺史，即日奔驰上道"。时至正月，天气尚处严寒，韩愈罪余之身，依律自然不能留滞京师，于寒冬萧瑟之中，先于家眷匆匆上路。天寒地冻、路阻难行，韩愈之心境可想而知。在逶迤难行的蓝田关口，其侄孙（韩老成子）韩湘自后追至，韩愈的《左迁至蓝关示侄孙湘》便是此时所作。

韩愈一路南下，路过始兴江口。始兴郡隶属韶州，正是当年其兄长韩会贬官之地，当年韩愈刚刚 10 岁，随兄南迁此地的诸般情形历历在目，而今自己贬官又经此地，家国旧事，一涌入心，写下了《过始兴江口感怀》：

> 忆作儿童随伯氏，南来今只一身存。

> 目前百口还相逐，旧事无人可共论。

原先抚育自己的兄嫂以及相伴成长的十二郎老成，俱已作古，再次贬官南迁，只是自己孑然一身。随后而来的家眷，却仍然毫无音信。韩愈被驱出京师时，小女阿挐正好病重，这正是他最牵挂的。可是，担心的事还是发生了，韩愈临行前的仓皇一瞥，果真成了永诀——韩愈离京不日，家眷也很快被逐离，在追韩愈的路上，阿挐于二月二日病重而亡，被匆匆葬于商於驿路之层峰驿的山下。韩愈在《祭女挐女文》记载：

> 值吾南逐。苍黄分散，使女惊忧。我视汝颜，心知死隔。汝视我面，悲不能啼。我既南行，家亦随谴。扶汝上舆，走朝至暮。天雪冰寒，伤汝羸肌。撼顿险阻，不得少息。不能食饮，又使渴饥。死于穷山，实非其命。

当然，这只是韩愈后来的追述，而此时在被押解南渡的路上，他尚未知晓自己女儿的死讯，或许一直到达潮州之后，家眷来投，他才知道这一消息。韩愈一路劳顿，第二年（元和十五年）再被召回京城，在路过层峰驿时，才有机会见一眼爱女的坟墓。肝肠寸断之余，写下了《题驿梁》一诗：

> 数条藤束木皮棺，草殡荒山白骨寒。

> 惊恐入心身已病，扶舁沿路众知难。

> 绕坟不暇号三匝，设祭惟闻饭一盘。

> 致汝无辜由我罪，百年惭痛泪阑干。

一直到四年之后的穆宗长庆三年（823 年），也就是韩愈去世的前一年，因其官京兆尹，才得以“令子弟与其姆易棺衾，归女挐之骨于河南之河阳韩氏墓”，阿挐遗骸于十月四日从层峰驿迁往河阳祖坟，韩愈作有《祭女挐女文》，在十一月十一日下葬，终于入土为安。正如韩愈给阿挐所写墓志《女挐圹铭》悼念的那样，“汝宗葬于是，汝安归之，惟永宁”。

潮州韩文公祠中，为纪念韩愈，后人所题"吾潮导师"。

元和十四年（819 年）三月二十五日，韩愈抵潮州，在潮州曾为民间除鳄鱼之害。同年十月，韩愈遇赦，被改授为袁州刺史，督查本州卖人为奴之恶习，督促赎放奴婢为良七百多人。同年，穆宗即位，韩愈被召回京，任为国子监祭酒，后转任兵部尚书。长庆三年（823 年）转京兆尹兼御史大夫，因与李绅交恶而改吏部侍郎。长庆四年（824 年）因病离世，年 57，追赠为礼部尚书，谥号为文。

韩愈一生历经坎坷，但安贫乐道，不以贫富为事，《旧唐书》记载他"虽晨炊不给，怡然不介意"。受成长经历影响，他极重家族伦理亲情，如其嫂郑氏丧后，韩愈为其服期服；凡是内外亲友无后之人，则会为之养子嫁女而毫不推辞；并且乐于奖掖后进，他所教授的十几个学生，大致均成为当时之名士，如李翱、皇甫湜、李汉等。

韩愈性格强直明锐，不喜随变，深得儒学所倡导的"君子群而不党"之教义，"观诸权门豪士，如仆隶焉，瞪然不顾"。也因如此，在当时党争竞起的中晚唐政局中，韩愈往往因得罪人而遭人暗算，他数历贬官失意，几乎均与此有关。但是，韩愈对待知己好友，又往往"荣悴不易"。史载他少年时与孟郊、张籍相友善，在他二人未显于仕宦之时，因知晓二人才华，韩愈为他们奔走推荐于公卿之中。等他们步入政坛，韩愈则在公务闲暇之时与他们谈文赋诗。

正因如此，《旧唐书》评价他说"以兴起名教，弘奖仁义为事"，将之视为弘扬儒家精神，奖励仁义的代表。

韩愈一生行迹，其文采之盛自不需赘言，苏轼所谓"文起八代之衰"足以概括。韩愈的学生李汉曾收集其遗文，共得700余篇，编为《昌黎先生集》行世，里面集中体现了他的思想、遭遇。韩愈决不单是文采之士，他一生经历坎坷，折射出儒家士人的典型形象，孔门四科之教"德行、政事、文学、言语"中，他兼而有之。上文所考据

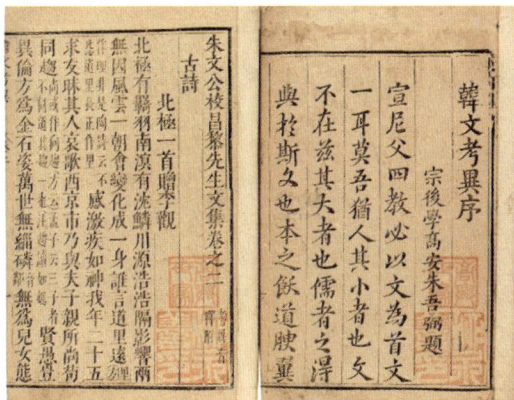

《朱文公校昌黎先生文集》

其一生之事迹，正是他践行儒家所强调的"以人弘道"原则的真实写照。

儒学之历史传承，不单纯是理论上对孔子旧说的发展和创新，更重要的是历代儒学之士"续绍道统，以继绝学"的生命演绎。而后者，才构成了对儒学史、中华文明史更活生生的书写。故不烦琐屑，以其典型之人物韩愈为代表略述于此。

二、韩愈思想体系

韩愈"文起八代之衰"，名列"唐宋八大家"，一生著作极为丰富。去世之后，其学生李汉整理他的作品，合为《昌黎先生文集》。文集中共有作品700余篇，其中体现其思想体系的有《原道》《原性》《师说》《进学解》等篇目。韩愈一生积极践行儒学、排斥佛老，在其作品中，也努力诠明《大学》要义，接续儒家道统，开宋明以降儒学新生之先河，实可谓儒学重生之先导。韩愈的思想可分为三个方面。

（一）儒家之"道统说"

自魏晋南北朝至唐代，儒家独尊地位受到挑战。尽管在唐代曾有官方进行制度化儒家的尝试，但是在思想、价值层面，无论是庙堂之上还是草野之中，儒学一家独尊地位受到挑战。当时佛教在社会上拥有大量信徒，造成了儒家思想主旨的模糊与失坠。痛感于此，韩愈试图建立明确的儒家道统体系。

他借鉴《孟子》中所提倡的"道统"旧义，写成《原道》一书。《原道》集中诠释了韩愈的"道统说"，其文开宗明义：

> 博爱之谓仁，行而宜之之谓义，由是而之焉之谓道，足乎己，无待于外之谓德。仁与义，为定名；道与德，为虚位。

韩愈总结了仁、义、道、德等儒家的基本原则，将之作为新儒学的核心。"仁"是儒学的核心概念，自孔子而后一以贯之，孟子将之称为"人学"。但是，韩愈所提倡的"仁"超越了原先的内涵范畴，他认为"仁"为博爱，包含对人、对物两个方面，即人伦、自然都是"仁"之对象。"圣人一视而同仁"，提出了新的泛爱之说，与博爱物构成"仁"的两个内涵。这是宋代张载、程颢等人的新学说的起源。

"行而宜谓之义"，这是对《中庸》所提倡的"义之道"的发展，《中庸》认为"义者，宜也"，韩愈则明确认为"行而宜"才是"义"的标准，明显将"义"的评判标准发展到实践论的高度。由此，韩愈将"仁""义"区分为应坚持的内与外的修养。只有实现"仁"与"义"的统一，才能达到所谓的"道"，成为"圣人"。因此，韩愈认为，仁义是儒道的实际内容，而所谓的"道德"，则是儒家之"道"的外在形式，这就是韩愈所倡导的"圣人之道"。"先王之教"外化为社会行为，就是《大学》之义。而《大学》所指明的"修齐治平"修行内容，其根本思想是"明明德"，它离不开日常的社会生活：

> 博爱之谓仁；行而宜之之谓义；由是而之焉之谓道；足乎己，无待于外之谓德……其文《诗》《书》《易》《春秋》，其法礼乐刑政，其民士农工贾，其位君臣、父子、师友、宾主、昆弟、夫妇，其服麻丝，其居宫室，其食粟米果蔬鱼肉。

先王之道存在于日常生活及伦理纲常之中，因此，"其为道易明，而其为教易行也。是故以之为己，则顺而祥；以之为人，则爱而公；以之为心，则和而平；以之为天下国家，无所处而不当"。

韩愈在佛、道之外，完整地建构了以"伦理"为特色的"儒道"之统。

它不仅是儒家一派之学说，实际上也是中华民族思维的常在模式，是我们一直一以贯之的思维模式。《原道》所提倡的"先王之道"理论框架，以一切日常行为为修行基础，强调修齐治平之路径，重新强调了《大学》之义。同时，《原道》的强调重点和论述思路，明显体现出不同于中唐之前儒家"疏不破注"的训诂之学，将儒学从趋于僵化的汉唐经学引入新的心性之学的范畴。因此，无论从理论还是实践上，韩愈所提倡的"道统说"均开创了儒学的新境地，为宋以降重新恢复儒学正统，开创了理论先河。

（二）性三品说

韩愈《原道》之外，最重要的理论文章是《原性》，这是他发展儒家心性之学的重要理论诠释。儒家为偏重伦理道德的学派，因此，心性之学自始至终是儒学的核心内容。从《论语》中的"性相近也，习相远也"，一直到战国"百家争鸣"中的孟、荀之辩，心性善恶一直是讨论的焦点。在那时，便有"性""情"概念区分的趋势，韩愈所作《原性》是中唐时期儒家心性之说的总结。他明确提出了性、情相分的理论：

> 性也者，与生俱生也；情也者，接于物而生也。

这就将性情论分为与生俱来的人性和成长中逐步产生的感情两个层面，前者可分为仁义礼智信"五端"，而后者分为喜怒哀乐等"七情"，这样可以看出二者的区别与联系。在此基础之上，韩愈提倡"性之品有三"的理论。他认为"性之品有上、中、下三。上焉者，善焉而已矣；中焉者，可导而上下也；下焉者，恶焉而已矣。"人的本性均是向善，而外发为三品的原因则在于人在现实生活中因情感、外欲等不同因素影响而表现出来的不同反应。上品者，可以在社会中以礼自持，克服一切诱惑；下品者，则是率情纵性，任由外物诱惑；中品者，则居于其间。经过"三品"性情说的分析，韩愈将人的道德层次分为三个等级，但每人皆具向善之根基。

韩愈的三品说是在原先孟子、荀子、扬雄三人人性善恶之争基础上的重新分析，以性、情相分的视角对儒家的性情之说加以发展。并且，他所提倡的三品说，本质上承认人一切向善，均可以发展自己的道德修养，这就为贯彻儒家的"原道"之说提供了理论依据。人可以通过教育进而提高自己的道德修养，升华人性，这就为其后宋儒所谈及的"天地之性"与"气质之性"提供了思路。

（三） 批判佛道

韩愈对儒学"道统"的推崇，很大程度上与当时儒学受佛道二教冲击有关。他反对佛教，出发点正在维护儒家"道统"以及天下安泰。因此，自他为洛阳分司官之时，就贬斥佛教徒。在理论上，其观点的集中体现是进呈给宪宗的《论佛骨表》，《旧唐书》本传收录其文。在文中，韩愈首先说佛教只不过是夷狄之一教而已，在未传入中原之前，先王都能长命百岁，并致天下太平。反而是自汉明帝以后那些崇信佛教的皇帝们，命祚不长："汉明帝时始有佛法，明帝在位才十八年耳。其后乱亡相继，运祚不长。宋、齐、梁、陈、元魏已下，事佛渐谨，年代尤促。"所以应该按照孔子的教诲"敬鬼神而远之"，因此，请将佛骨毁坏，以绝天下人对其疯狂崇拜。

韩愈在反对佛教过程中，一直指称佛教为"夷狄之教"，它"口不言先王之法言，身不服先王之法服，不知君臣之义，父子之情"，因此"伤风败俗、传笑四方"。佛教传入中国以后，在国家层面造成了严重危害：

> 汉明帝时，始有佛法，明帝在位才十八年耳，其后乱亡相继，运祚不长。宋、齐、梁、陈、元魏已下，事佛渐谨，年代尤促。惟梁武帝在位四十八年，前后三度舍身施佛，宗庙之祭，不用牲牢，昼日一食，止于菜果，其后竟为侯景所逼，饿死台城，国亦寻灭。事佛求福，乃更得祸。由此观之，佛不足事，亦可知矣。

他鲜明地提出：

> 乞以此骨付之有司，投诸水火，永绝根本，断天下之疑，绝后代之惑，使天下之人知大圣人之所作为，出于寻常万万也，岂不盛哉！岂不快哉！

这在当时上层普遍佞信佛教，造成社会经济破坏的中晚唐时期，无疑具有鲜明的现实意义。同时，也能够唤起追随者弘扬"道统"的责任感。但是，由于犯颜切谏激怒宪宗，导致韩愈家破人亡，兹可唏嘘咏叹。

第二节　李翱及其复性论

韩愈作为中唐儒学复兴与转型的肇端及中心人物，以其文章、理论、品质，凝聚了一大批志同道合的知己好友，如柳宗元、皇甫湜、白居易、刘禹锡等，他们在思想观念乃至济世情怀上均有一致之处。李翱更是其中的代表性人物，他是韩愈的学生和朋友，推崇韩愈而又有所发明，并且以破为立，推动了儒学的新转向。

一、李翱生平事迹

李翱，字习之，据考，其约生于 772 年，卒于 841 年，年龄略小于韩愈，是韩愈的学生和重要朋友。二人在思想、行迹上有颇多相似之处，同是中晚唐时期儒学发展的重要代表人物。

李翱问答图

李翱为陇西成纪人，或曰其为赵郡人，大抵应指其祖望而言。《旧唐书》卷一六〇、《新唐书》卷一七七均有其本传，据传可大致了解其生平。

《旧唐书》载其为东晋时西凉公李暠后裔，《新唐书》则称其为北魏左仆射李冲之十世孙。但根据韩愈《故贝州司法参军李君墓志铭》所载：其先祖谱系大致承自李暠，李暠孙在西凉灭亡后投北魏，被封为敦煌公，后代即李冲一脉。韩愈所撰《李君墓志铭》结合正史可以参订其谱系。到唐代，其家族门第已经衰败，李翱的父亲名楚金，曾担任贝州司法参军这一职务。《李府君墓志》记载，贞元十七年（801年）九月，李翱合葬其父亲和母亲于汴州开封。合葬之处应该为其家族墓地，所以，至李翱父辈一世，大概应居于汴州开封周围。

据《旧唐书》记载，李翱"幼勤于儒学，博雅好古"，写文章注重气质。他曾经在给陆傪的信中自称：

> 自年十五以后，即有志于仁义，见孔子之论高弟，未曾不以及物为首，克伐欲不行，未得为仁。

年轻时，李翱投书于当时的古文家梁肃，深得其赏识。另外，他还曾在贞元十三年（797年）自荐于杨於陵，也因文采得到称赞。李翱屡次科考不中，于贞元十二年（796年）与韩愈相识，自此一直交往。

德宗贞元十四年（798年），李翱中进士第，起家授书郎。贞元十六年（800年），被郑滑节度使李元素辟为观察判官。到顺宗永贞年间，转为京兆府司录参军。宪宗元和初年，转国子博士、史馆修撰，在此期间他曾分司东都，与当时也在洛阳的韩愈同署。此时，李翱"性刚急，议论无所避"。对政事议论过于刚直，因此"执政虽重其学，而恶其激讦，故久次不迁"。从宪宗元和三年末开始，李翱先后在广州、浙东、河南等地历任杨於陵、李逊、郑权之幕府僚佐，久不得迁。甚至于在元和十二年（817年）"罢官居家，卧病饮贫"，一度生活极度窘迫。

一直到元和十三年（818年），李翱才又入朝为国子博士、史馆修撰。李翱感于当时史官记事不实，曾上奏状指陈史馆所存在的弊端：

今之作行状者，多是其门生故吏，莫不虚加仁义礼智，妄言忠肃惠和。此不唯其处心不实，苟欲虚美于受恩之地耳。

在上书中，他主张修史要"但指事实，直载事功"，这一观点被宪宗重视，不久权知职方员外郎。宪宗元和十五年（820 年）六月，李翱任考功员外郎，仍兼史职。

李翱与谏议大夫李景俭关系相善，李景俭拜谏议大夫时曾推荐李翱自代其职。此时，李景俭因事贬黜，李翱也受牵连，在元和十五年七月出翱为朗州刺史。在朗州期间，李翱曾带领当地民众开辟考功渠，灌田千余顷。长庆元年（821 年）末，李翱改任舒州刺史。在任时，正逢淮左大旱，各郡民众十逃六七，在李翱的救济措施之下，舒州民众得以安然度过灾年。

长庆三年（823 年），李翱重新获召入朝，任礼部郎中。李翱文采本高于众人，以为能够担任知制诰之职，职掌天子草拟之权，却久未如愿。后曾面折宰相李逢吉，历数其施政过失。敬宗宝历元年（824 年），逢吉奏授李翱为庐州刺史。时庐州旱灾严重，并爆发了瘟疫，逃难的民众盈路，全州统计逃亡的户口竟然达到 4 万余户，权贵之家趁机贱买田宅，而贫苦人家则仍然要缴纳赋税，社会状况极不稳定。于是李翱派各地专使进行访察，以田地均摊赋税，从权豪之家收取赋税 1 万多缗，舒州地区民众因此获安。

文宗太和元年（827 年），李翱重新入朝为谏议大夫，并很快升任知制诰。太和三年（829 年），拜中书舍人。此前横海节度副使李同捷不听朝命，到太和三年时方归于朝廷。李翱所举荐的谏议大夫柏耆奉敕宣慰沧州，擅杀李同捷，径入沧州，遂于五月以"擅入沧州"得罪，被贬循州司户参军。李翱也因举人不当而得罪，被贬为少府少监，不久又派任郑州刺史。太和五年（831 年）十二月，李翱改任桂州刺史、御史中丞，充桂管都防御使。两年之后，又由桂州改授潭州刺史、任湖南观察使。太和八年（834 年），李翱入朝为刑部侍郎。太和九年（835 年），转户部侍郎。同年七月，又检校户部尚书、出任襄州刺史，充山南东道节度使。卒于武宗会昌元年（841 年）。因其文章见推当时，故谥曰文。

二、李翱的思想主张

李翱一生在思想上受韩愈影响颇深。25 岁时在汴州与韩愈相识，从此，追随韩愈，勤奋好学，27 岁时又娶韩愈之堂兄侄女为妻，因此一直是韩愈的学生、亲人和朋友。李翱受韩愈倡导的文风影响很深，他追随韩愈积极倡导古文运动。韩愈称赞李翱"习之可谓究极圣人之奥矣"。李翱也自称自己和韩愈是当时的文学盟主，身后留有《李文公集》。

思想上，李翱也追随韩愈，维护儒道，曾阐释韩愈关于"道"的观念，强调文以明道。但是，他的思想又对韩愈有所发展和突破。他强调复性，曾作《复性书》上、中、下 3 篇，尊崇和发挥《中庸》"天命之谓性"的思想。借鉴佛教思想，提出人性本质是善，"情由性而生"，则有善有不善，"情既昏、性斯匿矣"，提出以"正思"的方法，即"视听言行，循礼而动"，这样才能"忘嗜欲而归性命之道"，以达到"复性"而成为"圣人"。李翱的"复性说"及"性善情恶"论是其学说中的突出理论，对宋儒以及我国儒学的理论发展有巨大贡献。

（一）复性说

李翱在 29 岁时作《复性书》3 篇，集中体现了他的哲学思想。在《复性书》中，他推崇《中庸》，勾勒了一个以《中庸》为核心的"道统"概念。他认为子思得孔子思想的真谛，从而作《中庸》，后传于孟子，孟子又传于公孙丑、万章等，后秦朝时焚书坑儒，《中庸》遭毁，仅 1 篇流传，于是"道统"绝矣，从此以后，一直到唐朝，儒学的道统几乎灭绝殆尽。因此，"皆入于庄、列、老、释，不知者谓夫子之徒不足以穷性命之道，信之者皆是也"。李翱欲以其学说"以理其心，以存乎其人"，这就是《复性书》所提出的原因。《复性书》的主要目的在于发扬《中庸》之道，从而恢复人的善良本性，达到圣人至诚、平和的心性境界。

（二）性善情恶说

在文章中，李翱对韩愈所提出的"性三品说"作了新的发展，提出了"性善情恶"的人性论，他认为性本皆善，而情则本恶。圣人之所以为圣

李翱问禅图（局部）

人，是因为其本性清明，故为善，而人性之所以动荡不清，则是因为情欲趋恶。但是，李翱又看到了性、情不能分离的关系，情是性所派生的，性是情的基础，二者互相依存、互相作用。他提出"人之所以为圣人者，性也；人之所以惑其性者，情也。喜、怒、哀、惧、爱、恶、欲七者，皆情之所为也。情既昏，性所匿矣，非性之过也；七者循环而交来，故性不能充也"。

　　而要实现圣人之性，则必须恢复人之善性，去存在之恶情，才能达到性情善恶统一于一身。李翱认为，性是天赋予人的聪明才智和道德品质，情是后天环境引起的嗜欲好恶。人性虽然皆善，但情却因圣凡而不同。圣人之所以为圣，是因为在他们身上能始终保持性的本然，但是，在凡人身上，则因其终身沉溺于情而始终不能自觉其本性。这就是圣人有情却似没情，凡人有性而不能见性。

李翱作为韩愈理论的拥护者，并不完全局限于韩愈原有理论，而是修正其人性学说的绝对之处，使之得到进一步发展。其进步之处主要体现在两个方面：其一，李翱将韩愈的"性三品说"发展为性善情恶说，使人皆可行；其二，将韩愈的圣人本质是"七情"合乎中庸之道观点发展为圣人本质是摆脱情之蒙蔽。

李翱在《复性书》中引入佛家的逻辑思路，同原有的儒学理论资源进行创造性的结合，发展了自韩愈所提出的新的"心性"之学，弥补其存在的逻辑不足和生硬之处，围绕着性、情进行系统的论述，开创了汉唐经学之外的新风气。以此为源，开宋儒讲性情、理欲的儒学新风气。因此，可以说，在韩愈之后，李翱继续开儒学风气之先。

第三节　柳宗元、刘禹锡的儒学思想

中晚唐的儒学新动向，因当时自汉唐而来的传统"经学时代"衰亡而起，又因中晚唐以来的现实社会、政治危机所激，抱有济世情怀的儒士们往往在入世的努力过程中，反向求诸所信奉之"道"，唯其如此，则一时代同样怀有济世弘道理想主义色彩的儒生们往往有同气相好之行为。而以韩愈为首的中唐儒士，亦在共同的处境、价值追求等感召之下，形成惺惺相惜、同气连枝的友谊。韩愈作为中晚唐儒学新发展的中心人物。以文、道为感召，身边聚集了许多志同道合的朋友，除前述之李翱外，还有柳宗元、刘禹锡等杰出

柳宗元 像

人物。众人文书砥砺，观点峥争，共同塑造了新儒学的开端。

柳宗元、刘禹锡与韩愈均为同时代人，三人在思想、文学观点上均有相似之处，且因志趣相投，私交其笃，故在文学史上有"韩柳"（韩愈与柳宗元）、"刘柳"（刘禹锡与柳宗元）等称呼。柳宗元、刘禹锡在儒学上对韩愈的思想进行了补充和丰富。因柳宗元与刘禹锡政治经历及学说的相似性，故将其合为一节进行叙述。

一、柳宗元生平事迹

柳宗元（773—819），字子厚，先祖为唐代望族河东柳氏，故史称柳宗元为柳河东，他比韩愈小五岁。从曾祖父柳奭曾为中书令，因高宗时得罪武后而被处死。柳宗元父亲柳镇曾任太常博士，"安史之乱"时携家迁于吴地。肃宗平叛的时候，他曾上书言事，被授予左卫率府参军的职务，并任郭子仪朔方军幕府之职，后曾官居殿中侍御史，因与窦参有隙而贬官，终于侍御史之职。

柳宗元自小聪明绝伦，其文章尤其宏伟精致，被同侪推崇。贞元九年（793年）中进士第，贞元十四年（798年）又中博学宏辞科，释褐为校书郎，后调蓝田尉。柳宗元入仕时怀有强烈的政治抱负，他曾自谓参与科考不是"慕权贵之位"，而是"以理天下为悦者也"。他在贞元十五年（799年）以陆淳为师，学习《春秋》新意，其目的就是探窥其中的"微言大义"。

贞元十九年（803年），调任御史台监察御史里行，与韩愈、刘禹锡为同僚。当时韩愈

广西柳州柳侯祠中柳宗元雕像，后人为纪念其善政而立。

被贬永州的柳宗元

曾记叙此事"同官皆才俊，偏善柳与刘"，可见三人感情之深笃。御史台地居雄望，监察御史里行是其中临时抽调官员，位卑而权重，往往是青年才俊的转迁之处。柳宗元青春得志，正有青年人报效天下为己任的政治抱负，其文学、才华也引起了当朝官员的注意。贞元二十一年（805年），德宗驾崩，病弱的顺宗李诵继位，原先的太子侍读王叔文被封为翰林待诏，同王伾合谋革新，以解除中唐以来的藩镇跋扈、宦官权重等一系列政治危机，史称"永贞革新"。他们身边联合了一批政治上锐意进取的年轻人，如韦执谊、韩泰、陈谏、韩晔、凌准、程异等，柳宗元和刘禹锡也被吸纳进入。据《旧唐书》柳宗元本传载：

> （王叔文、王伾）二人者奇其才。及得政，引内禁近，与计事，擢礼部员外郎，欲大进用。

但是，由于王叔文等所依仗者仅为半身不遂、口不能言的顺宗，因此很快被宦官俱文珍、刘光琦和外藩韦皋、裴均的里应外合挫败。当年八月，顺宗逊位于太子李淳，是为宪宗。王叔文被贬为渝州司户，旋即被赐死；王伾被贬开州司马，很快病故；韦执谊、韩泰、陈谏、韩晔、程异、柳宗元、刘禹锡八人也都被贬官到边穷之州担任司马，年轻的革新力量被驱逐一空，这就是中唐历史上有名的"二王八司马"事件。宪宗登基之后，下诏规定凡参与此事遭贬的诸官员永不得赦免。

柳宗元遭到了人生最大的打击，他初贬为邵州刺史，半路上又再贬永州司马。当时永州荒疠险恶，遭此打击的柳宗元心情郁闷，他在永州司马任上留居 10 年，尝作数十篇文章，还曾在过汨罗江时感于屈原流放之事，因而仿照《离骚》体例作《吊屈原文》，读之者咸感悲恻。元和九年（814 年），柳宗元曾经被召还京师，因不为武元衡等所喜，而于第二年贬职到柳州任刺史。而此时，刘禹锡也被贬到更远的播州，柳宗元为朋友及其母计，言：

> 播非人所居，而禹锡亲在堂，吾不忍其穷，无辞以白其大人，如不往，便为母子永诀。

他打算上奏朝廷，以柳州授禹锡而自己往播州，后因为刘禹锡被改派为连州而止，其为人宅厚若此。

在柳州任上，柳宗元多行仁政，柳州百姓多得其惠。原先柳州旧俗，常以儿女质钱，过期不赎则沦为奴婢。柳宗元设法将之尽行赎出。对非常贫困的人家，根据他已经付出的劳动偿值折价；实在是贫困的，柳宗元便自己出钱将他们赎出。唐代西南之地原本文化落后，有应举的士子们奔走千里去拜见柳宗元，经他所指导的学生文笔皆有章法。

元和十四年（819 年），柳宗元郁郁病殒，死前曾向他两个最好的朋友韩愈和刘禹锡留下遗嘱，向韩愈托孤，让他为自己写墓铭；请刘禹锡为自己整理文稿。柳宗元年轻时期仕途顺利，胸怀壮志，急于事功。后因"二王八司马"而仕途断废，遂沉沦不振。但其才高志远，一直为世人所仰。因此，韩愈曾经评价他："雄深雅健，似司马子长，崔、蔡不足多也。"死后，柳州百姓在罗池为其建祠纪念，至今仍存。

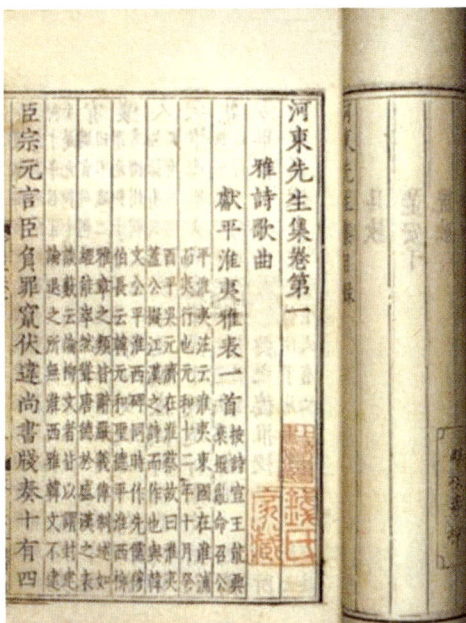

《河东先生集》

二、柳宗元的思想

柳宗元少年得志，声名远播。其学"俊杰廉悍，议论证据今古，出入经史百子"。他曾在自己所作《守道论》中表明自己的抱负为"兴尧、舜、孔子之道，利安元元"，于兹可见其理想追求。后尽管政治失意，但他与韩愈共同倡导"古文运动"，提倡"文章合为时而著"，仍然能窥见他思想中的济世情怀。同时，因长期生活的砥砺历练，他也留意于佛学的修行之义，后人称赞他"儒释兼通、道学纯备"。这样情系天下而又兼通佛理的背景，使柳宗元的哲学思想格外汇通豁达。

对韩愈一生影响至大之事有两件：永贞革新和古文运动。这两件事都与矢志复兴儒学、佐世致用的思想有关。如果说韩愈的思想偏重于对儒学权威道统的绝对维护，那么柳宗元的观点则是对儒学理论的新建构和开创——二者相辅相成，共同推动儒学的新发展。

柳宗元的文章由刘禹锡编为《河东先生集》，所收录文章《非国语》《贞符》《时令论》《断刑论》《天说》《天对》等均能透露出他的思想志趣。

（一）思想体系的核心一直贯彻着"中道"

柳宗元无论是其行事，还是其文学，一以贯之，均以"明道""准道"为原则。他曾经说"凡为学，略章句之烦乱，采撷奥旨，以知道为宗"。从他一生行迹也可以看出，他一生一直在以闻道、明道、准道为追求。柳宗元年轻时曾从陆淳学习新《春秋》之义，受《春秋》之"微言大义"思想影响很重。他认为"当者，大中之道也"，因此，扬明"大中之道"便是圣人立教的根本。"立大中，去大惑，舍是而曰圣人之道，吾未信也。"大中之道并非抽象不可见的东西，"圣人为教，立中道以示于后，曰仁、曰义、曰礼、曰智、曰信，谓之五常，言以为常者也"。

从中道之意而言，柳宗元的观点与李翱有相似之处，其着眼点均是从方法论意义上达到圣人之境。总之，他的"道论"是其思想的总纲领，其思想体系围绕这一核心而展开。

（二）坚持天道自然论的观点

柳宗元的天道自然论由庄周的自然观引申而来，且更加细密系统。柳宗元的天人之辨，是通过对屈原所作《天问》的回答中展开的。谪迁西南时，柳宗元反思世界、人生之变化，通过与《天问》所提出的诸问题产生共鸣和反思，阐发了自己的观点。在《天对》中，他认为宇宙由元气构成，昼夜、明暗的交替都是元气交替所致。柳宗元天人观念的核心是天、人不预，《天说》一文，是对韩愈夸大天的意志的批评，肯定人在自然间的主动性。

三、刘禹锡生平事迹

刘禹锡（772—842），字梦得，彭城人，生于代宗大历七年（772 年），去世于武宗会昌二年（842 年）。他曾自称为汉代中山靖王之后，其家世代读书，其父亲刘绪，亦是儒学之士，曾任州县令佐等下层官员。刘禹锡擅长古文，尤其精于五言古诗，骈体文章也极为华丽，因此被称为"诗豪"。贞元九年（793 年），与柳宗元同年中进士第，同年又

刘禹锡 像

中博学宏词科，其才华可见一斑。贞元十一年（795年），刘禹锡又中取士科，释褐授予太子校书。贞元十六年（800年）担任淮南节度使杜佑的记室参军，因才华出众，深受杜佑礼遇，后从杜佑入朝。贞元十九年（803年）入御史台担任监察御史职务。其时因与吏部郎中韦执谊相善，被介绍同王叔文等相交，参与了"永贞革新"。刘禹锡尤其为王叔文所赏识，以为他有宰相器。刘禹锡经常和王叔文、柳宗元等人一道进入禁中，密谋策划，被人称为"二王刘柳"，"二王"为王叔文、王伾；"刘柳"，即刘禹锡、柳宗元。

"二王八司马"事件之后，刘禹锡被贬为连州刺史，于途又被贬为朗州司马。朗州地处西南蛮夷之地，民风僻陋，刘禹锡据此十年间唯以文章诗歌为事。元和十年（815年），"例召"回京，不久又因作《游玄都观咏看花君子诗》语涉讥刺，为当朝宰执所不喜，又被贬黜为播州刺史，所幸裴度等以其母病等原因求情，才又改授为稍近的连州刺史，在外10年间，连刺数郡。一直到文宗大和二年（828年），才自和州刺史任上征还京师，拜为主客郎中。当时裴度在宰相位，刘禹锡累转礼部郎中、集贤院学士等。裴度罢相后，自求分司东都，后历苏州刺史、汝州刺史，迁太子宾客，分司东都。

其时韩愈、柳宗元均已去世，刘禹锡晚年便与白居易诗文互酬，唱和为友。白居易称赞说："彭城刘梦得，诗豪者也。"会昌二年（842年）七月，刘禹锡去世，赠官户部尚书。

四、刘禹锡的思想

由于家庭世为儒学，刘禹锡自幼便有深厚的儒学修养，"习《诗》《书》""厚自淬琢，靡遗分阴"，另外，他幼时曾跟随僧皎然学习，受佛教的辩理影响，为以后的融佛入儒家思想奠定了基础。

刘禹锡与柳宗元相似，以少年得名，有极大天下抱负，"少年负志气，信道不从时"。这也是他以大开大合之姿态踊跃于德、顺二帝之云谲波诡政局的原因。因此，其心中对文章、道德、天下的责任感，在其仕途遭受打击之后，又促使他留意于"王道""天下"之论。这些与韩愈、柳宗元所谓"文以载道"之观点不谋而合，也是三人能几十年相交为友的思想基础。同样，相对于韩愈对儒学"道统"斗士式的维护，刘禹锡对儒学的贡献更多的是以开通之姿进行哲学范畴下新的解说。

刘禹锡的思想核心也是坚持"圣人之道"，不但要求在思想上、治术上坚持"道"，在"余术百艺"之中亦要充满此"道"，他鲜明地提出"道存致用，义在随时"的观点。

刘禹锡关于天人关系的论述，集中体现于他的《天论》三篇之中。《天论》是因柳宗元跟韩愈辩论天人关系而作。刘禹锡将这一儒学原先所欠缺的理论继续深入推进下去，进一步补充发挥柳宗元《天说》的观点，深入论证"天人之际"的内在逻辑。刘禹锡首次鲜明地提出了自然与人"交相胜，还相用"的观点，"胜"并非是战胜，而是有自身优点无法被取代之意。刘禹锡与柳宗元一样，他认为自然、社会和人类既相联系又相区别，不能取代彼此。

但是，刘禹锡的天人观念比柳宗元更为科学理性，他认为自然和社会之所以存在差别不一的万物，皆是因为"数""势"不同。而现实社会中众人所产生的天命祸福的观念，与社会上的道、法有直接关系。"法大行"的时候，社会上"是为公是，非为公非"；"法大弛"的时候，社会上是非颠倒，天命论就在人间得到了宣扬的条件；"法小弛"的时候，社会上是非不清，人们就会对天命将信将疑。

韩愈、李翱、柳宗元、刘禹锡等中晚唐的儒生，突破了原先经学的束缚，开宋以降儒学之新天地。与韩愈抨击释老、热切捍卫儒学正统不同，

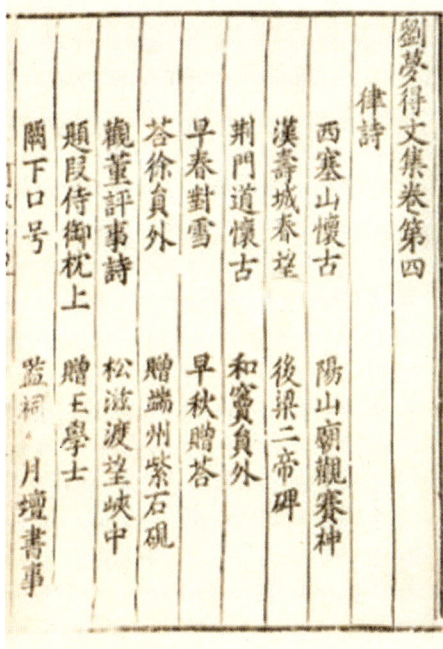

《刘梦得文集》

411

柳宗元、刘禹锡对儒学的发展，更多地体现在引佛入儒，探索儒学在"天人之学""心性之学"等诸层面的新突破。应该说，无论是柳宗元的道论，还是刘禹锡的天论，对上述问题的解答都达到了中国古代前所未有的水平。正是他们兼通佛、儒的修行涵养，为儒学的哲学化建构奠定了基础。尽管其论证尚显粗疏，但是他们作为儒学改革者和宋代儒学的先行者，其学术地位是不容置疑的。

第四节　晚唐五代的儒学变革

从中唐到晚唐，儒学的变革继续深入。自"安史之乱"之后的儒学新发展，有多方面的原因。从自身学术发展的理路而论，重振于初唐的经学，越来越处于僵化状态，面对三教并举的局面，根本无力挽回在理论建构上的颓势；而自唐初发端的儒家的制度化过程，并未彻底进入民众思维，不能维护大唐王朝的昌盛之态。因此，自"安史之乱"以后，以韩愈及其倡导者为代表，在中唐时期掀起一股儒学理论发展的新浪潮，其特点是重思辨与心性，着力于儒家化哲学体系的建立。在这一过程中，儒家之"道"越来越成为强调的重点，对儒学的重视也从"经""礼"转为直指人心的"道"的探讨。晚唐五代时期的儒士们，在乱世中继续思考此问题，成为连接韩、柳与宋儒间的桥梁。

一、皮日休生平及其思想

皮日休（834—?），字袭美，一字逸少。居鹿门山，自号鹿门子，又号间气布衣、醉吟先生。或为襄阳人。唐懿宗咸通八年（867年）进士及第。咸通九年（868年）被苏州刺史崔璞召为僚佐，后转太常博士。僖宗乾符二年（875年）出为毗陵副使。黄巢起义时，兵锋顺江而下浙江，僖宗乾符五年（878年），皮日休为黄巢所得，后随黄巢入长安。唐乾宁三年（886年），黄巢战败，退出长安，皮日休就此下落不明。史书对其结局多有蠡测。

皮日休与陆龟蒙并称"皮陆"，为晚唐著名诗人、散文家，有《皮子文薮》10卷存世，均完成于胁从于黄巢之前，大致存其主要思想观点。

皮日休是自中唐儒学到宋明理学中间承先启后的重要人物。皮日休认为先前唐代强盛的原因在于尊孔崇儒，得行周孔之道，而后期渐次衰微，则是因为佛道大盛，扰乱圣人之教所致。因此必须要"裨造化，补时政"，"夫子之道久而弘芳，远而弘光，用之则昌，舍之则亡"。皮日休推崇始自

皮日休 像

文中子王通的穷理原情之学，继续致力于理论框架的构建。自王通开始重视"穷理尽性"开始，韩愈、李翱等对性情之学进一步发挥，皮日休继续这一课题。他在《原解》中提出"上善出于性，大恶亦出于性，中庸之人善恶在其化者也"。所以，他提出要重视后天对民众的教化。

皮日休还继承发展了韩愈提出的"道统"说。与韩愈不同，皮日休更强调孔子原始儒学的传承。因此，他极度推崇孟子在传承圣人之旨中的地位。同时，他推崇文中子王通所代表的子学一脉，为之树碑立传。皮日休建立起与韩愈不同的道统体系。

二、陆龟蒙生平及其思想

陆龟蒙（836—881），字鲁望，苏州人，陆元方七世孙，其父陆宾虞曾任侍御史。陆龟蒙少喜高阔放达，因自号江湖散人、甫里先生，又号天随子。

陆龟蒙　像

他精通"六经"之学，尤其是《春秋》。曾参加科考而不中，被湖州刺史张抟召入帐下，随之历湖州、苏州两州之僚佐。后自饶州辞官而去，隐居于松江甫里，以撰述为乐，边耕边读，虽穷困而不改。后朝廷以高士征召，推辞未就。他与李蔚、卢携等相交好，后者执政之时，曾召拜他为左拾遗，但诏方下，陆龟蒙病卒。昭宗光化年间，韦庄表奏龟蒙等 10 人，官赠右补阙。

据史载，陆龟蒙绝意仕进之后，于松江甫里耕读，尽管"常苦饥"，但是"多所论撰，虽幽忧疾痛，赀无十日计，不少辍也"。他"乐闻人学，讲论不倦"。著有《甫里先生文集》等，另有农学著作《耒耜经》。

陆龟蒙与皮日休有"皮陆"之称，对皮日休之观点多所赞同。于《春秋》之学，曾言"求圣人之志，莫尚于《春秋》"，在晚唐之乱世，希望通过对《春秋》重新解读求得师道古训，"然后知微旨之可求"。陆龟蒙虽隐居，却仍然怀儒家天下之志。他曾言："退若不散，守名之筌；进若不散，执时之权。筌可守耶？权可执耶？"由此可见，陆龟蒙是将儒家之入仕与释道之出世相结合，达到了自魏晋隋唐以来三教品质在士大夫行迹中完美的统一，这是儒释道三家并行最终融合的鲜明体现。

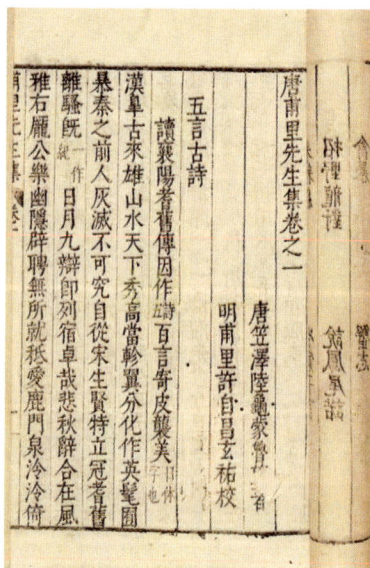

《唐甫里先生集》

三、罗隐生平及其思想

罗隐（833—909），余杭人，字昭谏，《旧五代史》有传。罗隐祖父罗知微曾任福堂县令，其父为贵池尉。《唐才子传》中说他少年时代即擅长属文，笔下气象很大。《旧五代史》也说他"诗名于天下，尤长于咏史"。罗隐进长安考取功名时，甚为宰相郑畋、李蔚所重视，但是却因为笔下多借古讽今之事，为考官所不喜，自唐宣宗大中六年（852年）至僖宗光启三年（887年），35年中凡十考而不第。后来在广明年间，

罗隐 像

得仰慕于他的魏博节度使罗绍威的推荐，罗隐归乡投于镇海军节度使钱镠，辟为掌书记之职，后渐获重用，辅佐钱镠逐步稳固吴越之地，卒于吴越天宝二年（909年）。

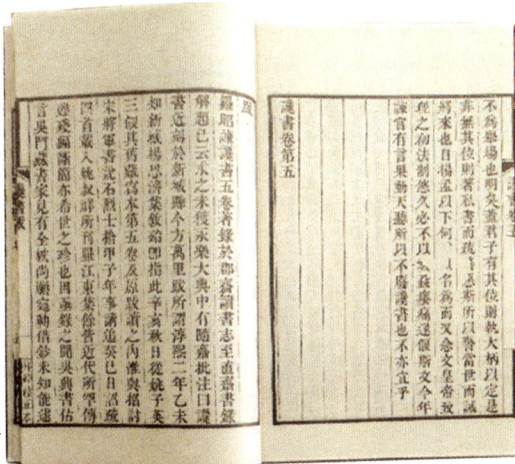

民国拜经楼丛书《谗书》

罗隐以文名所知于天下。据说他曾以家世相叙魏博节度使罗绍威，深得其尊重，并按长辈之礼接见罗隐。罗隐死后，留有《罗隐集》。

罗隐是唐末乱世中儒士寻求救世复道的典型个案。他为学的最高追求仍然是弘扬圣道，他曾在《答贺兰友书》中提

出："然仆之所学者，不徒以竞科级于今之人，盖将以窥昔贤之行止，望作者之堂奥，期以方寸广圣人之道。"光大圣人之圣道，是罗隐所提及的人生使命。他自少年时即以复兴儒学名教自居，曾作诗云："倘使小儒名稍立，岂教吾道受栖迟。"后罗隐在《两同书》中针对"吾道"栖迟的境地，融会道家、儒家思想，以自然、社会二端相互补充，试图找到能够拯救圣道与黎民于乱世的匡世之术。这是身处唐末五代乱世儒生的沉重思考——尽管不行于当世，《两同书》所涉及的领域已经孕育着宋明儒学中对现实关怀的萌芽。

第四编

宋元明："理学"与"心学"

　　北宋时期，隋唐以来三教并重的局面终结，理学产生。理学是承继孔子到孟子一系的思想学说，同时有选择性地吸收了玄学、道教，以及佛教思想的一种新的思想体系。它一方面关心现实社会问题，对外来佛教和本土道教的文化挑战做出积极的回应；另一方面对形而上的道体进行了深入探讨，将中国哲学推到了一个新的高度。同时，宋明理学把"理"作为封建伦常的根据，使之更加适合统治者的需要，在南宋以后成为长期居于统治地位的官方哲学。

　　由北宋程颢开端，至南宋陆九渊倡言"心即理"，心学门径大启，在思想界又掀起了新的波澜。从根本上看，程朱理学与陆王心学立场一致，都积极维护政治统治，但王阳明针对朱熹的"析心与理为二"的主张，提出"心外无物""心外无理"的命题，使心学开始有清晰而独立的学术脉络，陆王心学在明中期以后得到广泛传播。

第一章　程朱理学

　　宋明时期，在社会上占统治地位的哲学思想是理学，它是佛家和道家思想渗透到儒家哲学以后出现的一个新儒家学说。

　　唐朝以来，除唐武宗曾一度毁佛外，其他各朝在利用儒学作为统治思想的同时，都主张儒、释、道兼容并包。宋王朝也承袭了这一政策，使得三教在斗争和交流的基础上，呈现出更为明显的融合趋势。宋儒中不少有名的理学家都兼通佛、道，如张载"访诸释、老之书，累年尽究其说"①；程颢则"泛滥于诸家，出入于老、释者几十年"②；朱熹亦自称"出入释老者十余年"③。然而，宋儒入释、老的目的却在于出释、老，他们都主张变革图强，但他们大都以为佛、道并不能强兵富国，恰恰相反，北宋"积贫积弱"局势的形成倒与佛、道盛行有着显著的关系。因而，他们主张必须改变三教并用政策，摒弃佛、道，振兴儒学。

　　不过宋初的儒者虽然对佛、道持批判态度，但他们在批佛、道时却基本上重复了唐韩愈以来在伦常、财政以及夷夏等问题上对佛、道的攻击。而后来的理学家则不然，他们开始从"本然之全体"④ 上建立新的儒家学说，他们把儒家的礼法纲常和道家的宇宙生成、万物演化，以及佛教关于抽象与具体、本质与现象的思辨哲学相融合，构思出了既是儒家，但又不是原本意义上的儒家的理学哲学体系。这便是宋明时期的理学。

---

① 《张载集·横渠先生行状》。
② 《二程集·明道先生行状》。
③ 《朱文公集》卷三十八《答江元适》。
④ 《昌黎先生集》卷五《与孟尚书》。

第一节 "宋初三先生"：理学的先驱

北宋儒学的复兴运动始自唐代的韩愈、柳宗元，但最终奠定北宋儒学复兴运动崇道尊经、排佛抑文基本方向的，却是被南宋朱熹称为"宋初三先生"的胡瑗、孙复和石介。

"三先生"是宋初著名的经学家，他们不同于汉唐的注经训诂，极力坚持崇道非文的主张；同时，"三先生"也是齐名当世的教育家，他们的学术思想主要是在教学过程中通过讲授阐发出来的。为了巩固政权，整饬国家，"三先生"彼此呼应，共同倡导儒学，在北宋儒学的复兴中起到很重要的作用，为理学的产生打下了基础，开辟了道路。

一、胡瑗

胡瑗（993—1059），字翼之，泰州海陵（今江苏如皋）如皋人。因世居

胡瑗 像

安定（今陕西安定），世称安定先生。胡瑗自幼聪颖好学，被左右乡邻视为奇才。他读书勤奋，好学上进，且志向远大，常"以圣贤自期许"，虽然家庭比较贫困，仍苦学不倦，与孙复、石介等人一起到泰山求学深造。求学期间，10 年不归，潜心研习圣贤经典。《宋元学案》中载其"攻苦食淡，终夜不寝。一坐十年不归。得家书，见上有平安二字，即投之涧中，不复展恐扰心也"，读书的刻苦程度可见一斑。

泰山归来后，胡瑗开始聚徒讲

学，后来在范仲淹等人的引荐下，先后主持苏州、湖州州学。湖州执教期间，提出了"致天下之治者在人才，成天下之才者在教化，教化之所本者在学校"的教学理念，并创立了卓有成效的"湖学"。这也是其教育实践中最精彩的地方，这种教法引起了朝廷的高度重视，"取先生教授弟子之法以为太学法，著为令"，还编成《学政条约》作为国家太学的范本，并与后来朱熹所订的《白鹿洞学规》一起成为中国古代教育史上的重要文献。

宋初延续了魏晋隋唐以来崇尚辞赋的风气，教化不兴，风俗陋薄，各地没有学校，社会上普遍存在着"苟趋禄利"、轻"教化"、重"取士"的风气。针对时弊，胡瑗提出"圣人之道可变"，他主张大兴地方官学，认为"学校之兴莫过于三代，而三代之兴莫过于周。大司徒以六德、六行、六艺教万民而宾兴之。纠其有言异者诛，行异者禁。其所言者皆法言，所行者皆德行"。学校在培养人才的同时，更重要的是可以"正以民心"，以达到太平盛世的目的。

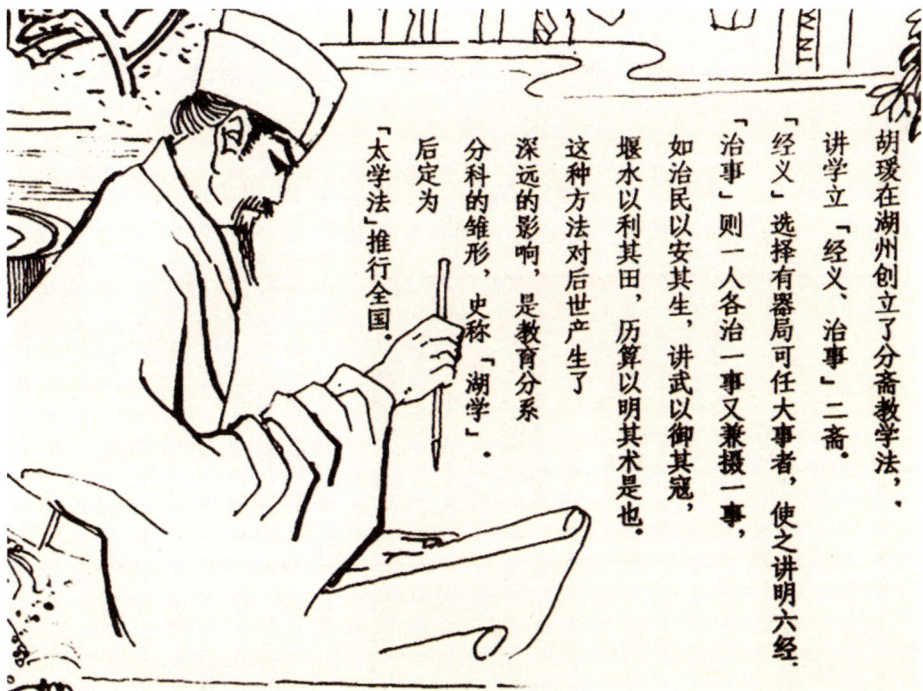

胡瑗在湖州创立了分斋教学法，讲学立"经义、治事"二斋。"经义"选择有器局可任大事者，使之讲明六经。"治事"则一人各治一事又兼摄一事，如治民以安其生，讲武以御其寇，堰水以利其田，历算以明其术是也。这种方法对后世产生了深远的影响，是教育分系分科的雏形，史称"湖学"，后定为"太学法"推行全国。

胡瑗与分斋教学法

第一章 程朱理学

421

　　为了培养真正合格的有用之才，胡瑗改变以往学风，集教学理论、实践和改革于一身，建立了"敦尚行实"的学校。在苏、湖执教的 20 年间，胡瑗亲手制定了一系列教育规章制度。在规章明、要求严的情况下，胡瑗的弟子"皆循循雅饬"，"衣冠容止，往往相类"。严谨的治学态度使得苏、湖教学方式迅速传开，并在全国推广。

　　胡瑗坚持儒家"修己治人之实学"，不仅继承了先秦儒家内圣外王之学的内在精神，并将其融入湖州、太学教学的"分斋教学制度"中。张镃《仕学规范·为学·胡安定言行录》载："安定先生自庆历中教学于苏湖间二十余年，束脩弟子前后以数千计。是时方尚辞赋，独湖学以经义及事务为先，故学中有经义斋、治事斋。经义斋者，择疏通有器局者居之；治事斋者，人各治一事，又兼一事，如边防、水利之类。故天下谓湖学多秀彦。其出而筮仕，往往取高第；及为政，多适于世用。"为了纠正朝廷取仕时的弊端，胡瑗确立了培养"致天下之治"人才的教育理念，"经义斋"重经义传习，"治事斋"主实行致用，通过实施分科教学，对学生全面观察，推广普及教育，严格校规，努力进行言传身教。这种"立学教人"的主张在当时意义远大，影响深远。

　　经学方面，胡瑗博通"五经"，而尤其注重《易》学，对北宋儒学的发展起到了至为关键的作用。胡瑗对《周易》的研究主要通过他在教学过程中的讲授得以阐发，《周易口义》一书正是其弟子倪天隐根据授课讲义整理而成，上承孔颖达的《周易正义》，下启程颐的《周易程氏传》，推动了由王弼开创的"尽黜象数，说以老庄"的义理派易学在北宋时期的转变，主张阐明儒理在义理易学的发

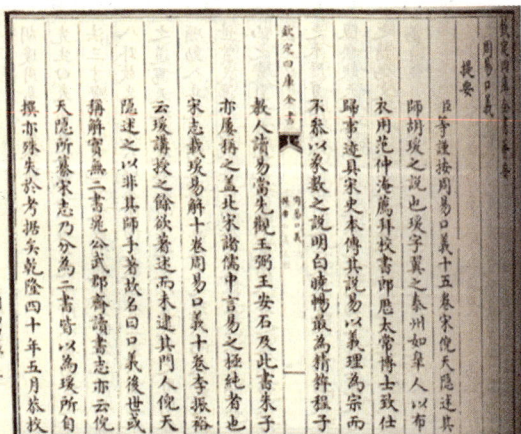

《周易口义》

展史上开始有着重要的地位和影响。

北宋经济富庶，但政治上一直处于岌岌可危的情势，生活在盛世隐忧的局面下的胡瑗张扬"先天下之忧而忧"的精神，坚持实学力行精神，主张义理之学，"极天地之渊蕴，尽人事之终始"①。胡瑗及其弟子倪天隐的易学观一改汉代灾异谶纬之说、魏晋玄学论，而着力于性命道德、治乱兴亡的探究，充满实学力行精神。

当然，求实力行精神体现于胡瑗一生学术活动的各个方面。汉代经学家出于为当时专制统治服务的政治目的，任意发挥

胡安定公授书处

经文的"微言大义"，妄自解读，以至于出现"说《尧典》，篇目两字之谊，至十余万言，但说'曰若稽古'，三万言"②的学术境况。胡瑗批评道："汉之士则党同妒道，唐之文则天宝之风尚党、大历之风尚浮、贞元之风尚荡、元和之风尚怪，其于教化，固可知矣。"③ 在胡瑗看来，只有提倡实学力行的精神，才能纠正不良学风。

胡瑗还提倡理论与实践相结合，他认为要想成为"学究天人""经世致用"的儒者，在学习书本文献的同时，应积极开阔视野。如他在讲授"三礼"（《周礼》《仪礼》《礼记》）时，为了让学生形

胡瑗墓

---

① 《周易口义·系辞上》。
② 《经学通论·书》。
③ 《松滋县学记》，载《安徽通志》。

象观摩其中所记载的但已经失传的礼仪器物，就自制挂图，悬于讲堂之上，从而增强学生的记忆力和理解力。除此之外，他还组织学生到野外、到各地游历名山大川，并把此项活动列入教程之中，做到教育理论与教育实践相统一。他认为："学者只守一乡，则滞于一曲，则隘吝卑陋。必游四方，尽见人情物态，南北风俗，山川气象，以广其闻见，则有益于学者矣。"①

孙复 像

泰山书院五贤祠

二、孙复

孙复（992—1057），字明复，号富春，晋州平阳（今山西临汾）人，人称"泰山先生"。自幼家贫，且父亲早亡，他坚持刻苦读书，饱读"六经"，贯穿义理。但仕途不顺，屡试不第，未能任官。32 岁后退居泰山，专心于讲学授徒近 20 年，虽贫穷不堪，却有着颜子"人不堪其忧，回也不改其乐"的安贫乐道精神，聚书满室，与群弟子讲求儒道，乐此不疲，为世人所钦佩。

北宋仁宗天圣五年（1027 年），年届 36 岁的孙复拜见范仲淹。范仲淹不仅给予经济资助，还为他谋官职，并授以《春秋》。景祐元年（1034 年），孙复第四次科举落第，通过郓城举子士建中介绍认识了石介。石介在泰山筑室，邀孙复去讲

---

① 《默记·卷下》。

学，并与张洞等执弟子礼师事孙复。欧阳修回忆说："先生退居泰山之阳，学《春秋》，著《尊士发微》。鲁多学者，其尤贤而有道者石介，自介以下皆以弟子事之。"① 可见，当时在泰山一带已初步形成以孙复为领袖、石介为助手的儒学群体，且如文彦博、范纯仁等门下之士也皆是一时精英，大有作为。据《渑水燕谈录》记载：当时的宰相李迪，深知孙复人品、学问俱佳，将其侄女下嫁给孙复，以增其贤名。孙复犹豫未决，其弟子石介等人劝说："公卿不下士久矣，今丞相不以先生贫贱，欲托以子，宜因以成丞相之贤名。"孙复听后方才同意。婚后，妻子"甘淡泊"，事夫尽礼，而世人也自此更加了解孙复之贤。

孙复居泰山八年，主要从事经学的研究与讲学，撰写了《易说》64 篇、《春秋尊王发微》12 卷等著作，声名渐显于世。庆历元年（1042年），在范仲淹、石介等人的推荐下，孙复以布衣超拜，任秘书省校书郎、国子监直讲。他与石介一起积极支持范仲淹等的"复古劝学"主张，在太学实施举人应考

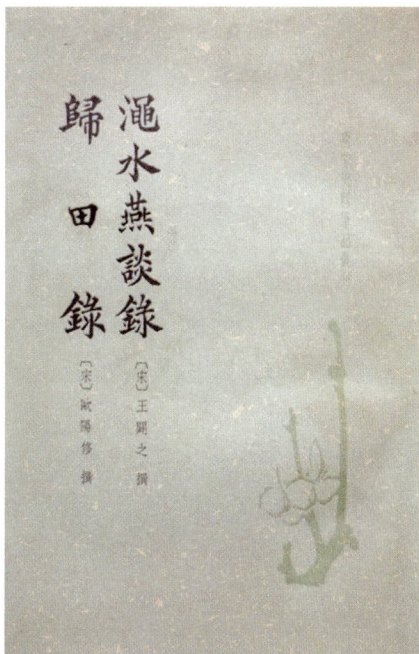

《渑水燕谈录》

孙复石碑

---

① 《欧阳修集》卷三十《居士集·孙明复先生墓志铭》。

泰山书院碑墙

须有听书日限及扩大太学录取人数等措施，使得学生人数骤增，北宋太学从此而兴。庆历七年（1047年），孙复因徐州举子孔直温案，被贬外职，后来又重返太学任教。嘉祐二年（1057 年）七月病逝。

作为北宋庆历之际经学变革的代表人物之一，孙复的学风影响很大。他曾说："尽孔子之心者大《易》，尽孔子之用者《春秋》，是二大经，圣人之极笔也，治世之大法也。"在经学方面，孙复撰有《易说》，早佚。孙复经学为学界所重的是其《春秋》学，今存有《春秋尊王发微》12 卷。他认为孔子著《春秋》的目的是"尊天子，黜诸侯"，春秋时期礼崩乐坏，天下无道，因而孔子叙事寓褒贬，别善恶，并突出孟子"孔子成《春秋》而乱臣贼子惧"的思想。程颐《回礼部取问状》记："孙殿丞复说《春秋》，初讲旬日间，来者莫知其数。堂上不容，然后谢之，立听户外者甚众。当时《春秋》之学为之一盛，至今数十年传为美事。"① 这一记载也恰好说明当时学者对其阐述义理学风的认同。

孙复对以往的经学传统持驳斥批判态度，不仅对汉唐以来的章句注疏之学持否定态度，甚至对汉晋以来最为通行的各家传注的权威性也提出了质疑。他治《春秋》，舍传求经，置《三传》

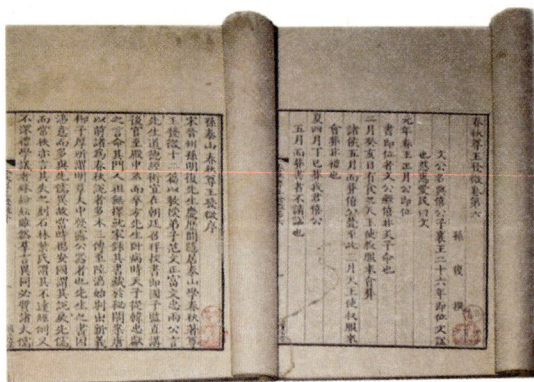

《春秋尊王发微》

---

① 《二程文集》卷八《回礼部取问状》。

于不顾，回归经典，直抒"圣人"微旨，在学界影响深远，对宋儒义理之学起到开启作用。欧阳修曾说："先生治《春秋》，不惑传注，不为曲说以乱经。其言简易，明于诸侯大夫功罪，以考时之盛衰，而推见王道之治乱。得于经之本义为多。"① 这种"不惑传注""舍传求经"以及简易的精神，实际上恰恰是宋代经学的倾向。

继孙复之后，后世治《春秋》者相继效法舍传求经的治学理念，比如孙觉、刘敞、瞿子方、叶梦得、吕本中、胡安国、高闶、吕祖谦、程公说、张洽、吕大圭等，虽然在对《春秋》学具体内容的解读方面存有争议，却纷纷选取了舍传求经这条路径。当然，新风气的开启，也使得孙复遭到后来学者，尤其是清代学者的严厉批评，如乾隆间的四库馆臣批评他"遂使孔庭笔削，变为罗织之经"，"过于深求，而反失《春秋》之本旨者，实自复始"②。

除此之外，为拯救文化危机，孙复上承韩愈，在学术思想中积极提倡儒家"道统"。首先，他强调"文以载道"，提出应该"左右名教，夹辅圣人而已"③。在《答张洞书》中说：

> 夫文者，道之用也；道者，教之本也。故文之作也，必得于心而成之于言。得之于心者，明诸内者，故可以适其用，见诸外者，故可以张其教。是故《诗》《书》《礼》《乐》《大易》《春秋》，皆文也，总而谓之经者也，以其终于孔子之手，尊而异之尔。斯圣人之文也……噫！斯文之难至也久矣。自西汉至李唐，其间鸿生硕儒，摩肩而起，以文章垂世者众矣。然多杨、墨、佛、老虚无极应之事，沈、谢、徐、庾妖艳邪侈之言，杂乎其中；至有盈编满集，发而视之，无一言及于教化者。此非无用赘言，徒污简策者乎？至于终始仁义，不叛不杂者，惟董仲舒、扬雄、王通、韩愈而已。

孙复认为，"文"不应该徒流于形貌，而应像车，"道"则如同车上所载

---

① 《欧阳修全集》卷三十《居士集·孙明复先生墓志铭》。
② 《四库全书总目提要·经部·春秋类》。
③ 《孙明复小集·答张洞书》。

之货物，通过车的运载，达到弘扬、教化的目的。但与周敦颐、二程上承孟子不同，孙复延展了道统传承的队伍，对荀子、扬雄、王通、韩愈等也极为推崇，认为他们与孟子相近，在传承周孔之道方面颇有成就。他说：

> 吾之所以道者，尧、舜、禹、汤、文、武、周公、孔子之道也；孟轲、荀卿、扬雄、王通、韩愈之道也。吾学尧、舜、禹、汤、文、武、周公、孔子、孟轲、荀卿、扬雄、王通、韩愈之道三十年，处于今之世，故不知进之所以为进也，退之所以为退也，毁之所以为毁也，誉之所以为誉。①

这里，孙复对他们的推崇，与其自身兼收并蓄的思想特征直接相关，同时也反映了宋初儒学的真实状况，即儒学"独尊"地位不明显。

另一方面，宋代释老之学盛行，儒门淡泊，危机日益严峻。为了兴复儒学，孙复专门撰写了《儒辱》《无为指》等文来攻击佛、道。他认为佛老盛行，导致仁义阻塞，礼乐屏弃，天下生民因惧生死祸福之报而竞相趋于佛教，使之与儒并驾齐驱，峙而为三，俱是可叹又奇怪。面对"佛老之徒，横乎中国"的现状，他更是呼吁："儒者不以仁义礼乐为心则已，若以为心，则得不鸣鼓而攻之乎？"道出了其批判释、老异端之学的勇气与决心。同时，对于当时儒、道、佛三教鼎立的真实状况，他从儒家道统出发，认为这是儒家的耻辱，"然则仁义不行，礼乐不作，儒者之辱欤"②。

三、石介

石介（1005—1045），字守道，一字公操，兖州奉符（今山东泰安）人。青年时代的石介笃志好学，清苦自甘。"寓学于南都，其固穷学，世无比者"。王渎听说他贫穷，便把会客时的美餐送给石介，石介说："早食膏粱，暮厌粗粝，这是人之常情。您赠送的美餐，我不敢受。"他宁可贫食粗粝，以便继读苦读。

---

① 《孙明复小集·信道堂记》。
② 《儒辱》。

庆历年间，经范仲淹、富弼等人推荐，朝廷召石介入为国子监直讲、太子中允，"门人弟子从之者甚众"①。石介深受学生尊敬，对北宋太学的发展颇有影响。后丁忧"躬耕徂徕山下"，在徂徕山长春岭建"徂徕书院"开馆授徒，以《易》教授诸生，学者称其为徂徕先生。欧阳修说："先生非隐者也，其仕尝位于朝矣，鲁之人不称其官而称其德，以为徂徕鲁之望，先生鲁人之所尊，故因其所居之山以配其有德之称，曰徂徕先生。"② 孙

石介 像

复在泰山讲学，石介"躬执弟子礼，师事之"。孙复非常欣赏石介的才华、人格，称其为"能知尧舜文武周公孔子之道者，非止知之，而又能揭而行之者也"③。

庆历新政期间，为支持范仲淹、富弼、欧阳修等推动的政治、经济、文化教育改革，石介写有《怪说》《中国论》《尊韩》等文，成为古文运动的健将。他还有一首有名的颂德诗《庆历圣德诗》，指名道姓褒贬大臣，对此孙复曾言"子祸始于此矣！"果然"小人尤嫉恶之，相与出力，必跻之死"。甚至在其死后，夏竦还上书称其诈死，请发棺验尸，借机报复，虽最终免于发棺，但株连甚广。当时政治派系间的斗争激烈程度由此也可见一斑。

---

① 《欧阳修集》卷三四《居士集·徂徕石先生墓志铭》。
② 《欧阳修集》卷三四《居士集·徂徕石先生墓志铭》。
③ 《徂徕集》卷末《寄范天章书》。

　　与孙复一样，石介也积极维护道统。关于儒家"道统"，石介有一个详细的名单，其中既包括伏羲、神农、皇帝、少昊、颛顼、唐尧、虞舜、夏禹、汤、文、武、周公、孔子等"圣人"①，也包括孟轲、扬雄、王通、韩愈等"贤人"②，亦即"三才、九畴、五常之道"③。但是，与孙复推崇董仲舒不同，石介力推韩愈，并写有《尊韩》篇，其中载"孔子之《易》《春秋》，自圣人以来未有也。吏部《原仁》《原道》《原毁》《行难》《对禹问》《佛骨表》《诤臣表》，自诸子以来未有也"④。石介遵循师意，也主张道统与文统合一，他认为道统即文统，文统是道统的外在载体，道统是文统的内在精神，离开道统，文统也就无从谈起。"尧、舜、禹、汤、文、武之道"，"周公、孔子、孟轲、文中子、吏部之道"，既是道统，也是文统。

徂徕山

---

① 《徂徕集》卷七《尊韩》。
② 《徂徕集》卷十四《与士建中秀才书》。
③ 《徂徕集》卷五《怪说中》。
④ 《徂徕集》卷七《尊韩》。

同时，石介还致力于批判佛道二教及其他异端邪说，言辞激烈，势如水火。欧阳修称他"尤勇攻佛、老，奋笔如挥戈"①。石介认为"天地间必然无者有三：无神仙，无黄金术，无佛"②，声称"尧、舜、禹、汤、文王、武王、周、孔之道，万世常行不可易之道也"③，而佛、老之教"非君臣、父子、夫妇、兄弟、宾客、朋友之位，是悖人道也"④。这种无君、无父的思想破坏了儒家人伦的常道，所以，他认为"有老子生焉，然后仁义废而礼乐坏。有佛氏出焉，然后三纲弃而五常乱。呜呼！老与佛，贼圣人之道者也，悖中国之治者也"⑤。"佛、老害政教"⑥，并且僧徒"不士不农，不工不商"，对社会影响极大。在阐述佛、道与儒学冲突的同时，充分体现了石介在反对佛教、道教方面坚定的立场和批判精神。

在批判释、老的同时，石介将文章之弊与佛、老同列，主张必须"去此三者，然后可以有为"⑦。与石介提倡古文相反，宋初风行一时的西昆体否定古文，好名争胜，支离破碎，少知古道，导致古文遂变。以文章为儒教工具的石介激烈反对，批评这种文风造成"仁义消亡，圣经离散"，其危害"甚于杨、墨"。他主张文以载道，"学为文，必本仁义"。石介的道、文一体论，为后来的理学家们所重视。

《徂徕石先生文集》

① 《欧阳修集》卷三《居士集·读徂徕集》。
② 《徂徕集》卷八《辨惑论》。
③ 《徂徕集》卷五《怪说下》。
④ 《徂徕集》卷十《中国论》。
⑤ 《徂徕集》卷一九《去二画本记》。
⑥ 《徂徕集》卷一二《上范仲丞书》。
⑦ 《徂徕集》卷五《怪说上》。

石介墓原牌坊

石介在经学方面的专著,如《易口义》《易解》等,均已亡佚。从一些零散的资料及其存世的《徂徕文集》看,石介对《易》和《春秋》都有所涉猎。石介的《易解》《易口义》体现了其对汉唐注疏的不满,对郑玄经学的否定。并且"濂学"随着思想的成熟,石介初步提出了"道""气""性""理"的概念,尽管比较粗糙,尚处于萌芽状态,却成为后来理学理论体系中最根本的概念。石介试图用"道"和"气"的概念来解释世界,"夫天地、日月、山岳、河洛皆有气也,气浮且动,所以有裂、有缺、有穷、有竭。吾圣人之道,大中至正,万世常行,不可易之道也,故无有亏焉"。① 他认为"天地、日月、山岳、河洛皆气也",由于气的变化浮动,导致了自然现象的各种表现。对于"性"和"理"的学说,石介把情等同于人欲,从而提出以"道"控制"情","夫物生而性不齐,裁正物性者天吏也。人生而材不备,长育人材者,君宰也。裁正而后物性遂……《易》曰:乾道变化,各正性命是也。长育而后人材美,《洪范》曰:会其有极,归其有极是也"。凡人皆有"情",但应以"道"制"情",使之合乎伦理道德。石介的这种论点与之后的理学思想体系是一脉相通的,在后世理学家那里得到了充分发挥。

总之,宋初"三先生"积极振兴儒学,全力维护儒家道统,对理学的形成无疑具有重要影响。所以宋末的黄震说:"宋兴八十年,安定胡先生、泰山孙先生、徂徕石先生始以师道明正学,继而濂洛兴矣。故本朝理学虽至伊洛而精,实自三先生而始。"

---

① 《徂徕集》卷一九《宋城县夫子庙记》。

第二节 "北宋五子"：理学的奠基者

经过宋初学者的努力，一个新的时代正在降临，"北宋五子"的出现，更使儒学复兴运动达到了一个真正的高峰。从"北宋五子"开始，儒学第二期发展开始以系统的、精致的、哲学的面相出现，儒学复兴运动的问题意识和方向也开始真正明确下来。

一、"理学宗主"——周敦颐

周敦颐（1017—1073），又名周元皓，原名周敦实，字茂叔，谥号元公，北宋道州营道（今湖南道县）人。儒家理学思想的开山鼻祖，主要著作有《太极图》《太极图说》《通书》等。他曾在庐山莲花峰下建濂溪书堂讲学，世称濂溪先生，其学被称为"濂学"。"濂学"创立之初没有形成很大的学派，也没有产生很大的社会影响，直到南宋时期在朱熹、张载等极力推崇下，周敦颐才被视为"理学开山"，并且"濂学"随着朱熹的思想学说被定为官学。

周敦颐出身于"业儒"世家，景

周敦颐 像

周敦颐墓

祐三年（1036年），20岁的周敦颐以荫补官（荫补，即因祖先的功勋被赐予官职），庆历六年（1046年），二程的父亲大理寺臣程珦在南安认识了周敦颐，与之结为朋友，并将两个儿子程颢、程颐送至南安拜其为师受业。程颢回忆说："昔受学于周茂叔，每令寻颜子、仲尼处，所乐何事。"① 且自问道于周敦颐后，"慨然有求道之志"，"遂厌科举之业"②。熙宁元年（1068年），周敦颐在邵州建州学，"言行政事，皆本之六经，考之孟子"。熙宁五年（1072年），定居庐山莲花峰下濂溪书堂，著名的《爱莲说》即作于此。

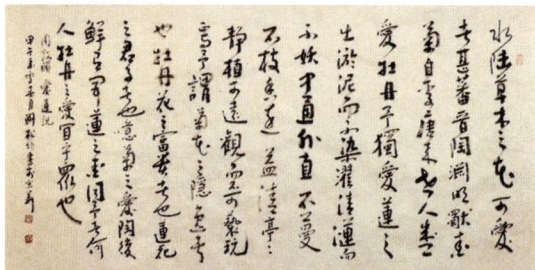

《爱莲说》

周敦颐故居

濂溪书院

周敦颐生前，人们对他的了解仅仅是政事精绝，尤有"山林之志"，而对他的理学思想知之较少，学术地位也不高。直到南宋，道学盛行，周敦颐被尊为"道学宗主"，他的著作及思想开始受到普遍重视。

周敦颐的思想体系集中表现在他的《太极图说》中。宋代中叶，周敦颐"得圣贤真传"，作《太极图》一幅，《太极图说》一篇。周敦颐的

---

① 《二程遗书》卷二。
② 《二程集》卷十一《明道先生行状》。

《太极图》，是来自华山道士陈抟的"易"学。陈抟授种放，种放传穆修，穆修传周敦颐。《太极图说》是对《太极图》的解说，周敦颐解说《太极图》并不是按道教思想来解释的，而是以儒学为思想宗旨和价值根基，甚至还杂糅以佛家思想重新阐释。关于这一点，有不少学者从各自不同的角度论证出它与儒、佛、道的关系，陆九渊认为周敦颐以无极加太极不符合儒家宗旨。而朱熹则反驳说："周子所谓无极而太极，非所谓太极之上别有无极也，太极只是一个实理。""无极而太极，正所谓无此形状，而有此道理耳。"① 黄百家甚至说它"儒非儒，老非老，释非释"。

在长期以来儒、佛、道汇通、融合的基础上，周敦颐自觉接受佛、道的某些思想，将其融入自己的儒家哲学体系中，形成了自己的哲学观念与思想。《太极图说》篇幅虽短，却比较全面地体现了周敦颐的思想体系，也基本上展示了周敦颐的哲学思想结构。它以研究宇宙自然的产生、发展、变化为主线，提出了"无极而太极"的命题。其中所提出的无极、太极、阴阳、五行、动静、无欲等一系列概念，都是根据《易传》而来，后来成为宋明理学的基本范畴。

《太极图说》可以说是中国古代生命哲学或人性哲学的纲领。在《太极图说》中，周敦颐把"无极"视为宇宙的本源，"无极而太极。太极动而生阳，动极而静，静而生阴，静极复动。一动一静，互为其根。分阴分阳，两仪立焉。阳变阴合，而生水火木金土。五气顺布，四时行焉。五行一阴阳也，阴阳一太极也，太极本无极也。"认为"太极"有动静

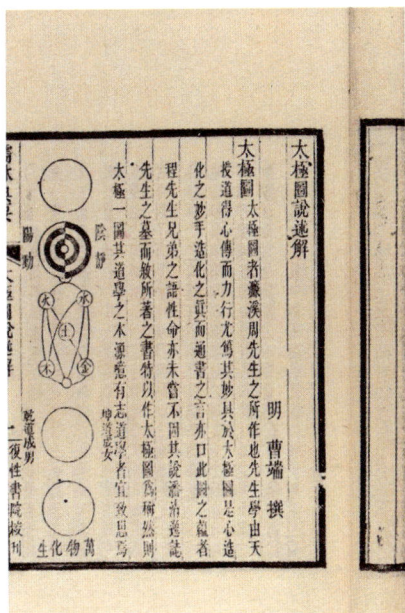

《太极图说述解》

---

① 《周子全书·太极图说》。

两个方面，在动与静中产生阴阳与万物。而大千世界芸芸众生也无不根源于这个无声无色、寂寞不动的"无极"。"无极"不仅在万物之前就已经存在，且独一无二，然后无极而为太极，太极阴阳运动产生五行，五行变化产生万物，万物生生不息，变化无穷。可见，在宇宙的起源问题上，周敦颐以"太极"为核心，并借鉴佛教的观点来谈自然规律，将"有"和"无"有机地结合，形成一个系统整体。在这里，无极虽名之为"无"，但此"无"并非真正的、绝对的虚无，而是"无"中含"有"，恰恰是真实的存在，应该理解为"原始"。周敦颐借助于"无极"概念比较全面地解决了宇宙万物和人类的发生、发展与统一问题，提出了一系列基本概念，开启了宋明理学本体论方面的理论探讨。

周敦颐在《太极图说》中对动静的依存、转化关系也有进一步的探讨。"太极动而生阳，动极而静；静而生阴，静极复动，一动一静，互为其根。"在这里，周敦颐强调了动中有静、静中有动、动静相互依存转化的辩证关系，看到了动静之间互相依存、转化的关系，认为二者之间互为其根。太极的"动"与"静"之间相互转化，才能生成阴阳，从而形成化生万物、创造世界的内在能动性。周敦颐的这一观点初具规模，却为宋明理学"天理生气""气化流行"而万物生成的理论提供了依据。

同时，周敦颐还提出了"主静立人极"的伦理观。"人极"即"诚"，"诚者，圣人之本"。掌握了儒家"仁义之道"，就可以使"天道行而万物顺，圣德修而万民化。大顺大化，不见其迹，莫知其然之谓神"①。人因为心性受感万物而有善恶之分，所谓"形既生矣，神发知矣，五性感动而善恶分，万事出矣"。只有通过精神内省功夫，才能"反躬自身"，达到无欲无求的境界，所以，周敦颐主张"主静"而"立人极"，"主静"就在于"无欲"，"无欲故静"，才能达到"诚"的境界。这样，人通过内心的道德修养，修养自身，"克己复礼"从而不偏不倚，"定之以中正仁义"，使个人行为符合"人极"。

① 《通书·顺化》。

钱穆先生曾这样分析："从宇宙讲，一动一静是天理，人自然也只能依照此天理。但人之一切动，该依照中正仁义之标准而动。如是则一切动不离此标准，岂不是虽动犹静吗？人惟达到无欲的境界，才能不离此标准。"① "圣希天，贤希生，士希贤。伊尹、颜渊，大贤也。志伊尹之所志，学颜子之所学。"周敦颐用这种独特的方式，阐明了人性和道德起源的问题，这个问题也是整个宋明理学宇宙生成论的最后归宿，为封建伦理纲常的神圣性和永久性寻找到有力的理论根据。在这方面，周敦颐可以说是第一人。

另外，周敦颐在"太极"的基础上建立起"人极"，而《太极图说》与《通书》也是"互附为用"，各有侧重而浑然成一整体的。朱熹认为，二者同出于程氏，然后传于世，且二者之思想互为表里，二者共同作用，完成了对先秦儒家内圣外王之道、修己治人之学的精辟阐发。

在当时儒、佛、道合流的形势下，周敦颐将道教的"无极""太极"与《中庸》的"诚"等思想进行融会贯通，提出了"无极而太极"的本体论，"物则不通，神妙万物"的动静观，以及"主静立人极"的伦理观，建构了一个从本体论到政治思想到功夫论的相对完整的哲学体系。自此，由中晚唐开始的儒学复兴运动有了更为明确的方向，传统的儒释道三教走向合一，广大精深的新儒学开始独领风骚。

二、"关学"领袖——张载

张载（1020—1077），字子厚，凤翔郿县（今陕西眉县）横渠镇人。因长期在横渠讲学，当时学者称其为横渠先生。他的著作《西铭》《正蒙》《礼说》等被后世视为理学代表作。其"为天地立心，为生民立命，为往圣继绝学，为万世开太平"的名言被当代哲学家冯友兰称作"横渠四句"，更因其言简意宏，历代传颂不衰。

张载自幼好学，10岁时便表现出"志气不群，知虔奉父命"的品格，18

---

① 钱穆：《宋明理学概述》，九州出版社 2011 年版，第 32 页。

张载 像

岁以功名自许，决心干出一番大事业，为国家社会建立功勋。宋仁宗康定元年（1040年）至庆历二年（1042年），范仲淹为招讨副使，在延州军府召见了这位志向远大的儒生。范仲淹"一见知其远器"，为了成就他，便引导说："儒者自有名教可乐，何事于兵？"[1] 劝他放弃研究军事，并勉励他去读《中庸》，在儒学上下功夫。张载听从了范仲淹的劝告，回家刻苦攻读《中庸》。开始并没有领悟其中的道理，于是转向佛老，遍读佛学、道家的经典。经过一段时间的研究、探讨，张载发现这些书籍崇尚虚无，不能帮助实现自己的宏伟抱负，于是重新研读儒家学说。又经过十多年的刻苦努力，为他打下了坚实的理论基础。

在建立起自己的哲学体系之后，张载又在宰相文彦博支持下，于京师设坛讲《易》，听者甚众。期间遇到了程颢、程颐兄弟，三人畅谈《易》理，共语道学之要。张载对二程的见解大为折服，自叹弗如。第二天，他对听讲人说："比见二程深明《易》道，吾所弗及，汝辈可师之。"于是，"尽弃其学而学焉"[2]。张载是二程的表叔，就辈分和年龄来讲，张载都可以说是二程的前辈，但张载不耻下问，虚心学习，静心听取二程的见

张载墓

---

① 《宋史·张载传》。
② 《宋史·张载传》。

解，最终成为大儒。

嘉祐二年（1057年），张载中进士，并先后任祁州司法参军、云岩县令、著作佐郎、签书渭州军事判官等职。在任期间，展现了突出的政治、军事才能。

熙宁二年（1069年），神宗召见张载，问其为政

横渠书院

之道，张载提出"为政不法三代者，终苟道也"。他主张为政必须效法夏、商、周三代，否则不会长治久安，且关键是必须从井田制开始。神宗非常满意，任命其为崇文院校书。当时，正在执政变法的王安石想得到张载的支持，对此，孜孜于恢复古代礼制的张载一面赞同政治家应大有作为，一面又含蓄地拒绝参与新政。张载的行为逐渐引起了王安石的反感。几经周折，本志于政治的张载并未真正获得一展抱负的机会，于是以身患病痛为由，辞官回到横渠，建立横渠书院，开始布道讲学。

张载所创立的学派——关学，后来成为与周敦颐"濂学"、二程"洛学"、朱熹"闽学"并立的重要学派。所谓关学，即关中（函谷关以西、大散关以东）之学，是从地域角度而言的。最初萌芽于北宋庆历之际的儒家学者申颜、侯可，至张载正式成为理学学派，因张载是关中人，故称"关学"。该学派以《易》为宗，以《中庸》为体，以《礼》为用，以孔孟为法，以"知礼成性，变化气质之道"教育弟子。

张载的哲学体系结构严谨。在认识论上，他提出见闻之知、德性之知；在人性论上，他提出气质之性、天地之性；在宇宙观上，他提出元气本体论等，是"北宋五子"中理论最体系化的哲学家。

张载发展了中国古代气一元论的唯物主义传统，丰富了宋代新儒学的宇

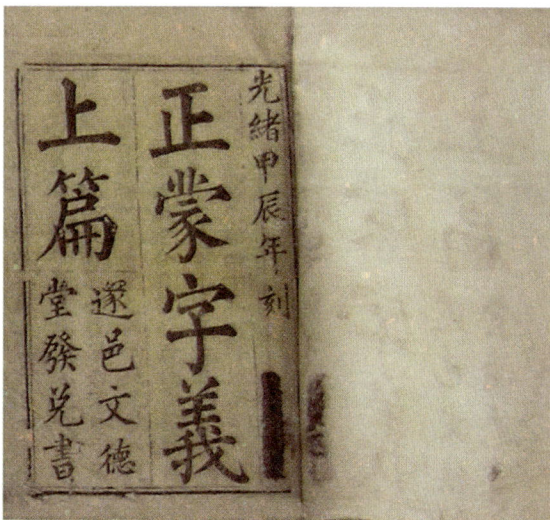

《正蒙字义》

宙本体论。他明确地使用"气"的概念，并说："凡可状，皆有也；咒有，皆象也；凡象，皆气也。"① "所谓气也者，非待其蒸郁凝聚，接于目而后知之；苟健、顺、动、止、浩然、湛然之得言，皆可名之象尔。然则象若非气，指何为象?"② 这就是说，一切存在都是气，一切现象都是气，世界的本体由气构成，万物的本源是太虚，"太虚即气"，"太虚无形，气之本体。其聚其散，变化之客形尔"③。太虚和气是同时并存的，太虚是气之本原，同时，太虚也是气的一种状态，"气为本体""气化万物"，无气则无太虚。《正蒙·太和篇》谓："气不能不聚而为万物，万物不能不散而为太虚。"气是客观世界的物质实体，是可以认识的，太虚和气相即不离。万物的复杂变化有其内在的规律，实为"气所固有""万物皆有理，若不知穷理，如梦过一生"。因此，张载在此基础上又提出人要"穷理尽性"，要通过不断地反省自己，改变气质之性，以发现自己的本然之性，以使性与天道合一，达到内外一致的诚的境界。

在孟子人性论的基础上，张载提出人性有两个方面，一个方面是气质之性，一个方面是天地之性。人和万物都是由气产生和构成，人和万物的本性同出于"太虚之气"，气的本性就是人和万物的本性。而气有厚薄、清浊等不同，便产生了千差万别的物和人，且人生下来之后，具有不同的身体条件、

---

① 《正蒙·乾称》。
② 《正蒙·神化》。
③ 《正蒙·太和》。

生理特点、家庭环境和自然环境，这些外在因素与人先天禀赋的天地之性结合、交互作用和影响而形成的后天之性，就是"气质之性"。"气质犹人言性气。气有刚柔清浊，质，才也。气质是一物，若草木之生，亦可言气质。惟其能克己，则为能变化却习俗之气。"气质之性中有善有恶，有清有浊，从而决定了人性具有千差万别，这样，张载创立了人性二元论。

在认识论上，张载提出了"闻见之知"与"德性之知"两个概念。"闻见之知"是物与物之间相感而获得的知识，比如人由耳目鼻舌身等感官接触外界事物而获得，即为"闻见之知"。但仅只"闻见之知"，并不能全面认识天下有形有象之事物，更不能穷尽无形的天下事物之理，"见闻之知，乃物交而知，非德性所知，德性所知，不萌于见闻"①。所以要穷理尽性，必须有一种比闻见之知更广泛、更深刻的知识，就是"德性之知"。"德性之知"通过穷理，一点点地扩充，直至极致，达到对天地万物的真切理解。所以，张载进一步认为，只有"德性之知"才为真知，才能反映万物的本性本质，"诚明所知，乃天德良知，非见闻小知而已"②。

张载非常注重恢复和倡导古代儒家的礼仪制度，他教育学生要向圣人而不是贤人看齐，不仅知人更要知天。他认为"知人而不知天，求为贤人而求为圣人"是秦、汉以来学者的大弊，所以他的学术特点表现为尊礼贵德、乐天安命，以《易》为宗，以《中庸》为体，以孔孟为法，黜怪妄，辨鬼神。张载是儒家德治、礼治思想的身体力行者，力图使自己的言行举止符合礼仪规范。据冯从吾《关学编》记载：张载在婚、丧、葬、祭等礼中坚持先王之义，而以今礼辅之；对待弟子，教之以洒扫应对以及尊老携幼之礼；让未嫁之女观于祭祀，熟悉一些日常的礼仪规范，以成其德。同时，张载注重教化，以"敦本善俗"为先。据记载，张载经常把乡中的老人们请到衙内，酒食款待，亲为劝酬，以实际行动来教育人们明晓养老事长的道理。

张载一生深研各家书籍，著书立说，坚守儒学。针对当时的社会状况，

---

① 《正蒙·大化》。
② 《正蒙·诚明》。

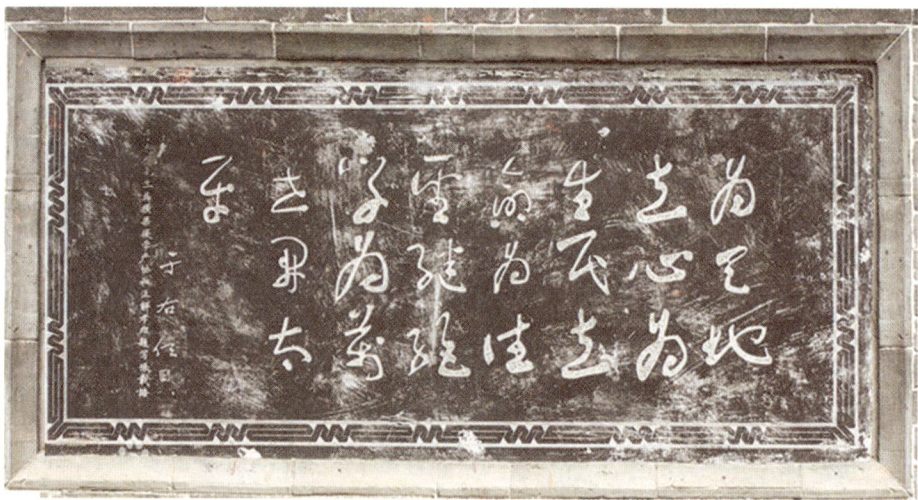

横渠四句

为适应当时社会的需要,勤学苦思,建立了自己独立的理学体系。出自张载《横渠语录》的"为天地立心,为生民立命,为往圣继绝学,为万世开太平",彰显了张载一生为学治世的良苦用心,也是他教化弟子的基本宗旨。同时,张载的思想在关中地区影响很大,追随他学习的门生一时云集,声势颇大,对当时社会产生了重大影响,造就了新的学术气象。

三、象数学家——邵雍

宋儒尊崇儒学,也积极探讨宇宙问题。周敦颐对此问题尤为关注,其后的邵雍也谈到此问题,"伊川见康节,指食桌而问曰:'此桌安在地上,不知天地安在何处?'康节为之极论其理,以致六合之外。伊川叹曰:'生平惟见周茂叔论至此。'"① 但是邵雍的宇宙论又和周敦颐不同。

邵雍(1011—1077),字尧夫,谥康节,学者称康节先生。先世居河北范阳,父辈移居衡漳,后又移居河南共城(今辉县)。邵雍曾隐居苏门山百源之上,因而又被称为百源先生。

邵雍自幼勤学刻苦,志向高远,欲树功名。他曾在苦读时叹息道:"昔人

---

① 《道德真经集义》。

尚友于古，而吾独未及四方。"于是外出游历，"逾河、汾，涉淮、汉，周流齐、鲁、宋、郑之墟，久之，幡然来归，曰：'道在是矣。'"自此便再没有出去游历了。

北海（今属山东）李之才任共城令，听闻邵雍好学，亲自登门造访，问曰："子亦闻物理性命之学乎？"雍对曰："幸受教。"自此，邵雍诚心师从李之才，"受《河图》《洛书》、伏羲八卦六十四卦图像"。自从师从李之才后，邵雍对"《图》《书》之学""探赜索隐，妙悟神契"，颇有领悟，根据先天象数《易》理，创建了系统的象数学体系，并著成《皇极经世》一书。

邵雍 像

《皇极经世》一书体系十分庞大，基本上是根据其师李之才所授"物理之学"展开构思，内容包括宇宙起源论、自然观和历史观，以及社会政治理论等诸多方面，并在此基础上创造了象数体系来概括宇宙的一切。邵雍之子邵伯温曾解释《皇极经世》的含义说："至大之谓皇，至中之谓极，至正之谓经，至变之谓世。"《皇极经世》一书在内容上"穷日、月、星、辰、飞、走、动、植之数以尽天地万物之理，述皇、帝、王、霸之事以明大中至正之道。阴阳之消长，古今之治乱，较然可见矣"。可见，它包融广大，是一个囊括宇宙、自然、社会、人生的完整体系。

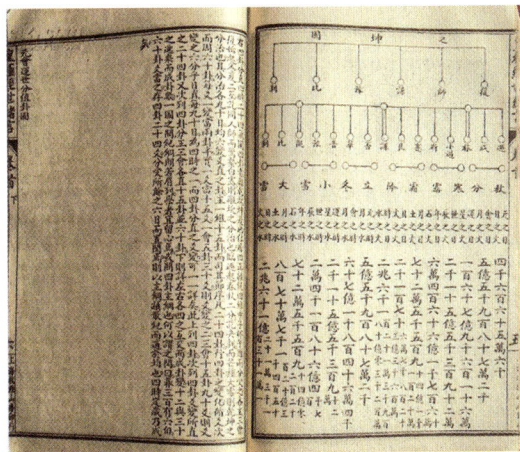

《皇极经世》

邵雍祠堂

在学术思想上，邵雍受《列子》《庄子》的影响很深，并在道家易与汉代《易》学的思想基础上，形成了对《周易》的独到理解，把儒、道思想融合在一起，将《周易》归结为"象"和"数"，并以象数作为主观推演去解释《先天图》，从而构造出宇宙发生发展的图式。他的先天象数学自成一家，对宋明理学的发生和发展产生了重大影响。

邵雍的思想贡献主要是在对宇宙本原及其演化规律的探讨上。他认为："道为天地之体，天地为万物之本，以天地观万物，则万物为物，以道观天地，则天地亦为万物。"又说："太极，道之极也。""生天地之始，太极也。"世界万物都是由"太极"演化而来，具体而言："混成一体，谓之太极。太极既判，初有仪形，谓之两仪。两仪又判而为阴、阳、刚、柔，谓之四象。四象又判而为太阳、少阳、太阴、少阴、太刚、少刚、太柔、少柔，而成八卦。太阳、少阳、太阴、少阴成象于天而为日月星辰，太刚、少刚、太柔、少柔成形于地而为水火土石，八者具备，然后天地之体备矣。天地之体备，而后变化生成万物。"无怪乎程颢赞叹"汪洋浩大"。在此基础上，邵雍将先天象数归之于心，说："先天之学，心也"，"先天学心法也，故图皆自中起，万化万事皆生乎心也"。这里的"心"既是个人的心，也是宇宙的心。他解释说，心为

邵雍墓

"天地之心"，也是人之心，心物无二，天地之道备于人。因此，他要人们"以物观物"，以"一心观万心"，尽心知性，以尽天地万物之道。由此，邵雍认为人的认识并不在于如何把握客观外界，而是如何认识自心。这样，邵雍便将儒学原来的经学传统转换为心性之学，从而为理学的最终形成奠定了基础。

邵雍还用他的象数理论来表述其宇宙发展观，认为事情都是按照特定的规律阶段性地循环变化，"天主运行，地主生化"，以至于无穷。而天行刚健之数可进一步具体细分为既定的规律，即"元""会""运""世"的循环，他根据一年十二个月，一月三十日，一日十二时辰，一时辰三十分的数字来规定一"元"的时间及其变化。即三十年为一"世"，十二世为一"运"，三十运为一"会"，十二会为一"元"。将十二会分配到十二属卦中，根据阴阳消长，便知道每一"元"也就是具体世界的一次生灭。邵雍认为时间是无限的，十二辟卦无休止地循环下去，世界也不断地产生和消失，一"元"共计十二万九千六百年，周而复始，循环往复。据此而推，邵雍还把人类社会发展的历史分为"皇""帝""王""霸"四个阶段，而这四个阶段的统治方法亦各不相同。"三皇之世如春，五帝之世如夏，三王之世如秋，五霸之世如冬……春夏秋冬者昊天之时也，《易》《书》《诗》《春秋》者圣人之经也"。与此相应，"三皇"之世重视"以道化民"，"五帝"之世重视"以德教民"，"三王"之世重视"以功劝民"，"五霸"之世重视"以力率民"，而"以化教劝率为道者谓《易》，以化教劝率为德者谓《书》，以化教劝率为功者谓《诗》，以化教劝率为力者谓《春秋》"。这样，邵雍就把"皇""帝""王""霸"不同时期的统治方法附会到儒家《易》《书》《诗》《春秋》四部经典著作之中。而邵雍尤其重视《易》经，由此可知，邵雍最向往的理想社会是"以道化民"的"三皇"时期，由此也反映出了他"道为太极"的终极目的。

作为儒学新形态的开创者，邵雍颇得后世推崇，被称为"自秦汉以来，一人而已"。甚至有人评论说："先生之书不过万一千六百余言，而天地之物之象之数之理，否泰消长，损益因革，其间罔不包罗。自六经以来，诸子百家之作，原道析理，未有如此之简要也。"[1]

四、程朱理学奠基人——程颢、程颐

经过宋初"三先生"以及周敦颐、张载、邵雍等学者的共同努力，宋明理学的思想体系逐步形成。二程兄弟一方面总结了先秦关于理和道的观念，另一方面又吸收宋初以来的思想家关于理的论述，在此基础上，进一步把"理"抽象为宇宙万物的本原，并建构了一个以"理"为最高本体的唯心论体系。至此，理学作为一种典型的儒学形态正式形成。朱熹曾说："孔孟之道不传久矣，自颐兄弟始发明之，而后其道可学而至也。"事实的确如此，作为宋明时期儒学最高范畴的"理"在二程的哲学体系里得到了充分论证，且确立了这时期的学术体系与规模。可以说，程颢、程颐乃是宋明理学的奠基者。

（一） 二程

程颢（1032—1085），字伯淳，河南洛阳人，学者称明道先生。自幼深受儒家经典熏陶，"数岁，诵诗书，强记过人，十岁能为诗赋"，十二三岁，"群居庠序中，如老成人，见者无不爱重"[2]。十五六岁时，与其弟程颐从学于周敦颐，并曾两度从游。他曾说："再见茂叔后，吟风弄月以归，有'吾与点也'之意。"[3]《二程遗书》卷二载："昔受学于周茂叔，每令寻颜子、仲尼乐处，所乐何事？"可见，周敦颐的熏陶对二程人格的养成有重要影

程颢 像

---

① 《皕宋楼藏书志·皇极经世索引》。
② 《宋元学案》卷十三《明道学案》。
③ 《宋元学案》卷一二《濂溪学案》。

响。但当时，程颢对儒家之"道"的体悟并不深入，"未知其要，泛滥于诸家，出入老、释者几十年"①。后来经过独立的思考探究，开始对《中庸》《易传》《论语》《孟子》等儒学典籍有了新的认识与体悟。他自称："吾学虽有所授，天理二字，却是自家体贴出来。"②

程颐（1033—1107），字正叔，学者称伊川先生，曾任国子监教授和崇政殿说书等职。十多岁，与其兄程颢从学于周敦颐门下，被后世并称为二程。二人学问大体相同，但性格却决然有别。程颢曾说："异日能使人尊严师道者，吾弟也。若接引后学，随人才而成就之，则予不得让焉。"时人都说："颢和粹之气盎于面背，但颐则接人以严毅。"

程颐 像

二程兄弟幼年从学于周敦颐，后同被奉为宋学之正统，其基本哲学观点是一致的。首先，他们都把"理"作为宇宙本体，或称之为"天理""道"。程颢提出"天者，理也"的命题，把"理"作为宇宙的本原，"万物皆只是一个天理"，并且与之前仅仅被看作事物规律的"理"不同。在程颢的哲学体系中，"理"不仅统摄天地万物，同时也存在于一切事物之中，是作为万物本原和人类社会最高准则而存在。对此，他曾说："吾学虽有所受，天理二字，却是自家体贴出来。"可以说，"天理"二字不仅是其创造性发挥，也正是其思想的纲领。程颐也主张天理论，他提出："天下只有一个理""万物皆是一理"。"理"是创造万事万物的根源，它在事物之中，又在事物之上，人与世

---

① 《二程集》卷十一《明道先生行状》。
② 《程氏外书》卷一二。

二程故里碑

界万事万物都是由"理"派生出来的，形态万千，却又在"理"的基础上统一起来。天地间有且只有一个"理"，高于万物而永世长存。不仅如此，在人类社会中，社会制度、伦理纲常也是天理的表现。二程曾说："父子君臣，常理不易。"又说："父子君臣，天下之定理，无所逃于天地之间。""理"的原则是"推之四海而皆准"，二程说："先王制其本者，天理也"。"理"不能违背，要自觉接受、遵循，依"理"而行，"礼者，理也"，具体说来，便是"克己复礼"，循礼而行。

当然，二程思想也是同中有异，程颐在程颢的思想基础上又有所发挥，有所补充。程颢认为，"理"是自然而然的自然趋势，"理者，天也"，并强调"我"与天地内在统一，浑然一体，"天人本无二，不必言合"，"人心莫不有知，惟蔽于人欲，则亡天德"。所以只要人们"诚敬存之"，修养内心，便可达到"仁"的境界，"学者识得仁体，实有诸己，只要义理栽培。如求经义，皆是栽培之义"。程颢却并不重视外在的体察、学习，"大人者，与天地合其德，与日月合其明，非在外也"。认为人心自有"明觉"，具有"明德"，所谓"仁者浑然与万物同体"，只要向内索求便可"明明德"，从而达于"至善"。因此，他又认为"欲传圣人之道，扩充此心焉耳"。理心一体，万物皆在我心中，所以说："学者今日无可添，只有可减，减尽便没事。"因此人们不需要去认识了解客观世界，而只需要认识自己的心即可。与程颢的主观唯心主义不同，程颐的客观唯心主义倾向比较明显，虽然他也有"一人之心即天地之心"的观点，这却并非是他思想的主流。他认为"理"是客观存在的自然之理，"天地阴阳，其势高下相背，然必相须而为用也，有阴便有阳，有阳便有阴，有一便有二，才有一，二便有，一二之间便是三，已往无穷。老子亦曰：'三生万物'，此是生生之谓易，理自然如此。""万物只是一个理"，"凡眼前无非是物，物物皆有理，如火之所以热，水之所以寒，至于君臣父子间皆是理"，这个"理"就是"天理"。所以，他说："随事观礼，而天下之理得矣。君子之学，将以反躬而已矣。反躬在致知，致知在格物。"在其兄"涵养须用敬"的基础上，程颐又补充了向外的一面，"敬以直内，义以方外，合内外之道也"。添加了实际的治学方法，"进学则在致知"。

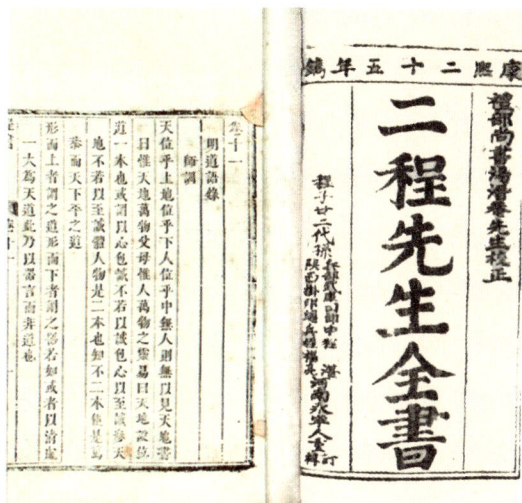

《二程先生全书》

就学说主旨而言，二程之间并无二致，但在问学路径以及义理的具体延伸、阐发等方面，二人之间却有着较大差别。诚如黄宗羲在《宋元学案》中所说：大程德行宽宏，规模阔广，以光风霁月为怀。小程气质刚方，文理密察，以削壁孤峰为体。其道虽同，而造德各有所殊。二程认为"理"是宇宙万物的本原，以认识理、体认理的真谛作为自己的最高追求。但在此过程中，程颢着力宣扬"良知良能"说，他认为"良知良能，皆天所由，乃出于天，不系于人"。他明确宣称，"心"生来就具有知万物之理的"良知良能"，"心是理，理是心"。所以，要使自己的心不为外物所迷，必须超然于物质、精神的欲望之外，只有这样，才能认识天理，保住"良知良能"。程颐在大本大原上还是和程颢相同，但是在"涵养须用敬"之外，又添加了"进学在致知"。他认为儒家哲人早已说过，如《大学》中的"格物致知"，"格物"就是穷理，"理"是人内心固有的，只是往往被外欲诱惑，使理、心不能会而为一。这样，人欲和天理就会对立，且人欲会导致天理的丧失，为此，认识天理应

"求于体""求于内"，应主动地"存天理，灭人欲"，以此化解个体与社会、个体欲望与社会秩序之间的矛盾，从而培养高尚的道德情感，能够真心地去履行社会公认的道德规范。这样，天理才能存在，人欲才能得到有效的遏制，儒家的伦理规范才能变成现实。至此，二程完成了理学思想体系的基本建构，成为理学发展史上的重要人物。

（二）程门四先生

二程开创了北宋理学的洛学学派，奠定了宋明理学的基础，在中国哲学史上占有重要地位。北宋末年和南宋初年，洛学因弟子在不同地区讲学而得以传播，在后世形成了不同的学术流派。如吕大临、吕大忠、吕大钧在陕西传播张载关学及二程洛学；谯定、谢湜、马涓在四川传播二程洛学，是谓涪陵学派；谢良佐、胡安国、胡宏、张栻在湖北、湖南传播二程洛学，是谓湖湘学派；杨时、游酢、罗从彦在福建传播二程洛学，后经朱熹集大成，是谓闽学派；周行己、许景衡、刘安节、鲍敬亭在浙江传播二程洛学，是谓洛学别派事功之学的永嘉学派；王蘋在江苏传播二程洛学，是谓吴学派，这一派主要反映程颢的学术思想，故与江西陆学有学术渊源关系。① 其后，宋代的朱熹、陆九渊，明代的王阳明，又在二程开辟的方向上发展了理学，使之成为宋之后漫长的中国封建社会的理论基础和精神支柱，而二程洛学则开了理学之先河。

二程作为当时著名的教育家，门下弟子众多，遍布天下。据二程故里（河南省嵩县程村）程祠内的

谢良佐 像

---

① 参见卢连章著《程颢程颐评传》（下），南京出版社 2011 年版，第 327－328 页。

《二程门人碑》记载，有名有姓者就有 88 人。而在洛学的发展过程中，谢良佐、杨时、游酢、吕大临是公认的程门高足，世称"程门四先生"。他们积极传承、弘扬二程学说，促进宋代理学日益成熟、完善，使其长期在思想界居于统治地位。

1. 谢良佐（1050—1103），字显道，蔡州上蔡（河南）人，人称上蔡先生或谢上蔡。他是程门弟子中最富有创见性的一位，创立了上蔡学派，是心学的奠基人、湖湘学派的鼻祖，在程朱理学的发展史上起到桥梁作用。著有《论语说》，另有《上蔡语录》3 卷。

1078 年，谢良佐拜程颐为师，并专程到河南扶沟向时任扶沟知县的程颐求教学问。初次相见，提问答对，称引史书，无分毫之差。程颐称道："其才能广而充之，吾道有望矣"。还说："此秀才展拓的开，将来可望也。"谢良佐不负师望，严于律己，修身正己，特别强调去"矜"。他认为修身的最大障碍在于"矜"。刚愎自用、自欺欺人的心态，骄傲自大的气势，皆是由"矜"引起的，并于"矜"字上苦下功夫。与程颐分别一年后再次相见，程颐问他："一年来有何进益？"他回答道："唯去得一'矜'字。"程颐十分高兴，称赞他足够用功，已经学会独立思考，并与朱光庭说："是子力学，切问而近思者也。"意思是："这足以证明他很用功，已经学会独立思考了。""良佐去矜"自此成为佳话。除此之外，谢良佐还有许多言论被当作名言传扬，如"人须先立志，立志则有根本"，"莫为英雄之态，而有大人之器。莫为一身之谋，而有天下之志。莫为终身之计，而有后世之虑"等。

在思想上，谢良佐积极体认、发挥二程学说。在修身功夫方面，坚持"静坐"和"居敬"，并在程颢"医家以手足痿痹

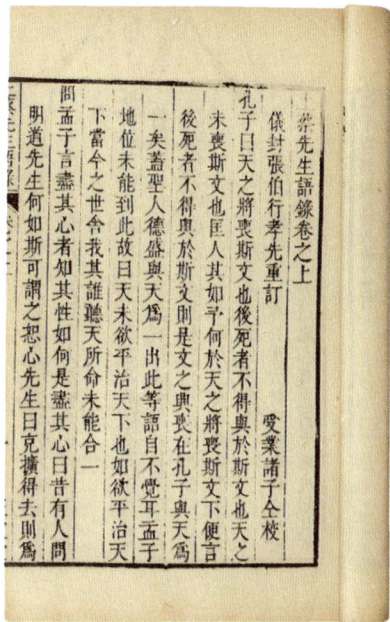

《上蔡先生语录》

为不仁"的基础上，提出"以觉言仁"的主张。他认为"活者为仁，死者为不仁。今人身体麻痹不知痛痒谓之不仁。桃杏之核可种而生者谓之桃仁杏仁，言有生之意"。也就是说，仁是万物"生生不息"的本性；同时，"仁，操则存，舍则亡"。谢良佐认为仁是一种意识的境界和状态，求之则得，舍之则亡，而求仁的功夫，则如曾子所言"动容貌，正颜色，出辞气"，通过去除"人欲"，复明"本真"的心。对此黄宗羲曾评论道："其论仁以'觉'，以'生意'，论诚以'实理'，论敬以'常惺惺'，论穷理以'求是'，皆其所独得，以发明师说者也"①。在继承老师思想的基础上，谢良佐进行了创造性的发挥。

在"格物致知"论上，谢良佐继承了二程的"天理"观念。他认为，格物致知就是穷理，而穷理的目的就是识得天理，由此开启了朱熹"穷理"学说的先河。另一方面，谢良佐指出，"天，理也。人亦理也。循理则与天为一。与天为一，我非我也，理也；理非理也，天也。"这种论断对后来陆王心学中"心即理"的观念产生了一定影响。而对于穷理的具体方法，谢良佐认为"理一而已"，"一处理穷，触处皆通"，所以不需要"理必物物而穷"，而应该"穷其大者"。

杨时 像

2. 杨时，字中立，号龟山，祖籍弘农华阴（今陕西华阴东），南剑将乐人。熙宁九年（1076年）进士，历官浏阳、余杭、萧山知县，荆州教授、工部侍郎，以龙图阁直

---

① 《宋元学案》卷二十四《上蔡学案》。

学士专事著述讲学。晚年隐居龟山，学者称龟山先生，有《龟山集》传世。

元丰四年（1081 年），杨时被授予徐州司法。他专门投于洛阳著名学者程颢门下，与游酢共同研习理学。杨时与游酢学成南归时，程颢目送他们远去，曾感慨地说："吾道南

程门立雪

矣！"当时学者多从佛学，但杨时只衷心于理学，程颢曾叹曰："学者皆流于夷狄矣，惟有杨谢（显道）二君长进！"后来，杨时赴徐州上任，在徐州任上完成《庄子解》的著述。

41 岁时，杨时投于程颢的弟弟程颐门下，到洛阳伊川书院学习。此时，杨时在理学方面已较有造诣，但他仍然谦虚受教，勤奋好学。见于《河南程氏外书》的"程门立雪"，即是杨时与游酢尊师重道的佳话。文中载："游、杨初见伊川，伊川瞑目而坐，二子侍立。即觉，顾谓曰：贤辈尚在此乎？日既晚，且休矣。及出门，门外之雪深一尺。"①《宋史》卷四百二十八《杨时传》中载曰："（杨时、游酢）一日见颐，颐偶瞑坐，时与游酢侍立不去，颐

"程门立雪"典故原址

既觉，则门外雪深一尺矣。"（这里"立雪"二字存在误解，认为是杨时、游酢立在雪中，其实是立于下雪之时。张岱年先生曾撰文指出，《二程集》中明言"及出门，门外之雪深一尺"，显然二子侍立是在室

---

① 《二程集》卷十二《外书》。

内，并非在门外，认为二子立于外，实出误会。)① 由这则典故，可以看出杨时、游酢尊师重道的精神。杨时不负众望，学得程门理学的真谛，学成南归后继续潜心研究和传播程氏理学，得到东南学者的推崇。史称"东南学者惟杨时为程氏正宗"，他在二程理学和朱熹之间起了承前启后的作用。

杨时注重"六经"，反对用功于史。他不仅用《华严宗》《易经》的内容来阐述其哲学思想，还用《大学》《中庸》《孟子》等儒家经典来丰富、扩充自己的思想。杨时尤其看重《中庸》，视《中庸》为"圣学之渊源，入德之大方"，故作《中庸义》来阐述二程的思想。用《中庸》中"诚""天性"等概念阐述"格物致知"，并将"格物致知"作为一种方法，不是追求外物，而是反身诚意，以达到"天下之理得"。同时，杨时对于程颐的"理一分殊"等学说也有自己的发挥和创见。在二程的基础上，杨时提出"天下之物，理

游酢 像

一而分殊。知其理一，所以为仁；知其分殊，所以为义。权其分之轻重，无殊分之差则精矣。"② 将"理一分殊"理论与儒家的道德观念和人生哲理结合，从而发出"知其理一，所以为仁"的论述。

3. 游酢，字定夫，建州建阳人。少年时就聪慧过人，过目成诵，16 岁以后受教于族父游复和江侧等人，研读经书，擅长文学。熙宁五年（1072年）八月，程颢任扶沟县（今属河南）知县，提倡圣贤学说，荐举游酢主管县学教育。在扶沟，拜程颢为

① 张岱年：《辨程门立雪》，载《张岱年学术文化随笔》，中国青年出版社 1996 年版，第 237 页。
② 《杨龟山集》卷二十《答胡康侯一》。

师，精研儒家经典，学识大有长进。著有《中庸义》《易说》《诗二南义》《论语·孟子杂解》《文集》各 1 卷。学者称其为廌山先生，谥文肃。

元丰四年（1081 年），游酢与杨时拜程颢为师，将二程的言行记录整理成书，也为后来杨时收集伊川先生语录提供了宝贵的第一手资料，甚至后来朱熹整理《程氏遗书》《伊洛渊源》等书，也采用了很多游酢整理的材料，为理学的传播做出了积极贡献。

游酢的学术思想带有浓重的偏禅倾向，他认为要想真正的辨清禅和儒的区别，仅仅研究儒家经典不够，还需要认真研读禅书，而前辈对禅"诋之如此之甚"，正是由于"前辈往往不曾看佛书"。晚年更是与禅师交游，偏离儒道。所以胡宏曾批评他说："定夫（游酢）为程门罪人"，他对于洛学的发扬、传播，确实不如谢良佐、杨时贡献大。

4. 吕大临（1046—1092），字与叔，号芸阁，其先汲郡（今河南卫辉）人，后移居京兆蓝田（今陕西蓝田）。以门荫入官，称"不敢掩祖宗之德"。

吕大临一生，先投身"关学"，潜心研究"六经"，尤深于"三礼"的精研与实践，是诸吕及张载弟子中对"关学"发展贡献最大、"守横渠学甚固"之人。张载去世后，吕大临便奔洛阳拜程颐为师。二程赞其为学"深潜缜密""涵养深醇，妙达义理"。朱熹赞其"于程子门人中最取吕大临"，甚至把他与程颐相比而论。在此期间，他记录汇集二程语录，著成《东见录》，对后世学者研究"洛学"提供了很多难得的第一手资料。

吕大临先后受学于"关学"与"洛学"两大学派，兼受二者影响。一方面，他继承张载、程颐学说，把人性分为"之所同然"的本然之性和"有昏明强弱之别"的气质之

吕大临 像

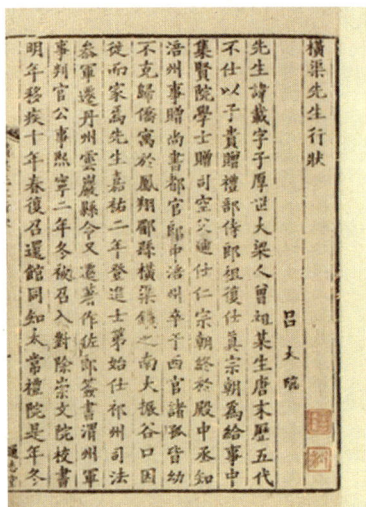

《横渠先生行状》

性，而本然之性是人自身所固有的，所以人之为学，应该努力通过修养功夫以变化气质之性，从而达到"不为物欲之所迁动"的"赤子之心"。另一方面，吕大临在很多问题上形成了自己独有的见解，如对《中庸》的诠释中，他更偏向张载，而与程颐的心学取向存在分歧，并就"中和"的问题与程颐展开讨论。吕大临将"中"看作是道"之所自出"的根源。而程颐将心的本然状态看作"中"，带有了明显的心学倾向。

总之，"程门四先生"从不同方面对二程学说进行了体认、发挥，从而促进了洛学的传播，开启了儒学史上的新篇章。

第三节 朱熹：理学的集大成者

理学自宋初兴起以来，经过周敦颐、张载、邵雍、二程兄弟等人发挥、发展，到南宋中期，又出现了一位在深度和广度上都超越前人的集大成者，他就是朱熹。朱熹学识渊博，治学严谨，凭借自己完整、精密而独特的学术思想体系，影响了其后学术思想的发展达六七百年之久。他的思想成了元、明、清时代占统治地位的官方理论，在封建社会后期产生了重大影响。清朝康熙皇帝称他"集大成而绍千百年绝传之学"，"启愚蒙而定亿万世一定之规"。

朱熹 像

一、生平简介

朱熹（1130—1200），字元晦，又字仲晦，号晦庵、晦翁、云谷老人、沧州病叟、遁翁等，谥文，世称朱文公。祖籍徽州婺源县（今江西婺源），出生于南剑州尤溪（今福建尤溪）。我国历史上著名的理学家、思想家、哲学家、教育家、诗人，闽学派的代表人物，儒学集大成者，世尊其为朱子。朱熹是唯一非孔子亲传弟子而享祀孔庙的贤哲，位列大成殿十二哲中。

朱熹故居

朱熹自幼聪颖，四岁时，父指天示之曰："天也"，朱熹遂问："天之上何物?"令其父颇感惊异。开始读书时，由其父亲朱松教授，学习《孝经》，朱熹只诵读一遍，便通晓其中的大义，且在书中题曰："不若是，非人也。"他认为只有遵循《孝经》，才能称得上是一个人。八九岁读《孟子》，十三四岁读《论语》，读《孟子》至"圣人与我同类者，喜不可言"，认为圣人可学。

朱熹青少年时期励志苦学，读《中庸》"虽愚必明，虽柔必强"句，更加警励奋发。绍兴十三年（1143年）癸亥，朱松去世，托孤于好友胡宪、刘勉之、刘子翚，留下遗嘱云："籍溪胡原仲、白水刘致中、屏

李侗 像

白鹿洞书院

山刘彦冲，此三人者吾友也。其学皆有渊源，吾所敬畏。吾即死，汝往父事之，而唯其言之听，则吾死不恨矣。"① 朱熹遵从父亲遗命，师事胡、刘诸先生，且深受他们道德学问潜移默化的影响。刘勉之视朱熹如子侄，把女儿嫁给他；因二刘早逝，故朱熹师事胡宪最长，得传二程之学，又接触谢良佐的思想，学问日进。胡氏三人好释、老之学，朱熹受其影响，这一时期内，也曾读佛书，且对佛老思想产生了浓厚兴趣，出入佛老，泛滥于诸子百家。

　　绍兴二十三年（1153 年），朱熹赴任同安，途中拜访李侗。延平李侗，字愿中，师从二程的再传弟子罗从彦，为朱熹父亲朱松的同门，学问、人品很得朱松钦佩，时人称赞其"如冰壶秋月，莹彻无瑕"②，朱熹对他仰慕已久。但开始，朱熹只是将李侗看作是父亲的朋友而恭敬事之，直到二十四五岁才正式受学于李侗。自此，朱熹的学术思想发生了重大转变。初见时，朱熹以"昭昭灵灵"的禅学提问，李侗只是说"这不对"。《朱子语类》记曰：

　　① 《朱文公文集》卷九十《屏山先生刘公墓表》。
　　② 《宋史·李侗传》。

"李先生为人简重，却是不甚会说，只教看圣贤言语，某岁将那禅来权倚阁起，意中道，禅亦自在。且将圣人书来读，读来读去，一日复一日，觉得圣贤言语渐渐有味。却回头看释氏之说，渐渐破绽，罅漏百出。"① 又说："某少时未有知，亦曾学禅，只李先生极言其不是。后来考究，却是这边味长。才这边长得一寸，那边便缩了一寸，到今销铄无余矣。毕竟佛学无是处。"② 从沉潜其中到"罅漏百出"，其思想的转变清晰可见，从此，才真正立定脚跟，彻底归心于孔孟之学。正如钱穆所说："朱于初好禅学，从延平游，乃始舍弃。"③ 当然，虽然此后朱熹思想以儒为宗，但其"出入于释、老者十余年"的经历，为其吸收、融汇佛道思想入儒，从而更深入地把握儒学真谛，建构结构严密的理学逻辑体系提供了丰富的思想资料。④

宋朝淳熙二年（1175 年）正月，吕祖谦从浙江东阳来访朱熹，在寒泉精舍相聚一个半月，编次《近思录》，史称"寒泉之会"。

淳熙六年（1179 年）十月，朱熹行视陂塘时，在樵夫的指点下找到白鹿洞书院的废址。经朱熹的竭力倡导，淳熙七年（1180 年）三月，白鹿洞书院得以修复。朱熹为白鹿洞书院殚精竭虑，曾自兼洞主，延请名师，充实图书，请皇帝敕额，赐御书。还置办学田，供养贫穷学子，并亲自订立学规，即著名的《白鹿洞书院教规》。

朱熹一生勤于著述，其著作涉及经、史、子以及文学等各个门类，主要

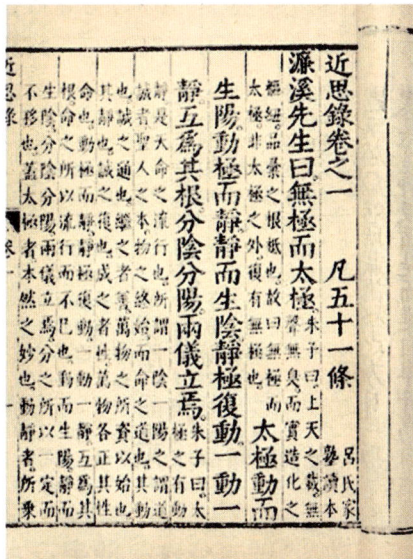

《近思录》

---

① 《朱子语类》卷一〇四《朱子》。
② 《朱子语类》卷一〇四《朱子》。
③ 钱穆：《朱子新学案》，九州出版社 2011 年版，第 1092 页。
④ 王瑞明、张全明著：《朱熹集》卷三十《答汪尚书》，巴蜀书社 1992 年版。

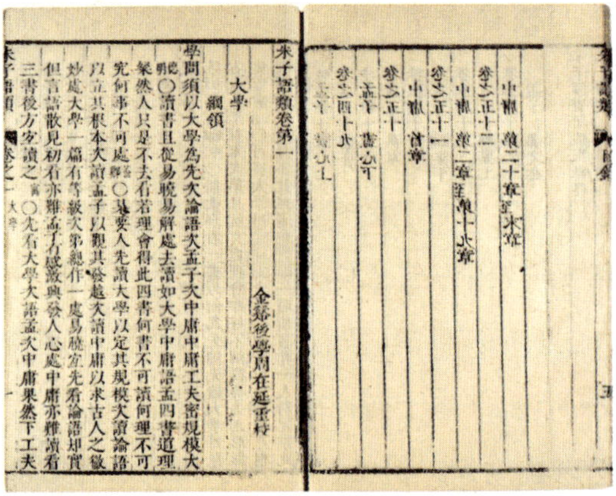

朱子語類卷第一
金谿後學周在延重梓
大學
綱領
學問須以大學為先次論語次孟子次中庸中庸工夫密規模大
德明○讀書且從易曉易解處去讀如大學中庸語孟四書道理
粲然人只是不去看若理會得此四書何書不可讀何理不可
究何事不可處蓋卿○某要人先讀大學以定其規模次讀論語
以立其根本次讀孟子以觀其發越次讀中庸以求古人之微
妙處大學一篇有等級次第總作一處易曉宜先看論語却實
但言語散見初看亦難孟子有感激興發人心處中庸亦難讀看
三書後方宜讀之寓○先看大學次語孟次中庸果然下工夫

《朱子语类》

論語卷第一　朱熹集注
學而第一
此爲書之首篇故所記多務本之意
乃入道之門積德之基學者之先務
也凡十六章
子曰學而時習之不亦說乎
說悅同○學之爲言效也人性皆善
而覺有先後後覺者必效先覺之所
多亦奚以爲
孟子卷第一　朱熹集注
梁惠王章句上
凡七章
孟子見梁惠王
梁惠王魏侯罃也都大梁僭稱王謚
曰惠史記惠王三十五年卑禮厚幣
以招賢者而孟軻至梁
王曰叟不遠千里而來亦將有以利吾

《四书章句集注》

有《四书章句集注》《楚辞集注》《诗集传》《资治通鉴纲目》《宋名臣言行录》等，又有《文集》120余卷，《语类》140卷，故后人曾有"古今著述之富，无过朱文公者"的赞叹。

朱熹早年在北宋及南宋初年关于《论语》《孟子》解读整理的基础上，完成《四书集注》初稿，后来不断修改。晚年把"四书"并列，对《论语》《孟子》的注释，集合了众人说法，称为"集注"，对《大学》《中庸》的注释称为"章句"，所以后来统称为《四书章句集注》，简称《四书集注》。

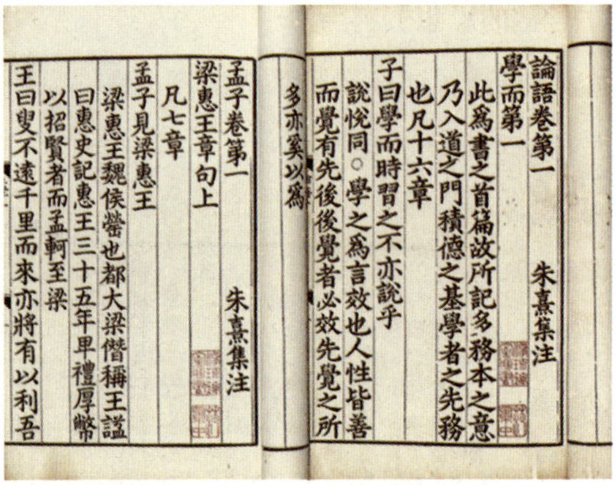

朱熹青年时期的刻苦勤学，为其思想的发展、创新奠定了深厚的基础。中年之后，通过吸收融摄、交流辩论，构筑起庞大精密的理学思想体系，最终成为宋代理学的集大成者。

二、"理一分殊"的宇宙本体论

在宇宙本体论方面，朱熹一方面坚持并发展了二程的"理本论"，特别是程颐的理气说，一方面又吸收融合了周敦颐的太极说、张载的太虚之气说、邵雍的先天说等，重新建构了以"理"为最高范畴的哲学思想体系。他认为，"理"或"天理"是宇宙的本原或根本，天、地、人以及万事万物都是因

"天理"而存在，都是由最根本的"理"所产生。对于周敦颐的"太极"，朱熹认为太极只是一个"理"字，在他看来，周敦颐思想体系中的"太极"就是理，这样就把周敦颐的思想纳入洛学的体系。在理、气关系上，朱熹认为理为根本，气则依附于理，二者相依不离。"天下未有无理之气，亦未有无气之理"，又断言："理在先，气在后"；"有是理便有是气，但理是本"。气为形而下，理为形而上。天下没有无理之气，也没有无气之理。然而，理也不能够脱离气而独立存在，"无是气，则是理亦无挂搭处"。

朱熹墓

　　在讲到宇宙的统一性和多样性问题时，朱熹着意发挥了"理一分殊"的思想。张载在《西铭》中说："乾称父，坤称母"，"民吾同胞，物吾与也。天地之塞吾其体，天地之帅吾其性"，但并未明确提出"理一分殊"。程颐在《答杨时论＜西铭＞书》中，将张载的上述思想概括为"理一分殊"，并第一次明确提出。虽然如此，这个命题却贯穿在"北宋五子"思想的基本命题和核心概念中，包括周敦颐、邵雍、张载和二程在内的"北宋五子"都曾经从不同的角度围绕着这个命题进行了相关的论述、探索，并各自从不同的角度提出了一系列的创新思想。到了南宋，朱熹转述其老师李侗的话说："吾儒之学，所以异于异端者，理一分殊也。理不患其不一，所难者分殊耳。"[①] 从程颐到李侗，"理一分殊"理论并没有得到系统的阐发。朱熹接受程颐和李侗的观点，认为"《西铭》通体是一个理一分殊，一句是一个理一分殊"，并综合总结了"北宋五子"的探索成果，建构了一个体系完整的"理一分殊"宇宙本体论体系。

---

　　① 《朱熹年谱》卷一《李延平先生答问后录》。

何谓"理一分殊"？朱熹师事李侗时，李侗就曾指导朱熹异于"异端"的"理一分殊"学说，认为"理不患不一，所难者分殊而耳，此其要也"。对此，朱熹理解说："然则仁之为仁，人与物不得不同。知人之为人而存之，人与物不得不异。故伊川夫子既言'理一分殊'，而龟山又有'知其理一''知其分殊'之说。而先生以为全在'知'字上用著力，恐亦是此意也，不知果是如此否？"对朱熹的理解，李侗加以肯定，称其"概得之"。

朱熹认为"万物各具一理，万理同出一源，一草一木各一太极，而天下无性外之物，故中庸言，能尽其性，则能尽人之性，能尽物之性，而可以赞天地之化育"。之所以如此，他认为"理"是天地万物的真正本原和共同本质，是多样性之所以和谐、统一的缘由。"天地中间，上是天，下是地，中间有许多日月星辰，山川草木，人物禽兽，此皆形而下之器也，然这形而下之器之中，便各自有个道理，此便是形而上之道。"① 朱熹认为，天地之间的万事万物都是"形以下之器"，且不同的事物又具有各自的道理，有"各自"之"理"就是"分殊"，这就是"形而上之道"。这里所说的"形而上之道"正是宇宙万物的共同性，就是"合天地万物"之"理"，就是"理一"。同时，不同事物在实现其"理一"的时候，受其自身气质的影响，又各自表现出自己的特殊功能，即统一的理使万物表现为多样性。所以朱熹自己是这样解释"理一分殊"的："'理一分殊'，合天地万物而言，只是一个理；及在人，则又各自有一个理。"② "天地之间，理一而已。然乾道成男，坤道成女，二气交感，化生万物，则其大小之分，亲疏之等，至于十百千万而不能齐也。"③

为了更好地说明"理一"与"分殊"的关系，朱熹又进一步解释："本只是一太极，而万物各有禀受，又各自全具一太极耳。如月在天，只一而已，及散在江湖，则随处可见，不可谓月已分也。"朱熹又说："万物皆有此理，理皆同出一原，但所居之位不同，则其理之用不一，如为君须仁，为臣须敬，为子

① 《朱子语类》卷六十二《中庸一》。
② 《朱子语类》卷一《理气上》。
③ 《张载集》附录《朱熹西铭论》。

须孝，为父须慈。物物各具此理，而物物各异其用，然莫非一理之流行也"①。朱熹认为虽然宇宙万物都具有天地之理，且此理"同出一原"，但是具体的处境、地位不相同，就要"素其位而行"。恰如孔子所言："君君臣臣，父父子子"，"为人君止于仁，为人臣止于敬，为人父止于慈，为人子止于孝"，也就是说，君必须讲仁，臣也必须恭敬君主，子女必须孝顺父母，父母必须慈爱子女，具体的事物都具有在宇宙整体中的不同功能。每个事物都有一个理，但各个事物中的理，仅仅都是"理一"的表现，而非别有一理。"然一体该摄乎万有，而万殊归乎一原，循其本而观之，则固一矣。即其用而验之，则是其本行乎事物之间。斯所谓一以贯之者也。"②"天下之理万殊，然其归则一而已矣，不容有二、三也。"万事万物之理各有不同，但所谓殊途同归，千差万别的万物背后"归乎一源"，最终具有同样的理，"理一"统摄宇宙万物，宇宙万物的根源归于"一源"，其"理一"贯通于具体的事物之间，即，在具体的作用中显示，最终"会万殊于一贯"。"一事一物上各自具足此理，著个'一'字，方见得无欠剩处。"③

朱熹还用"体用一本"来解释"理一分殊"的关系。他认为"理一"就是体，而"分殊"就是用，并进一步运用"体用一本"说来分析"理一分殊"之间的互动关系。道之体就是万殊之所以为一本的根据，道之用就是一本之所以为万殊的根据，"分殊"以"理一"为前提根据，"理一"以"分殊"为前提条件，二者是一体两面，互为表里，对立统一的关系。

三、天理人欲之辨

在人性论方面，朱熹继承、发展了张载、程颐等人的思想，把"天地之性"与"气质之性"纳入自己的思想体系。朱熹认为，性又有天命之性和气质之性两种，但性都来源于理，"性，即理也。天以阴阳五行化生万物，气以成形，而理亦赋焉，犹命令也。于是人物之生，因各得其所赋之理，以为健

---

① 《朱子语类》卷十八《大学五》。
② 《宋元学案补遗》卷六十九《沧洲诸儒学案补遗上》。
③ 王瑞明、张全明著：《朱熹集》卷三一《答张敬夫》，巴蜀书社 1992 年版。

顺五常之德，所谓性也"①。也就是说，性是与生俱来的，"性自命出，命自天降"②，但性得所赋之理而为性，即理是性的根源。其中天命之性是专指理而言的，不包含气在内，朱熹说："论天地之性，则专指理言。"③ 所包含气在内，则是气质之性。所谓气质之性，朱熹有言："论气质之性，则以理与气杂而言之。"④ 这是说气质之性是理与气杂，并非专指气而言，气质之性是相对于天命之性而言的，指天命之性"禀气"而形成的人性，正如朱熹所喻："性如水，流于清渠则清，流入污渠则浊。"⑤ 也就是说，天命之性是从本体上言，从理上说，而气质之性是兼理气而言，"天地间只是一个道理，性便是理，人之所以有善有不善，只缘气质之禀，各有清浊"⑥，故气质之性各不相同。"禀得精英之气便为圣，为贤，便是得理之全，得理之正，禀得清明者，便其爽；禀得敦厚者，便温和；禀气清高者，便贵；禀气丰厚者，便富；禀气久长者得理便寿，禀得衰颓薄浊者，便为愚、不肖，为贫，为贱，为夭。天有那气生一个人出来，便有许多物随他来。"⑦

人和万物首先都是天理的体现，同时，人和万物又都是禀气而生，由气构成，都是形而下的有形存在。所以，某种程度上讲，人与物又是不同的，因为人与物所禀受的"气"不同。只有人才具备仁、义、礼、智、信，而物则没有，而人所禀受的"仁义礼智信"的本性就是天理，与此对立的是"人欲"，"圣人之教"就是教化人们修养自身，"存天理，灭人欲"。天命之性与气质之性的区分，就在于强调人的根本使命就是要"返诸自身"，认识人的"天命之性"，就是要克服超乎"天理"的"人欲"，即要在气质之性上下功夫。

"人所禀受的性便是天理，与性相类的心也是天理、人欲的基础。"⑧ "凡

---

① 《四书章句集注·中庸章句》。
② 《中庸》。
③ 《朱子语类》卷四《性理一》。
④ 《朱子语类》卷四《性理一》。
⑤ 《朱子语类》卷四《性理一》。
⑥ 《朱子语类》卷四《性理一》。
⑦ 《朱子语类》卷四《性理一》。
⑧ 张立文：《朱熹评传》，南京大学出版社 1998 年版，第 470 页。

人虽有性，心亡（无）奠（定）志，待物而后作，待悦而后行，待习而后奠（定）。"① 性即天理，而莫不同，心却各异。《伪古文尚书·大禹谟》中载："人心惟危，道心惟微，惟精惟一，允执厥中。"对于其中的两个概念"道心"和"人心"，二程认为，"人心"就是"私欲"，"道心"就是"天理"，二者之间两两等同，在主张放弃"私欲"，服从"天理"的同时，将"人心"与"道心"也看作是绝对对立的关系。对此，朱熹不同意二程的观点，其思想中多有体现，《尚书·大禹谟注》中载：

> 心者，人之知觉主于身而应事物者也。指其生于形气之私者而言，则谓之人心；指其发于义理之公者而言，则谓之道心。人心易动而难反，故危而不安；义理难明而易昧，故微而不显。惟能省察于二者公私之间以致其精，而不使其有毫厘之杂；持守于道心微妙之本以致其一，而不使其有顷刻之杂，则其日用之间思虑动作自无过不及之差，而信能执其中矣。

《中庸章句·序》中言：

> 以为有人心、道心之异者，则以其或生于形气之私，或原于性命之正，而所以为知觉者不同，是以或危殆而不安，或微妙而难见耳。然人莫不有是形，故虽上智不能无人心，亦莫不有是性，故虽下愚不能无道心。二者杂于方寸之间，而不知所以治之，则危者愈危，微者愈微，而天理之公，卒无以胜人人欲之私矣。精则察夫二者之间而不杂也，一则守其本心之正而不离

《中庸章句》

---

① 《郭店楚简·性自命出》。

也。从事于斯，无少间断，必使道心常为一身之主，而人心每听命焉，则危者安，微者著。

分析上述两则材料可以看出，朱熹认为"道心""原于性命之正"，是"义理之公者"，是至善的，人皆有之，即"下愚"者也具有天命之性，拥有"道心"。而"人心""生于行气之私"，是从气质之性发出来的，气有清浊、薄厚，故人与人之间有智愚、贤不肖等的区分。所以"人心"也神秘莫测，可善可不善，即使上智的圣人，也是理气结合出来的，故不能不具有气质之性，所以也不能没有"人心"。可见，朱熹既强调人心与道心的不同，同时又不赞成把人心与道心截然对立起来，"上智不能无人心"，"下愚不能无道心"，人人皆有人心、道心，但人心"危殆""不安"，道心"微妙""难见"，所以对"人欲"必须革尽，对"人心"则通过教化、修身，使之"听命"于"道心"，从而转危为安，不明者明。

在此基础上，朱熹对于天理与人欲也有自己的创新性理解。朱熹说："有个天理，便有个人欲。盖缘这个天理须有个安顿处，才安顿得不恰好，便有个人欲出来。"① 他认为人欲也是天理的表现，是天理的不恰当表现，有天理就有人欲，二者可以并存。"同是事，是者便是天理，非者便是人欲。如视听言动，人所同也，非礼勿视听言动，便是天理，非理而视听言动，便是人欲。"② 朱熹认为，儒家所提倡的"仁义礼智"等道德准则就是天理，他说："天理只是仁义礼智之总名，仁义礼智便是天理之件数。"③ 所以朱熹主张"克己复礼"，

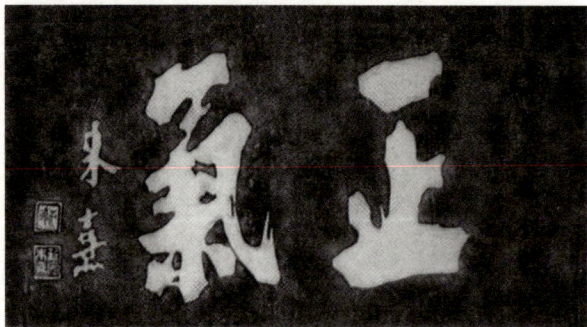

正 气

---

① 《朱子语类》卷十三《学七》。
② 《朱子语类》卷四十《论语二十二》。
③ 《宋元学案》卷四十八《晦翁学案上》。

"克，胜也；己，谓身之私欲也；复，反也；礼者，天理之节文也。"① 即克除私欲，复归天理。"己私既克，天理自复。譬如尘垢既去，则镜自明，瓦砾既扫，则室自清"，所以，对于如何"存天理、灭人欲"，"朱熹设喻：如剥百合，剥去一重又一重，层层往里剥，剥尽人欲，天理自明。犹如克得一分人欲，便复得一分天理。反之，'人欲上多了一分，天理上便克去一分'。'存天理、灭人欲'的工夫，就是克己复礼的工夫。"② "人之一心，天理存，则人欲亡；人欲胜，则天理灭。未有天理人欲夹杂者。学者须要于此体认省察之。"③ 对于生活、人事中的人欲与天理，朱熹也进行了区分，他说："问饮食之间，孰为天理，孰为人欲？曰：饮食者，天理也；要求美味，人欲也。"④ 人饥饿而食，口渴而饮，乃是天理的表现。然而，如果过分要求美味，就是人欲。从这里看，朱熹所说的"理""欲"并非绝对对立的，其所谓"存天理，灭人欲"，存的是"天理"，灭的是"过分"的、不合"礼"的人欲，具有一定的合理性。

四、"道问学"的为学之方

南宋淳熙二年（1175年）的"鹅湖之会"上，朱熹与陆九渊兄弟就"为学之方"，即通过什么样的途径和方法来体认、践履仁义道德，展开了辩论，其大致内容是：二陆一方以"尊德性"为宗旨，朱熹一方则以

朱熹雕塑

---

① 《四书章句集注·论语集注》。
② 张立文：《朱熹评传》，南京大学出版社1998年版，第478页。
③ 《朱子语类》卷十三《学七》。
④ 《朱子语类》卷十三《学七》。

"道问学"为主，强调"为学之方"首先要格物穷理。实际上，朱熹刻意于"道问学"，并没有否定致力于反身修德，所谓"尊德性"与"道问学"是不能截然分开的。

在为学问题上，朱熹在程颐"涵养须用敬，进学在致知"的基础上，进一步提出了持敬说和格物致知论。朱熹认为敬是为学修养的立脚点，是"圣人第一要义"。周敦颐曾提出过"主静"的主张，认为"无欲故敬"，"无欲则静虚而动直"。他认为"无欲"是"主静"的重要条件，又是成为圣人的基本途径。对此，朱熹曾经谈道：程颐觉得周敦颐过分强调"虚静"有些过偏，乃将"主静"改为"主敬"，以免流于释老，产生误会。与此不同，朱熹的居敬并不是目的，而只是功夫，其居敬的目的在于"穷理"，而"穷理"又是"格物致知"的功夫。他反对把居敬与格物割裂开来，而提出要把居敬贯穿到格物致知穷理之中，其教学授徒五十余年，认为"为学之道，莫先于穷理，穷理之要，必在于读书，读书之法，莫贵于循序而致精，而致精之本，则又在于居敬而持志"①。即既要居敬，又要格物，否则就不能做到致知、穷理，同时也不能真正做到居敬。"朱子在讲'敬字是彻头彻尾工夫'的同时，特别强调持敬对于格物致知的重要性，明确提出'持敬是穷理之本'，要求'用诚敬涵养为格物致知之本'。"②《朱子语类》中也有相关记载，文中指出居敬和穷理二者是相互联系的，"能居敬，则穷理工夫日益密"，"不

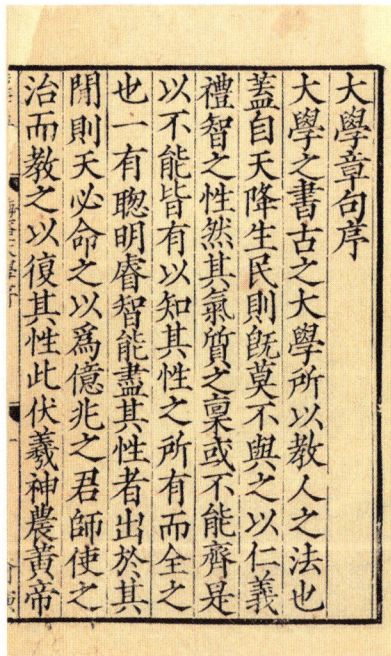

《大学章句》

---

① 《宋元学案》卷八十七《静清学案》。
② 乐爱国：《朱子格物致知论研究》，岳麓书社 2010 年版，第 151 页。

持敬，看道理便都散，不聚在这里"①。

《大学》中载："致知在格物，格物而后知至，知至而后意诚，意诚而后心正，心正而后身修，身修而后家齐，家齐而后国治，国治而后天下平。"到底什么是格物呢？朱熹认为格物就是穷尽物理，他终生致力于《大学》的诠释及格物穷理论的构建，并提出"格物致知穷理"是儒家修己治人的根本，朱熹曾作《格物致知补传》，明确提出"即物而穷其理"，即"即物穷理"，并对《大学》中"格物致知穷理"进行了系统的梳理概括。

为何要格物穷理？朱熹阐述"格物致知"时说："天地中间，上是天，下是地，中间有许多日月星辰，山川草木，人物禽兽，此皆形而下之器也。然而这形而下之器之中，便各自有个道理，此便是形而上之道。所谓格物，便是要就这形而下之器，穷得那形而上之道理而已。"天地之间乃至万物"各自有个道理"，格物就是要"穷得那形而上之道理"。对此，他最为推崇二程的格致论。二程认为，"格物"所得到的知识，本来是属于吾心之中所固有的知识，由于被外界蒙蔽，所以需要通过"格物"来解蔽以获得知识。

如何"格物穷理"？在格物的方法上，二程较多地强调"类推"，认为要格物，不能只格一物，需要不断地积累，并指出："若只格一物便通众理，虽颜子亦不敢如此道。须是今日格一件，明日又格一件，积习既多，然后脱然自有贯通处。"② 朱熹继承二程的观点，认为只有从知觉的角度下功夫理会，才会"透彻""了了"本源之分殊，才能达

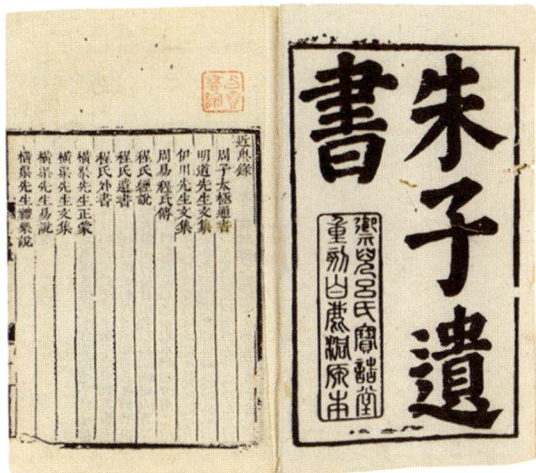

《朱子遗书》

---

① 《朱子语类》卷九《学三》。
② 《二程集·遗书》卷十八《伊川先生语四》。

到体用兼举的学术宗旨。

总之,朱熹一生致力于发展、宣扬理学,在总结、继承儒家先贤学说的基础上,集其大成,形成一个庞大的哲学思想体系,从而使儒学摆脱佛、道的影响,重树权威,朱子学也自元代开始成为中国的官方哲学,不仅深刻地影响了中国的传统思想文化,而且超越国界走向世界,影响了朝鲜、日本和越南等国。

第四节 "东南三贤"与理学在南宋的进一步发展

在南宋中期的理学发展史上,朱熹、张栻和吕祖谦齐名,并称"东南三贤"。他们之间相互辩论研究,切磋共进,为理学的发展注入了新的生命力。

一、张栻

张栻(1133—1180),字敬夫,后避讳改字钦夫,又字乐斋,号南轩,学者称南轩先生,谥曰宣,后世又称张宣公。南宋汉州绵竹(今四川绵竹)人,

右相张浚之子。南宋初期学者、教育家。张栻的理学思想,上承二程,《宋史·道学传》将其与朱熹并列。

张栻自幼深受正统儒学思想教育。绍兴十六年(1146年),张栻随父亲定居连州,师从王大宝游学。27岁,听闻五峰先生胡宏在衡山传程颢、程颐之学,遂去信求教质疑。绍兴三十一年(1161年),张栻29岁,前往衡山拜胡宏为师,问学河南程氏学。胡宏接受张栻为弟子后,即向他传授孔子仁义之旨和二程的

张栻 像

理学思想，并对张栻的学问十分欣赏。河南之门，有人继起，张栻拜胡宏为师，虽时间较短，但胡宏对张栻理学思想的形成起了重要作用。张栻曾感叹道："某顷获登门，道义之诲，浃洽于中。"①

同年（1161 年），张栻随父居潭州城南之妙高峰，筑城南书院，以教来学者。张栻本人非常注重教育，他认为"人伦之在天下不可一日废，废则国随之"，故"有国者之于学"岂可"一日而忽哉"②，提出办学的关键在"明人伦"。他不但积极呼吁、提倡兴办学校教育，还身体力行，亲自执教。乾道元年（1165 年），刘珙在潭州重修岳麓书院，邀请张栻主教岳麓书院。张栻对刘珙重修书院之举极为称赞，作《潭州重修岳麓书院记》。至此，张栻往返于湘江两岸的城南、岳麓两书院讲学授徒，传道授业。张栻办学积极宣扬理学思想，在继承胡宏学统的同时，开展学术交流和探讨，逐渐确立了具有自己学术特点

张栻墓

城南书院旧址

岳麓书院

---

① 《南轩集》卷十四《胡子知言序》。
② 《南轩集》卷九《袁州学记》。

的湖湘学派。

除了胡宏，对张栻影响较大的还有朱熹，二人友谊深厚，相互了解也极深。张栻英年早逝，朱熹接到讣告，罢宴恸哭，悲痛难抑，在写给吕祖谦的书信中时常流露出对张栻之死的哀痛："钦夫竟不起疾，极可痛伤。荆州之讣，前书想已奉阅。两月来，每一念及之，辄为之泫然。钦夫之逝，忽忽半载，每一念之，未尝不酸噎。盖不惟吾道之衰，于当世亦大有利害也。"其弟张杓请朱熹为其写碑铭的信中也说："知吾兄者多矣，然最其深者莫如子"。

张栻与朱熹一生见了三次面。南宋孝宗隆兴元年（1163年），张栻与朱熹首次相见。隆兴二年（1164年），张浚逝世，张栻护丧归潭州，乘舟行至豫章（今江西南昌），朱熹登舟哭之，从豫章上船，送至丰城下船，朱熹与张栻畅谈三日。这是两位理学家的第二次会面。朱熹后来回忆说："九月二十日到豫章，等到张魏公（张浚）的船来而上船吊唁，从豫章送到丰城，船上与张栻聊了三天，他天资很聪颖，对学问的认识很正确。"[1] 两次会晤，张栻给朱熹留下了深刻的印象。此后两人不断书信往来，交流学术，相互之间的书信，收入两人文集的就达一百多篇。乾道三年（1167年），张栻主讲岳麓、城南两书院。朱熹在其弟子范念德、林用中陪同下，从福建崇安启程来到长沙，与张栻"会友讲学"，并展开学术辩论。这是两人的第三次会面。此次会面，两人一起讨论了《中庸》的已发、未发和察识、涵养之序，以及太极、仁等理学的重大理

朱熹与张栻

---

① 《朱文公续集》卷五《答罗参议》。

论问题，对此展开了激烈的争论，这是宋代理学中以朱熹为代表的闽学和以张栻为代表的湖湘学学术思想的辩论。两人的论辩和相互影响，开启了当时书院自由讲学的新风，对于加强各学派之间的学术交流，促进学术思想的发展起到了重要作用。

乾道五年（1169 年），张栻与朱熹继续就未发、已发和察识、涵养之序的问题展开讨论，自此以后，张栻在学术上继承胡安国、胡宏的湖湘之学并有所发展，他企图把湖湘学派与朱熹的闽学融合起来，相兼并进。

在理学思想上，张栻继承了二程的理本体思想，认为天下万物皆生于理，"理"是万物赖以生存的根据。他说："事事物物皆有所以然，其所以然者，天之理也。"同时，他又说"太极动而二气形，二气形而万物化生，人与物俱本乎此者也。"① 将"太极"看作是万物本原，这与程、朱"太极即理"的观点是一致的。在此基础上，张栻提出了太极、理、心、性、天命"同体异取"的命题，认为"理"是世界的本原，"理之自然谓之天命，于人为性，主于性为心。天也，性也，心也，所取则异而体则同"。天命是理的本然状态，性是理在人身上的体现，而心主宰性。天、性、心三者，名异实同，皆同体于理，又具有层次性，是一个完整的逻辑结构。

在心性论上，张栻摒弃胡宏的性超善恶说，将孟子的性善论扩展，他认为，人出现不善不是性本身的原因，而是由"气禀之性"导致的，但是"气禀之性可以化而复其初。夫其可以化而复其初者，是乃性之本善者也，可不察哉！"② 人由天命之性与气质结合而生，天命之性是纯粹至善的，恶是由所禀受的气质浊薄造成的，所以应该寡欲以至无欲，才能去恶从善，最终私欲灭而天理存。

张栻重视义利之辨，他说："学者潜心孔孟，必得其门而入。愚以为莫先于义利之辨，盖圣学无所为而然也。无所为而然者，命之所以不已，性之所以不偏，而教之所以无穷也。凡有所为而然者，皆人欲之私，而非天理之所

---

① 《南轩集》卷十一《存斋记》。
② 《孟子说》卷六。

《张栻全集》

存。此义利之分也。"① 认为义利之辨是学者"潜心孔孟"的入门之径。同时，他援天理于义，援人欲于利，"夫善者天理之公，孳孳为善者存乎此而不舍也。至于利则一己之私而已。盖其处心积虑，惟以便利于己也。然皆云孳孳者，犹言'君子寓于义，小人喻于利'之意。夫义利二者，相去之微不可以不深察也。"② 强调儒家传统的义利之辨和理学的理欲之分，主张"发明天理而见诸人事"，认为理欲、义利具有统一和包容的一面。

张栻倡导明理居敬的道德修养方法，他从二程格物致知说出发，提出穷理在于居敬，居敬在于存心。"虽然，格物有道，其惟敬乎。是以古人之教，有小学，有大学，自洒扫应对而上，使之循循而进，而所谓格物致知者，可以由是而施焉。"③ 认为居敬是穷理的基础，穷理是居敬的目的，"格物致知"实际上就是一种道德修养方法，是一种道德上的自我完善。

总之，张栻比较系统地继承并推进了程氏之学，故黄宗羲评论道："南轩之学，得之五峰。论其所造大要，比五峰更纯粹，盖由此其见处高，践履又实也。"④

二、吕祖谦

吕祖谦（1137—1181），字伯恭，世称"东莱先生"，为与伯祖吕本中相

① 《南轩集》卷十四《孟子讲义序》。
② 《孟子说》卷七。
③ 《宋元学案》卷五十《南轩学案》。
④ 《宋元学案》卷五十《南轩学案》。

区别，亦有"小东莱先生"之称。婺州（今浙江金华）人，原籍寿州（今安徽寿县），出身"东莱吕氏"，为吕夷简六世孙，吕大器之子。初以荫补入官。隆兴元年（1163年），吕祖谦进士及第，复中博学宏词科，调南外宗学教授。累官国史院编修、实录院检讨、秘书省正字等，参与重修《徽宗实录》，编纂刊行《皇朝文鉴》。淳熙八年（1181年）卒，年45，谥号"成"，后改谥"忠亮"。

吕祖谦 像

　　吕祖谦家学渊源，自吕公著至吕希哲、吕本中，以至吕祖谦，"登学案者七世十七人"①。且从吕希哲到吕本中皆转益多师，吕祖谦继承了这种"不主一门，不师一说"的家风，自幼随侍父侧，且受到外祖父曾几的教导，19岁时，从三山林之奇学《论语》，24岁拜师胡宪、汪应辰，且广泛问学于当时的宿儒，从而奠定了他扎实的学问根基。

　　吕祖谦秉承了深厚的家学渊源，治学博杂，不私一说而兼取众长，虽颇受佛学影响，但仍以儒学为宗，尤其提倡儒家思孟学派的思想。思孟学派的"治心养性""正心诚意"等学说是其理学思想中的重要内容，他说："万物皆备，初非外铄，惟失其本心，故莫能行。苟本心存焉，则能力行矣。"② 尤其赞同孟子的"学问之道无他，求其放心而已矣。"③ 对于如何才能"求其放心"？他提出"诚存""居敬"，他说："敬之一字，乃学者入道之门。敬也

---

① 《宋元学案》卷十九《范吕诸儒学案》。
② 《丽泽论说集录》卷六。
③ 《四书章句集注·孟子集注》。

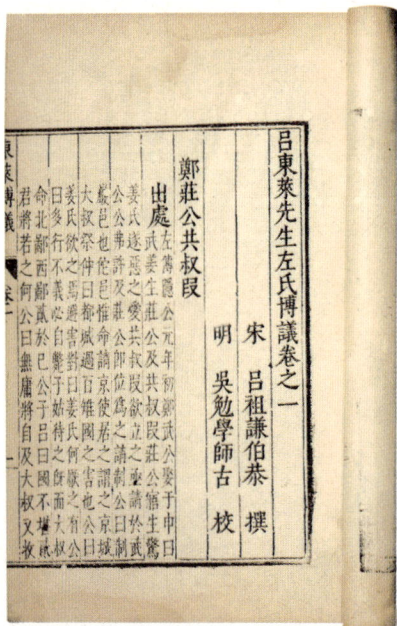

《吕东莱先生左氏博议》

者，纯一不杂之谓也。事在此而心在彼，安能体得敬字。"① "所谓诚存便是敬。"② "人之于道，须先立其根本……立其诚而使之内外一体，然后可以居业也。"③ 主张通过明善、居敬、诚存以达到改恶从善以至于仁的"内外一体"的境界。

吕祖谦接受了二程的理学思想，他说："天下惟有一理。"④ 此理不可离开物而存在，且"天理不可灭"⑤，将"理"或"天理"纳入他思想的最高哲学范畴，是最高原则和永恒的存在，认为"理"统辖万物，是宇宙万物的总则。"循其天理，自然无妄。"另一方面，他又强调"心"的作用，把天、理、道与心等同，提出"心外有道非心也，道外有心非道也"⑥ 的观点，把"心"看作是世界的本体，"心即天也，未尝有心外之天；心即神也，未尝有心外之神"，认为宇宙万事万物都存在于"圣人"心中，这与陆九渊心即理、宇宙即吾心的观点具有高度的一致性。

吕祖谦一方面企图调和朱、陆，"欲会归于一"，一方面又与倡导"事功之学"的陈亮切磋思想，交往甚密。陈亮曾在其信中写道："四海相知，惟伯恭一人……伯恭规模宏阔，非复往时之比。钦夫元晦已在下风矣，未可以寻常论也。"⑦ 所以在继承理学思想的同时，吕祖谦又与空谈道德性命的理学家

---

① 《丽泽论说集录》卷十。
② 《丽泽论说集录》卷十。
③ 《丽泽论说集录》卷一。
④ 《东莱集·别集》卷十二。
⑤ 《左氏博议》卷五。
⑥ 《左氏博议》卷十。
⑦ 《龙川集》卷二十一《与吴益恭安抚》。

不同，他还提倡学以致用，主张"学者须当为有用之学"①。全祖望评价道："乾、淳之际，婺学最盛。东莱兄弟以性命之学起，同甫以事功之学起，而说斋则为经制之学。考当时之为经制者，无若永嘉诸子，其于东莱、同甫，皆互相讨论，

吕祖谦墓

臭味契合，东莱尤能并包一切。"② 可见，吕祖谦的思想包括事功和经制之学两个方面。在事功方面，他从"务实"的角度出发，提出"学者以务实躬行为本"③，"百工治器，必贵于有用，而不可用工费为也。学而无所用，学将何为也？"④ 体现了他治经史以致用的特点。同时，吕祖谦主张"明理躬行为本"，注重道德践履，认为教学的目的是培养治国平天下的有用人才以利于国计民生。

吕祖谦十分注重读史，据《朱子语类》卷一二二载，"问东莱之学。曰：伯恭于史分外仔细，于经却不甚理会。"吕祖谦尤其推崇《左传》《史记》《汉书》，他说："学者观史各有详略，如《左传》《史记》《前汉》三者，皆当精熟细看，反复考究，真不可一字草草。"⑤ 吕祖谦读史书的目的是了解历史，从而从历史中借鉴经验，以史为鉴，他认为："观史当如身在其中，见事之利害，时之祸患，必掩卷自思，使我遇此等事，当作如何观之？如此观之，学问亦可以进，知识亦可以高，方为有益。"⑥ 很明显，他力图通过认真研究

① 《左氏传说》卷五。
② 《宋元学案》卷六十《说斋学案》。
③ 《东莱集·别集》卷九。
④ 《丽泽论说集录》卷十。
⑤ 《左氏传续说·纲领》。
⑥ 《丽泽论说集录》卷八。

古代文献，从中有所借鉴。另外，吕祖谦提出"盛之极乃衰之始"，认为这是普遍现象，而各个时代却有着不同特点，所以"看史要识得时节不同处"①，这种观点对后世学者有很大启迪。

总之，吕祖谦博学多识，主张"讲求经旨，明理躬行"，倡导"经世致用"，开创浙东学派之先声。他所创立的"婺学"也颇有影响，在理学发展史上占有重要地位。

第五节 真德秀、魏了翁兴复理学

南宋乾道、淳熙年间，相对宽松的学术与思想环境，使理学大为兴盛，以吕祖谦为代表的金华学派，以胡宏、张栻为代表的湖湘学派，以朱熹为代表的闽学学派，以陆九渊为代表的心学学派在这一时期都得到了充分的发展。

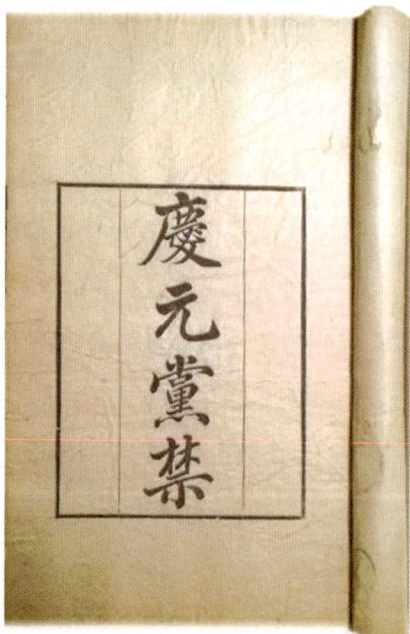

《庆元党禁》

但宋宁宗即位后，却发生了历史上著名的"庆元党禁"。

"庆元党禁"发生的直接原因是"绍熙内禅"。绍熙五年（1194年），宋孝宗逝世，宋光宗假借病重不去服丧，丧礼无人主持，造成政局不稳、人心惶惶，"时中外讹言汹汹，或言某将辄奔赴，或言某辈私聚哭。朝士有潜遁者，近幸富人，竞匿重器，都人皇皇"②。知枢密院事赵汝愚联合外戚韩侂胄等发动政变，拥立光宗之子为皇帝，是为宋宁宗，尊光宗为太上皇，史称"绍熙内禅"。事成之后，"宁宗既立，侂胄欲推

---

① 《左氏传续说·纲领》。
② 《鹤林玉露》甲编卷四《绍熙内禅》。

定策恩",但"汝愚曰:'吾宗臣也,汝外戚也,何可以言功?惟爪牙之臣,则当推赏。'"① 不仅如此,此后不久,自言"何可以言功"的赵汝愚升为右相,而外戚韩侂胄仅迁枢密都承旨,这无疑更增加了韩氏的怨恨,两人嫌隙日深,朝廷内部出现了以赵汝愚和韩侂胄为代表的争权夺利的斗争。

当时,赵汝愚为相,积极援引朱熹及理学中人,而韩侂胄则借助朝廷中反对理学官员的支持,对赵汝愚及其亲信进行

韩侂胄 像

猛烈的打击,"群憸附和,视正士如仇雠,衣冠之祸自此始矣。"② 庆元元年(1195年)二月,韩侂胄指使谏官上奏赵汝愚以同姓居相位将不利于社稷,

赵汝愚 像

于是赵汝愚被贬至永州,后死于任所。而因上疏论救赵汝愚的朝臣章颖、徐谊、杨简、吕祖俭等数十人也都遭到罢斥,理学发展受到沉重打击。同年,"更道学之名曰伪学"。庆元三年(1197年),朝散大夫刘三杰论道:"盖前日为伪学,至此变为逆党矣!"③ 理学家也成了"逆党",在此后的 20 余年间,理学一直受到禁锢和压抑。刘光祖曾批评道:"比年以来,士大夫不慕廉靖而慕奔竞,不尊名节而尊爵位,不乐公正而乐软美,不敬君子而敬庸

---

① 《宋史·韩侂胄传》。
② 《续宋编年资治通鉴》卷十一。
③ 《续资治通鉴》卷一五四。

人，既安习以成风，谓苟得为至计。良由前辈老成，零落殆尽，后生晚进，议论无所据依，学术无所家主，正论益衰，士风不竞。"①

然而，这个时期却出现了真德秀和魏了翁两人，他们"志同气合"，共同发扬理学，"嗣往圣，开来哲"，致力于转移风气，以矫士习。

一、真德秀

真德秀（1178—1235），字景元，后更名为希景，号西山。建宁浦城人。南宋后期著名理学家，与魏了翁齐名，学者称其为"西山先生"。

真德秀 像

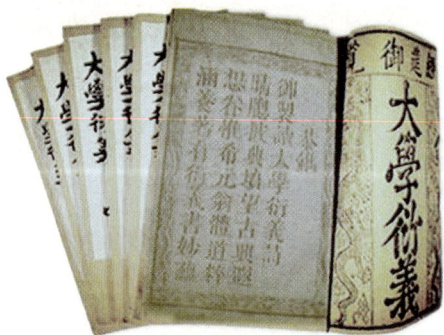

《大学衍义》

真德秀自幼聪颖，过目不忘，学习勤奋过人。庆元五年（1199年），真德秀进士及第，开禧元年（1205年），中博学宏词科。理宗时历知泉州、福州，召为户部尚书，后改为翰林学士，次年拜参知政事，旋卒，谥文忠。

就经学而言，真德秀尤其推崇《大学》，《大学》中言："为人君止于仁，为人臣止于敬"，故他认为为人君者和为人臣者都不可以不知《大学》，为人君却不知《大学》，无法尽到正君之法，为人臣者不知《大学》，亦不足以尽忠敬之心。他甚至将《大学》一书视为"君天下之律令格例"，遵循之则必定天下大治，违背它则必定天下大乱。其所

① 《宋史·刘光祖列传》。

作《大学衍义》，宗旨也正是正君心、振纲纪、明治道，不仅得到理宗的肯定，被称为"备人君之轨范焉"，也为后世统治者重视，元武宗更是称赞道"治天下此一书足矣"。

真德秀学宗朱熹，从学于朱熹弟子詹体仁，为朱熹的再传弟子，作为理学正宗，声誉很高，在某种程度上讲，真德秀是朱熹之后名望最高的理学

《真西山先生集》

家。他积极倡导理学，竭力为理学辩诬，正如全祖望题《真西山先生集》所说："乾淳诸老之后，百口交推，以为正学大宗者，莫如西山。"

真德秀在学术思想上祖述朱熹，他对朱熹极为推崇，并认为自己于朱学"尝私淑而自得"。所以真德秀的理学思想"依傍门户"，以"墨守"为主。对此黄宗羲作过如下评论："两家学术虽同出于考亭（朱熹），而鹤山识力横绝，真可谓卓荦观群书者。西山则依傍门户，不敢自出一头地，盖墨守之而已。"

在"德性天与"的问题上，真德秀认为，人与禽兽的形体和秉性都是天地之所赋，但人与禽兽不同，人之所以为人，除了形体的差异，更是因为人具有仁、义、礼、智、信的特性。"天地赋我以此形，与我以此性。形既与禽兽不同，性亦与禽兽绝异。何谓性？仁义礼智信是也。惟其有此五者，所以方名为人。"[①] "天"主宰万物，但"天"不是人格之神，而是化育万物的"理"，这个"理"能够起到人格神的作用，人所特有的"仁义礼智信"等伦理道德即为天所赋予，人类社会的秩序也正是"天理"所在，所以人应该毫

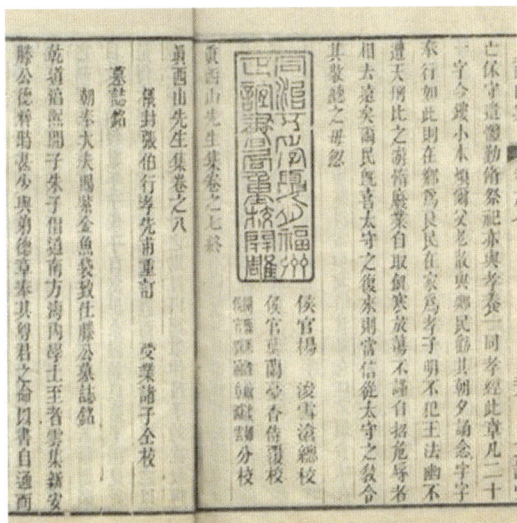

---

① 《西山先生真文忠公文集》卷三十《问格物致知》。

无例外地绝对服从天命。真德秀也因此从天命的角度劝君修德、正心。他说:
"今中原无主,正是上天监观四方,为民择主之时,陛下若能修德以格天,天
必命陛下为中原之主。不能,则天命将归之他人。此臣所以进'祈天永命'
之说也。"① 同时,他从《大学》"所谓治国必先齐其家者……一家仁,一国
兴仁;一家让,一国兴让。一人贪戾,一国作乱。其机如此。一言偾事,一
人定国"的观点出发,强调正君心的首要性和重要性。他指出:"朝廷者,天
下之本。人君者,朝廷之本。而心者,又人君之本也。人君能正其心,湛然
清明,物莫能感,则发号施令,罔有不臧,而朝廷正矣。朝廷正则贤不肖有
别,君子小人不相易位,而百官正矣。"②

另外,在真德秀的天命思想中,特别推崇董仲舒,他曾说:"西汉儒者,
惟一仲舒,其学纯乎孔孟。"并用程朱理学对董仲舒的"天人感应""三纲五
常"等理论进行了改造,指出:"夫所谓五常者,亦岂出乎三纲之外哉!父子
之恩即所谓仁,君臣之敬即所谓义,夫妇之别即所谓礼。智者,知此而已;
信者,守此而已……呜呼!是理也,其扶持宇宙之栋干,奠安生民之柱石欤?
人而无此,则冠裳而禽犊矣。国而无此,则中夏而裔夷矣"③。

真德秀继承了朱熹"穷理持敬"的思想主张,把它看作是"正心修身"
之术,提倡"穷理"与"持敬"相互结合,相辅相成。他说:"欲穷理而不
知持敬以养心,则思虑纷纭,精神昏乱,于义理必无所得。知以养心矣,而
不知穷理,则此心虽清明虚静,又只是个空荡荡的物事,而无许多义理以为
之主,其于应事接物必不能皆当。"④ 真德秀所谓"穷理"是指"就事物上推
求义理到极致处",因为"天下未尝有无理之器、无器之理,即器以求之,则
理在其中"⑤。而"孟子所谓不虑而知者,良知也。孩提之童莫不知爱其亲,
及其长,无不知敬其兄,此即良知,所谓本然之知也。然虽有此良知,若不

① 《西山先生真文忠公文集》卷十三《得圣语申省状》。
② 《西山先生真文忠公文集》卷十三《得圣语申省状》。
③ 《西山先生真文忠公文集》卷四《对越甲稿·召除礼侍上殿奏札一》。
④ 《西山先生真文忠公文集》卷三十《问学问思辨及穷理工夫》。
⑤ 《西山先生真文忠公文集》卷三十《问大学只说格物不说穷理》。

就事物上推求义理到极致处，亦无缘知得尽。"① 他认为万事万物皆有其理，但须推求到极致才能尽得知。同时，"穷理"必须"持敬"，"持身以敬，则凛如神明在上，而无非僻之侵……理义常为之主，而物欲不能夺矣"②。

尽管"墨守之"，但其对朱熹思想的阐发、运用，无疑是朱熹获得崇高理学地位的一个重要因素。且在当时"老师宿儒，零替殆尽，后生晚辈，不见典型"③ 的形势下，其积极推尊理学，对理学思想的重新"明于天下"意义重大。

二、魏了翁

无独有偶，与真德秀同时，竭力兴复儒学的还有魏了翁。诚如黄百家所言："从来西山、鹤山并称，如鸟之双翼，车之双轮，不独举也。"二人希望"生同志，死同传"，在当时及后人的评价中，也往往将两人合而论之，毁誉与共。

魏了翁（1178—1237），字华父，邛州蒲江（今四川蒲江）人。自幼聪明，才智出众，15 岁，撰写《韩愈论》，文章抑扬顿挫，有韩愈遗风。

庆元五年（1199 年），考中进士，授金书剑南西川节度判官厅公事，尽心政务。历任国子正、武学博士、试学士院。后韩侂胄谋开边自固，在"遍国中忧骇而不敢言"的情况下，魏了翁积极进言，因此得罪韩

魏了翁 像

① 《西山先生真文忠公文集》卷十八《讲筵进读手记》。
② 《西山先生真文忠公文集》卷四《论初政四事》。
③ 《鹤山全集》卷十六《论士大夫风俗》。

魏了翁墓

佽胄，乃改秘书省正字，出知嘉定府。嘉定元年（1208 年）十月，"会史弥远入相专国事，（魏）了翁察其所为，力辞召命"。

嘉定八年（1215 年），魏了翁兼本路提举常平，后又改兼转运判官。以理学为宗的他，见南宋理学家朱熹、张栻均已赐谥，不顾谥法以品秩为限的惯例，于次年春，以周敦颐曾任本路合州（今重庆合川）的官职为由，为周敦颐请谥，同时也请求为程颢、程颐赐谥。在魏了翁的一再奏请下，周、程分别得谥，赐周敦颐谥元、程颢谥纯、程颐谥正，自此，他们开创理学的功绩得到了正式的肯定和表彰。之后，魏了翁又为张载请谥，并积极倡导将四人（即周敦颐、程颢、程颐、张载）从祀孔庙，朝廷特赐张载谥明，但四人从祀于孔庙却未果。尽管如此，为不符合赐谥惯例的四位理学创始人获赐谥号，对于提高理学声望无疑具有积极意义，自此各州郡纷纷为周、程等理学家建祠堂，理学得到了大力张扬，为之后理学取得独尊地位奠定了基础。

端平元年（1234 年），魏了翁与真德秀并召至朝，权礼部尚书兼直学士院，以端明殿学士、同签书枢密院事之职督视江淮京湖军马。嘉熙元年（1237 年）卒，年 60，赠太师、秦国公，谥文靖，学者称鹤山先生。平生著述甚丰，所著有《鹤山集》《九经要义》《周易集义》《易举隅》《周礼井田图说》《古今考》《经史杂抄》《师友雅言》等。

在学术思想上，与真德秀的"依傍门户"、对朱熹学说格外推崇不同，魏

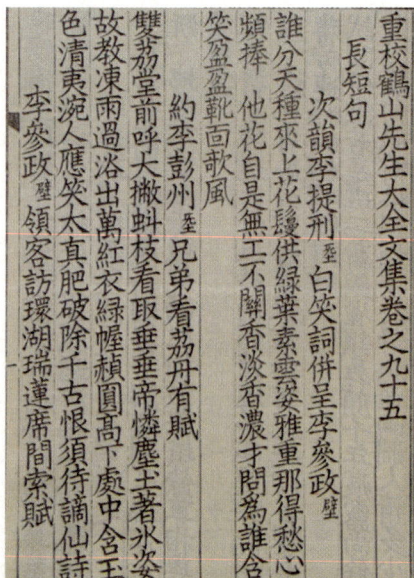

《重校鹤山先生大全文集》

了翁不主一家，提倡的是"不欲于卖花担上看桃李，须树头枝底见活精神"。他先是学习朱熹的学说，但后来怀疑朱注各经未必完全可靠，又接触张栻之学，最后又转而研讨"六经"，因有得于"心"，遂尊信"心学"。魏了翁提出："心者人之太极，而人心又为天地之太极，以主两仪，以命万物，不越诸此。"① 他发挥邵雍"心为太极"的思想，特别强调"心"的作用，认为"心"即所谓"天理"，主宰天地，化生天地万物。这与真德秀"以苍苍者非天，则失之尤申者"的尊"天"思想显然不同，魏了翁认为苍天没有意志，主张敬"心"，"心"是世界的主宰，要求修德应正心、养心、虚己尽下，做到心安于理，以求"义理所安"。

真德秀、魏了翁的学术思想虽然不同，但在兴复理学方面却行动一致，积极倡导、发扬理学。"庆元党禁"之后，理学衰落，学术不正，士子奔竞仕途，"嘉定以来，虽曰更辙，然后生晚学，小慧潜能，仅于经解语录揣摩剽窃，以应时用，文辞剽浅，名节堕顿。盖自始学，父师所开导，弟子所课习，不过以哗众取宠，惟官资、宫室、妻妾是计。及其从仕，则上所以轩轾，下所以喜悦，亦不出诸此"。为了转移风气，矫正士习，魏了翁反对佛老"无欲"之说，大力推崇理学，认为圣贤言"寡欲"而非"无欲"，从"自寡欲以至无欲"的观点出发，主张重视人格养成，加强道德教育。他曾上疏皇帝，请求"毋以书生为迂腐，毋以正论为阔疏，敷求硕学，开阐正学"。同时，为避免其"所惧"之"剽窃语言，袭义理之近似，以眩流俗，以欺庸有司，为规取利禄计"② 的情况出现，他特别强调"道贵自得"，与其"多看先儒解说"，"不如一一从圣经看来"，"循环读经，以自明此心"。

真德秀、魏了翁是确立理学统治地位的重要人物，在他们的积极倡导下，理学冲破庆元以来的禁锢，迅速成为此后几百年中国的统治思想。同时，他们对理学的阐扬也确立了他们在理学史上的地位，"党禁既开，而正学遂明于天下后世，多其力也"。

---

① 《宋元学案》卷八十《鹤山学案》。
② 《西山先生真文忠公文集》卷四十八《长宁军六先生祠堂记》。

第六节　陈亮、叶适：功利主义思想

南宋时期，政治中心南移，面对严峻的现实，学界涌现出一批讲实事、究实理、务实学、求实才、谋实功的经世致用的儒士学人。他们反对理学家空谈"性与天命"，提出学术经世，完成了从心性义理之学向事功之学的转变，被人们称为"浙东事功学派"。其中最有代表性的就是以陈亮为代表的"永康事功学派"和以叶适为代表的"永嘉事功学派"。

一、陈亮

陈亮（1143—1194），原名汝能，后改名亮，字同甫，号龙川，学者称龙川先生。婺州永康（今属浙江）人。

陈亮 像

陈亮为人才气超迈，喜欢谈论兵略，"下笔数千言立就"。十八九岁时，陈亮考查历代古人用兵成败的事迹，写出了《酌古论》3篇，讨论了19位风云人物。当时的婺州郡守周葵看了这部书后，对陈亮十分赏识，赞誉他为"他日国士也"，遂"请为上客"①，因此陈亮得以结交一时豪俊，声名大噪。期间，周葵曾授以《中庸》《大学》，告之"谈此可精性命之学"。经过学习，陈亮虽然对道德性命之学不是很感兴趣，但他"遂受而尽心

---

① 《宋史·陈亮传》。

焉"。他认为，那种空谈心性的道德性命之学无补于实际，转而继续研究前人的历史，并且撰著了《英豪录》和《中兴遗传》两部著作，目的是从历史的经验、教训中汲取中兴复国的经验。

陈亮提倡"实事实功"，对理学家空谈"尽心知性"不仅不热衷，甚至带有明显的反感。当然，他也不赞成那种为了事功而尽弃甚至对抗天理的做法，主张将二者合二为一，以事功为首务。基于理论上的不同，陈亮与朱熹之间发生了历史上著名的"王霸义利之辨"。

陈亮墓

朱熹与陈亮的辩论是通过书信往来进行的，从淳熙十一年（1184年）开始，到淳熙十三年（1186年）结束，两人往返的重要信件有十几封之多，他们所辩论的问题主要围绕道、王霸、义利以及关于成人之道等展开，最终未能取得一致看法。

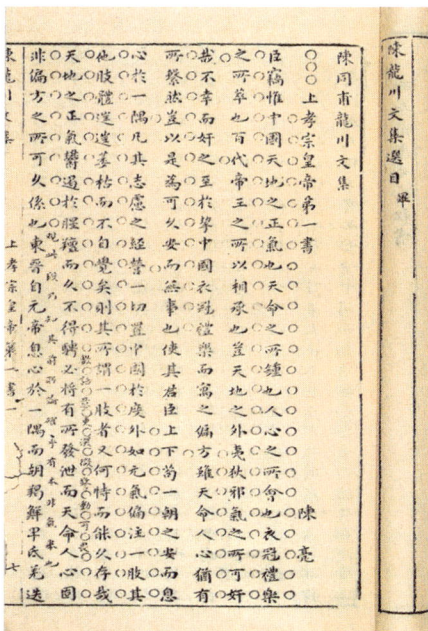

《陈同甫龙川文集》

"王霸义利之辨"的起因是朱熹给陈亮的一封复信。陈亮一生三次被捕入狱，淳熙十一年（1184年）春，陈亮第一次被冤入狱，出狱后曾给朱熹写信说明原因，朱熹也以规劝的口气给陈亮回了一封信。信中称：

> 然观老兄平时自处于法度之外，不乐闻儒生礼法之论，虽朋友之贤如伯恭者，亦以法度之外相处，不敢进其逆耳之论……老

兄高明刚决，非吝于改过者，愿以愚言思之，绌去"义利双行，王霸并用"之说，而从事于惩忿窒欲，迁善改过之事，粹然以醇儒之道自律，则岂独免于人道之祸，而其所以培雍本根，澄源正本，为异时发挥事业之地者，益高大而高明矣。①

其中关于为人、思想等方面的分析，令陈亮难以接受，遂复信辩论。"王霸义利之辨"也由此拉开了帷幕。

首先是关于"道"的认识，陈亮、朱熹都承认有一个通贯古今的"道"，但在对"道"的具体认知以及如何流传方面存在差异。朱熹认为"道"是超乎一切亘古长存的，不受人为的干涉、限制。并且因为人皆"有欲"，所以人的体会"有至有不至"，但"道未尝息"，而"人自息之"。尧舜三王有义理之心，"惟有天理而无人欲"，故行的是王道。到了汉唐之际，汉唐之君"无一念不出于人欲"，所以行的是霸道，但不等于说"道"不存在，故在朱熹的观点中，"道"是可以离开人而独立存在的。

对于朱熹的这种观点，陈亮在复信中明确表示反对。他虽然也承认"道"是亘古贯今的，但是认为"道"与事物、人生日用不可分割。他认为"道"不能离开人类社会而独立存在，如果"道非赖人而存，则释氏所谓千劫万劫者，是真有之矣"②。与朱熹观点明显对立。

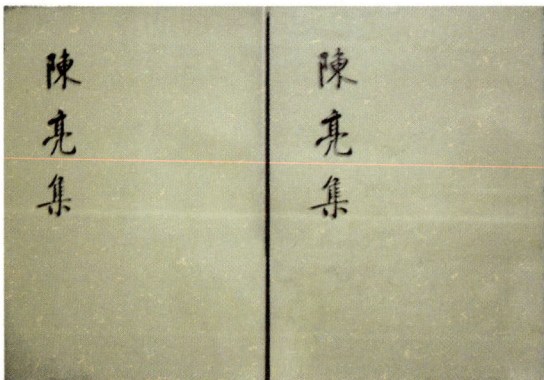

《陈亮集》

朱熹、陈亮关于"道"的不同主张，应当归因于其不同的王霸理念。朱熹继承的是孟子的王道、霸道理念，特别强调王霸义利之分，他认为天理与人欲是不同的独立体，应当存天理去人欲。因此他提出三代承接

① 《朱文公文集》卷三十六《与陈同甫》。
② 《宋元学案》卷五十六《龙川学案》。

"尧舜禹相传之密旨"，其王道本于理，行人道，而三代以来，"无一念而不出于人欲"，利欲熏天，行霸道。他说："以儒者之学不传，而尧、舜、禹、汤、文、武以来，转相授受之心不明于天下，故汉唐之君或不能无暗合之时，而其全体却只在利欲上。此其所以尧舜三代自尧舜三代，汉祖唐宗自汉祖唐宗，终不能合而为一也。"① 朱熹之所以认为"道"在汉唐之际离开人，就是因为汉唐之君有"人欲"。与朱熹将历史分段的观念截然不同，陈亮表示："王霸可以杂用，则天理人欲可以并行矣。"② 由此他推出汉唐与三代没有差别，且提出霸道"其道固本于王也"③，认为霸道本于王道，王道可以通过霸道来实现，二者是统一的。所以他特别肯定刘邦、李世民等的事功，认为刘邦、李世民虽"竞智角力"，但其"初心"不变，这一点与"汤武"是一致的。

朱熹、陈亮由王霸之辨进而涉及义利的问题。朱熹认为，尧舜三王有义理之心，三代实行王道，而汉唐之君"心乃利欲之心，迹乃利欲之迹"，从内到外都充满私欲，故汉唐行霸道。因此，朱熹在肯定王道、否定霸道的同时，在义利关系上也是重义黜利，将二者完全对立。而陈亮主张王霸统一、并用，因此在义利关系上也是"义利双行"，义中有利，利也体现了义，二者相辅相成，不可分离。当然，他这里所说的利，并非一己私利，而是泛指"生民之利"。在陈亮看来，"天理人欲可以并行"，利欲是本于人心，是"生民"的自然需要。针对朱熹所说的汉唐"无一念不出于人欲"的观点，陈亮极力反对，他认为汉高祖、唐太宗"救民之心"，"无一念不在斯民"，且汉唐之君接三代之统绪，体现了三代的义理，义理也体现在利欲中，二者双行并用。

陈亮指出他们论辩的出发点或者说最终目的并非为古，而是关照现实，回到"成人之道"，即现实社会中如何立身处世，如何做人的问题。朱熹针对陈亮"大有为"的功利思想，提出"成人之道，以儒者之学求之"，主张存天理去人欲，"独善其身"，做一个道德完善的君子儒。针对朱熹的"成人之

<hr>

① 《晦奄集》卷三十六《答陈同甫》。
② 《宋元学案》卷四十九《晦翁学案下》。
③ 《宋元学案》卷五十六《龙川学案》。

道",陈亮提出批评,并表明自己想做一个"推倒一世""开拓万古"的英雄,而这种功利主义思想恰是其"成人之道"的基础,也正表明他希望建立能解决现实的社会和民族危机的"适用"的理论。

此次论辩最终并没有达成统一意见,对于陈亮的功利主义学说,朱熹还不无感慨地说:"陈同甫学已行到江西,浙人信响已多,家家谈王霸……可畏!可畏!"表明当时正统理学之外,功利主义思想的影响正在扩大。但此次论辩在哲学史上的意义不容忽视,很多人将其与"鹅湖之会"相提并论。

二、叶适

与"永康学派"并肩的是以叶适为代表的"永嘉学派",此学派是南宋时期在浙东永嘉(今温州)地区形成的、提倡事功之学的一个儒家学派,其代表人物包括薛季宣、陈傅良、叶适等。其中,叶适最晚出,却是永嘉学派的集大成者。黄震评论叶适说:"独水心混然于四者之间,总言统绪,病学者之言心而不及性,似不满于陆;又以功利之说为卑,则似不满于二陈;至于朱,则忘言矣。水心岂欲集诸儒之大成者乎?"①

叶适(1150—1223),字正则,自号水心居士,学者称水心先生,浙江温州永嘉人。南宋后期著名的唯物主义思想家和教育家,南宋事功学派的代表人物。

叶适 像

① 《黄氏日钞》卷六八《读水心文集》。

叶适出身寒门，自幼穷困苦读，有"士人"之风。青少年时期问学郑（郑景望）门，因为问学时间较短，受教不多。后与薛季宣、陈傅良结识，交往甚密。孝宗隆兴二年（1164年），在瑞安林家遇陈傅良，后来相游时间最久。因此，其学术思想受此二人影响颇多。

叶适墓

淳熙五年（1178年），叶适中进士第二，被授予平江节度推官，后历官工部侍郎、吏部侍郎、知建康府兼沿江制置使。为政期间，他积极参与政治活动，力主抗金，并同主和派进行了坚决的斗争，不仅提出一系列的改革方案，还亲自参加了抗金斗争，建立了功绩，也充分体现了其"务实不务虚"的事功学说。

淳熙十五年（1188年），朱熹得到丞相周必大的举荐，任兵部郎官，因脚疾尚未到任，被兵部侍郎林粟弹劾，称其怠慢君命，且"本无学术"，"其伪不可掩"，要求罢免朱熹的职务。在群臣皆沉默之时，时任太常博士兼实录院检讨官的叶适仗义执言，体现了其高尚的品质。

叶适纪念馆

开禧三年（1207年），叶适被弹劾为"附韩侂胄用兵"，被夺官去职，回到永嘉，在故乡城外水心村讲学并从事学术研究，直至病逝。十几年间，他"根柢六经，折衷诸子，剖析秦、汉，迄于五季"①，精研经史、诸子典籍，并结合实际

① 《宋元学案》卷五十五《水心学案下》。

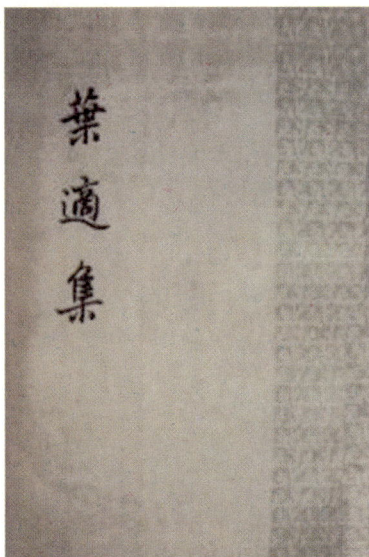

《叶适集》

政治活动和历史的批判，思想逐渐成熟、系统，形成了他"言事功""谋功利""求实用"的思想风格。他对理学的认识也逐渐深入，从原来的"道学之目，郑丙倡之，陈贾和之"以"残害忠良"，到现在认为"道学之名，起于近世儒者，其意曰：举天下之学皆不足以致道，独我能致之，云尔"①。并从经世致用的角度，批判、反对朱熹理学空谈心性。

叶适讲究"功利之学"，以"崇义以养利"的义利统一观，反对不言利只言义，主张"去清淡，讲实用"。对此，朱熹十分不满，为破除这种功利主义的影响，他大力宣扬董仲舒"正其谊不谋其利，明其道不计其功"的学说，并将其作为学规影响学生。而叶适却认为否定功利，则道义也是"无用之虚语尔"，实际上，利也是道义的一种体现，应该将道义与利兼顾统一。主张"通商惠工，皆以国家之力扶持商贾，流通货币"②，提高商人的地位，反对传统的"重本抑末"，即只重农业、限制工商业发展的政策。当然，叶适也反对言利者不顾道义单纯讲利，他主张将"取利"与仁义结合，将义与利结合，从而使道德具有实践性。

南宋时期，理学家过分强调自身修养，某种程度上带来了社会弊端。对此，倡导事功主义的叶适认为理学不注重客观实际，"专以心性为宗主"偏离了孔子思想，并批

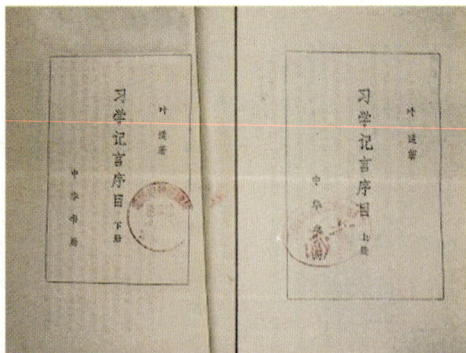

《习学记言序目》

---

① 《宋元学案》卷五十五《水心学案下》。
② 《宋元学案》卷五十四《水心学案上》。

判了这种思想脱离现实的状况。他尤其批判了理学的道统论，一方面，叶适强调"道"存在于万事万物之中，"物之所在，道则在焉"，主张"物"在"道"先，有"物"则有"道"，"道"在事物中，不能离开事物而空谈"道"。他在《进卷·总义》篇中说："其道在于器

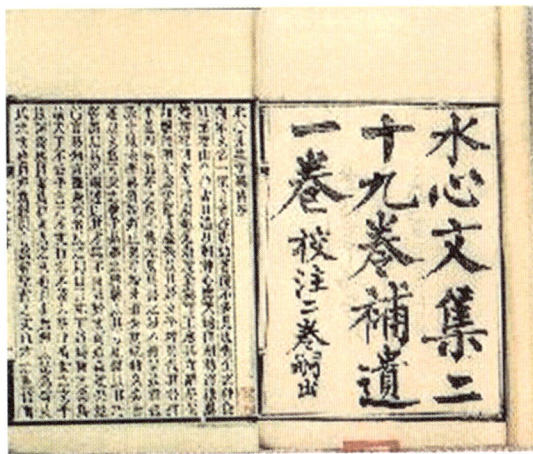

《水心文集》

数，其通变在于事物……无验于事者，其言不合，无考于器者，其道不化。论高而实违，是又不可也。"即"道"本于一，却分散于事物中，进而否定了朱熹的三代、汉唐之分，他说：

> 道不可见，而在唐、虞、三代之世者，上之治谓之皇极，下之教谓之大学，行之天下谓之中庸，此道之合而可名者也。其散在事物，而无不合于此，缘其名以考其实，即其事以达其义，岂有一不当哉！

> 故夫昔以不知道为患，而今以能明道为忧也。夫上有治，下有教，而道行于天地万物之中，使无以异于汉、唐、三代之世，然后可以无憾。①

另一方面，叶适在肯定"道统"的同时，对孔子之道的承接问题展开了论辩。叶适认为："道始于尧……次舜……次禹……次皋陶……次汤……次伊尹……次文王……次周公……次孔子，然后唐、虞、三代之道，赖以有传。"② 他对理学家们最崇拜的人物如曾子、子思、孟子等，进行了大胆的批判，推倒了"世以曾子为能传"的理学道统，并对以"道统"捍卫者自居的

---

① 《水心别集》卷七《总述》。
② 《习学记言序目》卷四十九《叶适因范育序正蒙遂总述讲学大指》。

韩愈讽刺道："号能追三代之文，其词或仿佛似之，至于道之所在，岂能庶几也。"① 在此基础上，叶适进一步从理学的来源上对其进行了否定，"……皆本于《十翼》，以为此吾所有之道……然不悟《十翼》非孔子作，则道之本统尚晦；不知夷狄之学本与中国异"。在否定《十翼》为孔子所作的基础上，认为理学家提出的"无极""太极"等概念都是糅合儒、释、道的混合体，杂有异于中国的夷狄之学，这也正是叶适力论道统的重要原因。

第七节 薛瑄："明初理学之冠"

明代，理学进入了一个新的发展阶段。明初，朱元璋从元朝灭亡的历史中汲取经验教训，下诏："天下甫定，朕愿与诸儒讲明治道。"② 并钦定"四书""五经"等儒家经典为士子的必读书，"国家取士，说书者以宋儒传注为

薛瑄 像

宗"③，逐渐确立理学的主导地位。当时，学子非孔孟不读，非濂、洛、关、闽之学不讲，师承皆朱子门人，从而出现先儒之正传，而不敢改错的社会景象。薛瑄作为一股学术清流，坚持对程朱理学改造发挥，开创了著名的河东学派，被清人称为"明初理学之冠"。

薛瑄（1389—1464），字德温，号敬轩，谥文清，明代思想家，山西河津（今稷山县）人。永乐十九年（1421年）进士，曾任大理寺正

① 《习学记言序目》卷六《毛诗》。
② 《明史·太祖纪》。
③ 《续文献通考·学校考》。

卿、礼部侍郎、翰林院学士等职。期间他严于律己，勤廉从政，被誉为"光明俊伟"的清官。晚年致仕居家，聚众讲学，门徒遍及山西、河南、关陇一带，蔚为北方朱学大宗。同时深入研究正心复性理论，并倡导实学，进行更加严格的自我修养，从而达到了更高的境界。死后赐礼部尚书，谥文清。著作有《读书录》《读书续录》及《薛文清先生全集》等。

薛瑄出身教育世家，祖父薛仲义精通经史，父亲任儒学教谕达30余年。良好的教育环境，加上自幼聪明好学，薛瑄六七岁时便能对《小学》、"四书"熟练背诵，十一二岁就会写诗作赋。青少年时期，在徐怀玉、魏希文、王素亨等人的指导下，薛瑄专心学习宋明理学，颇有见解。从政之后，薛瑄曾手抄《性理大全》，期间若有心得体会，立即札记，日积月累，集成为薛瑄在理学方面的重要著作——《读书录》和《读书续录》，也为薛瑄理学方面的发展奠定了牢固根基。

薛瑄崇信程朱理学，尤其推崇朱熹，他曾说："孔子之后，有大功于圣学者，朱子也。"① 宣称"周程张朱之书，道统正传，舍此而他学，非学矣"②。标榜"述而不作"，坚持"学圣贤之道""述圣贤之言"，反对"自立新奇之说""言先儒所未言"③。某种程度上，对朱熹的推崇使其思想受到了束缚，但深入研究其思想会发现，薛瑄在维护"程朱"道统的同时，在理气观等方面也对程朱理学做出了创造性的改造与发挥，尤其在"心性"方面，提出了自己的"复性"说，从而奠定了其明初理学大家的地位。

在理气观上，朱熹的观点是"理在气先，理在气上"，

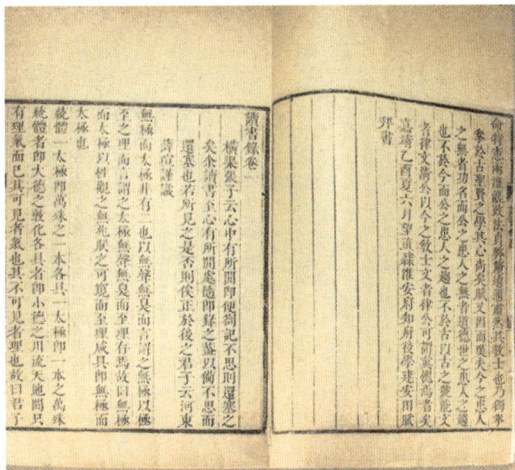

《读书录》

---

① 《读书录附续录》卷五。
② 《读书录附续录》卷五。
③ 《读书录附续录》卷四。

"理气二物"。对此，薛瑄在吸收曹端理气"未尝有间隙"的理气"一体"说的基础上，提出了"理气不相离"的观点。他认为"遍满天下皆气之充塞而理寓其中"，"理只在气中，决不可分先后"①。针对"未有天地之先，毕竟有此理，有此理便有此气"的观点，他认为，一方面理是气中之理，不能离开气而存在，也不存在无气之理；另一方面，他进一步指出，理气不能分离，"理气无缝隙，故曰器亦道也，道亦器也"，"不可脱去气而言理"，从理气不能分离的角度进一步论证了自己的"理气无先后"的观点。

同时，薛瑄认为理是无形的，气是有形的，针对朱熹"人跨马"的比喻，他用"日光载鸟"的比喻来阐述理气的差异性。他说："气有聚散，理无聚散。理如日光，气如飞鸟，理乘气机而动，如日光载鸟背而飞。鸟飞而日光虽不离其背，实未尝与之俱往，而有间断之处，亦犹气动，而理虽未尝与之暂离，实未尝与之俱尽，而有灭息之时。"② 这里，他以日光喻理，以飞鸟喻气来阐述他的理气之别。另外，他还指出："有形者可以聚散言，无形者不可以聚散言。"③ 因而"有间断之处"分明就是一种理气二分论的观点，这无疑与其"理无缝隙，实不可分"的主张产生矛盾。对此，黄宗羲曾批评道："理为气之理，无气则无理，若无飞鸟而有日光，亦可无日光而有飞鸟，不可为喻。"④

薛瑄的思想成就主要体现在心性思想方面，他表示，"六经""四书"皆可用一个"性"字概括，他的学问就是"明此性、行此性而已"。对于心性，薛瑄

薛瑄故里

---

① 《读书录附续录》卷四。
② 《明儒学案》卷七《河东学案》。
③ 《明儒学案》卷七《河东学案》。
④ 《明儒学案》卷七《河东学案》。

提出性就是天理，所以是至善的，而心是理气的杂合，所以有善也有恶。在此基础上，薛瑄又进一步说："仁义礼智即是性，非四者之外别有一理为性也。"① 但是，人心受气的影响，往往"蔽于有己之私"而不能将"仁义礼智"等善性发挥出来，所以薛瑄提出了"复性"说，认为"为学只要知性、复性而已，朱子所谓'知其性之所有而全之也'"②。主张"克尽私欲，复还天理"，即通过加强自己的道德修养，去恶扬善，恢复人的本性。

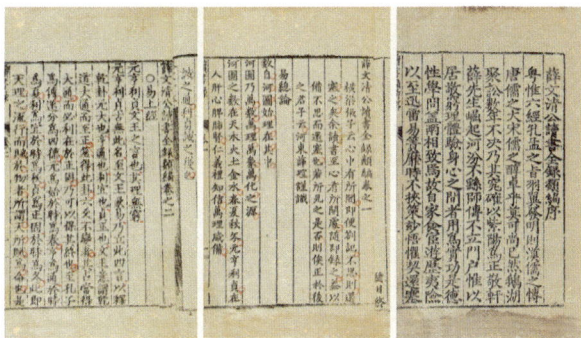

《薛文清公读书全录类编》

另外，薛瑄提出了"实学"的概念，并对这一概念进行了具体的阐释，发展了它的内涵。他说："读圣贤之书，句句字字见有的实用处，方为实学。若徒取以为口耳文辞之资，非实学也。"又说："人于'实'之一字，当念念不忘，随时随处省察于言行居处应事接物之间，心使一念一事皆出于实，斯有进德之地。"薛瑄不仅倡导实学，还坚持身体力行，他曾说："自考亭以还，斯道已大明，无烦著作，直须躬行耳"，而对于为学复性的具体方式，他特别强调下学的功夫，主张知行合一，"兢兢检点言行"，恢复天地之本性，所以他的学说也被称为"笃实践履之学"，他本人被誉为"实践之儒"。

总之，薛瑄的学说对当时和后世的影响较大。《四库提要》称："大抵朱、陆分门以后，至明而朱之流传为河东，陆之流传为姚江。其余或出或入，总往来于二派之间。"清晰地道出了薛瑄在明代理学史上的地位。

---

① 《读书录附续录·序》卷五。
② 《读书录附续录·序》卷二。

第二章　陆王心学

陆王心学，是宋明时期以陆九渊、王守仁为代表的哲学流派，是理学的一个支派。心学发端于理学，与程朱理学一样主要研究的是理气、心性等形而上的哲学问题。南宋时，陆九渊倡言"心即理"，针对朱熹等人提倡的"理"，提出"人同此心，心同此理""吾心即宇宙"的"简易""直截"主张，被称为"心学"。宋代以后，由于程朱理学成为官方正统思想，陆学式微。到明代中期，陈献章由朱学转到陆学，创建了著名的"自得之学"，开明代心学之端。王守仁更以陆学传人自任，提出"心外无物""心外无理"的命题，在认识论、方法论上提出"致良知"的著名哲学命题，变"格物致知"为"致知格物"，不是由"格物"而"致知"，而是由"致知"而"格物"，是先"发明本心"，致其良知，而后将心中的良知赋予外物，使得万事万物均蒙得本心之善的色彩，也就达到了人格修养上的完善状态。针对朱熹的"知先行后"说，王阳明还提出了"知行合一"论。王阳明是陆九渊之后影响最大的心学家，后世将二人的学说合称为"陆王心学"。

心学的创始人陆九渊与朱熹曾进行过多次辩论，辩论的范围涉及理学的诸多核心问题，辩论的影响也涉及当时的多个学派。朱陆之辩，以及后学就此展开的朱陆异同之辩，绵延至今达八百余年而不绝，而且随着理学的传播扩展到日本和朝鲜。王阳明作为心学的集大成者，他的思想便是朱陆之辩的一个成果。阳明心学既是对象山心学的继承和发扬，同时也可看作是对朱陆学说的综合。自阳明心学产生后，王学得到了广泛的传播与发展，其中以王畿、钱德洪等人为代表的浙中王门，以邹守益、聂豹、罗洪先等人为代表的江右王门和以王艮等人为代表的泰州学派最为著名，在王门后学中起到了巨大的促进作用，产生了深远的影响。

第一节　陆九渊创立心学与"鹅湖之会"

黑格尔在其《哲学史讲演录·导言》中指出，"哲学开始于一个现实世界的没落"。哲学之所以兴盛于季世，是因为只有这时该社会及其文化的内在构架，以及潜藏于其中的精神实质才有可能暴露出来，供哲学家们反省和理解。南宋

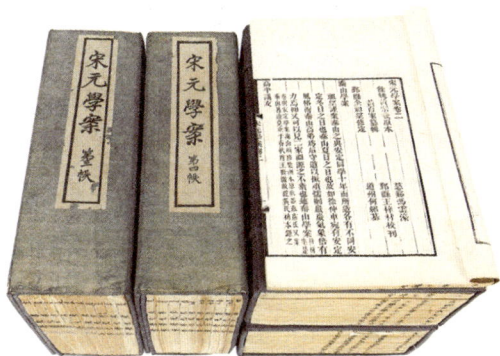
《宋元学案》

时期，内忧外患十分突出，各种矛盾十分尖锐，这种错综复杂的社会现实催生了思想领域的大发展大繁荣。当朱熹在构建理学逻辑结构时，以陆九渊为代表的"心学"也在形成之中。朱、陆学术观点虽有某些不同，但其根源是相同的，同宗孔孟，其归旨也是一样的，皆为成仁成圣之学。所以黄宗羲说：

> 二先生（朱熹、陆九渊）同植纲常、同扶名教，同宗孔孟。即使意见终于不合，亦不过仁者见仁，智者见智，所谓"学焉而得其性之所近"，原无有背于圣人，矧夫万年又志同道合乎！①

一、陆九渊生平简介

陆九渊，字子静，号存斋，江西抚州金溪（今江西临川县）人，生于南宋高宗绍兴九年（1139 年）二月，卒于光宗绍熙三年（1193 年）十二月，南宋著名理学家、思想家、教育家，宋明理学中心学一派的创始人。曾在贵溪象山建精舍讲学，自号象山居士，后世称象山先生。

陆九渊生于没落的官宦家庭，到陆九渊父亲陆贺时，家境已经衰落，依

---

① 《宋元学案》卷五十八《象山学案》。

陆九渊 像

靠经营药肆与塾馆的束脩维持生计。陆贺"生有异禀，端正不伐，究心典籍，见于躬行"，治家教子有方，著闻于州里，赠宣教郎。据《年谱》记载，陆九渊兄弟六人，按长幼之序依次为：九思，字子疆；九叙，字子仪；九皋，字子昭，号庸斋；九韶，字子美，号梭山居士；九龄，字子寿，号复斋；九渊，字子静，号存斋。陆九渊年纪最小，从小深受父兄影响，接受儒家文化熏陶，四兄陆九韶、五兄陆九龄对他启导最多，江西陆学由他们三兄弟创建而成。《宋元学案》有《梭山复斋学案》与《象山学案》，专述陆九韶、陆九龄与陆九渊生平事迹与学术思想。据此可知，江西陆学，陆九韶是奠基人，陆九龄、陆九渊进而拓展之，梭山、复斋早逝，故陆九渊集其大成，遂成为南宋显学之一。后世将陆九渊和陆九龄并称为"江西二陆"，以比河南二程。

绍兴三十二年（1162 年），陆九渊参加乡试，以《周礼》中举。乾道七年（1171 年），他再次参加乡试，以《易经》再中举。乾道八年（1172 年），试南宫，做两卷，一为"易卷"，一为"天地之性人为贵论"。时考官为吕祖谦，吕祖谦与陆九渊从未谋面，读到答卷，击节叹赏，称道不已，对同官说"此卷超绝有学问者，必是江西陆子静之文，此文断不可失也"[①]，陆九渊遂中选。同年五月，廷对，赐同进士出身。陆九渊的思想、文风个性是十分鲜明的，而吕祖谦的鉴赏眼光也令人钦佩。时贤杨简称赞吕祖谦"能识先生之

① 《陆九渊集》卷三十六《年谱》。

文，于数千人中"①。

陆九渊的一生可大致分为五个阶段：第一，绍兴九年（1139 年）到绍兴二十一年（1151 年），即 1 岁至 13 岁，为志学时期，历时 13 年；第二，从绍兴二十二年（1152 年）到乾道九年（1173 年），即 14 岁至 35 岁，为应举时期，历时 22 年；第三，从淳熙元年（1174 年）到淳熙八年（1181 年），即 36 岁至 43 岁，为宦游时期，历时 8 年，先后任隆兴府靖安县主簿、建宁府崇安县主簿；第四，从淳熙九年（1182 年）到淳熙十三年（1186 年），即 44 岁至 48 岁，为在朝时期，历时 5 年，先后任太学国子正、敕局删定官；第五，从淳熙十四年（1187 年）到绍熙三年（1192 年），即 49 岁至 54 岁，为弘道时期，历时 6 年。绍熙二年（1191 年），为防金侵犯，知荆门军，然而壮志未酬身先死，仅仅一年又三个月，卒于任中，享年 54 岁。

纵观陆九渊一生的政治活动和学术理论，一是提出了一套治国理政的方案和设想；二是筑荆门城郭，整顿军纪，巩固边防；三是在与朱熹的辩论中，明确了各自的分歧，构建了"心学"的哲学逻辑结构。

陆九渊作为心学创始人，却从不著书，没有一部经学注疏之作，留给后人的只有书信、奏表、序文、讲义、程文、祭文等。宁宗开禧元年（1205 年），由其长子陆持之编《遗文》28 卷，外籍 6 卷，陆九渊门人杨简作序。开禧三年（1207 年）秋天，陆九渊的学生抚州太守高商老（浙江括苍人），刊《陆象山文集》于郡庠。嘉定五年（1212年），陆持之又"裒而益之"，合32 卷，江西提举袁郑燮作序，刊于江西苍司。理宗嘉熙元年（1237 年）陈埙刊《陆

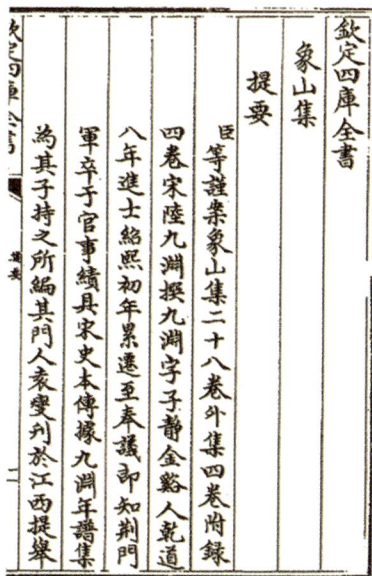

《象山集》

---

① 《陆九渊集》卷三十三《象山先生行状》。

陆九渊墓

象山语录》，自为序。其后裔孙陆邦瑞刊于家塾"槐堂书斋"。《四部丛刊·象山先生全集》，影印明嘉靖四十年（1561年）江西刊本，有袁燮、杨简的序，当为嘉定本32卷的复刻；其后四卷为谥议、行状、语录、年谱，合36卷。《四部备要》本《象山全集》则为清李穆堂评点本的重排，基本与《丛刊》本同，附录年谱略详。1980年，中华书局以上海涵芬楼影印嘉靖本《象山先生全集》为底本，以传世另一嘉靖本、清道光二年（1822年）金溪槐堂书屋刻本校勘，并参校明成化陆和刻本、正德十六年（1521年）李茂元刻本、万历四十三年（1615年）周希旦刻本，刊印点校本《陆九渊集》。

二、陆九渊主要学术思想

陆九渊以承孟子之传统自诩，他说，"孟子云：'尽其心者知其性，知其性则知天矣。'心只是一个心，某之心，吾友之心，上而千百载圣贤之心，下而千百载复有一圣贤，其心亦只如此。心之体甚大，若能尽我之心，便与天同。为学只是理会此'诚者自成也，而道自道也'，何尝腾口说?"① 孟子"心"的内涵，主要是指仁义礼智"四端"，而陆九渊的"心"亦是如此。孟子的"心"已经有哲学本体的意蕴，但表述的不甚明确，而陆九渊则明确以"心"为宇宙本体，并继承和发挥了程颢"心是理"的命题，而建立了以"心即理"为核心的"心学"体系。

---

① 《陆九渊集》卷三十五《语录下》。

（一）"宇宙便是吾心"的本体论

陆九渊最著名的心学命题，就是"心即理""宇宙便是吾心，吾心即是宇宙"，他将"宇宙""心"和"理"等同起来，既把"宇宙""理"归之于"心"，同时又将"心"消融于"宇宙"和"理"，三者成为一个不可分割的整体。

陆九渊从小就对天地人等形而上的问题感兴趣，13 岁时，他从书上读到"宇宙"二字的释文："四方上下曰宇，古往今来曰宙"，至此猛然醒悟，疑惑顿消，说道："元来无穷。人与天地万物皆在无穷之中者也。"继而奋笔疾书："宇宙内事乃己分内事，己分内事乃宇宙内事"。意思就是说，宇宙内的事就是自己分内的事；自己分内的事，就是宇宙内的事。他由此得出结论：

> 宇宙便是吾心，吾心即是宇宙。东海有圣人出焉，此心同也，此理同也；西海有圣人出焉，此心同也，此理同也；南海、北海有圣人出焉，此心同也，此理同也；千百世之上至千百世之下，有圣人出焉，此心此理，亦莫不同也。①

东海、西海、南海、北海，是指四方空间，即"宇"；千百载之上、千百载之下，是指古今时间，即"宙"。包括天、地、人在内的一切事物都存在于无穷无尽、无边无际的宇宙之中，宇宙具有时间和空间上的无限性，而人的思维活动也总是要指向无限。因此，现实的一切都可以成为人心思考和感知的对象。宇宙作为人心感知的对象具有无限性，正说明人心可以以无限作为思考的对象。在陆九渊看来，宇宙的无限就是吾心突破有限的阻碍而进入无限的津梁，此关节一经打通，宇宙和吾心就可以在无限这个共同点上达到合一：宇宙便是吾心，吾心即是宇宙。

陆九渊通过宇宙观念进入到心与理关系的体证和推阐。古圣先贤同存在于此一无限时空即宇宙中，其所秉得推扬的就是宇宙之理，而这宇宙之理不会因为时空的转换而有所改变。时间上的千万世之隔和空间上的东西南北海

---

① 《陆九渊集》卷三十六《年谱》。

之异都只是表象，并不会造成圣人在心理上的差异。相反，只要是圣人，则"此心此理"无不一贯，无不相通，无不尽同。圣人之心所充盈包含的无不是义理。所以，陆九渊说："千古圣贤若同台合席，必无尽合之理，然此心此理，万世一揆也。"① 即是说，陆九渊并不否认不同时期的圣贤因时代差异而表现出在具体问题和观念上有所不同，但"此心此理"却是亘古不变的，不会因为时移世易而产生差缪。

> 吾所明之理，乃天下之正理、实理、常理、公理，所谓"本诸身，证诸庶民，考诸三王而不谬，建诸天地而不悖，质诸鬼神而无疑，百世以俟圣人而不惑者也"。学者正要穷此理，明此理。②

那么这个"理"究竟是什么呢？

> 天覆地载，春生夏长，秋敛冬肃，俱此理。③

> 此理塞宇宙，谁能逃之？顺之则吉，违之则凶。④

由此可见，"理"有两个方面的内涵：一是春生夏长的自然规律，二是顺吉违凶的伦理纲常。"理"充塞于宇宙之间，和宇宙一样无穷无尽、至大无限，它贯通于天、地、人三极之中，是天、地、人和鬼神万物都必须遵循而不可违背的规定、法则，因而也就是学者所要学习的最高义理。陆九渊说："塞宇宙一理耳，学者之所以学，欲明此理

《陆九渊集》

---

① 《陆九渊集》卷三十四《语录上》。
② 《陆九渊集》卷十五《与陶赞仲（二）》。
③ 《陆九渊集》卷三十五《语录下》。
④ 《陆九渊集》卷三十四《语录上》。

耳。此理之大，岂有限量？程明道所谓有憾于天地，则大于天地者矣，谓此理也。"①

"理"是万事万物必须遵守的法则和规定，所以它就具有一种绝对的客观性，它不是由人的主观意志创造出来的，因而也不会随人的主观意志而生灭，它是一种普遍的存在。陆九渊将其称之为宇宙"所固有"。他说："道在天下，固不可磨灭，然人能弘道，非道弘人。"② "此理在宇宙间，固不以人之明不明、行不行而加损。"③《陆九渊集》所载语录中，也有多条关于理、道此种性质的论述，如"古之君子，知固贵于博，然尽知天下事，只是此理。所以博览者，但是贵精熟，知与不知元无加损于此理。" "此理塞宇宙，如何由人杜撰得？" "道在宇宙间，何尝有病，但人自有病。千古圣贤只去人病，如何增损得道。"在陆九渊眼里，"理"就是宇宙的实质和本原。

在这一点上，陆九渊和朱熹是相同的，但是陆九渊并没有止步，他认为朱熹将"理"与"心"析为二是有弊病的，应该把"理"归结到"心"。在陆九渊这里，"心"一方面具有感知能力，是一个思维器官，"心于五官最尊大""思则得之"；另一方面，仁义礼智等品质是人与生俱来的，先验地存在于人心之中，人的本心都是一颗赤子之心。以此为前提，陆九渊将"心"和"理"合二为一，"盖心，一心也；理，一理也。至当归一，精义无二，此心此理，实不容有二。"④ "人皆有是心，心皆具是理，心即理也。"⑤ "心"能感而遂通，充塞宇宙，于是"心"具是"理"，与"理"相合，在陆九渊这里，"心"和"理"实现了统一。

需要指出的是，陆九渊的"心"不是小我的个体之心，而是超越个体的、具有普遍性的大我之心。"心，只是一个心，某之心，吾友之心，上而千百载

① 《陆九渊集》卷十二《与赵咏道（四）》。
② 《陆九渊集》卷十八《删定官轮对札子（二）》。
③ 《陆九渊集》卷二《与朱元晦（二）》。
④ 《陆九渊集》卷一《与曾宅之》。
⑤ 《陆九渊集》卷十一《与李宰（二）》。

圣贤之心，下而千百载复有一圣贤，其心亦只如此。"① 陆九渊的"心"，朋友的心，千百年之前圣贤的心，千百年之后圣贤的心都是相同的。因为，"心"即是"理"，而"理"是不为尧存不为桀亡的天道、是父慈子孝的人伦纲常，天道人伦是亘古不变的，所以"心"也是不变的，不论个体差异，不论地域差别，不论古往今来，人同此心，心同此理。但实际上人是形形色色、千差万别的，有智愚圣贤不肖之分，这是因为人的赤子之心被世俗蒙蔽，所以为学治道就要"切己自反""发明本心"。

"心"即是"理"，"心"和"理"统一起来了，那么"心""理"与宇宙万物之间怎么统摄起来呢？陆九渊继承和发展了孟子"万物皆备于我"的思想。在陆九渊看来，"心"与万物的关系，如同镜中观花，吾心就好比镜子，万物就好比花朵，花朵映照在明镜中，万物浮现在吾心中。用陆九渊的话来讲就是"万物森然于方寸之间，满心而发，充塞宇宙，无非此理"②，心念一动处，万物便在心的关照之下明朗起来。这样，陆九渊就把"心""理"和宇宙统一起来，建构了心学的本体论基础。

（二）"六经皆我注脚"的方法论

陆九渊既然认为"宇宙便是吾心""心即是理"，那么在方法论的问题上，必然有与之相应的看法，这就是陆九渊留给后世的著名哲学命题——"六经注我，我注六经"。据《陆九渊集》卷三十四《语录上》记载：

> 或问："先生何不著书？"对曰："六经注我，我注六经。韩退之是倒做，盖欲因学文而学道。"

这不仅是陆九渊对为什么不著书立说的回答，更表达了自己的治学理念和为学方法，并进一步指出韩退之（韩愈）是倒行逆施，因为他由"文"入"道"（因学文而学道），在陆九渊看来这种"我注六经"的求道方式，颠倒了"文"和"道"的顺序，是本末倒置的"倒做"。

"我注六经"即以训诂的方法理解典籍的本意，达到对儒学经典的本真的

---

① 《陆九渊集》卷三十五《语录下》。
② 《陆九渊集》卷三十四《语录上》。

把握，就经作注，经注相贯，多用语言解释，重视以训诂为基础的文献考据，发挥微言大义是其末节。"六经注我"则具有鲜明的时代特征，文献典籍只是文献解释者用来表述思想、体证本心、明理问道的工具，重视微言大义的发挥，而以训诂考据为末节。

"我注六经"，注重"经文"的解释，是汉代以降盛行的求道为学方式，但陆九渊并不赞同这种方式。从陆九渊的学术渊源来看，主要宗承孟子，其门人詹阜民说："某尝问：'先生之学亦有所受乎？'曰：'因读《孟子》而自得之。'"① 陆九渊自己也宣称："窃不自揆，区区之学，自谓孟子之后至是而始一明也。"② 可见他是以孟子的承继者自命的。陆九渊在与他人书信及教导门人时，所称引最多的也是孟子。明代大儒王阳明也指出：

> 有象山陆氏，虽其纯粹和平若不逮于二子（指周、程二氏——引者注），而简易直截，真有以接孟子之传。其议论开阔，时有异者，乃其气质意见之殊，而要其学之必求诸心，则一而已。故吾尝断以陆氏之学，孟氏之学也。③

陆九渊继承了孟子"自得""求放心""万物皆备于我""人皆可以为尧舜"等思想，认为治学求道之目的是去除蒙蔽，发明本心，所谓读圣贤书都是为此目的服务的，用陆九渊的话来讲就是"六经皆我注脚"。此语出自《陆九渊集·语录上》：

> 《论语》中多有无头柄的说话，如"知及之，仁不能守之"之类，不知所及、所守者何事；如"学而时习之"，不知时习者何事。非学有本领，未易读也。苟学有本领，则知之所及者，及此也；仁之所守者，守此也；时习之，习此也。说者说此，乐者乐此，如高屋之上建瓴水矣。学苟知本，六经皆我注脚。④

① 《陆九渊集》卷三十五《语录下》。
② 《陆九渊集》卷十《与路彦彬书》。
③ 《王阳明全集》卷七《象山文集序》。
④ 《陆九渊集》卷三十四《语录上》。

仰山书院

"六经皆我注脚"是以"学苟知本"为前提的。陆九渊指出，《论语》中有许多话，一般读者之所以觉得难以理解，是因为他们拘泥于文字和书写文本，而不知更为根本的东西，即所谓"本领"。为学不能停留在枝节末梢，而应该把握根本，如果理解和诠释能够追溯到这种"根本"的话，那就能够做到"六经注我"了，"六经"也就是为"我"服务的注脚了。

陆九渊的这一思想是在与朱熹的对比和辩论中逐渐明朗起来的，因此必须将两者放在一起进行比对，才更容易理解和把握。朱熹认为，儒家经典万理具备，世人要穷理非读这些经籍不可。他说："六经是三代以上之书，曾经圣人手，全是天理。"① "圣贤所以教人之法，具存于经。有志之士，固当熟读而问辨之。"所以，"为学之道，莫先于穷理；穷理之要，必在于读书"。以"四书五经"为代表的儒学经典不仅是中国文化精神的源泉，而且也是人们明天理辨人伦的本源。因此要想实现修身、齐家、治国、平天下的人生理想，就无法离开儒家经典的学习。陆九渊基于"发明本心"的心学立场，认为儒学经典本身不能构成人生价值的终极根源，只不过是我心的注脚罢了；认为学问的根本在于发明本心，不能拘泥于书本章句之学，"若能涵养此心，便是圣贤。读《孟子》须当理会他所以立言之意。血脉不明，沉溺章句何益"②。并进一步指出："今之学者，读书只是解字，更不求血脉。"③ 当然，陆九渊

---

① 《朱子语类》卷十一。
② 《陆九渊集》卷三十五《语录下》。
③ 《陆九渊集》卷三十五《语录下》。

并不排斥书本知识学习和研究儒学经典。针对朱熹指责其"尽废讲学"的批评，他反驳道："人谓某不教人读书……何尝不读书来，只是比他人读得别些子。"① 意思是说，不是不要读书，而是不要像朱熹一派那样拘泥于辞章考据，读得支离破碎罢了。

两者的分歧，世人多以"尊德性"与"道问学"来加以分野。朱熹主张"读书明理"，强调"道问学"。陆九渊主张"发明本心"，强调"尊德性"。黄宗羲《象山学案》云："先生之学，以尊德性为宗。"② 陆九渊说："既不知尊德性，焉有所谓道问学？"③ 他认为，"尊德性"是立本，"道问学"是求末。陆九渊主张"立本"，反对"逐末"，他说："凡物必有本末。且如就树木观之，则其根本必差大。吾之教人，大概使其本常重，不为末所累。"④ 企图通过"躬行践履""提斯省察"，达到"悟得本心"的目的。

其实，无论是陆九渊还是朱熹，都不主张将"尊德性"与"道问学"割裂开来，只不过在"尊德性"与"道问学"的统一方式上，两者存在根本分歧。朱熹力图从知识论的角度去实现二者的统一：由"道问学"而"尊德性"，读书和格物也就成为"为学"与"求道"的首要任务；而陆九渊则主张从实践论的角度去实现二者的统一：由"尊德性"而"道问学"，发掘道德本心比读书和格物更为根本。陆九渊讲求"尊德性"，并非重行轻知，更不是否认"为学"的重要性。在和友人的一次对话中，陆九渊说道："博学、审问、慎思、明辨、笃行，博学为先，力行在后。吾友学未博，焉知所行者是当为，是不当为？"⑤ "博学"先于"力行"，而且也是判断"行"的依据。但陆九渊讲的"博学"，真正的出发点和根基乃是"知本"，即对道德"本心"的发明，而不是"读书"。这样，在本源意义上，"知"与"行"、"道问学"与"尊德性"就是统一的。"道问学"不仅是"知"，"尊德性"也不仅是"行"，"知"与"行"是

① 《陆九渊集》卷三十五《语录下》。
② 《宋元学案》卷五十八《象山学案》。
③ 《陆九渊集》卷三十四《语录上》。
④ 《陆九渊集》卷三十四《语录上》。
⑤ 《陆九渊集》卷三十五《语录下》。

不能两分的，但两者在路径上有本末之别：发掘道德本心为"本"，读书格物为"末"，抓"本"而不忘"末"是陆九渊的基本思路。

三、鹅湖之会

作为心学宗师的陆九渊，其哲学思想与当时主导理学潮流的朱子理学不时发生碰撞。朱熹对在学术上"标新立异"的陆九渊，常有"恨不识之，不得深扣其说，以献所疑"的急切愿望，陆九渊也有问道四方、结识理学大师朱熹之雅意，而为两位哲学巨匠相会穿针引线者是号称"东南三贤"之一的吕祖谦。吕祖谦是婺学流派的创立者，其学说带有浓厚调和朱陆二学的折中色彩，因此"虑陆朱议论犹有异同，欲会归于一，其意甚善"①。恰好当时吕祖谦正在福建崇安与朱熹编辑理学书籍，于是飞鸿邀约在江西金溪的陆九渊、陆九龄兄弟，约会地点就定在鹅湖寺。

鹅湖山

鹅湖书院

鹅湖寺在今江西上饶铅山县鹅湖山。鹅湖山是横亘于闽赣两省边境的武夷山支脉，相传东晋人龚氏居山蓄鹅数百，又说其山形宛若冲天之鹅，展翥欲奋，故名。鹅湖山本来是一座没有什么名气的小山，晚唐诗人张演曾来过此山，并写了一首七言绝句《社日村居》：

---

① 《宋元学案》卷七十七《槐堂诸儒学案》。

"鹅湖山下稻粱肥，豚栅鸡栖对掩扉；桑柘影斜春社散，家家扶得醉人归。"写的不过就是江南富庶乡村的闲散生活而已。但是，因为几位知名学者的来访，也因为他们在中国文化史上的重要地位，鹅湖山便成了中国读书人特别向往的圣地。鹅湖寺面对着热闹的闽赣官道，朱熹每次出闽，几乎都要翻越闽赣交界的分水岭，进入赣境，路经铅山县的官道。陆九渊的故乡金溪也距离铅山不远。于是这不甚为人知的鹅湖寺成了朱陆二人会面的理想落脚点。

淳熙二年（1175 年）五月底，朱熹与吕祖谦、陆九渊与陆九龄及众弟子汇集于鹅湖寺。以朱熹为代表的理学和以陆九渊为代表的心学展开了一场思想大碰撞，这就是震烁古今的"鹅湖之会"，历史上又称"鹅湖会讲"。

这场探讨抽象思辨与逻辑思维理论的学术会议，是在文雅的形象思维诗歌吟咏中开场的。陆九龄首先赋诗一首，表明心志：

孩提知爱长知钦，古圣相传只此心。

大抵有基方筑室，未闻无址忽成岑。

留情传注翻榛塞，着意精微转陆沉。

珍重友朋勤琢切，须知至乐在如今。

这首诗的意思是说，人在孩提时就知道爱其亲人，长大又自然知道尊其兄长，人都有这种天赋的道德之心，自古以来圣贤相传的也不过是这种仁德本心，这本心犹如房屋的地基、山峰的基址。这种先天的良知良能，正是入圣成贤的根本，不必耗神费力专研古人经典，探求精微大义，那样只会越来越糊涂。陆九龄吟到第四句，朱熹已明白他的意思，对吕祖谦耳语道："子寿已经上了子静的船（子寿、子静分别是陆九龄、陆九渊的字）。"但是，陆九渊认为这首诗的第二句还不够贴切，"此心"本是天赋，并非"古圣相传"。于是，他和了一首诗，更鲜明地阐述自己的观点：

墟墓兴衰宗庙钦，斯人千古不磨心。

涓流滴到沧溟水，拳石崇成泰华岑。

易简功夫终久大，支离事业竟浮沉。

欲知自下升高处，真伪先须辨只今。

鹅湖论辩

其实，陆九龄在赴鹅湖会途中，就念此诗与陆九渊听，陆九渊指出第二句微有"未安"。之所以说"古圣相传只此心"不妥，是因为要传圣人之心，就需读圣人之书，读圣贤书就不免需要"留情传注"，难免陷支离之弊。因此，陆九渊改为"斯人千古不磨心"，千古圣人心与今人的心，以及千百年之后的心，都是相同的，无须"留情传注"，直从己心体认，这便是易简终久大的功夫。陆九渊在诗中直言自己的方法是"易简功夫终久大"，而朱熹的方法则是"支离事业竟浮沉"，并表示要经过鹅湖会讲，将陆朱二家理论的高下真伪辩论清楚。跟陆九龄的委婉含蓄不同，年轻气盛的陆九渊这首诗笔锋犀利，观点鲜明。

此次辩论持续了 3 天，会议辩论的中心议题是"教人之法"，也就是认识论的问题。陆九渊的弟子朱亨道参加了这个会议，他记述说：

> 鹅湖之会，论及教人，元晦之意，令人泛观博览而后归之约；二陆之意，欲先发明本心而后使之博览。朱以陆之教人为太简，陆以朱之教人为支离，此颇不合！①

在为学之法这个问题上，朱熹强调"格物致知"，认为格物就是穷尽事物之理，致知就是推致其知以至其极，并认为，"致知格物只是一事"，是认识

---

① 《宋元学案》卷七十七《槐堂诸儒学案·朱亨道传》。

的两个方面。他主张多读书，多观察事物，根据经验，加以分析、综合与归纳，然后得出结论。陆氏兄弟则从"心即理"角度出发，认为格物就是体认本心。主张"发明本心"，心明则万事万物的道理自然贯通，不必多读书，也不必忙于考察外界事物，去此心之蔽，就可以通晓事理，所以尊德性、养心神是最重要的，反对多做读书穷理之工夫，认为读书不是成为至贤的必由之路。会上，双方各执己见，互不相让。

陆九渊一向对朱熹的治学方法是嗤之以鼻的，说朱熹"簸弄经语，以自传益真"，是"浮论虚说，谬悠无根之甚"。① 这也是陆九渊所说的"支离事业"，即指朱熹要求通过"格物致知"和"泛观博览"去认识与掌握"天理"的治学方法。陆九渊认为自己的治学方法与朱熹的支离烦琐根本对立，是一种"易简工夫"，也就是说治学先要教人树立一个基本立场，通过"切己自反"来"发明本心"。所谓发明本心，就是开拓发掘自己的心灵世界，通过自我反省、自我认识，以达到道德的自我完善。这种方法人人可为，处处可为，时时可为，所以称之为"易简工夫"。朱熹当然不能苟同这种方法，认为"太简"，是教学生不读书、先生不讲学的方法。他曾说陆氏兄弟虽"气象甚好，其病却尽废讲学而专务践履，却于践履之中要人提撕省察，悟得本心，此为病之大要者"②。总体而言，朱熹的治学方法是"道问学"，通过格物致知，以博览群书和观察外物来启发心智；陆九渊则主张"尊德性"，要"发明本心"，认为一味读书穷理，不过如同蛀虫吞食书本，对人认识自己的本心毫无裨益。

经过三天的学术会讲与辩论，尽管朱陆双方的学术观点存在明显的分歧，但他们之间的讨论仍然是在十分自由的学术氛围中进行的。黄宗羲在《宋元学案》卷五十八《象山学案》中写道：

> 假令当日鹅湖之会，朱陆辩难之时，忽有苍头仆子，历阶升堂，捽陆子而殴之曰："我以助朱子也"，将谓朱子喜乎不乎？定知朱子必且挞而逐之矣。

---

① 《陆九渊集》卷一《与曾宅之》。
② 《晦庵集》卷三十一《答张南轩》。

"鹅湖之会"创造了良好的学术氛围，彰显了学术之自由和人格之独立，其在中国学术史上的典范意义正在于此。"鹅湖之会"也成为中国古代学术争鸣的代名词和学术平等的精神象征。

"鹅湖之会"后，吕祖谦希望朱陆二说会归为一的初衷并没有实现，朱、陆的学术思想不仅没有统一，反而更明确了其分歧之所在，但碰撞出来的理性火花却照亮了各自学术系统的暗角，这种良性的学术互动，反而加深了双方惺惺相惜的友谊和完善各自学术理论的热情。朱熹在回闽时，又一次登上闽赣交界的分水岭，看群峰连绵，众水汇流，不禁诗兴大发，作《过分水岭有感》：

> 地势无南北，水流有西东。
>
> 欲识分时异，应知合处同。

这首哲理小诗，深刻地表达出"鹅湖之会"后，朱熹要在学术上与陆氏心学求同存异的豁达态度。他后来告诫自己的子弟要吸取陆学之长，"比来深欲劝同志者兼取两家之长，不可轻相诋訾，就有未合，亦且置勿论，而姑勉力于吾之所急"[1]。同时朱熹也深刻检讨自己学说的支离毛病，他在《与周叔谨书》中说："熹近日亦觉向来说话有太支离处，反身以求，正坐自己用功亦未切耳。"又在《答吕子约》信中说："觉得此心存亡，只在反掌之间，向来诚是太涉支离。若无本以自立，则事事皆病耳。"[2] 又书："年来觉得日前为学，不得要领……若只如此支离，漫无统纪，展转迷惑，

鹅湖书院"斯文宗主"石坊

---

① 《晦庵集》卷五十四《答诸葛诚之书》。
② 《宋元学案》卷五十八《象山学案》之"宗羲案"。

无出头处。"① 相反，朱熹对陆九渊的理论与人品极尽赞誉之能事："南渡以来，八字著脚，理会功夫者，惟某与陆子静二人而已。其实敬其为人，老兄未可轻议之也。"② 也就是说在南宋理坛上，只有朱熹与陆九渊理论才是"实功夫者"。陆九渊对朱熹也有相似评价："天地间有个朱元晦、陆子静，便添得些子；没了，便减得些子。"③ 并听从了朱熹要重视读书讲学的劝告，表示："人须是读书讲论。"④

第二节　陈献章开明代心学之端

黄宗羲说："有明之学，至白沙始入精微。"⑤ 陈献章对明代心学崛起所起的作用，由此可见一斑。陈献章，字公甫，号石斋，广东新会白沙里人，世称白沙先生。白沙村濒临西江入海之江门，故后世称其学为江门之学。陈献章生于明宣宗宣德三年（1428 年），卒于明孝宗弘治十三年（1500 年），年 73。陈献章生当明初，亲身经历了明代以朱学为官学的种种弊端，而他则以其终身未仕的经历，完成了明代儒学由理学向心学的转变，他本人也因此成为明代心学的奠基人。

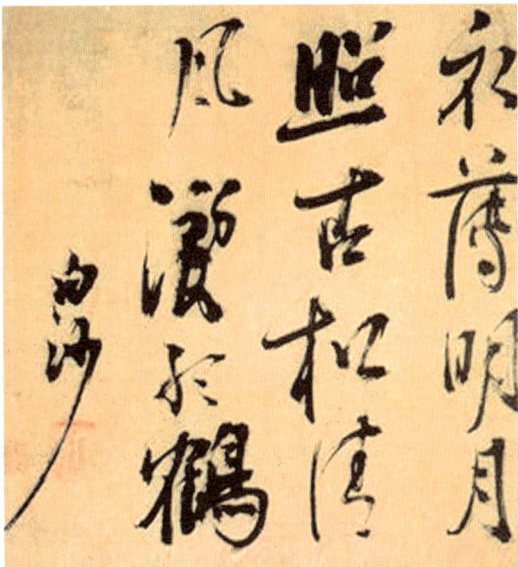

陈献章书法

---

① 《宋元学案》卷五十八《象山学案》之"宗羲案"。
② 《宋元学案》卷五十八《象山学案》之"百家谨案"。
③ 《陆九渊集》卷三十五《语录下》。
④ 《朱熹文集》卷三十四《答吕伯恭》。
⑤ 《明儒学案》卷五《白沙学案上》。

陈献章绝意著述，尝言"他时得遂投闲计，只对青山不著书"①。陈献章有宏论而无巨著，其思想体现在讲学和大量的性理诗中，常常以诗为道，寓道于诗，其诗作与庄定山齐名，当时有"陈庄"之称。陈献章有两千多首诗作传世，其诗作在他生前就已经刊刻流行，另有书简、序跋、祭文等约五百篇，后人将其编为《白沙子集》，现有中华书局 1987 年版《陈献章集》（孙通海点校），为今人研究陈献章的学术思想提供了极大的方便。

一、陈献章生平及其学路历程

陈献章祖籍河南，其先人曾在宋代做官，后因金人入侵而南迁。经过祖上几代人的努力，至陈献章时已置有田产二百亩。陈献章在《与邓督府》信中称："有田二顷，耕之足以自养。"②，由此可见，陈献章家中生活是很富足的。但不幸的是陈献章的父亲陈琮在陈献章出生前一个月去世了，年仅 27岁。陈献章从一出生就没有父爱，其悲苦凄厉之状可想而知。陈献章有一首诗《慈母石歌——为门人区越作》描写了自己幼年读书时的境况："忆昔生我童稚时，家贫逐日图生资。折薪与我代灯烛，鬻衣与我买诗书。朝夕俾我苦勤学，戒我勿似庸常儿。"这首诗描写了他的母亲为了他的成长所付出的艰辛，其实陈献章的家庭经济条件并不像诗中所描写的那么差，这不过是陈献章的一种艺术化表达。但从中我们可以看出，孤儿寡母的悲苦，望子成龙的殷盼，以及羊羔跪乳的孝亲。

陈白沙纪念馆

---

① 《陈献章集》卷五《留别诸友，时赴诏命（三）》。
② 《陈献章集》卷二《与邓督府》。

（一）览经致仕

陈献章的祖辈、父辈，好读老氏之书，有一种喜山乐水、忘怀自然的潇洒之气。陈献章从小就受道家文化陶冶，潇洒不羁，但青壮年时代的他依然有"学而优则仕"的想法，颇有功名之志。明英宗正统十二年（1447年），陈献章20岁，进县学读书，初显其才华。老师看了他的文章惊叹不已，夸奖道："陈生，非常人也，世网不足以羁之。"① 其旷世之才初露端倪，同年九月中乡试第九名。

正统十三年（1448年），21岁入京，首次参加会试，仅中副榜，不能参加殿试，但可进入当时的最高学府——国子监就读，陈献章于是留京读书，准备下科再考。景泰二年（1451年），陈献章24岁时再次应考，又名落孙山。于是南归回乡，立志于学。

景泰五年（1454年），27岁的陈献章前往江西临川，师从吴与弼。吴与弼作为实践儒学的代表人物，不仅教授弟子千古圣贤之书，更注重践履。春耕夏耨、洒扫进退、磨砚倒茶等杂活，是其教育学生的主要内容和训练方式。吴与弼对学生要求极为严格，一丝不苟，早上天刚蒙蒙亮，吴与弼已经起床开始劳作，而陈献章还没起床，吴与弼便大声呼喊陈献章："秀才，若为懒惰，即他日何从到伊川门下？何从到孟子门下？"

陈献章师从吴与弼，是他治学之路的第一个转折点。吴与弼作为宏彦硕儒，对于儒家元典无所不讲，陈献

吴与弼 像

---

① 《陈献章集》附录二《白沙先生行状》。

章在吴与弼门下受到了系统的儒家思想训练，更重要的是吴与弼耕、读、教三位一体的教学方法，深深激励了陈献章在治学道路上勤奋努力、不辞辛劳。陈献章也深刻认识到这段游学经历的重要性，他在《龙岗书院记》中回忆：

> 予少无师友，学不得其方，汩没于声利、支离于秕糠者，盖久之。年几三十，始尽弃举子业，从吴聘君游。然后益叹迷途其未远，觉今是而昨非，取向所汩没而支离者，洗之以长风，荡之以大波，惴惴焉，惟恐其苗之复长也。①

（二） 十年一剑

陈献章从游吴与弼，虽然受益颇丰，但二人的学术理念存在很大不同。吴与弼乃一实践之儒，其所得在通过艰苦的修养克己制欲，其工夫全在五更枕上、汗流泪下之处，陈献章于此种工夫不谐。虽然吴与弼于古圣贤垂训之书无所不讲，但是陈献章却一直找不到突破口，不知从何处下手。于是，陈献章辞别吴与弼，回归白沙，"杜门不出，专求所以用力之方"。求于何方？如何求？陈献章是通过自学，而求"作圣之功"——使自己的心与天地之道相"吻合"。"坐小庐山十余年间，履迹不逾于户阈"，终于发明了"静坐"之法，创立了"自得"之学。总结这段历程，陈献章的体会颇深：

> 仆才不逮人，年二十七始发奋从吴聘君学。其于古圣贤垂训之书，盖无所不讲，然未知入出。比归白沙，杜门不出，专求所以用力之方。既无师友指引，惟日靠书册寻之，忘寝忘食，如是者亦累年，而卒未得焉。所谓未得，谓吾此心与此理未有凑泊吻合处也。于是舍彼之繁，求吾之约，惟在静坐，久之，然后见吾此心之体隐然呈露，常若有物。日用间种种应酬，随吾所欲，如马之御衔勒也。体认物理，稽诸圣训，各有头绪来历，如水之有源委也。于是焕然自信曰："作圣之功，其在兹乎！"有学于仆者，辄教之静坐，盖以吾所经历粗有实效者告之，非务为高虚以误人也。②

---

① 《陈献章集》卷一《龙冈书院记》。
② 《陈献章集》卷二《复赵提学佥宪》。

从"未知入处"，到"静坐""自得"而"有实效"，这是陈献章人生征途上的又一次思想飞跃。在陈献章看来，读圣贤书虽然是修身的重要途径，然而书读得再多，如果不经过自己的思考和贯通，书自书而我自我，结果就会一无所获。陈献章就是通过这种对传统治学方法的检讨和批判，而有所突破、有所创新，找到了使自己一步步迈向圣贤的途径。

"十年磨一剑"，陈献章"自得之学"的探索，用了整整十年的工夫，是何等之艰辛！据阮榕龄《编次陈白沙先生年谱》及其他有关资料记载，陈献章十年的学路历程大致为：闭门读书——不得要领，开始自得——有所领悟，筑春阳台——得"静坐"之法。

陈献章自江西临川返乡，即"闭门读书，尽穷天下古今典籍，旁及释老、稗官、小说"[1]。陈献章读书废寝忘食、焚膏继晷，有时学至深处，欲罢不能，困了就"以水沃其足"，即用水浸泡双脚，使自己保持清醒。如此这般下了一番苦功，但仍无所获，于是开始寻找新的方法，正如张诩在《白沙先生墓表》中所言：

> 暨归杜门，独扫一室，日静坐其中，虽家人罕见其面，如是者数年，未之有得也。于是迅扫夙习，或浩歌长林，或孤啸绝岛，或弄艇投竿于溪涯海曲，忘形骸，捐耳目，去心志，久之然后有得焉，于是自信自乐。[2]

陈献章春阳台苦读

---

① 《陈献章集》附录二《白沙先生行状》。
② 《陈献章集》附录二《白沙先生墓表》。

为了专心读书，陈献章谢绝一切应酬往来，修筑春阳台，静坐于中，日夜攻读与静思，为避免外界干扰，后来干脆关死屋门，在墙壁凿开洞口，让家人从中传送衣食。陈献章闭关苦修，十年磨一剑，一心求自得，成为历史上的一段佳话。当然静坐并不排除在山林、溪水间的活动，陈献章在困学之余，偶尔外出，放浪形骸于山水之间，使自己与外物融为一体，达物我两忘之境。

经过十余年的苦读、静思、参悟，陈献章终于悟出了一套"自得"之学。自得，是自我得之。读书，如只诵其"言"，而不品其"味"，"六经"也不过"一糟粕耳"。为学"不但求之书而求诸吾心"，而静坐可以"去耳目支离之用，全虚圆不测之神，一开卷尽得之"，故"非得之书也，得自我者也"。也就是说，"以我而观书，随处得益；以书博我，则释卷而茫然"①。

自得不仅是一种修养方法，也是一种修养境界：

> 士从事于学，功深力到，华落实存，乃浩然自得，则不知天地之为大、死生之为变，而况于富贵贫贱、功利得丧、屈信予夺之间哉！②

意思就是说，经过一番苦读静思的工夫，当繁华落尽之后，留下朴实无华的果实，这时候就达到了自得的境界，就能超然于天地万物之外，更何况人世间的富贵得失、寿夭荣辱，这便是"忘我而我大"的"自得"境界。陈献章的自得之学、"舍彼之繁，求吾之约，惟在静坐"的修养方法，是其思想的一次重大飞跃，即由读书穷理而转向求诸本心，开始显示了异于朱学的心学思想风貌。

（三）重游京师

成化二年（1466 年），陈献章 39 岁。当时，大学士钱溥遭贬谪，任顺德县知县。钱溥非常欣赏和器重陈献章，于是劝陈献章"亟起，毋遗太夫人忧"。陈献章深以为然，沉寂已久的致仕之心再次萌发，于是北上京师，复游太学。陈献章抵达京师后，祭酒邢让想试试陈献章的学问，让他和杨龟山

---

① 《陈献章集》卷一《道学传序》。
② 《陈献章集》卷一《李文溪文集序》。

《此日不再得》诗。陈献章当场作五言古诗《和杨龟山此日不再得韵》，
诗曰：

> 能饥谋艺稷，冒寒思植桑。少年负奇气，万丈磨清仓。
>
> 梦寐见古人，慨然悲流光。吾道有宗主，千秋朱紫阳。
>
> ……
>
> 顾兹一身小，所系乃纲常。枢纽在方寸，操舍决存亡。
>
> 胡为谩役役，研丧良可伤。愿言各努力，大海终回狂！

此诗一气呵成，夹叙夹议，自白其心路历程、学术宗旨、人生价值、道
德去向。通过该诗，陈献章由朱转陆的学术路径一目了然："吾道有宗主，千
秋朱紫阳。说敬不离口，示我入德方"，这时候陈献章是以程朱理学为宗的；
但接下来话锋一转，"圣学信匪难，要在用心臧。善端日培养，庶免物欲戕。
道德乃膏腴，文辞固秕糠"，其心学思想初露端倪；接下来"枢纽在方寸，操
舍决存亡"，这和陆九渊的"万物森然于方寸之间"有异曲同工之妙，其心学
路向表露无遗。

邢让听罢此诗大惊，以为"真儒复出"，叹曰："龟山不如也。"第二天
便把此事扬言于朝。一时间，陈献章名震京师，时贤纷纷与之结交，像当时
的官僚名士罗伦、章懋、庄昶、贺钦等争相与之交友、与之同游。贺钦更是
行弟子跪拜礼，拜陈献章为师，亲自为陈献章捧砚磨墨。

由于出众的才华，陈献章被委任为吏部文选清吏司历事。官虽小，却是
陈献章人生中第一个也是唯一一个官职。陈献章兢兢业业，不敢稍有懈怠，
朝往夕返，每日手捧案牍，与众吏立于廷下。大家看他如此认真辛劳，便劝
他休息，他却说："某分当然也。"意即这是他的分内之事。

3 年后，成化五年（1469 年），陈献章 42 岁，再次参加科举考试，又一
次落第，从此绝意举业，潜心学术。

（四）归隐山林

经历了 1469 年的科举失利，陈献章的"功名"之念彻底破灭，但他并没
有因此而沮丧、气馁。或许是自幼受老庄思想的影响，他已把荣辱得失置之

度外，随遇而安，正所谓"进以礼，退以义，不受变于时俗"①。陈献章回到新会白沙后，潜心学问，聚徒讲学。四方学者慕名而至，蔚为壮观，张诩在《白沙先生行状》中记载了这一学术盛事：

> 南归，杜门却扫，潜心大业。道价向天下，四方学者日益众，往来东西两藩部使以及藩王岛夷宣慰，无不致礼于先生之庐。先生日饮食供宾客，了不知其囊之罄也。自朝至夕，与门人宾友讲学，论天下古今事，或至漏下，亹亹不少厌倦，翌日精神如故，虽少壮者自以为莫及也。②

此间，陈献章的思想风貌又有所变化，即他非唯静坐室中，而是逍遥于自然，领略山水风光，养浩然自得之性，标立"以自然为宗"的为学宗旨；主张不离日用，于时事出处中即现"本心"，标立"天地我立，万化我出，宇宙在我"的世界观。这些都表明陈献章的心学思想体系已臻完成，其规模也较初期更为开阔。

弘治十三年（1500 年），陈献章去世，享年 73 岁。是年七月葬在圭峰山麓，送葬者数千人。21 年后，即正德十六年（1521 年）十一月十二日，改葬阜帽峰下，湛若水撰《改葬白沙先生墓志》。万历二年（1574 年），明神宗帝下诏建白沙家祠。万历十三年（1585 年），陈献章以翰林院检讨的身份从祀孔庙，成为广东从祀孔庙的唯一一人。

二、陈献章的主要学术思想

陈献章在宋明理学史上是一个承前启后、转变风气的重要人物，他自己的学术思想也有一个由宗朱（熹）转而宗陆（九渊）的变化过程。科举上的失意使陈献章潜心于学术，他提出了"以自然为宗"的学术宗旨，并主张不离日用、于时事处体现"本心"，标立"天地我立，万化我出，宇宙在我"的世界观，倡导"静中养出端倪"的为学方法，他的思想有别于程朱学派，形成了自己的心学体系。

---

① 《陈献章集》卷二《与顾别驾止建白沙嘉会楼（一）》。
② 《陈献章集》附录二《白沙先生行状》。

（一）道为天地之本

关于宇宙的生成问题，陈献章承继了程朱理学的一贯思想，认为"气"是宇宙构成的基本元素。他说：

> 天地间一气也而已，屈信相感，其变无穷。[1]

> 元气之在天地，犹其在人之身，盛则耳目聪明，四体长春；其在天地，则庶物咸亨，太和比较纲缊。[2]

> 元气塞天地，万古常周流。闽浙今洛阳，吾邦亦鲁邹。星临雪乃应，此语非谬悠。[3]

陈献章认为"元气"是构成万物的基本要素，元气的周流运转是古今变迁

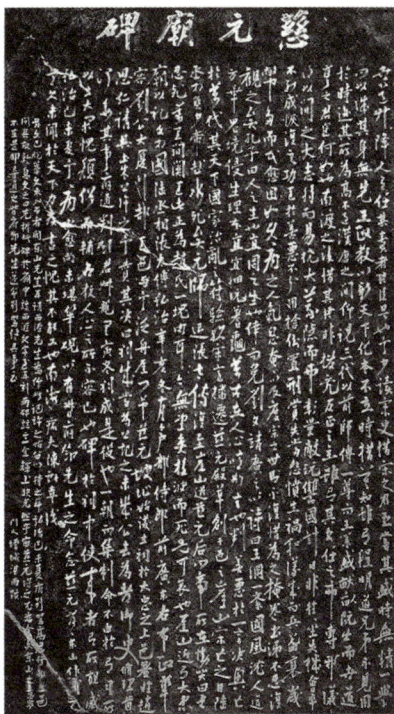

陈献章撰书慈元庙碑

的原因，这正是宋代理学中根据《周易》而形成的一般的宇宙生成观念。张载把"气"认作是"本体"，是万事万物的最后根源，朱熹把"气"看作是"形而下之器"，是"生物之具"，只有"理"才是"生物之本"。虽然陈献章认为元气是构成万物的基本要素，但"气"并不是世界的根本，在"气"与"道"的关系上，他认为"道"是根本，"道为天地之本"。他说：

> 道至大，天地亦至大，天地与道若可相侔矣。然以天地而视道，则道为天地之本；以道视天地，则天地者，太仓之一粟，沧海之一勺耳，曾足与道侔哉？天地之大不得与道侔，故至大者道而已。[4]

---

① 《陈献章集》卷一《云潭记》。

② 《陈献章集》卷一《祭先师康斋墓文》。

③ 《陈献章集》卷四《五日雨霰（二）》。

④ 《陈献章集》卷一《论前辈言铢视轩冕尘视金玉（上）》。

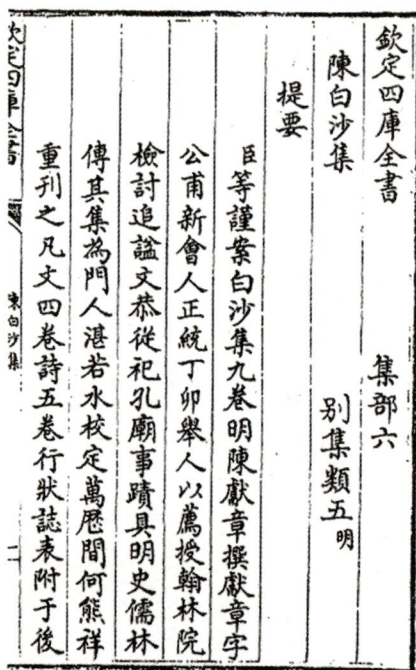

《陈白沙集》

"至大"即大到极点、无限大，"相侔"即相等、等同。这段话的意思就是说，一般人认为天地与"道"一样，都是无限大的，其实，从天地的角度看"道"，"道"是天地的根本；从"道"的角度看天地，天地不过是太仓里的一粒米、大海中的一滴水而已。通过这个比喻，天地与"道"孰大孰小，一目了然，两者有天壤之别，不可同日而语。

陈献章将"道"与天地（气）相比，认为"道为天地之本"，这和朱熹将"理"与"气"相比，认为"理"是"生物之本"的观点极为相近。如朱熹说："天地之间，有理有气。理也者形而上之道也，生物之本也；气也者，形而下之器也，生物之具也。"① 但在"道（理）"的超越性根源上，两者的解释是不同的：朱熹援引《易传》的"太极"和周敦颐的"无极"来加以阐释，而陈献章则径以老庄为解：

或曰："道可状乎？"曰："不可。此理不妙不容言，道至于可言则已涉乎粗迹矣。"②

曰："道不可以言状，亦可以物乎？"（陈献章）曰："不可。物囿于形，道通于物，有目者不得见也。""何以言之？"（陈献章）曰："天得之为天，地得之为地，人得之为人。状之以天则遗地，状之以地则遗人，物不足状也。"③

---

① 《朱文公文集》卷五十八《答黄道夫》。
② 《陈献章集》卷一《论前辈言铢视轩冕尘视金玉（下）》。
③ 《陈献章集》卷一《论前辈言铢视轩冕尘视金玉（下）》。

陈献章以"不可言"来解释"道"之无形体，以"天得之为天，地得之为地，人得之为人"来解释"道"为万物之根源，与老、庄极为相似。因为《老子》阐述"道（一）"为万物根源时正是这样说的："天得一以清，地得一以宁，神得一以灵，谷得一以盈，万物得一以生，侯王得一以为天下正"①。而《庄子》在描绘"道"之不可闻见时也是如此说的："夫道，有情有信，无为无形，可传而不可受，可得而不可见……"② 这就预示着陈献章思想的进一步发展，可能不是程、朱的方向，而是另外的方向。事实正是这样，陈献章提出万物、万理俱于一心的观点，与陆九渊的思想更为接近。

（二）道心合一

陈献章虽然认为"道为天地之本"，但他并不像朱熹那样，认为"理（道）"是独立于万物之外的某种绝对存在，而是认为有此"心"方有此理，有此"诚"方有此物。他说：

> 君子一心，万理完具。事物虽多，莫非在我。③

> 夫天地之大，万物之富，何以为之也？一诚所为也。盖有此诚，斯有此物；则有此物，必有此诚。则诚在人何所？具于一心耳，心之所有者此诚，而为天地者此诚也。④

"君子一心，万理完具"，"则诚在人何所？具于一心耳"，陈献章将作为天地万物之本的"道"或"理"，放置于人的心中，人心即"道"即"理"，这和陆九渊的"心即理""宇宙便是吾心，吾心即是宇宙"的观念是相同的。"道"为万物根本，而"道""心"又是合一的，所以"天地我立，万化我出，宇宙在我"：

> 终日乾乾，只是收拾此理而已。此理干涉至大，无内外，无始终，无一处不到，无一息不运。会此则天地我立，万化我出，而宇宙在我矣。

---

① 《老子》第三十九章。
② 《庄子·大宗师第六》。
③ 《陈献章集》卷一《论前辈言铢视轩冕尘视金玉（中）》。
④ 《陈献章集》卷一《无后论》。

心身合一，人与道合

得此霸柄入手，更有何事？往古来今，四方上下，都一齐穿纽，一齐收拾，随时随处无不是这个充塞，色色信他本来，何用尔脚劳手攘。舞雩三三两两，正在勿忘勿助之间。曾点些儿活计，被孟子一口打并出来，都便是鸢飞鱼跃。①

在陈献章的思想体系中，"理"与"道"是同一程度的思想范畴，他既说"道为天地之本"，也讲"理为天地万物之本"，"理""道"是永恒的存在，它遍布于天地万物之中，天地万物及其万般变化都是由"道"所创造和支配的，义理无穷无尽，如果对此条分缕析，那么工夫就会无穷无尽。陈献章显然不赞同无穷无尽的格物之功，他认为人只要领会"道"，掌握"道"，依循"道"，那么"我心"就是"理"、就是"道"，只要做到"心""理"为一、"心"与"道"俱，就能达到未尝致力而应用不遗的境界。对于"理"，既要悟到它的无穷无尽，更要悟到它的自然而然，不待安排。"理"

---

① 《陈献章集》卷二《与林郡博（七）》。

凝聚则在一心，散开则在万事万物，古往今来，四方上下，正是"理"的本处所在。从这个角度看，宇宙万物都是自然的，它本来如此，非有强力使然。儒者认识天地万物之理，同时要认识到它的自然本性。在陈献章看来，孔子的"吾与点也"，就是赞扬曾点的无所拘泥之心；孟子向往的"鸢飞鱼跃"，也是这种自然而然生机活泼的气象。所以在陈献章这里，宇宙万物对他是舒卷自如的：卷则"终日乾乾，收拾此理"，舒则"色色信他本来，何用尔脚劳手攘"。只觉到卷，则易拘执；只有放开手脚，拓展心胸，对于宇宙万物既识其卷，又觉其舒，才能洒脱自如。用这种"道心合一"的境界来关照宇宙万物，便是自然无事：

> 宇宙内更有何事，天自信天，地自信地，吾自信吾；自动自静，自阖自辟，自舒自卷；甲不问乙供，乙不待甲赐；牛自为牛，马自为马；感于此，应于彼，发乎迩，见乎远。故得之者，天地与顺，日月与明，鬼神与福，万民与诚，百世与名，而无一物奸于其间。乌乎，大哉。①

（三）"于静中养出端倪"的为学工夫

"道通于物""心为道舍"是陈献章为学工夫的理论前提，"道"为天地之根本，天得之而为天，地得之而为地，人得之而为人，"道"寓于万物，同样寓于人。陈献章认为"人具七尺之躯，除了此心此理，便无可贵"②。又说："心乎，其此一元之所舍乎！"③"道"，在心中；心，在身上。所以，反诸自身，便能得道，为学就应当求诸本心：

> 为学当求诸心，必得所谓虚明静一者为之主，徐取古人紧要文字读之，庶能有所契合，不为影响依附，以陷于徇外自欺之弊：此心学法门也。④

陈献章并不认同朱熹读一书格一物的为学之道，认为那样太烦琐支离，

---

① 《陈献章集》卷三《与林时矩》。
② 《陈献章集》卷一《禽兽说》。
③ 《陈献章集》卷一《仁术论》。
④ 《陈献章集》卷一《书自题大塘书屋诗后》。"为学当求诸心，必得所谓虚明静一者为之主"一句书中断为"为学当求诸心必得，所谓虚明静一者为之主"，不确。

反倒束缚拖累了本心，格物越多，离真理越远，因为"人心容留一物不得，才着一物则有碍"①，这或许是受老子"为学日益，为道日损"思想的影响，认为人们获得有关具体事物的知识越多，就越难认识和把握形而上的道。

因此，陈献章提出了求诸心的心学法门，以静坐为主，以读古人书为辅。对朱熹所主张的"一书不读，则阙了一书道理"，陈献章提出了不同的看法：

> 六经，夫子之书也，学者徒诵其言而忘其味，六经一糟粕耳，犹未免于玩物丧志……学者苟不但求之书而求诸吾心，察于动静有无之机，致养其在我者，而勿以闻见乱之，去耳目支离之用，全虚圆不测之神，一开卷尽得之矣。非得之书也，得自我者也。盖以我而观书，随处得益；以书博我，则释卷而茫然。②

即使如"六经"之类的圣贤之书，如果"学者徒诵其言而忘其味"，只见其文而不解其意，不能用心灵穿透言辞，领略语言背后的意蕴，使"六经"与我心相契合，那么所读之书也不过是糟粕罢了，这样的读书无异于玩物丧志。因此，陈献章反对"以书博我"，主张"以我观书"，领悟书的要义，不拘泥于故纸堆。因为自炎汉以来，积累了数百千年的书籍，可谓汗牛充栋，如果拘泥于辞章，这么多的书穷尽一生也不可能读完，如果没有自己的思考体会，读书就会被书牵着鼻子走，读得再多，也是懵然无知。陈献章的这种观念和陆九渊的"六经皆我注脚"有异曲同工之妙。

"为学当求诸心""以我观书"的心学法门就是陈献章著名的工夫论——"学贵自得"。何谓"自得"？

> 自得者，不累于外，不累于耳目，不累于一切，鸢飞鱼跃在我。知此者谓之善，不知此者虽学无益也。③

> 具足于内者，无所待乎外。④

---

① 《明儒学案》卷五《白沙学案·与谢元吉》。
② 《陈献章集》卷一《道学传序》。
③ 《陈献章集》附录二《年谱及传记资料》。
④ 《陈献章集》卷一《风木图记》。

"自得之学"是求诸内而不是求诸外，是得之于我，而不为外物所累。用现代认识论的语言表述，就是说不以外物为认识的对象，不依靠耳目感官，不受任何外来的干扰，而把握自然运动的规律。自得不仅是为学之道，也是人生修养：一方面，自得是内求、反求，是

静 悟

自我体认，其条件是"勿助勿忘"；另一方面自得的宗旨是得外在的鸢飞鱼跃之机——自然之真机。于是，"自得"便是由"自"之内求，而达外之"得"。这外在的"得"也是一种"自"有的内在涵养。换言之，当你在"勿助勿忘"中达到把握鸢飞鱼跃的自然之真机，你便进入"浩然自得"的境界——一种物我两忘的自信、自立，以及不为世俗的利益得失、荣辱贵贱所左右的道德境界。

　　实现自得的最佳方法就是静坐。陈献章认为"为学须从静坐中养出个端倪来，方有商量处"①。所谓端倪，就是心体，亦即"道""理"。它是静坐体悟所得，也只有静坐体悟才能"自得"。所以，他又说："学劳扰则无由见道，故观书博识，不如静坐。"② 在陈献章看来，静坐之所以是"养出端倪"，达到"道心合一"的最佳方法，是因为唯静坐，进入"无己""无欲"的精神状态，方可使心上不着一物，既"无累于外物"，又"无累于形骸"③，从而由静而虚，由虚而明，由明而神，实现吾心与此理的"凑泊吻合"。

　　陈献章所言的无欲，并非是摒除人的一切物质欲望，而只是"克去有我

---

① 《陈献章集》卷二《与贺克恭黄门（二）》。
② 《陈献章集》卷三《与林友（二）》。
③ 《陈献章集》卷二《与太虚》。

之私"①，使心不为外物所累、所碍。所谓"有我之私"，就是对自身过分在乎，对功业过分看重，拘泥于此，便成了一种私欲，心便受累，这样的心是"有累之心"，不能与道相感应；而没有这种私欲的心，则"廓然若无"，不受外物所累，便能与道相感应，这样的心就是"圣贤之心"。静坐就是由"有累之心"通往"圣贤之心"的幽径，这便是从静坐中养出端倪的精义所在。对此，陈献章曾根据自己的经历现身说法。他自江西辞别吴与弼老师回乡后，闭门读书，然而"未得"。于是，求简约，行静坐，"久之，然后见吾此心之体，隐然呈露，常若有物。日用间种种应酬，随吾所欲，如马之御衔勒也。体认物理，稽诸圣训，各有头绪来历，如水之有源委也。于是涣然自信曰：作圣之功，其在兹乎。有学于仆者，辄教之静坐。"② 陈献章一心苦读，未有所得，于是静坐，静坐久了，心之体便隐然呈露出来，最终达到了心、理吻合的境界。至此，便达到一定的理性高度，即由掌握必然而进入了一种自由之境，于是对"日用间种种应酬"便能得心应手，随心所欲，既能"体认物理"，又能稽合"圣训"。因此，在陈献章看来，这便是"作圣之功"，并将此作为一条宝贵的认识经验，向求学者加以介绍推广。

当然，静坐并不排除读书，陈献章教授学生，"朝夕与论名理。凡天地间耳目所闻见，古今上下载籍所存，无所不语"③，由此可见，陈献章对书本知识是非常重视的。其实，所谓静坐就是一个思考和领悟的过程，而这必须以知识为前提。另外，陈献章教导学生要有"贵疑"精神，而"疑"也必须建立在一定知识的基础之上，如果脑子空空便没有"疑"的对象，又谈何"疑"。所以陈献章的静坐并不排除知识，陈献章自身的经历也说明了这一点，如果没有前期的苦读圣贤垂训之书，再怎么静坐，也不会有后来的自得之学。如果不读书，静坐就是空想，读而后思、而后疑，才是正确的为学之道，这也是对孔子"学而不思则罔，思而不学则殆"精神的践行。后世理解陈献章

① 《陈献章集》卷二《与张廷实主事（七）》。
② 《陈献章集》卷二《复赵提学佥宪》。
③ 《陈献章集》卷一《送李世卿还嘉鱼序》。

的静坐，往往以为其重静坐而轻视读书，这种理解有失偏颇，学人当警诫之。

三、陈献章的学术地位及其影响

明朝初年，诏天下立学，颁科举程式，钦定朱熹的《四书集注》及程朱学派的其他解经著作作为科举经义考试的标准，朱学成为显学，居于主流地位，一时间，天下士人非程朱之书不读，非程朱之学不讲。一家独大，必然导致学术僵化，丧失生机。对此，陈献章发出了"圣贤久寂寞，六籍无光辉"的感慨，"男儿生其间，独往安可辞"①。陈献章铁肩担道义，孜孜不倦，兀兀穷年，创自得之学，开明代心学之端，打破了朱学一统的局面，为儒学的发展注入了新鲜血液。

陈献章既是明代复兴陆九渊心学的第一人，也是明代心学尤其是王阳明心学的先驱者。陈献章学说的出现，既是明初朱学统一局面的结束，也是明代心学思潮的开始。陈献章是元代以后程式化的朱子学向明代的学术主流阳明学过渡的关键性人物，他开启了心学重光的闸门。黄宗羲对陈献章在明代儒学发展中的贡献，亦极赞扬，谓其开心学之先河，导阳明入高大光明之域。

第三节　王守仁：心学的集大成者

心学经陆九渊的发端、陈献章的发展，至王守仁时期已臻鼎盛。王守仁是与朱熹、陆九渊齐名的著名思想家，心学集大成者，他对程朱理学批判借鉴，对陆九渊心学继承发展，又深受佛老思想的影响，构建起以"致良知""知行合一"为特色的心学思想体系，把明代儒学推进到了一个新的高度。后人将他的学说和陆九渊的学说并称为"陆王心学"。

一、人物简介

王守仁，字伯安，号阳明。祖籍浙江余姚，后迁至山阴（今浙江绍兴）。

---

① 《陈献章集》卷四《自策示诸生》。

王阳明 像

生于明宪宗成化八年（1472年），卒于明世宗嘉靖七年（1529年），享年57岁。曾因筑室于会稽阳明洞，又创办过阳明书院，人称阳明先生。他创立的"心学"，称"阳明学"或"王学"，又称"姚江之学"。有《王文成公全书》（一称《阳明全书》）38卷传世。

王阳明于明弘治十二年（1499年）考取进士，授兵部主事。王阳明做了三年兵部主事，因反对宦官刘瑾，于明正德元年（1506年）被廷杖四十，贬谪贵州龙场（修文县境内）。刘瑾被诛后，王阳明任庐陵县知事，累进南太仆寺少卿。正德十一年（1516年）擢右佥都御史，继任南赣巡抚。他上马治军，下马治民，文官掌兵符，集文韬武略于一身，做事智敏，用兵神速。以镇压民众暴动和平定"宸濠之乱"拜南京兵部尚书，封"新建伯"。后因功高遭忌，辞官回乡讲学，在绍兴、余姚一带创建书院，宣讲"王学"。嘉靖六年（1527年），复被派总督两广军事，后因肺病加疾，上疏乞归。嘉靖七年（1528年）十一月二十九日，因肺炎病逝于江西南安舟中。去世后谥文成，后又追封为新建侯，万历十二年（1584年），从祀于孔庙。

王守仁的一生相当不平凡，充满了传奇色彩，不同于一般学院哲学家的单调刻板。作为哲学家，他固然有过龙场悟道之类的哲学沉

浙江余姚王守仁故居

思，但这种沉思并非完成于宁静安逸的书斋，而更多的是以居夷处困、动心忍性等政治磨难为背景，以讲学会友、赋诗作画等人文激情为媒介。从早年对宗教道德的哲学遐想，到中年对社会、政治的哲学沉思，再到晚岁对人生、宇宙的哲学总结，王守仁的哲学关怀与其曲折的人生经历处处融合在一起，为学、为道与为人则相应地展开为一个统一的过程。这种哲学历程，在中国古代哲人身上虽然或多或少都会有所体现，但在王守仁那里则表现得最为显著、最具豪气。诚如清儒王士禛所言："王文成公为明第一派人物，立德、立功、立言皆居绝顶。"[1] 儒家所谓完整人格的"立德、立功、立言"之三不朽者，王守仁盖兼而有之。

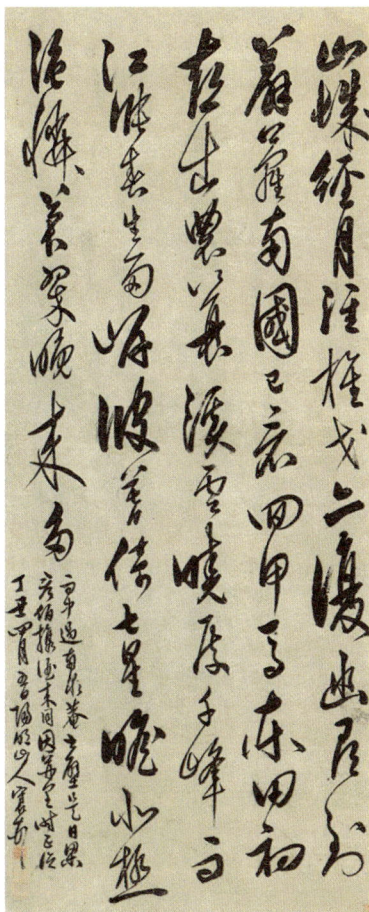
王守仁草书七言诗

二、学凡三变

王阳明心学的创立，并不是一帆风顺的，而是经历了一个曲折的过程，这就是著名的"学凡三变"。黄宗羲《明儒学案》卷十《姚江学案》对此有明确而详细的记载。

（一）泛滥于辞章

王阳明治学开始，就经史子集无不涉猎研习。他在少年时期就表现出诗赋辞章方面的天才。明宪宗成化十八年（1482 年），11 岁的王阳明随祖父王天叙赴京师（北京）。途经金山寺时，祖父与客人饮酒赋诗，以图"雅歌豪

---

[1] 《池北偶谈》。

吟"一番，不料江郎才尽，半晌赋诗未成，显得异常尴尬。聪慧而又好自我表现的王阳明从旁而出，即席脱口赋诗一首："金山一点大如拳，打破维扬水底天。醉倚妙高台上月，玉箫吹彻洞龙眠。"[1] 顿时才惊四座。客人又命赋《蔽月山房》诗，阳明应命放声吟道："山近月远觉月小，便道此山大于月。若人有眼大如天，还见山小月更阔。"[2] 少年王阳明出口就如此豪迈不凡，不仅具有气吞牛斗之慨，而且富有哲理意境。

（二）致力于朱学

弘治五年（1492 年），王阳明 21 岁，在浙江乡试中举。随后便到北京父亲官署，准备来年会试。此时，王阳明对程朱理学产生了兴趣，于是他在京师搜索朱熹的遗书研读。先儒的一句"众物必有表里精粗，一草一木，皆涵至理"对他产生了重要影响，他准备依朱熹"格物穷理"的方法去身体力行。恰好父亲的官署里有很多竹子，阳明便"取竹子格之"。王阳明邀请一位姓钱的朋友来官署共同"格竹"，他们两人一天到晚默默地面对着竹子，尽心竭力地思考其中的道理，就这样坚持了三天，钱姓朋友终于坚持不住，劳神过度，病倒了。王阳明还笑话他不中用，自己继续坚持格竹子，结果到了第七天，他也因耗尽心力而病倒。阳明感叹道："圣贤是做不得的，再也没有力量来格

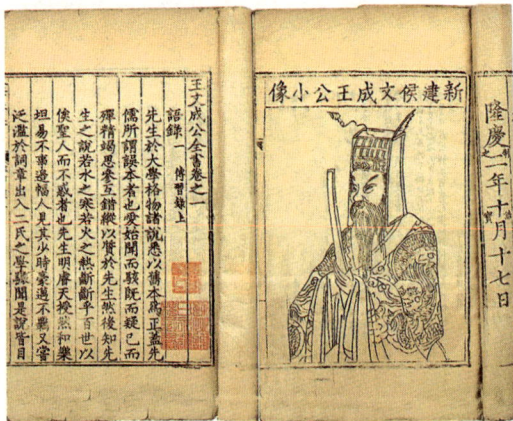

《王文成公全书》

物了。"从此，王阳明觉得这种体认"理"的途径走不通，这种圣贤做不得，并对朱熹的"格物"说产生了怀疑。

王阳明对朱学的第二次怀疑发生在弘治十一年（1498 年），当时王阳明已经 27 岁，他感觉到诗赋辞章属于雕虫小技，不能通达天人之道，于是

---

① 《王阳明全集》卷三十三《年谱一》。
② 《王阳明全集》卷三十三《年谱一》。

遍求通达天人之道的师友。可是这样的人是十分罕见的，王阳明费尽周折也没能找到，内心感到十分迷茫彷徨。一天，王阳明读到了朱熹上宋光宗疏内的一段话："读书之法，莫贵于循序而致精。而致精之本，则又在于居敬而持志。"① 这段话引起了他对自己20多年曲折求学经历的反省，悔恨从前读书和探讨虽然广博，但没有按照朱熹"循序而致精"的方法来做学问，所以也就没有什么收获。于是，他便重新调整自己的读书方法，一反先前所为，循序渐进，以穷"天理"。结果却是"物理吾心，终若判而为二"，不能融合为一。王阳明按照朱熹的方法又没有什么收获。第二次实践的失败，对王阳明的打击非同小可，他感到茫然失措，"沉郁既久，旧疾复作，益委圣贤有分"②。从格竹子的失败，到循序致精而未能使"物理吾心"为一，两次思索朱熹的学说，皆不得其解而致病，使他对朱熹的信奉发生了根本的动摇，这种动摇非出自理性，而是得自实践。从此，王阳明便决心与朱熹学说分道扬镳了。

（三）出入于佛老

王阳明最早接触佛、道、仙是出于好奇。弘治元年（1488年），王阳明17岁，受父命从北京回浙江余姚老家完婚。王阳明的未婚妻姓诸，诸氏的父亲名叫诸养和，时任江西布政司参议。同年七月，王阳明前往江西南昌岳父家完婚，一到诸府，王阳明就以自己的聪明好学赢得诸府上下的喜爱和尊敬。

王阳明在诸府过得甚是快活，一眨眼婚期就到了，诸府上下张灯结彩，宾客盈门，喜气洋洋。但到新郎新娘拜堂之时，新郎官却不见了，这可把诸府上下急坏了，岳父诸养和赶紧派人四下寻找，可是一夜过去了，也没有找到。第二天清晨，王阳明竟然没事人似的自己回来了。原来，昨天合府上下忙着操办婚礼，王阳明闲着无事，甚感无聊，只身出了府门，来到了翠花街，一抬头看见一座庙观巍然矗立，这观不是别物，正是当年南昌的大去处——万寿宫，又称铁柱宫。

---

① 《朱文公文集》卷十四《甲寅行宫便殿奏札十二》。
② 《王阳明全集》卷三十三《年谱一》。

江西南昌铁柱宫

　　王阳明信步进入万寿宫内，当时天色已晚，宫中无人，王阳明就来到了后殿，但见烛光摇曳之中，一位道士独坐一榻，闭目养神。等到道士睁开双眼，王阳明才上前行礼交谈。酒逢知己千杯少，两人大有相见恨晚之意，由人生谈到世事，由世事谈到养生，王阳明早已把拜堂成亲之事抛到九霄云外了。不知不觉天已经亮了，王阳明这才起身告辞。王阳明悠然自得地回到岳父家中，看到大家焦急的眼神，才把昨晚拜堂成亲的事想起来。诸府上下听知此事，都感到哭笑不得。

　　弘治十六年（1503 年），王阳明移居钱塘西湖养病，在此期间他的思想发生了很大变化，不仅有了强烈的入世愿望，而且渐悟佛老之非。他常往来于南屏、虎跑诸寺庙之间，逐渐对僧人的内心矛盾有了深切的洞察和了解。他曾通过自己的点拨开导，使一和尚还俗。《年谱一》记载，有一个僧人闭关修炼，三年不说话不看东西。王阳明对此十分不解，喝问这个僧人："你这和尚终日口中念念有词，在说什么呢？终天睁着两只大眼，在看什么呢？"僧人立马被这振聋发聩的喝问声惊起来了，于是便开始看东西并与王阳明对话。王阳明问这个僧人家里的情况，僧人答道："家中有一老母。"王阳明问道：

"你想念你的母亲吗？"僧人说："怎么能不想呢？"于是，王阳明点化他道："血脉之情是割不断的，爱自己的母亲是人的本性，你为什么要违背人的本性来修炼这些无用的东西呢？你既然想念你的母亲，为什么不回家去呢？"一语惊醒梦中人，僧人对王阳明感激涕零，第二天就弃钵抛经，回家侍奉母亲去了。

这时，王阳明已经学会以禅攻禅，即运用禅宗的机锋棒喝，指明出家修禅是违反人的本性的，表明他在人生道路上几经挣扎与奋力自拔之后，终于认清了佛老空虚误世的本质，决心与佛老决裂，找到了人生应走之路。不久，王阳明离开西湖，北上京师，开始了有所作为的政治和教育生涯。

学凡三变而始得其门，经过这一番的积累和历练，才有了后来的龙场悟道，才有了震古烁今的阳明心学。

三、龙场悟道

明武宗正德元年（1506年），王阳明因反对宦官刘瑾，被廷杖四十，远谪贵州龙场（贵阳西北70里，修文县境内）当驿丞。龙场地处西南山区，山高林密，蛮夷杂居，可以说是蛮荒之地。王阳明居夷处困，再加上身体不好，备感生活之艰辛。自此，王阳明自觉已能超脱世间一般的得失荣辱，只有生死一念仍在心中徘徊，他做好了死在龙场驿的准备。

面对这样的悲困，消沉只是暂时的，没多久，王阳明又重新振作了起来。他带着仆人翻山越岭，四处游逛，好不自在。一天，王阳明忽然在一山坡上发现一个石洞，竟如家乡余姚的阳明洞一般，他们不禁欣喜若狂，于是主仆几人就搬到石洞居住，并将石洞命名为"阳明小洞天"。但是，住石洞终归不是长久之计，王阳明在当地人的帮助下砍竹伐木，建起了房屋，并用来给当地人讲学。因为这所房子建在龙场山岗上，王阳明遂以"龙岗书院"为名。居室虽粗陋，却干净舒适，取名"何陋轩"；客厅虽简朴无华，却宽敞明亮，取名"宾阳堂"；凉亭虽不事雕琢，却翠竹环绕，取名"君子亭"。除此之外，还有一个"玩《易》窝"，王阳明从小就对《周易》兴趣浓厚，此次龙

龙岗书院

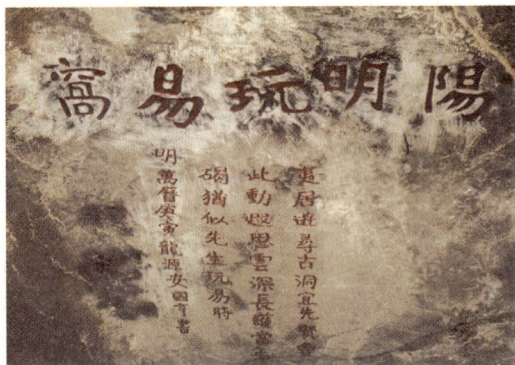

阳明玩《易》窝

场之行，当然不能不"玩"《易》。"玩《易》窝"是距离龙岗书院很近的一处石洞，是阳明读书与自省之处。

在不断的讲学、思考、"玩"《易》过程中，王阳明的学养也越来越精进，久而久之，胸中洒洒，思念到深处时，"成圣"之道在心中自然而然地萌发。他日夜端居默坐，殚精竭虑，以求之于静一之中。一天夜里，他忽然大彻大悟格物之旨，仿佛睡梦中有人告诉他，不觉呼跃而起，若痴若狂，随从皆被惊醒。原来，他体悟到"圣人之道，吾性自足，向之求理于事物者误也"①。也就是说，圣人处世，在于自足其性，而不在向外求理。既然勘破了"圣人之道，吾性自足"这层关节，王阳明立即进行检验。他将自己记忆的《诗》《书》《礼》《易》《春秋》"五经"内容，不用朱熹注解，全凭自己的认识进行理解，竟然一一契合，毫无障碍，遂著《五经臆说》。这也就是著名的"龙场悟道"。王阳明的这一彻悟，为他身处艰险找到了安身立命的精神支柱，也为此后建立心学奠定了理论基础。

他在这段时期写了"训龙场诸生"。其众多弟子对于他的"心外无理，心外无物"理论迷惑不解，向他请教说："南山里的花树自开自落，与我心有何关系？"他回答说："尔未看此花时，此花与尔心同归于寂。尔来看此花时，

① 《王阳明全集》卷三十三《年谱一》。

则此花颜色，一时明白起来。便知此花，不在尔的心外。"

他自己于七年后对这次略带传奇色彩的悟道叙述说：

> 守仁早岁业举，溺志词章之习，既乃稍知从事正学，而苦于众说之
> 纷扰疲茶，茫无可入，因求诸老、释，欣然有会于心，以为圣人之学在
> 此矣！然于孔子之教，间相出入，而措之日用，往往缺漏无归；依违往
> 返，且信且疑。其后谪官龙场，居夷处困，动心忍性之余，恍若有悟，
> 体验探求，再更寒暑，证诸五经、四子，沛然若决江河而放诸海也。然
> 后叹圣人之道坦如大路。

四、天泉证道

"四句教"是王阳明晚年对自己哲学思想的全面概括，即"无善无恶心之
体，有善有恶意之动，知善知恶是良知，为善去恶是格物"。王阳明自己对
"四句教"极为重视，说自己数年立教，数经变更，立此四句为教。又谆谆告
诫高足弟子钱德洪与王畿，此后立教，千万不要违背了此四句。可以说，"四
句教"是王阳明对自己哲学思想的基本总结，它简明扼要地表达了阳明学的
基本理论。善于把自己的基本思想概括成一两句鲜明易晓的口号，是王阳明
治学的一个特色。

明嘉靖六年（1527 年）九月八日，王阳明受命赴两广的前一天晚上，他的
两大弟子钱德洪和王畿由于对老师"四句教"的不同理解而发生分歧，因为
第二天老师就要走了，所以当天晚上他们就找到老师答疑解惑。

王畿问："我觉得这话还是有问题的。如果说心是无善无恶的心，那么意
也就是无善无恶的意，知也就是无善无恶的知，物也就是无善无恶的物。如
果说意有善恶，那就说明心有善恶，这不就自相矛盾了吗？"

钱德洪辩驳道："心是上天赋予的最原初的东西，是没有善恶之分的，人
由于后天的感染熏陶，意念上会产生善恶，这就需要通过格物、致知、诚意、
正心、修身等功夫来去除恶念、培养善念。如果像你说的那样，一切都无善
无恶，那这些修养的功夫也就没有存在的必要了。"

见两人争论不休，王阳明只好给两人解释："我明天就要走了，正好借此机会给你们讲明这个道理。你们两人的观念正好相辅相成，不能各执一端。我认为人有两种：第一种人，是有慧根之人，这种人的心体晶莹剔透，能从本原上体悟。一通百通，本体被体悟了，其他的一切东西也自然就能悟透了。第二种人比第一种人稍差一些，这种人难免受到后天习俗的蒙蔽，产生不良的意念，这就需要力行为善去恶的功夫，等到修养足够了，也就能去除恶念，恢复到明莹无滞的本然状态。王畿的观念说的是第一种人，德洪的观念说的是第二种人，这两种观念可以相互补充，不可偏废。"王阳明师徒三人的论道发生在会稽天泉桥，史称"天泉证道"。

五、立德、立功、立言"三不朽"

王阳明曾提出"破山中贼易，破心中贼难"，这实际上是对他自己一生努力和追求的简要概括。他一生的主要功绩不仅在于"破山中贼"，镇压叛乱，维护天下的安定统一，更在于"破心中贼"。为了破除人心中的私念，他呕心沥血地创造了有力的思想武器——"良知"说，倡导"致良知"以成圣人，树立了供世人效仿的榜样。他的一生也在努力实践其"致良知"的学说，他所创建的"心学"思想体系代表了儒家思想的新发展。而他从小立志并终身为之追求和奋斗的一生，也达到了中国传统社会所要求的最高标准——"圣人"境界。王阳明确实是一位"三不朽"式的圣贤人物，不愧"立德立功立言'三不朽'，为师为将为相一完人"之赞誉。

寿山堂悬挂"真三不朽"匾额

第四节　王门后学的儒学思想

王阳明一生广收门徒，据《明史》记载："（王守仁）门徒遍天下，流传逾百年，其教大行，其弊滋甚。嘉、隆而后，笃信程、朱，不迁异说者，无复几人矣。"[①] 王门后学对阳明心学的传播发展起到了巨大的促进作用。在《明儒学案》中，黄宗羲以"人文地理位置"作为主要划分标准，将王门后学划分为"浙中""江右""南中""楚中""北方""粤闽"六大派系，其中以浙中王门和江右王门最为著名。王艮作为阳明弟子，其思想别有倾向，开创泰州一支，黄宗羲另设《泰州学案》，对其主要思想加以论述。

一、浙中王门学术思想

浙中王门后学的主要人物有徐爱、钱德洪、王畿、季本、黄绾、陆澄、董澐、董谷、顾应祥、张元忭、胡瀚等人。其中徐爱、钱德洪和王畿等最具有代表性，但是学术思想又各有不同。

徐爱（1487—1517），字曰仁，号衡山，浙江余姚人。正德二年，从学于王阳明，为最早的入室弟子之一。曾任祁州知州、南京兵部员外郎、南京工部郎中等职务。正德十一年（1516年），回家乡省亲，翌年5月去世，终年31岁。徐爱拜王阳明为师时，阳明学说尚未被学者接受，"骤闻是说，皆目以为立异好奇，漫不省究"[②]。徐爱为之疏通辨

徐爱 像

① 《明史·儒林一》。
② 《传习录》上。

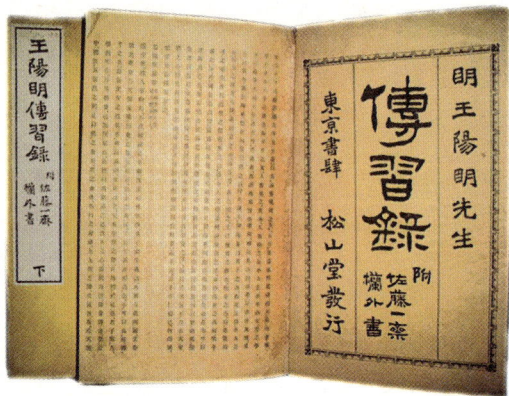

《传习录》

析，最先把王阳明平时讲学记录下来，整理成文，编成《语录》，呈示世人，对阳明学的传播做出重大贡献，著作主要有《徐横山文集》2卷。

徐爱天资聪慧，勤奋好学，对王学体悟颇深，是王阳明非常看重的弟子，有"王门颜子"之称，王阳明曾赞其为"吾之颜渊"。徐爱由于英年早逝，其贡献主要在于继承和传播王阳明早期的思想。《传习录》中记载了徐爱与其师王阳明对"心即理"的讨论。徐爱举侍奉父亲、辅佐君王、朋友交往的具体事情，认为侍奉父亲讲求孝，辅佐君王讲求忠，与朋友交往讲求信，治理百姓讲求仁，这里边有许多不同的理，恐怕很难把握。王阳明听了徐爱如此说，对徐爱解释：侍奉父亲不能在父亲身上寻求孝的理；辅佐君王不能在君王身上寻求忠的理；交往朋友，治理百姓，不能在朋友、百姓身上寻求信与仁的理。孝、忠、信、仁的理都在侍父、事君、交友、治民的行为主体的心中，而不是在作为行为对象的客体身上。本心即是天理，这个心不被私欲遮蔽，就是天理。无须外面添任何东西，用这个至纯的天理之心，去侍奉父亲便自然是孝，去辅佐君王便自然是忠，去交往朋友治理百姓便自然是信与仁，只在这个心上面做去人欲存天理的功夫。通过与王阳明的多次对话问答，徐爱理解了道德意义上的"理"是存在于本体的心上，而不是存在于对象身上。本心就是天理，只要将心的本来状态展现，理就自然显现，也就是"心即理"。

徐爱认为："吾师之教，谓人之心有体有用，犹之水木有根源有枝叶流派，学则如培浚溉疏，故木水在培溉其根，浚疏其源，根盛源深，则枝流自然茂且长。故学莫要于收放心，涵养省察克治是也，即培浚其根源也。读书玩理皆所以溉疏之也。故心德者，人之根源也，而不可少缓；文章名业者，人之枝叶也，而非所汲汲。学者先须辨此，即是辨义利之分。既能知所抉择，则在立志坚定以趋之而已。"① 徐爱将心的体用关系比作水的源头与支流、木的根本与枝叶的关系，就是培浚根源，使根繁、源通，然后于心之用上呈现，即枝叶自茂，水流自长。而为学要求放心，求心之体，"涵养""省察""克治"就是培根浚源的本体工夫，读书玩理只是修枝疏流的外在工夫。他强调"心德"，即心之本体，是人之所以为人的根源，如树木的根、河流的源；文章、名业都是衍生出来的支流，只不过是人的枝叶，心体之用。为学之人要分清本末、体用，从根本上入手，从本源处用力，在操存涵养心体上用功。所以，最后徐爱认为，学者必须先辨明心之体用，辨别"心德"与文章名业，明辨义利之分，知道了自己的选择，就立下志向且坚定不移地朝此方向努力。

王畿（1498—1583），字汝中，号龙溪，浙江山阴人，为王阳明最赏识的弟子之一。嘉靖二年（1523 年），因试礼部进士不第，返乡受业于王阳明，协助王阳明指导后学，时有"教授师"之称。嘉靖八年（1529 年），赴京殿试，途中闻王阳明卒，奔广信料理丧事，服丧 3 年。嘉靖十一年（1532 年），中进士，官至南京兵部主事，曾任南京武选郎中之职，因其学术思想为当时首辅夏言所恶而被黜。罢官后，来往江、浙、闽、越等地讲学 40 余年，所到之处，听者云集，年过 80 仍周游不倦。其著述和谈话，后人收辑为《王龙溪先生全集》22 卷。

王龙溪心学的中心思想源于王阳明，对王阳明的思想又作了发展。黄宗羲说："象山之后不能无慈湖，文成之后不能无龙溪，以为学术之盛衰因之，慈湖决象山之澜，而先

王畿 像

① 《明儒学案》卷十一《浙中王门学案一》。

《王龙溪先生全集》

生疏河导源，于文成之学，固多所发明也。"① 他对阳明学说发展的最大创举便是"四无说"。"四无说"来源于王阳明的"四句教"，《王龙溪先生全集·天泉证道记》中记载，"阳明夫子之学，以良知为宗。每与门人论学提四句为教法：'无善无恶心之体，有善有恶意之动，知善知恶是良知，为善去恶是格物。'学者循此用功各有所得。绪山钱子谓：'此是师门教人定本，一毫不可更易。'先生（王畿）谓：'夫子（王守仁）立教随时，谓之权法，未可执定。体用显微，只是一机。心意知物，只是一事。若悟得心是无善无恶之心，意即是无善无恶之意，知即是无善无恶之知，物即是无善无恶之物……若有善有恶，则意动于物，非自然之流行，着于有矣。'"② 按王龙溪的理解，认为"四句教"只是"夫子立教随时"的"权法"，"未可执定"，心与意、知、物是体用的关系，"意""知""物"是"无善无恶"之"心体"的自然流露，是"无善无恶"之境界的真实展现。如果能体悟到心体是无善无恶的，那么心体的发用流行——意即是无善无恶的意，知即无善无恶的知，物也就是无善无恶的物。如果说"有善有恶"，则是"意"发动以后的现象，而不是源自"心体"的自然流露，因此表现为"有"。因此，王龙溪主张为学必须"从无处立根基"，即从"心"上立根，从根本上消解对"心""意""知""物"之"四有"的偏执态度。从"无处立根基"在工夫上就表现为对本体之"无"的体认。对此，王阳明作了回答："利根之人，直从本原上悟入，人心本体原是明莹无滞的，原是个未发之中；利根之人一悟本体，即是功夫，人已内外一齐俱透了……

---

① 《明儒学案》卷十二《浙中王门学案二》。
② 《王龙溪先生全集·天泉证道记》。

汝中之见，是我这里接利根的人。"① 这就是"即本体即工夫"。

在"四无说"基础上，王畿又提出"良知当下现成"的观点。他解释"良知"说："良知原是无中生有，即是未发之中。此知之前，更无未发，即是中节之和。此知之后，更无已发，自能收敛，不须更主于收敛，自能发散，不须更期于发散，当下现成，不假功夫修整而后得。致良知原为未悟者设，信得良知过时，独往独来，如珠之走盘，不待拘管，而自不过其则也。"② 以"无"来说良知，强调良知永远是"当下现成"的，无须假借工夫修整，提出"良知现成"说。所谓"当下现成"，即在眼前日常事务中，本体良知当即呈现。换言之，本体良知在任何时间与地点，都普遍地呈现于人们当前的日常生活和人伦日用之中。任取一时，一地，良知当下见在。他多次强调："吾人学问，不离见在。"③ 见在良知当下具足，乃良知之本体，现成良知即体即用，体用不二，这是无可怀疑的。

钱德洪（1496—1574），字洪甫，号绪山，尝读《易》于灵绪山中，人称绪山先生，浙江余姚人。钱德洪十七八岁时，闻听王阳明的讲学，有所怀疑。直到正德十六年（1521年），钱德洪改变之前的看法，率侄子门生70余人迎请于中天阁，拜王阳明为师，请授"良知"之学，成为王阳明的主要教学助手，主持中天阁讲席，人称为"王学教授师"，于苏、浙、皖、赣、粤各地讲

钱德洪 像

---

① 《传习录》下。
② 《明儒学案》卷十二《浙中王门学案二》。
③ 《王龙溪先生全集·南樵别言》。

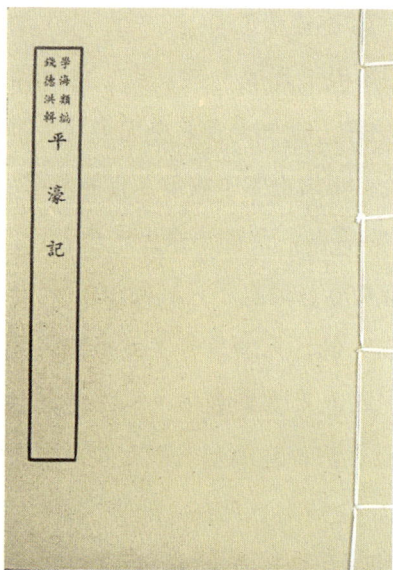

《平濠记》

学，传播阳明学说，培养了大批王学中坚。79 岁病逝。著有《绪山会语》《平濠记》《王阳明先生年谱》等。

钱德洪对"四句教"的理解与王龙溪"四无说"不同，他主张"四有说"，认为"王门四句"是"师门教人定本，一毫不可更易"。《传习录》记载："心体是天命之性，原是无善无恶的。但人有习心，意念上见有善恶在，格致诚正修，此正是复那性体功夫。若原无善恶，功夫亦不消说矣。"① 钱德洪认为，"心体"是天命之性，可以说是"无善无恶"的，但是人心难免会受到各种"习心"的困扰，因而就觉得"意念"上尚有善恶在。正因为意有善恶，所以必须在"格物""致知""诚意""正心""修身"等层面着实用功，努力去恢复"心体"的本来状态。反之，如果说否定"意"有善恶，"知""物"都是"无善无恶"的，那么工夫就无处落实，就等于所有"为善去恶"的实践工夫都可以一笔勾销，毫无意义。

钱德洪以至善规定心体，他指出："人之心体一也，指名曰善可也，曰至善无恶亦可也，曰无善无恶亦可也。曰善、曰至善，人皆信而无疑矣，又为无善无恶之说者，何也？至善之体，恶固非其所有，善亦不得而有也。至善之体，虚灵也，犹目之明、耳之聪也……今之论至善者，乃索于事事物物之中，先求其所谓定理者，以为应事宰物之则，是虚灵之内先有乎善也。虚灵之内先有乎善，是耳未聪耳先有乎声，目未视目先有乎色也……故先师曰：'无善无恶者心之体'，是对后世格物穷理之学先有乎善者立言也。因时设法，不得已之辞焉耳。"② 钱德洪认为心之本体至善无恶，以至善规定本体，只是

① 《传习录》下。
② 《明儒学案》卷十一《浙中王门学案》。

对心体的一种一般规定，
是宰制事事物物的所谓
"定理"；而心体的无善
无恶，是对心体的一种
具体规定。心体的至善
是由天理规定的，因而
至善的心体在王阳明那
里只是一个先天的预设，
是未发状态的一般存在。
而个体的人是真实的存

中天阁

在，并不是一个抽象的人，处在已发状态下，此时的心体随着有知、情、意
的个人在世而显现于外时，便以可善可恶的形式表现出来，取得了有善有恶
的现实形态，即"有善有恶是意之动"。

　　与王龙溪的"即本体即工夫"的工夫路径相反，钱德洪之"四有说"对
应的是"由工夫及本体"。这就要求人们在后天所起的意念上省察克治，不断
通过在事事物物上实心磨炼、"为善去恶"，以恢复被"习心"遮蔽的"心
体"的本来状态。所以钱德洪提出了"于事物上实心磨炼"的道德修养主张。
他说："致知格物工夫，只须于事上识取，本心乃见。心事非二，内外两忘，
非离却事物又有学问可言也。"① "格物致知"的工夫，只能在日常生活的事
事物物上去做，通过不断地"事上磨炼"，不断地"为善去恶"，明莹无滞的
"本心"自然可见。钱德洪在这里强调，"心"与"事"并非两物，并不是在
"格物"工夫之外又别有一个"正心"工夫；离开了具体的"事物"，就没有
学问可言了。因此，工夫要面对人们的日常经验生活，要在日用常行中去体
证本体。如果工夫脱离了日常经验生活，脱离了具体的事物，就会导致"枯
寂"的弊病。

---

　　① 《明儒学案》卷十二《浙中王门学案一》。

二、江右王门学术思想

江右王门学派，系指明代中后期江西一带的王门后学，它与浙中王门、南中王门、楚中王门、闽粤王门、北方王门并称为"王学六派"，并享有"王学正宗"的称誉。黄宗羲在《明儒学案·江右王门学案》总序中评价道："姚江之学，惟江右得其传，东郭、念菴、两峰、双江其选也。再传而为塘南、思默，皆能推原阳明未尽之旨。是时越中流弊错出，挟师说以杜学者之口，而江右独能破之，阳明之道赖以不坠。盖阳明一生精神，俱在江右，亦其感应之理宜也。"① 这不但肯定了江右王学在思想上对阳明心学的继承，也肯定了他们在王学传播中的积极作用。其主要代表人物是邹守益、聂豹、罗洪先等。

邹守益 像

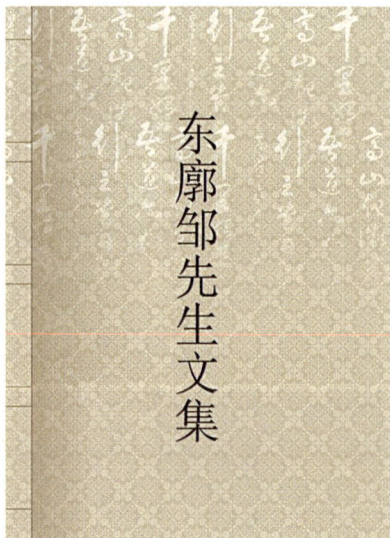

《东廓邹先生文集》

邹守益（1491—1562），字谦之，号东廓，学者称东廓先生，江西安福人。明武宗正德六年（1511 年），邹守益参加会试，当时王阳明为同考官，对他试卷中的观点很是赞赏，取他为第一名。正德十四年（1519 年），邹守益到浙江的虔台拜谒王阳明，从此以王阳明为师。邹守益居家讲学 20 年，四方从游者甚众。嘉靖四十一年（1562 年）十一月十日，邹守益疾亟而逝，赠南京礼部右侍郎，谥文庄。著作有《东廓邹先生文集》12 卷。

---

① 《明儒学案》卷十六《江右王门学案一》。

邹守益对"良知"有过丰富的描述:"夫良知之教,乃从天命之性指其精明灵觉而言。《书》谓之明命,《易》谓之明德,而恻隐、羞恶、辞让、是非,无往而非良知之运用。"① 他认为"良知"常精常明,它自然流行开来的时候,所至皆合理,是非判断皆中节,发于"四端"便是恻隐、羞恶、辞让、是非之心,即为至善。"良知"实际上是"天命之性"的固有特征之一,"天命之性,纯粹至善,昭昭灵灵,瞒昧不得,而无形与声,不可睹闻"②,而"良知"在本体上同样具有"不睹不闻"的特性。"良知"本体无所不包,精明灵觉,人之"心体"本然具有知是知非的能力,这一点古今皆同。以人"心体之同",理应皆趋于善,但是会受到人心私欲的蔽障,而有入于恶者,是因为"物欲病之也"③。由于私欲的障蔽、滞碍,而使"良知"本体昏昧放逸。常精常明的"良知"一旦受到私欲的蔽障,就无法对行为做出正确的判断,行为主体所在的社会就不能够在儒家所推崇的正常秩序中运行,因此"良知"需要以不停息的"戒惧"工夫为其扫清蔽障,才能使其流行顺畅。

"戒惧"说的工夫论是邹守益受到王阳明的启发得来的。"戒惧"出自《中庸》:"戒慎乎其所不睹,恐惧乎其所不闻。"④邹守益解释其为"谨其言,慎其行,战战兢兢"⑤,就是要人时时不放松对自己的道德约束。对"戒惧"的解释正好对应了"良知"常精常明的需要。对此他自己说道:"良知之明也,譬诸镜然。廓然精明,

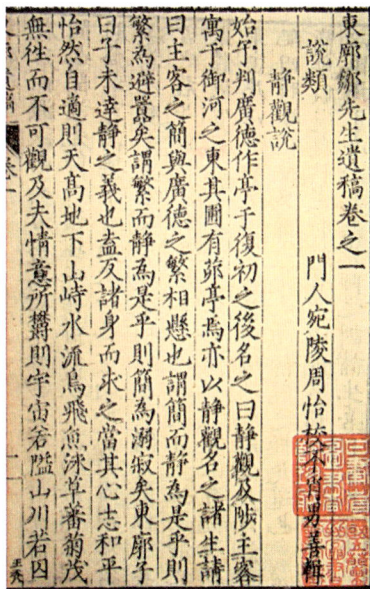

《东廓邹先生遗稿》

---

① 《理学家传》卷二十一《明儒考王门弟子》。
② 《明儒学案》卷十六《江右王门学案一》。
③ 《邹守益集》。
④ 《四书章句集注·中庸》。
⑤ 《邹守益集》。

万象毕照，初无不足之患，所患者，未能明耳……故比拟愈密，揣摩愈巧，而本体障蔽愈甚，终亦不能照而已矣。博文格物，即戒惧磨充一个工夫，非有二也。果以为有二者，则子思子开卷之首，得无舍其门而骤语其堂乎？"①"戒慎恐惧"能扫清蔽障"良知"的人心私欲，如同经常拂去镜子上的灰尘一样。"良知"就像镜子一样，本质是常精常明的。它不受外界的环境影响，外界不能对它有所损益。但它流行的过程会受到外界私欲的影响，就像镜子受灰尘附着后不能清楚地反映实际情况一样。只有常怀"戒惧"才能够保持"良知"常精常明的状态，这样精明的"良知"才可以自然流行，指导主体的行为符合儒家伦理规范。邹守益进而以"戒慎恐惧"论学，强调它在为学中的地位和作用，他说："为学大要在戒慎恐惧，常精常明，不使自私用智得以障吾本体。"② 他认为"戒慎恐惧"是"为学"的大纲要领，只要把握住这大纲要领，就能常精常明，使私欲不能屏障本体。

聂豹（1487—1563），字文蔚，号双江，学者称双江先生。江西永丰人。与王阳明在嘉靖五年丙戌（1526 年）夏见过一面，但并未称弟子。阳明逝后，聂豹悔未及拜称弟子，由钱绪山、王龙溪作证，设位北面再拜，始自称王门弟子。嘉靖九年（1530 年）与念庵相识于苏州。嘉靖二十八年（1549 年）与东廓举行冲元大会，论"归寂之旨"。嘉靖三十七年（1558 年）与龙溪论学，与东廓、念庵、师泉会讲于复古书院。嘉靖四十二年癸亥（1563 年）十一月四月卒，年 77，死后赠少保，谥贞襄。有《双江聂先生集》14 卷、《困辨录》8 卷。

聂豹雕塑

---

① 《邹守益集》。
② 《邹守益集》。

聂豹提出了"良知本寂，以寂主感"的思想。他对"良知"一词的定义为："良知者，虚灵之寂体"①。他解"寂"为"寂者，性命之源，神应之枢，原无一物，而无物不备；一无所知，而无所不知"。"寂者天之德，未发之中，先天之学也。"② 聂豹认为真正的良知本体须在未发前求之，必是无知、无觉之寂体，故须"归寂"以求此未发之寂体为主宰，以"归寂而始得"之。他指出："窃谓良知本寂，感于物而后有知。知其发也，不可遂以知发为良知，而忘其发之所自也。心主乎内，应于外而后有外，外其影也，不可以其外应者为心，而遂求心于外也。故学者求道，自其主乎内之寂然者求之，使之寂而常定，则感无不通，外无不该，动无不制，而天下之能事毕矣。"③ 只有立根于心体，在"寂而常定"的基础上，以寂体统摄感应，以未发统摄已发，以"止"统摄"动"，才能"感无不通，外无不该，动无不制"。

聂豹主张"归寂"以致知，格物无工夫。他强调归寂以立心体，在本体上用功，使心返归本寂之体，故涵养良知本体的工夫尤为重要。修养之道在于"归寂以通天下之感，致虚以立天下之有，主静以该天下之动"④。在静中涵养良知本体，再以良知寂体主宰变动不止的知觉、情感。于此，聂豹以"主静"为归寂修养的重要方法，静坐体悟良知本体，持敬存养未发之中。他说："思虑营欲，心之变化，然无物以主之，皆能累心。惟主静则气定，气定则澄

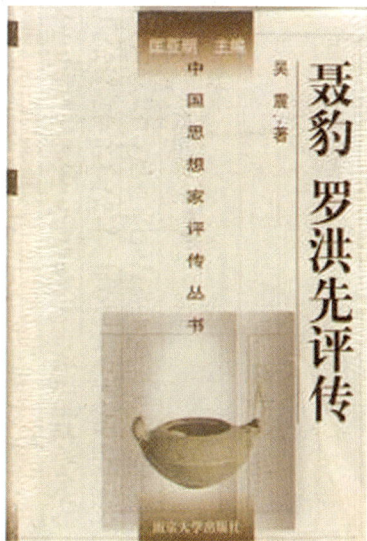

《聂豹 罗洪先评传》

① 《聂豹集》。
② 《聂豹集》。
③ 《聂豹集》。
④ 《聂豹集》。

然无事，此便是未发本然"。① 所谓"格物无工夫"乃指工夫不在格物处做。聂豹认为能"致知"，自能"格物"，不能"致知"，"格物"处亦无从下手作工夫。对此，他有个比喻："致知之功，要在于意欲之不动，非以'周乎物而不过'之为致也。镜悬于此，而物来自照，则所照者广。若执镜随物，以鉴其形，所照几何？延平此喻，未为无见。致知如磨镜，格物如镜之照。谬谓格物无工夫者，以此。"② 在聂豹看来，所谓"格物"无非是"归寂"之效应，只要"本体之量"得以充满，"便自能感而遂通"，这不能不说是"归寂"思想的必然结论。

罗洪先（1504—1564），字达夫，别号念庵，江西吉水人。有《念庵罗先生集》13卷。罗洪先主张"良知即是万物一体之仁"。他认为："无声无臭而万物生，上天之载也。天命为性，万物同此出焉。无极者，言乎其本也无欲者，一台一乎其功也。无欲则浑然与物同体，夫是之谓仁。"③ 无声无臭即不睹不闻之体，由其发用流行则无一毫私欲掺杂，若能使心体感应万物而无一毫私欲，就是与万物一体，就是仁。"至善"是此万物一体的"体"，"虚寂"是指其贯通，止于此至善的境界则能定、静、安、虑，能够物来顺应，使万物各得其则。恢复此万物一体的虚寂之体就是能止于至善，这也是为学的下手处。而格物能以致知、至善为目标就是止于至善。万物一体，都是物，而

罗洪先 像

① 《聂豹集》。
② 《聂豹集》。
③ 《罗洪先集》《跋〈太极图〉〈定性书〉〈西铭〉〈论仁体〉四篇后》，凤凰出版社2007年版。

"身"为天下、国、家的根本，所有的事归根结底都是"修身"，"修身"就能齐家、治国、平天下。修身先要致知，即致此万物一体之"体"，与万物通为一体，这样就"物格知至得所止矣"。从致知入手也是"知本"①。知与物相接、相感而使之符合天则就是格物，能使意实现其灵而虚就是致知。②

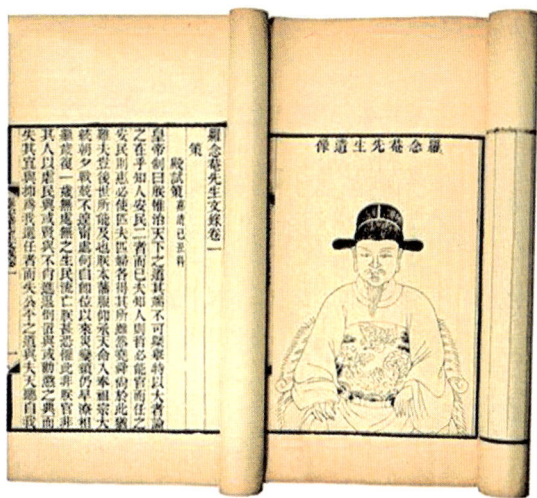

《罗念庵先生文录》

　　罗洪先认为主静工夫是获得良知，达到圣人境界的基本之路，他提出"主静以致良知"。"致虚""主静"即是"致知"工夫，意思是回归到吾人虚静之心体而存养之。良知不睹不闻，而不睹不闻之体就是静，因此静和良知、不睹不闻一样都是万物的根源。本体是至善的，不掺杂一毫私欲，因此静也无一毫私欲掺杂其间，致知就是致此无欲之静，无欲则能至于静。罗洪先经常以静坐开示来学。他说："静坐收拾此心，此千古圣学成始成终句。但此中有辨在。静中识得本心后，根底作用，俱不作疑。即动静出入，咸有着落；分寸不迷，始为知方。"③"静坐"，并不是不具道德意义的实然气定状态，也不是不肯定道德本心的存有，而是在静坐中肯认道德本心的存有，积极建立道德主体的全然自主性，使得"心"有主体而在动静中不逾矩。罗洪先认为主静就是天地间真精神所在，此真精神与天地合德而发育不穷，与日月合明而照应不遗，与四时合序而错行不忒，与鬼神合吉凶而感应不爽。但是不可以从情识中认取个"幽闭暇逸"为静。若是以"幽闭暇逸"为主静，就会导

　　① 徐儒宗：《罗洪先集》卷八《答蒋道林》，凤凰出版社 2007 年版。
　　② 徐儒宗：《罗洪先集》卷八《大学解》，凤凰出版社 2007 年版。
　　③ 徐儒宗：《罗洪先集》卷六《答王有训》，凤凰出版社 2007 年版。

致享用、玩弄、隐忍狼狈而不自觉。①

三、泰州学派创始人——王艮

王艮,初名银,后改名为艮。字汝止,号心斋,生于明成化十九年(1483年),卒于明世宗嘉靖十九年(1540年)。泰州安丰场(今江苏东台)人,人称王泰州,泰州学派创始人。38岁时,远赴江西,师从江西巡抚王阳明,自创"淮南格物说",主张"百姓日用即道"。有其门人收辑的《王心斋全集》6卷传世。

王艮认为:"百姓日用即道","愚夫愚妇"都"能知能行",所以被称为"平民大儒"。他反复强调:"百姓日用条理处,即是圣人之条理处,圣人知便不失,百姓不知便为失。"② 圣人有条不紊的学术系统源于对"百姓日用条理"的总结。他极其坚定地说:"圣人之道,无异于百姓日用"③,离开了"百姓日用","圣人"将无所作为。但是王艮认为"百姓"往往不知,不能自觉地维护自身的权益,这就叫作"百姓日用而不知"。所以他反复说"唯百姓日用而不知,故曰:'以先知觉后知'"④,即通过"先知"的启迪作用,可以使"百姓"完成从不知到知的过程,"特无先觉者觉之,故不知耳"⑤,"百姓"

王艮 像

---

① 徐儒宗:《罗洪先集》卷十《答门人》,凤凰出版社2007年版。
② 《王心斋全集》。
③ 《王心斋全集》。
④ 《王心斋全集》。
⑤ 《王心斋全集》。

之所以"不知"，是因为先知先觉者没有尽到自己的责任。为此，他在师从王阳明不久，就北上讲学，以便"过市井启发愚蒙"，使其"苏醒精神"，改善如"鳅鳝"一样的受压迫地位。他认为，如果"百姓"能够认识和起来维护自己的生存权利，那就是"道"的实现，所以他说"愚夫愚妇，与知能行便是道"①。他号召"百姓们"不要"听命"，而是要"造命"，即自己创造自己的命运。

由于王艮家住淮河以南的泰州，所以他的"格物论"被称为"淮南格物"。王艮认为，"格物"的"物"不

江苏东台安丰镇王艮文化馆

是"事"，不是"理"，也不是"气""心"，而是指身、家、国、天下。"惟一物而有本末之谓。'格'，絜度也。絜度于本末之间"，"吾身以为天下国家之本"，"离却反己谓之失本，离却天下国家谓之遗末"②。王艮明确地以"吾身"为本，以天下国家为末，强调"吾身"对天下国家的主导作用，犹如用"絜"（绳子计量）得出圆形物体的周长和用"矩"（古代画方的工具，即今之曲尺）画方一样。他在回答学生"格"字之义时说："'格'如格式之格，即后絜矩之谓也。吾身是个矩，天下国家是个方，絜矩则知方之不正，由矩之不正也，是以只去正矩，却不在方上求。矩正则方正矣，方正则成格矣，故曰物格。吾身对上下左右前后，是物，絜矩是格也。"③ 个人犹"矩"，天下国家犹"方"，天下国家中出现的问题都应从个人身上寻找原因。"反己是

---

① 《王心斋全集》。
② 《王心斋全集》。
③ 《王心斋全集》。

江苏泰州崇儒祠

格物的工夫。"① 一要认清自己对天下国家所肩负的"不容已"的历史责任，懂得"一身不是小，一正百正，一了百了"的道理，对自己从严要求，不要自暴自弃。二要把它看作是自己的一种生理生活本能，如闻到臭味就厌恶，看见好色就喜欢那样，情不自禁地、"真真实实"去实现这个"真实"的自我。可见，王艮所说的"反己"还是要从思想上和行动上鼓励人们实现"自我"的价值。

那么，怎样才能做到"以身为本"、实现"自我"的价值呢？王艮的答案是"尊身"才能"立本"，并提出了自己的《明哲保身论》。"明哲保身"，源出《诗·大雅·烝民》："既明且哲，以保其身"②。王艮说："知保身者，则必爱身如宝"③，不仅是自己要爱惜自己的生命，而且要"爱人直到人亦爱"，所以他的"爱身如宝"，既是爱己，又包含爱人，是爱己与爱人的有机统一。他说："能爱身，则不敢不爱人；能爱人，则人必爱我；人爱我，则吾身保矣。能爱人，则不敢恶人；不恶人，则人不恶我；人不恶我，则吾身保矣……此仁也，万物一体之道也。""故爱人者，人恒爱之；信人者，人恒信之，此感应之道也。爱人直到人亦爱，敬人直到人亦敬，信人直到人亦信。"④ 王艮把人的自然性和社会性的统一、爱己爱人以及实现人的价值作为"明哲保身"的理论依据、基本内容和主要目的，对"明哲保身"做出了全新的诠释与运用。

---

① 《王心斋全集》。
② 《诗·大雅·烝民》。
③ 《王心斋全集》。
④ 《王心斋全集》。

第三章　辽、西夏、金、元儒学

宋初，东北、西北便为辽（916—1125）、夏（1038—1227）分据，因此其国力始终难以健全。发源于白山黑水的女真部落也逐步崛起壮大，1115年正月，完颜阿骨打即帝位，立国称金（1115—1234），1125年灭辽，1127年灭北宋，先后在今北京和开封建都，疆域包括辽的故土并向西扩张到陕西、甘肃与西夏接界，向南扩张达秦岭和淮河与南宋接界。南宋（1127—1279）与金对峙的局面达一百多年，这是中原北部地区各民族相互融合的重要阶段。从唐到宋之间近500年的时间里，中原地区实际上是一个以汉族为核心的熔炉，辽、西夏、金等非汉族政权的相继建立，北宋的灭亡，加快了不同民族大融合的进程。契丹人、女真人虽然在中原北部取得优势，但并没有力量统一中国。蒙古人崛起于北方后，1206年铁木真创立了蒙古国，1227年灭西夏。窝阔台继位之后，蒙古、南宋联合，于1234年灭金。忽必烈即位后，于1271年定国号为"元"，并于1279年灭南宋。北方民族囊括中国全部版图成为统一的政权是从元帝国开始的。从1271年3月忽必烈建国号大元到1368年元顺帝北逃应昌，元帝国存在的时间为97年。元朝的统一，结束了自唐末藩镇割据以来南北对峙，多个政权长期并存的分裂和战乱局面，同时，又使汉族的农耕文化与北方少数民族的游牧文化之间的冲突、融合达到一个新的阶段。从晚唐五代到明朝建立，一方面是北方契丹、女真、党项、蒙古等草原游牧民族先后建立的政权"用夏变夷"、广泛吸收汉文化的进程；另一方面又是汉民族经历了一次又一次的严峻挑战，不断地吸取新鲜血液以激活自身生命力的进程。多元一体格局的中华文化就在这一震荡迭起、波澜壮阔的民族大冲突、大交流、大融合的历史进程中走向成熟。

第一节　辽代儒学

辽是由契丹族建立的政权，契丹族是世居北方的游牧民族，在辽太祖耶律阿保机立国之前，虽然受到了中原儒家文化的影响，但仍处于"草居野次，靡有定所"① 的游牧阶段。在辽太祖立国之后，这种状况大为改观，辽太祖通过与汉族士人的接触，逐渐认识到如果不改变这种四时转徙的生活方式，契丹族就不可能有较大的发展，而要改变这种生活方式，就必须向风慕华，学习和接受中原的制度、文化。于是，辽太祖在崇尚武功的同时，开始注重文治教化的作用，不仅创制了契丹大、小字，与汉字并行于辽国统治区内，而且积极吸收中原儒家文化为己所用。其典型的事例就是辽太祖亲自主持召开群臣会议，确立"尊孔崇儒"以及以儒家思想作为治国安邦的主体思想。

时太祖问侍臣曰："受命之君，当事天敬神。有大功德者，朕欲祀之，何先？"皆以佛对。太祖曰："佛非中国教。"倍曰："孔子大圣，万世所尊，宜先。"太祖大悦。即建孔子庙，诏皇太子春秋释奠。②

辽太祖耶律阿保机　像

引文中的"倍"，即耶律倍，辽太祖耶律阿保机的长子。耶律倍崇仰汉文化，藏书万卷，通阴阳，知音律，精医术，工"辽、汉文章，尝译《阴符经》"，他主东丹国时，"一用汉法"。

后来的辽代皇帝继承了尊孔崇儒的政策，并将其发扬光大。辽太宗耶律德光特别喜爱汉人的礼仪文

---

① 《辽史·营卫志中·部族上》。
② 《辽史·义宗倍》。

物，据《新五代史·四夷附录》记载，辽太宗"被中国冠服，百官常参起居，如晋（按：石敬瑭所建之后晋）仪"。"德光服靴袍御崇元殿，百官入阁，德光大悦。顾其左右曰：汉家仪物，其盛如此，我得于此殿坐，岂非真天子耶！"辽太宗于会同元年（938年）获取"燕云十六州"以后，果断推行"因俗而治"的基本国策，对所得的"燕云十六州"，仍用唐制，复设南面三省、六部、台、院、寺、监、诸卫、东宫之官。所以辽代的制度，有国制、汉制之别，形成辽汉北南两套治理体系："太祖神册六年，诏正班爵。至于太宗，兼制中国。官分南北，以国制治契丹，以汉制待汉人。国制简朴，汉制则沿名之风固存也。辽国官制分北南院。北面治宫帐、部族、属国之政，南面治汉人州县、赋租、军马之事。因俗而治，得起宜矣。"①

其后，辽代的诸位皇帝也都精通汉学，如以辽圣宗、辽兴宗、辽道宗等为代表的一大批契丹贵族，对儒家经典和历史也十分通晓，《辽史》对此有明确详细的记载。

辽代立国210年，先后有9个皇帝，几乎每个皇帝都热衷于汉文化，儒家伦理道德已经深入到辽国社会生活、政治生活的各个领域之中。比如辽代皇帝也像汉族帝王一样上尊号，在上尊号的时候又必须要体现儒家的思想，如太宗称"孝武惠文皇帝"，上尊号曰"嗣圣皇帝"，加上尊号曰"睿文神武法天启运明德章信至道广敬昭孝嗣圣皇帝"。诸如此类，不胜枚举。有学者统计，辽国九个皇帝上尊号时，共用了17个"孝"字，9个"仁"字，8个"德"字，3个

《辽史》

① 《辽史·百官志一》。

"智"字，1个"信"字，其他字也皆用以表示吉祥和威严。此外，在契丹族中也有很多人用"三纲五常"的字眼取名，据《耶律仁先墓志铭》记载，耶律仁先及其四个弟弟的名字按"五常"的顺序而起，即仁先、义先、礼先、智先和信先。

在皇族的带动下，不少契丹贵族也很精通儒家学说，涌现出一批知识分子，诸如隆先、耶律学古、耶律俨、萧韩家奴等，都有很高的儒学造诣。他们或长于文学，或长于经史，或长于绘画，或长于医术，一时儒林，颇有可观。儒家思想不仅被契丹上层吸收，而且也广泛流传于民间，如在辽宁省锦西县辽墓中发现的"孟宗哭竹"和"王祥卧冰求鲤"等石刻墓画和其他地区辽墓中发现的孝子、义妇、友悌等人物故事石刻画像等等，都是取材于中原地区广为流传的"二十四孝图"。

但仅通过皇族学习、践行、提倡儒学是远远不能满足社会需要的，必须进行科举取士：一方面使儒家文化在百姓中间普及传播，另一方面选拔治世之才纳入国家管理体系。辽景宗、圣宗年间开始实行科举取士。辽圣宗在辽国治域内遍设府州县学，以广儒家文化教育的同时，又把科举制度由南京一隅推向全域，进一步扩大科举制度在辽国的影响。兴宗对科举考试更加重视，开有辽一代御试进士之先河，亲自殿试进士，对进士及第者给予极高的礼遇。

在科举制度的影响下，北方游牧民族崇尚儒家经史之风气日甚一日，儒学文化水平普遍提高。有辽一代，涌现出众多士人，著述颇多。据王巍先生研究，辽代人所撰经史子集四部书籍共 144 种，其中经部 2 种、史部 23 种、子部 102 种、集部 17 种。"就这些书目所见，辽代著作中存在着汉文、契丹文两种文字形式，汉文书籍占据很大比重，经、史、子、集四大部类中，绝大多数的著述是汉文形式，契丹文书籍只是对汉文书籍的翻译。"① 仅以集部为例，道宗有《清宁集》，秦晋国妃萧氏有《见志集》，耶律隆先有《阆苑集》行于世，萧柳有《岁寒集》，萧孝穆有《宝老集》，耶律资忠有《西亭

---

① 王巍：《辽代著述研究》，参见张畅耕主编《辽金史论集》（第六辑），社会科学文献出版社 2001 年版，第 182－183 页。

集》，耶律庶成"有诗文行于世"，耶律良有《庆会集》，萧韩家奴"有《六义集》十二卷行于世"。从上述文集不难看出，辽代北方游牧民族士人能诗善赋者不乏其人。不过，由于"契丹书禁甚严，传入中国者法皆死"，[①] 因而上述文集均已佚失，难睹其貌。

第二节　西夏儒学

西夏是党项族建立的政权。党项族是羌人的一支，曾游牧于今四川松潘以西和青海积石山以东的青藏地区，唐代前期、中期以后，受吐蕃东进侵扰，党项各部迁至庆州（今甘肃合水）和横山一带，党项酋长拓跋赤辞率众归附唐朝，唐太宗封赤辞为西戎州都督，赐李姓。唐末，酋长拓跋部思恭因帮助唐政权镇压黄巢起义有功，被拜为夏州（今陕西靖边）节度使。1038年，李元昊建国时以夏为国号，称"大夏"，因其在西方，故史书称之为"西夏"。西夏与宋、辽、金三国鼎立相持近 200 年。西夏以佛立国，把佛教作为国教加以提倡和崇信。在西夏学术思想领域占主导地位的无疑是佛教，但崇佛并不排儒，二者并行不悖。就现有资料来看，西夏儒学并没有在学术道统方面有所发展，儒学在西夏的发展主要体现在以下两个方面：一是西夏官僚体制和政治文化受到儒家文化影响，

西夏开国皇帝李元昊

① 《梦溪笔谈》卷十五《艺文二》。

岩画中的西夏文字

二是西夏的儒学教育在中后期达到较高的水平。

西夏历代统治者都积极学习和模仿宋朝，其官制、礼乐、历法无不效法唐宋，汉风渐行。李元昊为了立国有别、自有其体，下令创制自己的文字，时称蕃文，今称西夏文。西夏文虽不同于汉字，却是仿照汉字而来，都属于表意的方块字，可以说是汉字的翻版，正如西夏学者骨勒茂材所说，西夏文字与汉字是"论末则殊，考本则同"。李元昊虽然创制蕃文、突出蕃礼以别于宋廷，但他也深知，尊儒的宋国讲究仁义，所以他临终遗言："异日力弱势衰，宜附中国，不可专从契丹。盖契丹残虐，中国仁慈，顺中国则子孙安宁，又得岁赐、官爵；若为契丹所胁，则吾国危矣。"① 这也从一个侧面表明了李元昊对儒家文化的仰慕与认同。

李元昊之后的西夏皇帝也都仰慕中原礼仪，积极推行汉文化。1061年，夏毅宗李谅祚遣使上表于宋："窃慕中国衣冠，令国人皆不用蕃礼，明年当以此迎朝使。仁宗许之。"② 1062年夏，"献马五十匹，表求太宗御制诗草、隶石本，欲建书阁宝藏之。并求《九经》《唐史》《册府元龟》及中国正至朝贺仪。仁宗赐以《九经》，还所献马"③。1154年秋，西夏仁宗李仁孝"请市儒、释书于金。仁孝遣使请市儒、释诸书，金主许之"④。或从宋求请，或与金购置，西夏积极引进儒家文献，满足其教育的发展和士人的研读。

西夏教育是从学习和推行西夏文字开始的。李元昊建国的次年，即天授

---

① 《西夏书事》卷十九。
② 《西夏书事》卷二十。
③ 《西夏书事》卷二十。
④ 《西夏书事》卷三十六。

礼法延祚二年（1039年），下令建立"蕃学"，由西夏文创制者野利仁荣主持。"蕃学"的西夏文教材，主要是野利仁荣主持翻译的儒家经典，如《论语》《孝经》《尔雅》《四言杂字》等，生员从蕃汉官僚子弟中选拔，"俟习学成

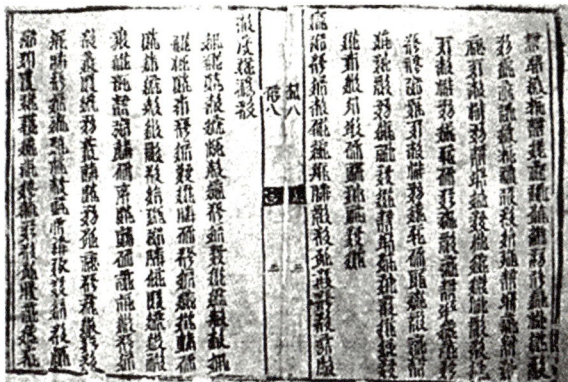

西夏文刻《论语》

效，出题试问，观其所对精通，所书端正，量授官职，并令诸州各置蕃学，设教授训之"①。

虽然蕃学使用的教材为夏译汉文典籍，但所倡导的仍是党项传统文化，"自曩霄（西夏景宗李元昊）创建蕃学，国中由蕃学进者诸州多至数百人，而汉学日坏。士皆尚气矜，鲜廉耻，甘罹文网，乾顺患之"②。这种教育制度培养出的人才质有余而文不足，越来越不适应封建社会的需要，所以崇宗李乾顺甚是忧患。贞观元年（1101年），御史中丞薛元礼上言："士人之行莫大乎孝廉，经国之模莫重于儒学。昔元魏开基，周齐继统，无不尊行儒教，崇尚《诗》《书》。盖西北之遗风，不可以立教化也。景宗以神武建号，制蕃字以为程文，立蕃学以造人士，缘时正需才，故就其所长，以收其用。今承平日久，而士不兴行，良由文教不明，汉学不重，则民乐贪玩之习，士无砥砺之心。董子所谓'不素养士而欲求贤，譬犹不琢玉而求文采也'，可得乎？"于是崇宗命于蕃学之外特建"国学"，"设弟子员三百，立养贤务以廪食之"③。

这种蕃学、汉学并行的模式，学界称之为"外蕃内汉"，这是西夏由氏族

---

① 《西夏书事》卷十三。
② 《西夏书事》卷三十一。
③ 《西夏书事》卷三十一。

社会向封建社会转变的必然选择。原先与"事畜牧""不耕稼""无法令"的生产、生活方式相适应的文化模式，已经不能适应西夏封建化的进程。而这种"外藩内汉"的文化模式，一方面保留了西夏本民族的文化特性，另一方面又以儒家文化为主体的汉文化来充实蕃礼、蕃学的内涵，可以大量吸收中原先进的儒家文化。

夏仁宗时，西夏的教育得到了迅速发展。人庆元年（1144 年），令州县各立学校，弟子生员增至 3 000 人。立小学于禁中，招收宗室 7～15 岁子弟入学，仁宗"亲为训导"。人庆二年（1145 年），建大汉太学，西夏仁宗"亲释奠，弟子员赐予有差"，这明显是董仲舒"兴太学以养士"的思想观念在西夏的体现。次年（1146 年），尊孔子为文宣帝，令各州郡建庙祭祀。人庆四年（1147年），"策举人，始立唱名法"。天盛二年（1150 年），"复建内学，选名儒主之"。天盛十二年（1160 年），西夏仁宗设立翰林学士院、翰林待制和翰林直学士等，继又以著名文人王金、焦景颜等为学士，命王金等掌管国史，负责纂写《西夏实录》，进一步确立了儒学在国家政治生活中的主导地位。西夏乾祐二十三年（1192 年），重新修建太学，西夏文《新修太学歌》专门记述了这一盛事及重修后太学的形制和规模。

西夏儒学经过景宗元昊、毅宗谅祚、惠宗秉常、崇宗乾顺诸帝的提倡，到了仁宗仁孝时期，已臻彬彬之盛。儒学的普及和教育的发展，为科举取士提供了土壤。西夏建国之初还没有实行科举取士制度。随着政权的稳固，需要大量人才来治理国家，于是西夏开始仿照宋朝实行科举制度，选拔治世之才。仁宗人庆四年（1147 年），"秋八月，策举人。立唱名法，复设童子科，于是，取士日盛"①。

西夏在实行科举制度之后，大量有识之士脱颖而出。例如，担任相国十年之久的斡道冲，"八岁以《尚书》中童子举"。斡道冲积极支持"儒学文教"政策，为相十余年，对西夏儒学及文化的发展做出了巨大的贡献。据史

---

① 《西夏书事》卷三十六。

书记载，西夏第八代皇帝遵顼也是进士及第，"遵顼端重明粹，少力学，长博通群书，工隶篆。纯祐廷试进士，唱名第一，令嗣齐王爵。未几擢大都督府主"①。遵顼为西夏宗室齐王李彦宗之子，后来做了西夏皇帝，即夏神宗，成为中国历史上进士出身做皇帝的第一人。神宗时的吏部尚书权鼎雄，也是天庆年间的进士。乾定三年（1125 年），仍策进士，高智耀等人进士及第。西夏亡国后，高智耀入仕蒙元，成为一代儒臣，对元初"用儒生，卒以文治太平……实与有力"②。

由于西夏帝王的大力提倡和科举取士的鼓励，西夏儒学蔚然成风，著述可观。西夏人用蕃文大量翻译汉文古籍，例如，《论语》《孟子》《孝经》《贞观政要》《六韬》《类林》《黄石公三略》《孙子传》《十二国》《德行集》《慈孝集》等。除翻译汉文经典外，西夏人还自己编写大量书籍，如西夏文字典：《文海》《同音》《三才杂字》，夏汉文对照辞典《番汉合时掌中珠》；诗集：《新集碎金置掌文》；格言集：《圣立义海》；谚语集：《新集锦合辞》；故事集：《新集慈孝集》《贤智集》《德行集》；法律文书：《天盛年改新定律令》等。这些西夏文书中，不但贯穿了儒家的忠孝节义思想，同时还表现出了党项民族独特的文化特点，体现出西夏文化多元汇聚的民族特色，是西夏文化的直接表现。

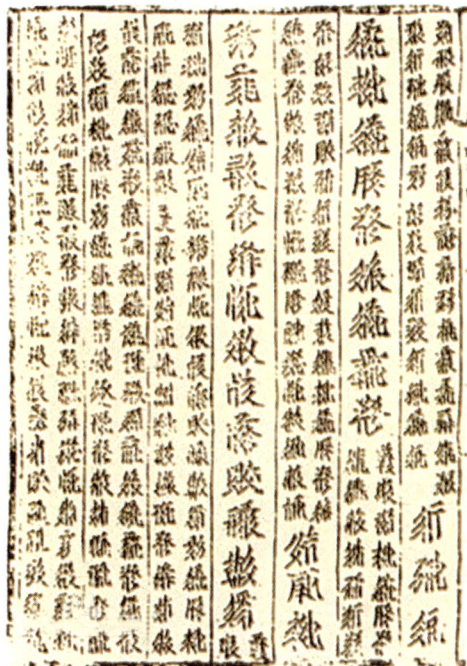

西夏文刻《孙子兵法》

---

① 《西夏书事》卷三十九。

② 陈垣：《元西域人华化考》，《陈垣集》，中国社会科学出版社 2000 年版，第 94 页。

第三节　金代儒学

元代在总结辽、金灭亡的教训时曾有"辽以释废，金以儒亡"之说，且不论金是不是因儒而亡，通过此说，金对儒学之优待可见一斑。金代对儒学的态度有一个由轻侮到敬重的转变过程。金兵初进曲阜，谩骂孔子，放火烧毁孔庙。及至熙宗，开始尊孔。熙宗在上京立孔庙，亲自祭拜，又封孔子后裔孔璠为衍圣公。海陵王时，国子监于天德三年（1151 年）大量刊印《易》《书》《诗》《礼记》《周礼》《孝经》《左传》等等，并指定用这些经籍自汉代以来最有影响的注疏本作为科举考试的教材。金世宗更加尊孔崇儒，他修立孔墓，立"宣圣庙碑"。世宗朝还设立译经所，用女真语翻译儒家经书。大定五年（1165 年）译成《贞观政要》《白氏策林》等书，大定六年（1166年）又译《史记》《汉书》。大定十五年（1175 年），世宗再次下诏翻译经史。大定二十二年（1182年），译经所进呈《易经》《尚书》《论语》《孟子》《老子》《扬子》《文中子》《刘子》以及《新唐书》的女真文译本。世宗还对朝臣说，他之所以下令翻译"五经"，是要女真人知道仁义道德之所在。大定二十六年（1186 年），他下诏规定，女真贵族如不能读女真文经书，不得承袭猛

曲阜孔庙党怀英篆题《杏坛》碑

安、谋克等贵族身份。金章宗继位前，即
已熟读《尚书》《孟子》，认为这些书体现
了"圣贤纯正之道"。继位后，下特旨修
葺孔庙，廊庑用碧瓦，石柱雕龙纹，修建
厅堂、庙宇等 400 多间，并下诏各州建孔
庙，避孔子名讳。章宗还下诏命令 35 岁以
下的女真亲军必须读《孝经》和《论语》。
世宗、章宗朝还广置官学，以《论语》
《孝经》为必读课本，文人学子可以通过科
举考试进入仕途。《金史·文艺上》说：
"世宗、章宗之世，儒风丕变，庠序日盛。
士由科举而位列宰相者接踵。"世宗在位期
间，每次录取的进士都在 500 人以上，最多
时达 900 余人。因为推崇儒学，社会安定，
经济发展，金世宗甚至被誉为"小尧舜"。

　　金章宗后期，金代儒学步入了学术化
的发展阶段，儒林出现了赵秉文、李纯甫、
王若虚等具有代表性的思想家。赵秉文号
为金代文坛宗主，李纯甫因力主以佛为主、
"三教合一"在中国古代思想史上占据一
席之地，王若虚经学成就得到时贤和后儒
的认可。他们三人的儒学研究是金代儒学
水平的集中体现。

大金重修至圣文宣王庙之碑

一、赵秉文

　　赵秉文（1159—1232），字周臣，磁州滏阳人，自号闲闲老人，因做过礼
部尚书，故世人又称赵礼部。赵秉文自幼至老未尝一日废书，著述颇丰，所

赵秉文 像

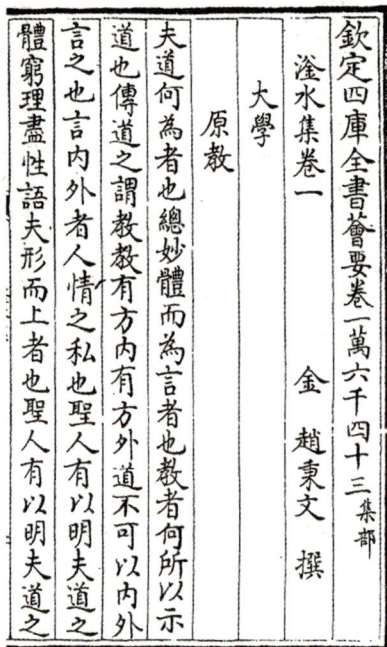

《滏水集》

著有《易丛说》10 卷、《中庸说》1 卷、《扬子发微》1 卷、《太玄笺赞》6 卷、《文中子类说》1 卷、《南华略释》1 卷、《列子补注》1 卷、《资暇录》15 卷，删集《论语》《孟子》解各 10 卷，生平文章入《滏水集》。除《滏水集》外，其他著述多佚失，《滏水集》是今人研究其思想的主要材料。

从赵秉文的著述来看，他涉猎甚广，除了对《易》《论语》《孟子》《中庸》等儒家传统经典有所研究外，还对扬雄、王通之学下过功夫，此外，对《庄子》《列子》等道家文献也作过注释。赵秉文不仅研习儒家，对佛老之学也做过深入探究。在他那里，儒释道思想是杂糅在一起的，而这也是有金一代思想面貌的一个缩影，同时也是金代儒学的一种特色。

赵秉文认为学习佛老并不影响一个人成为儒家式君子，他常说："学佛老与不学佛老，不害其为君子。柳子厚喜佛，不害为小人；贺知章好道教，不害为君子；元徽之好道教，不害为小人。亦不可专以学二家者为非也。"① 这段话典型地反映了他对学佛老的开放心

① 《归潜志》卷九。

态。赵秉文攻研儒学，兼容佛老，其《滏水集》杂有大量的佛老之言，但他对佛老并不是全盘接受，他也认识到了佛老的一些弊端，这在他的学术思想中有所体现。

在谈到有关人性的理论时，他首先就摒弃了佛老的性命之说："性之说，难言也，何以明之？上焉者，杂佛老而言；下焉者，兼情与才而言之也。佛则灭情以归性，老氏则归根以复命，非吾所谓性之中也。"① 在赵秉文看来，佛泯灭喜怒哀乐人之常情，道则忘情忘性，都是不可取的。性即天理，程颐曾提出"性即理也"，他认为天地之间有理和气，人禀受天地之气以为形体，禀受天地之理而为本性，这样人的本性与天地之理有了宇宙论的联系。赵秉文继承程颐哲学，又进一步阐述说："中者天下之大本也，此指性之本体也，方其喜怒哀乐未发之际，无一毫人欲之私，纯是天理而已，故曰天命之谓性。"② 他认为性的本体即是中，也就是天理。天理是天地间一切事物的本体，也是性的本体，人禀受天地之理以成其性，所以说"天命之谓性"。

在谈到对道的理解时，赵秉文强调了道与日用常行的密切关联："夫道，何为者也？非太高难行之道也。今夫清虚寂静之道，绝世离伦，非切于日用，或行焉，或否焉，自若也。至于君臣、父子、夫妇、兄弟、朋友之大经，可一日离乎？故曰：可离非道也。"③ 道不是高高在上不接地气的道，而应该在日用常行中，人生在世无非就是洒扫应对进退等日常行为、君臣父子夫妇兄弟朋友等人伦纲常，这些是人生须臾不可离的，这才是道。"清虚寂静""太高难行"之道，脱离日用人伦，没有任何意义。

关于中，赵秉文明确指出佛老所说的中"非吾圣人所谓大中之道也"，学者切不可求之于佛老，"学者固不可求之于气形质未分之前（老）、胞胎未具之际（佛），只于寻常日用中试体夫喜怒哀乐未发之际果是何物耶"④。那么，

---

① 《滏水集》卷一《性道教说》。
② 《滏水集》卷一《性道教说》。
③ 《滏水集》卷一《诚说》。
④ 《滏水集》卷一《中说》。

赵秉文所说的中应该怎样理解呢?"其所谓大中之道者,何也?天道也,即尧、舜、禹、汤、文、武、周、孔之道也。《书》曰允执厥中,《易传》曰易有太极,极,中也,非向所谓佛老之中也。"关于大中之道的形成,他提出,"自尧舜禹相授受,以精一大中之道,历六七圣人,至孔子而大备"①。关于大中之内涵,他是这样阐述的:首先,大中乃人性所固有。所谓"及其发于人伦事物之间,喜无过喜,喜所当喜;怒无过怒,怒所当怒,只是循其性固有之中也"。其次,大中是天下正理。"停停当当,至公至正,无一毫之私意,不偏倚于一物,当是时不谓之中,将何以形容此理哉。"最后,"大中"是天命之性。所谓"中者和之体,和者中之用,非有二物也,纯是天理而已。故曰,天命之谓性,中之谓也"②。

此外,赵秉文还对理、和、诚等重要理学概念做出了诠释,促进了儒学在北方的传播和发展。另外,赵秉文儒释道三者兼修,为儒学发展注入了新鲜的血液。

二、李纯甫

李纯甫(1177—1223),字之纯,自号屏山居士,弘州襄阴人。幼时聪颖异常,于书无所不窥,初为辞赋学,后读《左氏春秋》,大爱之,遂更为经义学。其著作,据《屏山居士传》称:"解《楞严》《金刚经》《老子》《庄子》,又有《中庸集解》《鸣道集解》(当作《鸣道集说》),号为'中国心学,西方文教',数十万言。"晚年曾"自类其文,凡论性理及关佛老二家者号《内稿》,其余应物文字如碑志、诗赋,号《外稿》,盖拟《庄子》内外篇"③。李纯甫亡故后,因为赵秉文认为此书有伤名教,所以当时没有刊行。据考证,《鸣道集说》是其仅存于世的学术专著。

李纯甫为学涉猎甚广,他在《重修面壁庵记》中曾经这样自述其为学历

---

① 《滏水集》卷十三《叶县学记》。
② 《滏水集》卷一《中说》。
③ 《归潜志》卷一。

程："屏山居士，儒家子也。始知读书，学赋以嗣家门，学大义以业科举，又学诗以道意，学议论以见志，学古文以得虚名。颇喜史学，求经济之术。深爱经学，穷性理之说。偶于玄学似有所得，遂于佛学亦有所入。"①

李纯甫对儒释道兼容并蓄，力主三教合一，"三十岁后遍观佛书，能悉其精微。继而取道学书读之，著一书，合三家为一"②。他不赞同正统儒者所谓的道统谱系，而将圣道在中土的演变描述为一个从统一到分裂再到失传的过程：伏羲、神农、黄帝、尧、舜、禹、汤、文、武皆为得道的大圣人，这时候的道是统一的。而后，圣人不王，道术分裂，有老子洗世人以道德，有孔子封世人以仁义。其后，庄子沿流而下，自大人至于圣人；孟子溯流而上，自善人至于神人。自孔老孟庄四位圣人殁世之后，圣道失传。在他的道统系统里，老庄和孔孟并存，儒道是不分的。在李纯甫看来，"援儒入释、推释附儒"这样的说法本身就是错误的，就好比说是东邻之井的水是盗自西邻之井的水一样可笑，"或疑其以儒而盗佛，以佛而盗儒，是疑东邻之井盗西邻之水，吾儿时之童心也"。他对正统儒者动辄攻击佛老是异端的做法很不以为然："吾读《周易》，知异端之不足怪；读《庄子》，知异端之皆可喜；读《维摩经》，知其非常异端也；读《华严经》，始知吾异端也。《中庸》曰：道并行而不悖；《周易》曰：君子之道，或出或处，或语或默，殊途而同归，一致而百虑。虽有异端，何足怪耶？"③

《鸣道集说》就是李纯甫对宋代正统道学的一个集中回应。盖有宋一代，大儒辈出，然以专致性理之学，时有排佛崇儒之言论。针对这一现象，李纯甫对周敦颐等两宋诸儒的相关言论逐条分析商榷。先摘抄一段宋儒语录，然后加上自己的按语，在按语中或指出该语录的思想出自于佛道何书，或指出其说不合于三圣人之处。据统计，该书议周敦颐 2 条、程颢 35 条、程颐 41 条、张载 31 条、谢良佐 28 条、杨时 9 条、司马光 5 条、刘安世 5 条、潘殖 5 条、张九成 1

---

① 《归潜志》卷一。
② 《中州集》卷四。
③ 《屏山鸣道集说》卷五《杂说》。

条、江名表 1 条、吕东莱 1 条、张栻 4 条、朱熹 8 条。因此，全祖望在《宋元学案》中说："其所著《鸣道集说》一书，濂洛以来，无不遭其掊击。"

虽然《鸣道集说》对宋儒多有指斥，但李纯甫表明心迹说，自己并不是诚心要与前贤立异，而是深恐三圣人之道支离不合："仆与诸君子生于异代，非元丰、元祐之党，同为儒者，无黄冠缁衣之私，所以呕出肺肝，苦相订正，止以三圣人之教不绝如发，互相矛盾，痛入心骨，欲以区区之力，尚鼎足而不至于颠仆耳。"他还告诫学者不要因为《鸣道集说》而废弃宋儒之书，否则就是因噎废食，瑕而掩瑜。

三、王若虚

王若虚（1174—1243），字从之，号慵夫，晚年自称滹南遗老，藁城（今河北藁城）人。王若虚治学严谨扎实，功底深厚。《四库全书总目提要》谓"金元之间学有根柢者，实无人出若虚右。吴澄称其博学卓识，见之所到，不苟同于众，亦可谓不虚美矣"。王若虚的学术著作有《慵夫集》《滹南遗老集》。《慵夫集》乃诗文集，元时已佚。《滹南遗老集》是王若虚仅存于世的学术著作。目前通行的《滹南遗老集》是大德三年（1299 年）版本，共 45 卷，包括《五经辨惑》2 卷、《论语辨惑》5 卷、《孟子辨惑》1 卷、《史记辨惑》11 卷、《诸史辨惑》2 卷、《新唐书辨》3 卷、《君事实辨》2 卷、《臣事实辨》3 卷、《议论辨惑》1 卷、《著述辨惑》1 卷、《杂辨》1 卷、《谬误辨惑》1 卷、《文辨》4 卷、《诗话》3 卷、《杂文》5 卷，以及附诗若干首。

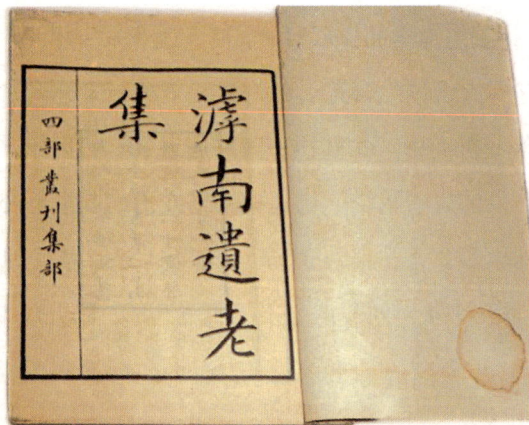

《滹南遗老集》

王若虚主要是一位经学家，其学术贡献主要在经学领域。他的经学思想主要体现在《五经辨惑》《论语辨惑》《孟子辨惑》《议论辨惑》《杂辨》等辨惑文字以及少数杂文中。他对经典的诠释、注解主要遵循以下几个原则：

（一）揆以人情而约之中道。王若虚把是否合乎人情作为解经的重要依据，在他的经学思想中，"人之常情"有着相当高的地位。他认为礼即是人情，"礼者，人情而已"。符合"人之常情"就是合礼，按照"人之常情"行事就是符合礼仪，就是君子之道，"君子之道人情而已"。例如，《檀弓》载，敬姜穆伯之丧昼哭，文伯之丧昼夜哭，郑氏注为"嫌思情性也"。王若虚认为，以人情论，哀戚之至，哪里顾得了那么许多，先王制礼，亦必不委曲至此，纯属汉儒之私意，非圣人之言。王若虚屡叹众人违背中庸之道注解经典，使圣人的真实思想无法显著当世。"甚矣，中道之难明也。战国诸子，托之以寓言假说，汉儒饰之以末节繁文，近世之士参之以禅机玄学，而圣贤之实益隐矣。"[①] 约之中道，就是不要太过。他认为"解论语者有三过焉：过于深也，过于高也，过于厚也"。在王若虚看来，解经应该平情衡理，不做过于深玄之论，1932 年版《滹南辨惑》对此给予了极高的评价："这一点似乎很平常，但是从前自名为'儒者'的，却是很难到的境界。他们横亘在心里的是'圣人之徒'，圣人之徒应该不同常人一般见识，于是发议论要绕个弯儿，做文章要拉起腔调，王若虚虽然并不否认为圣人之徒，但是能站在常人的地位来读书，来论事，所以他的辨惑很能够平情衡理。"

（二）依经立意，崇实求真。他解经力求圣人本意，不妄加臆度。例如，关于孔子"未能事人，焉能事鬼""未知生，焉知死"之论，宋儒解释为"人鬼之情同，死生之理一，知事人则知事鬼，知生则知死矣。不告者，乃所以深告之。"王若虚评价说"其论信美，但恐圣人言下初不及此意，而子路分上亦不应设此机也"。他认为正确的解释应是因为子路不能切问近思，以尽人事之实，而妄议幽远，孔子的态度实拒而不告也。因此，王若虚重经而轻传，"所尊者经，而于传记百氏弗尽信"。关于资料的取舍，王若虚主张"宁舍史传而从经可也"。

---

① 《滹南辨惑》卷三十《议论辨惑》。

第三章 辽、西夏、金、元儒学

他认为"君子之学，亦求夫义理之安而已。圣人之所必无也。传为经作，而经不为传作，信传而诬经，其陋儒而已"①。所以当他看到王通论述"三传作而春秋散"，欧阳修讥讽学者不从圣人而从三子之时，即深表赞同。

汉唐经学是王若虚学术根基之所在，他继承了两汉经学重视名物训诂、章句考证，追求经文本意的传统，使自己的经学研究建立在扎实的考证训诂基础上，得到清代学者的高度评价。此外，在他的经学著述中，还可以明显看出中唐以来疑古之风的影响。他在对经典的注解诠释中，远绍两汉经学中的求是学风，近引中唐疑古精神，把疑古与求是结合起来，以实事求是、崇实通经相标尚。王若虚与汉代经学的支离琐碎、宋代经学的空疏倾向相分殊，形成了自己的揆以人情约之中道、依经立意崇实求真的科学解经原则和特色，得到了当世学人的推重和后代儒者的认可。

第四节　元代儒学

元承宋祚。13 世纪，崛起于漠北的蒙古人在消灭金和南宋的过程中，也开始了他们的封建化过程。还在成吉思汗和蒙哥从欧洲回师东向，征战中原的时候，就网罗以耶律楚材为首的亡金儒士大夫，如王楫、李藻、郭宝玉、李国昌、元好问、郝经、姚枢、杨惟中等人。但是由于这一时期南北"声教不通"，南方的理学还没有传到北方，因此当时蒙古人所接触的儒学也只是北方的经学章句。

当窝阔台进兵南宋时，杨惟中、姚枢随军在湖北俘获理学名儒赵复，加以保护，并礼送至燕京太极书院，请他传授程朱理学。自此，北方的儒士大夫姚枢、刘因、许衡、窦默、郝经等人才得知理学的奥义。但赵复不愿用世，只处于师儒的地位，且不久又隐迹于真定。在北方传授理学，影响最大的却是间接受教于赵复的许衡。正如全祖望在《宋元学案·鲁斋学案》中所说：

---

① 《滹南辨惑》卷一《五经辨惑》。

"河北之学，传自江汉（赵复）先生，曰姚枢、曰窦默、曰郝经，而鲁斋（许衡）其大宗也，元时实赖之。"许衡在理学上私淑朱熹，他力劝元帝兴儒学，朱学在元代能成为官学，与许衡父子有很大的关系，故明清理学家对他是颂词连篇，称他是"朱子后一人"，是道统的接续者。与许衡同时的刘因，初从章句之学，后转而崇信理学，刘因高蹈不仕，借庄子之说以逃避现实，他提出"古无经史之分"和理学本于"六经"的求实思想，有一定的积极意义。元中期，许刘二人相继去世，南方的吴澄成为元代著名的理学大师。吴澄从其师承来看，虽为朱学系统，但他却是一位"和会朱陆"的代表人物，甚至一度被人视为陆学。清初黄百家说："有元之学者，鲁斋（许衡）、静修（刘因）、草庐（吴澄）三人耳。草庐后至，鲁斋静修，盖元之所以藉以立国者也。"可见，许衡、刘因、吴澄三人在元代儒学史上的地位是很突出的。

大元重建至圣文宣王庙之碑

一、赵复

赵复，字仁甫，湖北德安人，家居江汉之上，以江汉自号，学者称之为江汉先生，为南宋乡贡进士。赵复生卒年不详，据赵复为杨奂所作《杨紫阳先生文集序》末有"丙午嘉平节"一语，可以推断他大约生于南宋宁宗嘉定八年（1215 年），而卒年则在元大德十年（1306 年）以后。

《元史》《宋元学案》以及元人诸家文集，以至清人皮锡瑞《经学历史》，俱称赵复首传理学于北方，为理学史上一重要人物。北儒郝经在其《与汉上赵先生论性书》中称伊洛二程之学南传至闽，其后又由赵复载其学，泛入于三晋、齐、鲁，以至燕云辽海，而有功于吾道。

1235 年，元军攻陷德安（今湖北安陆），当时，随军供职的北方学者姚枢奉命网罗各类人才，"儒、道、释、医、卜士，凡儒生挂俘籍者，辄脱之以归"①，赵复即在其中。赵复师承不详，时人以其学旨，将其归为程朱之门。赵复北上是北方理学发展的一大转机。其意义体现在以下几个方面：

首先，赵复把程朱理学著作系统地介绍给了北方学者。"先是，南北道绝，载籍不相通。至是，复以所记程、朱所著诸经传注，尽录以付枢。"② 后来姚枢隐居苏门，将赵复所授之书尽行刊刻，又与其他学者合作，将赵复所授诸经传注纂为《五经要语》，广为刊行，大惠学者。

其次，赵复开启了北方书院讲学之风。赵复到北方后，杨惟中与姚枢建太极书院，立周敦颐祠，以二程、张载、游酢、杨时、朱熹六人配食，选取遗书八千余卷，请赵复主讲其中。赵复以此为讲坛，公开传授程朱理学。而太极书院则成为元代国家层面性质的书院制度的滥觞。

最后，赵复为北方建立了理学师承授受体系。姚燧说："（赵复）至燕，名益大著。北方经学实赖鸣之。游其门者将百人，多达材其间。"③ 黄宗羲评论说："自石晋燕云十六州之割，北方之为异域也久矣。虽有宋诸儒迭出，声教不通。自赵江汉以南冠之囚，吾道入北，而姚枢、窦默、许衡、刘因之徒得闻程朱之学，以广其传，由是北方之学郁起。"④

正是在这个意义上赵复被称为"道北第一人"。赵复的著作今已失传，其

① 《赵复传》。
② 《赵复传》。
③ 《牧庵集》卷四《序江汉先生事实》。
④ 《宋元学案》卷九十《鲁斋学案》。

学之详无从考见。今据《元史·赵复传》可知，他著有《传道图》，阐述了从伏羲、神农、尧、舜，经孔子、颜渊、孟子，到宋儒周、程、张、朱一脉相承的道统谱系，图后还配以理学家的书目。又作《师友图》，登录了朱子门人，以"寓私淑之志"。别著《伊洛发挥》，"以标其宗旨"。又取伊尹、颜渊言行，作《希贤录》，"使学者知所向慕"。赵复似乎一直不忘故国，无意仕元，在太极书院待了一年后，即隐居不知所终。赵复的学生，或仕或隐，后来大都成为北方名儒。

二、许衡

许衡（1209—1281），字仲平，怀州河内人，许衡生于金末，遭逢乱世而嗜学不倦，早年跟随"落第老儒"研习"句读训解"。后来，姚枢隐居苏门，传赵复所授之学，许衡往学，得《伊川易传》《四书章句集注》《大学或问》《小学》等书，始得理学义旨，于是尽弃以前所习章句之学，而以《小学》、"四书"为教材传授生徒。许衡在金灭亡的前一年为蒙古"游骑所得"，应试中选，占籍为儒。后被忽必烈擢为京兆提学、国子祭酒、左丞，位列台甫，身显廊庙。

至元二年（1265年），许衡向忽必烈陈疏《时务五事》：立国规模、中书大要、为君难、农桑、学校，要旨是行汉法，重儒学。至元六年（1269年），与太常卿徐世隆制朝仪，又与太保刘秉忠、左丞张文谦定官制。至元十三年（1276年），与王恂、郭守敬等修订历法。许衡在元朝为理学"承流宣化"，使道统不坠，被视为"朱子后一人"[1]，是推动朱学

许衡心主

---

[1] 《读书录》卷一。

许衡墓

成为元代官学的有力人物。在他去世后，元朝封他为魏国公，谥文正。皇庆二年（1313年），从祀孔庙。许衡的著述，今存者有《读易私语》《小学大义》《大学直解》《中庸直解》及其他诗文和门人所编《语录》等，均收在《鲁斋遗书》中。许衡在天道观、心性论、知行观等方面继承了朱熹等前代道学家的思想，并有所发展。但在理学史上，许衡最为人所知的是其"治生论"。

许衡承继金末以来儒者对于南宋理学家空谈性命的批评，强调"道不远人"，站在这个立场上，他将民生日用的"盐米细事"也视作道应当关注的内容。他说："大而君臣父子，小而盐米细事，总谓之文，以其合宜又谓之义；以其可以日用常行，又谓之道。文也，义也，道也，只是一般。"① 顺着这一思路，许衡提出了他的"治生"之说。

> 为学者治生最为先务。苟生理不足，则于为学之道有所妨。彼旁求妄进，及做官嗜利者，殆亦窘于生理之所致也。士子当以务农为生。商贾虽为逐末，亦有可为者。果处之不失义理，或以姑济一时，亦无不可。②

"治生"一词原出自《史记·货殖列传》，意指从事"货殖"或"治产"等经营行为，不过许衡的"治生"所包含的范围比较宽泛，不只限于经营行为，也包括务农之类。从许衡这段话的前后意思来看，所谓"治生"就是解决生计问题，义近于"谋生"或者"营生"。在许衡看来，首先要解决好生计问题，才能安心为学。

众所周知，在儒学历史上，一向有重义轻利的传统，所谓"君子喻于义，小人喻于利"，许衡大谈学者以治生为先务，这在正统儒者看来，未免与道不合，甚至有误人子弟之嫌。明代王阳明就不同意许衡的"治生论"，"但言学

---

① 《鲁斋遗书》卷一《语录上》。
② 《鲁斋遗书》卷十三《元敕辞》。

者治生上尽有工夫则可，若以治生为首务，使学者汲汲营利，断不可也。且天下首务，孰有急于讲学耶？虽治生亦是讲学中事，但不可以为之首务，徒启营利之心。果能于此处调停得心体无累，虽终日做买卖，不害其为圣贤。何妨于学？学何贰于治生？"① 王阳明并不反对学者治生，相反，他认为如果以成圣成贤为目标，能够妥善处理好治学和治生的关系，哪怕就是整天买卖，也不妨碍其为圣为贤。王阳明所担心的是如果将治生放在首位，就会诱导人们追逐利欲，背离圣贤之道，所以应该将治学放在首位。

其实，关于这个问题，许衡和王阳明只是在语言表达上有出入，其宗旨并无二致，都是为了治学，为了成圣成贤。许衡之所以重视治生，是与他所处的历史时代和个人生存境遇分不开的。许衡之时，宋元鼎革，在蒙古人统治之下，儒士的命运发生了很大变化，由于没有了以往那种稳定而繁盛的科举制度所提供的广泛而平等的入仕机会，很多只会读书求学的儒生陷入了生计无着的窘境，谋生成为一个非常严峻的现实问题，许衡提出"治生"之说，在一定程度上是适应时代变迁的积极对策。清人沈垚对此有详细的说明："宋儒先生口不言利，而许鲁斋乃有治生之论。盖宋时不言治生，元时不可不言治生，论不同而意同"，"衣食足而后责以礼节，先王之教也。先办一饿死地以立志，宋儒之教也。饿死二字，如何可以责人？岂非宋儒之教高于先王而不本于人情乎？宋有祠禄可食，则有此过高之言。元无祠禄可食，则许鲁斋先生有治生为急之训。"②

乾隆十五年御祭许衡碑

① 《王阳明全集》卷三二。
② 《落帆楼文集》卷九。

　　许衡治学不重视"性命之奥"，故其理学思想的深度有限，在理论上并无突出贡献，但他强调经世致用，主张"践履力行"，重视儒学教育，为元代儒学培养了大批优秀人才，推动了儒学在有元一代的普及和传播，促进了蒙汉文化的交流和融合。后世一些汉族知识分子出于正统的夷夏观对许衡仕元提出指责，如王夫之在他的《读通鉴论》中就将许衡作为失身之士的典型。然而，公允地说，许衡的出仕在客观上有利于理学在元代的推广发展，正如虞集所说："使国人知有圣贤之学而朱子之书得行于斯世者，文正之功甚大矣。"①

三、刘因

　　刘因和许衡为"元北方两大儒"。刘因（1249—1293），字梦吉，保定容城（今河北容城）人，慕诸葛亮"静以修身"之语，名其斋为"静修"，后世遂以"静修先生"称之。

刘因 像

　　刘因出生在一个儒学世家，祖上世代业儒。刘因初从国子司业砚弥坚研习经学，究训诂疏释之说，但他觉得"圣人精义，殆不止此"，后来得见周敦颐、二程、张载、邵雍、朱熹、吕祖谦等人的理学书籍，认为这才是圣人精义，甚合其意。刘因品评两宋理学人物，谓："邵，至大也；周，至精也；程，至正也；朱子，极其大，尽其精，而贯之以正也。"②

　　刘因一生屏迹山野，超然物外。至元十九年（1282 年），元宰相不忽木见其学术声明，认为是"道义孚

---

① 《鲁斋遗书》卷一四。
② 《元史·刘因列传》。

于乡邦，风采闻于朝野"①，遂荐于朝，擢承德郎、右赞善大夫，继王恂之后，在学宫督教近侍子弟，但不到一年，以母疾辞归。至元二十八年（1291年），又诏以集贤学士、嘉议大夫，他以"素有羸疾"为由，辞谢不就。后隐迹乡野，授徒以终。至元三十年（1293年）夏四月十六日卒，年45。延祐年间，赐翰林学士，资善大夫、上护军，追封容城郡公，谥文靖。

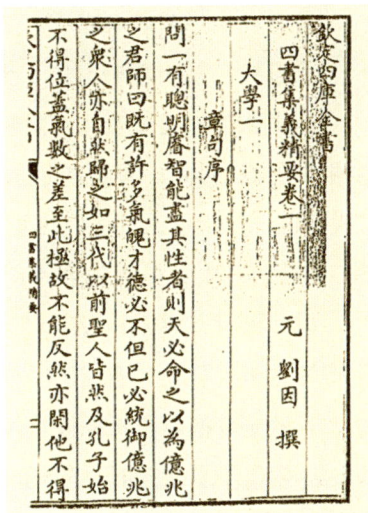

《四书集义精要》

据《元史·刘因列传》，刘因的著述有《四书集义精要》三十卷；诗五卷，号《丁亥集》，刘因自选；又有文集十余卷，及《小学四书语录》，皆门生故友所录，唯《易系辞说》乃刘因病中亲笔。

刘因为学宗程朱，但又不囿于程朱，往往杂入陆学自求本心。在天道观方面，他将生生不息的变化归之于"气机"，主张专务其静，不与物接，物我两忘；在为学次第方面，认为读书应该遵循这样一个顺序："六经"——《论语》《孟子》——史——诸子——宋儒书——艺（诗文字画），并告诫后生为学"必先传注而后疏释，疏释而后议论"；在经与史的关系方面，提出了"古无经史之分"的观点，对后来章学诚"六经皆史"论产生一定的影响。

（一）"气机"论

刘因认为天地之理就在于其新旧更替、生生不息，而生生不息的原因或者动力来源就是"气机"。刘因在其《游高氏园记》对此有详细的说明：

夫天地之理，生生不息而已矣。凡所有生，虽天地亦不能使之久存也。若天地之心见其不能使之久存也，而遂不复生焉，则生理从而息矣。成毁也，代谢也，理势相因而然也。人非不知其然也，而为之不已者，气机使之焉耳。若前人虑其不能久存也，而遂不为之，后人创前人之不能久有也，而亦不复为之。如是，则天地之间化为草莽灰烬之区也久矣，

---

① 《滋溪文稿》卷八《静修先生刘公墓表》。

若与我安得兹游之乐乎？天地之间，凡人力之所为，皆气机之所使，既成而毁，毁而复新，亦生生不息之理耳，安用叹耶？①

刘因认为，运动变化与新陈代谢是宇宙万物的本质属性，"夫天地之理，生生不息而已矣"。事物的成毁，生命的代谢可谓"理有必然，势有必至"，"成毁也，代谢也，理势相因而然也"。由于这个原因，个体生命注定是短暂的："凡所有生，虽天地亦不能使之久存也。"生命的不能永恒，也许使人叹息，但如果没有成毁，没有代谢，宇宙的生机（生理）也将停滞。归根结底，宇宙的生机（生生不息之理）就体现在个体生命的成毁、代谢之中。既然如此，人就应该抱着积极乐观而不是消极甚至对抗的态度："既成而毁，毁而复新，亦生生不息之理耳，安用叹耶？"如果造物者有见于所造之物不能久存而放弃造物，人类有见于自己的造作不能久存而放弃造作，那么，宇宙早就毁灭了："若天地之心见其不能使之久存也，而遂不复生焉，则生理从而息矣"，

容城三贤——刘因

"若前人虑其不能久存也，而遂不为之，后人创前人之不能久有也，而亦不复为之。如是，则天地之间化为草莽灰烬之区也久矣。若与我安得兹游之乐乎？"而实际上，天地并不会因个体生命的短暂产生怜悯之情而停止宇宙的运动，人也不会因此而放弃一切行动。为什么人明知生命不能永恒却依然发奋作为呢？刘因的解释是，那是因为受到客观的气机所驱使："人非不知其然也，而为之不已者，气机使之焉耳"，"天地之间，凡人力之所为，皆气机之所使。"

---

① 《静修集》卷十《游高氏园记》。

（二）　为学次第

为使诸生治学"不至于差且紊而败其全材"，刘因做了一个读书指南——《叙学》，规定了问学的次序：六经——《论语》《孟子》——史——诸子——宋儒书——艺（诗文字画）。如果能按照这一次序来读书，定有大成："如是而治经、治史，如是而读诸子及宋兴诸公书，如是而为诗文，如是而为字画，大小长短，浅深迟速，各底于成，则可以为君相，可以为将帅，可以致君为尧舜，可以措天下如泰山之安。"①

至于"六经"内部的次序，则是先《诗》后《书》，再二《礼》（《周礼》《礼记》），再《春秋》，最后《易》。刘因认为，"《诗》《书》《礼》为学之体，《春秋》为学之用"，故《诗》《书》《礼》与《春秋》是有体有用，"本末具举"。而《诗》《书》《礼》《春秋》与《易》之间，又是粗与精、名与实的关系，两者相即不离，不可以离粗而独求精，这就是他所说"五经〔《诗》《书》《礼》（《周礼》《礼记》）《春秋》〕不明则不可以学《易》，夫不知其粗者，则其精者岂能知也；迩者未尽，则其远者岂能尽也"②。如果弃去《诗》《书》《礼》《春秋》，直求《易》之一经，则必然是"求名而遗实，逾分而远探，躐等而力穷"③。这显然是针对汉魏王弼到宋代理学，在《易》学中弥漫着谈空说妙，以至"求名而遗实"的风气而发的。

众所周知，解经为注，解注为疏。"六经"作为圣人垂世的典则，注疏甚多。由汉至唐，注疏多为训诂性质，不注重思想的阐发。到了唐末宋初，由于受到富有哲理的佛教（包括道教）的影响，一些儒家就摆脱汉唐训诂，直接依经解说，"横发议论"（皮锡瑞语），大谈天道心性，此即所谓义理之学，也就是理学。在刘因看来，议论之学来自于传注、疏释，汉唐传注、疏释之于"六经"，得其十分之六七；宋儒议论之学之于"六经"，得其十分之三四。因此，孰轻孰重，孰先孰后，一目了然，所以为学"必先传注而后疏释，

---

① 《静修续集》卷三《叙学》。
② 《静修续集》卷三《叙学》。
③ 《静修续集》卷三《叙学》。

疏释而后议论"①。

经之后是史，学史之前当先学经，其意义是"先立乎其大"："六经既治，《语》《孟》既精，而后学史。先立乎其大者，小者弗能夺也。胸中有六经、《语》《孟》为主，彼兴废之迹不吾欺也。"② 史之后是诸子，刘因所说的诸子除了儒家，还包括道家、医家、兵家、法家，肯定各家皆有其重要性。诸子之后是宋儒，刘因所说的宋儒不限于理学，欧阳修、苏轼、司马光亦列其中。性理并不是他唯一关心的内容，象数、经济同样占据着他的学术视野。这既反映出他个人思想来源的广泛，也说明当时知识界对宋儒的界定还不像后世那样完全等同于理学。

（三）"古无经史之分"

刘因重视"六经"，也重视历史，他认为"六经"中有的就是历史。这对于一个理学家来说，是一个很有见地的看法。他说："古无经史之分，《诗》《书》《春秋》皆史也，因圣人删定笔削，立大经大典，即为经也。"③

谓经为史，早在隋代王通《文中子》的《中说》《王道》中就曾经提出过，但王通是就体裁而言。而把经与史视为一而二，二而一的说法，则可以说是元代刘因较早提出来的。刘因认为经从史中衍化而来，《诗》《书》《春秋》原来就是史，经过圣人删定笔削后立为"大经大典"。后来王阳明对此有更为详细的说明，"以事言谓之史，以道言谓之经，事即道，道即事。《春秋》亦经，五经亦史。《易》是包牺氏之史，《书》是尧舜以下史，《礼》《乐》是三代史。其事同，其道同，安有所谓异"④。

所谓经就是从史实当中总结出来的规律、定律、道理，史实有其偶然性和特殊性，而经就是其背后的必然性和普遍性。刘因提出"古无经史之分"，似乎意识到了绝对之"理"与经验之"事"之间存在着相互依赖的关系，两者是不能分开的。因此，治史和治经不可偏废："学者必读全史，历代考之，废兴之由、邪正之迹，国体国势，制度文物，坦然明白，时以六经旨要立论

---

① 《静修续集》卷三《叙学》。
② 《静修续集》卷三《叙学》。
③ 《静修续集》卷三《叙学》。
④ 《王文成公全集》卷一《传习录》上。

其间，以试己意，然后取温公之《通鉴》、宋儒之议论，校其长短是非，如是可谓之学史矣。"①

四、吴澄

元代儒林，北有许衡，南有吴澄。许衡是北方人，由金入元，于元初传朱学于北方，其学尚属"粗迹"；吴澄是南方人，直承宋代的理学端绪，因而较之许衡，吴澄是"正学真传，深造自得"。吴澄（1249—1333），字幼清，晚字伯清，学者称草庐先生，抚州崇仁（今江西省抚州市崇仁县）人。

吴澄世代业儒，自幼聪颖好学，10岁"偶于故书中得《大学中庸章句》，读之甚喜"。16岁拜程若庸（朱熹三传弟子）为师，其后又师事程绍开。程绍开以"和会朱陆"为学旨，吴澄深受其影响，后来成为元代朱陆合流的代表人物。吴澄19岁作《道统图并叙》，其中有言"孰为今日之贞乎？未之有也。然则，可以终日无所归哉！"以朱子之后道统的接续者自期。22岁中乡举，次年进士落第。时宋亡之兆已显，于是造草屋数间，自题一联"抱膝梁父吟，浩歌出师表"，隐然有诸葛亮当年匡扶天下之志。27岁，天下归元，他隐居深山，校注群经。数年还家，授徒为业。50余岁始应诏受命，历任江西儒学副提举、国子监丞、国子司业、翰林学士、经筵讲官。晚年退归林下，讲学著述，成《五经纂言》。85岁卒于家，赠江西行省左丞、上护军，追封临川郡公，谥文正。明宣德间，从祀孔庙，后因仕元问题，几经罢复，至清乾隆二年才最终从祀不移。吴澄一生勤于著述，有文集百卷，经注数种，

吴澄 像

① 《静修续集》卷三《叙学》。

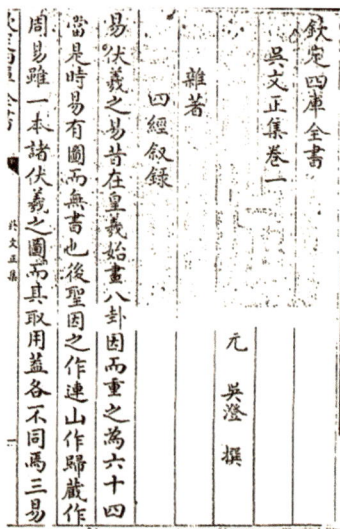

《吴文正集》

清人合其所有文字为《草庐吴文正公全集》。

　　吴澄在儒学史上的最大贡献就是完成《五经纂言》，尤以其中的"三礼"为最，完成了朱熹的未竟之业。吴澄向以朱熹后一人、道统接续者自居。儒家道统说始于韩愈，韩愈为辟佛反老，仿《佛祖统记》传法世系，提出儒家圣人传道的道统。这个圣传的道，是强调仁义道德，以别于佛老的道。此说一倡，祖述者众，后世儒者各以继道统自居，自谓直接孔门而得其心传，程颐、朱熹、陆九渊等人就是如此，吴澄则更有甚之。《元史·吴澄列传》记载了吴澄这样一段话：

　　　　道之大原出于天，神圣继之。尧、舜而上，道之元也；尧、舜而下，其亨也；洙、泗、邹、鲁，其利也；濂、洛、关、闽，其贞也。分而言之，上古则羲、黄其元，尧、舜其亨，禹、汤其利，文、武、周公其贞乎！中古之统：仲尼其元，颜、曾其亨乎，子思其利，孟子其贞乎！近古之统：周子其元，程、张其亨也，朱子其利也。孰为今日之贞乎？未之有也。然则，可以终无所归哉！①

　　吴澄在与别人的书信中亦有相同的论调："以绍朱子之统而自任者，果有其人乎？"②

　　首先，韩愈在《原道》中，谓道始于尧舜，而吴澄则借董仲舒之说，张大为"道之大原出于天"，天为"道之元也"，然后才是尧舜继之。显然，这反映了宋以来儒家的宇宙本体观念。

　　其次，吴澄把道统的发展过程分为上古、中古、近古三个历史阶段，又根据《易》之元亨利贞说把每个阶段分为元、亨、利、贞四个小段。关于近古，周敦颐处元，二程、张载为亨，朱熹是利，而"贞"空缺，显然这是吴

---

　　① 《元史·吴澄列传》。
　　② 《草庐吴文正公全集》卷首虞集所作吴澄《行状》。

澄有意为之，他想以“贞”自居，从而跻身于宋儒诸子之列，成为接续朱熹之人。故《元史》有“以斯文自任如此”之评价，还是十分中肯的。

最后，吴澄确以担当儒家道统为使命，致力于经学。关于“三礼”，自汉以来，因其“残篇断简，无复铨次”，在“五经”中号为难治。朱熹曾与李如圭（宝之）校定，后又与吕祖谦“商订三礼篇次”，但终老“不及为”。尤其“三礼”中的《仪礼》，朱熹认为它是礼之根本，而《礼记》只是秦汉诸儒解释《仪礼》之书，并提出当“以《仪礼》为经，而取《礼记》及诸经史杂书所载有及于礼者，皆附于本经之下”①。朱熹以此摭拾他经，条分胪序，编为《仪礼经传通解》，但也只是留下“草创之本”，且内多缺略。其后，朱熹的弟子黄榦、杨复，虽然也曾用心于此，但也没有完成。

直到元代的吴澄，仍然专注于“五经”特别是“三礼”的研究。吴澄从年轻时进行“五经”校注，到中年以后，又“采拾群言”，“以己意论断”，“条加记叙”，并“探索”朱熹“未尽之意”，于晚年成《五经纂言》。② 黄宗羲季子黄百家称“朱子门人多习成说，深通经术者甚少，草庐《五经纂言》，有功经术，接武建阳（朱熹），非北溪（陈淳，朱熹弟子）诸人可及也”③。而其中的“三礼”，全祖望谓其“盖本朱子未竟之绪而由之，用功最勤”④。吴澄述及他对“三礼”的编纂，谓依朱熹的端绪和规模，“以《仪礼》为纲”，“重加伦纪”。他在《四经叙录》中说：

> 朱子考定《易》《书》《诗》《春秋》四经，而谓三礼体大，未能绪正，晚年欲成其书，于此至惓惓也。经传通解乃其编类草稿，将俟丧祭礼毕而笔削焉，无禄弗逮，遂为万世缺典，澄每伏读而为之惋惜……然三百三千，不存盖十之八九矣，朱子补其遗阙，则编类之初，不得不以《仪礼》为纲，而各疏其下……夫以《易》《书》《诗》《春秋》之四经，既幸而正，而《仪礼》一经，又不幸而乱，是岂朱子之所以相遗经者哉？徒知尊信草创之书，而不能探索未尽之意，亦岂朱子所望于后学者哉！

① 《朱子大全》卷十四《乞修三礼札子》。
② 《宋元学案》卷九十二《草庐学案》。
③ 《宋元学案》卷九十二《草庐学案》。
④ 《宋元学案》卷九十二《草庐学案》。

呜呼，由朱子而来，至于今将百年，而无有乎尔。澄之至愚不肖，犹幸
得以私淑其书……是以忘其僭妄，辄因朱子所分礼章，重加伦纪。①

吴澄"辄因"朱熹筹划之意，以《仪礼》17 篇为经，仿朱熹《仪礼经传
通解》例，将《礼记》（大、小戴记和郑注）分类编次，纂成《仪礼逸经》
八篇。具体是把《礼记》中的《投壶》《奔丧》，《大戴礼记》中的《公冠》
《诸侯迁庙》《诸侯衅庙》（此 2 篇并与《小戴礼记》相参校），又择郑玄《三
礼注》中的《中霤》《禘于太庙》《五居明堂》，共成 2 卷 8 篇。另外，又将
大、小戴记中的《冠仪》《昏仪》等 8 篇，和《礼记》中的《乡射仪》《大射
仪》2 篇，辑成《仪礼传》10 篇。这样，吴澄把汉以来流传的《礼记》（大、
小戴记，以至郑玄《三礼注》等）肢解，核定异同，重新编纂，使之成为
《仪礼》的传注。这不仅完成了朱熹生前的夙愿，而且经过这样的整理，使流
传千百年来"难读"的一部《仪礼》，得见崖略，诚是经学史上的一大贡献。

吴澄在编次整理的同时，还对其内容加以疏解，探其大义，张大朱熹之
说，摆脱汉、唐局限于文字训诂的方法，使礼经与《易》《诗》《书》《春秋》
"四经"一起，完成了由汉、唐的典制训诂，转入到宋、元的义理疏注的过
程，这确是"朱子门人不及也"。即使在元代，治《礼》学的虽然也不乏其
人，但只有吴澄成就较大。

吴澄完成的"三礼"，尤其是《仪礼》经、传的纂疏，其意义还在于他
在疏解中所发挥的义理，具有主观探讨的精神，而不是像汉唐那样把"五经"
只是作为文字训诂。虽然这种探讨不免有穿凿臆断、横发议论之嫌，而为后
来那些固守汉唐训诂的经生们所訾议。但这种主观探讨的精神，毕竟还是具
有思想解放的积极意义，因而它促进了宋代以后理论思维的发展。这也是吴
澄继朱熹之后，纂疏礼经的另一重要意义。因此，吴澄在天道心性的理学上，
虽然遭人物议，但他的经学，尤其是"三礼"，却一直被肯定。直到近代治经
学的钱基博，谓"南宋入元"，其礼学"最著者崇仁吴澄草庐"②，"疏解三
礼，继往开来"③。

---

① 《吴文正集》卷一。
② 钱基博：《经学通志·三礼志》，中华书局 1936 年版，第 146 页。
③ 钱基博：《经学通志·三礼志》，中华书局 1936 年版，第 148 页。

下卷

图说中国儒学史

杨朝明·主编

山东城市出版传媒集团·济南出版社

目　录

〔下　卷〕

第五编

清代：实学思潮与乾嘉朴学

　　明代后期，阳明心学（又称"王学"）广为流传，但越来越流于空谈心性，这和儒学一贯关心现实的根本精神是相背离的。因此，由"虚"转化为"实"，便成了清代儒学的主题。清代前期，由于"异族"的入侵、亡国之痛的刺激，多数学者在严厉批判阳明心学空泛无用的基础上，开始追求更为现实的学问，进而形成了一股实学思潮。实学思潮包含的内容非常丰富，如以气本论代替理本论；提倡"经学即理学"，重新回到"六经"和"十三经"；研究兵、农、水利等更具实用性的经世之学。顾炎武、黄宗羲、王夫之和颜元就是其中的杰出代表。但是，随着清代统治者对人们思想控制的日渐加强，实学思潮受到极大压制，使得实学之路越走越窄，并逐渐被局限在对经典的整理和考据上，从而形成了乾嘉时代的朴学。乾嘉学者常常因为钻故纸堆而被指责，但他们却发展出一种"一切靠材料与证据说话"的研究方法，从而被赞赏具有了某种"科学精神"。在这一方法的指导下，乾嘉朴学成果丰硕，名家辈出，出现了像惠栋、戴震、段玉裁、王念孙等朴学大师。许多儒家经典正是依靠他们的整理、考订和释读，才让我们今天能够读得懂、读得顺。从这个角度讲，乾嘉朴学对于儒学的传承和弘扬产生了重要影响。

第一章　明末清初的实学思潮

明末清初，常被称为是"天崩地解"的时代。这一时期，王朝覆灭、外族入侵、西学东渐、工商业兴盛，一切都在发生着深刻的变化。动荡的时代，往往更容易产生伟大的学说和伟大的思想家。这一时期，"一些最敏锐的心灵"痛定思痛，对社会、民族、国家和历史进行了深刻的反思，从而形成了内容丰富、影响深远的"实学思潮"。实学既是适应历史现实的需要而产生，又是中国学术思想发展的必然结果。它是对已经走向空疏、衰败的宋明理学的反动。它内容深刻而丰富，影响广泛而深远，将中国儒学由宋明理学推进至又一全新的阶段。

实学思潮的兴起，首先来自于王学内部对王学自身的反思和批判，以孙奇逢、陈确、李颙等人为代表；其次，随着王学的没落，程朱理学重新登上历史舞台，但由于矫枉过正，理学作为官方学说，也渐渐走向形式化和衰落。在心学与理学范围之外，顾炎武、黄宗羲、王夫之、颜元四大家是实学思潮的骨干人物，他们的学术思想规模宏大、不拘一格、影响深远，从各自的角度丰富了实学的内涵。

第一节　实学兴起的历史背景及主要特征

明末清初实学的兴起，与当时中国社会的经济、文化和思想状况有着密切的联系。工商业的发展刺激了社会对实利、实用的追求，西方实用性的科学、技艺等的传入，让一直在空谈心性之学中打转的人们眼前一亮。而当时腐败的社会现实和政治经济的全面危机，则刺激思想家们更加关注现实，他们大声疾呼要"经世致用"。这几股潮流汇集在一起，最终产生了实学思潮。

实学作为一种学术倾向，其产生有着深刻的社会背景，并表现出鲜明的"崇实黜虚"的基本特征。

一、市民阶层的兴起与西学的传入

明朝中叶以后，江南一带的手工业、商业都有了较大发展，商品经济在广度和深度上都得到了迅速拓展。以丝织业为中心的苏州最为典型，当时苏州"家杼轴而户纂组"，几乎家家户户都开展纺织业生产，规模小的就是家庭作坊，规模大的则雇佣大量的机工。再如，以矿冶业著称的广东地区，手工工场的规模也相当大。据说"凡一炉矿"，围着它居住的有三百家，负责管理

明代漕运图

火炉的有二百家，负责挖矿的有三百多家，负责打水、烧炭的有二百家。另外还有牛数百头，船只五十余艘，这俨然是一个大型厂矿企业。

1598 年，西方传教士利玛窦在南京礼部尚书王弘海的陪同下，沿着运河北上赴京。在旅途中，他看到明代运河和沿途各埠经济繁盛，写了下面一段话："无数装有贡品的船只正络绎不绝驶往京城，许多船只都没有达到满载的吨位，商人乘机用很低的租金租借空舱。这样，可以向京城提供当地没有生产的许多东西，互易所需。"① 我们可以想象那时候"运河经济"的繁荣景象。

工商业的发展，带来了社会结构的变化，出现了新兴的"市民阶层"。市民阶层与传统的农民不同，他们脱离了土地，诉求更为现实，更加注重现实的物质利益和物质享受，因此他们也成为实学得以产生的重要经济和社会基础。

明末著名的小说集"三言二拍"，生动地反映了当时市民阶层的生活。书中一反过去以才子佳人、王侯将相为主人公的成例，将贩夫走卒、市井小民等作为主角，尤其是商人在其中频频亮相。作者不仅肯定了商人对现实利益的追求，而且把他们刻画成聪明善良、勤劳重信义的人，表达了对他们的赞美之情。《喻世明言》中有一篇"汪信之一死救全家"的故事，写的是南宋时期一位叫汪信之的人，因与他哥哥不和而出走外地，靠卖炭、卖铁、经营渔业为生，后渐渐成为家财万贯的富豪。在他准备去京城临安，上书要为国家效力恢复中原之际，因儿子对他的两位友人程彪、程虎馈赠不多，程彪和程虎便告官诬陷汪信之谋反，于是官府派人捉拿他。汪信之在率领众人自卫后逃离，而全家被捕。在走投无路的情况下，汪信之投案自首，救活了全家人，自己则被处斩。作者在文后的诗中称赞说"烈烈轰轰大丈夫，出门空手立家模"。

在市民阶层兴起的同时，16 世纪末 17 世纪初，欧洲耶稣会士也远涉重洋

---

① 林金水译：《〈利玛窦日记〉选录》，《明史资料丛刊》第二辑，江苏人民出版社1982 年版，第 20 页。

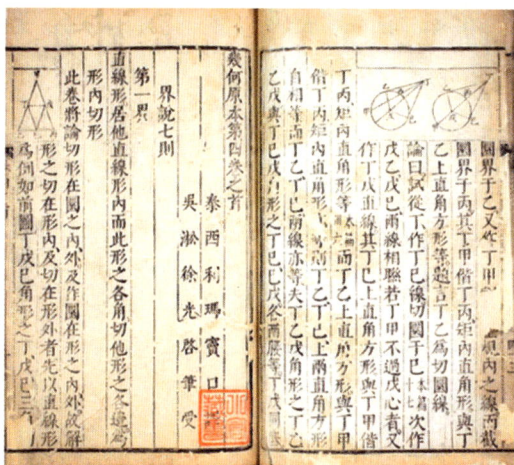

《几何原本》

来到中国，带来了与中国传统文化迥然不同的西方科学文化，并且内容非常广泛。以传教士金尼阁为例，金尼阁于万历四十七年（1619 年）来到澳门，来时带来了七千余部西方精装图书，其中包括天文、历法、水利、地理、物理、几何、医学等方面的书籍。这些西学的书籍，让中国人大开眼界，受到中国士大夫的热烈欢迎，并且这些知识在实际运用中也都产生了良好的效果。比如兴修水利、制造火器、绘制地图、天文测算等，都极大地开拓了中国人的视野。

当时传播和研究西学最著名的人物就是大学士徐光启（1562—1633），他与传教士利玛窦合作，翻译了《几何原本》等科学著作，自己还写了一本农学方面的著作《农政全书》。方以智（1611—1671）也大力推崇西方的"质测之学"，认为"泰西质测颇精"。所谓"质测"，顾名思义就是对物质的测量、考察，就是指西方的自然科学。他与德国传教士汤若望交往频繁，并多次与之探讨天文学。

西学高扬实践和理性精神，重视实践、实证、实验的方法，它的传入进一步刺激和推动了当时中国思想界向实学的转变。

二、政治的腐败与王学的空疏

明代后期，无论是经济还是政治，都日趋腐化堕落，渐渐走向崩溃。在经济方面，土地兼并现象严重，大批农民破产并沦为佃农，而地租和赋税一天天加重，皇族对百姓的盘剥也日渐严苛。万历皇帝曾多次派出矿监税使，以征收矿税、商税等为名，大肆掠夺社会财富，社会经济受到严重破坏。在政治方面，万历中期以后，万历皇帝深居宫中，不理朝政，纵情声色，奢侈无度。天启年间，宦官魏忠贤专权，祸国殃民。与此同时，朝廷内外党派林立，彼此倾轧，争斗不已。从中央

李自成起义图

到地方，各级官吏贪污成风、贿赂公行，地方盗贼横行，各地农民起义不断，整个政治风气败坏到了极点。

然而，面对如此严峻的社会现实，作为学术主流的王学却是另一副面目。明代中期以后，王阳明的"致良知"之学，流传超过百年，门徒遍天下，致使"笃信程朱，不迁异说者，无复几人"①。然而，其空谈心性的弊端也日益暴露。尤其是王学末流之士，大多束书不观，游谈无根，置天下鼎沸、四海困穷于不顾。他们对于现实中的矛盾和问题，对于如何解决百姓疾苦懵然不知，要么终日空谈心性，要么终日静坐修行。儒家传统的造福百姓、兼济天下的理念被置之脑后，造成虚无主义和清谈之风的泛滥。

无锡东林书院旧址

随着王学末流空疏学风的盛行，一些有远见的思想家也开始了对这种学风的批判和对经世致用之学的提倡。早期的代表人物如罗钦顺（1465—1547），倡导经世宰物；王廷相（1474—1544）认

① 《明史·儒林传序》。

为"惟实学可以经世"，他特别强调行即实践的重要性，反对脱离实际及虚空的弊病。以顾宪成（1550—1612）、高攀龙（1562—1626）为代表的东林学派则把关心国家大事和探讨学术思想结合起来，讲求经世致用、治国济世，并以此作为评价和衡量一切思想学说的标准和尺度。他们竭力反对空谈心性，倡导实行。他们以无锡的东林书院为基地，大开讲学之风，关心时政，"家事国事天下事，事事关心"，就是他们这种思想风格的真实写照。他们还提出"士农工商皆本"的理论，并从这一思想出发，对振兴江南工商业提出了一些迫切需要解决的实际问题，例如主张罢商税、严惩贪官，反对矿监税使的掠夺。东林学派从保国安民的愿望出发，强调实事、实功，他们所倡导的有用之学，对晚明思想界起到了振聋发聩的作用。

其后，著名的王学思想家刘宗周（1575—1645）更以精深的学术造诣，对王学的发展进行了深刻反思。为了弥补王学的理论缺陷，纠正王学末流空谈心性之弊，他充分吸取了"气学"的思想，建构了本体与工夫合一的以"慎独"为主旨的儒学思想体系，对实学思潮的形成产生了重要影响。

明朝灭亡后，在探讨明朝亡国的原因时，学者们不约而同地将责任归咎于王学空谈之风的盛行，认为王学对明王朝的覆灭有不可推卸的历史责任。他们深深地感到"空谈误国"的危害性，对宋明理学和王学进行了激烈的批判，甚至认为不但明朝亡于空谈，而且宋朝也是因此而亡。他们大多对明朝怀有深深的眷恋，不愿意到清朝去做官，而是在民间专心从事思想学术的研究，试图从思想理论的根本层面来纠正王学末流的空疏，从而建立起一种开放、务实、博大、深刻而又颇具启蒙意义的学术风气，这种学术风气被称为"实学思潮"。

三、实学思潮的主要特征

实学的基本特征是"崇实黜虚"。所谓"崇实黜虚"，就是鄙弃王学末流空谈心性、任意解读经典的作风，而在一切社会领域和文化领域中提倡一个"实"字，要求本实心、兴实风、说实话、做实事、建实功，一切都要有实实在在的内容和成效，而不是一味地空谈。因此，实学不是一门具体的学问，它只是一种学风或学术倾向的体现。实学的倾向，遍及当时思想文化的各个层面。就儒学方面看，它主要有三个突出的特征：

第一，以实在的"气学"代替空虚的"理学"。宋明理学很注重理论探讨，哲学味道很浓。理学家们非常重视抽象的"理"，或称"天理"，往往把抽象的"理"与具体的事物分开，从而形成一组概念，如道与器、理与气、体与用、天命之性与气质之性等，并认为前者优先于后者，更具有根本意义。这实际上也就造成空谈义理的弊端。坚持实学的学者们，把这一关系整个颠倒过来，比如理、气关系，他们就认为气是根本，理不过是气之理，如果没有气哪还有理存在。以黄宗羲为例，虽然他是王学的嫡传，但他既坚持"盈天地皆心"，同时又大力提倡"盈天地皆气"的观点，这就是对王学的一种修正。理论上的这种趋实的倾向，成为实学思潮形成的原动力。

第二，以实实在在的读书、回归经典代替对经典的任意解释和发挥。人们常说"明人不读书"，受王学的影响，晚明学者大多鄙视读书，而喜欢高谈义理，被称为"游谈无根"，即只凭自己空口而谈，没有经典依据。每个人都谈自己的意见，最后意见满天飞，到底谁说的是正确的，却缺乏统一的标准，而为了寻找依据，只能回归儒家经典。于是崇尚实学的学者们大力提倡回归经典，认为一切观点都要有经典的依据，要先读懂经典，再谈学问。这样一来，学风一下子就由空谈转为务实，重新开始了对经典的审视与研读。比如，顾炎武鲜明地提出"经学即理学"，黄宗羲开始对儒学史进行系统研究和整理，阎若璩等人对经典进行辨伪等，就是这方面的典型代表。

第三，致力于追求"经世致用"的实际学问。这一时期实学思想家的思想内容，也不再像宋明理学家那样，侧重于对天理、人性等抽象理论的探讨，他们虽然不回避这些问题，但更加开放、务实。他们普遍认为，任何思想都要有用才行，要能够落实，能够实现，能够经世治国。所以，他们关心社会问题、政治问题、经济问题、教育问题。凡是与社会现实、与国计民生有关的话题，他们都非常关心，甚至对天文、水利、地理、军事等专门学问也一一进行研究。他们中的许多人既是思想家，又是某一方面或者多方面的专家。他们中的许多人甚至接触到当时刚传进来的西学，学术视野非常广博，使得实学思潮有了更深厚的基础。

第二节　王学发展的实学倾向

明末清初，实学思潮兴起，王学的后继者们在坚持王学的同时，也开始反思王学末流的弊病。他们要么致力于调和王学与程朱理学的关系，要么对王学本身的缺陷进行修正，使王学呈现出新的面貌，具有了一定的实学思想特征。这方面的代表人物，如河北的孙奇逢，浙江的黄宗羲、陈确，陕西的李颙等，都是王门重镇；李绂后起，成为王学的殿军人物。黄宗羲另节专述，本节主要介绍其他四位学者的儒学思想。

一、孙奇逢的朱王调和思想

孙奇逢（1585—1675），字启泰，号钟元，河北容城人，明亡后迁居河南辉县夏峰村，著书讲学，因此被学者习称为夏峰先生。孙奇逢非常高寿，活到91岁，横跨明清两朝，可以算是明末清初儒学发展史上元老一样的人物，黄宗羲、顾炎武、颜元等都比他小20多岁，也都或多或少受到他的影响。

孙奇逢的一生可以用"始于豪杰，终于圣贤"来概括。他前半生颇有些侠气，曾经与魏忠贤等阉党进行过斗争，崇祯九年（1636年），清军进攻河北的时候，他组织亲戚朋友以及一些官绅固守容城，与清军斗争。明亡后，清廷在北京、河北一带圈地分给八旗，

孙奇逢 像

孙奇逢的房舍田地都被圈去，于是不得已举家南迁，那时他已经60多岁。孙奇逢辗转几个地方，最后依附于一位乡绅，定居在河南辉县的夏峰村，在那里躬耕、讲学、著书，以至终老。孙奇逢的主要学术成就，都是在居住于夏峰的时候做出的。那时，他的学术活动影响很大，与黄宗羲、

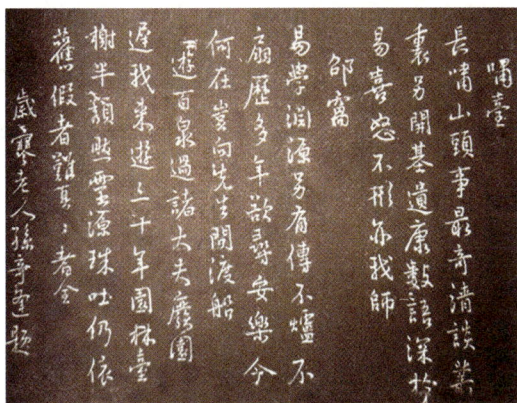

孙奇逢手迹

李颙并称讲学三大家，门人有数百人。他所住的夏峰村本是一个极为普通的山村，却因他成为当时北方的学术交流中心。清廷曾经多次征召孙奇逢入朝，都被他拒绝。古时将经朝廷征聘而不肯受职的隐士称为"征君"，所以时人又尊称孙奇逢为"孙征君"，并有"征君门生半朝廷"的美誉。

孙奇逢的学术基础是王学，但他却没有门户之见。他认为宋明诸儒虽然学说各有不同，但是同源而异流，殊途而同归，都有其合理性与存在价值。他积极致力于调和程朱与陆王之间的分歧，努力熔朱、王之学于一炉，凡是朱、王有分歧的地方，比如理与气、格物致知与致良知、道问学与尊德性、知与行关系等等，他都想办法来调和，真可谓用心良苦。这里举关于"顿渐关系"的例子来说明。"顿渐"本是佛教的概念。顿，即顿悟，指不需要经过长时间的修行，经人指点顿时就能开悟；渐，即渐修，指需要遵循一定的程序进行实修，经过一个过程才能开悟。宋明理学中，程朱一派主张格物穷理，类似于"渐修派"；陆王一派主张心外无物，致良知，类似于"顿悟派"。但是发展

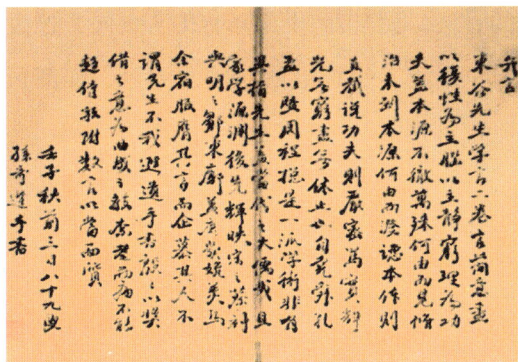

国家博物馆藏孙奇逢手札

到后来，两者的弊端都凸显出来，程朱一派的末流一味地去格物，片面追求博学、读书，淹没于具体琐碎的事情中而迷失了方向和目标，借用中医的说法，其弊端是"太实"，需要用"泻药"。而陆王一派的末流却只顾谈心、谈性，整天静坐修心，不关心具体的事物，其弊端是"太虚"，需要用"补药"。孙奇逢认为，顿与渐是相辅相成的，没有渐修的积累就不能达到顿悟，而没有顿悟，辛苦的渐修也失去意义。所谓"用力在平时，收功在一旦"，朱熹也曾说"用力既久，一旦豁然贯通"，这就是一个由渐而至于顿的过程，有了平时量的积累才有质变。

孙奇逢顺应时代发展的要求，大力倡导躬行实践的思想。他强调"行"在知行关系中的重要性，认为"行足以兼知"，而"知不足以兼行"①。也就是说，"行"完全可以涵盖"知"，因为你要去做一件事，肯定已经事先对这件事有了充分的了解，否则没法去做；而"知"却不能涵盖"行"，有了某方面的知识，并不意味着一定能做某件事，比如我们常说的眼高手低、纸上谈兵等。所以，他认为"行"是第一位的。值得一提的是，与孙奇逢差不多同时，身处湖南的王夫之也提出"行可兼知，而知不能兼行"②的看法。王夫之生前几乎是与世隔绝的，所以二人相互影响的可能性极小。一南一北，两位学者竟然有如此相似的看法，而且所用语句也几乎全同，这也可见当时实学思潮的氛围之浓厚，谁都很难置于此外。

孙奇逢主张"躬行实践，舌上莫空谈"。他认为真正的儒者，就是要"经世宰物"，那些平时高谈心性，一遇到事情便束

《颜李丛书》所载颜元向孙奇逢求教的信

① 《夏峰先生集》卷二《答魏石生》。
② 《尚书引义》卷三。

手无策的人，只不过是腐儒而已。他这种大倡实践的学风，对于清初实学思潮的兴起，起了很大的推动作用。颜元也是河北人，很早就与孙奇逢的弟子们有交往，对孙奇逢非常崇拜，曾专门写信向他请教，后来到河南游历时还专门去夏峰村祭奠他，他的"习行经济"之学，也是在孙奇逢的影响下产生的。

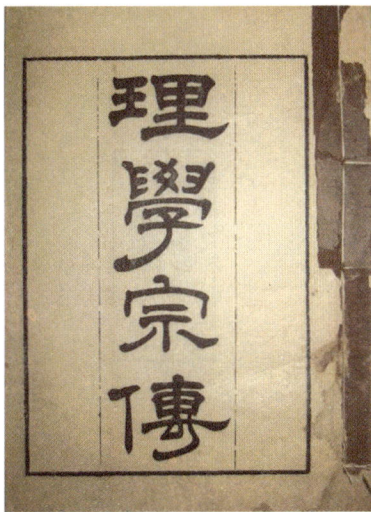

《理学宗传》

除了学术思想，孙奇逢在儒学史方面也很有建树。他用了30多年的时间，在吸收借鉴朱熹的《伊洛渊源录》和周汝登的《圣学宗传》的基础上，在83岁时写成《理学宗传》一书，书中对整个儒学尤其是宋明理学的发生、发展进行了较为系统的考察和理论总结。他借用《周易》中的概念，以"元""亨""利""贞"的循环轨迹来概括儒学的发展历史，并把宋明理学看成是一个动态的、有机的发展系统。后来黄宗羲作《明儒学案》《宋元学案》，正是在批判吸收孙奇逢成果的基础上完成的。

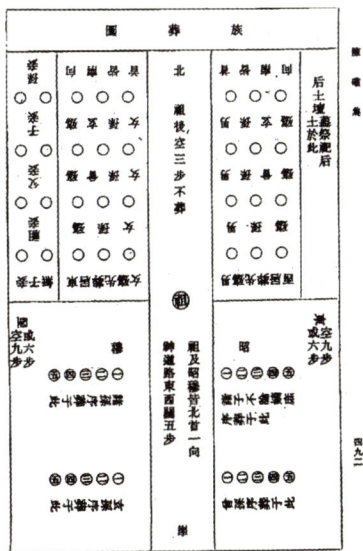

《葬书》插图

二、陈确对理学的激进批判

陈确（1601—1677），浙江海宁人，原名道永。明朝灭亡后，因为《周易·文言传》中解释乾卦初爻有这样一句话："乐则行之，忧则违之，确乎其不可拔，潜龙也。"因此改名为确，字乾初，表示以潜龙自励，隐居不出而坚守节操。他在43岁时（崇祯十六年，即1643年）拜明末王学大师刘宗周为师，从此宗奉刘宗周的"慎独"之学。他也非常喜欢王阳明的"知行合一"

之说，因此，他的思想完全是心学一系的，但并非墨守心学，也有不少创见。他的主要著作有《大学辨》《性解》《葬书》等。

陈确为人刚直，遇丑恶现象便愤激不平，勇猛冲决，无所畏惧。崇祯十五年（1642年），海宁有不法官吏害民，民众敢怒而不敢言，陈确当时正准备参加科举考试，跃跃欲试，志在必得。在这个当口，按一般人的想法，最好不要生事，以免影响前程，但他顾不上这些，毅然挺身而出为民请命，联合海宁的秀才、举人等数百人上书请愿。上司却庇护不法官吏，并剥夺了陈确参加考试的资格。陈确没有屈服，大义凛然地说："捐吾生以救一县之民，亦何所惜！"① 继续进行斗争，最终为民除害，将不法官吏绳之以法。

陈确不仅在行事上如此，在学术上也是如此。他不屑与世俗之见苟同，多发"惊世骇俗之论"，学术思想鲜明，学风独特，被全祖望称为"畸士"。尤其是他对程朱理学进行了严厉的批判，因此遭到当时不少人的批评和非议，不但理学家如张履祥等人不喜欢他，而且同门学人如黄宗羲等也曾与他反复辩论。他把程朱理学称为孔孟儒学的异端，主张"琢磨程朱，光复孔孟"。程朱理学的重要理论来自《大学》一书，本来《大学》只是《礼记》中的普通一篇，到"二程"时开始大力推崇，称为"孔氏之遗书，初学入德之门"，尤其是朱熹作《大学章句》，对其内容进行了整理修订，分成"经一章、传十

《乾初先生遗集》所载陈确像

章"，并补入了著名的"格物致知"一章，成为程朱理学的经典文本。陈确对理学批判的矛头，首先就指向《大学》，他坚决否认《大学》是圣人之言，认为宋代之前从来没有任何记载说《大学》是孔子、曾子的遗

---

① 《乾初府君行略》，见《陈确集》。

书，理学家的结论是没有根据的。从内容看，他认为《大学》只侧重讲格物致知，讲"知"不讲"行"，表面上看似是儒家的道理，而事实上是属于禅学的空寂之学，程朱在《大学》基础上提出的"知先行后"的思想，自然也是不正确的。

陈确认为，关于知行关系的问题，只有王阳明"知行合一"的思路是正确的。但是他又指出，王阳明虽然强调"知行合一"，但往往是以"知"统"行"，消"行"归"知"，"致良知"这句话就说明其理论重心在"知"的层面，所以发展到阳明后学，便出现了只"知"不"行"，空口说道的荒唐现象。因此，他对"知行合一"理论进行了改造，认为所谓的"知行合一"，应该是建立在"行"而不是"知"的基础上的合一，"行"是"知"的基础和前提。为了让人明白他的思想，他还以行路为喻，写了一首诗：

> 人谓行路须识路，
>
> 我谓识路须行路。
>
> 登路问路问即行，
>
> 于家讲之终不明。
>
> 于家讲之虽已明，
>
> 起而行之仍如盲。
>
> 知行本合今分之，
>
> 阳明复生其如台。①

理学家主张"知"先"行"后，先识路再行路。陈确却说，要想识路，必须先行路，不行路便无法识路。当动身出发，开始走路或者向旁人问路，就已经是行路了。如果天天闭门在家，谈论如何行路，是不可能弄清楚的，即使讲清楚了，真正去实行了，也还像盲人一样。陈确的这种思想有些轻视"知"的作用，或许让人感觉过于偏激，但他非常强调"实行"的思想倾向，确实反映出那个时代实学思潮的影响，也是他对王学进行改造的一种体现。

① 《行路歌》，见《陈确集》。

第一章 明末清初的实学思潮

陈确还讨论了理欲问题。他用"理欲合一"的观点，来批判理学家"存天理、灭人欲"的思想，他认为天理正是从人欲中才能体现出来，人欲的正当之处就是天理，并且明确宣称："男女之欲，血肉之味，决不可绝！"这就把天理重新拉回现实生活中，对理学严格区分"理欲"的理论架构是一个严重的挑战。这些话虽然现在看来没什么新意，但在理学思想根深蒂固的当时，确实是振聋发聩的。戴震的"血气之欲"和"以理杀人"的思想，正是在陈确这一思想基础上的进一步深化。

三、李颙的"悔过自新"说和"明体适用"论

李颙（1627—1705），字中孚，号二曲，学者尊称为二曲先生，陕西周至人。他没有显赫的家世背景，从小生活在穷困之中，梁启超称他是"僻远省份绝无师承的穷学者"。崇祯十五年（1642年），他的父亲李可从被征入军队攻打张献忠，后来他父亲战死，留下孤儿寡母，生活异常艰辛。但他的母亲非常坚强，纺绩缝纫，以他父亲为楷模教给他忠孝节义的道理，并送他去私塾读书。李颙受到母亲的这些熏陶，"坚苦力学"，终于自学成才，讲学关中，名气大盛。

李颙曾受邀去明末东林党的发源地——无锡、江阴等地讲学，很多学者都来听讲。康熙十七年（1678年），清廷举博学鸿儒科，礼部想把他以"海内真儒"之名招揽过来，李颙以死相拒，后来干脆闭门谢客，谁都不见，大学者顾炎武慕名来访，才破例相见。康熙四十二年（1703年），康熙帝巡视关中，想召见他，可他依然坚持不见，只是让他儿子带着他写的书去见皇帝。明太祖朱元璋时

李颙雕像

曾下令说"寰中士夫不为君用，其罪皆至抄札"，也就是朝廷召你去做官，不去都不行，否则要杀头抄家。不过对于李颙的态度，康熙皇帝非但没有生气，反而夸赞说"尔父读书守志，可谓完节"，并亲题"志操高洁"的匾额送给他。

李颙的学问属于王学一系。经历了明清之际的历史巨变，他深刻认识到"人心"对社会治乱的重要作用，认为人心正则社会安定和谐，人心不正则社会离乱，学者的第一要务就是"救正人心"。因此，他在王阳明"致良知"的基础上，提出了"悔过自新"说。这一学说以"性善论"为前提，认为人禀受了天地的精华，天生就具有纯粹无瑕的善性，但由于受后天习气、欲望等影响，迷失了至善的本性，就像明镜沾染了灰尘而不再光亮一样，这就需要通过自己积极的努力，去恢复人所固有的善性，就像把沾满灰尘的镜子擦干净一样。要做到这一点，就必须"悔过"，不断反省并坚决摒弃自己过去不好的习气、欲望，经过坚持不懈的努力，才能恢复自己所固有的至善本性，从而达到"自新"。

在"悔过自新"说的基础上，李颙又提出了"明体适用"论。所谓"体"，就是人的至善之性，"明体"就是认识和恢复这一至善本体，"适用"就是弘扬这种至善于天下，来教育新民、开物成务。"悔过自新"是"明体"，经世致用是"适用"。"明体适用"实质上就是儒家的内圣外王之学，是一个由内到外的过程。他以《大学》的"三纲八目"进一步作了说明，明德是体，新民是用；正心、诚意、格物、致知、修身是体，齐家、治国、平天下是

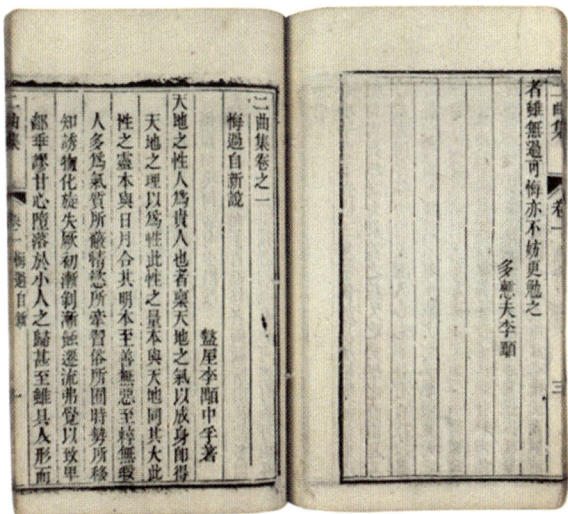

《二曲集》

用。只"明体"而不"适用"，如王学末流的静坐修心、克己反省而不关心现实，这是腐儒；只"适用"而不"明体"，片面追求外在的功利，则会流于霸儒。而当时的实际情况是，许多人既不"明体"，又不"适用"，单纯地逞口舌之辩、空口高谈，这就不是儒而是异端了。因此，为扫除这种风气，他大力提倡读"明体适用"之书，并开列了一个长长的书单，如"明体"类即有《象山集》《阳明集》《二程全书》《朱子文集大全》等，既包括程朱，又包括陆王的著作，说明他已不局限于陆王的门户。"适用"类的有武备、农政、水利、地理等有关国计民生的许多方面。尤其是还包括了当时刚传进来的西学的相关内容，如《泰西水法》等，这显示了他的思想具有强烈的致用色彩。

李颙的明体适用思想，从"明体"看还是心学本位的思想，但同时强调"适用"，这对清初讲求经世实学学风的形成，起到了积极的推动作用。

四、李绂对陆学的坚守

李绂 像

李绂（1673—1750），字巨来，号穆堂，江西临川人。李绂生活于康熙晚期至乾隆前期，年代较晚，比顾炎武、黄宗羲、王夫之等人晚了五六十年。他生平好学，曾言"小时看书，日可二十本"，经史子集无不遍览。他性格又十分伉直，不阿权贵，曾说："吾苟内省不疚，生死且不足动吾心，何况祸福，祸福且不足动其心，何况得失？"[1] 因

----

[1] 《鲒埼亭集》卷十七《阁学临川李公神道碑铭》。

此那些不学无术、阿谀奉承的官吏都非常怕他。他曾因被人陷害而下狱，被押赴刑场时，刑部的一个主官也久知其名，想试试他，便向他询问经史方面的疑义，试想一个马上要砍头的人，还管什么经史疑义，而他却泰然自若，应答流利如平常，这个主官感叹："李公真铁胎人！"所幸后来皇帝下旨说："李绂学问尚好，着免死。"① 李绂才保住一命。

李绂生平学问以心学为中心，他认为儒学的核心就是心学，为学就是要"求放心"，恢复自己的良知。但他并非抽象地论心，而是以事论心，讲求躬行实践，认为良知乃人所本有，关键在于时时把持住它，丝毫不能松懈，这就需要不断地在日用人伦中修身、省察，而这本身就是一个躬行实践的过程。

李绂最尊崇陆九渊，并作了一部非常有名的《陆子学谱》。此书对陆九渊的学问与生平进行了系统梳理，包含辨志、求放心、讲明、践履等若干方面，详尽地勾勒出陆九渊学术编年及弟子后学的传承系统。《四库全书总目提要》对这部书给予了很高的评价，说："考陆氏学派之端委，盖莫备于是书。"李

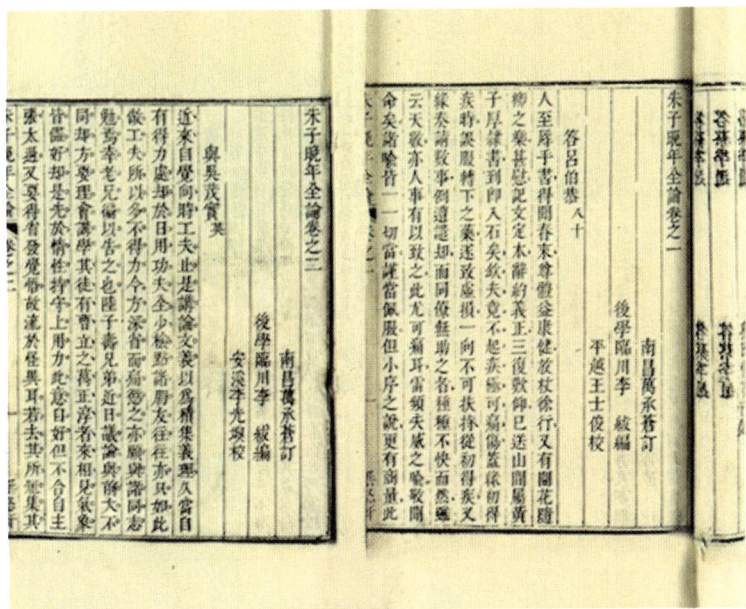

《朱子晚年全论》

---

① 《国朝先正事略》卷十四《李穆堂侍郎事略》。

绂站在陆学的力场上，集中讨论了朱陆异同这个当时很热门的话题，试图把朱熹之学纳入陆九渊的心学范围。关于朱陆异同，王阳明曾作《朱子晚年定论》，认为朱熹虽然早年跟陆九渊观点不同，但到晚年后悔了，认识到早年的错误，而转向陆学。但程朱学派的学者极力反对后悔一说，认为朱熹晚年仍坚持原来的观点，并没有与陆九渊相合之处。因此，两派一直争论不休。李绂认为前人的讨论往往摘取朱熹或陆九渊的片言只语而断章取义，其论点并不能令人信服。为彻底解决这一问题，他耗费十余年精力，详细阅读《朱熹大全集》，把有确切年月的朱子晚年论学材料全部搜集在一起，结成一部《朱子晚年全论》。有了翔实的资料基础，说话自然就有分量了。通过这种精细的研究，他得出的结论是朱子与陆子之学，早年异同参半，中年异者少而同者多，晚年则完全一致。这是站在心学的立场来融摄程朱的理学。

李绂所处的时代，正值康乾盛世，天下一统，皇帝集权已达顶峰，臣子们只要奉命行事即可，哪里还有什么真正的学问可谈。当时不仅心学已衰，即使被奉为正统的理学也只剩歌功颂德，真正的学术早就变成书斋里的考据学。而李绂却毅然以王学的致良知自任，坚持不懈地弘扬心学，通过改造心学，强调躬行实践，可以说在当时是真正的学术良知。梁启超称他是"陆王派之最后一人"，"结江右王学之局"，实非虚言！

第三节　程朱理学的复兴与发展

在王学开始向实学转化的同时，程朱理学也得到一定的复苏和发展。对王学的批判就意味着程朱理学得到复苏的机会，而清初统治者对理学的大力扶持也为其复兴提供了历史机遇。本节重点介绍张履祥、陆世仪、陆陇其和李光地等代表人物的理学思想。

一、理学复兴的社会背景

程朱理学的复兴，是明末清初实学思潮大背景下的必然结果。明朝灭亡后，深怀亡国之思的学者们，在回顾总结明朝灭亡的教训时，不约而同地归咎于王学的盛行，认为王学对明王朝的覆灭有不可推卸的历史责任。

在批判王学的过程中，学者们需要一种思想武器，而程朱理学无疑是不二之选。程朱理学注重格物穷理，主张就一事一物去穷尽事物之理，强调多读圣贤之书，相对于心学的空疏显得更加"实"，所以与当时实学的发展非常合拍。学者们此时重新抬出程朱，对程朱甚至达到了顶礼膜拜的程度，如张履祥说："祖述孔孟，宪章程朱。"熊赐履说："非六经语孟之书不读，非濂洛关闽之学不讲。"陆陇其说："今之学者无他，亦宗朱子而已，宗朱子者为正学，不宗朱子者即非正学。"吕留良说得更彻底："凡朱子之书，有大醇而无小疵，当笃信死守，而不可妄置疑凿于其间。"总而言之，回归程朱，崇朱黜王，成为清初许多学者的共识。

另一方面，清王朝建立后，为巩固其统治，笼络人心，消除汉族的敌视情绪，开始更加注重吸收汉族过去的政治和文化传统，也大力提倡程朱理学，使之成为官方的正统思想，这对于理学的复兴起到推波助澜的作用。

顺治元年（1644 年），入关后仅一个月，清廷便让孔子六十五代孙孔允植袭封衍圣公，又明令恢复科举取士制度。顺治二年（1645 年）正月，摄政王多尔衮率先祭孔，祭酒李若琳上表请尊孔子为"大成至圣文宣先师"，多尔衮准其请。顺治帝亲政后，对儒家"文教治天下"的精神多有领悟。顺治九年（1652 年）九月，清廷举行临雍释奠典礼，顺治帝亲临太学祭祀孔子，勉励太学生笃守圣人之道，揭开了清代帝王尊礼孔子的序幕。顺治十二年（1655年），顺治帝下谕"兴文教，崇经术，以开太平"。顺治十四年（1657 年）九月，举行了清代历史上第一次经筵盛典，由著名的儒学文臣为皇帝讲解儒家修身治国的道理。

康熙帝自幼受父辈熏陶，也尊崇孔子，笃信儒学。康熙八年（1669 年），康熙帝亲率礼部大臣到国子监视学，拜谒孔庙，在辟雍大殿举行临雍大典，以示对孔子的尊崇。接着，又恢复了孔、颜、曾、孟后裔之俊秀者送国子监读书的制度。康熙二十三年（1684 年）冬，康熙帝南巡回京途中，专程前往

康熙御笔"万世师表"匾额，左侧有"康熙甲子孟冬敬书"落款，并钤有"康熙之宝"满汉文玺印。此匾在全国各地孔庙均有悬挂。

曲阜拜谒孔庙，在大成殿行三跪九叩大礼，亲书"万世师表"匾额，匾额至今还悬挂在孔庙大成殿。

顺康两朝在尊崇孔子和儒学的同时，尤其注意表彰程朱理学，将理学作为儒学的正统。顺治二年（1645年），颁布科场条例，规定以朱熹的《四书章句集注》等书作为科举考试的内容，使程朱理学重新回到神圣的地位。这种以程朱理学为科考内容的取士制度，使天下学子无不靡然向风，无疑为程朱理学的复兴提供了最有利的条件。康熙皇帝作为一代开明君主，不但大力提倡理学，而且对程朱理学也有深入的研究。他对朱熹、王阳明的著作曾悉心研究和对比，最终认为朱子之学对孔子儒学的阐发最为深刻、精微和全面，无愧是孔子的真传、儒学的正宗，对于治国理政、修身齐家，有莫大的效用，具有"施于政事，验于日用"的巨大作用。他也常常以帝王之尊，与一些儒臣大谈性理之学，披阅理学典籍常常感觉"义理无穷，乐此不疲"，俨然也成了一位儒家学者。

清初统治者对程朱理学的推崇，还体现在一系列尊崇理学后人的行动上。顺治十二年（1655年），顺治帝下诏以朱熹十五世孙朱煌承袭翰林院五经博士。康熙二十五年（1686年），康熙帝亲书"学达性天"四字匾

康熙帝御书"学达性天"匾额，现存湖南岳麓书院。

额颁发给周敦颐、张载、程颢、程颐、邵雍、朱熹等理学大师的祠堂，以示恩宠。康熙五十一年（1712年），颁谕将朱熹从祀孔庙的地位升格，由东庑先贤之列升至大成殿十哲之后。他还委托理学名臣熊赐履、李光地主持纂修《朱子大全》。由于清初君主的大力提倡，程朱理学的影响越来越大，呈现一种复兴的态势，并出现了多位理学名家。

二、张履祥的理学思想

张履祥（1611—1674），字考夫，浙江桐乡人，因他曾经住在杨园里，故世称杨园先生。他性格比较孤介，不肯和当时名流往来，明朝灭亡后，缟素不食，闭门谢客，隐居杨园，以著述讲授为业。主要著作有《言行见闻录》《愿学记》《近古录》《经正录》《备忘录》等，后人整理为《杨园先生全集》。

张履祥的治学经历比较曲折，他最早是折服于王学的，"于阳明、龙溪之书，深信而服膺之，以为圣贤地位，盖可指日而造其域矣"①。他曾拜晚明王学大师刘宗周为师，接受了"慎独""诚意"的思想。后来通过阅读《近思录》以及程朱的著作，渐渐觉得王阳明的学说骄矜而虚华无实，最终以朱子学作为其学问的归宿，成为清初研究朱子学的开山人物。

张履祥对阳明心学有很多批评，梁启超称他是"清儒中辟王学的第一个人"②。他虽然曾就学于刘宗周，但却走上反对王学的道路，曾辑《刘子萃言》，专门收录刘宗周矫正王阳明的话。他对王阳明的代表作《传习录》非常反感："读此说使人长

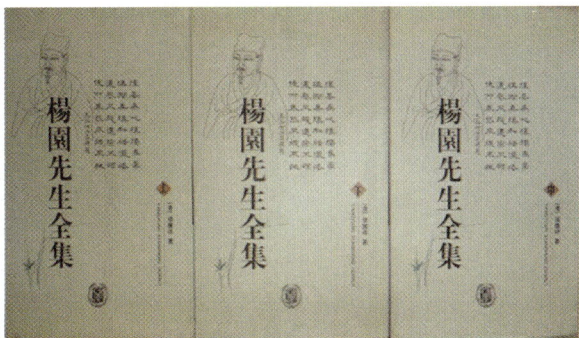

《杨园先生全集》

---

① 《杨园先生全集》卷一。
② 梁启超：《中国近三百年学术史》，人民出版社2008年版，第111页。

傲文过，轻自大而卒无得。"又说："一部《传习录》，只吝骄二字可以蔽之。"[①] 张履祥对陆王心学的批评，跟大多数亡明遗老意见一致，都是把明朝末年的祸乱及明朝灭亡的原因归结为王学的流行。他认为，王学的核心是只谈良知，占据道德高地，而取消了一切的礼乐文化制度，一谈到具体的事情，便嗤笑为支离琐碎，不如自己高明，最终将人培养成只会空谈心性，而不懂任何具体事务的腐儒书生。所以张履祥称王学是"邪说""异端"。相反，他认为程朱理学不但讲格物穷理，而且讲天理本心，"日新厥德、涵养深萃"，将本体与工夫结合起来，更符合儒家的本义。

张履祥大力提倡朱子的"居敬穷理"之说，使其思想具有鲜明的实学倾向。居敬就是存心，"存其固有之良心"，侧重于对内的修养；穷理就是致知，将自己的良知运用于日用人伦之中。居敬与穷理不能截然分开，而应贯通起来，他尤其注重致知的层面，强调"致知在力行"，反对浮躁，重日用工夫，提倡以务实的学风代替虚学。总之，他是把知、行、学完全统一在日用实践之中。他的务实精神还体现在他主张耕读兼顾，对汉代的"孝悌力田"非常赞赏，希望学子们既能读书又能耕田。他主张民以食为天，有恒产才有恒心，耕田可以丰富国家财用，读书则使人明知事理，二者不可偏废。在此基础上，他提出了以治生为目的的"经济"之学，主张读有用之书，留心世务，并针对当时的社会弊病，在田制、学校、科举、官制、赋役等方面提出了许多改革措施，体现出深刻的现实关怀。

虽然张履祥在世时名位不显，但后世却对其评价甚高，认为他得朱子正传，是迷途之"明珠"，被推为道学正统，对清初实学思潮的兴起产生了重要影响。

三、陆世仪的理学思想

陆世仪（1611—1672），江苏太仓人，字道威，号桴亭，学者称其为桴亭

---

① 《杨园先生全集》附录《张杨园先生年谱》。

先生。他从小就关心天下大事，23岁时，有感于当时政治的黑暗，预感到大乱即将来临，时代需要栋梁之材，便与陈瑚一起习武艺，学兵法。

早期的陆世仪曾学习《了凡四训》以功过格修身的办法，后来感觉过于注重内修，而忽略经世致用之学。于是在对其改造的基础上，与陈瑚、盛敬、江士韶三人相约共同进德修业，成为志同道合的密友，创造了"考德课业格"这一自修模式。德即修德，为体；业即事业，为用。以德统业，以业显德，德业合一，以此成就内有良好品德、外有治世本领的人才。他们四人定交的过程颇令人心动，据陈瑚所记，崇祯九年（1636年）末的一天晚上，陆世仪与陈瑚、江士韶在江氏珠树堂西轩，"朔风怒号，篝灯惨淡，三人吊古论文，感叹者久之，乃相商读书为善之法。期以明年丁丑为始，而宗传亦闻之而共学焉，里人目笑之，有陈陆江盛四君子之称焉"①。在一个寒冷的夜里，几个年轻人聚在一起谈古论今，相互切磋德行，共同进步，堪称儒学史上的一段佳话。

陆世仪著有《性善图说》一卷，旨在说明人性之善，不在天命，而在

陆世仪 像

陆世仪、陈瑚、江士韶西轩之约

---

① 《尊道先生陆君行状》，见《陆桴亭先生遗书二十二种》第一册。

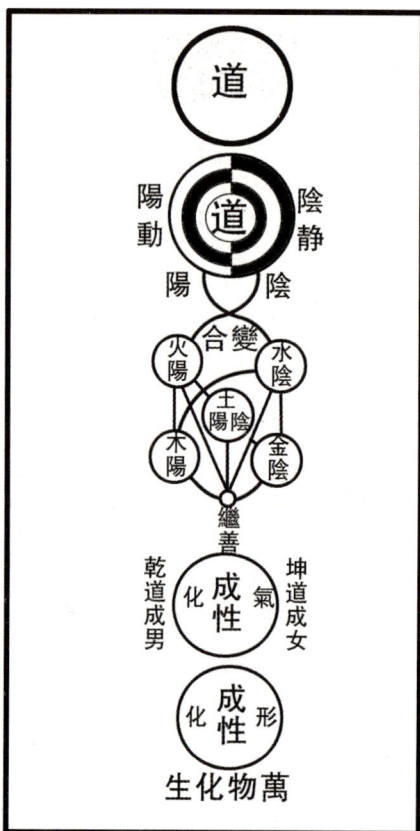

陆世仪《性善图说》借用周敦颐太极图来论证性善在气质。

气质，这是对张、程以来分人性为天命之性、气质之性，天命之性善、气质之性恶的观点的反驳。在该书中，陆世仪借用了周敦颐的太极图来说明他的观点。该图描述了人和万物从"道""阴阳""五行"一步步化生的过程，贯通整个过程的是阴阳二气。人正是阴阳二气化生的产物，正是因人禀受了五行之灵，故有五常之性，可见人所具有的五常善性，本来就来自气质，所谓的天理，不过是气质之中的条理而已。人与物虽然都禀受五常之气，但人禀受较全，物禀受较偏，所以人性为善，物性不得为善。如人与动物都有知，但人的知是开通的、畅达的，是可以教化、学习的；而禽兽虽也有知，却是愚蠢的、闭塞的，不能教化、不能学习。人与物都有仁心，如羊也有跪乳之恩，但人的仁是自觉的，可以扩充发扬的，而动物的仁则仅是一种本能而已。单就人来说，每个人禀受的五常之气也各有不同，全者为圣人，偏者为百姓，而五行之偏是人的恶产生的根源。陆世仪的这种人性论，完全建立在气论的基础之上，具有鲜明的唯物主义倾向，对于阳明以来空谈天命之性的学风也有所纠正。

在修养工夫方面，陆世仪跟其他理学家一样，大力推崇居敬穷理。居敬与正心、诚意一致，是向内省察，是圣人的一贯之学；穷理即向外去求得一事一物之理，即格物致知。他认为居敬与穷理不是分开的两截，而是相通的，居敬是穷理的基础，没有敬的涵养，穷理就没有一个规范，就容易胡作非为。

而不穷理，终日只去居敬，就成了空疏的禅学。在王阳明那里，良知是万能的，良知即天理，天下事只有致良知是最根本的，只要把这件事做好，其他的都能做好。但陆世仪对此提出反驳，他认为致良知并不能解决所有问题，对于现实具体的知识，如天文历法，如果不去认真学习，仅靠致良知是无法学会的。

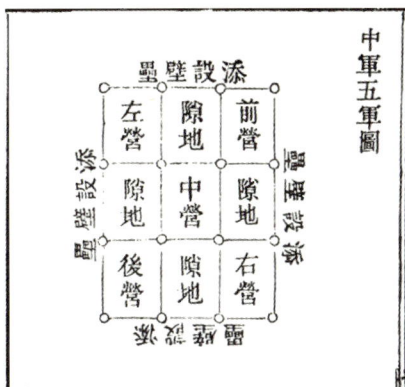

《八阵发明》

　　陆世仪抱有康平天下之志，对于政治、天文、地理、河渠、兵法等实用性学问都非常关注。政治方面，他对当时中央集权的郡县制有所反思。他认识到郡县制虽然行政效率高，全国政令统一，但权力完全集中于中央，地方官完全听命于上司，根本没有心思用礼乐教化百姓，而且由于任期较短、没有兵权，一旦有盗贼作乱，地方官也无力镇压。而封建制（即西周的分封制）下，地方诸侯就有比较大的权力，有土有民，对于兴礼乐教化更为有效，唯一的缺陷就是诸侯世袭，贵族秉政，下层人很难进用。所以，他主张综合两种制度的优点，在郡县制的条件下，给地方官充分的自主权，像古代诸侯治民一样。

　　对于基层的地方治理，陆世仪提出了一种与地方自治相类似的思想。

《治乡三约》

他将地方事务分为社学（负责道德教化）、保甲（负责公共安全）、社仓（后备粮仓）三方面，并以乡约作为治理大纲。乡长不是上级任命，而是要"凭一乡之公举"，整个基层机构需要完全对老百姓负责，接受公众监督。这种思想与现代基层民主自治的精神完全吻合，非常可贵，也体现了他"治天下必自一国始，治一国必自一乡始"① 的思想。

在教育方面，他非常注重"经济"之材的培养，认为学校教育在讲授"四书五经"等儒家经典的同时，也要讲授天文、地理、河渠、兵法等实用知识，甚至主张学习西方的几何、天文等科技知识。这种思想改变了传统教育只注重个人修养的缺陷，与近代的专业学校教育已经非常接近。

陆世仪治学持论平正，基本上没有什么门户之见，全祖望评价他说："桴亭陆先生不喜陈王之学者也，顾能洞见其得失之故，而平心论之，苟非深造自得，安能若是？"②《清史列传》称其"于近代讲学之家，最为笃实"，可谓评价非常得当。

四、陆陇其与李光地的理学思想

陆陇其（1630—1692），字稼书，浙江平湖人，曾做过知县、监察御史等小官。为官清正、体恤民情，但官运并不好，晚岁归乡，课徒授业，潜心治学。康熙三十三年（1694 年），康熙帝欲任命陆陇其为江南学政，一问才知道他已于两年前去世，深表惋惜。雍正二年（1724 年），雍正帝议定以他从祀孔庙，陆陇其由此成为清代第一个从祀孔庙的儒家学者。

陆陇其为学的最大特点是极力贬斥王学，而尊奉朱子之学达到顶礼膜拜的程度。在清初理学家中，他的门户之见最深。他认为明朝初年国家兴盛，就是尊奉朱子的缘故，但是中叶以后，学风、世风空疏浮泛，从而导致天下大乱，则是王学盛行的结果。他认为明朝不是亡于寇盗和朋党，而是亡于学术，而要取缔王学，就必须尊奉朱子之学。他认为尊朱学即为正学，不尊朱学即非正学，并且希望能像汉武帝时"罢黜百家，独尊儒术"一样，凡不尊朱子者全部罢斥。所以梁启超称他"是要把朱子做成思想界的专制君主，凡

---

① 《思辨录辑要》卷十八。
② 全祖望：《鲒埼亭集》卷二十八。

和朱学稍持异同的都认为叛逆"①。陆陇其的学问虽然很偏激，但他力倡实学和笃行，反对空言，强调要在日用之间践行"理"，一举一动都符合"理"的要求，这是值得肯定的地方。

李光地（1642—1718），字晋卿，号榕村，卒谥"文贞"，福建安溪人，学者称其安溪先生。李光地是清初名臣，对清廷忠心耿耿，曾为康熙帝平定三藩等出谋划策，立下不少功劳，深得康熙帝的信任。

李光地学宗程朱，被视为康熙朝主持正学的中坚人物。据其年谱载，他的父亲虽然"贫无宅舍"，但"独喜蓄濂洛关闽之书"，可见他宗奉朱学也有一定的家学渊源。李光地从 18 岁起便开始热衷于性理之学，潜心研读理学家的著作，"敛衣冠、谨坐起，非程朱不敢言"。他认为朱子之学是儒学正统，甚至认为"孔孟周程之书皆赖之以明"。李光地围绕朱子的学说，在理气、道器、心性、格物等常见的理学话题方面，都进行了一定的发挥，尤其是在心性关系方面，他认为性即理，是受于天命，是先天的、本善的，而心则是后天的，杂于气质之偏，有善有恶。但是，虽然有气质之偏，也并不代表其本性不善，只是因为受气的掩盖，使性之本善不能完全显露出来，其实性善的根子还是在的，通过后天的学习、磨炼，本善之性会显现出来。他还以植物之根、火种来比喻性善：植物的根虽然埋在土里，但经过雨露滋润、除草施肥，植物就会长得枝繁叶茂；火种虽然微小，但"动之以薪草"，就会形成燎原之势。他以此批评了王阳明"心即理"的理论，认为王学"致良知"的最大错误是误以为"心即理"，实际上是以后天之心来代替理。这样一来，其所"致"的，不是先天纯善之理，而是后天杂有善恶的心，所以最后流于"师心用用"而狂妄自大，在心学的教导下，人人都以自己之心所思所想为理，而真正的理却被埋没。

李光地虽然崇尚朱子之学，但并不像陆陇其那样盲目尊朱，而"于程朱之说，时有同异"②，尤其是对朱子改本《大学》抱有不满，认为应该恢复

① 《中国近三百年学术史》，人民出版社 2008 年版，第 114 页。
② 《故光禄大夫文渊阁大学士李文贞公事状》，见《碑传集》卷十三。

《大学》古本。李光地非常注重实学，并提出自己为学的三大纲领，即存实心、明实理、行实事。

李光地与康熙帝关系密切，常相互切磋理学义理。康熙帝曾说："知之最真无有如朕者，知朕亦无有过于李光地者。"① 李光地倡导朱子之学对康熙帝有很大影响，对清廷尊崇朱子之学有至关重要的推进作用。他曾奉康熙帝之命编辑《御纂朱子全书》《御纂性理精义》等书，被定为清代的官方教材。

除了以上几位，还有一位朱子之学的学者值得一提，那就是王懋宏（1668—1741），号白田。他是一个非常严谨的学者，写了一部《朱子年谱》及《考异》，以史学家的眼光，从客观的角度，把朱子的生平事迹考证得非常清楚，是研究朱子的重要参考书。他又写了一部《朱子论学切要语》，把朱子的主要学说提纲挈领地表述出来，对于朱子学的初学者非常有用。梁启超甚至称"我们要知道朱子是怎样一个人，我以为非读这部书不可，而且读这部书也足够了"②。

五、理学的正统化及其流弊

在官方的推动和部分学者的倡导下，清朝初年程朱理学呈现复兴的气象。但是，随着理学正统地位的确立，凭借理学沽名钓誉、博取功名利禄的现象也开始滋生。上有所好下必甚焉，朝廷大臣看到皇帝喜欢理学，也都大谈理学而诋毁王学，把理学当成升官发财之道，而对理学重实践、重真知的精神弃之不顾，甚至表面满口仁义道德，背地里干尽坏事，使理学逐渐失去了其本来的意义和价值。

王源《居业堂文集》卷七《与朱字绿书》记载了这样一个故事：有一个学理学的人平日大力诋毁王阳明，有一次因为他对官职的调动不甚满意而痛哭不已，旁边有人讥笑他说：不知道王阳明被贬到龙场的时候是不是也这样痛哭啊！此人羞惭无言以对。还有一个故事：有一理学者，看到他老师的儿媳妇很漂亮，非常喜欢。后来，老师的儿子死了，服丧期还没结束，这位理

---

① 《清史列传》卷十。

② 梁启超：《中国近三百年学术史》，人民出版社 2008 年版，第 117 页。

学者就把老师的儿媳妇娶过门了，而其平时的言论，则常言明朝末年的流贼之祸，都是王阳明造成的。所以，王源叹道："呜呼！若辈之行，如此类者，岂堪多述！……故今之诋姚江者，无损于姚江毛发，则程朱之见推，实程朱万世之大阨尔！"意思是，这些靠诋毁王阳明、推崇朱子谋求功名利禄的人，不但对王阳明的价值毫无影响，而且对于程朱理学反倒是一种羞辱。

第四节　黄宗羲的政治与经史之学

黄宗羲（1610—1695），字太冲，号南雷，别号梨洲，浙江余姚人。关于其生平，据他自述，经历了三个阶段："初锢之为党人，继指之为游侠，终厕之于儒林"[1]。

第一阶段是明亡前作为东林党子弟的活动。其父黄尊素为东林党名士，天启年间因弹劾宦官魏忠贤被迫害致死。崇祯帝即位后惩治阉党，黄宗羲时年19岁，写奏疏入京为其父讼冤，与阉党当庭对质，愤极之下，拿出放在袖子里的长锥，锥伤阉党，由此名声大噪，成为东林子弟中的领袖人物。崇祯十一年（1638年），黄宗羲又联合复社名士顾杲、吴应箕、陈贞慧等140人，在南京发表《留都防乱公揭》，声讨企图东山再起的阉党余孽阮大铖，坚持与宦官斗争，还曾因宦官迫害而东逃日本。

第二阶段是以游侠身份坚持抗清。清兵南下后，他积极联合抗清志士，

黄宗羲 像

---

[1] 《黄梨洲先生年谱》卷首《自题》。

《黄宗羲全集》

组织世忠营进行武装抵抗，长达十年之久，其中多历艰辛，"濒于十死者矣"。后来看到明朝复兴无望，才奉老母返乡，隐居著述，开始了"厕于儒林"的第三个阶段。

黄宗羲晚年潜心于学问，在经世致用治学思想的指导下，从事讲学活动，辗转于绍兴、宁波、海门等地讲学授徒，在东南一代影响尤其深远。清廷屡次征召他入京参与纂修《明史》，都被他拒绝。晚年他在父亲的墓旁自造了一座坟墓，中间放一个石床，并要求他的儿子在他死后直接将其遗体放在石床上用土掩埋，不用棺椁，之所以如此，他说是"身遭国变，期于速朽"，这也可见明朝的亡国之痛对他的影响，以及他的气节和人格。

黄宗羲学问渊博，对天文算术、经史百家之书，无不精心研究，一生著述宏富。在学术上，他受学于刘宗周的心学一系，但并不墨守师说，时代和历史背景促使他对心学进行了改造。由于他亲身经历了明末的宦官之祸和农民起义，以及明清嬗代的历史，强烈地感受到政治腐败所导致的亡国之恨，因此对政治问题有深刻的反思和批判，其思想具有鲜明的启蒙色彩。另外，他对宋明以来的儒学发展进行了系统的梳理，开创了独树一帜的浙东史学一脉。

一、心学的修正者

黄宗羲少年时便受学于心学大师刘宗周，所以清初的学者都把他当作心学的嫡系。但受实学思潮的影响，他对心学进行了修正，加进了许多气学的因素。一方面，他仍坚持"盈天地皆心"的看法，认为心即理，心具众理，仁义内在与生俱来，求理即是求本心之理，这就坚持了阳明心学的基本立场。

但是，他又认为"通天地，亘古今，无非一气而已"，宇宙间充满了气，除了气别无他物。宇宙间万物的千姿百态，也无非是气的变化流行而已。

对传统的理气观，黄宗羲明确反对朱子的理先气后之说，他认为就浮沉升降者言是气，就这种浮沉升降中有一定的法则言是理，理与气虽然是两个名称，但并非两件事物，不过是一物之二名而已。另外，对于理气关系反映到心性层面，他认为"在天为气者在人为心""在天为理者在人为性"，理气本是一物，故心性也不过一气流行的产物而已。所谓的心性只有一个，就是气质之性，义理之性就在气质之性中而不能单独存在，所以，他认为性善即"气质之性为善"。这样，黄宗羲实质上是将心学的理论建立在了气学的基础之上，他的"盈天地皆气"与"盈天地皆心"这两个貌似矛盾的观点，在气本论的基础上统一起来。

在重视气本论的同时，黄宗羲极为重视实学。第一，他认为学问必须以儒家的经史之学为根本，才不会空虚，必须通过史籍的验证才能够应对当下的问题，读经读史，泛观博览，学问才充实，言论才有依据。所以，他非常重视读书，"读书不多，无以证斯理之变化"，要求"于书无所不窥"。但读书不是漫无目标地读，而是要有一定的独立见解和思考，要与"自心之理"相验证，多学而"不求于心，则为俗学"，没有独立思考的精神，模仿别人依样画葫芦的，不过是八股之业，不是真正的学问。第二，他强调学以致用，尤其重视践行。他批判过去的学风说：研究心学的人，天天高谈性命而不读书；而研究理学的人，虽然读书，但也不过是章句之学而已，对现实生活没有任何帮助。所以他倡导"学贵适用"，就是要把学问跟事功结合起来，学问如果不能付诸实践，不能经世救国，就是毫无意义的空谈。他甚至把王阳明"致良知"的

位于浙江余姚陆阜镇的黄宗羲墓

"致"解释为"行"，强调要去落实良知，去行良知，目的就是反对只在"知"上讨个分晓的做法。在此基础上，他强调物质生活的重要性，进一步辨析"义"与"利"的关系。他认为，从古至今并没有"无事功之仁义"，士农工商各自从事各自的事业，出于公心就是"义"，出于私心就是"利"。

综上可见，黄宗羲通过坚持气本论对心学进行了改造，由理气观到心性论，再到事功的实学精神，由学术走向政治，关心社会现实则是他思想的归宿。

二、民主政治的启蒙者

黄宗羲亲身经历了明末清初的历史巨变，沉痛的历史教训促使他对国家、对政治进行深入的反思，由此写成了一部具有鲜明启蒙意义的著作《明夷待访录》。"明夷"是《周易》中的一卦，其卦象是火在地下，喻指有智慧的人隐居不得重用，处在患难地位。这一卦的爻辞说："明夷于飞垂其翼，君子于行三日不食，人攸往，主人有言。""待访"，指等待后世明君来访并采纳书中改革弊政、兴邦定国的大计，典故出自《尚书·洪范》，周武王灭商后，访问箕子，请教治国之道，箕子向武王讲述"洪范九畴"。从这部书的书名，我们就可以看出黄宗羲作此书时的心境，以及强烈的经世精神。全书由《原君》《原臣》《置相》《建都》《田制》《兵制》等 21 篇文章组成，内容涉及政治、经济、法律、文化、军事等各个方面。在这部著作中，黄宗羲继承了儒家传统的民本思想，对专制独裁的政体进行了批判，对社会治乱兴衰的缘由进行了分析，提出了多项社会改革措施。其中，最值得关注的是以下两个方面：

第一，对君主地位的重新认定。

黄宗羲认为立君主的目的就是服务天下人，为天下人谋利益。君主与天下的关系，用黄宗羲的话说，应该是"天下为主，君为客"。但是在历史发展中，这一关系却被颠倒过来，变成"天下为客，君为主"，整个天下都要服从于君主，天下成了君主的私有财产，"视天下为莫大之产业，传之子孙，受享无穷"。在这种心态支配下，君主以天下的人财、物力奉其个人之享乐，敲剥天下，离散妻子。而君主为了控制天下，就像要把天下藏在他的筐兜里一样，设置各种严密的法令，但"法愈密而天下之乱即生于法之中，所谓非法之法也"，法令越多，天下越乱。可见，君主家天下，视天下为自己的私有物，这才是天下动乱的总根源！所以，黄宗羲气愤地说："为天下之大害者，君而已矣！"在皇权至高无上的年代能发出这样的声音，确实是难能可贵的！

但是，黄宗羲并非要取消君主的存在，他只是要恢复"天下为主，君为客"的状态，使君主能够真正以服务天下为宗旨。黄宗羲认为，君主一个人无法完成治理天下的重任，所以需要臣子的辅佐。黄宗羲对过去君尊臣卑的关系提出了质疑，他认为，臣与君应是合作关系、平等关系，他们都以治理天下、服务天下为宗旨。对这一君臣关系，他打了个非常形象的比方，即治理天下就像一群人共同拖动一根大木料，要想让大家劲往一处使，就要有人带头喊号子，然后其他人呼应他。君主就是那个在前面带头喊号子的人，而臣子则是呼应的人，君臣就是这样一种密切配合的关系。所以他说，臣子应该是君主的师友，如果做官不为天下服务，那臣子就只是君主的奴才而已。黄宗羲的这些思想，虽然在当时不可能为人所接受，但在清末的革命运动中发挥了极大的影响力。

第二，对儒家实体化的初步探索。

《明夷待访录》的最大亮点是试图对儒家设计一种实体性存在。在中国传统的政治中，儒家并没有一个实体性的组织系统。历代设立的博士、经师，乃至国子监、太学等，都只是在

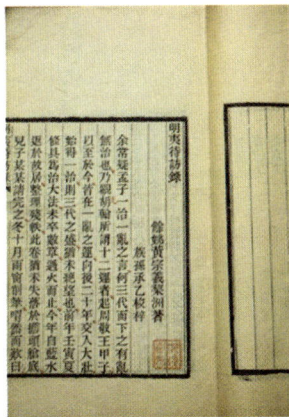

《明夷待访录》

政权荫蔽之下的学术机构。黄宗羲设想中的学校，正是要试图给儒家一个安顿，使之成为一个真正代表儒家的实体性组织。关于学校的功能，他认为："必使治天下之具皆出于学校，而后设学校之意始备……天子之所是未必是，天子之所非未必非，天子亦遂不敢自为是非而公其是非于学校。"学校既是一个独立于帝王政权之外的组织，又是决定天下是非、出"治天下之具"的地方。而且，黄宗羲认为，学校应该是一个体系，中央要有太学，地方要有郡学、县学，也就是说，每一级政权都要有对应一级的学校。可见，黄宗羲已经隐约意识到权力分立和相互制约的重要性，这在没有任何西方政治法律思想参考的前提下，是非常难能可贵的。

那么，为什么说学校是代表儒家的组织呢？黄宗羲认为，太学的祭酒（即校长）应该由名重一时的当世大儒担任，其地位与宰相等同，每月初一，祭酒在太学讲学，天子率领百官去听讲，天子要坐在弟子的位子上，并且祭酒可以随时指出天子施政的不合理之处。对于地方郡县的学校，其学官也不能由政府任命，而应由"公议请名儒主之"。郡县学官讲学时，郡县的主官也要就弟子之位，郡县官有政事缺失，小则责令纠正，大则号召民众起来反对。可见，无论是太学的祭酒还是郡县的学官，都成为儒家在政权体系中的代表人物，类似于宗教领袖，他们自上而下构成一个系统的儒家化实体组织。并且具有实权，可以发挥实际的政治作用。

《明夷待访录》具有鲜明的启蒙性质和民主色彩，堪称一部划时代的著作，在有两千多年专制传统的中国，它不啻暗夜火炬、隆冬春雷。同时代的著名学者顾炎武读了这本书的手稿，赞叹不已。200多年后，梁启超还惊诧地称其为"大胆之创论""人类文化之一高贵产品"。然而当时的封建统治者将黄宗羲的学说视为洪水猛兽，《明夷待访录》也被列为禁书，不许流传。直到戊戌变法时期，谭嗣同等人出于维新变法的需要，把《明夷待访录》印刷了数万本，秘密散布，才使这颗火种重新燃烧起来，对于鼓动民主思想起到了积极的作用。

三、儒学史研究的开创者

黄宗羲作为明末清初的大儒，其最大的学术成就在史学。梁启超曾说："大抵清代经学之祖推炎武，其史学之祖推宗羲。"黄宗羲自少时即致力于史学，家里的藏书很多，再加上到处借书抄读，遂使他的学问非常广博。现行的《明史》，大部分出自万斯同之手，而万斯同正是黄宗羲的弟子。

黄宗羲的史学著作非常多，尤其是关于南明历史的，大都是据其亲身经历所写，具有极重要的史料价值。而其在学术史研究上成绩尤为显著，体现在两部学案中：《明儒学案》和《宋元学案》。这两部书是宋明理学史上的不朽文献，直到今天仍然是我们研究宋明理学史最重要的资料。黄宗羲编纂这两部学案，怀着强烈的民族意识，力图对宋明理学作出批判性的总结，国计民生的关怀、经邦济世的希望始终是萦绕于他心头的主旋律。

《明儒学案》62卷，是黄宗羲亲自著成；《宋元学案》100卷，由他确定写作体例，仅完成了17卷，后来经他的儿子黄百家和再传弟子全祖望两次续补而成。《明儒学案》系统总结和记述了明代儒学思想发展演变及其流派，全书以王阳明心学的发展为主线，一共记载了有明一代210位学者。首篇《师说》提纲挈领，其后分别列出了17个学案，大致依据时间先后顺序和学术流派传承关系。每个学案都包含"案序""传"和"语录"三部分，其中"案

《明儒学案》

序"简要说明该学派的基本情况，诸如该派的主要学术观点、主要代表人物、与其他学派的关系等等；"传"即是该派学者的传记；"语录"即是收录该派名言至理并附有评论。《明儒学案》的编纂，有如下几个特点：

第一，有明确的编纂宗旨和理念。黄宗羲的学术史观，是以心学为基础的，一部明儒学案，从某种意义上说就是一部王学史。他论述王阳明的学术思想，非常推崇致良知之教，认为致良知指出了一条成圣之路，如果没有王阳明，则"古来之学脉绝矣"。这虽然有其学派立场，但也客观反映了明代学术发展的实际状况，因为明代儒学确实以王阳明一脉为主，特别是明中期以后王学大行，取代朱子学成为学术主流。不过，黄宗羲虽然以王学为主线，却也并不排斥异说，而是兼收并蓄，对于朱陆后学的不同学说，以及王门后学的不同观点都尽量收录。

第二，从史实出发，注重揭示出案主的为学宗旨，标出其学术特色。历史研究史的首要标准是尊重史实，《明儒学案》的一个重要特色就是从思想家的实际出发，反对主观评判。为此，他首先广泛地搜集资料，对于每个学派、每位思想家，都尽可能地以其著作、书札为依据；对于一些暂时找不到相关资料的思想家，他也坦然承认，并希望有这些资料的学者能够提供出来供他参考。另外，在广泛搜集资料的基础上，通过严肃科学的思想分析和历史考证功夫，对每位思想家的思想特质作出较为准确的概括，突出案主的治学特色，以反映其人一生的精神及学术旨趣，使不同案主的学术思想区别开来。在每个学案之前，黄宗羲都有一段绪论，提纲挈领地介绍案主的学术宗旨；之后为案主的本传，记录其一生的学行；文集语录资料的选辑则由他亲自编选，置于卷末。这样的编纂体例，结构严整，首尾一贯，把有明一代的学术大端简明扼要地叙述出来。

第三，考察学术流变。在把握思想家们的为学宗旨和学术个性的基础上，黄宗羲又对思想源流与学术脉络进行了纵向的整理和研究。对于明代理学的发展，他说："有明学术，白沙（即陈献章）开其端，至姚江（即王阳明）而始大明。"寥寥几个字，即勾勒出明代学术发展的大势。他重点考察了王阳明的思想发展历程，认为王阳明在"心学"思想体系形成前经历了三变，即从泛滥辞章到研究程朱理学，再到出入佛老，最后才悟道。"心学"宗旨确定后亦经历了三变，即从默坐澄心到致良知，再到"无是无非"，从而对阳明一生的思想轨迹作了准确概括。不仅如此，他还把整个儒学发展史也看作是一个有规律的发展过程，他吸收了孙奇逢的"元亨利贞"周期发展模式，认为先秦是儒学第一期发展，尧舜是元，汤是亨，文王是利，孔孟是贞；宋明理学是第二期发展，周程是元，朱陆是亨，王阳明是利，刘宗周是贞。那么，第三期又该如何发展呢？他提出"孰为贞下之元乎"这样的问题供后人思考。现代哲学家冯友兰先生的"贞元六书"，书名就取自"贞下起元"，有重启儒学发展新阶段的寓意，由此可见《明儒学案》的深远影响。

梁启超曾说："中国有完善的学术史，自梨洲之著学案始。"关于理学史的编纂，最早要追溯到朱熹的《伊洛渊源录》，明中叶之后有周汝登的《圣学宗传》，清初有孙奇逢的《理学宗传》。黄宗羲对这些著作都不甚满意，认为《圣学宗传》过于狭隘，而《理学宗传》不得要领。对自己的《明儒学案》，黄宗羲曾颇为自信地说："学者观羲是书，而后知两家之疏略。"黄宗羲之后也出现了多部儒学史著作，如汤斌的《洛学编》、熊赐履的《学统》、范镐鼎的《理学备考》等，但大多体例庞杂、门户森严，未尽人意，只有黄宗羲的《明儒学案》体例严整，自成一家，可谓集理学史编纂之大成，独领一代风骚，在儒学史编纂领域占有重要的历史地位。

总而言之，黄宗羲通过对心学的改造，倡导经学与史学相结合，经史之学与经世致用相结合。梁启超说他"有清代学者的精神，却不脱明代学者的面目"，这是说他保留了明代心学的一些痕迹，但又有强烈的务实致用精神，是一位承上启下的儒学大家。尤其是他的经史之学，开创了浙东史学这一清代重要的学术派别。清代中期以后，"浙东史学遂皎然与吴皖汉学家以考证治古史者并峙焉"[①]。

---

① 钱穆：《中国近三百年学术史》上册，商务印书馆 1997 年版，第 35 页。

第五节 顾炎武的"经学即理学"

顾炎武（1613—1682），江苏昆山人，原名绛，字忠清。明朝灭亡后，因仰慕南宋爱国志士文天祥的门生王炎午的忠贞品格，改名炎武，字宁人。因其家乡有亭林湖，故又被学者称为亭林先生。顾炎武是一位世家子弟，自幼性情耿介绝俗，从 10 岁就开始攻读经史和兵家著述，留心经世之学。14 岁中秀才，不久与同乡好友归庄共同加入复社，时人称"归奇顾怪"。他们在复社议论朝政，反对宦官专权，注意民生利病和国家大事。从 17 岁到 20 岁，累试不第。明亡后参加了昆山、嘉定一带的抗清斗争，失败后装扮成商贩避祸江南。顺治十四年（1657年），顾炎武告别亲友，开始了长达 20 多年的游历生涯，先后往返于河北、北京、山东、山西、河南、陕西一带，拜师访友，考察山川形势。65 岁时定居于陕西的华阴县（陕西华阴），70 岁时客死于华阴。

顾炎武是明末清初开一代风气的重要人物，被称为"开国儒宗"，其倡导的实学思想对清代学术的发展有重要影响。他的著作非常多，有《日知录》《音学五书》《天下郡国利病书》《肇域志》等。谈顾炎武，他的人生、性格与其学问同样重要，学者们常用"行己有耻""博学于文"两句话来概括顾炎武的生平学问，非常精当。"行己有耻"代表了顾炎武的人格精神；"博学于文"则代表了顾炎武的学术大要，这其中又可分为习六艺之文、考百王之典、综当代之务三方面。

顾炎武 像

一、行己有耻：耿介绝俗的人格

"行己有耻"是孔子的话，意思是一个人的行为要有操守，有羞耻感，对于自己认为羞耻的事，决不能去做。顾炎武认为做学问，最重要的是要树立一种人格，人格是人之本，无人格、不讲耻，则是无本之人，为古人所倡导的"礼义廉耻"四维之中，"耻"是最为重要的，人一旦无耻，则什么坏事都干得出来。"耻"对于士大夫来说尤为重要，所以他说"士大夫之无耻，谓之国耻"。

对于"行己有耻"顾炎武是这样说的，也是这样做的。他曾颇有些自信地说："某虽学问浅陋，而胸中磊磊，绝无阉然媚世之习。"① 纵观顾炎武一生的为人行事，非常光明磊落，而且永远坚持自己的信念和操守，从不顾及世俗的目光。他的这种耿介绝俗的人格，受其嗣母王氏的影响最大。顾炎武一出生就过继给其堂叔为继嗣。其堂叔名同吉，18 岁因病去世，当时已经与王氏定亲，王氏时年 17 岁，尚未过门，正准备结婚。王氏家人都不想让她知道未婚夫病逝的消息，而她不知从哪里听说了这个消息，就穿上孝服，去顾家吊丧。随后拜见公公婆婆，决计不再回娘家，就做他们的儿媳妇。所以王氏相当于未婚守寡。一个年仅 17 岁的小女子，就有如此的气节，这着实令人惊叹。

王氏入顾家 11 年后，顾炎武出生，随即被作为顾同吉的后嗣过继过来，所以王氏就成了他的母亲。顾炎武就是在寡母王氏的抚养下长大成人的。王氏以守寡之身，尽心侍奉公公婆婆，她还有一位侍女曹氏，与她相随至老，也终身不嫁。王氏的气节和性格，对顾炎武有终身的影响。王氏从小就以历史上忠臣义士的故事教育顾炎武。顾炎武曾回忆说："而于刘文成（刘基）、方忠烈（方孝孺）、于忠肃（于谦）诸人事，自炎武十数岁时即举以教。"② 王氏因其节烈而闻名海内，崇祯皇帝授予"贞孝"之名以表彰她。崇祯十七年（1644 年），清军入关，崇祯吊死，明朝灭亡。第二年，清军南下，攻破顾炎武的家乡昆山，王氏绝食十余日而死，临终前对顾炎武说："我虽妇人，

---

① 《亭林文集》卷四《与人书》之十一。

② 《亭林余集》之《先妣王硕人行状》。

身受国恩，与国俱亡，义也，汝无为异国臣子，无负世世国恩，无忘先祖遗训，则吾可以瞑目于地下。"她所受的"贞孝"之封号，就是其所谓的"国恩"，而她对于明朝的忠贞，正如同她对于其未嫁之夫的忠贞。

母亲王氏忠贞的性格从小就影响着顾炎武，临终时又给他托付这样的遗言，更加培养和激发了他耿介绝俗的品格。他初时只是把母亲浅殡，立志要等北京恢复，崇祯帝奉安后再为母亲举行葬礼。但过了几年发觉希望很渺茫，于是勉强把母亲安葬了。随后常年在北方游历，目的就是通过实地考察地形山川，暗结豪杰，以图光复。怀着对明朝的深深眷恋，他曾独自一人 5 次拜谒南京的明孝陵，6 次拜谒北京昌平的崇祯帝陵。他北游之前，家中有一个世仆投靠了别家，并且告他跟南明朝廷有勾连。顾炎武亲自把那仆人抓住投下海去，这个仆人的女婿便用千金贿赂官府，把顾炎武抓了起来，没有关到衙门的监狱里，而是关在了那个仆人家里。顾炎武的好友归庄向当时的名流钱谦益求救，钱谦益要求顾炎武必须承认自己是他的门生才出手相救，归庄看到事情紧急，没有办法，便私自替顾炎武做了一个自称"门生"的拜帖送给钱谦益。顾炎武得救后听了这件事，非常气愤，公开声明自己并非钱谦益门生。因为钱谦益投降了清朝，在当时被看成是无节文人的代表，顾炎武羞于与之为伍。

后来清廷开明史馆准备修《明史》，大学士熊赐履负责这件事，他给顾炎武写了封信，想把他招进馆。顾炎武回书坚决地说："愿以一死谢公，最下则逃之世外。"熊赐履害怕了，真要把顾炎武给逼死，自己罪过就大了。又一次，朝廷要求举荐博学鸿儒，顾炎武在京做官的同乡都争着想要举荐他，他说："人人可出，而炎武必不可出，七十老翁，正欠一死，若必相逼，则以身殉之矣。"由于他性格这么刚烈，从此再也没人敢举荐他了，他也不再踏进北京半步，从此远离清朝的统治中心。有人曾问他：你为什么不让他们举荐一下呢，被举荐了然后再声明不应举，那样会使你的名声更高。顾炎武说：这不是沽名钓誉嘛！人的气节和心志，难道就是为了这样显摆吗？顾炎武的外甥徐乾学在北京做大官，曾经想在晚上摆一桌酒席宴请他，他怒道："古人饮酒都是在白天而不是晚上，人世间只有男女私奔、收受贿赂这些丑恶的勾当才会在晚上进行，岂有正人君子却在晚上饮酒的道理!"从这些小事,也可见他特立独行的品行。

梁启超对顾炎武的人格非常推崇,在《中国近三百年学术史》一书中三复斯言,一次说:"我生平最敬慕亭林先生为人。"① 又一次说:"亭林是教人竖起极坚强的意志抵抗恶社会。其下手方法,尤在用严正的规律来规律自己,最低限度,要个人不至与流俗同化;进一步,还要用个人心力改造社会,我们试读亭林著作,这种精神,几乎无处不流露。他一生行宜,又实在能把这种理想人格实现。所以他的说话,虽没有什么精微玄妙,但那种独往独来的精神,能令几百年后后生小子如我辈者,尚且'顽夫廉,懦夫有立志'。"② 还有一次说:"至于他的感化力所以能历久常新者,不徒在其学术之渊粹,而尤在其人格之崇峻。"③ 从某种意义上说,顾炎武的人格真正体现了中国传统文人的脊梁。

二、经学即理学:习六艺之文

王学末流最大的弊病就是师心自用,脱离经典而空谈心性,或者抓住经典的一二字句而任意发挥,根本不顾及经典的本义。顾炎武认为,所谓心学就是清谈,魏晋时期的五胡乱华,就是清谈惹的祸,但是明末的清谈比那时候还严重。魏晋时清谈的是老庄,明末清谈的是孔孟。他说:"不习六艺之文,不考百王之典,不综当代之务,举夫子论学论政之大端一切不问,而曰一贯,曰无言,以明心见性之空言,代修己治人之实学。"④ 由此,"习六艺之文""考百王之典""综当代之务"就成为顾炎武学术思想的宗旨,而最根本的则是回归儒家经典,"习六艺之文"。

"六艺"即《诗》《书》《礼》《乐》《易》《春秋》六部儒家经典,顾炎武鲜明地标举出"经学即理学"的旗号,认为所有的"理"都蕴含在经典

---

① 梁启超:《中国近三百年学术史》,人民出版社 2008 年版,第 62 页。
② 梁启超:《中国近三百年学术史》,人民出版社 2008 年版,第 67 页。
③ 梁启超:《中国近三百年学术史》,人民出版社 2008 年版,第 74 页。
④ 《日知录》卷十七。

中，通过研究这些经典才能发现真正的"理"，经学才是真正的理学，而且在宋代之前人们都是通过学习"六经"来传承儒家之道的。他举《春秋》一经为例说："君子之于春秋，没身而已矣。"① 顾炎武通过"经学即理学"的观点，强调了儒家经典的权威地位。一切思想学说必须要有经典的依据，这一点渐渐成为学术界的共识，从而建立了一种更为踏实的学术风气，与宋明理学离开经典独创思想的风气迥然不同。

顾炎武不仅在口头上提倡经学，而且也身体力行，对"六经"都进行了深入的研究。他主张研究经学要实事求是，言必有据，"疑其所当疑，信其所当信"，反对"师心妄作"，仅凭个人意见任意解说经典，好立异说，甚至为了证明自己的说法而改动旧注、训诂，甚至改动经文。他注重从历史的角度治经，认为经学有一个源流的发展，越早期的经学越接近经的本义，比如汉儒对经典的解释，就要比唐宋儒更为可靠。顾炎武治经还力求贯通，反对治经只局限于一书或一家，而主张通览群经，汇通百家，只求符合于经的本义而不问何家，这种实事求是的研究态度值得弘扬。

顾炎武在经学方面的最大特色，是注重从音韵、文字的角度治经。他认为"六经"是上古之书，而上古汉字的读音早已失传，后人读不懂就用今音来改经，造成经典越来越难懂，所以他提出："读九经自考文始，考文自知音始。"② 试图通过对音韵的研究来恢复"六经"的古音系统，使"六经"真正可读。他对音韵学潜心研究30余年，从《诗经》到《切韵》，到元代的《韵会》，全面考察了古今音

《古音表》

① 《亭林诗文集》卷三《与施愚山书》。
② 《亭林文集》卷四《答李子德书》。

韵的流变，写成《音学五书》，包括《音论》《诗本音》《易音》《唐韵正》《古音表》五篇，"由此六经可以读"。顾炎武对音韵的研究具有深远的影响，开了清儒研究音韵的先河。乾嘉学者王鸣盛评价他说："欲明三代以上之音，舍顾氏其谁与归？"① 或许有人会说研究古音这种学问没什么用处，但是顾炎武认为，研究音韵是为了读通经典，而经即是道的载体，通经即是明道，这正是支撑他研究音韵的信仰所在。

顾炎武的"经学即理学"思想，在儒学发展史上具有重要的里程碑意义，它使儒学又重新回归到经典中来。从此，"经学即理学"就成为有清一代的根本学术宗旨，进而辨伪、考证、训诂等新的学风渐渐树立，空谈心性的宋明理学，一转而为对"六经"等经典进行研究的乾嘉朴学。所以顾炎武被认为是清代学术的开山人物。

三、博学审问：考百王之典

顾炎武虽然重视读经，但其学术研究范围并不限于儒家经典，而是广泛涉及各类典籍和学术门类，这即是他所说的"考百王之典"。他认为应该"博学审问，古人与稽，以求是非之所在"，通过读书、实践、学问来求得真理，这是一种非常务实、求实的学术精神。以这种精神为指导，他通过大量阅读各类著作来学习修己治人的学问。他的弟子曾经这样描述他："先生精力绝人，无他嗜好，自少至老，未尝一日废书。"② 他常年在北方游历，而出门时必定随身带几口袋书，随时翻阅。他读书范围极广，遍涉经史子集，从 11 岁开始读《资治通鉴》。为了纂集《肇域志》与《天下郡国利病书》，他从 26 岁开始，凡阅书一千余部，历览二十一史、天下郡县志书、名公文集章奏文册等等，可见他读书是多么勤奋。在博学审问的基础上，他取得多方面的学术成就，例如历史地理学方面有《天下郡国利病书》《肇域志》等；音韵学方面有《音学五书》；金石学方面有《金石文字记》；经学方面有《五经同

---

① 《蛾术编》卷三十三《音学五书与韵补正论古音》。
② 《日知录·序》。

异》《左传杜解补正》等等。梁启超称："气象规模之大，则乾嘉诸老，恐无人能出其右。"清代的许多学术，都是从他这里发端而衍生出来。

顾炎武的"考百王之典"，在研究方法上，也具有多重的开创性意义。第一是实地考察。顾炎武的一生可以说是"读万卷书，行万里路"的最好写照，他的弟子潘耒曾说："先生足迹半天下，所至交其贤豪长者，考其山川风俗疾苦利病，如指诸掌。"① 他每到一个地方，就多方询问当地人关于地理、山川、典故等各种情况，遇到与自己读书不合的，便随时从自己携带的书中对照。如果我们读一读他的《日知录》中讨论各地制度风俗的部分，便可看出他的许多资料都是通过自己的实地考察获得的，这一点是后来单从书本上进行考证研究的乾嘉朴学家所望尘莫及的。

第二是搜集资料。顾炎武非常注重"抄书"，他认为"著书不如抄书"，他的《天下郡国利病书》《肇域志》都是抄集的各书资料的汇集。其《日知录》中，也是抄录者占十之七八，自己见解仅占十之二三。对顾炎武来说，抄书并非简单的誊抄，其中蕴含着他的取舍标准，他是以自己的思路、根据自己的用途把抄取的资料汇集起来，从而使这些资料发挥新的作用。比如

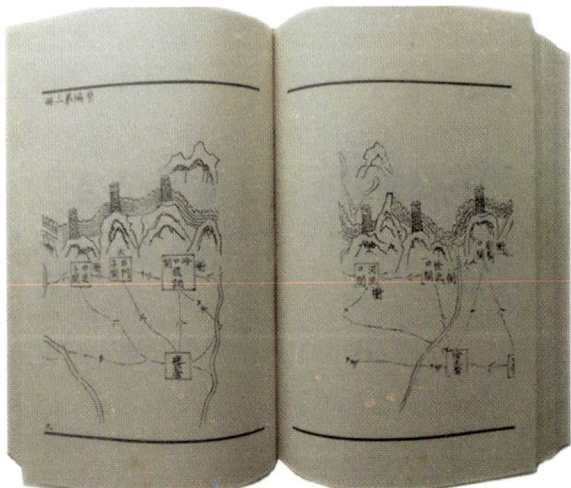

《天下郡国利病书》所载山川形势图

《天下郡国利病书》，虽然大多内容是抄自他书，但是这些资料散落在其他的各类史书、志书中，毫无意义，而经顾炎武抄集在一起，就能够借以了解天下郡国之利病，对于治理天下国家就有了重要的参考意义。我们都知道，一些大学问家，他们平日抄

① 《日知录·序》。

书所做的笔记，可能是其所著书的数倍，这就是最笨但也最有成效的治学方法。

第三是精准考证。对于某件事，只要稍微有一点疑义，顾炎武就会反复参考各种典籍，乃至实地考察，从而得出最适当的结论。《日知录》是其一生学问的精华所在，但是他曾说"某自别来一载，早夜诵读，反复寻究，仅得十余条"，一年才写十几条，可见他作结论是多么审慎，每写成一条，都要耗费不少考证功夫。他认为一位学者绝不应该

顾炎武游历图

以自己尚未定论的书来流传后世，自己的观点都没有完全确定，论证没有完全的严密，是不能拿出去给别人看的，所以他说《日知录》要"以临终绝笔为定"。后来乾嘉朴学的考证方法，在很大程度上都是受顾炎武这种严谨学风的影响。

四、明道救世：综当世之务

顾炎武研究经学，广读各类书籍，并且游历20余年，其根本目的是求得治理天下的方法，找到解决现实问题的办法。他说："君子之学，以明道也，以救世也。"他认为孔子所创立的儒家学说，其根本用意就是经世致用，所以他说："凡文之不关于六经之指、当世之务者，一切不为。"又说："经世要务，一一讲求。"这体现了他深刻的现实关怀和经世思想。他的弟子评价他说："事关民生国命者，必穷源溯本，讨论其所以然。"他在少年便留心于经

世之学，遍览二十一史，明代十三朝实录，天下图经，有关民生利害者，分类录出，纂集成《天下郡国利病书》，从此书的书名我们就可以看出这部书是分析全国各地利病之书，具有强烈的现实关怀的寓意。

顾炎武最重要的著作《日知录》，从表面看多是考据性的文字，甚至他还因这本书被后人推为考据学的始祖。其实，他编写《日知录》的初衷就是经世致用，他说："有王者起，将以见诸行事，以跻斯世于治古之隆。"又说："意在拨乱涤污，法古用夏，启多闻于后学，待一治于后王。"

《日知录》中关于"天下兴亡匹夫有责"的记述

可见，他认为《日知录》将来要付诸实施并对未来国家走向治理起到重要作用。他的弟子在《日知录序》中也说："异日有整顿民务之责者，读是书而景然觉悟，采用其说，见诸施行，于世道人心，实非小补，如第以考据之精详，文辞之博辩叹服而称述焉，则非先生所以著此书之意也。"意思是，不能仅仅把《日知录》当成一种纯学术的考据，它对于"整顿民务""世道人心"也具有重要作用。

顾炎武关心现实，关心天下大事，众所周知、名闻天下的"天下兴亡，匹夫有责"就源自他的《日知录》。他认为，"亡国"与"亡天下"是不同的，一个朝代、一个政权的灭亡，只是亡国，而如果社会道德风俗败坏到"率兽食人，人将相食"的地步，人的道德良知完全丧尽，这就是亡天下。保国，是君主和臣子的职责；而"保天下者，匹夫之贱与有责焉耳矣"，维持社会的秩序和道德良知，即使地位低下的匹夫匹妇，也都有责任和义务。他认为"保天下然后知保其国"，保天下为先，保一姓政权之国次之，因为道德风俗是人之为人的底线，如果人连做人的资格都没有了，廉耻丧尽，人类社会将不复存在。所以，生活在社会中的每一个人，都有义务去维系道德风俗。由此，顾炎武非常重视社会道德和风俗的作用，他说："目击世趋，方知治乱之关必在人心风俗，而所以转移人心，整顿风俗，则教化纲纪为不可缺矣。"他最注重独立的人格，非常推崇东汉和宋代的风俗，因为这两个时期，士大夫都能够重名节和廉耻，有独立的人格，能够与恶势力进行不屈不挠的斗争，为维系社会贡献力量。

顾炎武是一个脚踏实地的思想家兼活动家，他一生身体力行，读万卷书，行万里路，与当时名流如归庄、张尔岐、马骕、傅山、李颙、孙奇逢、阎若璩、黄宗羲等都有交游，一扫明季空疏的学风，开启清初实学的先路，成为当时务实学风的首倡者，对后世产生了深远影响。然而，知人论世，须将顾炎武的人格与其学术综合来看。顾炎武想要施展其治国平天下的抱负，但其家仇国恨又不容他出来有所作为，心中始终有一悲愤之气，郁而不能发，于是奔走天下20余年，问学访友，研究天下形势，垦田经营，奔波劳碌，借此来抒发其内心家国天下之悲感，最后老而无子，客死华阴。顾炎武虽著书宏富，考证精详，但若只将他认作考据家、学问家，就大错特错了。全祖望引王不菴的一段话，最足以揭示顾炎武学术人格之真谛，今引于下，以作为本节的结尾：

> 宁人身负沉痛，思大揭其亲之志于天下，奔走流离，老而无子，其幽隐发，数十年靡诉之衷，曾不得快然一吐，而后起少年，推以多闻博学，其辱已甚，安得不掉首故乡，甘于客死，噫，痛哉！[①]

———————

① 转引自钱穆：《中国近三百年学术史》，台湾联经出版事业公司1998年版，第160页。

第六节　王夫之的天人之学

王夫之（1619—1692），字而农，号姜斋，湖南衡阳人，晚年隐居衡阳石船山，后世称之为船山先生。他的父亲王朝聘曾求学于伍定相、邹守益等明末著名学者，以真知实践为学，学兼经史百家，在乡间颇有名气。王夫之从小受其影响。明末张献忠攻陷衡阳，把王夫之的父亲抓去作人质，迫其为己所用，王夫之拿刀把自己刺伤，让人抬着去见张献忠。张献忠见他如此刚烈，不能使他屈服，只好把他们父子都放了，当时王夫之仅25岁。清兵南下，王夫之曾在衡阳组织部队进行抵抗，失败后投奔广西的南明永历政权。清兵攻陷广西桂林后，他看到大势已去，便从小路逃回老家衡阳，当时他33岁。从此直到去世，长达40年，他一直隐居在故乡，专心从事学术研究和著述，深入研读十三经、二十一史，以及宋明理学家的著作，并取得丰硕成果。

与黄宗羲等遗老一样，王夫之也坚守着士大夫的气节。清朝统治者严令剃发，他誓死抵抗，辗转逃于荒山僻洞之中，艰苦备尝。王夫之曾为自己的

王夫之　像

画像题写一副对联："六经责我开生面，七尺从天乞活埋。"上联体现了他强烈的儒家使命感，要批判地继承儒家文化传统，并在此基础上开创新的思路；下联则体现了他的家国之感，认为明朝虽然亡了，但七尺男儿岂能屈服，即使追随天命，被当政的清朝统治者活埋了，也没什么遗憾。王夫之在世时由于隐居在穷乡僻壤，与他同时的知名学者，几乎没有人知道他。钱穆说他"声光阒晦，

亦视并时诸儒为尤甚"。康熙三十一年（1692年），北方著名学者刘献廷南游两湖，得与王夫之相交，在了解了他的生平学问之后对其推崇备至，称："洞庭之南，天地元气，圣贤学脉，仅此一线。"①

王夫之学问宏深，著述甚富，遍及经史子集四部，重要的作品，经部有《周易内传》《周易外传》《尚书引义》《诗广传》《四书大全说》；史部有《读通鉴论》《宋论》；子部有《张子正蒙注》《老子衍》《庄子通》，甚至还有关于佛教法相宗的《相宗络索》；集部包括

王夫之手迹

诗文集、诗话等若干种。由于他的后半生非常贫困，连纸笔都买不起，为了写书，都是从亲友门生那里借一些，书写好后就以所著书作为偿还。所以，在他去世后，他的后人手里也没有保留多少他的著作，而是大都散落在其亲朋好友那里。直到近200年后的道光二十二年（1842年），才由其七世从孙

同治四年（1865年）刻本《船山遗书》

王世全、湘南学者邓显鹤搜集刊刻《船山遗书》18种150卷，这是王夫之遗书大规模刊刻之始，可惜此版毁于太平天国之乱。同治四年（1865年），王夫之的同乡曾国藩兄弟又重刻《船山遗书》，增加为56种，使王

---

① 《广阳杂记》卷二。

《船山全书》

夫之的学问名声日益显赫，并对晚清的学术政治产生重要影响。1982 年起，湖南岳麓书社穷十余年之力，重新搜集整理王夫之著作，于 1996 年出齐《船山全书》16 册，1 000 余万字，近年又出版了修订本，是目前为止搜集最全、校勘最精的王夫之著作版本。

王夫之的学术，用钱穆先生的话概括就是"理趣甚深，持论甚卓"。他长于精深的哲学思考和理论探讨，他认为，"吾之所始与其所终，神之所化，鬼之所归"①。这些关于人的生死以及鬼神的道理是学问的根本。把这些道理讲清楚、讲正确，其他的具体理论才有坚实的基础，用司马迁的话说，这属于"究天人之际"的天人之学。因此，就思想的广度和深度而言，王夫之是同时代的其他学者所不能企及的。他虽然讲求高深的理论，但这与明末的空谈完全不同，恰恰他认为，明末之所以空谈，是因为他们的理论基础是错的，王夫之就是要把理论建立在更坚实的实学基础上，从而对过去的空疏之学进行致命的批判。所以，他虽然与当时的知名学者很少有交流，但其思想与当时的实学思潮是一致的，所以钱穆曾说他"闭门造车，出门合辙，有如是之巧"。只是其他学者多从实践层面讲实学，而他则从哲学和理论层面，以张载的气本论为依据讲实学，创造了一套别开生面的富有哲理批判精神的儒学思想体系，因此思想境界更高一层。王夫之的思想系统，虽然在他活着的时候几乎没人知道，但在晚清时代却引起强烈反响，谭嗣同称赞他："五百年来学者，真通天人之故者，船山一人而已。"以下从气本论、认识论、人性论、历史观四个方面，略述其思想内容。

---

① 《张子正蒙注·序议》。

一、具有实学色彩的气本论

王夫之思想的最大特征是气本论，他通过注解张载的《正蒙》一书，系统阐发了这一理论。他认为从自然界到人类社会都是由气组成，有形的事物是气的凝聚状态，而无形的虚空也并非一无所有，而是气的消散状态。气的往来屈伸和凝聚消散的这些运动，构成了多姿多彩的客观世界。事物的消失不是完全消灭，而是回归于无形的气，而事物的产生则是无形的气重新凝聚。比如，一车的柴火被一把火烧光，变成火焰、浓烟、灰烬，"木者归木，土者归土，水者归水"。再比如蒸饭时冒出的腾腾热气，都去哪儿了呢？水银遇到火就挥发，它又去了哪儿呢？王夫之认为这些都不是事物的消灭，而是变成气回归了太虚。所以，他认为，"生非创有，而死非消灭"，事物的产生不是无中生有，死亡也不是完全消灭，一切都只是气的运动而已。而在气的运动中，也有条理和规律存在，这就是"理"，"理"不是一个独立的东西，而是在气里面，气是理赖以存在的依托，气是体，"理"是用。王夫之的这些思想接近于西方的质量守恒定律，颇具唯物论色彩。以这些思想为基础，他对宋明理学中的一系列概念进行了全面梳理和重新阐发。

关于道器关系。道与器的关系是中国儒学史上的一个重要范畴，道相当于事物之道理，器相当于具体的事物。理学家一般将道与器割裂开来，认为道代表更高的层次，是独立存在的；而器只是现象层面的，道是器存在的依据。王夫之认为道就在器中，器外无道，有这种器，方有这种道。他说，没有弓箭，哪里

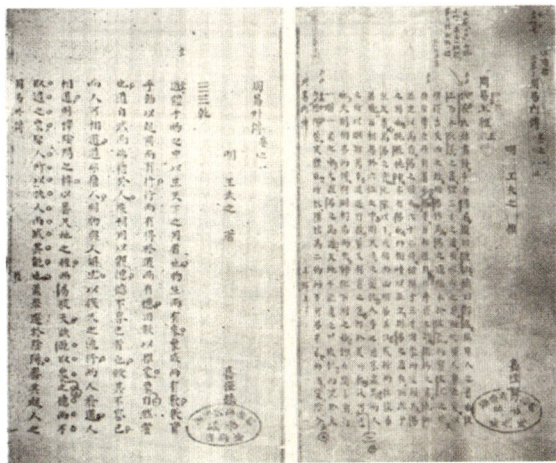

王夫之著作抄本

会有关于射箭的道理？没有车马，哪里会有关于驾车的道理？没有管弦琴瑟、青铜礼器，哪里会有礼乐文化的道理？古人只会就具体的事物来探究其道理，而道家、佛家甚至某些理学家却专门脱离具体事物而研究虚无的道理，这是正统儒家与异端的根本差异。

关于体用关系。体指事物的本体，用指事物的效用，比如刀是体，刀的切割作用是用。体用本是一体，理学家却往往认为体优先于用，"人生而静"之前有一个东西是人的本体，人要去存养那个东西。王夫之反对这种看法，他认为体与用不是截然分开的，体就在用之中。"人生而静"之前那个所谓的本体是理学的虚构，是虚无缥缈的，人们应该根据效用去探寻本体，而不是相反，否则就颠倒了先后的次序。他还打了一个有趣的比方，根据效用探寻本体，如同根据子孙去探究其先辈的情况，就顺理成章；而根据本体去探寻效用，如同去祖先的宗庙、坟墓那里，不能得到关于子孙的什么信息。

关于心物关系。佛家一般讲无念，讲修心，将身体和外物视为虚幻，要使心从具体事物中脱离出来。庄子讲心斋、坐忘，也只是针对修心而言。受此影响，儒家的心学也有鄙弃外物的倾向，王夫之对此进行了批评，并指出"我心不能离身绝物而独为灵明"。他认为身体的五脏、五官等都是心赖以发挥作用的物质基础，如同没有眼睛，心就无法分辨外物，五脏有一脏受损，心就不能正常发挥作用。离开了身体，心怎么还能独立地发挥作用呢？

二、"能必副所"的认识论

认识论要解决的第一个问题，就是人与外物的关系。对此，佛教有"能""所"的理论。所谓"能"，指人的认识能力，按唯识学的说法，包括眼、耳、鼻、舌、身、意末那、阿赖耶等八识；所谓"所"，指人所认识的对象。比如，眼能看到桌子，则眼是"能"，桌子是"所"。佛教认为一切"所"都是虚幻的，都是由"能"派生出来的，是"能"的一种幻象，"能"才是最根本的，比如认为桌子是眼睛所幻化出来的，所以佛教有"万法唯识""三界唯心"的说法，佛教修行就是要破除"所"的幻象，回归真我。王阳明的心学也有这种倾向，认为"心具众理"，世界的一切道理都在心中，认识世界就是认识自己的内心。王学也要求格物，但这里所谓的格物实质上是向内的，就是去认识和发现自己的本心良知。王学的这些看法取消了外在世界的存在，这就造成王学渐渐地不关心

王夫之故居内景

外部世界，不关心社会现实和百姓疾苦，而流于空疏浮泛。

　　王夫之从实学的角度批判了佛教和心学的这种理论，并对其进行了改造。王夫之认为，"境之俟用者曰所"，"用之加乎境而有功者曰能"，"所"就是能够被人认识和利用的客观世界，如天之风雨雷霆、地之山陵原野、物之飞潜动植，包括人类社会的父子兄弟等人伦关系等等，这些都是实有的，而非虚幻的。"能"就是人所具有的能够认识"所"并使其发挥功用的能力，如人的视、听、言、动等。他认为"所"与"能"是分开的，"所"在人之外，而"能"是人所具有的，在人之内。"能"与"所"一内一外，二者有一种认识与被认识、利用与被利用的关系。

　　基于对"能""所"关系的新认识，王夫之对"格物致知"说进行了重新阐发。他把格物、致知当作认识的两种方法，也可以说是认识的两个阶段。格物即是"博取之象数，远征之古今，以求尽乎理"，也就是广泛地了解事物的现象，并考察其历史演变，以求得事物发展的道理。致知是"虚以生其明，思以穷其隐"，通过理性思考掌握事物内在的本质和规律。王夫之所说的格物与致知，非常类似于西方哲学中的感性认识和理性认识。在格物阶段，以学习、了解和认识为主，以思考为辅。在致知阶段，则以思考整理为主，二者密切相关，不能偏废某一方面。如果单纯去格物而没有致知，就会陷于纷繁复杂的外部现象而失去为学的主见，这大体是程朱理学的毛病。如果只有致

知而不格物，就会流于空想，走入邪路，那就是心学的毛病。这样，王夫之在格物致知上，既克服了程朱"即物穷理"偏重格物的毛病，又排除了陈献章、王阳明一系"格物只在身心上做"的弊端。

三、"日生日成"的人性论

自古讨论人性，要么主张性善，要么主张性恶，要么主张性三品说，都是静止地谈人性，而王夫之则认为，性是一个动态变化的东西，"日生则日成"，"天日命于人，而人日受命于天"。人虽然禀受了天命之性善，但这种禀受不是一劳永逸的，人性还是需要逐渐成长的，性本身也是一个逐渐培养和形成的过程，就如同人从小到大，性也是从小到大地成长着。举例来说，子孙继承了祖父、父亲的姓氏，但子孙不只是有姓，他还有名，而名并不是继承祖先的而是子孙自己特有的，姓和名合在一起才构成这个子孙的完整姓名。性的后天成长，就如同子孙在姓之后要增加名一样。他还以动物和人作了对比，他认为动物刚出生时都比人要聪明敏捷，如牛、羊等，刚出生就会走路，

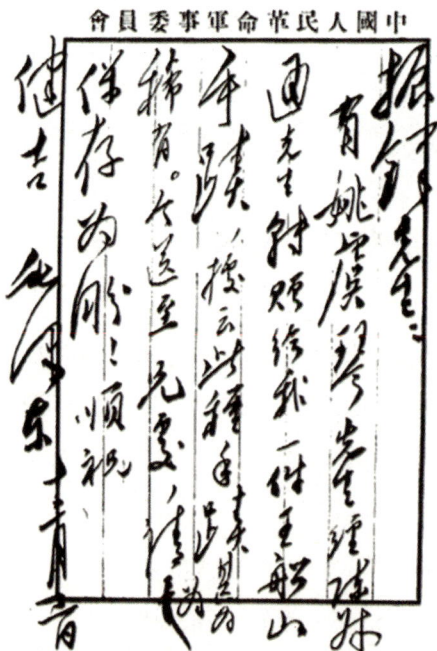

毛泽东同志在给郑振铎的信中提到他曾获得一本王夫之的手迹。

而人则要差很多，至少要一两年才会走路，但人之性却是不断成长的，先是逐渐学会说话、走路、言笑，进而懂得孝敬、爱人，进而长大学习各种知识，变成各方面的专家，做出自己的贡献，可见人的生命是一个逐渐丰富的过程。而动物却无法像人一样成长，所以它们终究还是愚钝的。

在人性"日生日成"观点的基础上，王夫之认为，人虽有天赋之善性，但后天的饮食起居、见闻言动，都对性的形成发展有一定影响。因此，他非常重视"习"在人性成长过

程中的作用，认为"习行性成"，经过什么样的"习"，就会产生什么样的"性"，而"性"一旦被养成，即使有再严厉的老师和再好的朋友，再重的惩罚，也不能使它改变了。用今天的话说，一个人经过多年的生活习气的培养，其人生观、价值观等都已经定型，很难再加以改变。王夫之强调，君子要养性，要择善必精，执中必固，这样才能逐渐养成一个善性；而若是一味沾染恶习，只能养成一个恶性。这种人性论思想，虽然与孟子的性有善端及扩充说有一定相似性，但比孟子的说法更为圆满通透。王夫之之后，清代学者焦循曾以自然进化之理谈人性，此外就很少见到这种思路了。

四、重"势"的政治历史观

王夫之经历了明末清初的历史巨变，沉痛的历史教训促使他深入思索历史发展的规律。王夫之在他的史学著作《读通鉴论》和《宋论》中系统地表述了自己的历史观。在王夫之的历史观中，"势"是一个中心概念。所谓"势"，就是因某种落差而使事情不得不如此发展。王夫之认为有时候事情发展到某种地步，就只能如此而别无选择，如同背后有一个无形的力量在牵引一样。历史上一些看似很偶然的历史事件，但其实背后却有着不得不如此的历史大势。比如汉武帝派张骞出使西域，本意是想让张骞去西域寻找汗血宝马，但是由此开启的中原与西域的沟通和交流，却是历史的大势所趋。即使没有张骞的出使，这一结果也是不可避免的。汉朝初年，在"七国之乱"被平定、叛王的气焰已被扑灭的形势下，汉武帝派主父偃去齐国任相，齐王就畏罪自杀了，但齐王并不是因为害怕主父偃而自杀，主父偃不过是"乘势而有功"，当时的形势已经如此，无论派谁去齐国，齐王都要死，主父偃不过是被历史推到前台而已。王夫之认为历史发展之理，就是顺势而为，"顺必然之势者，理也"，这使他的历史观具有鲜明的进化论色彩。传统的儒家学者大多都是退化论者，常将上古想象成美好的大同之世，时代越发展越倒退。但王夫之认为，上古之世人类还处于原始蒙昧状态，茹毛饮血，甚至没有君臣、父子、夫妇的区别，这时候人跟禽兽没什么区别，他称之为"植立之兽"。其后，"世益降，物益备"，越到后来

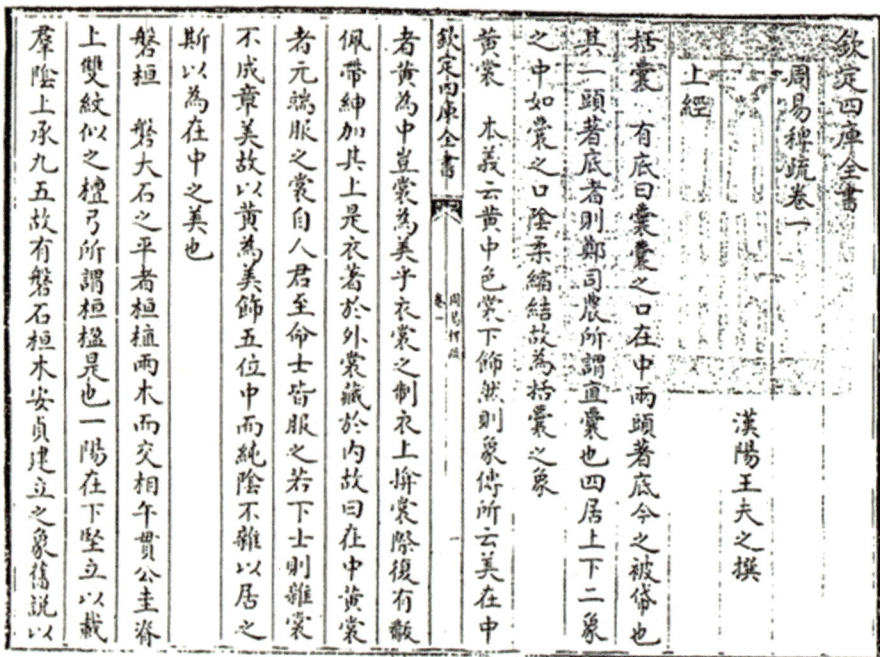

《周易稗疏》

社会越发展，包括后世的分封制、郡县制等，都是历史发展的必然结果。明末清初，许多学者因不满现实而对上古的封建制、井田制等怀有向往，他却鲜明地指出，"夫封建之不可复，势也"，郡县制从秦始皇以来就取代了封建制，实行了两千多年，运作基本是正常的，这是因为它符合了历史形势发展的需要，因此是合理的。企图复兴封建制，是不明历史发展大势的错误想法。

王夫之的思想和学术博大精深，远不止以上所述，钱穆先生称他"即列之宋明诸儒，其博大闳阔，幽微精警，盖无多让"。明末诸大学问家，真正能够究心于理学思想者，在江南数得上的只有黄宗羲和王夫之二人，而黄宗羲更侧重于儒学史的研究，对于思想理论的创获相对较少。只有王夫之一人隐居深山，在穷巷陋屋中，数十年如一日地进行着他那经天纬地、纵横古今的理论哲思，穷困不足以动其志，迫害不足以变其节，盖有传统儒者的历史使命和胸怀为其支撑。直到他去世，也没有人知道和理解他的思想学说。不过幸运的是，王夫之在后世却获得了至高的殊荣，被尊为大儒。异世相知，这或许既是王夫之的不幸，也是他的大幸吧。

第七节 颜李学派的实学思想

颜李学派是清初实学色彩最浓厚的学术流派。其创始人颜元以六德、六行、六艺为中心，大力提倡"实行""践行"，主张经世致用，既反对程朱的读书，又反对陆王的空谈心性，这或许与颜元出身社会底层有密切关系。颜元的弟子李塨继承了颜元的实学思想，但又受到经学考证学派的影响，增加了这一学派的"书卷气"。颜李学派在当时未能产生很大影响，近代西学传入后，因其主张与西方的科学、实用主义等有相通的地方，才受到人们的重视。

一、出身底层，崇尚实干

颜元（1635—1704），河北博野人，因其父曾为蠡县朱氏的养子，他生在朱家，遂姓朱，名邦良，字易直，号思古人。后来认祖归宗，恢复颜姓，取名元，因其斋名习斋，故学者称其为习斋先生。

颜元的人生经历非常坎坷，崇祯十一年（1638年），清军攻入河北，颜元的父亲被清军掳去辽东，时年22岁，此后再无音讯，当时颜元仅4岁。不久，其母也改嫁。颜元的父亲本身就是因为朱家没有儿子才被收为养子的，后来颜元在朱家的祖父纳妾又生一幼子，因涉及家产继承问题，常为难颜元，甚至想谋害他，但颜元仍非常孝顺地侍奉朱氏祖父祖母。颜元一开始并不知道自己不是朱家人。后来朱家的祖

颜元 像

母去世，他"泣血数月，毁几殆"，邻居看他可怜，便偷偷告诉他并非朱家人，其本姓是颜，老家在博野，去世的祖母不是他的亲祖母，没必要这么哀痛。他听了大惊，便四处打听，果然如此。尽管知道了真相，他此后仍然对健在的朱家祖父尽孝，直到老人去世后才认祖归宗。

颜元本性至孝，对待其养祖父母尚且如此尽心，对于其生父更是无时不挂念。他知道其父很早就被掳去了辽东，一直想去辽东寻父，但由于各种原因，直到50岁时才真正成行，他下定决心，寻不到父亲誓不返回。一路上多方打听，到处张贴寻父告示，历经千辛万苦，第二年终于在沈阳找到线索。有一个女子看到颜元的寻父告示，觉得他所寻的人很像是她的父亲，于是让人把颜元请到家询问详细的情况。颜元哭着把寻父的来龙去脉说了一遍，那女子听后也哭倒在地，原来颜元之父，就是这个女子的父亲！这女子告诉颜元，其父到关东后，重新娶妻成家生子，后来也曾经想逃归关内，但在出关的时候被抓了回来，看着回家无望，便断了这个念头，在康熙十一年（1672年），颜元38岁时去世，已经去世十多年了。于是二人抱头痛哭，兄妹相认，此后颜元严格按儒家丧礼的规范祭奠了他的父亲，并守孝3年。

颜元作为一位农家子弟，来自社会的最底层，没有显赫的家世背景，与黄宗羲的东林子弟身份、顾炎武的世家大族身份等无法相提并论，没有机会与当世名人进行过多的交流，他曾以晚辈求教的口吻给陆世仪写过一封信，可惜的是，由于当时南北通信不便，他写信时陆世仪已经去世。当时离他较近的知名学者是在河南夏峰讲学的孙奇逢，孙奇逢在明末清初是名重一时的北方大儒，所以颜元在写给孙奇逢的信中说"某发未燥，已闻容城孙先生名"，但是虽然近在咫尺，他也没有机缘去当面拜会请教。不过颜元平时所交游的几个人，如刁包、王余祐等，都与孙奇逢关系比较密切，通过他们，颜元也受到孙奇逢朴实学风的影响。

颜元由于来自社会的最底层，崇尚实干，所以对明末空虚之学的无用及流毒，都深恶痛绝。他所提倡的是最彻底的实学，他不但反对陆王的空谈心性，而且反对程朱的读书穷理。他认为无论是朱胜陆，还是陆胜朱，或者两家和解，也只是一种说话著书之道学而已。他要求放下一切理论上的东西，俯下身子去做事。颜元生平最痛恨读书作文，主张不立文字，其生平著作很少，重要的只有一部《四存编》，包括《存性》《存学》《存治》《存人》四编，都是很简短的小册子，以几篇短文和信札笔记凑成，并非是有意著作。颜元的门人希望他能多写点书以流传后世，他却说："我本来就反对别人以读书、著书当成学问的，现在让我自己来写书，不是去做自己反对的事吗？而且在笔墨上用功多了，在实行上用功就少了。"其实学精神于此可见一斑。

二、性善即气质之善

程朱理学把人性分为义理之性（或称天命之性、天地之性）与气质之性，并认为义理之性善，气质之性恶。颜元极力反对这种观点。他从理气合一的观点出发，认为性只有一个，就是气质之性，气质之性就是人性，是人所受于天命的，气与理是不可分的，要善皆善，要恶皆恶。如果认为气质之性是恶的，则所受的义理也是恶的。他的《存性编》专门论述气质之善，并从气本论的角度，作了七幅说明气质之性善的"性图"。第一幅总图概括了他的基本观点：

整个大圈表示自然的天道，圈内左边是阳气，右边是阴气，阴阳二气相互交融无间，说明天道只是阴阳二气的流行而已。中间的元、亨、利、贞这四德为阴阳二气的本质属性，左、右、上、下四个半径，代表每一德最中正的状态，如元—正这一条线就代表最中正、最纯正的元之德。左上、右上、左下、右下四个斜半径，是四德交汇的地方。圆圈内的密密麻麻的小点，代表了阴阳二气所化生的天地万物。由此图可见，天地万物都是由阴阳二气所化生，

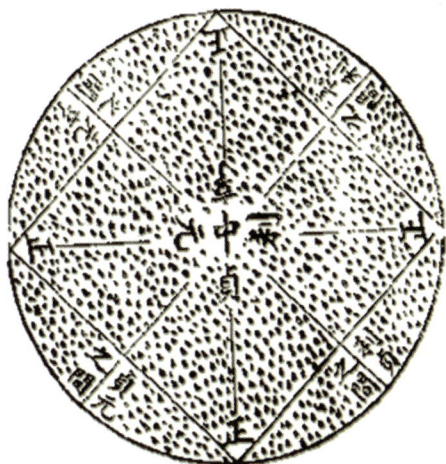

颜元用来说明气质之性本善的图示

并且都禀受了元、亨、利、贞这四种德。对人类来说，"尤为万物之粹"，禀受了最为纯正的四德，所以他说"二气四德，未凝结之人也；人者，已凝结之二气四德也"。由此四德，发而为仁、义、礼、智之善。所以，人所禀受的气质本身即是天理，即是四德之善，并没有什么天命之性与气质之性的区分。如果以气质之性为恶，那么人所禀受的四德也是恶的了，天道也是恶的了！

元、亨、利、贞四德，不是固定不变的，它们也在不停地流通变化，时高时下，有无尽的形态，故每个人乃至万事万物所禀受的四德之大小多少并不相同，这导致每个人的气质、性格就各有不同，如颜元所说，"禀乎四德之中者则性质调和""禀乎四德之边者，其性质偏僻""禀乎四德之直者，其性质端果"等等，但不管怎么样，都禀受了这四种德性，只是每个人所禀受的多少、偏全不同。所以，性只有偏全之分，而无善恶之分。为进一步论述气质性情本善，他又画了《孟子性情才皆善图》：

中间的圆圈是心，仁、义、礼、智是心的四种善性，表现到人的思想行为上就是恻隐、羞恶、辞让、是非四种善德。而人的思想行为就是才情，可见才情本身也是善的。

既然人性是善，那么恶是怎么来的？他认为人的某些恶劣品行不是先天的，是由于外物的引诱而后天产生的，他称之为"引蔽习染"。他常以衣服的染污为比喻，认为恶就像衣服的污渍，人们看到衣服沾染了污渍，便称之为"污衣"，其实不是衣服本身脏，而是外染所导致的，只要把污渍洗掉，衣服就会回归干净的本色。恶也是如此，人不管有多大恶行，其本性都是善的，只要洗心革面，痛改前非，虚心向善，都会变好的。理学家喜欢用水之清浊来比喻人性之善恶，把清的状态称为义理之性，把浊的状态称为气质之性。颜元指出

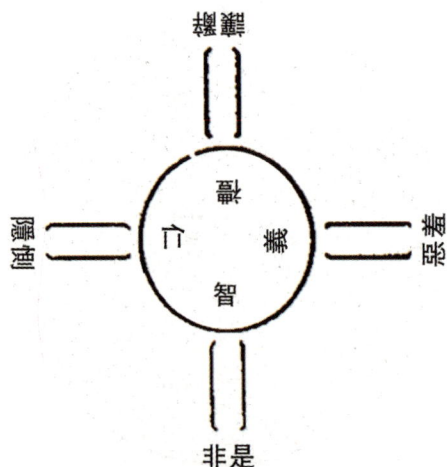

《孟子性情才皆善之图》

这种说法是错误的，浊并非水本身的性质，而是外来的杂质搅入水中所导致的，而清才是水的气质，是水的本性。

颜元的气质之性善的观点，与陆世仪非常接近，陆氏也曾作《性善图说》，通过图的形式来说明气质之性本善，所以颜元在听说陆世仪也有此观点后，非常兴奋，以为"先得我心"，特作书请教。

三、六德、六行、六艺之实学

颜元之所以不厌其烦地论证气质之性本善、不善在于外部的引蔽习染，目的在于提出他的六德、六行、六艺的实学，通过礼乐之道的涵养，来切切实实地除染、除蔽。

颜元认为，凡学问都要有益于人生，有益于社会，所以他极力提倡习行，并名其斋曰"习斋"。董仲舒有一句名言："正其义不谋其利，明其道不计其功。"这句话被后世儒者奉为圭臬，而颜元将其改为"正其义以谋其利，明其道以计其功"，与之完全唱反调。他主张实行周公之六德、六行、六艺和孔子之四教，认为这才是儒家真正的学问。所谓六德、六行、六艺，来自《周礼·大司徒》："以乡三物教万民而宾兴之，一曰六德，知仁圣义中和，二曰六行，孝友睦姻任恤，三曰六艺，礼乐射御书数。"所谓四教，即《论语》中说的："子以四教，文、行、忠、信。"这些学问都有非常实际的内容。颜元说："孔子尝言二三子有志于礼者，其于赤乎学之。如某可治赋，某可为宰，某达某艺，弟子身通六艺者七十二人。"孔子的弟子从孔子那里学到的都是具体的才能，如治理赋税、某项技艺等等，都有实际的效用。由此，颜元对"格物"提出一个新的解释，认为"格"字应该解释为"如史书手格猛兽之格，手格杀之之格，乃犯手捶打搓弄之义"，简言之，"格物"就是当下去动手做事情，去实践。

颜元不但提倡实学，而且身体力行，将儒家思想贯穿到自己的日常行为中。他非常重视礼，"道莫切于礼，作圣之事也"，认为礼提供给人们如何实践儒家思想的一整套操作步骤。他自己"思心时时严正，身时时整肃，足步

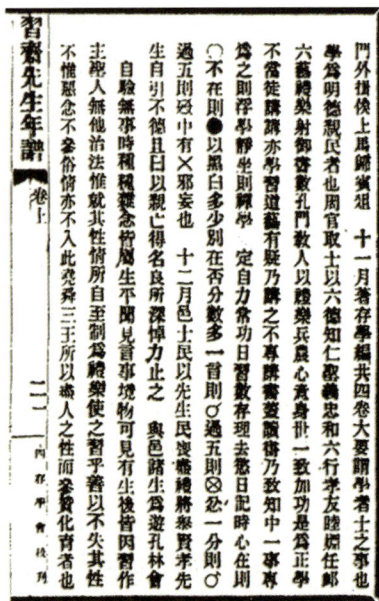

《颜习斋先生年谱》中关于颜元"功过格"的记载

步规矩，即时习礼也"。他对礼的遵守非常严谨，甚至到了苛刻的地步。其弟子李塨称他"日五漏起，坐必直首端身，两足分踏地不逾五寸，立不跛，股不摇移，行折必中矩，周旋必中规，盛暑终身未尝去衣冠"。有一次他侍奉在朱翁旁边，不自觉地跷起了二郎腿，后来突然意识到这样是对长辈的不尊敬，立即放开腿。还有一次，一个冬天的晚上，颜元出来上厕所，朱翁跟他说："把我的大衣披上，就不用穿裤子了。"可他却说："孔子说过'出门如见大宾'，不穿裤子能够见大宾吗？即使晚上出门，也要把衣冠穿戴整齐。"在每年的一开始，他总是按照一年的年历先定好这一年中的各种常礼，某月某日该行何礼，等等。颜元还常年坚持记日记，以功过格的形式不断检视自己身心言行的得失，一生积累下来的日记共70多本。后来其弟子李塨依据这些日记，写成了颇为详细的《颜习斋先生年谱》，读这本年谱，就可以基本了解颜元的生平学术。颜元对古礼的严格遵守，有点类似于佛教的苦行僧，所以梁启超称之为"苦行学派"。

颜元也非常热衷于"经济"方面的学问，他曾受邀主持漳南书院，其对书院的宏观构想也非常清楚地体现了他的经世思想。在漳南书院，他设置前四斋和后两斋，前四斋第一斋为"文事"，讲授礼、乐、书、数、天文、地理等；第二斋为"武备"，讲授黄帝、太公、孙吴兵法，以及攻守、营阵、水陆战法、射击等；第三斋为"经史"，讲授十三经、诸史、章奏、诗文等；第四斋为"艺能"，讲授水学、火学、工学、象数等。后两斋，一为"理学"，教授静坐、编著、程朱陆王之学；一为"帖括"，主要教授八股举业。颜元认为前四斋才是正学，之所以设置后两斋，是为了表现其"为吾道敌对，非周孔本学"。这一教学规模的经世色彩甚为鲜明，与一般的理学书院整日讲论心性义理、著书立说完全不同。可惜后来由于漳水泛滥，书院没能持续办下去，但是漳南书院这种"习行经济"的教育方法和思想，在后世得到了

颜元为恢复井田制而设计的《井田经界图》

继承和弘扬，为晚清的洋务派、维新派革新传统教育，创建新式学堂所汲取。

颜元的经世主张，主要体现在《存治编》中，其主要特色是复古，提出效法三代，主张恢复井田、封建、学校、察举等古代的社会管理体制："昔张横渠对神宗曰，为治不法三代，终苟道也，然欲法三代，宜何如哉！井田、封建、学校皆斟酌复之，则无一民一物之不得其所，是之谓王道，不然者不治。"让人啼笑皆非的是，颜元主张恢复宫刑。他的理由是，既然要恢复封建，则一个诸侯国有一个君主，有君主就要有伺候君主的太监，既然太监必须要有，那么谁去当太监呢？与其对无辜的平民施以宫刑而使之成为太监，还不如让有罪的人去当。如果废除宫刑，那就是"不宫有罪之人，而宫无罪之人"。这也算是从儒家仁爱的角度谈宫刑。由于《存治编》是颜元20多岁时的作品，当时其思想还不算成熟，故而许多观点显得有些幼稚。颜元的弟子李塨后来也对其若干学术观点提出了一些商榷。

由于颜元只重自修实践，没有太多交游，而且不肯著书，所以其学术思想在当时影响很有限，多亏了他的几个弟子大力弘扬，才使其学术思想得以流传。其主要弟子王源、李塨对其推崇备至。王源称他"开二千年不能开之

第一章 明末清初的实学思潮

口，下二千年不敢下之笔"①。李塨说："先生之力行，为今世第一人，而倡明圣学，则秦后第一人。"② 李塨在颜元去世后不遗余力地宣扬师说，遂与颜元齐名。

四、李塨对颜元实学的弘扬

李塨（1659—1732），字刚主，号恕谷，河北蠡县人。李塨 21 岁时拜颜元为师，从此一生尊崇颜学。李塨与颜元不同，他社会交游甚广，影响也比较大，曾西游关中，南及吴越，遍交海内贤豪，问学于阎若璩、万斯同等名流，与王源、毛奇龄、方苞等过从甚密，而言必称颜习斋先生，颜元之名也因他的弘扬而播于远方。由于他进一步发展和弘扬了颜元的经世思想，故后人将其合称"颜李学派"。与颜元不事著述不同，李塨著作较多且成系统，代表作是《大学辨业》，提出了格物致知的新解。

李塨　像

李塨一生以弘扬颜学为己任，经世致用的思想深入他的心灵。"每念颜先生之道一旦堕地，日月翳昏，民物惨愤，五夜辗转，未尝不泣下沾衣也。"③ 他也主张六德、六行、六艺为学之本，期于致用。他将学问分为古学和今学，认为"古之学实，今之学虚，古之学有用，今之学无用"。他理解的古学，就是六德、六行、六艺之学，致力于"孔门之礼乐兵农，执射执御，鼓瑟会计"之学，即掌握与社会生产生活有关的实际本领，是实的学问。今学即宋代

---

① 《居业堂集》卷八。
② 《颜习斋先生年谱》。
③ 《恕谷后集》卷一《送恽皋闻序》。

以来空谈义理之学，是虚的学问。

乐是六艺之一，是儒家礼乐教化的重要内容，李塨年轻时就对乐非常重视，25岁就曾钻研过朱载堉的音乐名著《律吕精义》，也向一些人请教过，但始终茫无头绪。39岁时，

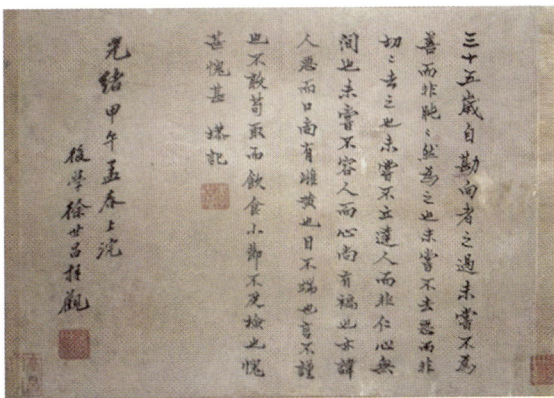

李塨手迹，后有徐世昌（《颜李丛书》编者）阅后的签名。

李塨南下游学，与萧山的名流毛奇龄进行交流，正好毛奇龄对音乐很有研究，他便拜毛奇龄为师，系统学习乐律，两人兴趣相投，大有相见恨晚之感。因毛奇龄是当时的经学考证大师，李塨因问乐进而向他学习了经学方面的学问，逐渐接受了一些经学考证的治学方法，而这与颜元不事读书的观点是相违背的。颜元认为学者如果终日沉迷于故纸堆中争是非真伪，只会耗费心智，虚掷光阴，这样做是没有意义的，所以应该丢弃书本，从事于习行经济。不过李塨并没有真正背离颜元，而是始终以颜学为本位，他从毛奇龄那里学到的训诂考证之学，也只是作为一种手段来论证颜元的事物之教。李塨有不少的经学著作，如《春秋传注》《诗经传注》等，就是这一治学思想的体现。

由于受经学考证学派的影响，李塨对"格物致知"提出了新见解。颜元认为"格"如"手格猛兽"之"格"，就是亲手去做，真正把格物落到实践中。而李塨通过经学的考证，认为"格"为"至也，学习其事也"，训"格"为"至"，"物"为六德、六行、六艺，格物就是广泛地学习六德、六行、六艺。颜元的格物更具实践特色，而李塨的格物则更多地强调学习，体现出重视书本和理论知识的倾向，认为"学有浅有深，皆可谓学，格者，于所学之物，由浅入深，无所不到之谓"①。这也是李塨受毛奇龄经学考证影响的结果。

①《大学辨业》卷二。

五、颜李之学的历史影响

颜李之学以经世致用为特色，是自成一格的事功之学，丰富了实学思潮的内涵。但是，清初之后，乾嘉朴学大兴于世，学者们钻进故纸堆，以考证相尚，颜李的实学自然不为人们所重视。到了近代，西学传入，颜李之学又被人赋予新的意义和价值，如宋恕、孙宝瑄等人将颜元与黄宗羲并列，认为黄宗羲提倡民主，而颜元提倡水火工虞的六府之学与科学精神非常接近。梁启超也对颜元推崇备至，他认为颜元的实学思想与美国的实用主义有相通之处，其《中国近三百年学术史》在论述颜李思想时，标题就是"实践实用主义"。20世纪20年代初，徐世昌大力提倡颜李之学，创办四存学会，编刻《颜李丛书》，试图以推崇颜李之学来发扬当时已被严重冲击的孔孟之道。

第八节　考证之学的滥觞

本章第一节已经指出，清初的实学大致有三个方面的特征，其中学术上归实，向儒家传统经典的回归，是一个重要方面。通过辨伪、考据、训诂、辑佚等研究方法，对"六经"的研究开始勃兴，并取得了丰硕的成果。在清初由顾炎武开创，经阎若璩、毛奇龄、胡渭等人的进一步弘扬倡导，考证之学渐渐盛行，为乾嘉时期考证之学的大盛打下了基础，定下了格调。清初的考证学主要侧重于经典的辨伪，但经典的辨伪不仅是一个考证学的问题，它其实针对的还是宋明理学的虚玄理论，是要彻底把空疏之学打倒。因为如果代表宋明理学许多理论来源的经典被证明都是伪书，这无疑是一种釜底抽薪之举，对于宋明理学必将有致命的打击。

一、阎若璩对《古文尚书》的辨伪

阎若璩（1636—1704），字百诗，号潜邱，与颜元生卒年相当。祖籍太原，五世祖迁居江苏淮安。他小时候口吃，后来经过自己的努力苦读，终于在 15 岁那年悟性大开，从此颖悟异常，博览群书。他曾经集陶弘景、皇甫谧的话题其柱曰："一物不知，以为深耻，遭人而问，少有宁日。" 20 岁开始读《尚书》，当时即怀疑《古文尚书》是伪书。康熙十七年（1668年），应博学宏词科不第，晚年应皇四子胤禛（即后来的雍正皇帝）之召，至京而卒。

阎若璩的学术研究热衷于考据，他曾说，古人的事没有不能考证的，有些在书的正文中考证不出，但可能隐藏在书缝中，只是需要细心的

阎若璩 像

人把它搜出来而已。据他的儿子描述，他要考证一部书里的某一件事，竟然能够同时翻检数十部书，从中寻找相关的论据，站在旁边听他讲的人都被他搞得头晕目眩了，可他越发精神振奋，非要一一解释明白；遇到某处不甚明白的地方，必定反复求证，甚至废寝忘食，必得其解然后止。有一次他跟大学士徐乾学聊天，徐乾学说："我今天去皇宫侍奉皇上，皇上说古人有一句话叫作'使功不如使过'，可惜不知出自哪里。"阎若璩听了，马上回答说宋朝的陈傅良曾拿这句话作文章的标题，但这还不是最早的出处。过了 15 年，他在《旧唐书·李靖传》中发现了这句话，便说："这肯定是原始出处了。"又过了 5 年，他又在《后汉书》中发现了这句话，于是叹道："学问真是无穷啊！"很平常的一句话，他竟然能够留心 20 多年，并最终找到原始出处，可见他的考证精神之坚定与考证功夫之深厚。这是阎若璩的特长，也是旁人所不可企及处，他将这种特长发挥到极致，于是便有了一部传世之作——《尚书古文疏证》。

《尚书》的流传授受，是经学史上一桩众说纷纭的公案，非常复杂曲折。

据说《尚书》原本有 100 篇，是孔子所编定。秦始皇焚灭诗书，《尚书》受到很大损害。那时，济南有位伏生把书藏在屋壁里（一说藏深山里），到汉初的时候拿出来，损坏了不少，只剩 29 篇，他便拿这 29 篇进行讲授，这就是《今文尚书》。到汉景帝末年，鲁恭王修宫殿毁坏了孔子的老宅，也从墙壁中发现了用先秦文字写的《尚书》，除了有伏生传授的 29 篇外，还多了 16 篇，这就是《古文尚书》。据说孔安国对这 16 篇进行了整理，后来又被孔安国的后人献给了朝廷。在汉代，《尚书》的官方文本是《今文尚书》，后发现的《古文尚书》一直被藏在皇家书库里，没有人去学习，直到西汉末年刘向、刘歆父子才对其进行了整理，《古文尚书》在王莽时还一度被列为学官。东汉大儒马融、郑玄等人传承《古文尚书》，但不知什么原因，他们所见到的《古文尚书》都没有多出来的那 16 篇。但是，到了东晋时期，却有人拿出一部《古文尚书》，有 58 篇，除了有伏生的 29 篇（后被分割为 33 篇），还多了 20 余篇，并有孔安国的注解。这个版本在后代逐渐流行起来，到唐朝，孔颖达作《五经正义》就是以这个本子为底本，于是这个本子便逐渐成为《尚书》的官方定本。

但是，这个晚出的本子虽然号称是从孔安国那里流传下来的，其中却有不少的疑点。唐朝还没有人怀疑它，到宋代开始有人提出疑问，以后朱熹、吴澄、梅鷟等人相继论证此书中 29 篇之外的部分乃是杂抄剽窃所得，并非真正从孔壁出土的古文。但这些学者的考证多是蜻蜓点水，并不周密。到了清代，阎若璩决心在前人的基础上进行系统的分析和研究，把此书的纰漏之处一一讲解清楚，最终使《古文尚书》为伪书这一结论为人们普遍接受。

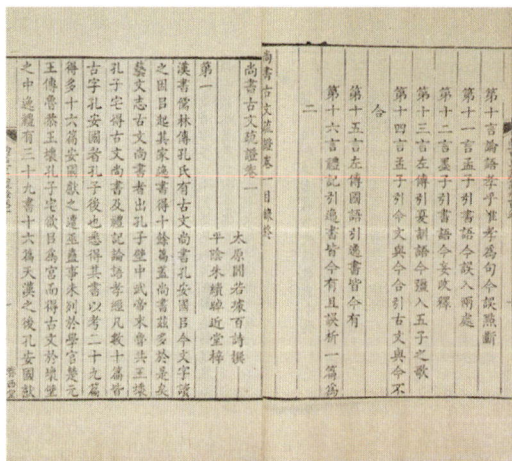

《尚书古文疏证》

阎若璩的考证可以用"一个根本、多种方法"来概括。"一个根本"是：孔壁的真古文多出的 16 篇，篇名尚存，而伪《古文尚书》多出的 20 余篇，篇名与孔壁真古文不一致，这是判定《古文尚书》为伪的根本依据。然后，他运用多种考证方法，如文献传承方面、史实方面、行文风格方面等，不厌其烦地罗列各种证据，共计 100 余条，可以说将考据学的方法发挥到极致。阎若璩的考证材料详尽，考证精细，鞭辟入里，难以撼动。尤其是关于《古文尚书·大禹谟》中的"人心惟危，道心惟微，惟精惟一，允执厥中"，他认为，这完全是作伪者拼凑而成，前两句出自《荀子·解蔽篇》所引《道经》的话："人心之危，道心之微。""惟精惟一"是将《解蔽篇》中的"精于道，一于道"总括而成。"允执厥中"则来自《论语·尧曰篇》。可见，《大禹谟》中的这句话是杂凑而成，那么，《大禹谟》的出处《古文尚书》也就肯定是伪书了。

阎若璩的考证，得到了当时知名学者的肯定，黄宗羲亲自为《尚书古文疏证》作序，称其"取材富，折衷当"。四库馆臣称："考证之学，未之或先。"判定《古文尚书》为伪，使这部儒家经典一下子成为伪书。虽然从今天的观点看，阎若璩的考证有很多问题，伪《古文尚书》一案并未完全定案，但在当时，他的观点对学术界的冲击之大是可以想象的。梁启超评价说"诚思想界之一大解放"，并将阎若璩与欧洲达尔文、雷能相提并论。它从根本上撼动了宋明理学的根基，因为宋明理学关于人心、道心的重要话题，就是来自伪《古文尚书》，这使理学遭到前所未有的打击。从此之后，许多学者以谈论义理为大忌，而全都热衷于文献考证了，乾嘉之学由此揭开序幕，阎若璩也因此被奉为乾嘉汉学的开山人物。

二、毛奇龄的经学

毛奇龄（1623—1716），字大可，萧山（今属浙江）人。因郡望西河，学者称其为西河先生。毛奇龄学识渊博，能治经、史和音韵学，著述极为丰富，共计 400 多卷。《全浙诗话》中记载了这样一个故事：毛奇龄的夫人非常凶

毛奇龄 像

悍，动不动就骂人，当时毛奇龄比较穷困，只有矮屋三间居住，左边一间放书籍，右边住夫人，中间会客。毛奇龄平时诗文在侧，手不停笔，有门生来问学，也随问随答，井井有条。夫人在房间里骂他，他还一边与门生讨论学问，一边与房里的夫人对骂，真可谓是五官并用，也可见毛奇龄是个奇才。毛奇龄虽然学问很好，但是比较自负，喜欢争强好胜，甚至为了驳倒别人而强词夺理，不问是非曲直，故在品行上有些欠缺。颜元的弟子李塨曾跟他学习音律，但他对颜元的学术不以为然，认为颜元"好言经济，缺于存养"，想让李塨放弃颜元而改拜他为师。钱穆先生说毛奇龄"才固高而行则卑"，与顾炎武、黄宗羲、王夫之、颜元等大儒气象，有天壤之别。

毛奇龄一生不遗余力地攻击朱熹，他写的很多书都是攻击朱熹《四书章句集注》的，尤其是《四书改错》一书，分32门，451条。他把朱熹批得一无是处，认为朱熹的注"无一不错"，"聚九州四海之铁铸不成此错矣"。从元朝开始，《四书章句集注》一直是官方规定的科举教科书，具有神圣的地位。自从明代王学兴盛以来，虽然许多人对朱熹不满，但从来没有像毛奇龄这样对朱熹进行全盘否定、大肆攻击的。不过关于他的《四书改错》这本书还有一段有趣的插曲，可以窥见他的学术人

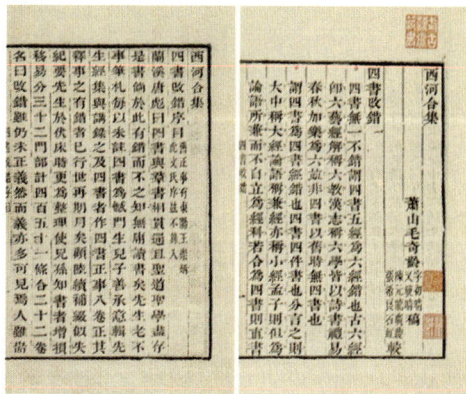

《四书改错》

品。此书完成于康熙四十七年（1708年），当时他已经86岁高龄，本希望等皇帝再次南巡经过浙江时把这本书献上去，以邀皇宠。谁知在康熙五十一年（1712年），清廷诏令把朱熹配享孔庙，大尊朱学。当时《四书改错》一书已经刻板并印了几十部，毛奇龄听到这事后，立马把刻板给毁了，再也不提这本书，此后也没有把这本书编进他的集子中。

毛奇龄最为人所知的，是曾与阎若璩辩论《古文尚书》的真伪问题。他作《古文尚书冤词》，专门反驳阎若璩。毛奇龄本来对阎若璩的学问非常钦佩，但是却非要跟他辩个真假，这也是他争强好胜的性格使然。《古文尚书冤词》一书确实指出了一些阎若璩论证不严密甚至错误的地方，起到了促使辨伪工作更加细致、严密的作用。阎若璩本人自视甚高，但对毛奇龄的反驳并未作任何回应，据钱穆先生考证，这是因为他对于毛奇龄的《古文尚书冤词》中一些比较有力的反驳，暗中进行了吸收，把确实有误的地方删去，从而使全书更为完善，这也是阎若璩的狡猾之处。

三、胡渭对易图的辨伪

易学对宋明理学的产生与发展具有非常重要的意义，尤其是易图的流行。周敦颐被尊为宋明理学的开山祖师，这是因为他的《太极图说》所揭示的太极、理气、天道、人道等概念，成为宋明理学的核心问题。朱熹作《周易本义》，书首便列了九张易图，包括河图、洛书、伏羲八卦（即所谓的先天八卦）、文王八卦（即所谓的后天八卦）等，成为易学的权威著作。明清时期学习易学的人，首先就要学会这九张易图。明末清初的思想家们大倡实学，在回归经典的过程中也对易学进行了检讨，结

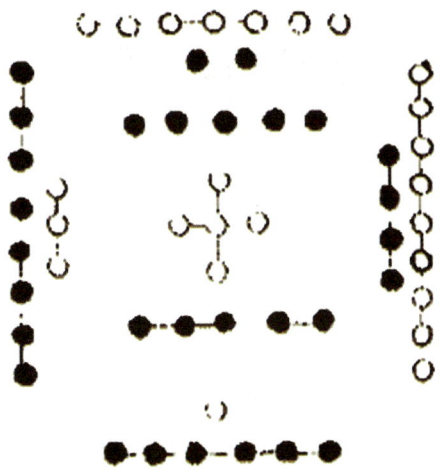

《周易本义》所载河图

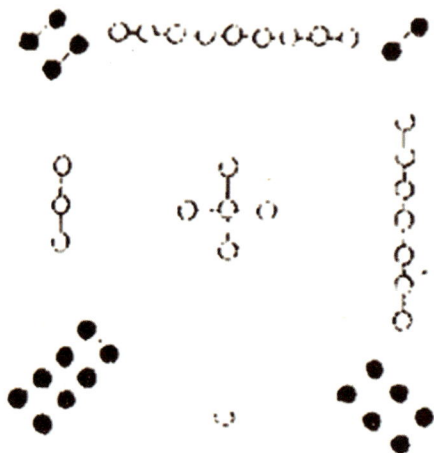

《周易本义》所载洛书

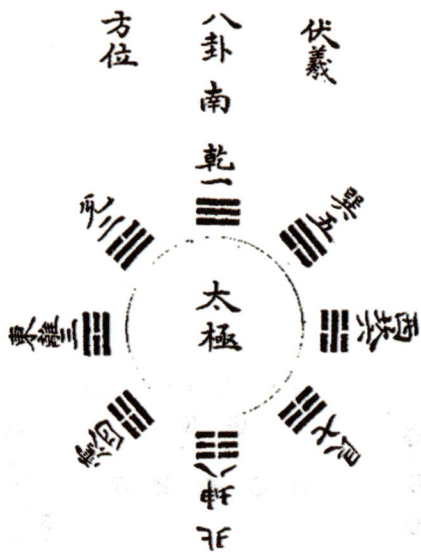

《周易本义》所载伏羲八卦

果发现宋人所津津乐道的易图其实都是道家的东西，而且是后人伪造的。这一工作从黄宗羲就开始了，黄宗羲作《易学象数论》，他的弟弟黄宗炎作《图学辨惑》，后来又有毛奇龄作《河图洛书原舛编》，他们都认为河图、洛书是地理之书，与《周易》无关，所谓的先天图、太极图等，也都是后人伪造，并且受到了道家的影响。胡渭则博采众家之长，撰《易图明辨》，对宋代易学，特别是对先天之学进行了系统批判。

胡渭（1633—1714），字朏明，号东樵。浙江德清人。曾帮助徐乾学修《大清一统志》，与一时名流朱彝尊、毛奇龄、吴任臣、阎若璩、李振裕、万斯同等过从甚密，切磋学问，大有裨益。他撰写《易图明辨》对易图的辨伪，在当时与阎若璩对《古文尚书》的辨伪齐名。他指出，《周易》原本就没有图，所谓的河图、洛书、先天八卦、后天八卦等易图，自秦汉以来就没有人描述过，怎么到五代末期却突然出现了呢？他通过考证认为，这些易图是从道士陈抟那里传下来的，是道家的东西，与儒家传统的易道完全不相干。真正儒家的易道，是由伏羲、文王、周公、孔子一脉相承的。由此，他主张，应该将宋儒所传的伪图，与真正的圣人之易道区别开来。

胡渭辨明易图，虽然是学术史上一个局部性的问题，但在易图支配学术思想界达数百年的情况下，能够公然对其反驳廓清，其思想解放的意义是非常重大的。梁启超即认为此书与阎若璩的《尚书古文疏证》具有同等价值，在辨别古书真伪和提倡疑古精神上都有一定的贡献。

此外，当时还有万斯大对《周礼》的辨伪，姚际恒更作《古今伪书考》，对古今的各种伪书进行了系统清理，这都可以体现出当时学术氛围的浓厚。当然，辨伪学发展到一定程度，也产生了不少弊端，造成部分学者任意怀疑古书，也制造了不少学术"冤案"，如对《古文孝经孔传》《孔子家语》的怀疑，从现在看来，就有不少值得商榷之处。

《周易本义》所载文王八卦

第二章　乾嘉朴学的兴盛

明清之际顾炎武等人所倡导的经世致用之风，以及在此基础上形成的实学思潮，对清代学术走向影响很大。到了乾隆、嘉庆年间，在学术内部发展与社会环境等多方面的影响下，学者们更是全面继承并发展了顾炎武等人的治学方法，以整理、考订古代典籍为主的考据学蔚然成风，成为当时的学术主流，人们将其称为"乾嘉朴学"。朴学，即质朴之学，是针对理学空谈心性，"束书不观，游学无根"的空疏学风而言的。在治学上，乾嘉学者主张要重视材料与证据，其方法源自顾炎武所推崇的"读九经自考文始，考文自知音始"①，倡导解经由文字入手，以音韵通训诂，以训诂通义理。这种治学方法实际上就是汉儒训诂考订的方法，所以又有"汉学"或"考据学"之称。其研究范围，则以经学为主，而衍及小学、音韵、史学、天算、地理、典章制度、金石、校勘、辑佚等等。这种倡导回归经典的朴实治学之风在当时极为兴盛，因此，清代考据学，同汉代经学、隋唐佛学、宋明理学被梁启超称为我国文化史上的四大思潮。

① 《亭林文集》卷四《答李德子书》。

第一节　清廷的统治方略与乾嘉朴学的兴盛

朴学自康熙末年逐渐替代了清初的经世之学，到了乾隆、嘉庆年间达到极盛。在学术领域中出现了"家谈许郑、人说贾马"（许慎、郑玄、贾逵、马融，都是汉朝著名经学注疏家、语言文字学家）的新气象，成为梁启超所称赞的"在我国，自秦以后，确能成为时代思潮者"之一。朴学在乾嘉时期达到极盛，是由当时的社会政治、经济、文化，以及儒学自身发展的规律等多方面因素促成的。而清朝统治者的方略，无疑是最直接、最重要的原因。

清政权自入主中原以来，在经历了初期几位皇帝的励精图治之后，康熙、雍正、乾隆三朝，经济有了很大发展，社会也出现长期的稳定局面，也就是所谓的"康乾盛世"。这样的政治局面，使得统治者将时间与精力，转向清初因忙于军事平定和政权稳定而无暇顾及的思想文化领域。于是，清朝统治者采取一系列的政策与措施，有意识地直接主导学术文化的发展方向。

一、清高宗由倡导理学到奖崇经学

清高宗爱新觉罗·弘历（1711—1799），年号乾隆，25 岁登基，在位60 年，是清朝乃至中国历史上执政时间最长的一位皇帝。他和他的父祖一样，自幼接受严格而全面的经筵教育，因此在中华传统文化方面有着深厚的学养，其学术水平甚至与当时的一流学者不相上下。但对于清王朝的统治者来说，维护政权的稳定是第一要求，因此，根据时局的不同，他们对学术的选择与支持也不同。乾隆时

康熙帝读书像

乾隆帝 像

期，理学日渐衰微，经学考证渐趋成风，审时度势，倡导、奖崇经学成为乾隆皇帝主要的文化导向。

乾隆皇帝可以说是在理学的熏染下成长起来的。作为一个入主中原的少数民族政权，为了在汉族包围圈中稳固统治，清朝初期的统治者非常注重亲近和学习中原文化。而在清朝前期，在政治秩序的重建中，能让统治者与士大夫集团都可以接受的学术思想，只能是程朱理学。为此，从清初的皇太极、顺治，到康熙、雍正，都注重尊孔崇儒，以及学习与发展程朱理学。沿着父祖的路子，乾隆皇帝在即位初期，便恪遵其父祖遗规，尊崇朱子，提倡理学。所以，在乾隆一朝的经筵讲学中，有着先"四书"后"六经"的制度；乾隆五年（1740 年），鉴于理学不振，乾隆帝还颁发长篇谕旨，提倡读宋儒之书，精研儒学。他对理学的倡导与努力显而易见。然而，随着理学学风流弊的逐渐彰显，以及知识界对理学的批评日渐激烈，乾隆皇帝对理学的态度也逐渐转变。这从他在经筵讲论中多次对朱子学提出质疑就可看出。据学者统计，从乾隆二十一年（1756 年）到乾隆六十年（1795 年）的 32 次经筵讲学中，乾隆皇帝明确向朱子学提出质疑，竟多达 17 次。[1] 这些迹象表明，乾隆皇帝对理学的态度已经开始发生转变。

而在质疑理学的同时，乾隆皇帝对经学的尊崇和重视日渐增强。乾隆十年（1745 年），乾隆皇帝于太和殿中策试天下贡士，指出："夫政事与学问非二途，稽古与通今乃一致。"他昭示天下士子："将欲为良臣，舍穷经无他术。"[2] 乾隆十二年（1747 年）三月，清廷重刻《十三经注疏》竣工，乾隆

---

① 陈祖武、朱彤窗：《乾嘉学派研究》，河北人民出版社 2007 年版，第 7 页。

② 《清高宗实录》卷二三九，乾隆十年四月戊辰条。

皇帝亲自为这部工程浩大的巨著作序。在序中,他强调了校正儒家经书的重
要意义,并向学术界发出了"笃志研经,敦崇实学"的号召。不仅如此,他
强调"圣贤之学,行本也,文末也。而文之中,经术其根柢也,词章其枝叶
也……崇尚经术,良有关于世道人心"①,认为研治经学有利于社会,因此,
他下旨让内外大臣举荐潜心经学之士。在皇帝的号召下,廷臣纷纷响应,并
于乾隆十五年(1750年)十二月,选出符合要求的经学儒士41人。第二
年(1751年)正月,乾隆皇帝在巡视江南期间,有感于江南经学稽古之风的
浓厚,遂于返京之后通过严格审核,选定经学名儒陈祖范、吴鼎、梁锡玙、
顾栋高四人。这次举荐经学,影响非常之大。当时的朴学大师惠栋就感叹说:
"历代选举,朝廷亲试,不涉有司者,谓之制科,又谓之大科。国家两举制
科,犹是词章之选,近乃专及经术,此汉魏六朝,唐宋以来,所未兴之旷典。
栋何人斯,猥膺是举。"②

作为高高居于庙堂之上的一国之君,乾隆皇帝对理学态度的转变,以及
对经学的提倡与崇奖,无疑具有上行下效的作用,从而使得康熙中叶以来兴
复古学的风气更为浓厚。

二、编纂《四库全书》

为了笼络汉族知识分子,稳
定统治,清朝统治者还倡导"稽
古右文",也就是通过整理古代文
献,考察总结古代经验,倡导文
化教育。在康熙皇帝执政时期,
就开设《明史》馆,招募人才,
编纂明史。这一措施在当时非常
成功,许多明朝遗民都被网罗到

《四库全书》

---

① 《熙朝新语》卷十一。
② 《松崖文钞》卷一《上制军尹元长先生书》。

朱筠 像

《明史》馆，参加《明史》编纂，使得《明史》成为二十四史中除了"前四史"之外编纂最好的一部史书。此后，康熙皇帝又陆续开办了《古今图书集成》馆、《渊鉴类函》馆、《佩文韵府》馆等专馆，以及起居注馆、国史馆、实录馆、玉牒馆、方略馆等常设馆，把大批知识分子笼络于其中。康熙皇帝的这一做法，被其孙乾隆皇帝所效仿。乾隆帝除依照旧制，继续开办各类常设馆之外，又于乾隆三十八年（1773年）下令编纂《四库全书》。

乾隆三十七年（1772年），乾隆皇帝谕旨各地官员访求遗书，安徽学政朱筠上书建议辑校明成祖时期纂修的大型类书《永乐大典》。这一建议得到乾隆皇帝的批准。乾隆三十八年（1773年）二月十二日，开馆辑校《永乐大典》，并决定："将来办理成编时，著名《四库全书》。"这样，由辑校《永乐大典》而发展为纂修《四库全书》。

《四库全书》馆规模庞大，据开馆之初的规定，一应官员等额设四百名，后来增加到两三千人之多。这些人员，根据不同的分工负责各项工作。其中，乾隆帝的第六子永瑢被任命为总裁，内阁大学士于敏中担任正总裁官，"总揽馆事"；大学士以及六部尚书、侍郎为副总裁官，襄助正总裁官；召

《永乐大典》

著名学者纪昀为总纂官，
"总理编书之事"。此外，
当时的许多著名学者如陆
锡熊、孙士毅、戴震、周
永年、邵晋涵等也参与了
编纂。《四库全书》作为
一部官修丛书，是当时中
国乃至世界上最大的文化
工程。全书分经、史、

《四库全书》馆

子、集四部，故名"四库"。据文津阁藏本，该书共收录古籍 3 503 种，
79 337 卷，装订成 36 000 余册。经、史、子、集四分法是古代图书分类的主
要方法，它基本上囊括了古代所有图书，故称"全书"。

《四库全书》是我国古代最大的一部丛书，它的编纂是一代学术史上的重
大举措，也是我国儒学史以及文化史上一项对后世影响深远的大事，对我们
中华民族有着不可磨灭的价值。从当时来看，在《四库全书》的纂修过程中，
对古书进行了详细的整理、校对与编辑，这无疑推动了朴学的兴盛。

三、"文字狱"高压政策

在大力倡导学术，促进文化繁荣的同时，清统治者还实行"文字狱"高
压政策，以控制人们的思想、言论。这无疑成为儒学从清初经世致用的实学，
转向乾嘉时期以考据为主的朴学的直接原因。

清朝作为少数民族建立的政权，在入关之初遭遇了汉族人民的激烈反抗，
知识分子对新政权也大多采取不合作态度。但当时由于其统治地位尚未巩固，
面对汉族人民普遍的抗清意识，统治者对汉族知识分子采取安抚笼络的措施，
以稳定其政治秩序，因此对于知识分子所具有的讥清意识并不过于计较。但
是到了康熙末年和雍正、乾隆时期，清朝在全国的统治已基本稳定，不仅经

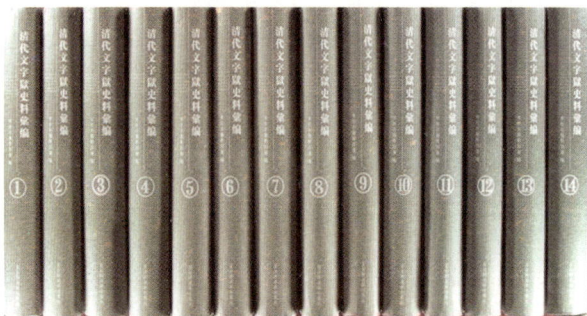

《清代文字狱史料汇编》

济获得恢复，武装反抗力量也基本被镇压下去。在这种情况下，清政府对知识分子的宽容态度逐步转变，开始整肃那些不合作、尤其是敌视满族政权的知识分子，进一步从思想言论上巩固统治。于是，有清一代，"故意从作者著作中摘取字句，罗织成罪"，以迫害知识分子的"文字狱"极为盛行。

清代的"文字狱"在清初顺治帝时就已出现，此后，随着政治统治的稳固而愈加苛刻严酷。到了乾隆时代，"文字狱"更是达到无以复加的程度。这一时期虽然没有大规模的"文字狱"，但文网之严密，罗织之苛细，前所未有。当时的文人学士，动辄得咎，不仅不敢抒发己见，议论时政，即使是诗文奏章中有一言一名的疏失，也会招来杀身灭族的惨祸。这些知识分子，即使小心翼翼，如履薄冰，有时也难免遭受祸患。据统计，乾隆皇帝在位的 60 年里，先后发生的"文字狱"有 130 多起，这是清代"文字狱"发生最密、最多的时期。这其中自然有许多"冤假错案"，但清廷此举目的就是要"以儆

龚自珍与《己亥杂诗》

效尤"，形成一种舆论被震慑的氛围。在这样的政治环境下，知识分子无所适从，人人自危，哪里还敢去谈论、研究涉及政治的学问！晚清时期著名思想家、诗人龚自珍有"避席畏闻文字狱""万马齐喑究可哀"的诗句，就是清代"文字狱"下文人学士消声噤言、躲避祸患的真实写照。在文网如此周密严苛的现实之下，学者们又不甘心放弃学问之路，无奈之下，只能躲避、脱离一切与现实有关的研究，埋头于故纸堆，诠释古训，考证名物。

正如梁启超所指出的那样："凡当主权者喜欢干涉人民思想的时代，学者的聪明才力，只有全部用去注释古典，欧洲罗马教皇权力最盛时，就是这种现象。我国雍、乾间也是一个例证。记得某家笔记说：'内廷唱戏，无论何种剧本都会触犯忌讳，只得专搬演些'封神''西游'之类，和现在社会情状丝毫无关，不至闹乱子。'雍、乾学者专务注释古典，也许是被这种环境所构成。"① 又说："康熙中叶，文网极宽，思想界很有向荣气象。此狱（指戴南山案）起于康熙倦勤之时，虽辩理尚属宽大，然监谤防口之风已复开矣，跟着就是雍正间几次大狱，而乾嘉学风，遂由此确立了。"② 可见，清廷的"文字狱"高压政策，的确对乾嘉朴学的兴盛起到相当大的作用，这是不容忽视也不能抹杀的。

由以上可以看出，在清初的复古回归之风中，乾嘉时期的儒家学者们，一方面积极响应统治者对经学的倡导，一方面畏于严酷的"文字狱"，转而埋首于对儒家文献的考

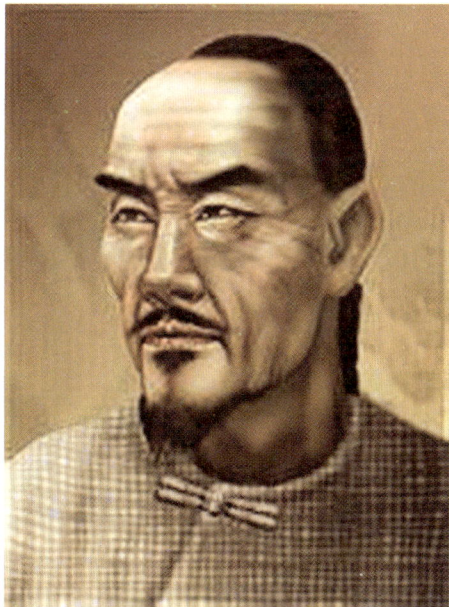

戴名世（即戴南山）

① 梁启超：《中国近三百年学术史》，人民出版社 2008 年版，第 22 页。
② 梁启超：《中国近三百年学术史》，人民出版社 2008 年版，第 199 页。

订，从而形成了中国儒学史上以汉学为特征的朴学。同时，也涌现出一批卓有成就的朴学大师。他们由于地域的不同，所处时期的不同，而呈现出不同的派别和不同的治学特色。

第二节　尊汉求古：吴派朴学

乾嘉学术中的派别之分，首先见于章太炎。他在《訄书》重印本《清儒》中说："其成学著系统者，自乾隆朝始，一自吴，一自皖南。"将乾嘉学术分为吴派和皖派。这大体是按地域来划分的。吴派，是因为其代表人物惠栋为江苏吴县（今江苏苏州）人而得名，另外，其主要成员，大多都是苏州或者邻近苏州的"吴"人。吴派学术并非始于惠栋，但最终集大成于惠栋，后又有其弟子后学沈彤、江声、余萧客、钱大昕、王鸣盛、江藩等人发扬光大，遂使得此派学术特征更加明显。

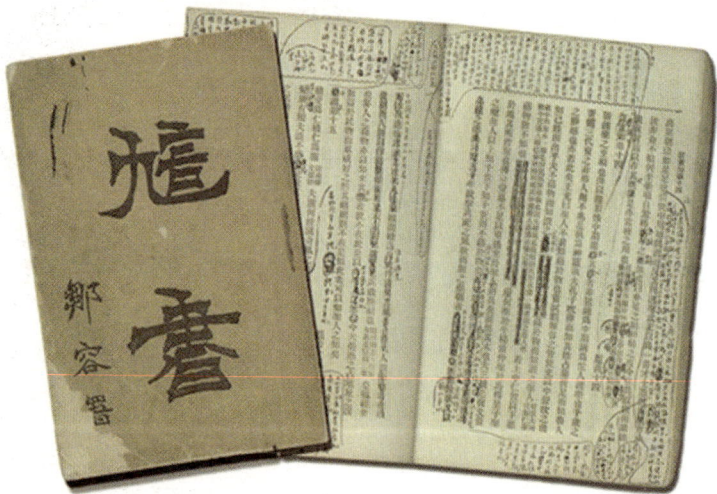

《訄书》

一、惠栋

惠栋（1697—1758），字定宇，一字松崖，号征君，江苏元和（今属江苏苏州）人，生于康熙三十六年（1697 年），卒于乾隆二十三年（1758 年），享年 62 岁。在清代学术史上，惠栋是首先打出汉学旗帜的学者，正如其再传弟子江藩在《国朝汉学师承记》中所说，"本朝为汉学者，始于元和惠氏"。实际上，惠栋之学，既是对清初以来务实学风的接续，又是对家学的继承与发扬。

惠栋出生于官宦世学之家，其治学方法与他的家学渊源密不可分。梁启超在《清代学术概论》中说："元和惠栋，世传经学。祖父周惕，父士奇，咸有著述，称儒宗焉。栋受家学，益弘其业。"惠栋在其著作《九经古义·述首》中则自述其家"四世传经，咸通古义"。这里的"四世"，是从他的曾祖父惠有声算起的。"第一代为明经律和先生，名有声，原名尔节，号朴庵。明季以诸生贡成均。第二代为其子元龙先生；第三代为大令次子学士仲儒先生士奇，别号半农；第四代即征君栋，为学士之子，世所称定宇先生也，又号松崖。"从惠有声到惠栋，一门四世，学术代代相承，并不断发扬光大，最终确立了特色鲜明的吴派学术体系。《清儒学案》就曾对惠氏家学进行总结："朴庵筚路蓝缕，研溪、半农继之，益弘其业，至松崖而蔚为大师。传授渊源，自当以世为序，以明一家之学。"

惠有声，原名尔节，字律和，号朴庵，明万历三十六年（1608 年）生，清康熙十六年（1677 年）卒，享年70。有声为明末贡生，明末清初之际，政治混乱，遂不任官为政，而是在乡里教授九经。惠有声博通经学，在治学方法上，认为汉人去古未远，而且有严格的家法师承，所以非常推崇汉学。他对经书多有整理校注，但大都散佚不传，只有一卷本《左氏春秋补注》的部

惠栋 像

惠周惕　像

分内容存于惠栋所著的《春秋左传补注》中。从惠栋所引用的有限条目中，可看出惠有声有着明显的推崇"汉注"，突出"信古"的治学特点。他所开创、确立的这一治学理念，成为后世子孙治学的门径与规范。清末著名藏书家萧穆曾评价说："朴庵先生开创经术，以诒子孙，其功实不可没也。"

惠周惕，名恕，字而行，又字元龙，号研溪，明崇祯十四年（1641年）生，清康熙三十六年（1697年）卒，享年57。史籍记载"惠氏三世以经学著，周惕其创始者也"。惠周惕自少喜好经学研究，曾与同为苏州人的著名学者徐枋交好，又受业于"明末清初散文三大家"之一的汪琬。康熙三十年（1691年）举进士，官密云知县。惠周惕对经学有深入研究，著述有《易传》《诗说》《春秋问》《三礼问》等，但保存流传下来的只有《诗说》。从《诗说》一书来看，惠周惕继承其父学术路向，有着明显的尊汉抑宋倾向。在对《诗经》的注释中，他采用"以经解经"的方式，从"六经"中旁搜博取，疏通证明，一字一句必求言而有信，信而有征，受到当时田雯、汪琬等著名学者的好评。

惠士奇（1671—1741），字天牧，一字仲孺，晚号半农，康熙十年（1671年）生，乾隆六年（1741年）卒，享年71。士奇传承家学，早年致力于经史之学，博通"六艺""九经"、诸子及《史记》《汉书》等，晚年则尤重于经。著有《易说》《礼说》《春秋说》《大学说》等，是当时著名的经学家。在治经方式上，惠士奇崇尚古说，以古为是。他说："夫汉远于周，而唐又远于汉，宜其说之不能尽通也，况宋以后乎！"① 所以在他看来，要治经学，只有追踪周汉。这一治经思想贯穿在他的著述中，例如，他治《易》就不采用曹魏时期王弼及其以后的注解，因为他觉得王弼将《易》学玄学化的解经方法，是将《易》改为俗书，又创为虚象之说，使得比较纯正的汉学消失了。他治《礼》也是如此，多采用郑玄的《三礼》注说，以为其去古未远，多引汉法。而此后的诸家《礼》因不了解古意，往往改从俗说，故不可尽信。可见，

惠士奇 像

惠士奇继续继承、阐扬家学，进一步奠定了吴派学术风尚。

在如此浓厚的家学氛围之下，惠栋自幼接受庭训，笃志向学，并在先辈的学术基础之上，将家学与整个时代学术相结合而推衍光大，最终成为清乾嘉吴派汉学的代表性人物。惠栋一生治学勤奋，对诸经熟谙贯通，又对史学颇有研究，著有《九经古义》《易汉学》《周易述》《古文尚书考》《后汉书补注》等著作。通过这些著作，惠栋将其学术立场、治学方法与途径都予以表明，从而对乾嘉学术，尤其是乾嘉汉学起到了发凡起例的作用。他的治学特点与贡献主要表现在

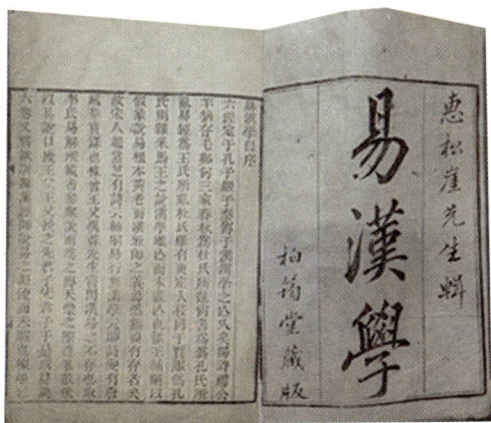

《易汉学》

---

① 《礼说》，转引自《国朝汉学师承记》卷二《惠周惕传附惠士奇传》。

以下几个方面：

第一，尊经好古，以汉为宗。在明末清初回归经典的学术潮流中，学者们对于经典的诠释逐渐由虚妄走向朴实，其具体体现就是对宋学的批判和对汉学的推崇。惠氏一族四世传经，均表现出明显的尊汉抑宋倾向。惠栋的父亲惠士奇曾明言："宋儒可与谈心性，未可与穷经。"① 惠栋认为父亲所言极是，尝三复其言，以为不朽。他更批评说："宋儒经学，不惟不及汉，且不及唐，以其臆说居多而不好古也。"② 在这样的家学传承之下，惠栋治经，也表现出尊经好古，以汉为宗的治学特点。那么汉学好在哪里呢？惠栋对此有说明：其一，近古逼真。认为"六经定于孔子，毁于秦，传于汉"，"以汉犹近古，去圣未远"，反之，"事不师古，即为杜撰"。其二，汉学重家法，渊源有自。他认为，从孔子去世到东汉末年，其间八百年经学传授，咸有家法，所以两汉诸儒都识得古音。其三，汉人重文字故训。他认为"古字古音，非经师不能辨也"。由此可见，汉儒好古知古、有严格的师门授受之法，重视训诂，以及汉代经学更接近经典形成时代等特点，深受惠栋服膺。所以在他看来，"汉学"更符合经典文本的原貌，更接近文本的原意，可以通过研治汉学来重新厘定经典，还经典真实原貌。在这一学术观点下，惠栋著《周易述》

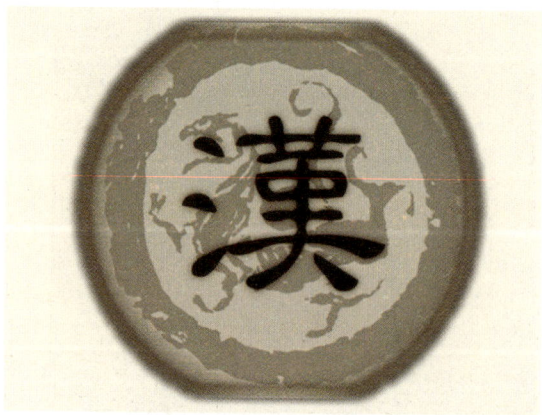

尊经好古

以汉为宗

---

① 《九曜斋笔记》卷二《趋庭录》。
② 《天牧先生论学遗语》，见漆永祥编《东吴三诗文选》。

《易汉学》《古文尚书考》《尚书古义》等治经之作，都体现出对汉学的推崇和对宋学的批判。在他的影响下，乾嘉时期的吴派学术呈现出明显的尊经好古、以汉为宗的特点。

説·文·解·字

第二，识字审音，重视文字训诂。经典是儒家圣贤传下来的治世法宝，可是如何"通经"，如何治经呢？在当时，受宋明理学的影响，人们长期以来治经不重视对经古音、古训的研究，使得经书中的文字句读、名物典章制度模糊不清。不仅如此，对经书不辨真伪，甚至随意释经、改经，致使经书讹误百出的情况屡见不鲜。在这样的讹误之下，人们很难对经义有正确的把握。为了更好地认识经典，把握经义，惠栋继承前贤以及家学观点，提出了"经之义存乎训"的治经路径，力图从音韵、训诂入手来达到对经典真义的还原。他在《九经古义叙首》一文中说："经之义存乎训，识字审音乃知其义。是故古训不可改也，经师不可废也。"认为经典所蕴含的义理存在于经典文本之中，必须对文本进行训诂疏解，才能把握经义。在训诂之中，他又尤其重视音韵学，认为"读先王典法，必正言其音，然后义全……音之重于天下也久矣"，"舍《尔雅》《说文》，无以言训诂也"。惠栋这一注重从识字审音、文字训诂入手来解经的主张，对乾嘉学者产生了重要影响。清代学者任兆麟称赞他说："卓卓成一家言，为海内谈经者所宗。"① 通过文字训诂来明经达道的治学方法成为乾嘉学者普遍的治学信念。同时，在乾嘉学者们的倡导下，以音韵、训诂为主要内容的小学逐渐脱离经学，发展为独立的学科。

惠栋在清初以来的"复古"思潮之下，继承顾炎武等先辈的经世致用思想，遵守着尊经好古、以汉为宗的家学理念，旗帜鲜明地推崇汉学，成为吴派学术的集大成者。

---

① 《有竹居集》卷十《余仲林墓志铭》。

沈彤　像

二、惠栋弟子及后学

惠栋的弟子有沈彤、江声、余萧客等人。江藩是其再传弟子中的佼佼者。另有王鸣盛、钱大昕，为惠栋后学，虽与惠栋无直接的师承关系，但他们与惠栋交游切磋，"执经问难，以师礼事之"。因此，在治学上，王鸣盛、钱大昕二人受惠栋影响不小，属于吴派的重要力量。惠栋弟子及其后学继承惠栋的治学理念，研经考史，进一步将吴派学术特色化、专门化。

沈彤（1688—1752），字冠云，号果堂，江苏吴江人。沈彤自年少就笃志向学，读书穷经，务必求得至是。乾隆年间，由诸生应考博学鸿词科，未能入选，后不仕，归居故里，闭门著述。沈彤对群经皆有考订，尤精于三《礼》。所著《果堂集》多订正经学之文，颇见功力。

江声（1721—1799），字叔沄，号艮庭，江苏吴县（今江苏吴中）人。江声自幼读书，便对《尚书》有今古文之别而产生兴趣，后师从惠栋，读其师《古文尚书考》及阎若璩《尚书古文疏证》，更加着力于《尚书》。著有《尚书集注音疏》《尚书逸文》《恒星说》等著作，其中尤以《尚书集注音疏》影响最大。江声治学，在方法上多遵从他的老师，主张以音韵、训诂等考据手段明晓经文本义，强调"读书当先识字"。在注疏经文时，以古为是，多采诸子百家之说和汉儒之解，汉儒不备，则旁考

江声　像

他书。江声的研究，对清代《尚书》学有着重要影响，尤其是《尚书集注音疏》一书，是他积十余年之功，四易其稿乃成的用力之作，全书 12 卷，可以称得上是《尚书》古注的集大成者。

余萧客（1732—1778），字仲林，号古农，江苏常州人。自幼由母亲教导读"四书五经"、《文选》及唐宋人诗文。15 岁便能通"五经"，并认为理、气空言无补经术，遂

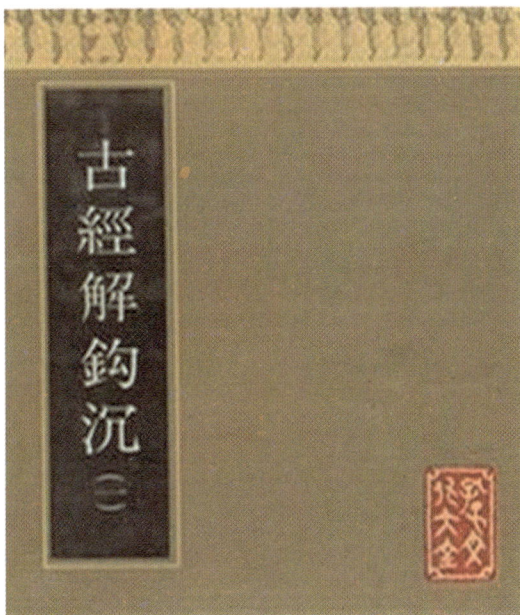

《古经解钩沉》

思读汉唐注疏。然而，余氏家贫，许多古籍无力购买，他便到书棚借阅，或者听到哪里有异书，便不辞辛劳，即使奔走数十里，也要借到抄录下来。后来同邑的朱奂设馆请他教读，朱氏藏书丰富，为吴中之甲，余萧客遂得以遍读四部之书，学问也更加精进。其著作有《古经解钩沉》《文选音义》《尔雅释》《注雅别钞》等。其中，尤以《古经解钩沉》影响最大，该书是采辑唐以前经籍训诂的辑佚之作，博采唐以前各种古书所引旧注，按《十三经注疏》的顺序详加叙录，所录旧文一一标明出处，是研究唐以前儒家经学的重要参考书。早在乾隆三十四年（1769年）该书初刊时，王鸣盛为之作序，就曾赞誉说："其（余萧客）学可谓有本，而其存古之功可谓大矣。后人欲求传注诂训之学者，合注疏及是书求之，足矣！"

王鸣盛（1722—1797），字凤喈，一字礼堂，自号西庄，晚年改号西沚，江苏嘉定（今属上海）人。王氏熟谙经史，在经学方面，主要着力于《尚书》，著有《尚书学案》一书；在史学上，著有《十七史商榷》，另有经史考证之作《娥术编》。其中，《十七史商榷》是清代史学的重要成就之一，也是

王鸣盛 像

王鸣盛的主要学术贡献。前已述及王鸣盛并非惠栋入门弟子，但二人相识较早，问学交往之间王鸣盛受惠栋影响不小，他也自称与惠栋"亦师亦友"。在治学理念上，王鸣盛对惠栋之学有明显的继承关系。例如，王鸣盛强调"学贵乎有本，而功莫大乎存古"，认为汉代至明朝俗学之病在于"无本而不好古"，崇尚汉学。而在如何"通经达道"这一问题上，王氏认为"经以明道，而求道者不必空执义理以求之也，但当正文字，辨音读，释训诂，通传注，则义理自见而道在其中矣"①，强调文字训诂。可见，王鸣盛的治学方法与途径都与惠栋相似。

钱大昕（1728—1804），字晓徵，一字辛楣，号竹汀居士，晚号潜研老人，江苏嘉定（今属上海）人。与王鸣盛一样，钱大昕并非惠栋的入门弟子，但与惠栋结识后，经常问学于惠栋。惠栋对他也非常欣赏，看作是"可与道古者"。钱大昕的主要学术贡献在史学，著有《廿二史考异》《三史拾遗》《诸史拾遗》《元史氏族表》《元史艺文志》，以及各种史学年表等。另有经史考证名著《潜研堂文集》《十驾斋养新录》等，

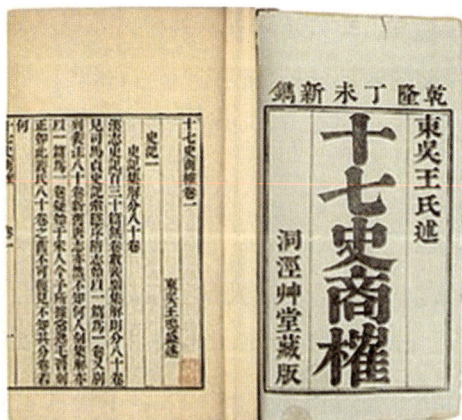

《十七史商榷》

---

① 《十七史商榷·自序》。

钱大昕 像

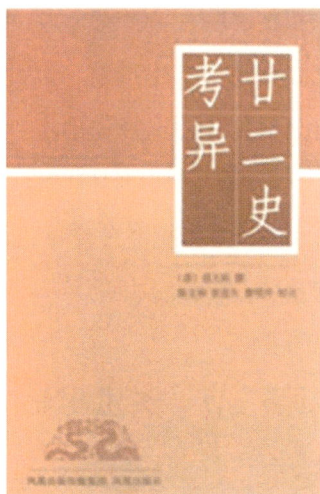

《廿二史考异》

都具有重要的参考价值。钱大昕治学虽然受惠栋影响不小，然而与吴派其他学者相比，钱大昕不像他们那样墨守成规，而是比较具有实事求是的精神。这反映在他的治学中，就是他也像其他吴派学者那样以汉为宗，信奉汉儒之说，然而如果汉儒之说有疏漏之处，则不予以深信。因此，较之惠栋等吴派学者的"求古"特点，钱大昕"求是"的精神更为突出，这一学术理念在吴派学者中可以算一个特例。

江藩（1761—1831），字子屏，号郑堂，江苏甘泉（今江苏邗江）人。受业于余萧客、江声，是惠栋的再传弟子。江藩在学术上严格遵守吴派治学方法，以汉为宗，精通汉诂，并对吴派学术思想予以阐扬光大，被称为"吴派后劲"。江藩博综群经，熟于史事，著有《周易述补》《尔雅小笺》《国朝汉学师承记》《国朝宋学渊源记》《隶经文》等著作。其中尤以《国朝汉学师承记》影响最大。该书共 8 卷，选择从清初至乾嘉时期的汉学家 57 人，其中

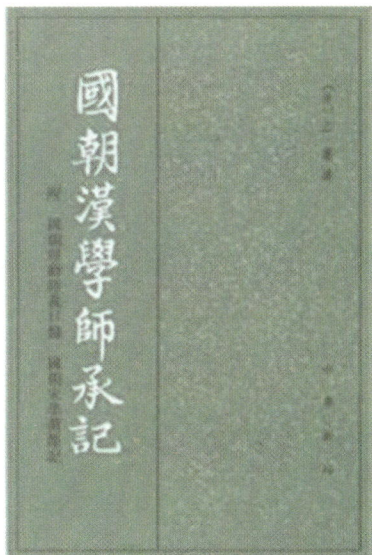

《国朝汉学师承记》

列入正传40人，附传17人，一一详细记述汉学家的学行始末，揭示其思想主张，列举其学术成就，以此勾勒出清代汉学发生发展的概貌。在此书中，不管是对传主的选择、排序，还是史料采择等等，江藩都着重凸显传主的汉学成就，而对其宋学则有意回避。因此，有学者称这是大张"汉学"旗鼓的一部书。[①] 虽然此书有着明显的门户之见，但对后人了解乾嘉学术仍有重要的参考价值。

第三节　实事求是：皖派朴学

相对于吴派，皖派以其代表人物戴震为安徽休宁人而得名。戴震的主要弟子如程瑶田、金榜、洪榜、汪绂等也都属于安徽籍人，另有段玉裁、王念孙、孔广森等则属于江苏、山东等地。因此，皖派实际上是以安徽徽州地区为中心，由戴震及其弟子组成的朴学研究群体。在治学特点上，戴震一派注重实事求是，不盲目崇汉信古，因此梁启超称赞戴震具有"科学精神"。

戴震 像

一、戴震

戴震（1724—1777），字东原，又字慎修，安徽休宁县隆阜（今属黄山市屯溪区）人。他出生在一个小商贩之家，家境一般。清朝时的休宁是徽州的一个县，徽州的歙县是"程朱阙里"，自古以来儒风兴盛；同时，徽州自古以来商业发达，一些商人大贾也喜好儒术，他们大建书院、社学，从而使得休宁一带

---

① 徐复观：《两汉思想史》（第三卷），华东师范大学出版社2004年版，第352页。

文化氛围浓厚。戴震的学术之路，就是在这样的儒风商韵的浸染下开启的。

戴震自幼就表现得异于常人。据洪榜在《戴先生行状》中所说，戴震十岁时才学会说话，然而他聪慧过人，读书"过目成诵"，每天能记诵千言，甚至更多。此外，戴震还善于思考，不迷信盲从，最经典的例子就是他与私塾教授讨论《大学章句》。《大学》是"四书"之一，深受宋代理学家们的推崇，大儒朱熹专门作《大学章句》，将其分为经、传两部分，并对一些

《大学章句》

内容顺序进行了调整。从首句"大学之道，在明明德"至"其所厚者薄，而其所薄者厚，未之有也"，朱熹注释说："右经一章，盖孔子之言，而曾子述之，其传十章，则曾子之意，而门人记之也。旧本颇有错简，今因程子所定，而更考经文，别为序次如左。"鉴于朱熹是宋代理学的集大成者，加之宋明理学长期以来的官方意识形态地位，人们对这种以区分经、传来解读《大学》的做法深信不疑。但戴震读了此章之后便心生疑问，他问老师："此何以知为孔子之言而曾子述之？又何以知为曾子之意而门人记之？"老师回答："此朱文公所说。"又问："朱文公何时人？"回答说："宋朝人。""孔子曾子何时人？""周朝人。""周朝、宋朝相去几何时矣？""几二千年矣。""然则朱文公何以知然？"刨根究底的一番询问，让私塾老师无言以对，但不得不称赞他"非常儿也"。戴震这一自儿时就具有的不迷信权威、敢于怀疑的为学态度，一直贯穿于他的整个学术生涯中，对他后来的治学

戴震苦学

第二章 乾嘉朴学的兴盛

江永纪念馆

产生了重大影响。

头脑聪慧，加之勤奋好学，戴震在读私塾期间就打下了坚实的学术功底：他花了3年时间专门研究许慎的《说文解字》，尽得其精髓；十六七岁的时候，他就通读《十三经》古注，并且可以背诵。显然，这时候的戴震，不仅基本掌握了治学的方法，而且为日后的治学积累了丰厚的学术、思想资源。

结束私塾教育之后，由于家境窘迫，戴震不得不跟随父亲辗转于江西、江苏、福建等地经商。20岁的时候，才回乡拜师于硕儒江永。江永比戴震大43岁，当时已年过花甲。但这两位年纪相差不小的师徒二人"一见倾心"，不仅二人都以"慎修"为字，而且有着共同的学术志趣，因此两人相互欣赏，亦师亦友。在江永的指导与相互切磋下，戴震的学问大有长进，尤其在筹算、名物、训诂等方面，论著不断问世。22岁，写成《筹算》（后更名为《策算》）1卷；23岁，撰成《六书论》3卷；24岁，撰成《考工记图注》；25岁，写成《转语》20章；到27岁左右，撰成《尔雅文字考》10卷。显然，当时的戴震已是颇有成就的青年学问家了。

乾隆二十年（1755年），戴震33岁，家族中有豪强者侵占了戴震家的祖坟，并且贿赂勾结县令，要致罪于戴震，戴震

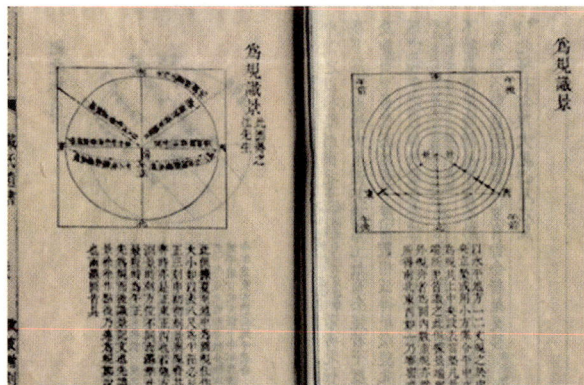
《考工记图注》

不得不紧急脱身到北京避难。令人意想不到的是，这次避难竟然是他人生的转折点。在北京，戴震寄居在歙县会馆，他带着自己的书稿拜访了钱大昕。钱大昕对戴震的学识非常欣赏，赞叹他为"天下奇才也"。在钱大昕的推荐下，戴震又结识了礼部侍郎秦蕙田，秦蕙田当时正主编《五礼通考》，戴震精于天文历算，深受秦蕙田赏识。此后，戴震的名气渐被京都的学者所耳闻，都纷纷前往歙县会馆拜访，争相结识。这些学者有纪昀、王鸣盛、王昶、朱筠、姚鼐、王安国、卢文弨等，都可谓当时的学术名流，对戴震非常欣赏。大才子纪昀甚至邀请戴震居住在他家，资助他刊行了《考工记图注》一书，并亲自为该书作序；礼部尚书王安国则邀请戴震到他家，教授其子王念孙。在京都与诸多名士的交往游学，开阔了戴震的眼界，增长了他的学识，使他的学问日渐成熟精进。在此期间，戴震撰成《周礼太史正岁年解》《周髀北极璇玑四游解》《诗补传》《屈原赋注》《勾股割圆记》等著作。3 年后，即乾隆二十三年（1758 年），戴震离开北京，南下扬州。

秦蕙田 像

在扬州，戴震受聘于卢见曾幕府。卢见曾（1690—1768），字澹园，又字抱孙，号雅雨，又号道悦子，山东德州人，时任两淮盐运使。卢见曾不仅勤于吏治，而且雅好经史，热爱诗文。自乾隆十九年（1754 年）起，卢见曾主持刊刻《雅雨堂丛书》等一批经学著作，当时的饱学之

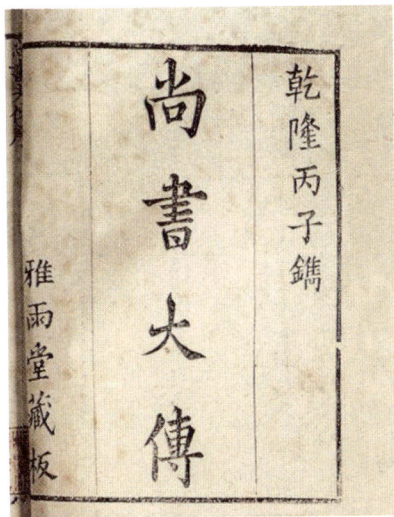

雅雨堂藏板：《尚书大传》

士都受邀进驻他的幕府，帮他校勘古籍。在卢见曾幕府，戴震结识了吴派朴学的泰斗——惠栋。当时惠栋已经60岁，他对戴震早有耳闻。戴震后来回忆与惠栋相见的一幕说："先生拉着我的手说'以前我的亡友，吴江的沈冠云曾给我说休宁有位戴某人，与他相识也很久了，其实是冠云读过你著的书。'"显然，惠栋对戴震这位年轻有为的学者非常赏识。而戴震对于这位吴派朴学的泰斗也是由衷地敬重。在卢见曾幕府中交往的数月里，二人纵论学术，"交相推重"，遂成忘年交。不仅如此，二人谈学论道，潜移默化间，惠栋推崇汉学、批评宋明经学等学术观点，不仅开阔了戴震的学术视野，而且对他的治学思路产生重要影响。

戴震学术成就非凡，名高一时，然而科举之路却并不顺利。从20岁留意科举，直到40岁才乡试中举。而在此后的10余年间，他多次参加会试皆不第，只得一直从事教书与著述事业。乾隆三十八年（1773年），朝廷开《四库全书》馆，51岁的戴震在纪昀的推荐下，以举人身份被特召入馆任撰修官，从事校订书籍的工作。53岁时，戴震第6次会试又不第，但由于其声望，乾隆帝特命他与被录取的贡士一同参加殿试，赐同进士出身，为翰林院庶吉士，仍从事四库的编纂。戴震在《四库全书》馆，利用藏书条件，凡是天文、算法、地理、文字声韵等各方面的书，均经其考订，精心研究，全力以赴，做出不少成绩。乾隆四十二年五月二十七日（1777年7月1日），55岁的戴震殁于北京崇文门西范氏颖园。

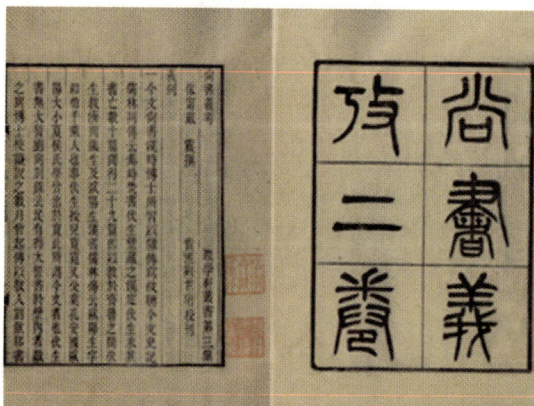

《尚书义考》

戴震一生致力于对学术的思考与研究，写出了丰厚繁富、对后世贡献重大的著作，主要有《毛郑诗考正》《诗经补注》《尚书义考》《仪礼考正》《考工记图注》《孟子字义疏证》《原善》《大学补注》《声韵考》《声类表》《方言疏证》《尔雅文字考》《水经注》《古历考》等等。这些著作，涉及经学、哲学、古文字学、语言学、天文学、地理学、数学等多个学科，领域广泛，研究深入，是乾嘉时期朴学繁荣的重要标志。

戴震学识渊博，研究领域广泛，不过经学始终是他治学的中心。在经学研究上，戴震以明经得道为其宗旨，而其方法则是由文字训诂入手以明经义。段玉裁的《戴东原先生年谱》记载戴震曾写信给他说："仆自十七岁时，有志于闻道，谓非求之六经、孔、孟不得，非从事于字义、制度、名物，无由以通其语言。"又曾说："经之至者，道也；所以明道者，辞也；所以成辞者，字也。必由字以通其辞，由辞以通其道，乃可得之。"① 正是本着这一治经方针，戴震在青年时期研读了许慎的《说文解字》，从而熟悉了六书之旨，掌握了古人造字的法则。进而，由文字到声韵，再到训诂，以及名物、典制、天文、地理、算法、乐律等等，这些经籍文献所涉及的方方面面，戴震都进行了穷究本原、实事求是的考证。

显然，在经学研究上，戴震和以惠栋为代表的吴派一样，采用的都是从文字训诂出发的治学方法，注重实证，不空谈义理。因此，他也尊崇汉经，强调汉代经学的家法、师法，但与惠栋"凡古必真，凡汉皆好"的治学精神不同的是，戴震对汉儒并不一味尊信，他曾明言"汉儒训诂有师承，有时亦有附会"，在治学上始终保持一种勇于怀疑的精神。因此，他不盲从、不迷信任何时代的任何权威，而是博古通今，实事求是，不偏主一家。可见，与吴派"唯汉是求"的"求古"特点形

戴震墓

---

① 《国朝汉学师承记》卷五《戴震》。

戴震纪念馆

成鲜明对比的是，戴震所代表的皖派朴学表现出"求是"的特点。

为了求是，戴震强调治学当"无征不信"，主张以证据服人；又提出"不以人蔽己，不以己自蔽"①，既不能盲从于传闻或者众说，又需自己对所研究的问题进行细致探究，充分论证，从而得出"十分之见"。何谓"十分之见"？梁启超在《清代学术概论》中曾评论："所谓'十分之见'与'未至十分之见'即科学家定理与假说之分也。"可见戴震高度重证据、重事实的治学精神与为学态度。

戴震重视考据，精于考据，但他不为考据所拘，并且反对为考据而考据。在他那里，考据只是寻求义理的工具。他认为，圣人留下来的经典，最重要的是蕴含其中的"道"。但是，这个"道"（义理）不可以空凭想象得来，而必须求之古经；但古经今古悬隔，不依靠古训是无法探究明白的。所以，古训明则古经明，古经明则贤人圣人之义理明，这也正如他所说，"义理非他，存乎典章制度者也"②。显然，戴震识音辨字，又对经典中涉及的名物、典制进行细致的爬梳、考证，为的就是明了训诂，进而由训诂以求经典的义理所在。戴震的这一做法，是将考据与义理完美地结合起来，是对汉儒与宋儒的批判和超越。他曾对支离二者的做法进行批判："言者辄曰：有汉儒经学，有宋儒经学，一主于故训，一主于理义，此诚震之大不解也者……是训非以明理义，而故训胡为？理义不存乎典章制度，势必流入异学曲说而不自知。"③

---

① 《答郑丈用牧书》。
② 《题惠定宇先生授经图》。
③ 《题惠定宇先生授经图》。

明确指出考据与义理是无法割裂的，汉儒不以义理为目的的训诂，以及宋儒脱离训诂而空谈义理的做法都是不可取的。

戴震的义理之学，集中体现在《原善》《绪言》《孟子字义疏证》三书之中。其著述目的，则是要破除程朱理学对"六经"的曲解，以及那些虚妄不实之说，从而恢复儒家学说的基本精神。在戴震看来，宋儒杂荀子、老庄、释氏以入六经、孔孟之书，学者无法辨别，从而使得六经、孔孟之道亡失。基于此，戴震通过这些著作，对程朱理学进行了淋漓尽致的批判，全面阐发了他的哲学、伦理、政治等理论观点和主张。在理气方面，戴震肯定世界是"气"的变化过程，而"气化流行，生生不息"，就是"道"；而"道"的实体，也并非是程朱所说的"形而上"的东西，而是物质性的实体，即阴阳五行。他批驳理学家"理在气先"等理论，认为"事物之理，必就事物剖析至微，而后理得"①。强调应从具体的事物考察、社会实践中来认识事物规律（理）。在人性论方面，戴震反对理学家将"天理"与"人欲"对立起来的观点，他认为，"欲"乃是人的本性，而"理"存于"欲"中，二者原本是统一的。后儒割裂二者关系，要求人们"存天理，灭人欲"，一切以"理"为断，以"理"责人的主张，实乃"以理杀人"，这与"酷吏以法杀人"并无本质区别。戴震的这一思想，实际上是对封建统治者借"理义""名教"残害人性的深刻揭露与大胆批判，这在儒学发展史上具有重要意义。

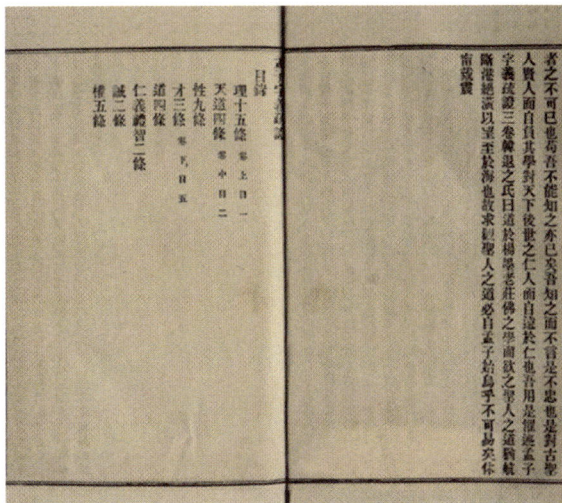

《孟子字义疏证》

第二章 乾嘉朴学的兴盛

---

① 《孟子字义疏证》。

戴震的非凡成就使他成为清代学术史上的重要人物。梁启超在《清代学术概论》中曾将清学的考据学分为启蒙运动的初期、全盛期和蜕分期三个时期，并将全盛时期的代表人物惠栋、戴震、段玉裁、王念孙、王引之等称之为"正统派"，而惠栋代表的吴派与戴震代表的皖派则属于正统派的中坚力量。他称赞"惠、戴齐名"，但又评论说"惠仅'述者'，而戴则'作者'也"，其弟子们的成就也因二人的差别而有差异，所以他说"故正统派之盟主必推戴"。在他的另一著作《中国近三百年学术史》一书中，他又感叹，"苟无戴震，则清学能否卓然自树立，盖未可知也"。从这位学术大家的评判中我们可以看出，惠、戴二人虽然同为乾嘉时期的经学大师，但戴震的影响和地位实际上是在惠栋之上。由此可见，戴震在清代学术史，乃至整个中国儒学史上的历史地位都是卓绝非凡的。

二、戴门后学

戴震渊博的知识，以及极高的学术声望与影响，吸引了许多仰慕者前来拜师或者私淑于其门下。他的弟子后学不仅人数多，而且名家多、成就高，像金榜、程瑶田、凌廷堪、"三胡"（胡匡衷、胡培翚、胡秉虔）、任大椿、卢文弨、孔广森、段玉裁、王念孙、王引之等，都从不同方面传承了戴震之学，是清代儒学史上的重要人物。其中，最能光大其业者，要数段玉裁和王念孙、王引之父子，在当时之世，人们习惯上以"戴、段、二王"来称呼他们。本节选取段玉裁、二王、孔广森、凌廷堪为代表，来展现戴门后学对戴震学术的继承以及对皖派朴学的发展。

（一）段玉裁

段玉裁（1735—1815），字若膺，号懋堂，江苏金坛人。乾隆二十五年（1760年），26岁的段玉裁乡试中举，入京师参加会试。在北京，段玉裁结识了戴震，并被他的学问深深折服，此后便通信问安，自称弟子。段玉裁小戴震12岁，但比戴震早两年中举，所以以年里行辈论，不在师生之间，戴震面辞信让，但段玉裁执礼愈恭。因为戴震早卒，二人相交不过十余年，但戴震对段玉裁却有终身的影响，而段玉裁对戴震的尊敬之情，也未因戴震的辞世而有一丝懈怠，即使在他耄耋之年，只要有人提及戴震的名字，他也一定要垂手拱立；每逢初一、十五，段玉裁都要庄严恭敬地诵读戴震手札一通，以示敬意。这段师生情谊成为乾嘉学术史上的佳话。而更为重要的是，段玉裁继承戴学，并将其发扬光大，为皖派朴学成为乾嘉汉学的主流做出了重要贡献。

段玉裁 像

段玉裁继承了戴震对古音韵的研究。他起初在座师钱汝诚家里看到顾炎武的《音学五书》，便有意于音韵之学，后在戴震处又得知江永的《古韵标准》，进一步认识到音韵学中还有异说，对音韵学的兴趣更为浓厚。此后，经过近十年的钻研，他在顾炎武、江永等人的基础上，将古韵分为6类17部，著成《六书音韵表》，被当时学者誉为"自唐以来讲音韵学者所未发"。其最有代表性的著作是《说文解字注》。《说文解字》是东汉时期的许慎为解释字的本义而作，但对字的假借、引申意义并没有加以说明，而且，受当时条件的限制，也没有利用与参考现存的经

段玉裁拜师

段玉裁故居内景

史百家之书，忽略了对文字的辩证考订，致使后来研究《说文解字》的学者，往往不能理会其中的文理，也无法领会该书的要旨。段玉裁在研究《诗》《书》等群经用韵的过程中，往往参考对照《说文解字》，每有考证成果，或者心得，便记录下来，随着日积月累，资料越来越多，于是他便将这些材料汇集成长编《说文解字读》540卷。后来，他在耳顺之年，又由博反约，以《说文解字读》为蓝本，悉心研究，对许慎《说文解字》9 300余字详细作注，成《说文解字注》一书。该书创通《说文》条例，以许（慎）校许，以许注许，校正许书脱误衍文之处甚多；融群经传注于一炉，同时参考六朝以后字书、韵书，以校许证许，对《说文》的篆文、释文，多有订正，在意义上则多标明本义、引申义和假借义；并将古韵十七部的理论贯穿在说解中，形、音、义互求互证，使有些已经沉没的古音古义重新面世。从《说文解字读》到《说文解字注》，前后长达40年之久，可以说是段玉裁的用心之作。此书既成，备受学界的赞赏与推崇，在当时即有"盖千七百年无此作矣"的高度评价。

除了以上著作，段玉裁还著有《古文尚书撰异》《毛诗故训传》《毛诗小学》《周礼汉读考》《仪礼汉读考》《左氏春秋古经》等。

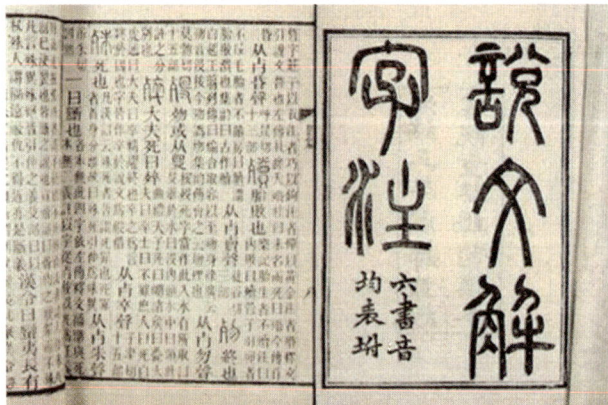

《说文解字注》

（二）王念孙、王引之

王念孙（1744—1832），字怀祖，号石臞，江苏高邮人。王念孙自幼聪慧，13岁时便读完了"十三经"，并旁涉史鉴。戴震33岁避祸京师时，结识王念孙的父亲——时任礼部尚书的王安国。王安国对戴震的学识非常赏识，便请戴震到其家中教授其子王念孙。跟从戴震，王念孙主要致力于音韵、文字训诂的研究。乾隆南巡期间，王念孙献文策，被赐为举人。乾隆四十年（1775年）中进士，历任永定河道、翰林院庶吉士、工部主事、郎中等职。王念孙为官清正廉洁，不事升迁，而以著述为乐。其主要著作有《广雅疏证》《读书杂志》《释大》《方言疏补证》《群经字类》《逸周书杂志》等。

王念孙从学于戴震，曾问其师："您觉得弟子可以学些什么呢？"戴震沉思良久，说："以你之才，没有什么是不能学的。"由此可见戴震对王念孙的器重。王氏则谨遵乃师治学方法，从小学入手而研治经学。在经学研究上，他也遵循声音训诂、以求经义的原则。《清史稿》卷四八一《王念孙传》记载，王念孙曾教导其子王引之说："训诂之旨，存乎声音，字之声同声近者，经传往往假借。学者以声求义，破其假借之字而读以本字，则涣然冰释。如其假借之字而强为之解，则诘鞠为病矣。"并举例说《毛诗》多将假借字训为本字，开改读之先，至郑玄笺《诗》注《礼》，经常说某读为某，使得假借之例大明。后人批评郑玄破字，实际上是他们不明白古字多使用假借。遵循这样的治学路向，王念孙选取《广雅》一书以述其所学。《广雅》

王念孙 像

是仿照《尔雅》体裁编纂的一部训诂汇编，三国魏·张辑（字稚让）所作，此书向无善本，讹误甚多。王念孙搜罗汉魏以前的各类古训详加考订，勤奋不怠，每日必精心考订三字，最终历时 10 年，三易其稿而成《广雅疏证》。在此书中，王氏提出了"就古音求古义，引申触类，不限形体"的原则，并在此原则下改正原书错字 580 个，补漏字 490 个，剔除衍字 39 个，修正颠倒错乱 130 处，成就非凡。段玉裁认为其书"至精"，并赞叹王氏"尤能以音得经义，盖天下一人而已矣"①。近人梁启超则赞叹此书说："《广雅》原书虽尚佳，还不算第一流作品。自《疏证》出，张稚让倒可以附王石臞的骥尾而不朽了。"②

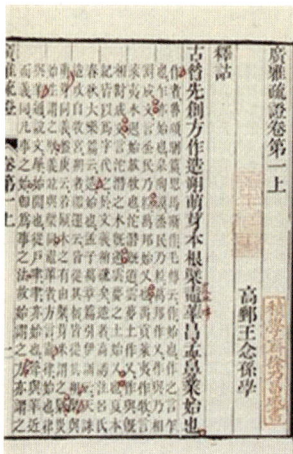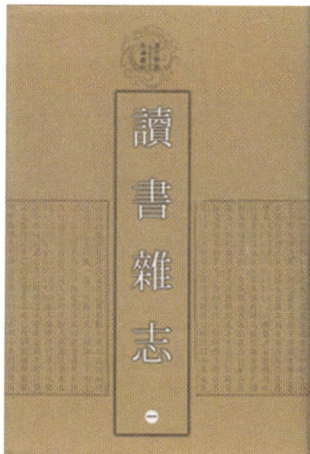

《广雅疏证》　　　　　　　　　　　　　　　　　《读书杂志》

王念孙又有《读书杂志》，是对《逸周书》《战国策》《管子》《荀子》《晏子春秋》《墨子》《淮南子》《史记》《汉书》等著作进行校勘的一本书。该书既是其校勘学的代表作，又首开研究子书之先河。在此书中，王氏将校勘与训诂相结合，参考多种文献古籍，考订诸书中的讹误文字和错乱句读，考辨音训异同，疏通全句，以正确反映原文本义。该书校释精审，是后世学者阅读古籍和研究古代词语的重要参考书。

---

① 《广雅疏证序》。
② 梁启超：《清代学者整理旧学之总成绩》，商务印书馆 1999 年版，第 38 页。

王引之（1766—1834），字伯申，号曼卿，王念孙之子。嘉庆四年（1799年）进士，授翰林院编修；后参加翰林院考试，名列一等，擢升为皇帝侍讲；历官至工部尚书。王引之继承其父之学，亦精通文字、音韵、训诂之学。其代表作有《经义述闻》与《经传释词》，与其父的《广雅疏证》《读书杂志》被称为"王氏四种"。《经义述闻》是引之幼承父教，在王念孙讲授经义的基础上，又多有钻研发展而成。所述均为训释《周易》《尚书》《毛诗》《周礼》《礼

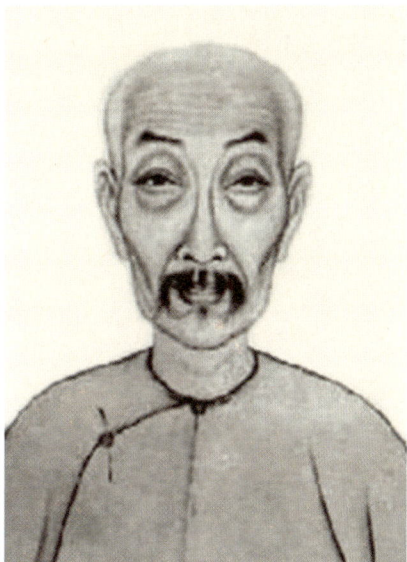

王引之 像

记》《大戴礼记》《左传》《国语》《公羊传》《穀梁传》《尔雅》等书中的讹字、衍文、脱简、句读等疑难问题，纠正毛亨、毛苌、郑玄、马融、贾逵、服虔、杜预之旧注，陆德明、孔颖达、贾公彦之旧疏，广征博引、深入考辨，解决了自汉以来很多不易解决的问题。《经传释词》则是解释经传古籍中虚词的专著，选取九经、三传及西汉以前的汉语书面语共 160 字，遵循"因声求义，不限形体"的原则，运用古注推衍、互文同训、异文互证、同文比例等方式方法，对字词进行解释，以及对前人误用进行纠正，是研究上古汉语虚

高邮王氏纪念馆

词的一部重要著作。另有《经传平刘两字上下同义》《书诂》《尚书集解》《左传集说》等著作。

王氏父子二人基本继承了惠栋、戴震所开创的学术精神，并在前人基础上继往开来，以渊博的知识熟练地运用归纳和

孔广森 像

演绎的方法，在训诂与校勘方面取得了非凡的成就，其人以及著作，都堪称乾嘉朴学的代表。他们的学术地位，受到时人敬重，被并称为"高邮二王"。

（三）孔广森

孔广森（1752—1786），字众仲，一字㧑约，号顨轩，山东曲阜人。孔广森是孔子七十代孙，为衍圣公孔传铎之孙，户部主事孔继汾之子。乾隆三十六年（1771年）进士，选授翰林院庶吉士，散馆授检讨。孔广森年少入官，翩翩华胄，一时间世人争相与之结交。然而他性情恬淡，喜好读书治学而无意于仕进，乾隆四十二年（1777年），因母许太夫人卒，借机辞官归故里，专心著述。乾隆五十年（1786年），其父孔继汾遭族人告发，以其所著《孔氏家仪》有篡改违碍《大清会典》之处，被判充军伊犁。孔广森为救其父，带病四处奔走借贷，最终缴纳赎金后，其父孔继汾被赦免。但不久，祖母与父亲相继去世，孔广森竟也因悲伤过度而辞世，年仅 35 岁。

作为孔子后裔，孔广森自幼便继承家学，在父亲的指导下学习"六艺"。他得以拜师于戴震门下，也与其得天独厚的家族渊源有关。曲阜孔氏家族，因其特殊地位与悠久历史，在当时社会具有较高声望，一些知名学者欣然与之联姻。其中，戴震就将他的女儿嫁给户部主事孔继涵之子孔广根。孔继涵是孔广森的

曲阜孔府

从叔，他与孔广森父亲孔继汾都与戴震交往密切。因此机缘，孔广森自少年时期就拜师于戴震，成为戴震门下"姻娅而执弟子之礼者"①。后又师事桐城派巨子姚鼐和常州公羊学派的先驱庄存与。孔广森天资聪颖，勤奋好学，又经名师指导，年纪轻轻就在学界崭露头角。但他并不骄傲自足，他非常仰慕汉代大经学家郑玄（字康成），所以给自己的书斋取名"仪郑"，表明自己"尽心慕康成，籍志宗仰马"的治学理想。而在多年的努力之下，他在数学、音韵、骈文、书法等方面都取得了显著成就，可谓博学而多能的通才，深受时人赞叹。

孔广森对经学多有研究，其《经学卮言》《礼学卮言》涉及对多部经典的研究。而其用功最巨，学术成就最为明显者，则在《春秋公羊传》，其代表作《春秋公羊经传通义》是清人第一部《公羊》新疏。《春秋公羊传》是一部专门解释《春秋》的典籍，相传为战国时齐人公羊高所作，该书着重阐发《春秋》经中的"微言大义"，在史实记述方面则十分简略，与《春秋左氏传》《春秋穀梁传》合称"春秋三传"。《春秋公羊传》属于今文学经典，东汉末年，今文经学大师何休花费17年心血写成《春秋公羊学解诂》一书，成为"公羊学"研究的权威，被后世治其学者所师法。孔广森作为乾嘉时期的"汉学家"，自然也严守师法，在《春秋公羊经传通义》中，他以何休《春秋公羊学解诂》为依据，又征引《春秋繁露》《白虎通》等汉代今文家说。但在解经方式上，孔广森则始终贯穿着古文经学家的方法。孔广森继承皖派特点，精于小学和校勘。在《春秋公羊经传通义》中，他运用丰富的小学知识，对《春秋公羊传》进行文字校订、

《春秋公羊经传通义》

---

① 《国朝汉学师承记》。

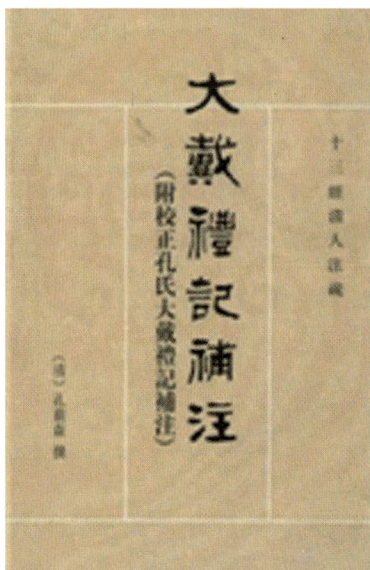

《大戴礼记补注》

审音识义、制度考辨等一番细致的校勘考证，并将汉以来今、古文经师的各种注释融为一体。孔广森的这一做法，打破了《春秋公羊学》研究中的今古文门户，体现了皖派贯通诸经以求是的治学之风。

此外，在《春秋公羊经传通义》一书中，孔广森也继承并发展了戴震的义理学，将《春秋》与《公羊传》所蕴含的义理进行揭示阐发，从而使得《春秋公羊经传通义》一书不仅是名物训诂之作，而且是具有一定思想义理成就的著作。

除了以上提到的几部著作，孔广森还有《大戴礼记补注》《诗声类》等，同样体现了乾嘉朴学的学术成就。

（四）凌廷堪

凌廷堪（1755—1809），字次仲、仲子，原籍安徽歙县，后随父迁居江苏海州。乾隆五十五年（1790年）中进士，曾任宁国府教授。去官后主讲宣城敬亭书院、歙县紫阳书院。

凌廷堪比戴震小31岁，年少而孤，家境贫困，少年时期"弃书学贾"，直到二十多岁才又转而读书治学，所以他无缘得戴震亲授。乾隆四十六年（1781年），凌廷堪游历扬州，与戴震后学汪中、焦循、阮元友善，闻戴震之学，从而对其同乡戴震的学问非常仰慕。乾隆四十八年（1783年）至京师，他拜于著名儒学大家翁方纲门下，翁方纲授之以戴震遗书，凌廷堪读后非常喜欢。他

凌廷堪 像

之后又从戴震学友程瑶田那里获知戴震学说始末，对戴震之学更为服膺，特著《戴东原先生事略状》，并称"自附于私淑之末"。凌廷堪勤奋向学，博学多才，乾嘉学者江藩在《国朝汉学师承记》中称赞他"读书破万卷"，精通经史、音律，亦擅长考辨。其主要著作有《礼经校释》《燕乐考原》《乡射九物考》《九拜》《九祭解》《释牲》《校礼堂文集》《校礼堂诗集》《元遗山年谱》等。

紫阳书院

凌廷堪继承皖派治学宗旨，主张事必求是，反对空谈义理，他在考据学上的成就主要集中于礼学，尤其是对《仪礼》名物制度的研治。他的代表作《礼经释例》一书，就是对自古艰涩难读的《仪礼》一书进行爬梳钩稽，将其中名目繁杂的礼仪节文总结归纳出通例40条，以及饮食、宾客、射、丧、祭、器服诸礼之例各若干条。经过这样一番梳理总结，因烦琐难读而被长期冷落的礼经重新被大众认识和理解，其中的各种礼仪制度无论在理论还是在实践上，也都能落实到现实社会中。这不仅掀起了当时社会"讲礼""习礼"，以及礼学研究的热潮，而且起到以礼教化社会、淳美风俗的社会功效。

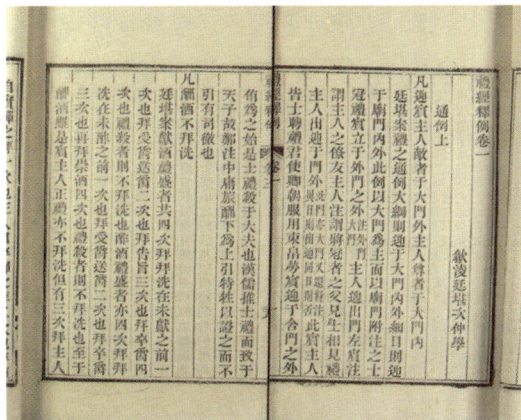

《礼经释例》

鉴于《礼经释例》的非凡成就，梁启超在《中国近三百年学术史》中将其誉为礼学的"登峰造极"之作。

凌廷堪对礼学的研究，并不停留于名物训诂，同时他也提出了自己的礼学思想。他的礼学思想基于他对宋明理学的

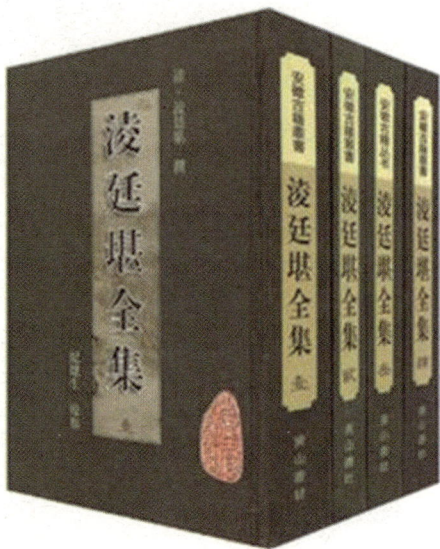

《凌廷堪全集》

批判，他反对理学家舍弃儒家经典而求之于理、求之于心的虚妄之学。他考证《论语》《大学》等儒家经典，认为"六经"中并无理字，宋明理学所说的理、体用等，实际上是朱熹、王阳明等理学家援引佛、老入儒的结果，所以他批判理学即禅学，和原始儒学是风马牛不相及的；而且，他认为芸芸众生在人伦日用之间，宋儒推崇重视的形而上的理，无法为百姓提供平常日用的具体规范，为此，他提出以"礼"代"理"说，以合乎仁义本质与客观规范为一体的"礼"，取代具有超越性、形上取向的"理"。此外，他也提出"学礼复性""制礼节性"的礼学主张。他认为礼是圣人缘情而根据人际伦理而制定，学礼不仅可以彰显"仁"之"亲亲"、"义"之"尊贤"等人伦大义，而且通过对礼节仪则的反复践习，还可以将这些礼义内化为心中的道德价值，复原人的善性，从而达到化民成俗的社会功效。同时，他肯定人都有喜怒哀乐、好恶之情，这是人的本性，但如何节制、引导好恶之情以使其能得其正？凌廷堪认为，这不必求远于天地之先，也不需要理气之辨，只要遵循礼，就能达到"节心""节性"了。由此可见，凌廷堪继承戴震"由词通道"，由考据方法论追求"明道"的终极目标，重视礼学思想在社会中的落实与实践，他这种"从经典到经世"的淑世理想，对当时及以后学者产生了重要影响。

　　以上介绍，只是戴震众多弟子后学中的代表。这些弟子后学，或者如段玉裁、王念孙、王引之一样，主要继承戴震的音韵训诂之学；或者如孔广森、凌廷堪一样，兼承戴震的哲学思想，在音韵训诂和义理方面均有所成就。他们都师法戴震，有的甚至青出于蓝而胜于蓝，在某些方面取得比戴震更高的成就。他们都遵循秉承戴震所倡导的实事求是的学风，既批判宋学，又不迷信汉学；他们重视证据，严谨论证，又不止步于考据，他们试图通过弘扬汉学来寻求圣人之道。因此，以戴震为代表的皖派，与汉学形成时期尊汉崇古、为考据而考据的吴派相比，在对清代儒学的推动与发展上，着实前进了一大步。也正因为如此，梁启超在论清代学术时，认为吴派学术只可称为"汉学"，而皖派学术才是真正意义上的"清学"。

第四节　广博会通：扬州学派

继吴、皖两派之后，在南方的文化重镇——扬州，又活跃、成长起来一个从事纯汉学研究的学派，因其主要成员大都是扬州府籍，所以人们称之为"扬州学派"。代表人物有汪中、王念孙、刘台拱、任大椿、焦循、阮元、江藩、凌廷堪、王引之等人。扬州学派承继吴、皖两派，将乾嘉汉学推至顶峰，在中国儒学史上贡献突出。我国著名的清史研究专家戴逸在其《论中国传统文化》一书中就曾评价说："到了这批人手里，汉学发展到顶峰，并转向衰落，他们的成就是非常大的。"本节重点以汪中、焦循、阮元为代表介绍该派的治学特点，以及他们在中国儒学史上的贡献。

汪中 像

一、汪中

汪中（1744—1794），字容甫，清代扬州府江都县（今江苏扬州）人，是扬州学派早期代表人物之一。主要著作有《述学》《大戴礼记正误》《经义知新记》《尚书考异》《春秋述义》《说文求端》《广陵通典》等。

汪中是一个出身贫穷、靠自学成才的学者。7 岁时，父亲去世，全家的生计靠母亲为缝衣店干活勉强维持。生活困顿到这种程度，自然无法入私塾上学。幸运的是，他的母亲是塾师之女，小时候常常躲在自家屏风后听父亲教学，所以私塾所教之书她都能背诵。这样，汪中在不能正常入私塾上学的情况下，由母亲邹氏口授塾中诸书，为他启蒙。年龄稍长，为了补贴家用，也为了能读到更多的书，汪中跑到书店里去帮人卖书，做工之余，他利用便利条件，浏览了大量的经史书籍。汪中天资聪慧，史籍记载他"博综典籍，谙究儒墨，经耳不遗，触目成诵"，被时人称之为"通人"。乾隆二十八年（1763 年），汪中 20 岁，以《雁射赋》应试，列扬州府第一名，由此取得生员资格，进入江都学——安定书院念书。乾隆三十三年（1768 年），汪中第一次参加乡试，以失败告终。但他由此也看清科考之弊与官场黑暗，此后不再应试。乾隆四十二年（1777 年），汪中被举为拔贡，但也没有赴朝受命，从此淡出科举和仕进，专心于学术。晚年曾受聘校勘文宗、文澜二阁

安定书院

文宗阁

入藏的《四库全书》。

汪中历来被认为有开扬州学术风气的贡献，他是乾嘉考据学在扬州学者中传播，以及促使扬州学派形成的重要人物。汪中成长、生活于汉学大兴的乾嘉中后期，当时的扬州地处长江与京杭大运河的交汇之处，不仅商业发达，而且文化气息浓厚。时任两淮盐运使的卢见曾，热心文化事业，大力倡明学术，他延请惠栋、戴震等一批学者到其幕府做客，从而使得汉学风气传至扬州。不过，当时的汪中还是一个十几岁的少年，虽然浓厚的文化氛围促使他读书不息，有志向学，但汉学之风对他的影响不大。因此，汪中早年对考据学并无太大兴趣，他所喜好的是诗歌、文辞，尤其擅长骈文。乾隆三十五年（1770年），他有感于扬州仪征县（今江苏仪征）江面上的运盐船失火之灾，作《哀盐船文》，当时的著名学者杭世骏为此文作序，赞其"惊心动魄，一字千金"，由此可见其文学功底。

汪中对考据学的兴趣是在王念孙的影响下形成的。乾隆三十七年（1771年）冬天，汪中通过别人推荐，进入安徽学政朱筠的幕府——太平使院。太平使院是朱筠出任安徽学政期间开辟的一个考据学的大本营，他将许多学者招至府中，校勘古籍，遍访遗书。汪中凭着自己的才学，经过举荐，得以进驻太平使院。也是在同一年，比他稍早一些，王念孙也来到太平使院，二人结识。王念孙是戴震的及门弟子，受到过戴震的悉心教导，有着良好的考据学基础与成果。也正是在王念孙的影响与引导下，汪中于小学"始窥门户"，开始致力于考据学，二人由此也定下了"廿年性情学术之交"。在认识王念孙之前，也是在乾隆三十七年（1771年）这一年，汪中机缘巧合地结识了刘台拱、

刘台拱 像

李惇。他们同为扬州府人，又有着共同的学术志向，于是相互交流，相互砥砺，从而使得考据学在扬州学者之间传播开来。后来，汪中在他为李惇所作的"墓志铭"中说：

> 是时古学大兴，元和惠氏、休宁戴氏，咸为学者所宗。自江以北，则王念孙为之唱，而君和之，中及刘台拱继之。并才力所诣，各成其学。①

从这段叙述中可见扬州学派的形成，以及汪中在其中的重要贡献。

汪中一生治学，规模宏大，涉猎广泛。在这广博之中，他又有自己的为学宗旨与学术理念，所以他的学术并不流于泛滥而不知所归。他曾自述："中少日问学，实私淑诸顾宁人处士，故尝推六经之旨，以合于世用。及为考古之学，惟实事求是，不尚墨守。"可见，他服膺并宗法顾炎武的经世致用之学，所做学问"合于世用"是他的治学宗旨；而"实事求是，不尚墨守"，则是他对自己治学理念的总结。在这样的学术宗旨与理念下，汪中反对理学家空谈义理的"无用"之学，而对于古今制度的沿革，民生利用之事，他都广博而谨慎细致地进行学习研究，并依据现实情况，将他的学术研究合理地运用到社会实践中。他的治学成就主要体现在以下几个方面：

经学研究。在经学研究中，汪中沿袭从音训考据入手以求经义的路径，以渊博的学识娴熟地运用归纳和演绎的方法，在训诂、校勘方面取得较大成果。这方面的突出成果有《明堂通释》《释三九》等著作。《明堂通释》是汪中研究古代礼制的代表作，其中，他对古代明堂进行了详细考证，不仅确认古代在宗周、东都、路寝、方岳之下、太学、鲁太庙六处设立明堂，而且对其建筑结构、使用用途、使用规范等进行了详细研究。其搜集资料丰富，论证逻辑严密，对后世明堂研究启发很大。《释三九》则是对古书语法的考证之书，对古籍中的"三""九"等用词进行了考证，对理解古人用词、用字有着很好的作用。在经学研究上，汪中还利用其丰富的金石收藏，结合金石学

---

① 《大清故候选知县李君之铭》。

来考证文字，订正"六书"。此外，他也凭借其深厚的史学功底，以史证经，从而使得经义更加明显。再者，他还将学术融入生活，将学术考证与社会现实结合起来。例如，他著《女子许嫁而婿死从死及守志议》《妇人无主答问》等文，通过对古礼的考证与阐发，对清代官方理学在社会中所宣扬的"从一而终""夫死殉节"等礼教观念进行了激烈批判，宣扬男女婚姻自由，允许夫死再嫁等观念；反对妇女守节、殉节，等等。这些考证研究，针对当

时的社会问题而展开，有着强烈的现实感，对当时社会改革以及风气的转变都有着积极作用。

诸子学研究。在儒家经学之外，汪中对诸子学尤其用力。他对诸子学的研究范围很广，对《老子》《荀子》《贾谊》《吕氏春秋》等都进行过整理研究。他校勘考释、补遗订误，不仅做了细致的考证工作，而且钩索史料，考镜源流，对墨子、荀子、老子等诸子及其思想、著作进行了全面考察。其中，汪中对《墨子》一书用力最多，曾对该书进行过多次校订，对各篇作者进行考证，并对墨子的学术地位、学术思想等进行重新阐发，由此而开乾嘉学者治墨学之风。汪中对《荀子》的整理与研究在清代学者中可以算得上是最早的，他对该书进行了仔细的校勘订误，并且经过研究认为，"六经"是周公所作，孔子所述，荀子所传，荀子才是孔子学说的真正传人。可见他对荀子评价很高。除了整理诸子故书之外，汪中还对历史上记载不详的诸子事迹进行了考证，力图恢复他们真实的历史面目。例如，他著《老子考异》一文，指出史籍中所记载的老子、老聃、老莱子原本是三个人，因为"子"在古代为

尊称，所以都可称为"老子"，而《道德经》的作者老子，是周太史儋，晚于孔子一百多年，故《老子》成书应在孔子之后。这些研究，均有很高的价值。

汪中继承清初顾炎武以来儒家学者的治学宗旨与理念，以个人的智慧与努力，淹通经史，贯通古今，心怀用世之志，卓然成一家之言，被认为是乾嘉学者中兼具才、学、识的学者。在治学上，他不仅努力实现学术上的义理、考据与辞章的会通，而且面向现实，关注社会，实现经术与"用世"的会通。在他的引领与影响下，扬州一地的学者在吴、皖二派的基础上，由专而博，由精而通，将乾嘉朴学推至高峰。

二、焦循

焦循（1763—1820），字里堂（或作理堂），晚号里堂老人，江苏甘泉（今扬州邗江）人，被认为是扬州学派的第二代代表人物。

焦循 像

焦循出生在一个"三世传《易》"的书香之家。曾祖父焦源、祖父焦镜、父亲焦葱"皆有隐德，传易学"。焦循自幼聪颖，少年时便熟读儒家经典和诸子百家之书，但他的仕途并不顺利。乾隆五十三年（1788年），应乡试不第。此后他又多次参加科举考试，但屡因不投考官所好而名落孙山。直到嘉庆六年（1801年），年已39岁的焦循才考中举人。第二年，他入京参加会试，又以失利而终，从此无意仕途。后在扬州北湖筑"雕菰楼"，深居简出，十余年不入城，发奋读书，潜心于学术研究。焦循治学严谨，学问淹博，"无所不通"，在经学、史学、语言文字学、自然科学等各个领域均有深入研究与显著成就。同时代的另一位朴学大家阮元赞叹他为"通儒"。焦循主要著作有《雕菰楼易学》《周易补疏》《尚书补疏》《毛诗补疏》《礼记补疏》《论语补疏》《春秋左氏补疏》《孟子正义》《雕菰集》等。

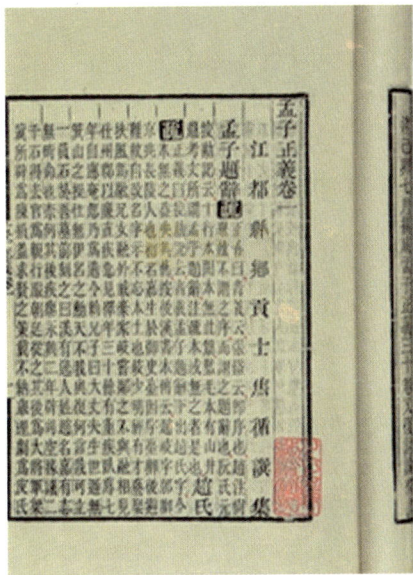

《孟子正义》

在焦循所生活的乾嘉后期，汉学在惠栋、戴震两派的推动下，已经十分兴盛，正如梁启超所描绘的那样，"家家许、郑，人人贾、马，汉学如日中天"。而以"汉学"面目出现的经学，从"未兴"发展到"大兴"，世事不同，地位不同，学者们的理解与要求也发生了改变。在当时学界，仍然不乏像惠栋、王鸣盛等纯汉学派学者，他们在惠栋"凡古必真，凡汉皆好"治学理念的影响下，唯汉是求。因此，他们尊崇汉代经师的传注，甚至以注疏替代经文，以汉人之言替代孔子之言。与纯汉学派不同的是，戴震一派注重实事求是，他们不专主汉学，而是突破传注，贯通群经，以"求其是"为目的；同时，他们又注重考据与义理的统一，由训诂以明经义。显然，戴震一派的经学研究，更为理性，更为科学，在当时社会影响更大。作为乾嘉后期学者的焦循，深受这种风气的影响，在经学研究上，他服膺戴震考据与义理相统一的治学宗旨，更进一步会通百家之学，体现

《雕菰楼经学九种》

出"通"的治学特色。

第一，焦循主张"会通"。这一治学理念是基于他对"考据"不是"经学"的重要认识。针对当时人们将考据当成学问，甚至以考据学代替经学的错误认识，焦循指出"考据"不是"经学"。他阐述其理由：其一，"经学"产生于"考据"之前，自古以来是读书人的主要学业和仕进门径，此前并无"考据"之说。但自从有了"考据"的名目之后，学者纷纷效仿，于是"考据"之名取代了"经学"之名。其二，他认为当时人们趋之若鹜的考据，实际上只是汉学，且又是汉学中的郑玄、许慎的一家之学，所以将考据等同于经学，未免以偏概全、执一废众。所以，他对以考据代替经学的看法不以为然，并指出考据只是一种通经方法，"盖古学未兴，道在存其学；古学大兴，道在求其通"。他认为经学在清代的发展，其早期主要任务是确立其地位，这时候重视文字训诂，宣扬考据重于辞章、义理，是学术发展的必然要求。然而在经学的地位确立之后，就不能一味地尊信汉儒，埋首于字词考证。因为经学有其内涵丰富的学术体系，"经学者，以经文为主，以百家子史、天文术算、阴阳五行、六书七音等为之辅，汇而通之，析而辨之，求其训诂，核其制度，明其道义，得圣贤立言之指，以正立身经世之法"①。所以，治经要在考证的基础上，贯通全经，寻求其义，同时还要融会贯通诸子、史学、天文、术算等百家之说，进行综合考察，相互印证，不仅要求对文字、制度有准确把握，而且要在总体上把握儒学的精神实质。

焦循治学主"通"

第二，焦循主张"变通"。这一思想是以《周易》为基础的。焦循

---

① 《雕菰集》卷十三《与孙渊如观察论考据著作书》。

生长在易学世家，对《周易》深有研究。他曾在《易图略·叙目》中说："余学《易》所悟得者有三：一曰旁通，二曰相错，三曰时行。此三者，皆孔子之言也，孔子所以赞伏羲、文王、周公者也。""旁通""相错""时行"，是焦循易学论证、分析爻位运动和卦象变化规律的三种方法，意在探求《周易》六十四卦三百八十四爻之间的运动规律以及相互转换的内在机制。"旁通"，指六爻间存在"由此及彼，由彼及此"的种种联系；"相错"，指卦象上下二体交错交换；"时行"，指卦爻的变换当位而不失道，其关键是"变通"，由变通使凶变吉。焦循认为，它们不仅是理解《周易》的钥匙，更是事物运行的普遍原则，因为事物之间都是既相互联系，又在对立统一中不断发展。所以，他认为世界上没有一成不变的事物，也没有永恒不变的思想，要想推动事物的发展，只有"变通"，正如他所说，"变则通，通则久，未有不变通而能久者"①。将"变通"的思想运用到治学中，使得焦循在经学研究中取得了重要突破。

焦循对经学的研究，要数《周易》和《孟子》成就最为显著。在《周易》方面，最著名的是"易学三书"——《易章句》《易图略》《易通释》，其中又以《易通释》为主。在这三书中，焦循充分运用"旁通""相错""时行"的方法，对《周易》进行了全方位的通解与论证；对汉儒纠缠不清的"飞伏""卦气""爻辰""纳甲"之说一一辨析，并将数理知识运用到对《周易》的理解中去，从而跳出汉代象数《易》学的窠臼，创立了自己的《易》学体系。

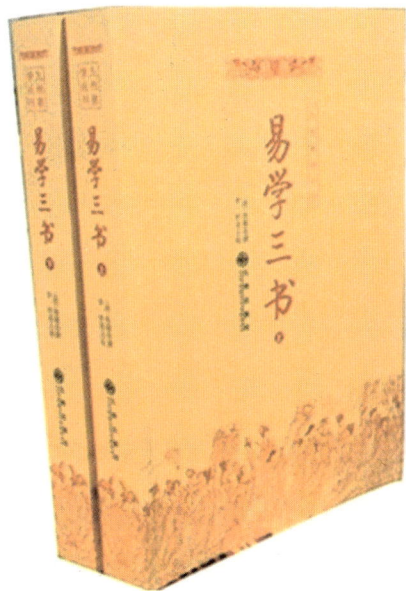

《易学三书》

① 《雕菰集》卷九。

焦循在垂暮之年，又撰成《孟子正义》30 卷。在他看来，《孟子》一书与《周易》关系密切，是对《易》的阐发。在其中，他试图以《易》学的通变理论来诠释孟子的思想。在人性论方面，他反对程朱理学"存天理，灭人欲"，主张"欲本乎性"，欲是性之欲，人的情欲乃是"感通之具"，舍欲则不能感通人；提出了"与百姓同欲"的观点。在社会思想方面，他憧憬一个统一、和谐、真情的社会，认为"大抵圣人之教，质实平易，不过欲天下之人各正性命，保合太和而已"①。

综观以上，焦循在乾嘉汉学兴盛的表象之下，清醒地认识到其墨守、僵化的弊端，进而扬长避短，择善而从，继承戴震考据与义理相统一的治学理念，并将这一"会通"思想进一步融会贯通，以旁通、变通等方式、方法诠释经典，从而被赞许为"一代通儒"，对扬州等地学者的治学风气产生重要影响。

阮元 像

三、阮元

阮元（1764—1849），字伯元，号云台，一号芸台，又号雷塘庵主，晚号颐性老人，卒谥文达，江苏仪征人。阮元是扬州学派的领袖人物，也是乾嘉朴学的集大成者。

阮元出生在一个以文兼武的世家。他的祖父阮玉堂是康熙五十四年（1715 年）的武进士，官至参将，军事余暇以赋诗为乐。父亲阮承信为国学生，修治古文经《左氏春秋》。母亲林氏出身于仕宦之家，"通诗书，明古今大谊"，是一位有知识、有修

---

① 《雕菰集》卷十三《寄朱休承学士书》。

养的妇女。阮元自幼聪慧，5 岁时，便由母亲教他读书写字，不到 10 岁即能作诗。除了亲自教授阮元读书作诗之外，母亲还送阮元到当地著名的塾师及儒士那里学习。通过名师的教导以及自己的勤奋努力，阮元进步很大。

阮元墓

　　经过从幼年到青年不断学习与科举考试的训练，阮元的科举之路可以说是一帆风顺：乾隆五十年（1785年），科试一等第一名，中秀才。乾隆五十一年（1786 年），通过乡试，中举人。乾隆五十四年（1789 年），中进士，充庶吉士。次年散馆，钦取一等第一名，授翰林院编修。乾隆五十六年（1791 年），大考翰詹，深得乾隆帝赏识，得一等第一名，被任命为詹事府少詹事，奉旨南书房行走，不久又晋升为詹事。当时，阮元年仅 28 岁。就这样，凭着突出的学识，年轻的阮元顺利地踏上了仕途。乾隆五十八年（1793 年），阮元出任山东学政，两年后，改任浙江学政。此后，阮元先后出任兵部侍郎、礼部侍郎、户部侍郎，浙江、江西、河南巡抚，漕运总督及湖广、两广、云贵总督，两次充任会试副主考。道光十五年（1835 年），72 岁的阮元奉旨进京，拜体仁阁大学士，管理兵部，次年又兼经筵讲官。道光十八年（1838 年），因病解任致仕，带着道光帝"支食半俸……著加太保衔"的圣谕荣归故里。道光二十六年（1846年），又加封太傅衔，重赴鹿鸣宴。道光二十九年（1849 年），无疾而薨，享年 86 岁，谥文达。

　　阮元从乾隆五十八年（1793 年）初任学政，到道光十八年（1838 年）致仕荣归故里，历经乾隆、嘉庆、道光三朝，宦海生涯长达半个世纪，被誉为三朝阁老、九省疆吏、一代名儒。对于自己一生的经历与荣誉，阮元在晚年曾总结说：

回思数十载，

浙粤到黔滇。

筹海与镇夷，

万绪如云烟。

役志在书史，

刻书卷三千。①

　　显然，与其他事功相比，阮元最用心的是学术事业。而他的学术事业，实际上并未因为在各地做官而废止，而是贯穿于他整个宦海生涯：在出任山东学政期间，阮元遍访山东各地的金石文字，编成《山左金石志》24 卷。在浙江学政任期内，又利用浙江丰富的藏书，主持编纂成专论字义的工具书《经籍纂诂》，以及反映中外历代著名自然科学家的个人传记《畴人传》。在巡抚浙江期间，他创建诂经精舍，培养优秀人才；组织学者重新校勘《十三经注疏》，成《十三经注疏校勘记》。在出任江西巡抚期间，又组织学者重刻宋本《十三经注疏》，成《十三经注疏附校勘记》416 卷。在总督两广、云贵期间，他在广州创立了清代著名学府——学海堂，并组织学者刊刻《皇清经解》1 400 卷。以上这些文化成就，可以说每一项都意义重大，每一项都彪炳史册。

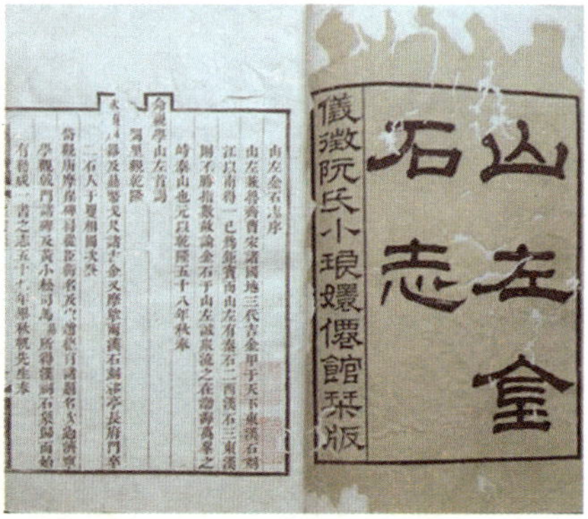

《山左金石志》

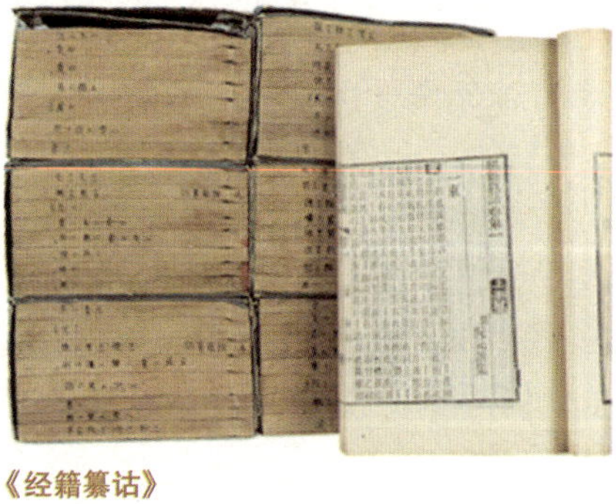

《经籍纂诂》

① 《揅经室续集》卷十《和香山知非篇》。

阮元早臍通显，年又老寿，其学术活动贯穿整个乾嘉时期。他虽然不是乾嘉汉学的直接创导者，但他的治学深受汉学学风影响，极力倡导汉学。另外，由于他的政治地位以及当时在学界的声望，也使得汉学的旗帜在他手中持续高扬。《清史稿·阮元传》

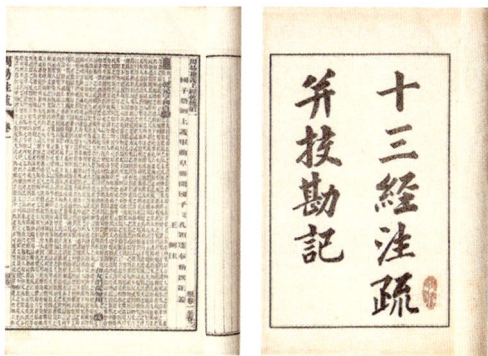

中就说他"身历乾嘉文物鼎盛之时，主持风会数十年，海内学者奉为山斗焉"。而其学术在继承吴、皖二派的基础上，又进行总结与纠正，所以，他既是扬州学派的领袖，又是乾嘉学派的集大成者，正如张舜徽先生所言，"从他在学术上总的成就来说，实乾嘉学者最后一重镇"①。

　　阮元继承汉学治学宗旨，反对宋儒空谈义理的空疏之学，大力提倡实事求是的学风。他曾总结自己的经学研究："余之说经，推明古训，实事求是而已，非敢立异也。"② 那么，阮元是如何在治经中体现"实事求是"这一精神的呢？

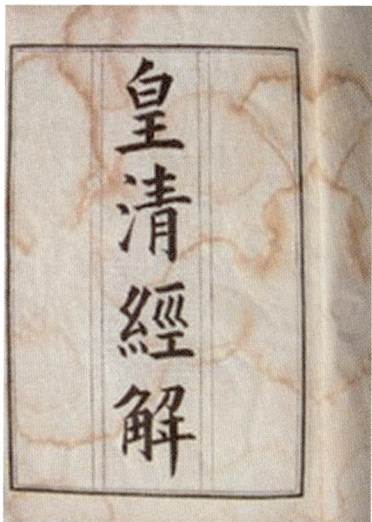

《皇清经解》

　　首先，阮元认为经学研究应该从注疏着手。儒家经典自汉代流传下来，几乎每一代都有对它的新解释，从而积累了大量的"传""笺""章句""集释""义疏"等注疏，这些注疏数量庞大，也是经典的重要组成部分。阮元认为，注疏就如同理解经典的钥匙，要读懂经典，就必须先读

---

　　① 张舜徽：《清儒学记·扬州学记》之八《阮元》，华中师范大学出版社2005年版，第289页。

　　② 《揅经室集·自序》。

懂注疏。否则，像那些"空疏之士"，或者所谓的"高明之徒"，不读注疏，不潜心研索，就不懂字句，不明文字声训，最终也无法读懂经典。

其次，阮元反对佞古墨守。针对乾嘉汉学前期出现的"惟汉是从""凡古必好"的治学弊端，阮元认为，即使注疏诸义，也有是有非。儒者治经，"但求其是"，而不可拘泥盲从于某一汉儒的义疏之例。

最后，阮元主张"汉宋兼采"。在当时学界对乾嘉汉学进行总结检讨的风气下，阮元也对汉学进行反思，他针对许多汉学家只重考据而忽视义理的弊端，在极力强调"由字通其词，由词通其道"这一汉学宗旨的同时，也试图将宋学重视义理的特点和汉学强调考据的长处结合起来，希望以此来纠偏补弊。他曾打比方说："圣人之道，就好比宫墙，文字训诂，是进入宫墙的门径。门径如果错了，那么每一步都将是错的，这样怎么能升堂入室呢？有的学人求道追求高远，不屑于章句训诂，这就好比在天空翱翔，高悬于大屋之上，这样高则高，但大屋之内有什么其实是看不到的。又或者只求名物，不问圣道，就好像常年居住在门廊之下，却不知道门廊之内还有堂有室。"显然，阮元主张兼采汉、宋二学之长，根据现有的研究成果，实事求是，探求经典所蕴藏的经世致用的义理价值。

在"实事求是"的学术宗旨与治学原则下，阮元开展了一系列的学术活动，并取得重要成就，从而将乾嘉汉学推到一个新的高度。

阮元重视对经学、小学的研究，力图通过声音文字训诂，来探明经典本义，探寻圣人之道。例如，他针对宋明理学家对"仁"的种种曲解，从文字训诂上对"仁"进行正本清源。他使用汉学归纳的方法，对《说文解字》《中庸》《大射仪》《聘礼》《公食大夫礼》《诗经》《新书》等古代典籍中的"仁"进行归类、统计，得出"仁"的含义为"相人偶为仁"，也就是说"仁"字专指人与人之间的关系。进而，他又将《论语》《孟子》中谈"仁"的语句进行排列、分析，并从"克己复礼为仁""实行实事为仁""孝悌为仁之本"几方面对"仁"进行了阐释，最终他把"仁"诠释为"以此一人与彼一人相偶而尽其敬、礼、忠、恕等之谓也"。他将"仁"置于社会实践，从而有力批判了宋明理学家空谈心性的偏颇，以及依附于"仁"概念上的种种思辨。

阮元精于金石学。在阮元的一生中，无论是出任山东学政，还是巡抚江浙等地，他都坚持搜集、整理、研究当地的金石铭刻资料，并先后编撰成《山左金石志》《两浙金石志》《积古斋钟鼎彝器款识》三部金石专著。其目的并非是赏玩娱乐，而是认为金石铭刻"可以资经史纂隶证据者甚多"，通过这些特殊的文献资料，进行"辨识疑文，稽考古籍"，印证、解释经义和历史。

《两浙金石志》

阮元对天文历算也颇有研究，试图将自然科学纳入儒学。他博采史籍，网罗古今，编撰了一部反映中外历代著名自然科学家生平成就的传记汇编，即《畴人传》。全书46卷，其中，收入自上古至清代的中国自然科学家243人，外国自然科学家37人，总计280位自然科学家。这部著作，不仅对古今中外天文历算领域的科学家进行了比较系统的介绍，开辟了我国科学技术史研究的新领域，而且也试图将自然科学纳入儒学之作。在《畴人传序》中，他提出了科学"乃儒流实事求是之学"的思想，并将数学作为他评判"通儒"的标准，以及实践"圣贤之道"的途径。除了进行学术研究外，阮元还利用他身为学者和官员这一双重身份，通过创办学堂、整理典籍、刊刻图书等途径来倡导汉学，并对汉学家研究成果进行传播和总结。在担任浙江巡抚期间，阮元在杭州创建诂经精舍；在两广总督任内，又在广州创立了清代著名

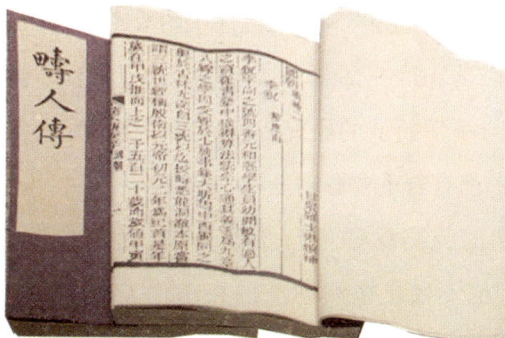

《畴人传》

诂经精舍

学海堂书院

学府学海堂书院。这两个书院，不同于当时为应付科考而建立的书院，而是以教授经史为主，废除八股文，不习八韵诗，其目的是培养笃信好古、实事求是、能够汇通、诠释圣人微言大义的优秀朴学人才——"通儒"。这两个书院先后办学数十年之久，培养出众多的汉学家，造就了好几代人才，为弘扬汉学与开启新式教育做出了巨大贡献。阮元还喜好编纂、汇刻书籍，自觉承担起保存、传播学术文化的重任。他对乾嘉时期汉学家的成果多有编刻，例如朱珪的《知足斋集》、汪中的《述学》、刘台拱的《刘氏遗书》、凌廷堪的《礼经释例》、焦循的《雕菰楼集》、孔广森的《仪郑堂集》等等，都经他的编刻而保存并得以广泛传播。而他在编刻方面贡献最大，影响最巨者，要数他亲自参与并主持编纂的《十三经注疏附校勘记》《经籍纂诂》和《皇清经解》三部经学巨著。这三部著作，不仅为学者提供了读书治学的津梁，也为清代前期经学与小学领域的研究成就作了一个总结，对传播、推动乾嘉朴学，以及清代学术都有着重要影响。

阮元以其卓越的学识，对前期的乾嘉汉学进行救偏补弊，总结会通，从而推动乾嘉汉学达到新的高峰。他不仅是扬州学派的杰出代表，而且是乾嘉汉学的集大成者。自阮元以后，随着社会形势的变化，清代汉学也急剧衰落。道光以后，虽然汉学的流风余韵尚存，但已不再占据学界的主导地位。

第五节　治史经世：浙东学派

乾嘉时期，在朴学蔚然大观的同时，还有一部分学者沉潜、执着于主流学术之外。他们虽然不主攻经学，甚至学术路径与主流学术迥然不同，但他们的治学精神以及治学方法，却不可避免地受到乾嘉学风的影响，因此，他们往往也被视为乾嘉朴学的重要分支。乾嘉时期的浙东学派就是这样一个分支。浙东学派，是指由浙江东部的学者组成的一个学术派别，他们在学术上偏重于史学研究，治史以经世。清朝初期黄宗羲、万斯大、万斯同等是这一学派的开创者和重要代表，至乾嘉时期，全祖望、邵晋涵、章学诚等继承浙东学术传统，他们或者经史兼顾，或者以史治经，成为浙东学派的佼佼者。浙东学派也成为乾嘉朴学的重要一支。

一、全祖望

我国近代史上的文化巨人梁启超曾说："若问我对于古今人文集最喜爱读某家？我必举《鲒埼亭集》为第一部了。"[①] 深得梁启超赞许的《鲒埼亭集》的作者，就是全祖望。

全祖望（1705—1755），字绍衣，号谢山，浙江鄞县（今浙江宁波）人。他在学术上，上承明末的刘宗周、黄宗羲，以及同县的万

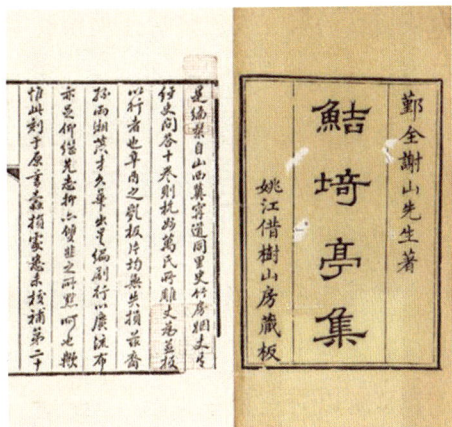

《鲒埼亭集》

---

① 梁启超：《中国近三百年学术史》，人民出版社 2008 年版，第 104 页。

全祖望 像

氏（万斯大、万斯同）一门，下启邵晋涵、章学诚，是乾隆初期浙东学派的一个杰出代表。

全祖望生于诗书仕宦之家，良好的家境与家风使得他自小就受到很好的教育：金祖望4岁时就能读四书五经，8岁已读《资治通鉴》《文献通考》等书。14岁，中式诸生，补博士生员。两年后，到杭州去参加乡试，虽未中举，但他的学识已深受当时学人所称道。此后，他在当地以及杭州结交厉鹗、杭世骏、赵谷林兄弟等一批志同道合的朋友，共同切磋学问。雍正八年（1730年），26岁的全祖望被浙江学政王兰生选为贡生，次年入京师，于雍正十年（1732年）在顺天参加乡试，中举人。次年参加会试不第，前工部侍郎李绂看到他的试卷，非常赞赏，认为他是浙东学术界自王应麟、黄震以后的第一人，坚持让他留在京师以应博学鸿词科。从此，二人结为师友。全祖望受邀入住李绂家，并与翰林学士万孺庐等人一起"或讲学，或考据史事"，增益学问。乾隆元年（1736年），32岁的全祖望考中进士，任翰林院庶吉士。不久被荐应博学鸿词科，但因大学士张廷玉的阻挠，未能参试。张廷玉与李绂素来不和，所以对全祖望加以排斥。第二年散馆时，全祖望又被列为下等，归吏部候补知县。这样的结

崀山书院

果，对满腹经纶的全祖望来说是一件奇耻大辱之事，因此他一怒之下辞官返乡。此后，全祖望无意仕途，专心学术教育。乾隆十三年（1748 年），应绍兴知府杜甲之请，出任蕺山书院山长，致一时学者云集，以至于学舍不能容。乾隆十七年（1752 年），又出任广东天章书院（又名端溪书院）山长，后因病归家，以校注《水经注》及补《宋元学案》等学术研究

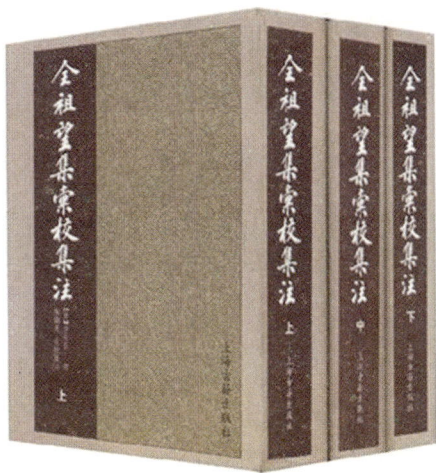

《全祖望集汇校集注》

度过余生。乾隆二十年（1755 年）七月，年仅 51 岁的全祖望逝世。

全祖望一生治学，著作等身，共有 30 多种，400 多卷。主要著作有《鲒埼亭集》《水经注校》《续宋元学案》《经史答问》《汉书地理志稽疑》《读史通表》《历朝人物世表》《孔子弟子姓名表》《甬上望族表》等。对于全祖望在学术上的造诣，阮元曾在《经史答问序》中评价说："经学、史才、词科三者，得一足以传，而鄞县全谢山先生兼之。"对于其具体研究，全祖望在《自叙》一文中曾概括为经学、史学、碑志、乡邦文献、诗友唱和五部分，大体不离经与史。而他一生用力最多，贡献最大者，实在史学。

在史学研究上，全祖望继承了黄宗羲、万斯同所开创的浙东学术的优良传统。而浙东学术最大的特征，也即是后来章学诚所概括的"经世致用"。他们主张学术研究不能脱离现实，要有用于社会。因此，"经世致用"成为浙东学派的治学宗旨。全祖望秉承这一传统，贯通经史，博综文献，在诸多方面做出重要贡献。

首先，全祖望怀着强烈的民族意识，对南明史以及浙东地方文献进行搜求与整理，旨在表彰南明志士的忠义气节。全祖望生于"康乾盛世"，离明亡相去久远，受"文字狱"的影响，许多治史者对明清之际的史实多有隐讳，从而造成大量文献脱落和讹误，以及史实的湮没。有鉴于此，全祖望一生不

全祖望故居

遗余力地广搜乡邦文献，孜孜考证。在此基础上，他撰写了大量碑、志、传、记，并按节义昭彰、乡邦贤哲、清初儒林三类历史人物予以树碑立传，这些成果主要体现在《续甬上耆旧诗》《国朝耆旧诗》《甬上望族表》，以及《鲒埼亭集》内外编中的有关序、跋、录、记、墓志碑铭等。其中，对于以忠义节烈立身的乡贤，全祖望尤其满怀敬佩之情，他广搜这些人的事迹资料，谨慎考证，从而比较详细地记叙这些仁人志士的事迹。例如，对于浙东抗清19年的张煌言，以及参加"截江"之役的孙嘉绩、钱肃乐、熊汝霖、沈廷扬、张名振、张肯堂等人的事迹，他都给予翔实的记载和热情的歌颂。可见，全祖望不遗余力地对乡邦文献的整理，既出于保存历史之真的目的，也在于彰显民族气节。这些记载都显示出他深受儒家"天地正气"等传统思想的影响。也正是有着这样的情怀，他的这一历史记载成为他学术史中"最有生命力的部分"①。著名史学家陈垣先生也赞美其集说："文善有精神，所以不沾沾于考证。"

其次，全祖望致力于对历史文献的整理与校注。全祖望曾三笺《困学纪闻》，七校《水经注》，并稽疑《汉书·地理志》等古文献。《困学纪闻》是南宋著名学者王应麟所撰札记考证性质的学术专著，内容博涉经、史、子、集，其中以论述经学为重点。在以性命义理见长的宋代，该书却"以考据为主，并通义理"著称。也正因为如此，后来有学者将王应麟视为清代朴学之始祖。《困学纪闻》在清初颇受学者重视，在全祖望之前，清代著名学者阎若

---

① 陈其泰：《全祖望与清代学术》，《中国社会科学院研究生院学报》，1992年第2期。

璩、何焯曾先后为之笺注。而全祖望参照两书，对烦冗者进行删减，对考证不足者进行补充，对谬误之处进行改正，所以他的三笺本《困学纪闻》后来居上，为时人所赞赏。在全祖望之后，清代学者对《困学纪闻》关注与研究者越来越多，著名者如乾嘉巨擘钱大昕作《困学纪闻校》《王伯厚年谱》，嘉庆十二年（1807 年）万希

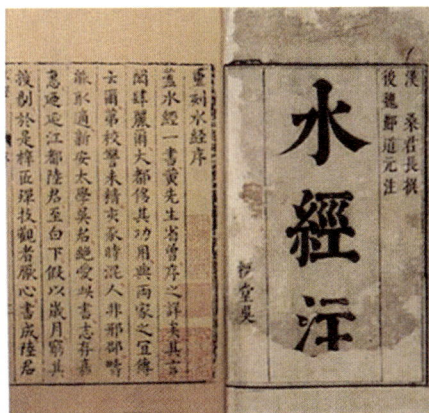

《水经注》

槐编成七笺本《困学纪闻集证合注》，后来道光五年（1825 年）翁元圻博采众家编成《困学纪闻注》。很明显，对《困学纪闻》的校注在清代取得了丰硕成果，全祖望的三笺本起到了承前启后的重要作用。《水经》出自三国魏佚名者之手，北魏·郦道元为之作注并历代流传。至清代，《水经注》研究兴盛，甚至成为专门之学——郦学。清代中期，研究《水经注》的有三家：全祖望、赵清一、戴震。其中全祖望从事时间最早，但书却最晚出。在他的七校《水经注》中，全祖望采用多种考证方法，校注精确，而且在文本体例、校勘原则等方面都有开创之功。在校注《水经注》的过程中，全祖望不可避免地要参考《汉书·地理志》，在两相对照之中，他又根据《水经注》来补正《汉书·地理志》，成《汉书地理志稽疑》6 卷。

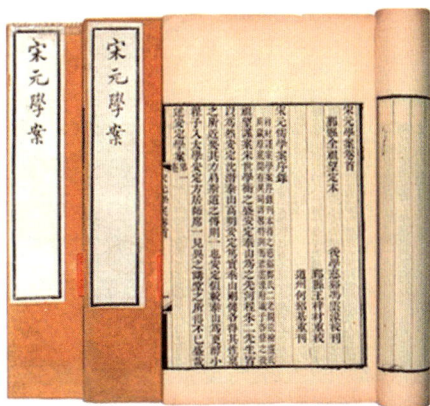

《宋元学案》

最后，全祖望的学术研究最为世人推重的，是他继承黄宗羲未竟事业，续修而成的《宋元学案》百卷巨著。《宋元学案》是黄宗羲在完成《明儒学案》后着手编撰的，当时黄宗羲年近 70，虽"壮心不已"，但终因年迈，在写成《叙录》和正文 17 卷之后去世。其子黄百家继续编撰，但也未成

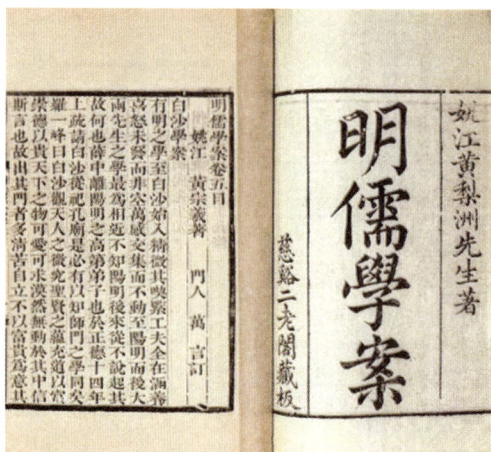

《明儒学案》

而卒。乾隆十一年（1746年），42岁的全祖望开始着手修纂《宋元学案》，自此以后，他不遗余力，经过近10年的时间，才基本完成这一巨著。《宋元学案》共100卷，91个学案。其中，黄宗羲、黄百家已完成部分，计67卷，59个学案；全祖望所增加、自设的计33卷，32个学案。而对黄宗羲、黄百家完成的部分，全祖望从形式到内容也进行了修订、补定等工作。在内容上，该书记载了理学从产生到发展的全貌，从北宋时的先驱人物到南宋时朱熹、陆九渊两大代表及后来的弟子流传，理学主要命题的提出、发展，学派的流行、争论及理学以外的重要学派和学者均在案中，涉及人物多达2000余人。在编纂体例上，采用《明儒学案》的原则，每案前首列一学案表，把有关学者汇编入内，使读者开卷了然。表后为案主各立小传，简述他们的生平事迹、学术活动等情况。传后设语录，专采案主的思想言论。体例可以说相当完备。《宋元学案》虽经几人之手才编纂成册，但其中贡献最大者当属全祖望，其所作内容占全书的十分之六七，正是在他的努力下，才使得《宋元学案》和《明儒学案》成为我国学术史著作成熟的标志，对中国史学、儒学的发展都具有重要意义。对此，全祖望也非常自豪，他曾说："余续南雷宋儒

全祖望墓

学案，旁搜不遗余力，盖有六百年来儒林所不及知，而予表而出之者。"①

此外，全祖望还编著《经史答问》《读史通表》《历朝人物世表》等著作。综观全祖望一生治学，出经入史，注重史实考证，又注重经世致用。这种治学精神与方法，无论对浙东学派还是对乾嘉朴学，都有着重要影响。

二、邵晋涵

乾隆三十七年（1772 年）十一月，安徽学政朱筠奏报《永乐大典》辑佚，得到乾隆皇帝的认可，并诏令将所辑佚书与"各省所采及武英殿所有官刻诸书"汇编，名曰《四库全书》。此后，在乾隆皇帝的亲自主持下，展开了中国历史上工程最为浩大的一次文献整理活动。在这一活动中，主持、参与纂修的人员可以说是当时最具学识的泰斗级学者。其中，就有一位浙江籍学者，他就是一代史学宗师，担任《四库全书》纂修官的邵晋涵。

邵晋涵（1743—1796），字舆桐，一字二云，号南江，浙江余姚人。他是清代著名的儒家学者、经学家、史学家，也是清代唯一跻身于翰林院的浙东学派学者。在全祖望去世之后，邵晋涵与章学诚无疑成为当时浙东学派的代表。

邵晋涵出生在一个"先世多讲学"的书香之家，在祖父辈的熏陶与督促下，他从小就喜好读书，并展露出过人的天资：5 岁时便知六义四声，7 岁能赋诗，稍长之后，更是博览群书，其博闻强识，"见者惊犹鬼神"。17 岁时，补县学附生。乾隆

邵晋涵 像

① 《鲒埼亭文集·藐山相韩旧塾记》。

三十年（1765年），23岁的邵晋涵参加乡试，中举人。在这次考试中，邵晋涵与当时的著名学者钱大昕还有段佳话。当时主持乡试的钱大昕在批阅邵晋涵的文章时，连连赞叹，暗想若不是一把年纪的老学究是写不出来这样的文章的。但当邵晋涵前来拜谒时，钱大昕才发现作者只是一个20多岁的年轻人。钱大昕心有所疑，交谈之间便有意试试他的学问，一番交谈之后，才发现邵晋涵的学识确实渊博。当时这位主考官觅得人才，高兴得连连拍手，并说此次前来主持乡试，真是不负此行。可见，当时邵晋涵的学识已经奠定了治学的坚实根基。

乾隆三十六年（1771年），邵晋涵参加会试，以第一名的成绩考中进士。次年，《四库全书》馆开，邵晋涵与戴震、周永年等五人因学问渊博被征召入馆。进馆不久，又被《四库全书》总裁官刘统勋举荐，特旨改庶吉士，充当纂修官，主持《四库全书》史部之书的编纂。乾隆四十五年（1780年），充广西乡试正考官。乾隆五十六年（1791年），大考迁左中允。不久又擢为侍讲、侍读、左庶子。历任《万寿盛典》、《八旗通志》、国史馆、三通馆的纂修官，在当时有"言经学则推戴震，言史学则推晋涵"的赞誉。钱大昕在《邵君墓志铭》中高度评价邵晋涵说："自君谢世，而江南文献，无可征也。"

作为浙东学派的传承者，邵晋涵继承传统，精于史学，但同时在经学方面也颇有建树。阮元就曾说："邵二云先生以醇和廉介之性，为沈博邃精之学，经学史学并冠一时，久为海内共推。"[1] 他的经学研究，首先是从语言文字入手，代表作有《尔雅正义》。《尔雅》是我国第一部词典，一般认为成书于秦汉时期，是一部按义类编排，统释上古汉语普通词语和百科名词的综合性辞书，在我国有"辞书之祖"之称。自其问世以来，备受推崇。在汉代就被视为儒家经典，唐文宗开成年间刻《开成石经》时，列入经部，到宋代被列为"十三经"之一。历代学者也多为其作注。清代以前最著名的注本是晋·郭璞的《尔雅注》，宋·邢昺在郭璞注的基础之上，又作《尔雅注疏》，

---

① 《揅经室集》卷七《南江邵氏遗书序》。

专门对郭璞《尔雅注》进行疏解。对于这些流传下来的《尔雅》注疏，邵晋涵都很不满意，尤其是邢昺的《尔雅注疏》，他认为该书大多是邢氏掇拾《毛诗正义》的说法作为己说，并采用《尚书》《礼记正义》之说，但即使如此，疏略遗漏之处仍很多。而郭璞的《尔雅注》也多脱落，致使俗说流行，古义不明。鉴于《尔雅》在经典阅读中的重要作用，邵晋涵便根据《周易》《尚书》《周官》《仪礼》《大小戴记》，与周秦诸子、汉人撰著之书，钩稽搜取，撰成《尔雅正义》一书。《尔雅正义》可谓邵晋涵的呕心沥血之作，不仅前后费时十余年，而且考证谨慎，"一字未定，必反复讲求"，最终经过多次审订修改才定稿。正是因为这样的著书态度，《尔雅正义》一出，便受到学者们的一致称赞，并被学馆广泛采用，成为当时经学研究的重要著作。除了《尔雅正义》，邵晋涵还曾计划取《大戴礼记》中的"曾子十篇"，《小戴礼记》中的《坊记》《表记》《缁衣》《儒行》四篇重新注释，与《论语》《孟子》相配，但因故未能完成。他校勘群经的成果保存在《南江札记》一书中。

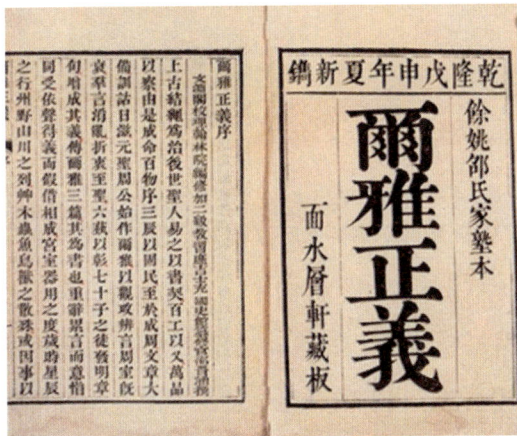

《尔雅正义》

在史学研究中，邵晋涵更是秉承浙东学派的治史传统，倡导实事求是的学术风气。他认为，史家要据事直书，史以纪实，对历史事实作出客观公正的评价，以此起到惩恶劝善、

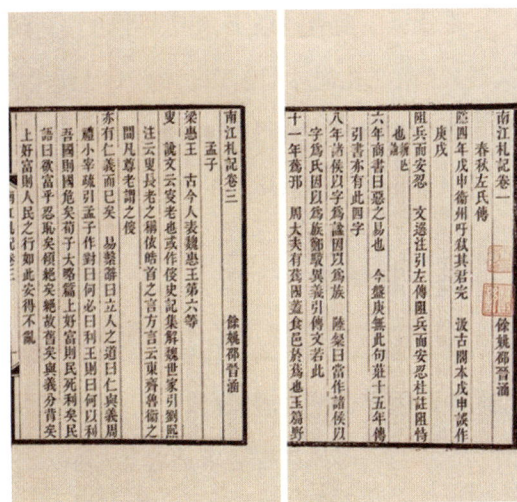

《南江札记》

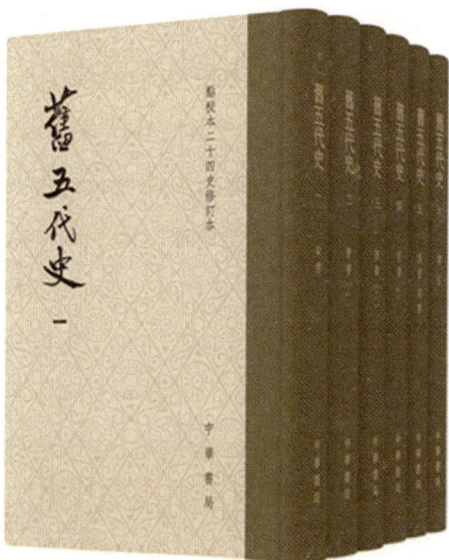

《旧五代史》

教化社会的作用。因此，他反对史家以主观好恶来修史的做法。例如，他批评范晔及其所作的《后汉书》。他认为《后汉书》按人物品行分别立传，创置《独行》《党锢》《逸民》诸传，用一两字为题而立名目以褒贬人物，从而引得后世史家所效仿，这实际上是开后世主观褒贬的恶习。正是秉笔直书，还有以求经世致用的治史态度，使邵晋涵在史学方面取得了显著成就。他在担任《四库全书》纂修官时，还对《史记》《汉书》《后汉书》《晋书》《南齐书》《新唐书》《五代史记》等多部史书作了提要，追溯史家思想渊源，分析史书的内容、价值、性质等等。这些提要，都有着很高的学术价值。他还根据《永乐大典》以及从宋代各类著述中辑录出来的资料，重新辑补了《旧五代史》，使得该书重行于世，对史籍的完备有着重要贡献。

邵晋涵生前著述颇丰，但大半散佚，流传下来的仅有《尔雅正义》《南江文钞》《南江札记》《南江诗钞》《旧五代史考异》《乾隆杭州府志》，以及他从《永乐大典》等书中辑佚所得的薛居正《旧五代史》。这些成果，是乾嘉时期学术隆盛、学风质朴的重要体现。

三、章学诚

在考据学"灿烂如日中天"、经学考据风靡朝野的乾嘉时期，有一位学术路向与此迥异，被主流风尚视为"怪物"的学人，踽踽独行于正统之外，坚信"学术与一时风尚不必求适合"，并以"学贵成一家，人所能者，我不必以不能为愧"的清醒头脑，坚持着自己的学术路向。他就是被梁启超称为"实

章学诚塑像

为晚清学者开拓心胸，非直世家之杰而已"的清代浙东学派的最后一位大师——章学诚。

　　章学诚（1738—1801），字实斋，号少岩，浙江会稽（今浙江绍兴）人。他生于以史学见长的浙东地区，自小深受祖父、父亲以及乡里先贤经史之学的熏陶影响，"自少读书，不甘为章句之学"，而天性喜好史学。少年时期的章学诚已经对史学达到痴迷的程度，为了能读到喜爱的史书，他甚至将自己的衣服、棉被拿去典当来换钱购书。十几岁时，章学诚已经熟读《左传》《国语》。二十一二岁时，章学诚开始博览群书，但对于经训往往不能深入领会，而对史书却读得游刃有余。二十三四岁时，已经对史学理论有自己的创见。可见，章学诚在史学方面确有天分。然而，这位史学天才却一生不得志。自乾隆二十五年（1760 年）应考科举，连连失利，七试不中。直到乾隆四十三年（1778 年），才考中进士。但对于功名之路，章学诚心灰意冷，于是决意远离仕途，专心著述。此后便以讲学、修方志和撰著史学理论著作度过一生。

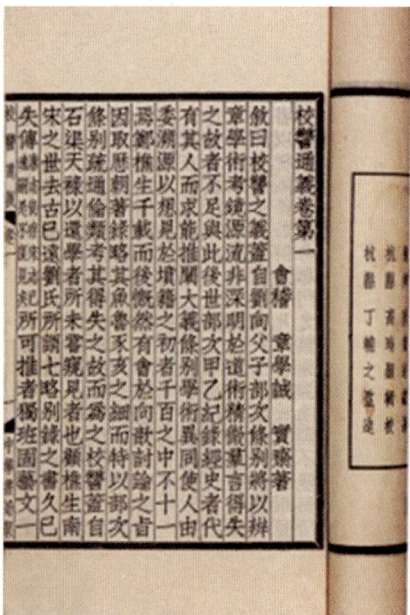

《校雠通义》

他的主要著作有《文史通义》《校雠通义》《史籍考》等，还先后参与纂修《和州志》《永清县志》《亳州志》《湖北通志》《常州府志》《荆州府志》等方志文献。

章学诚继承浙东学派治学传统，强调学术必须"经世"。章学诚所处的乾嘉时期，考据学蔚然成风，成为当时学界的主流与正统。但在隆盛的外表之下，这一时期的考据学实际上已经陷入一种误区。清代考据学是在清初反对宋明理学空疏之风的背景下产生的，清初几位考据开山宗师希望通过训诂考据以探求经典本义，从而解决义理问题，以达到"匡时""救世"的目的。但乾嘉时期的汉学家们，往往只是拘泥于文字训诂，而对经义无所用心。他们中的许多人都是在好名之心的驱使之下，迎合主流，舍本逐末，茫然无主，将生命与精力耗费于烦琐的考证、论证，而不知学为何物。这种学风流弊，无论对于社会现实，还是对于学术发展，都有着严重的影响。因此，章学诚在其"经世致用"的学术宗旨之下，对当时的学术风气进行批判。

章学诚曾批评当时学者只重考据的治学方法。他认同考据学对于学术研究的重要性，但认为这只是获取学问的方法和步骤。他从治学方法的角度，将"为学"分为学问和功力，认为学问和功力，看着相似其实不同。像记诵名数，搜剔遗逸，排纂门类，考订异同，途辙多端，这些都是学者求知所用的功力。而通过上述功力方法，所探究到的"隐微可独喻，而难为他人言"的"其所以然"，才是学问，它如同津梁，上可知古人微言大义，下可以启迪后学。可见，章学诚认为，功力是手段或者工具，学问才是目的。考据显然是功力之一。但当时的汉学家治学，埋头于故纸堆，皓首穷经，将考据视为毕生的学问，他们着意于文字章句的训读，用心于经书所载事迹的考订，但对于古圣先贤寄托在经典之中的精纯大义，以及经书作者删减笔削的良苦用心却漠然无知。这种治学方法无益于社会的发展。

对于乾嘉时期的学术风气，章学诚也予以批判。乾嘉时期，考据之学成为时代思潮，除了少数汉学家对考据学的流弊有比较清醒的认识之外，大部分学者都随波逐流。加之当时的清政府有意扶持这一学术活动，开《四库全书》馆作为汉学的大本营，这更将考据学作为"利禄之途"。因此，许多汉学家在名与利的诱惑下，以考订为功，而对义理、辞章却置之不理。在这种风气的影响之下，当时的学术不仅无法卓然自立，而且危害、阻碍了学术的发展。

针对考据学的这些流弊，章学诚以传统儒者的情怀，担当起对汉学"纠偏补弊"的职责。在学术上，他主张汉宋兼采，考据与义理兼顾等治学方法。其中，更是以"六经皆史""由史返经"等学术主张为特色，旨在从打通经史、以史治经的途径来推动儒学的发展。

章学诚在《文史通义·原道篇》的开篇即说："六经皆史也，六经皆先王之政典。"明确提出了"六经皆史"的命题。他认为，在我国上古时期，只有史而没有经。"史"最初为保存国家典章藏书的官史，而典章藏书又是古代先王之道的载体，因此，"三代"之时，史以载道，道存于史。后来儒者著书，突出经的地位，才开始严格使用经名。而"经"实际上是先王在政教行事中运用典章法度的事实记载，所以《诗》《书》《礼》《乐》《易》《春秋》六部经典，并不是离开世事而言理的空言著述，而是上古帝王治国理政的历史记录。也正因为如此，后来的圣人孔子取此六种之史以垂训后世。此外，章学诚认同人们所说的"六经"

《文史通义》

为载道之书，但同时他认为"六经"还是求道之器，研习"六经"的终极目的是"明道"。这种"道"体现在国家政教、人伦日用的具体实践之中。可见，章学诚继承了古代史学"经世致用"的传统，重视史学在社会治理中的现实意义。因此，章学诚所说的"六经皆史"的"史"，专指史学，而不是指历史资料。同时，章学诚"六经皆史"的主张，实际上是试图恢复自古以来儒学的经世传统，倡导以史学去经世致用。这与当时的许多学者一样，想通过恢复到原始儒家的角度来重新审视儒学的本质。而与大多数学者不同的是，在当时考据学脱离现实的弊端日益显著，宋学则因"空谈理性"而遭受贬斥之际，章学诚在汉、宋之间另辟蹊径，选择以史经世明道。

　　章学诚以史通经的治学路向，以及他著名的"六经皆史"的主张，在当时汉学如日中天之时并没有引起许多学者的重视，也没有产生较大的反响。这位心系学术与现实的学者，也被视为怪人，踟蹰于正统之外，在学术寂寞与生活惨淡中坚持着他的志向。但他对儒学发展的思考与批判，以及他的以史治经、"六经皆史"等学术主张，不仅反映了他关注现实的儒家情怀，而且对于后来中国儒学、史学的发展都有着重要影响。

章学诚故居

第六编

近代：社会动荡中的儒学反思与发展

中国近现代，是中国历史上面临着"数千年未有之变局"的特殊时期。西方列强凭着坚船利炮打开了中国的大门，致使民族危机与社会危机空前加重。同时，西学涌入，中国传统的政治社会文化体系受到冲击，以儒学为主体的中国传统文明受到前所未有的挑战。列强的侵入，如同睡梦惊雷，惊醒了一批有远见卓识的儒家知识分子。面对种种社会危机，他们"睁开眼睛看世界"，并对儒学进行反思，提出了一系列"救亡图存"的主张。

在近代儒学的发展中，开明士大夫的代表人物有龚自珍、魏源；洋务派代表人物有曾国藩、张之洞；维新派代表人物有康有为、梁启超、谭嗣同；革命派代表人物有孙中山、章太炎；新文化运动的代表人物有陈独秀、胡适等人。他们既主张学习西方，又对儒家思想进行反思，提出"师夷长技以制夷""经世致用""中体西用"等主张。但在西方经济与文化的强势冲击下，儒学独尊地位的终结已成为不争的事实，但终结中又孕育着新生。梁漱溟、张君劢、钱穆、牟宗三、唐君毅等一批现代新儒家以接续儒家"道统"、复兴儒学为己任，开启了儒学在现代社会发展的新篇章。

第一章　近代儒学发展的社会背景

近代儒学是在深重的民族危机中艰难前行的。1840 年，鸦片战争爆发，英军凭借坚船利炮长驱直入，让清王朝第一次尝到了落后挨打的滋味。中英《南京条约》的签订，带来的不仅仅是割地赔款的屈辱，更是国门被打开的重大变化。从此，来自西方的思想文化随着工业品潮水般涌入中国。古老的中国文化受到冲击，儒学首当其冲。

第一节　危机重重的近代中国

近代中国内忧外患，当时的清王朝处在风雨飘摇之中。外有英法美俄等西方列强环伺，内有洪秀全领导的太平天国运动席卷南方，撼动着清政府的统治根基。西方文明强势进入中国，太平天国打着上帝的旗号反对儒学。危机重重的近代中国，儒学面临着前所未有的生存险境。

一、列强入侵

乾隆五十八年（1793 年），英国马戛尔尼使团访华，向乾隆皇帝表达了通商的意愿，遭到拒绝。但来自西方的海洋大国从来没有放弃与大清王朝通商贸易的努力。英国于 1816 年派阿美士德（William Pitt Amherst）率使团再度来华要求与中国通商，被当时在位的嘉庆皇帝毫不犹豫地拒绝了。此时的中国，对正在迅速变化的世界大势毫无了解，依然沉浸在"华夏中心"论的迷梦中，欣欣然不能自拔，谁都不知道一场巨大的风暴即将来临。满朝文武都没有料到，短短 20 多年后，他们所不屑于理会的"英夷"竟然再度叩门，而且是凭借现代化的坚船利炮攻破了清政府紧闭的国门。

中英双方签订《南京条约》

1840 年，鸦片战争爆发。英军以坚船利炮给清政府以沉重打击。连天的炮火让那些手持大刀长矛与鸟铳的八旗兵、绿营兵无所逃遁，中国军队第一次在实战中领教了西洋火器的厉害。在这场不对等的战争中，清政府一败涂地，颜面尽失，最后不得不签订《南京条约》，以割地、赔款、传教、通商等条款换取了短暂和平。这次战争的失败令朝野震惊。而那种异质文化带来的精神观念上的冲击更加致命。鸦片战争好似平地里的一声惊雷，惊醒了许多沉睡的中国人，他们开始以西方文化作为新的参照物来重新审视自己习以为常的文化，思考这个民族的命运。

1840 年的鸦片战争，只是个预演，开了个小头，噩梦还在继续。《南京条约》的签订，让许多西方国家眼红，西方列强不希望英国独占中国市场，因此，有实力的西方国家纷纷赶来分一杯羹，与中国签订更多不平等条约，攫取各种在华利益。1843 年，英国政府又强迫清政府订立了《五口通商章程》和《五口通商附粘善后条款》（《虎门条约》）作为《南京条约》的附约，增加了领事裁判权、片面最惠国待遇等条款。1844 年 7 月 3 日，中美签订《望厦条约》。1844 年 10 月 24 日，法国与中国签订《黄埔条约》，要求享有领事裁判权和传教权等。从 1845 年起，就连比利时、瑞典这样实力相对较弱的国家也趁火打劫，胁迫清政府签订了类似条约。这些条约的签订，使清王朝的领土与主权遭到破坏，门户大开，自给自足的自然经济开始解体，中国开始进入半殖民地半封建社会。

然而，这些条约并没有让列强停止侵略的步伐。1856 年，第二次鸦片战争爆发，英法联军一路北进，攻陷了大沽，直取北京，京师沦陷。1858 年 5

《南京条约》的复制本

月，中俄签订《瑷珲条约》，中国将外兴安岭以南、黑龙江以北的大片领土割让给了俄国。同年6月，清政府被迫与俄、美、英、法四国分别签订了《天津条约》，除了中国对英、法两国赔款600万两白银之外，还允许外国公使进驻北京，开放牛庄、登州、台南、淡水、潮州、琼州、汉口、九江、南京、镇江为通商口岸，外国商船可以自由驶入长江沿线通商口岸，外国人可以到内地游历、传教和经商。1860年10月，英法侵略军再次占领北京，侵略者以焚毁皇宫为威胁，迫使清政府签订了中英、中法、中俄《北京条约》，作为《天津条约》的补充，条约增开天津为商埠，割九龙司地方一区给英国，容许外国商人招聘中国人出洋工作，充当廉价劳工，将已充公的天主教教堂财产发还，法国传教士可以在各省任意租买田地，建造教堂，对英、法两国赔款各增至800万两白银。这些条约的签订，不仅让中国失去了大片固有的领土和主权，而且使得西方列强的侵略势力由东南沿海进入中国内地，并日益扩展，外国公使驻京加强了列强对清政府的影响和控制能力，中国社会半殖化程度进一步加深。加上国内以太平天国运动为代表的农民起义此起彼伏，清王朝进入了内忧外患的动荡时期，在这场历史大变革中，中国向何处发展，成为每一个有良知的中国人思考的问题。

圆明园遗址

　　列强入侵，山河破碎，无论是朝堂之上的衮衮诸公，还是市井之中引车卖浆的平民百姓，都感到了切肤之痛。但对此感受最多、痛苦最大、思考最深的，还是那些饱读诗书的儒家知识分子。他们对中国的历史与文化有比平常人更深的了解，其思考的问题也更加深入，往往能更接近事物的本来面目。当然，由于长期的闭关锁国，以及各种政治与现实的原因，同绝大多数中国人一样，他们与外界的交往也非常少，更没有机会漂洋过海去看看外面的世界。对于西方世界，他们了解得并不多。但他们毕竟是知识分子，是读书人，是中国文化的传承者，他们对外来事物更敏感，更容易根据实际情况做出判断。因而，儒家知识分子便成为中国睁眼看世界人群中最重要的组成部分。

　　在民族存亡的紧要关头，儒家知识分子们不约而同地进行了重新定位与选择，走上了不同的人生道路。近代列强入侵改变的不仅仅是中国人的生存状态，更是生活的理念、信仰与追求。

二、西学涌入

　　西学一般指来自西方的近代文化。它是伴随着西方传教士来到中国，并逐渐进入人们视野的。

早在明朝末年，西方文化便跟随着传教士的脚印一步步进入了中国。明朝万历年间，意大利传教士利玛窦便来到中国传教。利玛窦是天主教会最早派到中国来的传教士之一，也是第一位对中国典籍进行深入钻研的西方学者。在华期间，利玛窦广交各路人士，通过他们协调与中国传统士大夫之间的关系，以方便其进行传教活动。利玛窦的工作是卓有成效的，他有效化解了明朝士大夫对西学的敌视。一部分人如徐光启，还对西方文化产生了兴趣。利玛窦带来的

利玛窦 像

不光有《圣经》、圣母像，还有地图、星盘、自鸣钟、三棱镜、八音琴与《几何原本》，从他那里，中国人第一次了解了西方的天文、数学、地理等科学技术知识。利玛窦让沉寂已久的中国看到的不仅是新奇的西洋机巧，更有欧洲

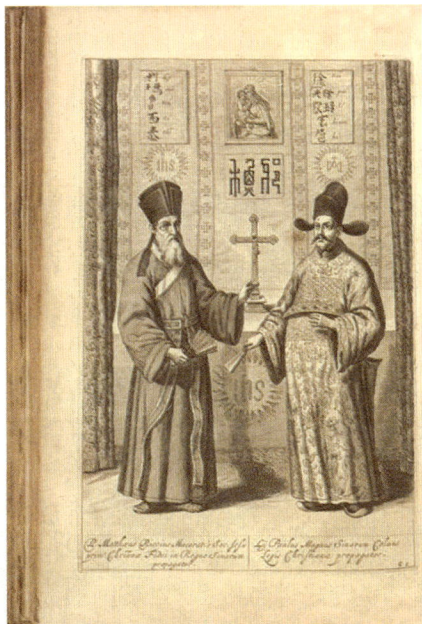

欧洲人书中的徐光启和利玛窦

文艺复兴以来的人类文明成果。1607年，利玛窦与徐光启合作，刊印了欧几里得《几何原本》前六回的译本；利玛窦有多部著作被收录在《四库全书》中。此外，由利玛窦制作的《坤舆万国全图》是中国历史上第一幅世界地图，在中国先后被 12 次刻印，它让中国的知识分子们看到了一个与以往心目中完全不同的世界。在利玛窦之后，意大利传教士高一士的《童幼教育》（1620 年），意大利传教士毕方济口述、徐光启笔录的《灵言蠡勺》（1624 年）

《坤舆万国全图》

等著作，都从不同侧面对西方的思想、文化、科技进行了介绍，可视为较早进入中国的西学。但是，雍正之后清朝统治者开始驱逐传教士，关闭国门，西学的传播受阻。

1840 年鸦片战争之后，随着国门大开以及一系列不平等条约的签订，西方传教士在条约与炮舰的保护之下，得以大规模进入中国，使西学的传播更加广泛而深入。特别是在第二次鸦片战争之后，中法《天津条约》《北京条约》规定传教士可以进入内地传教并建造教堂，此后，数以万计的西方传教士深入中国城乡。为了减少布道阻力，他们开辟多种途径传播西学。除了建设教堂之外，他们还开设了学校、医院、报馆、育婴堂等，借此扩展传教势力。同时，也大量地向中国传播西学。他们传播的西学的内容，除了西方的科学、技术、历史、艺术之外，还包括西方的政治制度和思想文化等。西学的大量传入，对中国社会产生强烈冲击。一方面，西方先进的科学技术，甚至先进的政治制度与思想文化，为这个古老的、闭塞的国家带来新的气息，点燃了很大一部分有志之士救亡图存的希望。另一方面，西方文化的强势进入，也对中国传统的主流意识形态——儒学产生了重要影响。

在西方文化的冲击下，儒家文化的独尊地位被打破。清朝统治者们长期以来以天朝大国自居、自我陶醉的文化优越感也随之丧失殆尽。"英国的大炮破坏了中国皇帝的威权，迫使天朝帝国与地上的世界接触。与外界完全隔绝曾是保存旧中国的首要条件，而当这种隔绝状态在英国的努力之下被暴力所打破的时候，接踵而来的必然是解体的过程，正如小心保存在密闭棺木里的木乃伊一接触新鲜空气便必然要解体一样。"① 这段话十分生动地描述了中国当时的文化困境以及西方文化传入带来的后果。面对这样的危局，一部分从沉睡中醒来的儒家知识分子开始变得清醒起来，他们在痛心中国文化受到冲击与破坏的同时，也开始反思中国文化，研究西方文化，提出了如"师夷长技以制夷""中体西用"等新观念。

三、太平天国运动

太平天国运动对儒学的影响同样不容忽视，它是清朝后期由洪秀全、杨秀清、冯云山等人组织发动的，反对清朝统治和外国资本主义侵略的农民起义运动。

洪秀全，原名洪火秀，族名仁坤，1814 年生于广东花县（今广州花都）。洪秀全生于耕读世家，自幼在私塾读书，试图走科举之路，却接连落第。此后，洪秀全对科举考试心灰意冷，并通过中国基督徒梁发编写的《劝世良言》了解了基督教，从而萌生了信奉上帝、追求人人平等的观念。他自称是"上帝的二儿子""耶稣的弟弟"，将其所理解的基督教义称之为"拜上帝教"，并进行宣传。1847 年，洪秀全在好友冯云山的帮助下，在广西桂平成立了"拜上帝会"，吸收杨秀清、萧朝贵、韦昌辉等约两千人为会员，并制定拜上帝会的规条及仪式。然而，随着影响力的增强，拜上帝会与当地政

洪秀全雕像

---

① 中共中央马克思恩格斯列宁斯大林著作编译局编：《马克思恩格斯选集》第二卷，人民出版社 2012 年版，第 68 页。

府的矛盾越来越深，加之鸦片战争之后，列强与清政府的压迫与剥削更为深重，于是，洪秀全决定反清。经过紧锣密鼓的准备，咸丰元年十二月初十（1851年1月11日），洪秀全发动金田起义，建国号太平天国，并自称"天王"。一场轰轰烈烈的反帝反封建的农民运动由此拉开序幕。

太平军是一支很有战斗力的军队，金田起义之后，他们势如破竹，所向披靡，从广西一路北上，很快就攻占了半个中国。1853年3月19日，太平军占领江南重镇江宁（今江苏南京），以此定都，改名天京。此后，太平军以南京为据点，向北攻伐京师一带，向西征战长江中游地区。1864年7月19日，在清政府镇压下，天京被攻陷，太平天国运动最终以失败而告终。太平天国运动前后持续14年，势力扩展到17省，是中国历史上规模最大的农民起义运动。它有力地打击了清王朝的封建统治和外国的侵略，促进了封建社会的崩溃，阻止了中国殖民化的进程，在中国历史上留下极其重要的一页。然而，这场发生在"数千年未有之变局"时期的农民运动，在中西交汇、内外之争的特殊背景下，对儒学的破坏却颇为严重。

洪秀全所创立的"拜上帝会"是由基督教改造而来的。而基督教在神的信仰上有着强烈的排他性，只信奉独一真神——上帝，除上帝外，别无他神。洪秀全自从受《劝世良言》的影响而信奉上帝之后，便开始反对孔子崇拜，否认中国传统社会中孔子的至尊地位。于是，在早期传教过程中，改变了信仰的洪秀全及其追随者冯云山等人，四处毁坏孔子牌位，丑化孔子。例如，洪秀全在他1848年冬天口述的《太平天日》（1862年刊行）一书中，再次描绘了他梦中见到的上帝斥责

《劝世良言》

孔子的情景，并加以更加形象化、情绪化的渲染。他将天父上帝和天兄基督所传之书与孔子所传之书对立起来，"推勘妖魔作怪之由，总追究孔丘教人之书多错"，把世间一切的乱象归咎于孔子，同时，他还以自身为例证，说明其从前深为儒家经典所误。洪秀全借上帝之口斥责孔子"尔因何这样教人糊涂了事"，天兄基督也上来帮腔："尔造出这样书教人，连朕胞弟（指洪秀全）读尔书亦被尔书教坏了！"在天父、天兄的声援下，洪秀全也非常严正地指斥孔子说："尔作出这样书教人，尔这样会作书乎？"然而在众人的指责下，孔子并不束手就擒，"见高天人人归咎他，他便私逃下天，欲与妖魔头偕走。天父上主皇上帝即差主（这里的'主'指的是洪秀全）同天使追孔丘，将孔丘捆绑解见天父上主皇上帝。天父上主皇上帝怒甚，命天使鞭挞孔丘。孔丘跪在天兄基督前再三讨饶，鞭挞甚多，孔丘哀求不已，天父上主皇上帝乃念他功可补过，准他在天享福，永不准他下凡"。洪秀全借天父、天兄之名编出了这样一出闹剧，对孔子进行羞辱和丑化。然而，在太平天国运动早期，洪秀全一方面对孔子、儒学予以抨击与批判；另一方面，为了让民众更易于理解、接受基督教教义，他也用中国传统文化内容对基督教教义进行改造与解读。例如，在太平天国早期刊行的《天条书》中，就有对《孟子》《大学》《诗经》等儒家经典的引用；在《百正歌》中称"孔丘服教三千，乃以正化不正"，《原道救世歌》中则说"孔颜疏水箪瓢乐，知命安贫意气扬"，对孔子予以褒扬；再如，在《太平天日》一书中，上帝、基督分别被称为"天父"

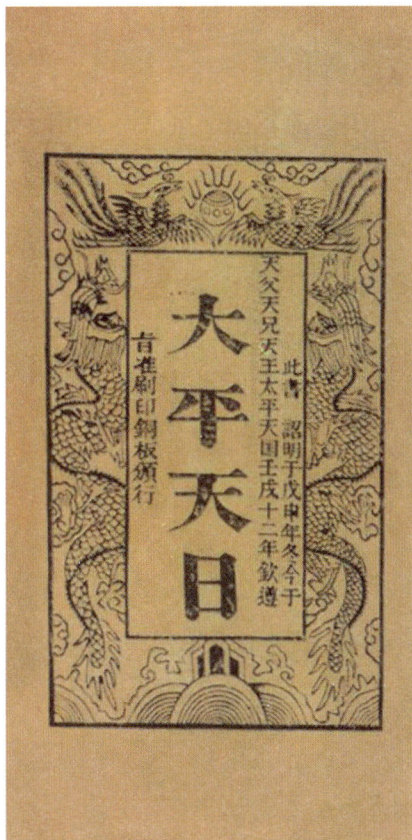

《太平天日》

"天兄"，基督又自称"朕"。由此来看，儒生出身的洪秀全，在西学涌入的近代中国，虽然对儒学予以批判，但仍然无法完全抛却中国传统文化。但是，随着太平天国运动的兴起与发展，自 1851 年金田起义之后，洪秀全对儒学的态度有了明显的转变，开始激烈地反对、批判孔子与儒学。

1851 年金田起义爆发，拉开了太平天国暴力革命的序幕，太平军所到之处，对儒学破坏严重。这一时期太平天国激进的反孔行为主要表现在以下几个方面：第一，焚毁孔庙、学宫，砸碎孔子牌位、塑像。这是洪秀全在家乡反孔活动的继续，是其行为在中国更大范围内的重复与加深。第二，焚书。洪秀全视古书为妖书，不仅不准阅读，而且下令焚烧。定都天京后，在其统治区域内，所得经史子集，尽行焚烧，而对收藏、阅读者，一经发现，全部处斩。这样，在天京掀起了一场轰轰烈烈的焚禁古书的运动。

此外，为了尽去孔子、儒学的内容，洪秀全也对新发行的传道书刊进行修订。例如，在 1853 年印行的《原道救世歌》《原道觉世训》《原道醒世训》等书中，就删除了原先所引用的儒家经典内容。由此可见，在太平天国起义后，洪秀全对孔子儒学的批判是极为激烈的。

洪秀全对孔子、儒学的这一激烈批判态度，直至 1853 年定都天京后，由于革命运动发展和稳固新生政权的需要，以及在认识到反对儒学严重后果的杨秀清、洪仁玕等人的干预下，才有所改变与缓和。例如，1854 年，洪秀全设立"删书衙"，允许经书经过修改后才可以阅读，并且在不违背拜上帝教会教义的前提下，对儒学尽量吸收与利用。此外，他们还参照儒家经典之一的《周礼》，制定了太平天国军制和官制的部分规定，建立起十分森严的等级制度。这些制度不

《周礼》

但对涉及君臣、上下、尊卑的礼节极其严苛，就连服饰、车马仪仗都有一大堆烦琐的规定。然而，经过删改的儒家经典也充满了对孔子的蔑视。例如《论语》一书，凡是书中出现的"夫子"称呼一律改为"孔某"，与之相应的，"孔子曰"改成了"孔某曰"。让人啼笑皆非的是，为了突出并树立上帝的权威，《孟子》等书中出现的"上帝"二字前边皆加"皇"字，弄得不伦不类。

作为一个处在新旧交替、中西交汇时期的农民起义领袖，洪秀全为了获得民众支持，借鉴基督教教义，创立了拜上帝会，并以此为信仰、组织、引导广大民众进行战斗。然而，作为一个深受中国传统文化影响的儒生，他领导广大民众在深受儒家文化影响的中国大地上战斗，不仅不能完全抛却儒学对其思想的影响，而且无法通过打击孔子和儒学获得最终的胜利。因此，在长达 14 年的太平天国运动中，洪秀全对儒学既有打击批判，又有吸收利用，看似矛盾，实则是必然。而太平天国运动，在某种意义上加剧了近代中国的社会矛盾，同时也引发了当时有志之士对儒学的反思。

第二节　民族危机下的国人

西方国家的入侵，一系列不平等条约的签订，使中国丧失大片领土，国家主权也受到巨大挑战，国人真切地体验到了迫在眉睫的民族危机。面对这"数千年未有之变局"，一部分儒家知识分子敏感地触摸到时代的脉搏，睁开眼睛审视这个新奇又陌生的时代，寻求救国救民的良策。

一、国人对民族危机的反应

大约在明朝中叶，作为传教士的西方人就来到了中国，中国开始与西方世界建立起联系，尽管这种联系非常单薄脆弱。明朝中后期，葡萄牙人、西班牙人、荷兰人都来到了中国沿海，这个时候，从这些国家来到中国的已不

马戛尔尼　像

再是单纯的传教士，而是由传教士、商人、士兵，甚至学者等组成的武装群体。其中，荷兰人占领了台湾，葡萄牙人租占了澳门，他们将其作为据点，开始了殖民统治。这是中国与来自西方威胁的较早交锋。

如果说乾隆时期英国勋爵马戛尔尼带领他的舰队来到清王朝的主要目的还只是和中国进行谈判、谋求通商的话，到鸦片战争时期，来自大英帝国的舰队就是为了征服"傲慢"的清王朝，以取得他们先人梦寐以求却没有得到的通商与传教的权力。他们甚至还希望借此得到一个据点，在这个东方的国度长久居住下去。这是清王朝皇帝最不能容忍的事情。

自秦始皇统一中国以来，中国就是一个家天下的国度，皇帝控制整个国家，这种情况到了清代被发展到极致。皇帝不仅是世俗政权的代表，还控制了民众的思想，代替传统的汉族知识分子，成为中国传统思想文化，即以孔子为代表的思想文化的阐释者。清初的"文字狱"，就是围绕着思想文化的阐释权展开的一场争夺战。在强大的国家权力面前，以修身、齐家、治国、平天下为己任的传统士大夫们在这场文化争夺战或者称之为保卫战的角逐中处于明显的劣势。他们为避祸转而离开政治，形成了清代的考据之风。清初的统治者们，用"文字狱"这种血腥残酷的方式剥夺了士大夫们对儒家经典进行阐释的权利。在这种情况之下，被西方人打破了家门，最震惊的当然就是清帝王与满洲贵族。

清王朝面对来自西方的威胁显然缺少足够的精神准备。如果说马戛尔尼使团来到中国时，乾隆皇帝还保持着清王朝最高统治者的威严与矜持的话，当英国东印度公司把鸦片烟贩运进中国之时，道光皇帝就显得有些手足无措了。朝堂之上严禁还是弛禁的争论莫衷一是，让他焦头烂额。但最后考虑到国库收入会因鸦片而减少，道光皇帝下定决心，支持严禁派。无论初衷是什么，禁烟都是一件利国利民的好

贩卖鸦片的船

事。其实在这场禁烟运动中，无论是道光皇帝还是后来以钦差大臣身份前往广东禁烟的林则徐，都还没有意识到形势的严峻性，对他们的对手也都缺乏必要的了解。他们也许不知道，禁烟运动给中华民族造成了非常复杂的影响。

经历了"康乾盛世"，清王朝的骄横已经达到了无以复加的地步。虽然外国军队的船很快，大炮也很厉害，让曾经的八旗兵也尝到了抱头鼠窜、晕头转向的滋味，但是一旦战事停下来，首先想到的还是面子问题。近代史上的种种不平等条约，都是城下之盟，是在战败的情形之下无可奈何地与对手签订的，这当然是很屈辱的事情。对道光帝是这样，对咸丰、同治、光绪等历代皇帝也不例外。

经历了鸦片战争，首先睁开眼睛看世界的，大都是中国传统的文人士大夫。在清初"文字狱"的高压之下，儒家学者一度放弃了实学，转而把精力放在考据之学上。但在文人士大夫内心，家国天下的情怀并没有随之被埋葬，一有机会，它就会重新萌芽并焕发出勃勃生机。以林则徐为代表的一批人，

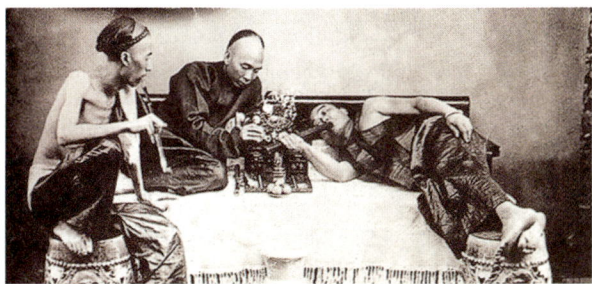
吸食鸦片

其实对西方的了解也比较少，但他们会观察，爱思考，容易接受新的知识和理念，并及时纠正以往认识上的偏差。在鸦片战争中，林则徐

虎门林则徐纪念碑

等人深刻认识到洋枪洋炮快船比绿营兵的装备要厉害得多，所以提出了"师夷长技以制夷"的观点，希望通过学习西方的技术来抵抗西方的侵略。

近代的儒家知识分子，面对西方列强，并非每个人都如林则徐一样清醒。事实上，"睁眼看世界"的人，在当时只是少数，大部分士人依旧沉浸在天朝上国的美梦里，陶醉于华夏文明优越论之中。他们依照惯例把来自西方的强敌和以往居住于偏远地区的少数民族相提并论，称之为"夷"。"西夷""英夷"反映了他们对新敌人认知的程度。但此夷不是彼夷，这是经历了文化启蒙运动的"文明人"，而且他们正进行着改变人类历史进程的第一次工业革命。这是全新的敌人，他们的坚船利炮，只是西方文明的一种外在表现形式，但这种形式已经把他们骨子里面那股强悍表现得淋漓尽致，让曾经横扫中国的清朝军队闻风丧胆。然而在咸丰乃至稍后的同治、光绪时代，依然有一大批正统的士大夫故步自封，瞧不起洋人，也瞧不起那些办洋务的大臣。他们"痛诋西学，目为异类"，认为通过办理洋务来自强不是一条救国救民的道路，而是"沉迷夷俗""用夷变夏"，抛弃中国悠久的文化传统。

总而言之，鸦片战争的隆隆炮声打开了中国的大门，使中国脱离了原来的发展轨道而走向了半殖民地化的道路。面对着这场"数千年未有之变局"，中国各个阶层表现出不同的反应，或屈辱，或愤怒，或理性，或冷漠。而在这场变局中，以儒学为主体的中国传统文化也遭到前所未有的质疑和西方文明的挑战。面对危局，少数进步思想家开始冷静下来，他们正视现实，既自我反思，又"睁开眼睛看世界"，希望通过学习西方，实现民族的自立与富强。

二、西学冲击下的近代早期儒者

林则徐、龚自珍、魏源等人是在近代危机与西学的冲击下，较早"睁眼看世界"的一批儒者。他们满怀"天下兴亡，匹夫有责"的社会担当意识，发挥儒学"经世致用"的传统，立足现实，"师夷长技"，试图对中国社会进行改良。

（一）林则徐

林则徐（1785—1850），福建侯官（今福州）人，字元抚，又字少穆、石麟，晚号俟村老人、七十二峰退叟等。清末政治家、思想家。

林则徐出身于一个没落的儒学世家，家境贫困，但其父对他寄予厚望，不遗余力地对他进行启蒙教导，并送他入私塾接受教育。在父亲的精心培养下，林则徐自幼表现出过人的慧识，并打下了坚实的学问基础。20岁时，林则徐乡试中举，然而在此后的会试中落选。嘉庆十六年（1811年）再次入京参加会试，中进士，入翰林，由此开始了他的政治生涯。他曾先后在浙江、江苏、陕西、湖北、河南等地任地方官，颇有政绩。

任职期间，林则徐以民为本，重视国计民生，表现出明显的"经世致用"思想。林则徐的这一思想

林则徐雕像

林则徐故居

747

鳌峰书院

特点，最早来自他的老师郑光策。林则徐在中举前，就读于福建鳌峰书院。当时的山长郑光策留心"经世之学"，尤其喜欢读《通鉴》《通考》，以及陆贽、李纲、顾炎武等人的著作，认为这是经世有用的书。他批判当时乾嘉汉学者埋首于注经考据、不问世事的学风，指出："近日学者，气习污下，奔竞卑鄙。"① 注重培养学生对真才实学的追求。林则徐在鳌峰书院读书七年，深受郑光策影响。这表现在他除了研习儒家经典之外，还致力于对诸子百家及《史记》《汉书》等的研习，而尤以读诸子百家为多。他批评不问世事、纯以经书为研究对象的做法，他认为研究经史，必须以现实需要为出发点，必须服务于现实需要。林则徐的这些思想并不停留于理论上，在他为官之后，都一一去践行。

　　林则徐"经世致用"的思想体现在多个方面。例如，他提出"民惟邦本"，关心民情，在江苏等地革除弊政、兴修水利，并对吏治、盐务、漕运等作了有益的改革，对赈济灾荒不遗余力。可见，林则徐作为一个传统的儒家知识分子，有着强烈的社会责任意识，"在其位谋其政"，将儒家的民本、经世等思想都践行在他的实际行动中。

　　面对晚清社会危机，林则

虎门销烟

---

　　① 隗瀛涛：《制夷之梦：林则徐传》，四川人民出版社 1995 年版。

徐除了坚守儒家传统的治世方略之外，还在他的经世实践中，不断向西方学习，从而成为当时最早学习西方、师夷制夷的封建士大夫之一。

道光十八年（1838年）十一月十五日，林则徐受命担任钦差大臣，前往广州处理禁烟事务。在深入实地了解广州鸦片毒害情况，以及与外国烟贩打交道的过程中，林则徐敏锐地意识到，此时中华民族所面临的对手，完全不同于以往任何时代的对手。要与船坚炮利的西方殖民者相抗衡，就必须要放开眼界，对世界的新格局有一个较为清楚的了解，适应新的世界环境与新的时代挑战。为此，他在广州一方面就鸦片问题与英国交涉，加强前线的防务；另一方面则积极了解西方世界的基本情况，搜集各种有关西方世界的文献报刊。为了让更多的中国人了解西方世界的情况，他还组织人力翻译澳门报刊，选编《澳门月报》；翻译西方地理学著作，编为《四洲志》一书，扩大了国人视野。此后，魏源在他的支持下，在《四洲志》的基础之上又编写《海国图志》一书，更加全面地介绍西方世界。

除了向国人介绍西方世界，打开人们的视野，林则徐还清楚地认识到中国的武器太过落后，根本无法和西方列强相比。于是，他又大力推动西方武器的购置、仿造工作，希望以此来增强中国军队的战斗力，强国保国。此外，在与英国相抗衡的过程中，他还认识到建立海军的重要性与紧迫性。在与友人的书信中，他曾表达对此事的看法："今燎原之势，向迩愈难，要之船炮水军断非可已之事，即使逆夷逃归海外，此事亦不可不亟为筹划，以为海疆久

虎门销烟浮雕

远之谋。况目前驱鳄屏鲸，舍此曷济！"①林则徐对于海防建设的这种远见卓识，在当时无疑远远超过了同时代的绝大部分人。林则徐的这些思想与见识，深深影响了许多志同道合的知识分子，他们纷纷投身到"睁眼看世界"的行列中去，对以后的洋务运动及维新运动都产生了重要影响。

林则徐秉承"经世致用"思想，并以此为指导，有意识地去了解西方，向西方学习，为近代的爱国思潮和图强之路指明了前进的方向。他在民族危难之际，用自己的实际行动去面对现实，力图强国保国，可谓儒家思想传统的践行者！

（二）龚自珍

龚自珍（1792—1841），又名易简、巩祚，字璱人、定伯，号定盦。浙江仁和（今杭州）人。近代儒家学者，思想家、经学家、文学家。

龚自珍出身于杭州望族，祖父、父亲、叔父都通过科举之路高中进士，在京师或者地方担任重要官职。其外祖父是乾嘉时期的著名小学家段玉裁。

受家庭影响，龚自珍苦读向学，自幼诵习儒家典籍，并在外祖父的指导下，学习文字学，接受严格的汉学训练，并以参加科举进入仕途为人生目标。然而，龚自珍的科举之路并不顺畅，自嘉庆二十三年（1818年）参加浙江乡试中举之后，此后连续五年参加会试，均以落榜告终。直到道光九年（1829年），龚自珍才考中进士，此时的他已38岁。此后，龚自珍留京为官，历任内阁中书、宗人府主

龚自珍 像

---

① 《复苏鳌石书》。

事和礼部主事等官职。由于龚自珍屡屡揭露时弊，触动时忌，忤逆上司，因而不断遭到权贵的排挤和打击，在官场上难以立足。于是在道光十九年（1839年）春，48岁的龚自珍决定离开是非之地，辞官南归。道光二十一年（1841年）春，龚自珍执教于江苏丹阳云阳书院。当鸦片战争爆发，英军攻陷宁波舟山之时，他致信驻守上海的江苏巡抚梁章钜，主动请缨，欲赴上海与其同谋抗英大计。可惜天不假时日，1841年9月26日，时年50岁的龚自珍突患急病，暴卒于丹阳。

龚自珍自幼跟从外祖父段玉裁学习文字学，段玉裁也非常器重这个勤奋的外孙，希望他能走正统的古文经道路。然而，嘉道中落的清王朝在19世纪初危机四伏，"万马齐喑"，龚自珍对此有深刻体察，于是，他秉承儒学经世致用的传统，"究心经世之务"。除了跟从外祖父学习文字训诂之外，龚自珍更喜好具有"微言大义"的今文经学，并于28岁时拜著名的今文经学家刘逢禄为师，研习《公羊春秋》。

刘逢禄是清代著名的今文经学大师，所著《春秋公羊经传何氏释例》，被梁启超在《清代学术概论》中评价为"在清人著述中，实最有价值之创作"。通过师从刘逢禄研习《公羊春秋》，龚自珍为其批判现实、主张变革找到了思想依据。他依据今文经学的"三世"说，认为"世有三等"，即"治世""衰世""乱世"。他尖锐地指出，当时的中国正处于衰世，并对封建"衰世"和封建专制进行了猛烈抨击。他指出，衰世表面上类似治世，维持着虚假太平，实际上却潜伏着严重的危机，它如同"将萎之花"，将无可奈何地走向

刘逢禄 像

没落。他愤怒地谴责、控诉封建专制统治对人才的摧残、对人价值的抹杀、对人个性的束缚和扭曲。为此，他主张"自尊其心"的"尊心"说，提出了众人造世界的观点，呼吁自我解放、个人解放，这些思想观点具有明显的近代色彩。

作为一位儒生，龚自珍重视儒家经典的研习，但他认为"治经"当以"经世"为归宿，这从道光九年（1829 年）龚自珍参加会试所作《对策》中即可看出。嘉庆二十五年（1820 年）至道光八年（1828 年），张格尔在浩罕和英国的支持下，不断侵扰南疆，这一边疆危机引发士大夫的高度关注。龚自珍参加会试时，虽然危机已经基本结束，但作为一个儒生对此的关注度仍然不减。他的这篇《对策》就是由此而发。其中，他就说到经、史和时务的关系。他说："不研乎经，不知经术之为本源也；不讨乎史，不知史事之为鉴也。不通乎当世之务，不知经、史施于今日之孰缓、孰亟、孰可行、孰不可行也。"他认为经为本源，史事为鉴，但是都应首先着眼于时务，才能以经、史来指导和借鉴。并在分析了当时朝政所存在的问题之后，按"述平日所研诸经""付诸史""揆诸时务"的逻辑顺序展开，提出一系列具体的建议措施。此外，龚自珍还于道光十年（1833 年）作《古史钩沉论》《六经正名》《六经正名答问》等，又作《左氏春秋服杜补义》《左氏决疣》等；道光十四年（1834 年）作《干禄新书》；道光十八年（1838 年）又编成《春秋决事比答问》等著作，这些都是龚自珍从经学入手，以解决日益严峻的社会问题的体现。通过这些，可见龚自珍对经学为经世致用之学的认识。

作为近代早期儒家学者，龚自珍对中西关系有比较清醒的认识。他对于后来引发中英战争的鸦片早有关注，指出鸦片烟对国家及个人都是祸患。对吸食者与种植者，他主张严加惩办。道光十八年（1838 年），林则徐被任命为钦差大臣，赴广州查办鸦片时，龚自珍非常支持。《己亥杂诗》中第 87 首写道："故人横海拜将军，侧立南天未蒇勋。我有阴符三百字，蜡丸难寄惜雄文。"表达了诗人对禁烟斗争的信心，对国家命运的关注。在写给林则徐的文章中，龚自珍力陈鸦片之害，对如何与西方人做生意，也提出了建议，并提

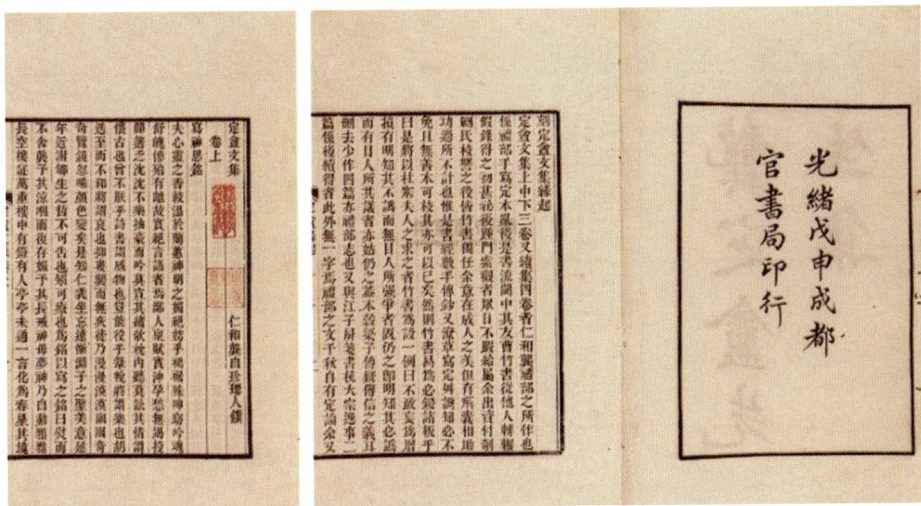

醒林则徐做好战争准备，以应对突发性事件。龚自珍对西方文化没有系统地了解过，这是他所生活的时代使然。由于国家闭关锁国的政策，他不可能有获得更多海外知识与直观认识的途径，但他求实、重利，与当时的考据派不可同日而语。他的一只脚已经踏进了近代的大门，所以有人说他是中国近代思想的先驱。梁启超在《清代学术概论》中说："晚清思想之解放，自珍确与有功焉。光绪间所谓新学家者，大率人人皆经过崇拜龚氏之一时期。初读《定盫文集》，若受电然。"龚自珍的思想在当时来说是相当有前瞻性的，为后世知识分子们了解西学，接纳西学作了铺垫，对于中国学界睁眼看世界，确实起到了引领作用。

（三）魏源

魏源（1794—1857），原名远达，字默深。湖南邵阳人。清代著名的儒家学者，思想家、史学家、文学家。主要著作有《海国图志》《圣武记》《诗古微》《书古微》《董子春秋发微》《孔子年表》《两汉经师今古文家法考》《古微堂集》等，今人编有《魏源集》。

魏源自幼入私塾读经史，勤奋刻苦，博学多才，见识过人。17岁中本县廪生，以才学称誉乡里，"名闻益广，学徒接踵"；21岁随父入京，即以诗文闻名于京师，得以结交京城的公卿名士；28岁考中应天府乡试举人第二名。

魏源与《海国图志》

然而，魏源的科举之路非常艰辛，在会试中连遭失败。此后，对腐朽的科举制度丧失信心的魏源长期拒绝应试，并先后入贺长龄、陶澍、林则徐、裕谦等府，担任幕僚。直到道光二十四年（1844年），51岁的魏源才再次参加会试，中进士，后来历任内阁中书、知县、知州等职。

在经学上，魏源拜今文经学大师刘逢禄为师，研习今文经学。他推崇公羊学的"微言大义"，认为今文经学口传"微言大义"的传统远胜《春秋》章句之学。魏源撰有《董子春秋发微》，目的就在于"发挥《公羊》之微言大义，而补胡毋生《条例》、何劭公《解诂》所未备"①。魏源笃守"公羊学"传统，与他的挚友龚自珍一样，并非是出于门户之见，而是希望将经学作为治术而引向现实的"经世致用"，从儒家经典的"微言大义"中找出治国治民的对策。他认为儒家"六经"就具有切实的"经世致用"功能，"以《周易》决疑，以《洪范》占变，以《春秋》断事，以《礼》《乐》服制兴教化，以《周官》致太平，以《禹贡》行河，以《三百五篇》当谏书，以出使专对"，这就是"以经术为治术"②。

生活在受西方侵略和西学冲击下的近代中国，魏源的"经世致用"自然无法忽略对世界的认识和学习。作为第一批"睁眼看世界"的先进人物之一，魏源较早地对"海外之国"予以关注。他以林则徐所译的《四洲志》和《澳门月报》等资料为基础，参考历代史志、明以来《岛志》及当时夷图夷语编

① 《董子春秋发微序》。
② 《默觚·学篇九》，见《魏源集》。

成《海国图志》50 卷。《海国图志》后经修订、增补，到咸丰二年（1852年）成为百卷本。《海国图志》是当时介绍西方历史和地理最为翔实的专著，书名中"海国"二字指的是海外之国。对于编著此书的目的，魏源在《海国图志》一书的序中，讲得非常清楚："是书何以作？曰：为以夷攻夷而作，为以夷款夷而作，为师夷长技以制夷而作。"这就是说，他写这部书的目的，就是要当时的中国人，特别是国家的统治者们，能够了解"夷情"，并且学习其"长技"，以抵御外侮，振奋国威。这就是他著名的"师夷长技以制夷"的观点。

《海国图志》以古今中外近百种资料为基础，系统地介绍了西方各国的地理、历史、政治状况和先进科学技术。对一些在西方出现不久的新事物，如火轮船、地雷等也有比较详细的介绍。此书还记录了各国的气候、物产、交通贸易、民情风俗、文化教育、宗教、历法、科学技术等，可谓洋洋大观，开阔了国人眼界。所以有人把《海国图志》誉为国人谈世界史地之"开山"，这个评价是比较中肯的。

作为今文经学家，魏源还推崇"公羊学"中的"变易"思想，对清政府进行改革抱有热切希望。他认为"天下无数百年不弊之法，无穷极不变之法，无不除弊而能兴利之法，无不易简而能变通之法。"他设想的改革主要侧重于经济领域，早在鸦片战争前后他就提出了一些改革水利、漕运、盐政的方案和措施，要求革除弊端以有利于国计民生，认为"变古愈尽，便民愈甚"。魏源的这些主张不仅在当时具有进步意义，而且对于后来由康有为、梁启超等人主导的变法维新运动也起了积极的推动作用。

第二章　洋务派对儒学的反思

面对深重的民族危机，统治集团内部的开明之士开始思考如何适应时代，如何在西方强势入侵的形势之下，学习西方先进的科学知识，建立完善的近代工业体系，以此来赶上时代步伐，从而改变中国落后挨打的局面，这就是历史上的洋务运动。洋务运动的主导人物是清王朝的上层官僚，他们大多是儒家知识分子，在民族存亡的关键时刻，他们反思中西文化，提出了"经世致用""中体西用"等主张，以积极的态度来守卫儒学，拯救国家。

第一节　洋务运动与儒学传统

洋务运动是清王朝面对西方列强的侵略而倡导的自救、自强运动，其领导者是封建地主阶级中尊奉儒学为正统的当权派人物，参加者也大都是自幼受儒家思想熏陶、以儒学为立身处世原则的知识分子。面对西方武力和文化的双重挑战，他们一方面立足儒学传统，以儒学思想为指导原则；另一方面则继承林则徐、魏源等人"师夷长技以制夷"的思想，积极地向西方学习，试图在中西之学的碰撞与沟通中实现国家"自强""富裕"的目标。

一、儒学经世传统与洋务运动的兴起

"经世致用"之说是由明清之际的思想家王夫之、黄宗羲、顾炎武等人提出的。他们认为学习、征引古人的文章和行事，应以治事、救世为急务，反对当时的伪理学家不切实际的空虚之学，对后世产生了很大影响。从总体上说，"经世致用"就是关注社会现实，并用所学知识解决社会问题，以求达到

国治民安的实效。这一思想体现了中国传统知识分子讲求功利、求实务实的思想特点，以及胸怀天下、以天下为己任的家国情怀。

"经世"二字并用，首见于道家著作《庄子·齐物论》："六合之外，圣人存而不论；六合之内，圣人论而不议；春秋经世先王之志，圣人议而不辩。"而事实上，由孔子所开创的儒学，关注社会现实，本身就是一种"入世哲学"。为将自己的政治理想付诸实践，孔子一直积极倡导出仕为官，当他在他的父母之邦——鲁国无法实现这一理想时，被迫远走他乡，周游列国。在周游列国的14年里，他和弟子们的足迹遍布黄河以南、长江以北的大片地区，"遍干诸侯"。他之所以如此不遗余力，其目的就是改变春秋末年"礼崩乐坏"的混乱局面，恢复礼乐教化下的有序社会。孔子之后，深受儒家文化浸染的文人士大夫无不心怀强烈的经世之心，由"内圣"而"外王"，以求实现"修身、齐家、治国、平天下"的宏愿。因此，经过一代代儒生的传承，儒家传统中的经世精神被发扬光大。中国历史上的仁人志士，大多是服从于来自内心深处的这种使命召唤，才义无反顾地走上了救国救民的道路。

经过宋明理学的发展，儒学的理想与儒者的天下国家之责任有机地统一在一起，成为一种文化认同与道德共识，它以主流文化的形式传播，感染、影响了越来越多的知识分子，使他们的士气日益高涨，最终形成了一股"经世致用"的思想潮流。虽然在清代前期，受"文字狱"的影响，许多学者不涉政事而埋头于训诂考据，使得中国传统的"经世致用"思想一度受挫。但在晚清深刻的社会危机下，一部分儒家知识分子开始重新继承、提倡儒家的"经世致用"传统，担当社会责任，推动国家与社会的变革。

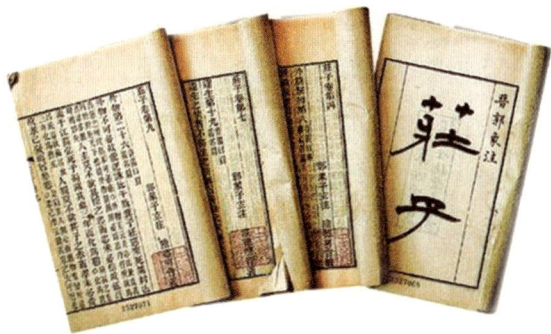

《庄子》

洋务派就是这一传统的积极实践者，他们面对鸦片战争以来中国的内忧外患，积极谋求中国的出路。他们以"自强""求富"为口号，以维护封建传统为目标，兴办军事工业，发展民用工业，兴办新式教育，翻译西方著作，持续时间长达30年，给中国各个领域带来了深刻变化。虽然洋务运动最终以失败而告终，但其对儒家经世传统的传承，对中国走向现代化，都有着深远意义。

二、儒学变易观念对洋务派的指导

伴随着鸦片战争、列强入侵、西学涌入，国门大开的近代中国所面临的社会状况，被当时的思想家称之为"数千年未有之变局"。洋务派对如此巨变深有体察，为了挽救危局，他们不得不正视现实，不得不放开思想，将儒学的经世致用思想同西方崇尚科学、讲求实际的精神相结合，根据变化了的形势需要，将西学纳入经世思想之中。他们开办洋务，以求富强。然而，洋务派的举动遭到以倭仁、吴廷栋、李棠阶为代表的顽固派的激烈反对。顽固派以儒学正宗自居，他们认为自强的途径，只有传统的治平之道，因此提出"尚礼义不尚权谋""欲求制胜，必求之忠信之人；欲谋自强，必谋之礼义之士"等保守主张。洋务派审时度势，为了说明洋务措施顺应时变，合乎天道，纷纷以儒家传统的"变易"思想来应对顽固派的责难。实际上，洋务派的举措从思想方法上考察，的确是与儒学传统中"因时变通"的变易观念分不开的。

倭 仁

儒家经典《周易》以
"易"命名，虽然古今歧义
颇多，然究其根本意旨，当
在于"变易"。因此，"变
易"为《周易》一书极具哲
理意蕴的核心内容，而"变
易"之必要条件，就是
"时"。因此《周易·系辞

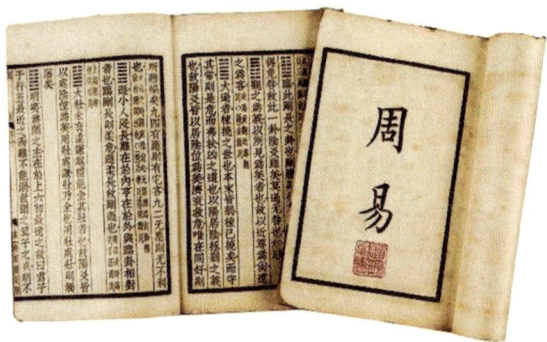
《周易》

传》说："变通者，趣时者也。"孔子也主张"时中"，并被孟子称之为"圣
之时者"。在早期儒家的倡导下，"变易""时中""因时变通"成为儒学传统
中的重要思想观念。近代社会的巨变，正是"时"的巨变，洋务派也正是面
对变化了的时局，在变通中以求发展。曾国藩就曾说："前世所袭误者，可以
自我更之；前世所未及者，可以自我创之。"①李鸿章在 1862 年给总理衙门
的一封信中，以"天下事穷则变、变则通"的原则，批评守旧的人们"无
事则嗤外国之利器为奇技淫巧，以为不必学；有事则惊外国之利器变怪神
奇，以为不能学"②，并极力陈说效仿西方的紧迫性和培养近代科学技术人
才的重要意义。在 1874 年的清廷海防讨论中，李鸿章再次引述《易经》
"穷则变，变则通，通则久"的著名命题，分析中国面临"数千年来未有之
变局"和"数千年来未有之强敌"，"不变通则战守皆不足恃，而和亦不可
久也"。只有"力排浮议，以成格为万不可泥，以风气为万不可不开"③，
才是唯一的出路。他甚至在给朋友的书信中自诩说："处今日喜谈洋务乃
圣之时……鄙人若亦不谈，天下赖何术以支持耶？"④

由上可见，作为长期浸染于儒家思想观念之中的洋务派，虽然其对西学

---

① 《曾文正公全集·日记》卷上。
② 《筹办夷务始末·同治朝》卷二五。
③ 《筹议海防折》，《李文忠公全集》卷二四。
④ 《复刘仲良中丞》，《李文忠公全集》卷一六。

采取积极开放态度，但其举措的指导原则，终究脱离不开儒学传统。虽然他们的这种"变易"观念还有很大的局限性，但在当时却对洋务派掀起轰轰烈烈的洋务运动提供了思想基础和理论依据。

三、"中体西用"的中西文化观

"中体西用"，即"中学为体、西学为用"，是洋务派对待中西文化的总原则，体现了洋务派立足儒学本位的中西文化观。

"中体西用"的思想最初由冯桂芬提出。他在《校邠庐抗议》一书中说：

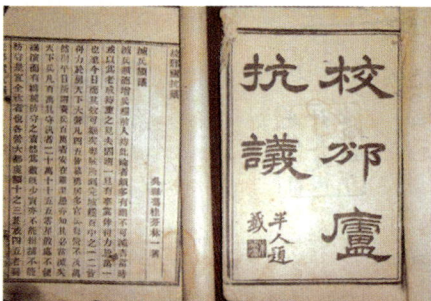

《校邠庐抗议》

《盛世危言》

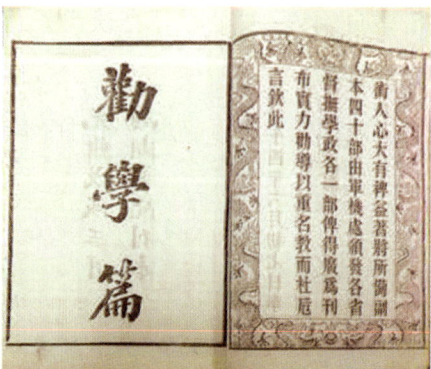

《劝学篇》

"以中国之伦常名教为原本，辅以诸国富强之术。"此后，李鸿章、郭嵩焘、薛福成、王韬、沈毓桂等一批留心时务的人都曾对此有所探讨。郑观应在《盛世危言》的《西学》篇中说："中学其体也，西学其末也；主以中学，辅以西学。"此后，沈寿康在他于1896年4月发表的《匡时策》一文中指出："中西学问本自互有得失，为华人计，宜以中学为体，西学为用。"较早地使用"中学为体，西学为用"的提法。后来张之洞在其《劝学篇》中的《议学》篇中写道："新旧兼学，四书五经、中国史事、政书地图为旧学；西政、西艺、西史为新学。旧学为体，新学为用。"全书四万言，对中体西用进行了详尽的解释和发挥。

"中体西用"是洋务派处理中西

文化关系的原则，也是洋务派回击顽固派进攻的武器。近代中国在西方列强坚船利炮的攻击下，国门大开。随着西学的涌入，顽固派对其采取了一概拒绝的态度，强调所谓"夷夏之辨"；面对现实，主张自强救国的洋务派则采取比较开放的态度，主张"中学为体，西学为用"。"中学"，即孔孟之道和以三纲五常为核心的封建伦理道德，是不可变的。"西学"，即西方的生产技艺，可以用来作为巩固封建统治的手段和工具。"中体西用"具有兴西学和保中学的双重性质。

张之洞

洋务派以"中体西用"为理论纲领，在全国各地掀起自上而下的改良运动。洋务运动前前后后长达几十年，由此推动了中国的近代化进程。

第二节　洋务派代表人物及其儒学态度

洋务运动在中央的代表人物主要是恭亲王奕訢与大学士瓜尔佳·文祥，在地方的代表人物则是曾国藩、李鸿章、张之洞、左宗棠等。他们打着"自强"和"求富"的旗号，极力主张学习西方科技、制造业以及文化、教育等。但作为深受中国传统文化影响的儒家知识分子，洋务派无法摆脱传统思想的影响。因此，他们力图将各项洋务措施纳入传统模式，并以"中体西用"作为洋务运动的指导原则。

一、奕䜣

　　爱新觉罗·奕䜣（1833—1898）是清宣宗（道光帝）第六子，咸丰帝同父异母兄弟，咸丰帝即位之后，被封为恭亲王。

　　奕䜣生逢乱世。咸丰十年（1860年），英法联军进犯北京，咸丰帝束手无策，便委任奕䜣为议和大臣，自己仓皇逃往热河。奕䜣临危受命，在敌人的枪炮威胁之下，不得不代表清朝政府分别签订了中英、中法、中俄《北京条约》。作为谈判者和签约者，奕䜣在与列强的接触中，深感屈辱。这使得年轻的奕䜣大受刺激，由此而立志要走学习西方先进技术以自强的道路。这为他以后成为洋务派代表人物奠定了基础。

　　1860年12月，鉴于清朝与外国交往的增加，奕䜣上书请求创办专门办理外国事务的总理各国事务衙门，获得批准。自此，中国有了第一个正式的外交机构。1864年，总理衙门仿效外国外交机构，按地理区域及工作性质分为若干股。自19世纪60年代起，在奕䜣的主持下，清朝与欧美主要国家建立了商务和外交关系。

　　在与西方打交道的过程中，奕䜣发现西方的文化确有其优点，比如其坚船利炮和精密的机器都是中国无法企及的，因此，不能简单否定而应学习运用，以求自强。作为一个深受儒家文化影响的宗室贵胄，奕䜣学习西方的主张虽然是出于形势的无奈，但对西学的认识在逐步加深，且态度较为开明。这样，从同治四年（1865年）开始，在奕䜣的推动下，一些开明士大夫开办近代教育，引进西方技术，兴建军事工业，开办近代企业，轰轰烈烈的洋务运动开展起来。

　　在洋务运动的开展过程中，洋务派遇到顽固派的激烈反对。1866年12月11日，奕䜣奏请在京师同文馆开设天文算学馆，招收科甲正途人员学习。他认为中国人的聪明才智不在西人之下，如能"专精于推算、格致之理，制器、尚象之法……倘能专精务实，尽得其妙，则中国自强之道在此矣"。奕䜣的这一提议遭到以大学士倭仁为首的顽固派的强烈反对，由此引发了洋务运动以来洋务派和顽固派关于如何对待中西文化的第一次论争。①如张胜藻驳斥奕䜣说："若令正途科甲人员习为机巧之事，又藉升途、银两以诱之，是重名利而轻气节。"② 他认为这有辱圣人之教，并认为中国缺少的不是器技之术，而应重整纲常，这才是国家自强的根本。倭仁也说："窃闻立国之道，尚礼义不尚权谋；根本之图，在人心不在技艺。"③可见，顽固派对洋务派学习西方文化的举措有着强烈不满。然而，洋务派在奕䜣的领导下，坚持走学习西方，以达自强之路。他们认为筹建海防、设立"洋学堂"均属于实际的强国之策，而不能空谈道义，误国误民。两派各执一词，互不相让。1866 年，在同文馆内增设了天文算学科目，标志着奕䜣领导的洋务派在这次论争中胜出。

奕䜣为挽救清朝统治，践行儒学经世传统，践行儒家"因时变通"的观念，领导兴办洋务，对中国近代中西文化的交流，以及中国的近代化发展，都做出了重要贡献。

二、曾国藩

曾国藩（1811—1872），原名子城，字伯涵，号涤生，湖南湘乡人。清代儒家学者。有《曾文正公全集》行世，今人编有《曾国藩全集》。

曾国藩生于家境殷实的耕读之家，自幼入私塾学习，勤奋好学。道光十八年（1838 年）中进士，曾任礼部侍郎，后又相继改任兵、工、刑、吏诸部侍郎。1852 年，太平军由广西攻入湖南，曾国藩因母丧回籍，受清廷命令，办理团练。其所办团练后扩编为"湘军"，与太平军对抗，曾国藩由此成为清王朝镇压太平天国起义的主要统帅。在与太平军的战争中，曾国藩经受了其他读书人所无法忍受的磨难与历练，看到了战争的残酷，接触到了西方的先进武器技术，这些都给了他极大的触动。救亡图存的强烈愿望使他在努力捍

---

① 除了这一次论争，此后洋务运动期间还出现了关于派遣留美学生及内部管理问题的论争、关于修筑铁路的论争。这是洋务运动期间围绕是否向西方学习而展开的三次大的论争。

② 朱有瓛主编：《中国近代学制史料》第一辑上，华东师范大学出版社 1983 年版。

③ 《同治六年二月五日大学士倭仁折》，《筹办洋务始末·同治朝》卷四七。

卫儒家道统尊严的时候，也能放开眼光，以一种较为开放的心态，大胆接纳来自于异域的先进科学技术，选择性地吸收西方文化，虽然这种接纳现在看来还是很有限的，但在当时的社会条件下，在中国长期闭关锁国的环境中，相对于大多数官僚的封闭、骄狂、自大来说，还是难能可贵的。

曾国藩早年与理学家唐鉴、倭仁等一起"致力程朱之学"，自称"以朱子之书为日课"，是近代"一宗宋儒"的理学家。道光末年，他又"始好高邮王氏父子（王念孙、王引之）之说"，盛赞王氏父子的汉学研究。扫除门户之见，会通汉宋学术，这就使得曾国藩的儒学研究具有"汉宋兼容"的性质。曾国藩之所以要会通汉宋学术，乃是因为他看到当时社会秩序与儒家伦理道德规范之间的冲突。他强调汉宋兼容，认为这样有利于重申先王之道，成为"明理有用之人"。曾国藩目睹晚清的内外交困，有着强烈的济世、救世之心。他十分钦佩贺长龄、魏源等人编纂的《皇朝经世文编》，推崇司马光的《资治通鉴》，希望从中撷取一二"济世"良方。因此，曾国藩在近代经学上，表现出立足儒家传统，会通汉宋，从社会现实出发，追求经世致用的特点。

曾国藩在桐城派姚鼐所提义理、辞章、考据三条传统的治学标准外，旗帜鲜明地增加了"经济"，即经世致用之学一条。他把"经济"引入了儒者之事，认为这是一个合格的儒家知识分子应具有的基本素养与品格，其重要性自不待言。有学者认为，曾国藩把传统的"孔门三科"演化成了"孔门四科"，把此前处于义理、考据、辞章中所包含的经济独立出来，这是曾氏的一个贡献，"它为儒者学习西学进而对传统儒学补空救弊扫清了理论障碍"①。曾国藩所说的经济与今天的概念并不相同，是"经纶济世"之意，它包括了政治、经济、军事、天文、地理等各个方面，几乎涵盖了与国家发展、治理相关的所有知识，相当庞杂。曾国藩就把这样一种不中不西、不土不洋的"经济"之学纳入了儒学之中，所以学界的共识是，曾国藩的"理学"的创新点是"经世"而非"义理"。

曾国藩不仅将经济之学纳入理学范畴，而且大力倡导将西学引入中国。

---

① 程志华：《晚清理学狭小范阃的丰富和拓展》，《哲学研究》，2005 年第 8 期。

曾国藩对于西学的引入，主要有以下几个方面的内容：西方军事技术，西方近代实用技术，西方近代教育方法，引进西方技术人才。他延揽科技人才，建立了近代军事工业。他采纳李善兰的建议，在江南制造总局里设立了翻译馆，

李善兰、徐寿、华蘅芳在江南制造局

组织大批中外学者翻译西方科技著作。此后十余年里，翻译西方著作近百部，达230余册。其内容涵盖了西方军事学、工艺学、医学、地理学、地质学、数学、物理、化学、测量学等许多学科，涉及的领域非常广阔。在他的旗下，聚集了包括李善兰、徐寿、华蘅芳等许多在近代史上著名的翻译家及科学家。中国最早的代数、微积分、概率论、矿物学、地质学、天体力学的专著即是

容闳耶鲁大学毕业照

由这批知识分子翻译完成的。后来，他又选派留学生直接到西方国家学习。在这个"数千年未有之变局"中，曾国藩自己可能也没有意识到，他的所作所为，使他成为中国"传统文化嬗变的历史中介"①。虽然曾国藩对于西学的采纳仅仅限于科技，对于西方现代的政治制度则持一种不屑、拒绝乃至排斥的立场，但是不可否认，他这些吸纳西方科技的手段与措施，却为西方各种思潮的

① 梁霖：《浅论曾国藩与中国传统文化的嬗变》，《南京社会科学》，1998 年第 6 期。

第二章 洋务派对儒学的反思

涌入打开了方便之门。特别是留学人员走出国门，大开眼界，他们的见闻与著述为那个时代中国人了解世界提供了一条新的途径。所以中国近代第一个留学生容闳曾经说过这样一句话："中华学子得到文明教育，是受之于曾国藩的遗泽。"

曾国藩以"儒门增科"的方式把西学纳入到儒家思想体系之中，正因为这样，对曾国藩的"师夷"要从一个新的高度来认识。可以说，曾氏对"西学"的接受已经超越了技术与物质层面，开始进入到文化层面，在这些近代科学技术知识的基础上，曾国藩"已经站在一个更高的角度去认识西方近代文化"①。

后人对曾国藩的评价多是从其从事的洋务来着手的，如梁启超是这样评价曾氏的："海禁既开，外侮日亟，曾文正开府江南，创制造局，首以译西书为第一义。数年之间，成者百种。"② 这个评价以简约的语言，基本概括了曾国藩创办洋务的主要贡献。梁启超接着又从另一个角度对曾氏进行了评价："已译诸书，中国官局所译者，兵政类为最多，盖昔人之论，以为中国一切皆胜西人，所以不如者兵而已。西人教会所译者，医学类为最多，由教士多业也。制造局首重工艺，而工艺必本格致，故格致之书虽非大备，而崖略可见。惟西政各籍，译者寥寥。官制学制农政诸门，竟无完帙。"③ 梁启超在这里指出，曾国藩创立的江南制造总局译书局的译介重点是西方现代科学技术，偏重于以自然科学为基础的工矿业，对于其他学科知识则采取了较为轻视的态度，特别是对来自西方的哲学与社会学著作更是如此。这反映出曾国藩经世致用的一贯立场。

有学者认为，曾国藩之所以能够在乱世中异军突起，由儒生而成为统帅，是得益于他所受到的儒家传统文化的教育，"曾国藩的事业之成就，完全由学

---

① 熊吕茂、肖高华：《论曾国藩传统文化观向近代文化观的演变》，《文史博览》，2005 年第 1 期。

② 梁启超：《西学书目表序例》，中华书局 1989 年版，第 122 页。

③ 梁启超：《西学书目表序例》，中华书局 1989 年版，第 124 页。

问而来，无关乎命运"，"他平生的事业，完全是从学问修养而来的"。① "他的救国方案，是分作两个方面进行：一方面要守旧，那就是说，恢复民族固有的美德，以'公''诚'的精神教育来改造旧社会；另一方面要革新，那就是说，接受西洋文化的一部分，以'炮''船'的科学机械来建设新事业。革新守旧同时进行，这是经世学的必然道理，也是曾国藩对我国近代史的大贡献。"②

对于曾国藩，冯友兰先生曾这样评价："曾国藩镇压了太平天国，阻止了中国的中世纪化，这是他的功；他以政带工延迟了中国近代化，这是他的过。他的思想是一贯的，那就是保卫中国传统文化，其主要内容是纲常名教，即所谓'礼'。但因形势变了，所应付处理的问题不同，所以功过各异。"③

三、李鸿章

李鸿章（1823—1901），安徽合肥人，字渐甫，又字子黻，号少荃，道光年间进士，死后赠太傅，晋一等肃毅侯，谥文忠。和曾国藩一样，李鸿章也是书生出身。1823 年，李鸿章出生于合肥的一个富裕家庭，父亲与曾国藩是同年进士，所以与曾国藩也算世交。1843 年他离家赴京谋求发展，由其父引见，拜曾国藩为师，成为曾的门生。1847 年李鸿章考中进士，入翰林院，走上了仕途，开始了他"三千里外觅封侯"的政治生涯。

李鸿章是个实干家。1853年，太平军的势力发展到了他

李鸿章

① 萧一山：《曾国藩传》，东方出版社 2009 年版，第 197 页。
② 萧一山：《曾国藩传》，东方出版社 2009 年版，第 179 - 180 页。
③ 冯友兰：《中国哲学史新编》第六册，人民出版社 1980 年版，第 369 页。

19 世纪 70 年代的李鸿章

的老家安徽，李鸿章走上了和他老师曾国藩类似的人生道路——回乡操办团练，开始了他"从翰林到绿林"的人生蜕变。

但李鸿章在安徽操办团练并不成功，他率乡勇与太平军多次交手，互有输赢，终究没有成什么气候。郁郁不得志的李鸿章于是投到了他老师曾国藩的门下，成为一个幕僚。1861 年李秀成率太平军进入江浙，直逼上海。江苏巡抚薛焕向曾国藩求援。安庆一役，湘军虽然夺取了城市，但也伤亡惨重，导致兵员严重匮乏，无力分身，而且驰援上海也与曾国藩的战略意图不符。看着充满渴望的信使，曾国藩十分为难。于是，曾国藩向朝廷举荐自己的学生李鸿章，让他担负起了驰援上海的重任。

上海之围给了李鸿章难得的发挥才干的机会，他以此为契机创立了淮军，形成了中国近代史上另一个重要的军事政治集团——淮军集团，虽然淮由湘出，湘淮两大政治集团之间存在着千丝万缕的联系，但在其后的发展中，淮军集团逐渐成为一支独立的政治力量，其影响力不在湘军集团之下。李鸿章率领着他招募的淮军到达上海。4 月 25 日，经曾国藩保奏，清政府任命李鸿章署理江苏巡抚，使李鸿章在仕途上迈出了重要一步。6 月中旬，李鸿章率领被上海人戏称为"叫花子军"的淮军在虹桥附近与太平军展开激战，最终击败了太平军，上海的危局得以缓解。淮军此战，一

淮军进上海

役成名，在上海站稳了脚跟。上海之役，李鸿章得到了丰厚的回报，被朝廷实授为江苏巡抚，成为封疆大吏。

上海是西方列强在中国的主要据点，商贾云集，为了保卫自己的既得利益，除了英法等国的正式驻军之外，不少国家在上海招募了雇佣军。这些正规的、非正规的

西方报纸上的淮军炮队

军队都装备着当时世界上的先进武器，这些武器让李鸿章眼界大开。在英法联军与太平军作战时，李鸿章曾亲自前往观战，西方武器的巨大威力让他叹为观止，称之为"真神技"。面对来自西方的科学和技术，李鸿章表现出了浓厚的兴趣，在给曾国藩的信中，对西方的器物充满了赞美之词，从此，他开始了对西方技术的狂热追求，终其一生，从未停止。李鸿章对西方科技的接纳程度远远超过了他的老师曾国藩，所以在淮军到达上海后不久，其装备便发生了翻天覆地的变化，装备西洋火器的数量远远超过了湘军，成为江浙一带的一支劲旅。李鸿章对西方技术的追求不仅仅满足于购买，他更注重的是消化与吸收，建立起自己的兵工企业，自己生产枪械与弹药。1862年冬天，李鸿章聘请英国人马格里创办了上海炮局，后迁往苏州，改称苏州炮局，成为当时颇具规模的军事工业。1866年，苏州炮局又迁到南京，成为后来著名的金陵制造局。

李鸿章在镇压太平天国的军事行动中创建了淮军，他不仅购置先进的西式火器装备这支队伍，开办军事工业，解决淮军的弹药供应，而且对兵制也进行了改革。淮军抛弃了湘军的传统，用西方先进方法训练士兵，甚至在队列行军中采用了英语口令。这样，李鸿章用一系列的措施真正完成了"淮从湘出"的蜕变过程，淮军成为一支有别于湘军的带有鲜明李氏特征的新军。1863年李鸿章奏请朝廷，要在广州、上海设立外语学校，培养译员，学习西

方文化技术。在奏折中，他力陈学习西方科技的好处："彼西人所擅长者，推算之学，格物之理，制器尚象之法，无不专精务实，渤有成书……我中华智巧聪明，岂出西人之下。果有精熟西文者转相传习，一切轮船火器等巧技，当可由渐通晓，于中国自强之道似有裨助。"[1] 李鸿章清醒地认识到中西文化的不同，立志学习西方以求自强，走上了创办洋务的道路，创办洋务从此成为他毕生的追求，他也因此成为洋务运动中最著名的代表人物之一。

四、冯桂芬

冯桂芬（1809—1874），江苏吴县人，字林一，号景庭，一号敬亭，道光二十年（1840 年）进士。清末思想家，学者。著有《校邠庐抗议》《说文解字段注考证》《显志堂诗文集》。

冯桂芬　像

冯桂芬对汉学、宋学的精华都有所继承。除传统的儒家经史外，冯桂芬对其他书也无所不窥，凡天文、舆地、兵刑、盐铁、河漕等，全都细心钻研，穷思竭虑，探求本原，对当时的河漕、兵刑、盐铁等问题尤有研究。他曾先后主讲南京惜阴、上海敬业、苏州紫阳诸书院。他的教学活动，对舆地、算学、小学、水利、农田，皆有涉及。冯桂芬晚年移居木渎后，在家中开修志局，纂修《苏州府志》153 卷。

冯桂芬之思想，上接林则徐、魏源，下启康有为、梁启超。他和

---

① 中国史学会编：《中国近代史资料丛刊：洋务运动》第 2 册，上海人民出版社1961 年版，第 140 – 141 页。

这些人之间，不仅仅在"求西学、思变法"上一脉相承，而且他率先提出了"惟善是从"的理念，并以此消解了现代化过程中的中西、古今矛盾，从理论上为西方思想的传播扫清了障碍。

《校邠庐抗议》是冯桂芬的政论集，也是他的代表作。"校邠庐"是作者居住处，"抗议"二字语出《后汉书·赵壹传》，有位卑言高之意。在这部著作中，冯桂芬针对清咸丰朝以后的社会大动荡，以及当时科技水平落后于西方国家的状况，向当权者提出了一系列改革方案。此书共收政论47篇，大部分作于冯桂芬亡命上海期间，少数为旧作。《校邠庐抗议》集中体现了冯桂芬的开放思想。全书内容涉及政治、军事、文化、生产、经济等多个领域，指出了向西方学习的时代方向，其中采西学、制洋器、改科举等多项建议，被洋务派采纳，影响深远。

冯桂芬在第二次鸦片战争时期，更加全面详尽地阐述了向西方学习的主张。他继承了林则徐、魏源的传统，对于"师夷长技以制夷"的口号表示认同与支持，主张学习西方的军事工业，自强自立，以来自西方的先进技术挽救风雨飘摇的大清王朝。不过，军事工业只是他主张学习西方的一个方面。冯桂芬指出，"此外，如算学、重学、视学、光学、化学，皆得格物致理。舆地书备山川厄塞风土物产，多中人所不及"，看到了中国在诸多方面与先进国家存在的重大差距。他还看到了"农具、织具百工所需，多用机轮，用力少而成功多，是可资以治生"，明确提出在农业与工业生产中采用机器的主张。这比单纯通过学习西方的军事技术，发展军事工业，建立近代化的军队来抵抗外侮的思想又进了一大步。

显然，较之较早的魏源，冯桂芬的认识有了较大的进步。他总结出中国与"西夷"相比，存在着"五不如"。除了认识到船坚炮利不如西洋人之外，他还有更深刻的认识，比如他在《制洋器议》中指出："人无弃才不如夷，地无遗利不如夷，君民不隔不如夷，名实必符不如夷。"这里冯桂芬除了强调技术方面的问题，还提出了人才问题、统治者与民众的关系问题，特别是"君民不隔"的问题，已经开始触及政治体制，有了朴素的民主要求，这是很可贵的。

冯桂芬把其主张概括为"以中国之伦常名教为原本，辅之以诸国富强之术"。这是他师夷自强的基本出发点，也是他处理中西学关系最基本的原则。这一主张被洋务派概括为"中学为体，西学为用"。

冯桂芬主张"采西学""制洋器"。他对西学的研究，较清末许多思想家已经更进一步，涉及制度层面，开始从更深层次上反思这个国家存在的不足。但冯桂芬也指出："且用其器，非用其礼也，用之乃所以攘之也。"这就是说，在冯桂芬看来，中国人完全可以使用西方的先进武器来对抗来自西方的威胁。采用西方的技术乃至制度，是为了改变中国落后的局面，而不是推行全盘西化。要坚守自己的文化，对自己民族的文化有足够的自信，这是一个民族在世界上生存下去的根本，冯桂芬清醒地认识到了这一点。

冯桂芬的主张对洋务派有很大影响，同时被维新派奉为先导。晚清著名学者俞樾在《显志堂集序》中曾经赞扬他"于学无所不通，而其意则在务为当世有用之学"。

五、郭嵩焘

郭嵩焘（1818—1891），字伯琛，号筠仙，一号云仙，晚年号玉池老人。湖南湘阴人。道光二十七年（1847年）进士，思想家、学者，中国近代较早的外交官之一。

郭嵩焘与晚清其他士大夫一样，也是一个非常传统的读书人，自幼研习"四书五经"，视科举出仕为正途。但在这条道路上，郭嵩焘走得却并不顺利。

郭嵩焘

他在1837年就考中举人，但接下来的科举之路就充满艰辛了。1838年、1840年，他接连两次到北京参加会试都名落孙山。在失意中，郭嵩焘只得接受朋友的推荐，于1840年到达浙江，成为浙江学政的幕僚。这次为幕时间虽然不长，但为他提供了思想转变的契机。此时正值鸦片战争爆发之际，浙江地处抗英前线，他亲见浙江海防之失，一向为"华夏"所看不起的"岛夷"的坚船利炮，给他留下深刻印象。1847年，郭嵩焘第五次参加会试，终于如愿以偿，考中了进士，正式步入仕途。但不巧的是，此后不久，他的双亲相继去世，依照定制，他只能回家丁忧居丧，暂时离开了官场。

然而，中国读书人骨子里的那种"以天下为己任"的责任意识并没有因此而减弱。就在这个时期，离开官场的郭嵩焘摆脱了许多繁杂的事务，有时间观察与思考。他开始正视大清国内外交困的严酷现实，寻求救国的方法。通过深入的思考，他慢慢地意识到"洋人固可恨，中国之衰弱亦令人痛心"，挨打受欺负，不能光诉苦，还要从自己身上找原因。后来，他接触了西方人，亲自考察了"百战百胜"的洋枪队和英国人管理的海关。郭嵩焘吃惊地发现洋人并不像原来想象得那么可怕。相反，有很多人举止有礼貌，说话讲道理，办事循章法，践约守诚信，有传统儒家所推崇的君子做派。如果不是大清官员妄自尊大，愚顽糊涂，不思进取，挨了打还不肯认赌服输，完全有可能和洋人友好相处。如果一味用蛮力，使意气，反而会使大清国与西方关系紧张，对立加剧，于国于民都不是一件好事。这种对于西方人品行的客观体察、认真感悟，形成了郭嵩焘认识世界的方式，这对于他日后从事洋务，署理外交都产生了重要影响。虽说郭嵩焘在担任驻英公使之前从未走出过国门，但是担任广东巡抚的经历和对西洋事务的认真考察，使他对西方列强的见解有独到之处，不但让保守派望尘莫及，也比许多洋务派领袖高出一筹。郭嵩焘成为晚清向西方学习的积极鼓吹者，成为洋务派的重要代表。

郭嵩焘出任福建按察使之后，将他办洋务的主张和观点进行了系统梳理，写成《条陈海防事宜》，并上奏朝廷。他一反鸦片战争以来的流行观点，认为将西方强盛归结于船坚炮利是非常错误的，如果单纯学习西方的军事技术就仅仅是学了"末技"，在解决民族生死存亡的大计之中，这样做只能是削足适履，可能一时有些作用，暂时缓解一下迫在眉睫的危机，却无法从根本上改变中国落后的面貌。为了不舍本逐末，只有学习西方的政治和经济制度，从根本上缩小中国与世界的差距。这份奏折让郭嵩焘一时声名鹊起，声震朝野，不仅

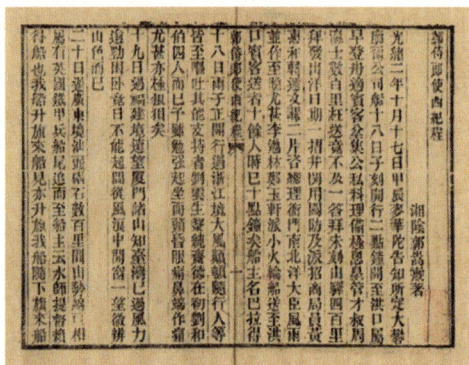

《使西纪程》

在朝堂之上获得了洋务派大臣的广泛支持，甚至还得到了部分外国人的认可。如当时担任海关总税务司的英国人赫德就对郭嵩焘甚为称许，认定郭嵩焘是中国少有的能较快接受西方观念的人物，并将其引为知己。郭嵩焘后来出任驻英公使，在很大程度上得益于赫德从中斡旋。

在担任驻英公使期间，郭嵩焘将其见闻写入《使西纪程》，批驳顽固守旧的观念，倡导学习西方文明。该书问世后，却遭到守旧士大夫的强烈攻击，惨遭焚毁。

对于郭嵩焘出使英国的意义，当时的清政府并没有很清醒的认识。郭嵩焘去世后，李鸿章上奏朝廷，请求按照惯例，宣付国史馆为其立传、赐谥，这原本是个正常的程序，未料朝廷颁旨："郭嵩焘出使西洋，所著书籍，颇滋物议，所请着不准行。"不知是否预感到了有这么一天，在死前不久写的一首《戏书小像》诗中，郭嵩焘这样评价自己："流传百代千龄后，定识人间有此人。"

六、王韬

王韬（1828—1897），原名利宾，字仲弢，号紫铨，别号弢园老人。1828年生于苏州府长洲县甫里村（今江苏省苏州市吴中区甪直镇），是清末著名的思想家、学者。所遗著作已知者不下三四十种，现有《弢园文录外编》《弢园尺牍》《王韬日记》诸书传世。此外，记载他 1867 年赴欧洲的《漫游随录》和 1879 年赴日本的《扶桑游记》两书，1982 年由湖南人民出版社出版标点本，

王韬 像

收入"走向世界丛书"。

道光二十五年（1845年），王韬考中秀才。道光二十九年（1849年），应英国传教士麦都士之邀，王韬离乡赴沪，就职于英国教会所办的中国第一个近代印刷所——墨海书馆。王韬于1867年冬天到1868年春天漫游法英等国，加深了对西方现代文明的了解。1870年返回香港，1874年在香港集资创办《循环日报》，评论时政，提倡维新变法，影响很大。1879年，王韬应日本文人邀请，前往日本进行了为期四个月的考察。王韬考察了东京、大阪、神户、横滨等城市，写成《扶桑游记》。1884年，王韬回到阔别20多年的上海。次年任上海格致书院院长，直至去世。

王韬接触西方事物较早，是中国较早游历西方世界和日本的近代人物之一，他的眼界自然要比同时代的其他知识分子开阔得多。在这些因素的作用下，王韬思想上开始背离传统，但是，王韬毕竟早年接受过系统的封建教育，对"四书五经"、宋明理学、辞章帖括等均有研究。他是在固有知识架构下去理解、接纳西方事物和西方思想的。这些方面的因素又制约着他的思想，常常拖住他背离传统的步伐，使他每前进一步都显得步履维艰。

王韬一生正值西方列强入侵，民族危机日益加深之际。他忧时愤世，又远游西方诸国，亲眼看到了这些国家的富强，产生了强烈的革新愿望。为此，他不遗余力地传播西学。他主张"师其所能，夺其所恃"，以西法造炮制船，大力发展资本主义工商业，允许民间自立公司；他赞扬西方君主立宪政治制度，认为在这种体制之下，君民不隔而上下相通；他批评科举制度，主张设立新式学堂培育人才；他呼吁实现独立自主的外交，在自强的基础上废除关税协

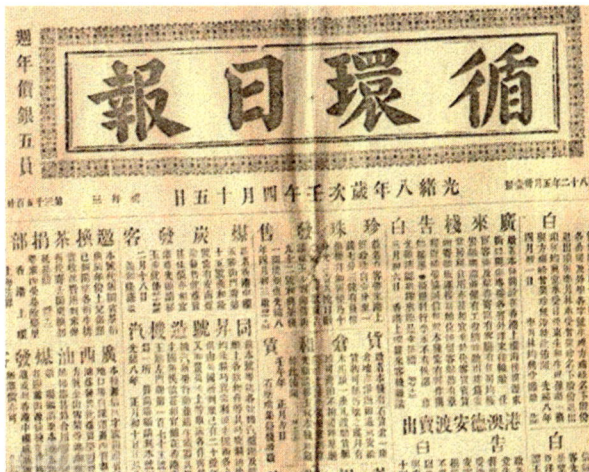

《循环日报》

定和领事裁判权。王韬一生著作很多，不仅涉及天文历算、声光化电等自然科学，而且对政治、经济、历史、文化等人文科学也多有涉及。王韬对中国前途也充满信心，在他看来，中国只要大胆吸纳西方先进的文化与科学技术，用不了百年时间，必然会超越西方而成为世界上的强国。为了达到这一宏伟目标，必须以欧洲强国为榜样，进行改革。在他看来，改革主要包括四个方面的内容：改革科举取士法，改革练兵法，改革教育，废除繁文。

王韬墨宝

王韬竭力抨击八股取士制度，认为它不合人性和事理。应当废除以八股取士为代表的整个封建主义的教育制度，建立一个资本主义性质的全新的教育体系。但是，王韬在这件事情上保持了足够的冷静，主张"事求其渐进，道无贵乎欲速"，其改革的目标虽具有革命意义，但从他设计的具体改革方案上来看，他的教育改革思想具有明显的循序渐进、不求其速的特征。

王韬认为，改革旧式教育不可急功近利，而应当稳扎稳打，步步为营，最好采用"先增新、后废旧"的方法，即先找到一个突破点，楔进新因素，然后逐渐扩张，由局部而整体，最后达到将旧教育，包括旧内容、旧形式、旧方法全部废除之目的。特别值得一提的是，在提倡兴办近代教育的过程中，王韬还注意到中国传统教育体系中女性教育缺失的问题，所以主张无论男女都有平等接受教育的权利，认为这是西方各国教育的一大特点，值得中国学习引进。妇女接受教育是妇女解放以至整个社会解放的前提和标志，是人类文明进步的一个突出表现。王韬在当时中国重男轻女，性别歧视十分严重的社会条件下能提出让女性与男子平等接受教育的主张，虽说不上石破天惊，也确属难能可贵。

与晚清的许多开明之士一样，王韬也主张进行军事改革。他认为仅仅按照西方的近代科技制造枪炮、轮船，建筑铁路，革新兵器，废除弓箭、大刀、长矛，换成新式火器，将帆船换为轮船，不过是抄袭西方的皮毛，这些都无法从根本上改变中国落后挨打的局面。更重要的是要变革军队的制度和训练方法，只有这样才能真正赶上和超越西方列强。

在强调军事改革的同时，他认为富强为强国之本，必须大力兴利，建立完善的近代工业体系，发展新式工矿业与海陆交通。王韬认为"诸利既兴，而中国不富强者，未之有也"。王韬对近代工商业同样重视，主张在中国发展资本主义工商业。

王韬是我国近代报刊的开拓者之一，他的办报思想和他所开创的报刊政论文体，对我国新闻事业的发展，起着承上启下的作用。他的新闻思想包括新闻自由、报刊功能以及报刊人才选用等几个方面。这些思想对于近代中国报刊思想体系的初步形成具有重要的意义。王韬的办报思想以"宣扬国威""义切勤王"为动机，以"强中攘外，诇远以师长"为目的，以"立言"即发挥报刊的"喉舌"作用为重点。在王韬看来，利用报刊可以"熟刺外事，宣扬国威"，可以使"民隐得以上达"，利用报纸这种"博采舆论"的工具，不必走仕途同样可以达到济世救国之目的。防蔽隔、通民情本是中国传统的政治思想，早在先秦时代就有"为川者决之使导，为民者宣之使言"的古训。王韬既继承了这一具有民本意识的思想观念，又有所创新，充分肯定了报纸这一新的传媒在反映民情、沟通上下方面的重要作用，提高了当时的人们对报纸这一新的传播工具的认识和重视程度。

第三章 维新派对儒学的反思

晚清时期，外国侵略者的铁蹄在中华大地上肆虐，清政府惶惶不知所措，腐败无能，人们生活苦不堪言。一些心怀天下的有志之士试图以儒家思想为指引，来寻求拯救国家民族的途径。虽然他们在寻找的过程中采用的方法和方式不同，但是无形中也达成一些共识，如经世致用、中西文化的融合等。其中，复兴于乾隆、嘉庆年间的今文经学尤为兴盛，维新变法运动更将其推向高潮。以康有为、梁启超、谭嗣同为代表的维新派把"托古改制"作为变法维新的指导思想，试图从"返本"中寻求解放之路，通过"开新"，达到经世致用的目的。

第一节 以儒学为理论指导的维新运动

19 世纪末期，维新派提出"托古改制""变法维新"等口号，为当时社会注入了许多新的内容。变法维新的理论根基是儒家思想的"新"发展，是对今文经学的复兴，是试图将中西文化相融合。

一、公车上书

1894 年 7 月，甲午中日战争爆发，最终清军大败，洋务派长期经营的北洋舰队在战争中全军覆没。1895 年 4 月 17 日，清政府屈膝求和，被迫签订了丧权辱国的《马关条约》。消息传到北京后，激起了国人的愤怒，救亡图存的呼声响彻在大街小巷。来京参加会试的康有为更是悲愤不已。他昼夜疾书，一气呵成，起草了 18 000 字的《上今上皇帝书》。这是他第二次向皇帝上书，也是他历次上书中最精彩和富于戏剧性的一次。文中，他言辞慷慨激昂，力陈时势之紧迫，倡言自强之必要。随后，1 300 多名在北京参加会试的举人联合签名，上书给光绪皇帝，史称"公车上书"。这是爱国知识分子于国家危难

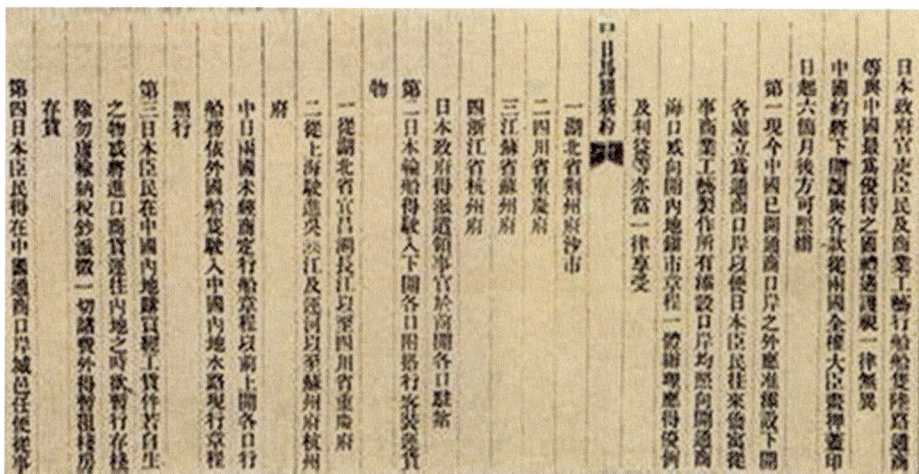

《马关条约》

中救亡图存、振兴中华的宣言书。

"公车上书"的主要内容是要求拒签《马关条约》，反对割让台湾岛，主张变法图强，即所谓"拒和、迁都、抗战、变法"，表达了中国知识分子救亡图存的爱国主义情怀。

怎样变法呢？上书中提出了富国、养民与教民的具体建议。这些建议是将传统儒家强国富民的一贯思想与西方现代思想相结合，进而提出的一系列理念和方法。如在政治改革方面，建议光绪帝紧缩机构、整顿吏治、改革官制，提出制定明显具有资产阶级议会制特色的"议郎"制度。从这些建议中可以看出，其中有学习西方优点和长处的虔诚，也有抵抗外国强权、强我中华的赤诚，表现出新一代儒家知识分子的胆识、胸怀和智谋。国难当头，知识分子以拯救天下为己任，认识到"穷则变，变则通"的道理，学以致用，积极学习西方的先进知识来变革腐朽落后的制度。这是中华民族自强不息、积极进取精神的体现，也是知识分子忧国忧民意识的展现。

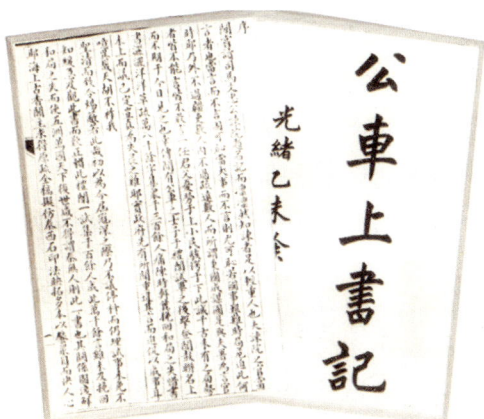

《公车上书记》

"公车上书"拉开了维新运动的帷幕，是中国近代知识分子从封闭的书斋迈向现实社会，参与政治、登上历史舞台的开始。它表明一部分知识分子已经意识到中国不改革就要灭亡，而要改革就要学习西方先进的科技和制度；也表现出儒家知识分子爱国的热情，显现出儒学新的转机。

二、儒学指导下的"百日维新"

光绪二十一年（1895 年），为进一步团结力量、培养人才、宣传变法，康有为、梁启超等人在北京、上海创办了杂志《中外纪闻》和《强学报》，组织了强学会等政治团体。通过报道时事、定期演讲，宣扬变法维新的理念，并介绍西方国家的知识，传播新思想和新理念。

上海《时务报》

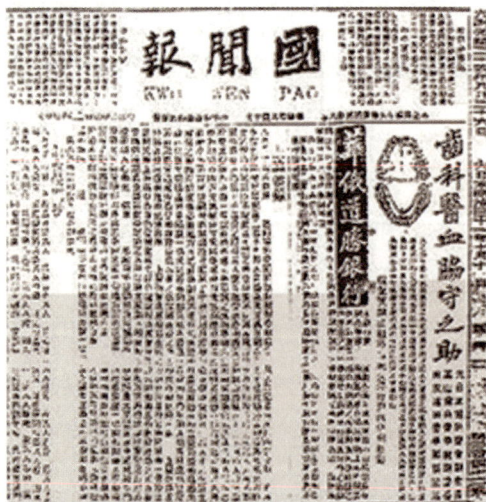
天津《国闻报》

维新派作为新生力量，在开展活动时困难重重，遇到了许多阻力。首先是以慈禧太后为首的封建顽固势力的强烈反对。强学会成立不久就被封禁，慈禧太后派人密切监督光绪帝和康有为等人的举动。但新的浪潮已经掀起，并不会因为他们的禁止而停止。从光绪二十二年（1896 年）到光绪二十四年（1898 年），维新派在上海、北京、广东、广西等地，成立了学会、学堂、报馆 300 多所。其中，较为著名的有两处：一是在上海创办的《时务报》，由维新派重要人物梁启超主笔，其宗旨是"变法图强"；一是严复、夏曾佑等人在天津创办的

《国闻报》，宣传变法维新。《时务报》和《国闻报》被称为维新派的南北"两喉舌"。

光绪二十四年（1898年）正月初七，康有为向光绪帝呈递了第六书——《应诏统筹全局折》，提出维新变法的纲领，建议效法日本，推行新政。康有为希望借助皇帝的权力改革政治制度，建立一个新型的君主立宪国家。

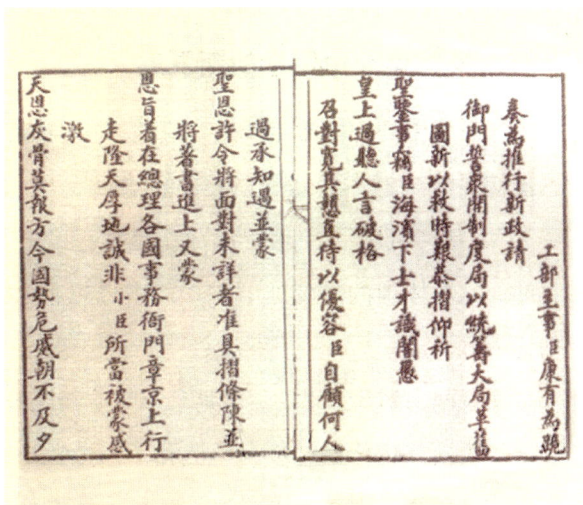
《应诏统筹全局折》

光绪二十四年四月二十三日（1898年6月11日），光绪帝颁发了《明定国是诏》，正式宣布变法，开始新政。期间，光绪帝任命康有为为总理衙门章京，特别准许他可以专门上奏折、谈事情，又任命一大批维新派人士参与变法运动。然而，变法却损害了以慈禧太后为首的守旧派的利益，因而遭到他们的强烈抵制与反对。由于两派力量悬殊，最终以维新派的失败而告终。从6月11日到9月21日慈禧太后发动政变，变法运动仅持续了103天，因此，历史上称其为"百日维新"。又因1898年为农历戊戌年，所以又称"戊戌变法"。

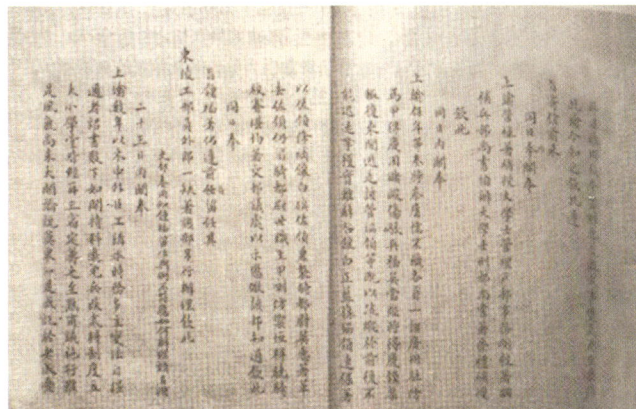
《明定国是诏》

维新运动是国难当头之时，资产阶级改良派的爱国救亡运动，也是对于落后腐朽思想的解放运动。它在中国近代史、思想史和儒学发展史上具有重要的意义。

三、维新运动中儒学的新发展

维新派意识到中国改制变法，应该"因中国人之历史习惯而利导之"。因此，他们提出"返本开新"的口号，表面上是"复古"，实质上是"以复古为解放"，从"复古"中求得解放，是通过"托古"的方式来实现"改制"的目的。它所体现的是变通意识、民本思想、家国思想和自强不息等中华文化的优秀基因。

毫无疑问，对于"古"，最具有影响力和说服力的当数儒家学说创始人孔子。于是维新派希望通过重新塑造孔子的形象——"圣明圣王，改制教主"，来实现改制革新。因而，康有为著《孔子改制考》，借古喻今，托古改制，为变法寻求理论基础，将孔子塑造成一个勇于革新的圣王、教主形象。除了把孔子重塑为改革的圣王，康有为还把儒家古文经典宣布为"伪经"。在1891年，他编著刊发了《新学伪经考》，提出两千多年来为历代封建统治者所尊崇的"古文"经典，如《周礼》《逸礼》《古文尚书》《左传》《毛诗》等都是由西汉末年的刘歆所伪造，目的是帮助王莽建立国号为"新"的政权，所以古文经学是新莽一朝之学，与孔子无关，只能称之为"新学"，是伪经。此书一出，在社会上引起巨大反响，引来了无数人的质疑和斥责。康有为惊人举措的目的是用一剂猛药警醒世人，重新审视传统思想。

如果说鸦片战争打开了紧闭的国门，维新派则进一步打开了国人阻塞的心门。维新派意识到，要在中国实行改革，不仅要从中国"古"的文化根源中找寻方法和灵感，还

《新学伪经考》

要积极向西方学习，努力借鉴和融合他邦的思想和理念，为我所用，将中国古代的变易思想与西方进化论糅合在一起，为变法提供理论依据。于是，康有为借助西方资产阶级社会进化史观来改造儒学，提出了著名的"公羊三世历史进化论"。他在《应诏统筹全局折》中说："观万国之势，能变则全，不变则亡，全变则强，小变则亡。"认为人类历史按照"据乱世——升平世——太平世"三个阶段的顺序进化，从君主制到君主立宪制再到民主共和制，这三世的进化必须循序而行。梁启超则对传统史学中的"一治一乱"的历史循环论做了批判，提出了"竞争之例与天演相终始"，"竞争是进化之母"的历史发展观。这明显带有西方进化论的色彩。此说与康有为的历史说有异曲同工之妙。

此外，对于儒家的核心理念"仁"，维新派也从现实出发，作了重新阐释和解说，赋予它新的时代内容，形成新时代的"仁学"。如康有为说，"仁者，在天为生生之理，在人为博爱之德"，"仁莫大于博爱"。仁者博爱的思想明显是受西方基督教的影响而提出来的。谭嗣同在《仁学》中说，"仁以通为第一义"，"通之象为平等"。平等思想亦是在西方思想的影响下，赋予"仁"的时代内涵。

由此可以看出，维新派的"托古"体现了儒学的"变易"思想，是为适应时代剧变的情势而做出的变革。随着时代的发展，儒学通过调整、转换、更新而呈现出不同的面貌，这正是儒学具有强大生命力和适应性的表现。

这次"托古"的独特性是与西学融合，冲破洋务派"中体西用"的思路，试图在进一步的比较与融汇中，建立一个新的思想理论体系。这一思想体系的形成经历了一个探索的过程。维新派目睹了中日、中俄等战争中清政府的惨败，意识到洋务运动学习西方制造先进军舰、大炮并不能使中国强大起来，不能救中国。经过冥思苦想，维新派看到日本改定国宪，从而富强起来这一变法的先例，认识到"泰西之强，不在炮械军兵"，更关键是"在政体之善也"，变革要从器物的领域逐步扩展到政治制度的领域，要变君主专制政体为君主立宪政体，实行"君民共主"。

梁启超对康有为提议的"上书言事"很赞同，认为这便是先进的"议会

维新运动代表

制"，是实现"君主立宪"的措施。为了进一步证明其合理性，梁启超还于 1896 年专门写了《古议院考》一文进行历史考证。他提出君主"谋及卿士，谋及庶人"，"君权与民权合"等言论，证明我国古代已有"议会制"之实。虽然由于种种原因，"议院制"并未得到真正的实行，但维新派这种"新政"思想确实比洋务派更进一步。

可以说，维新运动不仅是一场政治运动，而且是一场资产阶级文化运动，猛烈地冲击了陈旧腐朽的旧文化。它提倡新学，反对旧学，努力探究中西文化的异同和结合点。西学中的生物进化论、天赋人权论和自然人性论等如一缕缕清风吹进了人们的心里，让人们逐渐意识到所谓的"纲常名教"和"伦理道德"只是统治者用以维护专制统治的工具。康有为还吸收西方新的科学内容来解释自然观方面的问题，如用"电"来解释"元气"，否定了长期以来被奉为真理的宋明理学。

在新学的提倡和传播中，还包括文艺领域的强劲变革之风。"诗界革命""文体革命""小说界革命""戏剧改良"等相继而起，形成广泛的文艺革新运动。儒家文化独占文化阵地的局面逐渐被打破，以儒学为中心的文化结构发生了重大变化。

虽然维新运动在各个方面的工作还不够充分、深入，但在中国近代史上却具有重要的意义。它是近代中国救亡图存的一次尝试，试图从制度体制上进行改革创新，证实了已经腐朽的政治体制靠自身的改良革新是不可能的。维新运动是以儒家思想的推陈出新为理论依据的改革尝试，它是中西文化会通的有益探索，使儒学发展进入了新的阶段。

第二节　维新派中坚——近代儒者

掀起轰轰烈烈维新运动的主力是由康有为和其学生组成的团体，其中起到灵魂作用的是康有为、梁启超和谭嗣同。他们对儒学进行反思、批判和改造，为变法提供了思想理论基础。

一、康有为

康有为是中国近代史上富有传奇色彩，又存在很大争议的人物。有人说他是开创性理论家、著述宏富的学问家和思想家型的"先时之人物"，有人说他是近代文化激进主义者，有人说他是保守的皇权主义拥护者，还有人说他冒孔子之名，失去儒学之实……哪个才是真正的康有为呢？仁者见仁，智者见智。

（一）求学探索，思路渐开

康有为，字广厦，号长素，又号更生。"广厦"取自杜甫诗句"安得广厦千万间，大庇天下寒士俱欢颜"，表现了他救国救民的远大抱负和伟大梦想。

咸丰八年二月初五（1858年3月19日），康有为出生在广东省南海县（今属广东佛山）"理学传家"的官僚地主家庭。从6岁开始，康有为就跟私塾老师学习儒家经典。他少年时的最大乐趣就是在祖父任职的官舍里读书，整日手不释卷。官舍里清政府发到各地官署的《邸报》，让年少的康有为大开眼界，知道了朝廷官府中的政事，知道了赫赫有名的曾国藩、左宗棠等人。他朦胧感知到国家的风云变幻，"慷慨

康有为

朱次琦 像

有远志矣"。这"远志"便是志于圣贤之学，忧心国家兴衰。

康有为 17 岁那年，首次读到魏源所著《海国图志》《瀛环志略》等著作，以及利玛窦等人翻译的西方书籍，进一步开阔了视野。从光绪二年（1876 年）到光绪四年（1878 年），康有为从学于当时的"粤中大儒"朱次琦，打下了深厚的儒学根基。

后来，康有为怀着好奇心来到当时已经被割让给英国的香港。在这里，他对资本主义有了新的认识，思想发生了改变。他后来又到上海的"十里洋场"，看到趾高气扬的洋人横行在中华大地上，贫穷的国人在自己的家园里苟延喘息。他意识到学习他人的长处为我所用，是国家进步的最好方法。于是他购买了西方书籍，试图通过学习西方国家找到出路。

在战火不断的岁月里，康有为不得不回到家乡闭门读书。可他的心胸却是开阔的，个人的命运、国家的前途、世界的风云时刻萦绕在他的脑际。经过多年的苦思冥想，康有为逐渐形成了一个明晰的思路：要抵抗外国的侵略，拯救中华民族，就要学习西方的长处，变法维新。

（二）讲学著书，渐成系统

光绪十四年（1888 年），康有为在赴京师参加考试时，目睹了帝国主义的骄横与清政府的腐败无能，愤然写下了长达五六千字的《上皇帝书》，请求改革政治体制，并提出了"变成法，通下情，慎左右"的建议。但愚昧顽固的官僚不肯把这刺疼他们的书信上呈光绪帝，还对康有为大加中伤。最终，康有为在这次考试中落榜了。

此时的康有为非常苦闷、愤慨，他意识到：欲任天下之事，开中国之新世界，莫亟于教育。于是，他兴办学堂，教书育人；著书立说，唤醒众人。

1. 万木草堂新学风

光绪十六年（1890年），广州学海堂高才生陈千秋，邀梁启超拜康有为为师。第二年，万木草堂正式成立，曹泰、韩文举、梁朝杰、徐勤等人先后投奔而来。33岁的康有为在学堂里，是富有创新理念的"总督"，也是主讲。他根据所接触的中外教育观点与史料，亲自制定学规，将课程分为若干学目，归属于"德育""智育""体育"三个方面。这是中国近代教育史上第一次提出德、智、体全面发展的概念。他教学的内容新颖，不仅有儒家经典等中国传统文化，而且喜欢征引西方的文化、事物，启发学生的思维，提高学生的开拓和创新能力。万木草堂培养了一批思想活跃、善于思考现实社会问题、有独立见解的新人才。

光绪二十一年（1895年），康有为在"公车上书"受阻后，再次来到桂林。除了讲学之外，还组织圣学会，创办《广仁报》，开广仁学堂。其目的是提倡新学，了解国内外政事风俗，培养

万木草堂

康有为桂林授课旧址

新一代人才。康有为把维新的空气带到了广西，为我国南方注入了新的活力。

万木草堂的学风与当时古板的八股之风迥然不同，不可避免地招致守旧顽固势力的反对和排挤。1898 年，历经 8 年的万木草堂被清政府下令封禁。学堂存在时间虽不长，却为维新变法培养了骨干力量，为以后的革命运动积蓄了能量。康有为曾写下诗句"万木深深散万花，垂珠联璧照红霞"，赞美万木草堂培养出众多有识之士。

2. 今文经学大师

康有为创办万木草堂，除培养了一大批维新变法的人才，还有一项重要的收获。那就是撰写了两部给当时思想界带来巨大震撼的今文经学著作：《新学伪经考》和《孔子改制考》。这两部著作为维新变法提供了强大的理论支撑和巨大的推动力。

康有为年轻时研究的是古文经学，但是深感古文经学的训诂考证对拯救国家民族意义不大。在其师朱次琦的影响下，他开始走上"经世致用"的道路，而让康有为茅塞顿开，真正走上今文经学之路的是廖平。光绪十五年（1889 年），康有为遇到廖平时，正处于变法之路无处可寻的苦闷状态。他研究程朱理学、陆王心学、古文经学及佛学等不同的学术学说后，始终没有找到合适的变法途径。通过与廖平深谈，康有为深受启发，遂想借今文经学的"微言大义"，实现经世致用的目的。康有为从今文经学中接受和采纳"三统""三世"说，先后写出《新学伪经考》和《孔子改制考》两部著作。这是康有为思想发展的重要转折点，也为维新变法提供了理论支撑。

廖平 像

完成于光绪十七年（1891年）的《新学伪经考》一问世就吸引了众人的注意力，风行一时。有革新者的大为赞叹，也有顽固派的惊慌。何以会有如此大的反响呢？这是因为它发出了前所未有的声音，敢于挑战古文经学的权威。这部书以《史记》为主要依据，运用历史考证的方法，遍考周朝、秦汉书籍，以证明秦始皇"焚书"时，"六经"并未消亡，极力辩明刘歆所倡、立于汉代学官的古文经学都是被捏造出来的伪书，刘歆等人的目的是帮助王莽篡夺帝位。康有为指出：这些伪经不是孔子的真经，只是"记事之书"，而非"明义之书"，曲改了孔子的"微言大义"，湮灭了孔子"托古改制"的原意。所以刘歆之伪不去，孔子之道不明。

虽然康有为言之凿凿，"铁案如山"，但客观来说，他为了证明自己的言论观点，也不免有以史证我的武断之处。尽管如此，《新学伪经考》还是在政治思想、学术思想上产生了重大影响，带来了席卷旧思想和旧风气的力量。正如梁启超所说："诸所主张，是否悉当，且勿论，要之此说一出，而所生影响有二：第一，清学正派之立脚点，根本摇动；第二，一切古书，皆须从新检查估价。此实思想界之一大飓风也。"

光绪二十二年（1896年），继《新学伪经考》之后，康有为又完成《孔子改制考》一书，进一步阐述"托古改制"的思想，抒发自己的政治理想。在康有为的笔下，孔子不再是从前儒者眼中"述而不作""信而好古"的文化传递者，而是主张"托古改制"的经典改革家，为反对落后和守旧而写成"六经"。

在《孔子改制考》中，康有为一反传统的历史发展变化观，采用鲜明的西方进化论历史观。他认为中国历史的

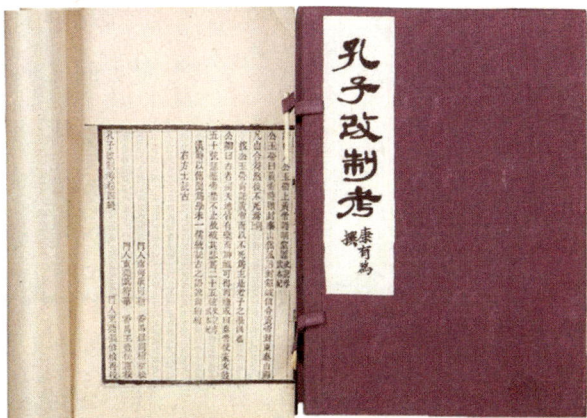

《孔子改制考》

发展可以分为三个阶段：据乱世、升平世和太平世。社会历史会沿着由低级到高级的过程有序前进。要由据乱世进入升平世就要"因革改制"，达到"太平盛世"。这些观点使当时处于旧思想牢笼和渴望新思想的知识界、思想界为之一颤，促进了学术思想的发展。梁启超把《孔子改制考》誉为晚清思想界的"火山大喷发"。

除《新学伪经考》《孔子改制考》这两部书外，康有为还著有《春秋董氏学》《春秋笔削微言大义考》《春秋三世义》《大学注》《中庸注》等多部著作。这为维新变法提供了理论根据，更为儒学发展提供了新契机，其后的古史辨伪运动实肇端于此。

（三）变法周游，大同理想

正如鲁迅先生所说，康有为是"公车上书"的头儿、戊戌政变的主角。康有为确实在维新变法运动中起到了至关重要的作用，他既是整个活动的策划者，也是领军人物。"公车上书"由他倡导，"百日维新"提出的一系列变法政策与内容也多是他长期思考和探索的结果。

维新运动失败后，康有为逃至国外，开始了多年的列国周游。在此期间，他积极考察各国的政教、风俗、文物、制度等，思想更为成熟、开放，对中国文化有了更客观的认识。康有为心中所勾画出的理想世界更为清晰，这就是其《大同书》中所描绘的"大同理想"。

1913 年，《大同书》在《不忍》杂志上发表甲、乙两部。1935 年，经康有为弟子钱安定整理后的《大同书》正式出版发行，而当时康有为已经逝世 8 年。《大同书》集中描绘了康有为"大同理想"的蓝图，以及实现这一理想的具体步骤。

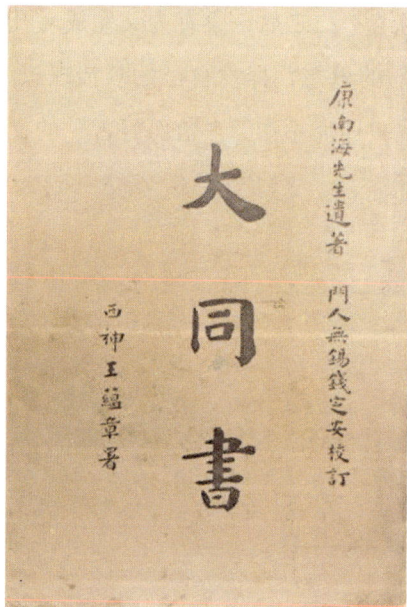

《大同书》

《大同书》有两个主要的思想源头：一是古代儒家的大同思想，二是西方资产阶级民主思想和空想社会主义学说。其大同思想与古代儒家大同思想有继承性，这主要表现在对儒家核心思想"仁爱"的继承与发展。孔子的理想是"老者安之，朋友信之，少者怀之"，孟子所希望的是"亲亲、仁民、爱物"，可以说儒家的社会理想就是建立充满仁爱的社会。康有为以"仁爱"作为全部学说的基石，怀着"不忍之心""入世界观众苦"，构造了一个"大仁盎盎"的理想世界，在传统儒学中糅进了民主、平等、自由、博爱等资产阶级人道主义思想的因子。

康有为的"大同理想"与两千多年前孔子所设想的"大同"虽有相同之处，但更多的是不同。儒家传统的"大同理想"是："大道之行也，天下为公。选贤与能，讲信修睦，故人不独亲其亲，不独子其子，使老有所终，壮有所用，幼有所长，矜寡孤独废疾者皆有所养。男有分，女有归。货恶其弃于地也，不必藏于己；力恶其不出于身也，不必为己。是故谋闭而不兴，盗窃乱贼而不作。故外户而不闭，是谓大同。"① 康有为在此基础上，加入了许多西方的思想，为世人描绘了一个具有近代特色的真善美的理想世界。在"大同之世"，一切财产都归公有，没有阶级压迫和剥削，生产力高度发达，人们过着富裕的生活，"夏时皆置机器，激水生风，凉气砭骨。冬时皆通热电，不置火炉，暖气袭人，令气候皆得养生之宜焉"。

如何达至这理想中的世界呢？康有为设计了一系列通向大同社会的道路，认为只要去掉"九界"，人类乃至众生便可达到美好的"大同"世界。这"九界"是：国界、级界、种界、形界、家界、产界、乱界、类界、苦界。其中"明男女平等，各自独立"之权的"去形界"，是去其他诸界的关键。为什么这一界如此重要呢？康有为想用资产阶级的人权思想来论证男女平等，把人权、自由、平等等原则，作为进入理想世界的前提，这具有进步意义和合理因素。同时，他也明确指出，如今只是"据乱"之世，只有实行君主立

---

① 《礼记·礼运》。

宪，实现"小康"，才能进入未来的"大同"社会。

由此可见，具有开放思想的康有为在游历世界后，其"大同"思想已不再仅仅是传统儒家的"大同"思想，而是具有近代资产阶级性质的新思想，是中国传统文化和世界文化的结合。这是康有为对儒家思想的近代化所做的积极尝试。

（四）　中西相合的探索

在国际国内形势的风云变化下，康有为尽最大努力思索国家的出路、百姓的命运、文化的走向等问题。可以说，康有为在儒学的近代转化中起到了重要作用，为儒学的发展做出了重要贡献。

康有为"援西入儒"，将儒家思想与西方思想文化相比较，使儒学的近代化步伐得以加快。之前洋务派提倡的是"中学为体、西学为用"，只是将大量机器生产输入中国，而"中学"是根本，不能变动。康有为认识到要进一步改革，就要在政治制度上着手，要对儒学作重新解释。康有为凭着自己对儒学较深的造诣，以及对西学的理解，将中西文化初步糅合、贯通，赋予儒学以新的含义和价值。在把儒家学说与近代西方资产阶级学说相联系的过程中，虽然免不了有生搬硬套、牵强附会之处，但是他"泯中西之界限，化新旧之门户"的意识与努力，在一定程度上开启了传统儒学向近代转化的新方向。

康有为作为引领时代风骚的人物，提出了许多富有创造性的思想观点。对孔子的崇拜，对国粹的提倡，对读经的重视是他人生的底色，对大同世界的畅想是他孜孜以求的目标。他希望将儒学推出国门，在西学的冲击面前，保存"国魂"。他希望推动儒学与国际接轨，将双向流动的中西文化"会通"，从而使儒学立于世界文化之林。但我们也要看到，在当时历史条件的限制下，康有为所取得的成效也是有限的。

二、梁启超

梁启超是近代著名的思想家、文学家、社会活动家，其思想随着时代的前进不断更新。在一定程度上可以说，他的思想变化是 19 世纪末期到 20 世纪初中国思想史发展的部分显现。同时，梁启超又是中国近代重要的政治活动家，是一位兴趣广泛、学识渊博的儒者。他一生著述宏富，汇编为《饮冰室合集》，共148卷。梁启超早年受康有为今文经学"经世致用"思想的影响，积极投入到维新变法运动的大潮中。亡命日本期间，梁启超加深了对西方思想的认识，思想臻于成熟，提倡塑造"民族之魂"，主张"政体进化"，加入政治风云之中。晚年的梁启超，退回学术阵地，专心教学著书，发出以中华文明尤其是儒家思想"救拔"西方社会的呼声。

（一）维新运动主力，思想初步形成

梁启超，字卓如，号任公，别号饮冰室主人。同治十二年（1873年）正月二十六日出生于广东新会县（今广东江门新会区）一户殷实的农民家庭，自幼接受传统儒家文化教育。这些教育培养了他许多优秀的美德，为他的人生走向奠定了基础。光绪十五年（1889年），梁启超通过广东乡试，中举人。第二年，赴京会试，落第。后来，经同学陈千秋的介绍，结识康有为，为其学识所折服，投师门下，成为康有为的得意门生。这使梁启超看到了新的学术天地，开启了他不同寻常的人生。

梁启超是康门中最为活跃的青年学子，因其对于学术的热爱及突出的才能，被推为学长。在帮助康有为校勘、分述《新学伪经考》《孔子改制考》的过程中，梁启超的学识与思想不断进步，步入新的思想园地。这主要表现在：突破传统的"经学家法"，由先前的训诂治学转向"经世致用"治学；开始借用西方学术来改造和建设儒家学术；不再走传统

梁启超　　793

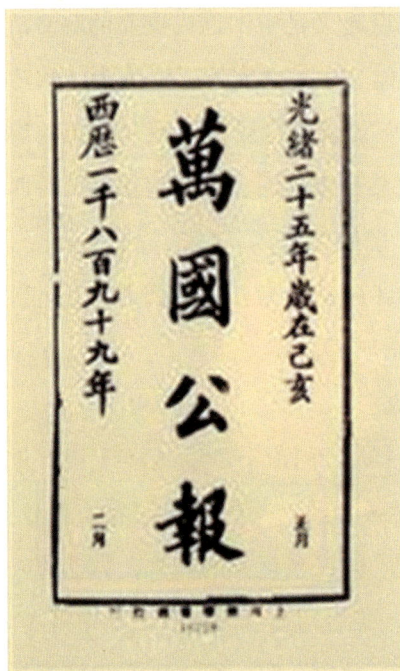

《万国公报》

"六经注我"的汉学家旧路，努力把旧学"提升"到洋溢着近代精神的新学上来。

梁启超在《三十自述》中说："先生为讲中国数千年来学术源流，历史政治，沿革得失，取万国以比例推断之，余与诸同学日札记其讲义，一生学问之得力，皆在此年。"万木草堂时期，康有为所传授的思想信念使梁启超的思想发生了第一次重要转变，并成为其日后思想发展的基石。

光绪二十一年（1895年），梁启超积极参加康有为发起的"公车上书"活动，登上了中国政治的历史舞台。维新变法期间，梁启超曾先后负责北京的《万国公报》（后改名《中外纪闻》）和上海的《时务报》，以笔为武器，发扬儒学今文经学的精神，为维新运动的开展制造舆论。在此期间，他接触到大量中外新闻和西方著作，从而对西方文化有了进一步认识。他反复思考西方为何强、中国为何弱，产生了"述作之志"。

光绪二十三年（1897年），梁启超主讲湖南时务学堂，畅言心中的梦想，大力提倡民权、平等、大同之说，发出"保国、保种、保教"的呐喊，提出"以政学为主义，以艺术为附庸"的学术思想，对今文经学思想作了精彩发挥。

时务学堂旧址

（二）舆论界骄子，思想走向成熟

维新变法失败后，梁启超逃亡日本，继续宣扬变法。同时，他也不断反思得失，寻求新的出路。经过维新变法的洗礼，梁启超不仅没有被打败，反而进入崭新的境界：思想走向成熟，形成自己的体系。《戊戌政变记》是梁启超见证戊戌政变始末之后，对于这段历史的回顾与反思，分析了政变的得失。在此期间，他先后创办《清议报》《新民丛报》，大力宣传资产阶级的民权、自由、平等、爱国、利民、进取等西方思想，在当时产生了广泛的影响。故而，梁启超被誉为"舆论界骄子"。

1898 年 12 月 23 日，梁启超在日本横滨创办了《清议报》。在创刊号上，他申明了创办该报的宗旨："呜呼！此正我国民竭忠尽虑，扶持国体之时也。是以联合同志，共兴《清议报》，为国民之耳目，作维新之喉舌。"《清议报》对激发国民的正气，增长学识，保存学术精粹起了一定作用，被评价为"明目张胆，以攻击政府，彼时最烈矣"。特别是其中刊载的《自由书》，以近代西方进化论学说为背景，以近代人文主义和科学主义知识为主要支撑，深入探讨自由精神的要义，在当时思想

《新民丛报》

《清议报》

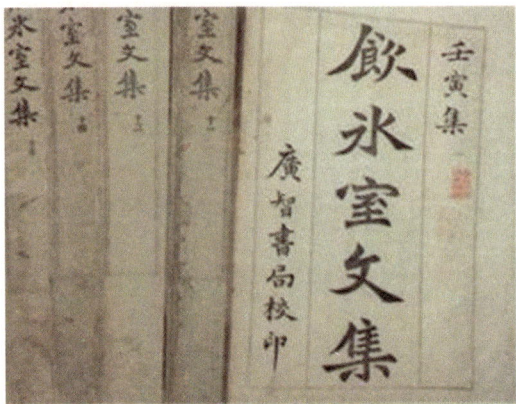

《饮冰室文集》

界产生了重要影响。

1901 年，《清议报》突遭大火，结果促成了《新民丛报》的诞生。这个新阵地，也为梁启超思想的发展提供了崭新的天地。该报刊内容涉及政治经济、历史地理、学术宗教、文苑小说等，几乎无所不包；天南海北，古今中外，几乎无所不谈。其中最有影响力的是《新民说》。它是用"中国之新民"之名，发表在《新民丛报》上的 20 篇政论文章合集，思考如何"新民"，使每一个中国人都具有"国民"的美好品格，希望通过改造旧有的国民性，重造中华民族之魂。梁启超带领一大批人进入全新的精神世界中，认识到新的学科结构和新的学术精神。

《新民丛报》前后共发表文章 340 多篇，其中涉及西方意识形态的占一半以上。梁启超在对世界历史有新认识的基础上，发出新的呼声："与其共和，不如君主立宪；与其君主立宪，又不如开明专制。"君主立宪和开明专制论是梁启超新民说的重要组成部分。梁启超一反戊戌变法时的激进态度，认为在当时的中国实在是"不必革命""不忍革命""不能革命""不可革命"。这一保守态度曾遭到革命派的强烈反对。

民国初年，梁启超从日本回国，加入袁世凯的阵营，参与到政治中去，想要有所作为。可事与愿违，袁世凯日益暴露的称帝野心让梁启超很失望。在劝说无效后，梁启超遂与蔡锷策划用武力反袁，为护国战争做出了重要贡献。1916 年，袁世凯死后，梁启超又依附北洋政府的实权人物段祺瑞。1917年，孙中山发动护法战争，段祺瑞被迫下台。梁启超辞职，从此退出政坛。

梁启超的早期思想受到康有为的重要影响，但在维新变法失败后，梁启超的思想发生了急剧变化，形成自己独特的见解和思想体系。在对待中西文化上，梁启超既不认同"全盘西化"的模式，又不同意先前"中体西用"的观点，而是主张中西的"结合"。在对国学的改造中，梁启超坚持用中学与西学"结婚"的方式，从古老的"中学"中生发出时代新精神。他在《论中国学术思想变迁之大势》中形象地说：

中年时期的梁启超

"一泰西文明，欧美是也；二泰东文明，中华是也。20世纪，则两文明结婚之时代也，吾欲我同胞张灯置酒，连轮俟门，三揖三让，以行亲迎之大典。彼西方美人，必能为我家育宁馨儿以亢我宗也。"

梁启超比照西方文化，将变法的理论作了新的诠释。其变法思想的理论根据虽也是传统的公羊三世说，但对公羊三世的解说已与康有为不同。他用近代西方资产阶级的政治概念对"三世"加以表述："一曰多君为政之世，二曰一君为政之世，三曰民为政之世。"这"三世"又可以分"六别"，即"多君世之别"分为酋长之世和封建及世卿之世；"一君世之别"分为君主之世与君民共和之世；"民政世之别"分为总统之世与无总统之世。这"三世六别"按照阶段和层次顺序演进，构成人类历史发展的规律。"三世之理"体现在自然界的发展中，便是莓苔世界——海绒螺蛤世界——大草木世界——百兽世界——人类世界。可见，梁启超的"三世六别"结合了中西观点，淡化了传统公羊家言说的神秘色彩，拓宽了人们的思维空间，加入了现代的思想观点，使"孔子改制"的宣传更易于被人们接受和认可。

至于如何变法，经过不断探索，梁启超认为变法的根本在于"育人才""开民智"。中国之弱，根本在于民愚。如何解决呢？梁启超认为打开的钥匙是西方的"自由"，以此来摆脱传统"三纲五常"的压制、传统礼教的束缚，冲破传统制度与文化的禁锢，恢复人的本性。用"自由"观念来树新民德，

梁启超雕像

培养出国民新的思想意识和道德观念。如果人人自新，那么新制度、新政府、新国家就自然会实现。这些思想不仅在当时有积极、科学的合理成分，在今天也仍有借鉴意义。

在对待孔子的态度上，梁启超前后的变化也很大。在戊戌变法时，他把孔子奉若"神明"，主张尊孔保教。海外归来，梁启超开始摆脱康有为今文经学的束缚，提出应该还孔子本来面目，反对把孔子视为"教主"。他说："孔子者，哲学家、经世家、教育家，而非宗教家也。"认为"孔子，人也，先圣也，先师也；非天也，非鬼也，非神也"。同时，梁启超认为孔子的学说中有损益变化的观念，随着时代的变化而改变，不能把孔子的学说当作不变的教条。"吾爱孔子，吾尤爱真理！吾爱先辈，吾尤爱国家！吾爱故人，吾尤爱自由！"这就是梁启超的"保教非所以尊孔论"。

虽然梁启超思想中不免有"以西学缘附中学"之嫌，但其"我操我矛以伐我"的求新精神，对中国旧思想的猛烈抨击，对人们思想的解放与创新等，具有重要的指导意义。这一时期，梁启超的思想走向成熟，形成自己的体系，对儒学的发展和近代思想史的转变起到一定的推进作用。

（三）发扬"固有文明"，专注学术研究

1918 年底，梁启超退出政治舞台，开始游历欧洲各国。在此期间，他了解到西方的许多社会问题和弊端，看到战后欧洲的凄惨景象，看到巴黎和会上欧美大国鬼鬼祟祟的行为，认识到更为真实的西方世界。于是，他先前所怀有的"科学万能之梦"破碎了，对西方文化感到失望。在《东南大学课毕告别辞》中，他指出"东方的学问，以精神为出发点；西方的学问，以物质为出发点"，从深层来看"东方的人生观，无论中国、印度，皆以物质生活为

第二位，第一就是精神生活。物质生活仅视为补助精神生活的一种工具"。

回国以后，梁启超一反早期所信奉的"中国今日之政，非西洋莫与师"①的理论，重新回到传统的怀抱。他认为西方文明已经破产，中国传统文化才具有更强大的力量，要用东方的"固有文明"来拯救世界。

为什么这样说呢？一方面，在剥去层层外在的物质虚壳后，梁启超看到中国传统文化所提倡的物质生活上"人人皆为不丰不觳的平均享用，以助成精神生活之自由而向上"的观点"于人生最为合理"。西方所追逐的"物质文明这样东西，根底脆薄得很，霎时间电光石火一般发达，在历史上原值不了几文钱"②。电光火石般的西方文明已经消退，需要中国文化来拯救。正如梁启超在《欧游心影录》中所说："我们人数居全世界人口四分之一，我们对于人类全体的幸福，该负四分之一的责任。不尽这责任，就是对不起祖宗，对不起同时的人类，其实是对不起自己。"

另一方面，这是梁启超在当时复杂的历史背景下做出的选择。五四运动时期，出现了彻底否定中国传统文化，主张"全盘西化"和"全盘俄化"的思潮。这种极端的思想倾向，让梁启超感到深深的担忧，故而奋起抵抗，想要挽救传统文化于危亡之中。对当时想要冲破一切旧传统、旧文化的激进者来说，梁启超是保守而落后的卫道者。但现在看来，梁启超向传统的复归，并不是回到封建主义阵营，而是出于当时意识形态斗争的需要而进行的一种文化选择，是对中西文化进行比较与思考之后做出的抉择，有其合理与理性的一面。梁启超认识到过度自尊，就会盲目排外；过度自卑，就易搞民族虚无，所以这两种对待文化的态度都是不可取的。因此，梁启超指出，在中西文化比较中，固然应强调外国学术，但也应保护与激发本民族的创造力和自主地位，否则学术文化难以发展。

1920 年后，梁启超将主要精力用于教学和学术研究，先后在清华大学、

---

① 姜义华编校：《康有为全集》，上海古籍出版社 1987 年版。

② 梁启超：《研究文化史的几个主要问题》，见《梁启超选集》，上海人民出版社1984 年版。

梁启超故居纪念馆

南开大学等校执教，又担任京师图书馆馆长、北京图书馆馆长、司法储才馆馆长等职。在此期间，他还到各地讲学，编著出版了多部著作，直到 1929 年在北平病逝。

梁启超一生热衷于中国学术思想，自觉地把中西学术思想进行比较，以促进学术的发展与进步。梁启超为何如此重视学术思想呢？他曾在《论学术之势力左右世界》中说："天地间独一无二之大势力，何在乎？曰智慧而已矣，学术而已矣。"在梁启超看来，"凡一国之进步，必以学术思想为之母，而风俗、政治皆其子孙也"。一个国家民族的内在精神是学术思想，政事、风俗及种种的历史现象不过是民族和民族文化之学术思想的外在"形质"，学术思想是国家文化发达程度的鲜明标志。梁启超希望中国学术界能涌现出左右世界的著名学者，希望中国出现学术繁荣的景象，并由此来实现国家的昌盛。

在此，有必要提及梁启超晚年的力作《清代学术概论》。在这部著作中，梁启超对清以来的今文经学进行了比较全面的评价，也对自己的学术思想加以剖析。在中国近代历史上，他第一个对清代今文经学运动做出精辟论述。

沉寂多年的儒家今文经学，为何在清代重新崛起？如何看待清中叶兴起的常州学派？如何评价庄存与、龚自珍、魏源、康有为等今文学家？梁启超从"今文学与新思想之关系"的角度，对这些问题加以解答，探索清代学术内在的历史动因。今文经学的兴起是缘于一批有责任感的人士对于时局和思想学术的反思，他们打破了无实无用的汉学专制、考据训诂，从而推动了今文经学的重新崛起。在《清代学术概论》中，梁启超用褒贬两分的态度来品评人物事件，实事求是地指出人物的长处与不足。如对于恩师康有为，梁启超认为他是清代今文经学的集大成者，有力推进了近代中国思想的解放与社会的进步，但是"有为以好博好异之故，往往不惜抹杀证据，或曲解证据，以犯科学家之大忌，此其所短也"。梁启超这种不抱门户之见，不为尊者讳的客观态度，是难能可贵的。

在《清代学术概论》一书中，梁启超对自己学术思想的形成、演变及其"多变"的特点也作了客观的叙述和评析："启超务广而荒，每一学稍涉其樊，便加论列，故其所述著，多模糊影响笼统之谈，甚者纯然错误，及其自发现而自谋矫正，则已前后矛盾矣！平心论之，以20年前思想界之闭塞萎靡，非用此种卤莽疏阔手段，不能烈山泽以辟新局。就此点论，梁启超可谓新思想界之陈涉。虽然，国人所责望于启超不止此。以其人本身之魄力，及其三十年历史上所积之资格，实应为我新思想界力图缔造一开国规模。若此人而长此以自终，则在中国文化史上，不能不谓一大损失也。"梁启超用如此长的篇幅，对自己作相当中肯的品评，是对自我的反思，也是对那个时代众多思想者的反省与评断。可以说，梁启超对于儒学的发展和发扬做出了重要贡献。

三、谭嗣同

谭嗣同，字复生，号壮飞，又号东海褰冥氏、华相众生等，湖南浏阳人。同治四年（1865年），谭嗣同生于北京一官宦之家，其父为户部官吏谭继洵。梁启超在《清代学术概论》中，将谭嗣同的生平及思想分为三个阶段：早期，好王夫之之学，喜谈名理；中期，受康有为等影响，作《仁学》一书；晚期，为变法奔走献身。

（一）倔强刚强的世家公子

谭嗣同生于官宦人家，特殊的成

谭嗣同

青少年时期的谭嗣同

长环境对他造成了深刻影响。一方面，谭嗣同受家族的影响，继承忠义、节孝的家风，具有铮铮傲骨；另一方面，谭嗣同虽过着锦衣玉食的生活，却关注生民疾苦、国家命运。这在官宦世家是难能可贵的。

谭嗣同幼年时期便接受儒学教育，并对王夫之的学说情有独钟。兄弟姊妹与母亲相继去世，后母的虐待使谭嗣同"遍遭纲伦之厄"。所以，虽然家世显赫，他却没有"纨绔子弟"的恶习，反而形成了刚强叛逆的性格，颇具侠气豪情。

谭嗣同 20 岁时便写出《治言》一书，从一般的知识出发探讨人生的大道理，从天道、地道、人道相错相接的角度来讨论中国问题。这时的谭嗣同虽然热衷于追求新知识，但是还没有进入当时中国的时代主流中。正如他自己所说："平日于中外事虽稍稍究心，终不能得其要领。"但对于"中外事"的关注，为其日后思想的突飞猛进打下了坚实的基础。

（二）孜孜以求的改良学者

光绪二十一年（1895 年），谭嗣同结识了梁启超，梁启超遂向他介绍了康有为的思想、主张和学术。这些新知识让谭嗣同为之一振，开启了其生命中的一段新旅程，对其学术思想的转变影响很大。出于对康有为的仰慕和敬重，谭嗣同常自称为康有为的"私淑弟子"。他接受康有为今文经学的思想观点和"托古改制"的理论，把改革的重点放在政治变法的纲要上来。这一时期，是谭嗣同变法理论和人生哲学的构建阶段，从早期热衷于王夫之"道在器中"的思想，转变到"尽变西方"的思想上。

光绪二十二年至二十三年
（1896年—1897年），谭嗣同在
任南京候补知府一职时，写成了
他的代表作——《仁学》，开始
了从主"中学"到主"西学"的
转变，反映出其世界观和学术思
想的巨大转变。为了写这部著
作，谭嗣同经常去会见在上海任
《时务报》主笔的梁启超，交流
学问与对时事的看法。梁启超给
谭嗣同很多的建议和启发，对他
的帮助很大。

谭嗣同为什么要作《仁学》
呢？梁启超在《仁学序》中有明

《仁学》

确的表达："以求仁为宗旨，以大同为条理，以救中国为下手，以杀身破家为
究竟。"在那个混乱而严酷的时代背景下，谭嗣同为了积极宣扬变法运动，试
图找到理论上的根据，为了创造天下大同的新教，而作《仁学》。

《仁学》看其题目便可知是关于儒家核心理念"仁"的学说。但是这部
书提出了许多与传统儒学不同的观点，其中包含许多创新性的思想。谭嗣同
将西方的科学、哲学、宗教融为一体，试图以"仁"贯通儒、耶、佛三教。
梁启超作为《仁学》的"助产者"，对于谭嗣同《仁学》的看法是："冥探孔
佛之精奥，会通群哲之心法，衍释南海之宗旨。"这是比较中肯的评价。

《仁学》一书最显著的特征就是用西方近代自然科学的"以太"来诠释
"仁"。谭嗣同试图把中国古老的哲学范畴与近代科学相结合，赋予"仁"以
时代意义，这是揭示"仁"之内涵的一个有益尝试。"以太"理论开始传入
中国是在19世纪，当时就有一些学者试图用它来充实已有的哲学思想。如康
有为曾说："不忍人之心，仁也，电也，以太也。"谭嗣同用"以太"来充实

《谭嗣同全集》

自己的"仁学"，在一定程度上就是受康有为的影响。

那么，"以太"是什么呢？它本是近代物理学中的一个概念。在谭嗣同的眼中，"以太"大体的含义为：它是万物构成的质点，是万物之间的联系方式，是精神现象的本原。光、声、气、电等物质之所以能像水一样振荡、传播，从而构成地球，万物所以能粘砌、凝结、维系构成一个整体，关键是在背后有"以太"，即"仁"的存在和作用。这里把"仁"作为天地万物的本原，赋予"仁"物质性的含义，将抽象的概念具体化、实物化。

除此之外，谭嗣同还把"以太""仁"与"心力"等同起来，将物质的"以太"说转向了精神的"心力"说，因而出现了把物质和精神的界限相混淆的问题。由此，可以看出谭嗣同的仁学体系是非常驳杂的，他把诸多的概念粗糙地堆放在一起，还没有来得及将之进一步融会贯通，不免显得芜杂。但不得不承认，他用"以太"来阐述仁的普遍性，对"仁"含义的现代化作了一定的探索，有积极的尝试意义和理论价值。

（三）冲决罗网的变法英雄

1898 年初，谭嗣同到湖南从事变法活动，组织"南学会"，创办《湘报》，开展了一系列以"开民智""行民权"为重点的实践活动。短短一段时间，就使湖南"风气之开，几为各行省冠"，为政治变法运动扫清了一些思想上的障碍，使更多的人认识了西方的文明和思想。

是年 6 月 11 日，光绪帝宣布变法，谭嗣同奉诏担任掌握起草变法事宜的

"军机四卿"之一。9月12日，谭嗣同代拟诏书，将维新派的一系列理论付诸实施。9月28日，变法失败，谭嗣同留下"我自横刀向天笑，去留肝胆两昆仑"的壮语，英勇牺牲，用实际的行动践行了"舍生取义""杀身求仁"的儒者精神。他要用自己的生命来照亮人们前行的道路，用鲜血冲决束缚国人的制度、纲常和观念等罗网。

谭嗣同就义前图片，后为他所题《绝命诗》。

"冲决一切罗网"是谭嗣同最为响亮的呼声之一。这固然与他受后母虐待、受家庭束缚的经历有关，但更多的是出于他对于已经腐朽不

谭嗣同雕像

堪的社会制度的深刻认识。他以犀利的笔锋描绘出纲常名教的欺骗性和危害性，"名之所在，不惟关其口使不敢昌言，乃并锢其心使不敢涉想"。纲常名教是两千多年来统治者约束人们的工具，是人们沉重的精神枷锁，使人们不敢稍有背离和异念。"三纲之慑人，足以破其胆而杀其灵魂"，所以"独夫民贼固甚乐三纲之名"。谭嗣同认为"君为臣纲"是"三纲"中最为有害者，"二千年来君臣一伦，尤为黑暗否塞，无复人理"。君权不是神授，不是天经

地义。君为末，民为本，君主是被推举出来为民办事的。君若不能尽到其责任，民可以废之。要拯救人们，就要打破这些纲常名教。可以说，谭嗣同对于纲常的认识是比较深刻的，为以后新文化运动反对纲常礼教作了铺垫，对于国人的觉醒具有重要意义。

特别值得注意的是，谭嗣同还率先提出了"男女平权"的观念，同情妇女在当时社会中的不幸遭遇和低下地位，对欺压凌辱妇女的现象进行指责和揭露。这对其后的思想解放起到了积极作用。

维新运动是危难时刻的爱国救亡运动，是思想解放运动，也是儒学发展的重要阶段。维新运动以"托古改制"作为变法的指导思想，崇尚尧、舜、禹、文、武、周公的"远古"之学，用新的观点阐释儒家经典，改造传统儒学。维新派加强政治体制的改革，比洋务派的改革更进一步，具有不可磨灭的历史功绩。同时，也要看到在当时的历史条件下，维新派思想上存在许多缺陷，变法不彻底，无法摧毁传统帝制。

第四章　儒学独尊地位的终结

　　1911 年的辛亥革命推翻了统治中国几千年的皇权专制制度，作为官方意识形态的儒家思想也受到巨大冲击。儒学面对激烈、混乱的形势，该何去何从？这是在那个时代，中国人尤其是知识分子孜孜以求解答的问题。复辟帝制、军阀混战带来了社会的动荡和人们信仰的危机。革命派等对于儒学的废止和打压，反而激起了更为强劲的尊孔崇儒思潮。

　　从鸦片战争到五四新文化运动，西方文明的输入大体经历了器物层面、制度层面、文化层面三个阶段。中国人对西方文化的认识也经过了"知其然""知其所以然""知其必然"的过程。轰轰烈烈的五四新文化运动真正从理论上、实践上标志着儒学独尊地位的终结。当然，儒学独尊地位的终结，并不意味着儒学的终结，儒学反而在新的环境下有了新的发展。历经近代冲击的儒学，又将在新时代开出怎样的花朵呢？在风雨中成长起来的现代新儒家就是儒学发展中长出的新花朵之一。

第一节　复辟帝制与尊孔崇儒思潮

　　维新变法的失败，说明资产阶级改良运动的道路在中国走不通。进入 20 世纪，帝国主义更加猖獗，清政府腐朽落后，中华民族到了濒临灭亡的危急时刻。在救亡图存运动中，辛亥革命推翻帝制，对儒学产生一定冲击，引起人们信仰的危机。其后的复辟帝制活动，试图以儒学为工具来进行政治上的复辟。以孔教会为代表的尊孔崇儒思潮，也未能改变儒学独尊地位的渐行渐远。

一、辛亥革命及其对儒学的冲击

　　拯救祖国，成为 20 世纪初中国社会的核心内容之一。首先觉醒的资产阶

孙中山

级知识分子冲到了时代的前列，他们以上海和东京为中心，组织各种形式的革命团体，形成资产阶级革命派，开展救亡图存的革命活动。如：1903年，蔡元培、章太炎发起组织"光复会"。1904年，黄兴、陈天华等人发起组织"华兴会"；中国留日学生成立"拒俄义勇队"等。1905年，以孙中山领导的"兴中会"为主体，联合各个团体，成立了"中国革命同盟会"，提出了"民族、民权、民生"的三民主义纲领。孙中山作为辛亥革命的灵魂人物，其思想代表了辛亥革命的主导思想。他从现实需要出发，既有对以儒家学说为代表的中国传统文化的反思和改造，将其中优秀思想古为今用，又有对欧美文化的扬弃与吸取，将其融入中国文化的思想体系中。

资产阶级民主革命不同于维新派"托古改制"的传统形式，他们不依靠孔子的声势，不靠经书的"微言大义"，所用的是"欧洲思潮"，把批判的矛头指向中国固有的传统意识形态。这集中表现在三个方面：一是反对专制君权，批判"王者受命于天"的君权神授说，主张建立民主共和国。二是批判孔子及儒学，指出孔子并不是至圣，不过是忠君与法古者。资产阶级革命派认为只有批倒孔子、儒学，破除人们对孔子的迷信，才能取得革命的胜利。三是强烈批判传统礼教，把道德革命作为推翻帝制、建立民主共和的思想准备。于是，等级森严的"三纲五常"成为革命矛头所指的重点之一。儒学成为众矢之的，受到强烈冲击。显然，这一时期的民主革命运动，是对儒学的一次声讨。

在此期间，与资产阶级革命派持不同观点的国粹派也在不断的探索中寻找着出路。国粹派是19世纪末20世纪初以章太炎、刘师培为代表的一个学术派别。章太炎在《东京留学生欢迎会上的演说辞》中对国粹的内涵、提倡国粹的目的作了解释："为甚提倡国粹？不是要人尊信孔教，只是要人爱惜我们汉种的历史。这个历史，是就广义说的，其中可以分为三项：一是语言文字，二是典章制度，三是人物事迹。"国粹派的目的在于弘扬中国传统文化的精华，反对全盘西化。他们并不排斥西学，而是主张大力吸取西学以提高人们的民族意识。国粹派以"古文经学"论治，并试图将治经导向纯学术研究的范畴，体现了传统经学向近代的转变。

章太炎

　　经过多次武装起义，1911 年的辛亥革命推翻了帝制，资产阶级革命派终于取得了胜利，中国历史掀开了新的一页。辛亥革命结束了清朝的统治，结束了几千年的皇权专制，带来了前所未有的政治变动，也带来思想上的巨大变革。两千多年来，儒学一直作为帝制笼罩下的官方意识形态，雄踞中心位置。帝制没有了，儒学所依附的庞大机构顷刻间分崩离析，因而面临着前所未有的困难和挑战。在儒学熏染下成长起来的众人将如何安放其心灵，如何安排其生活？

二、复辟帝制与儒学困境

1912 年中华民国临时政府成立

　　1912 年元旦，中华民国临时政府成立，中国进入了民主共和时代。而实际上，此时所谓的"民主共和"也只是一个称谓而已，因为这一过程来得过于迅猛，长期

《中华民国临时约法》

处于专制政权统治下的人们并没有从意识上、心理上、习惯上接受"民主共和"。虽然清王朝已经覆灭，但是曾经在这个政权下存身的各种恶势力并没有因此而烟消云散，反而更加猖獗。如何制定一套科学的、合理的制度与体系？如何治理民众？对于此类问题，并没有形成统一的观点。

中华民国临时政府成立后，为维护社会的稳定和正常运行，制定和颁布了一系列制度和规定。1912 年 3 月 11 日，临时政府公布了《中华民国临时约法》，以法律的形式从根本上否定了君主制度。在教育上，颁布了《对于新教育之意见》《大学令》《普通教育暂行办法》等法规，对教育的宗旨、内容等加以改革，要求各地禁止读经和跪拜孔子，禁止使用清代颁布的教科书，禁止教授与共和宗旨不合的内容等。这些措施，在一定程度上使共和精神得到宣传和普及，也使儒学及其典籍开始失去在教育中的独尊地位。

可是，临时政府的一系列激进措施，由于忽视了当时中国的实际状况，忽视了儒学在中国的特殊意义，不仅没有形成新的信仰，反而导致了民众信仰的进一步迷失。自西汉以来，孔子的思想和儒家学说作为修身齐家、治国安邦的指导和原则，渗透到人们生活的各个角落。对孔子的尊崇与信仰是千百年来形成的共识，早已深入人们的心灵。儒学虽说不是西方国家所说的宗教，其作用和影响力却是有过之而无不及。要把深入人们精神世界的儒学废除，代之以民主共和观念，这比废除君主专制制度更为艰难。因为这不仅涉及如何对

辛亥革命

待中国特有的文化遗产和智慧源泉的问题，还触及社会大众的信仰问题，关系到人心的安定。思想文化的转变是一个漫长而复杂的过程，不是一纸法令就能左右的。

辛亥革命所带来的社会剧变让一部分中国人，特别是在传统文化熏染中成长起来的知识分子感到无所适从，他们对新的世界向往而又迷惑不解，对传统文化又有割舍不断的眷恋之情。在信仰的混乱之中，具有政治野心的袁世凯夺取了辛亥革命的胜利果实，接替孙中山成为中华民国的大总统。

袁世凯从根本上说并不是共和主义的信仰者。在看到共和政体无法实现他所期待的威权政治目标时，他开始对共和产生怀疑，认为造成中国社会混乱的原因除了地方势力的分裂外，还有信仰体系的崩溃，便想重新利用儒家思想来维护其统治。

于是，袁世凯采取了一系列措施来维护孔子及儒家经典的地位，为其复辟行动制造舆论。1912 年 9 月 20 日，他颁布《整饬伦常令》，说："中华立国，以孝悌忠信，礼义廉耻，为人道之大经。政体虽更，民彝无改。"试图以儒学中的"忠孝"等纲常伦理来重新规范人心。1913 年 6 月，袁世凯又发布《通令尊崇孔圣文》，其中言"天生孔子，为万世师表"，认为孔孟之道是"国家强弱，存亡所系"，要求各级官

袁世凯复辟时，官祭孔子。

1915 年，袁世凯颁发《祭孔令》，举行祭孔大典。

第四章 儒学独尊地位的终结

811

员、黎民百姓、士农工商尊孔读经。他恢复被南京临时政府废止的"尊孔读经"，还发布《准孔教会批》，颁布《祭孔令》，宣布恢复清朝祭孔礼制，举行祀孔典礼。袁世凯颁布的一系列宣扬与复兴儒家思想的法令，及尊孔祭天等活动是试图用旧的形式来解决新的问题、危机，是想维护其专制统治，并为复辟活动制造舆论。

更有甚者，袁世凯本人模仿古代帝王举行祭天祀孔活动，企图恢复帝制。他愈演愈烈的复辟闹剧愈

1915年袁世凯复辟帝制时照片

来愈背离人心，走向了末路，也使尊孔崇儒思想渐走渐远。

更为可悲的是其后的张勋复辟。张勋以恢复清王朝的统治为目的，以尊孔为幌子，进行政治上的复辟，成为历史上的笑柄。

在当时的情况下，不独袁世凯、张勋等人对于民主共和等理解不够深入，广大国人对此也缺乏经验与常识。所以，期望以民主共和作为改造国民、解决中国问题的突破口，是极为艰难的事情。袁世凯、张勋复辟活动的失败，为儒学的发展带来更多负面的影响，使当时的尊孔崇儒思潮陷入极为尴尬的困境之中。

三、尊孔崇儒思潮

辛亥革命之后，南京临时政府发布一系列废止读经和停止尊奉孔子的法令，引起了强烈的社会反响。然而事与愿违，这些法令不仅没有终结中国人的尊孔活动，反而在思想文化领域引燃了新一轮的尊孔崇儒思潮。其中最有代表性的是孔教会的成立。

1912 年 10 月，陈焕章、沈曾植、梁鼎芬等人首先在上海成立了孔教会，陈焕章任会长。同年，王锡蕃、刘宗国等在济南发起成立孔道会，推康有为为会长。1913 年 4 月，徐世昌、徐琦在北京成立孔社，旨在阐扬孔学，巩固国基。同年 9 月，孔教总会成立，康有为任会长，陈焕章任干事。陈焕章主编的《孔教会杂志》和康有为主编的《不忍》杂志是尊孔崇儒的主要舆论阵地，他们宣传尊孔崇儒，主张把孔教定为国教。一时间，全国各地纷纷成立分会或支会，尊孔的呼声遍及中华大地。

尊孔崇儒运动为什么会在民国初年大肆兴起？南京临时政府废止读经和严禁尊奉孔子等命令只是一条导火线，它与中西文化冲突，以及特殊的转型时代背景下思想文化的危机等都有密切联系，而更根本的原因则是儒学在中国具有根深蒂固的影响力。

孔教会等尊孔崇儒的团体、组织如雨后春笋般在各地出现，他们的主张和观点虽有所不同，但在根本上却是一致的。他们认为儒家学

陈焕章

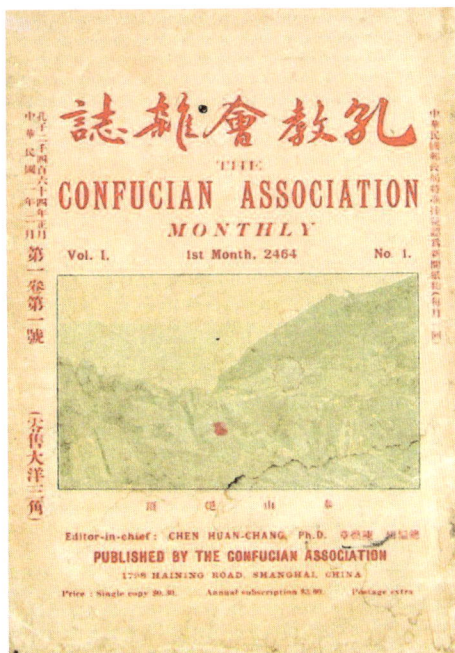

《孔教会杂志》

《孔教教规》

说代表了中国人的文化精神，是社会秩序得以持续稳定的重要条件。儒家思想具有普遍性，合于以往的君主专制时代，也与民主共和的原则不相违背，能够解决当时中国所面临的各种现实问题。对于南京临时政府所提倡的自由平等等基本内容，尊孔倡导者也是承认和积极提倡的。他们所着力论证的是孔子学说与民主共和目的的一致性，要实现民主共和、自由平等等目标，离不开对孔子学说的认可和倡导。

面对辛亥革命后社会秩序的严重混乱，尊孔者认为"国体虽更而纲常未变"，强调欲存中国，需要先救其心，改善风俗，拒绝邪行和淫辞。要做到这些，唯有孔教能担此重任。虽然孔子学说曾为专制帝王所利用，但这不应该完全归罪于孔子和儒家学说。孔子学说在本质上是好的，只是没有得到好的运用，没有得到发挥。民主共和已经确立，正是孔子思想得以发挥效用的时刻。民主立宪、君主立宪、君主专制，只是政体不同，不是政事美善的区别。专制可能有好的规矩，共和之下也不是没有不良的例证。要实现中国社会的稳定，进一步推动共和观念深入人心，应借助传统的政治法律、道德观念去规范人们的行为，为共和的落实创造条件。

面对批孔者的不满和指责，尊孔者予以针锋相对的应答。批孔者说儒家思想缺乏民主精神，尊孔者通过重新解读儒家精神，阐释孔子的民主精神。批孔者说儒家伦理对人们造成束缚，尊孔者强调儒家伦理本身没有压抑人性的企图，反而有助于解决共和体制所面临的复杂问题。尊孔者认为中华之芸芸众生，赖于孔子之学而治。民主共和之下，君臣虽废，而人民对于家国的情怀没有变，对于社会稳定有序的要求没有变。如果废经禁孔，则国粹尽毁，人心不稳，伦纪尽乱，盗贼之举多起。

由此看来，一部分尊孔者的立足点是维护民主共和，维护社会和人心的安定，保存国粹精华。他们对于儒家思想精髓的解释已经不同于辛亥革命之前那样保守，而是站在民主共和的立场上对儒家思想作出现代化的推演和发挥。故而，民国初年的尊孔思潮并不仅仅是为复辟帝制制造舆论。

孔教会作为中国现代化进程中的产物，其主旨是定孔教为国教，以讲习学问为主体，以救济社会为功用，希望以

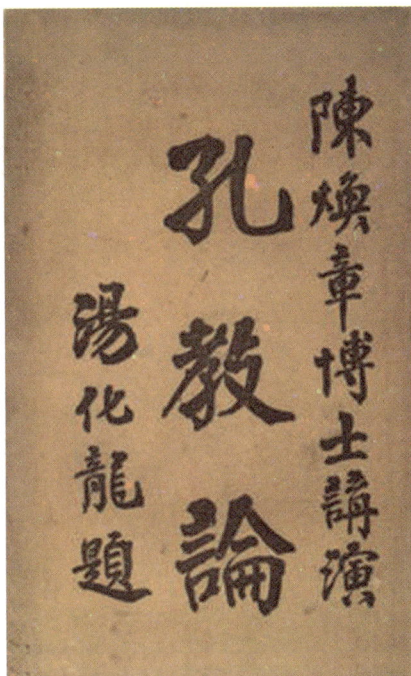

《孔教论》

孔教来挽救人心与社稷。如梁启超指出："孔教者，兼爱主义"，"孔教者，平等主义"。陈焕章则说，共和国以道德为精神，而中国的道德源自孔子，孔子的思想与共和国的原则相一致，理应以孔教为国教。

1913 年 8 月，陈焕章、梁启超、严复等人向参议院和众议院递交《孔教会请愿书》，书中说"立国之道，本在乎道德"，要求"于宪法上明确定孔教为国教"。为此目的，孔教会极力扩大孔教的组织与影响，写文章、发通电，大造舆论，在全国各地建立分会和支会，并得到了黎元洪、冯国璋等人的支持。

经过康有为、陈焕章等尊孔者的积极呼吁，孔教会在民国初年影响力广泛，但是定孔教为国教的目的却始终未能实现，孔教运动也最终以失败而告终。这是什么原因呢？从根本上来说，孔教会不只是在思想上被时代遗弃，还有孔教会极力模仿外来宗教的形式，采用宗教性质的组织方式、教义等，这不能为大众所认可与接受。而且，孔教会希望在与传统不断裂的情况下，

孔教会人员合影

采用儒家文化进行社会改造。然而西方宪政的社会改革路线及方式与中国固有的传统文化有着极大的分歧，将两者糅合在一起，只是一种生硬的、非中非西的"夹生饭"。

另外，民国年间的孔教会与政界军界的人士多有往来，关系密切，有参与政治的倾向，致使其在派系纷杂的政治涡流中沉浮。如何处理与各政治势力之间的关系，成为孔教能否获得存续与发展的重要因素。如辛亥革命后，康有为最初附和袁世凯，希望借此得到施展抱负的机会，在认清袁世凯称帝的阴谋后与之决裂，后又参与张勋复辟活动。对政治势力的依附使孔教会的命运脆弱不堪。

总之，自近代以来，儒学命运多舛，从神圣的正统显学跌落为"落后保守的桎梏"。但是，儒学作为中国传统文化的代表，无论时人如何对待它，它都扮演着不可或缺的重要角色。在近现代，儒学转变、发展是个需要长期探索的复杂过程。

第二节　新文化运动及其对儒学的影响

辛亥革命推翻了中国两千多年的君主专制制度，建立了新的共和政体，却没有在意识领域建成新的形态。以儒家思想为主导的传统文化在兴废之间流转沉浮，导致国民信仰迷失。新文化运动将关注的焦点放在了伦理道德和思想文化上，认为制度的变革和思想的革命是相辅相成、相互促进的。这一见解非常深刻，具有划时代的意义。它首次从理论与实践上使儒学在意识形态领域的统治地位发生动摇，结束了其在中国历史上两千多年的独尊地位。

一、新文化运动及其对儒学的冲击

1915 年 9 月，陈独秀在上海创办《青年杂志》（后改名《新青年》），为轰轰烈烈的新文化运动拉开了帷幕。《青年杂志》开篇写道："国势陵夷，道衰学弊，后来责任，端在青年。本志之作，盖欲与青年诸君商榷将来所以修身治国之道。"指出中国的未来应该由"新青年"带领，走上一条新的道路，这意味着新一代知识分子意识的觉醒。《青年杂志》的宗旨便是"以科学和人权并重"，反对封建主义，树立科学的世界观。

新文化运动的主将陈独秀认为中国最初在"器物"上对中西文化进行比较，然后在"政治"上加以比较，最后意识到"伦理的觉悟，为吾人最后觉悟之最后觉悟"。陈独秀的这一认识是理性而科学的，持这种观点的人还有很多，如贺麟曾在《当代中国哲学》中说："我们最初只注意到西人的船坚炮利，打了几次败仗之后，才觉悟到他们还有高度有组织的政治法律。最后在新文化运动的大潮中才彻悟到别人还有高深的学术思想。我们才真正明了思想改革和研究西洋哲学思想的必要"。中国文化的未来出路就在于思想文化的革命。

新文化运动主要包括文学革命和思想革命。文学革命提倡白话文，具有工具性的价值和意义。思想革命则提倡一种新的人生论、价值观，可以说是新文化运动的终极目标。新文化运动所带来的最迫切、最根本的变化是"根本思想"的转变，是新道德观念或人生价值论的建立，是通过转变

《青年杂志》

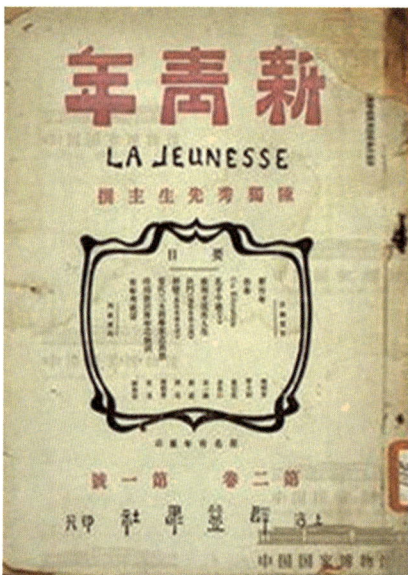

《新青年》

人的基本思想来促进文化改革，特别是道德改革。其关键之处是对儒学及其建立体系的批判反思。

在陈独秀等人看来，近代欧洲能够摆脱"奴隶的羁绊"，取得"自主自由"的人格，所依靠的主要是民主和科学。民主与科学是欧洲社会得以快速发展的重要原因，也将是中华民族脱离蒙昧、振兴腾飞的动力。而中国传统文化，尤其是儒家文化与西方的民主与科学是很难相容的。陈独秀在《〈新青年〉罪案之答辩书》中形象地说："要拥护那德先生便不得不反对孔教、礼法、贞节、旧伦理、旧政治。要拥护那赛先生，便不得不反对旧艺术、旧宗教。要拥护德先生又要拥护赛先生，便不得不反对国粹和旧文学。"这里的"德先生"是指民主，"赛先生"是指科学。

不得不承认，中国传统文化中确有许多成分无法适应时代发展的需要，必将被现代进步的文化送上"法庭"。儒家曾借助君主之力得以行，君主借儒家之义得以治，两者交错在一起，正如吴虞所说，"儒教与君主"是"相得而益彰者也"。自汉代独尊儒术之后，历代帝王根据自己统治的需要，不断从儒家思想中发展出新的理论，儒学也从中得到发展。在新文化运动中的激进者看来，儒学与共和是绝不相容之物，信仰共和必排儒学，要推倒专制统治，建立民主共和，就要批儒反孔。

具体要反对什么呢？陈独秀说："盖伦理问题不解决，则政治学术，皆枝叶问题。纵一时舍旧谋新，而根本思想，未尝变更，不旋踵而仍复旧观者，此自然必然之事也。"西洋文明输入我国，最初促国人觉悟者为学术，其次为政治，最后为伦理。

陈独秀认为以"三纲"为核心的封建旧道德，是一种不公平的道德，造成了残酷的"君虐臣、父虐子、姑虐媳、夫虐妻、主虐奴、长虐幼"现象，是奴隶道德。要想在中国实现民主自由，就必须推翻"三纲"。胡适也反复痛切地揭发"饿死事极小，失节事极大"的吃人礼教，批判理学不人道的野蛮行为，肯定人性的正当欲望和要求。鲁迅则以睿智的观察、犀利的文字，对传统道德"把人不当人"的吃人本质作了深刻的揭露，表达了对新道德伦理的崇尚。事实表明，陈独秀、胡适等人对"三纲五常"的彻底批判，对传统道德摧残人性、压抑个性的反抗，以及对传统家族宗法主义和专制主义的揭露确实起到了振聋发聩的作用，在一定程度上找到了中国长期裹足不前的关键。从各国现代化的进程来看，伦理的觉悟确实起到至关重要的作用。所谓伦理的觉悟就是价值观念的重建。实践证明，人的伦理观念如不能随着已经变化的社会经济状况改变，将对社会的发展起到阻碍作用。

新文化运动的引领者们正是在检讨传统文化的现代价值时，一方面反思传统文化，深入揭露传统文化与现代文化不相合的方面，认为传统文化在总体上已经严重落伍，成为中国走向现代化的严重阻碍，应加以无情与深入的批判；一方面积极吸收西方文化的优秀成分，高举"民主与科学"的旗帜，建立科学的世界观、人生观。他们把"个体人"的觉醒作为批判传统道德伦理的出发点，以现代化的理念为指导来重新审视传统文化。可以说，新文化运动早期对传统文化的认识是有合理性的，中国传统的伦理价值观念确与当时生活有许多相悖之处，应加以扬弃。如果旧有的观念不破除，中国的政治法律、社会道德，都无法由黑暗进入光明之中。

新文化运动对旧有伦理道德的批判达到了前所未有的深度，其伦理的觉悟是要实现"个体人"的自由，是建立一种新的人生论。正如郁达夫在《中国新文学大系·散文二集导言》中所说：五四运动的最大成功，第一个要算'个人'的发见。以前的人，是为君而存在，为道而存在，为父母而存在，现在的人才晓得为自我而存在了。"个人的觉醒是个人的发见，是自由、平等、独立的前提和基础，是新人生论的重要组成部分。陈独秀在《敬告青年》一文中说："我有手足，自谋温饱；我有口舌，自陈好恶；我有心思，自崇所信；绝不认他人之越俎，亦不应主我而奴他人；盖自认为独立自主之人格以上，一切操行，一切权利，一切信仰，唯有听命各自固有之智能，断无盲从隶属他人之理。"这种人生论与中国传统社会人生论有着本质性的区别，它以个人为基础，同时也是在社会中的人生。个人生命的价值和意义只有在社会中才能实现，国家是"国人共谋安宁幸福之团体"，社会是由个体的人组成的，社会的组织和秩序是应该得到尊重的。可以看出，陈独秀等人所提倡的人生观有其积极进取、自主、实利和科学的一面，对 20 世纪初广大青年起到了非常重要的启蒙作用。

新文化运动是在压抑的时代、压制的意识下爆发的思想解放运动，共同的呼声是思想自由、百家平等，这自然将矛头指向了传统思想文化的集中代表——孔子与儒家。五四的"新青年"们认为自汉武帝"罢黜百家，独尊儒术"之后，儒家逐渐走向学术垄断、思想专制，对中国古代学术的发展造成了极大危害。如李大钊在《民彝与政治》中所说："汉兴，更承其绪，专崇儒术，定于一尊。为利一姓之私，不恤举一群智勇辩力之渊源，斯丧于无形，由是中国无学术也。"在李大钊看来，儒学独尊，使中国"无学术"。易白沙在《新青年》发表的《孔子平议》中说道："孔子之学，只能谓为儒家一家之学，必不可称以中国一国之学。盖孔学与国学绝然不同，非孔学之小，实国学范围之大也。朕即国家之思想，不可施于政治，尤不可施于学术。"批判将孔学定于一尊的思想，压抑其他学术思想，阻碍学术的发展。他们认为如果这种局面不改变，那么中国将无新学术、

易白沙

无新思想。故而，必须对儒学加以限制和批判。

什么才是理性、进步的思想呢？新文化运动的主将们看到东西方文化的区别，希望借助西方进步文化迅速改变中国的落后面貌。但是，在当时的情形下，大多数人不明白其中更深层的民族、时代差异，而只是怀着一种焦虑的情绪，比较武断地认为中国传统文化已经不适合现代社会，必须加以否定与批判。

这些焦虑的情绪让新文化运动的主将们失去了对传统文化客观而公正的认识。如，东西文化间存在差异是事实，但是这并不意味着价值上存在优劣。可以说，一定的文化只能是一定环境的产物，中国儒家文化产生、发展于中国经济、政治环境的土壤中，是时代、环境等使然。在中国两千多年来自给自足的小农经济环境中，这种文化充实、滋养着无数中国人的心灵和精神，与中国人的经济生活方式基本是相吻合的。这种文化的自我调节机制也有效地保障了社会与文化的相对协调一致，有力地推动了中国社会的发展。当然，在当时的形势下，传统文化中的落后成分确实已经成为中国走向现代化的障碍，社会的发展与进步需要思想启蒙的运动，需要文化的革新，但也不应该全盘否定传统文化，不能尽弃其学。

在紧急的情形之下，新文化运动后期出现愈演愈烈的激进倾向，出现对中国传统文化全盘否定的过激行为。这些激进倾向和过激行为，使儒学受到了沉重的打击，使其丧失了在思想学术领域中长期以来的独尊地位。有弊亦有利，这反而使儒学回归了它本来的角色和地位，让人们能够以比较客观而公正的眼光去看待它。

新文化运动是人的觉醒，是文化的自觉，是中西文化交流的深入。

五四运动时照片

如李大钊所说："东洋文明与西洋文明，实为世界进步之二大机轴，正如车之两轮、鸟之双翼，缺一不可。而此二大精神之自身，又必须时时调和，时时融会，以创造新生命，而演进于无疆。"① 随着两种文明对话的深入，中国思想界出现了许多探究中西文化切合点的流派，使中国传统文化焕发了新的生机和活力。"我们今日的学术思想，有这两个大源头：一方面是汉学家传给我们的古书；一方面是西洋的新旧学说。这两大潮流汇合以后，中国若不能产生一种中国的新哲学，那就真是辜负了这个好机会了。"② 在这冲击下，学术研究进入了新的发展阶段，儒学思想也因为旧有桎梏的打破，以及新的营养与空气的流入，而得到新的发展契机。

二、激进派及其对儒学的批判

在新文化运动的阵营中，陈独秀和李大钊是提倡新文化的领军人物，是此次运动激进派的代表。他们对儒学持有强烈的批判态度，既对传统儒学造成了沉重的打击，又为其向近现代蜕变、转化和发展做出了突出贡献。

陈独秀

（一）陈独秀

陈独秀出身书香门第，自幼读"四书""五经"，17 岁中秀才，后留学日本，接受新思想的熏陶。回国后，他创办《青年杂志》（后改名为《新青年》），倡导新思想，批判旧传统，成为新文化运动的领航者。陈独秀对传统文化，尤其是孔子及其学说的态度是不断变化的，前后有所不同。1916 年以前，陈独秀对儒学的批判态度并不激烈，认

① 中国李大钊研究会：《李大钊全集》，人民出版社 2013 年版，第 311 页。
② 胡适：《中国哲学史大纲》，北京大学出版社 2013 年版，第 8 页。

为阻碍中国社会发展的不只是儒学，还包括道、佛，而且相比之下，老子学说危害更大一些，儒学只能排在第二位。他甚至号召青年们效法孔子奋发进取的作为。1916 年后，陈独秀把批判的锋芒直接指向了孔子及其创立的儒家学说，认为中国落后的根源便在于此。其态度激烈，语言尖锐，将儒家视为国人思想保守落后之源。到了晚年，陈独秀对孔子的认识又发生了转变，开始客观而温和地看待儒学。在其后期作品《孔子与中国》中，他主张把孔子和后儒加以界定，分别看待。

陈独秀作为新文化运动的发起者之一，之所以猛烈抨击儒学，除了其自身对中国传统文化的虚无主义态度等影响外，主要是因为当时特殊而紧迫的政治形势。

当时，袁世凯、张勋的复辟活动都以儒学为旗帜，大力宣扬儒家思想。全国各地各种尊孔组织纷纷成立，尊孔思潮风起云涌。这使得接触到新思想的陈独秀感到愤怒和焦虑，于是他写下大量批孔批儒的犀利文章，以宣扬新文化、新思想。

从 1916 年 10 月发表《驳康有为致总统总理书》到 1918 年 12 月，陈独秀写了 20 余篇批判孔教、封建礼教的文章，在全国产生了巨大的反响。在文章中，陈独秀说："我们反对孔教，并不是反对孔子本人，也不是说他在古代社会无价值。"之所以批孔，是由于"今之妄人强欲以不适今世之孔道，支配社会国家，将为文明进化之大阻力也"。细观这些文章，可知他起初所批判的直接对象是复辟帝制的活动，矛头指向军阀官僚等人，针对的是他们假借

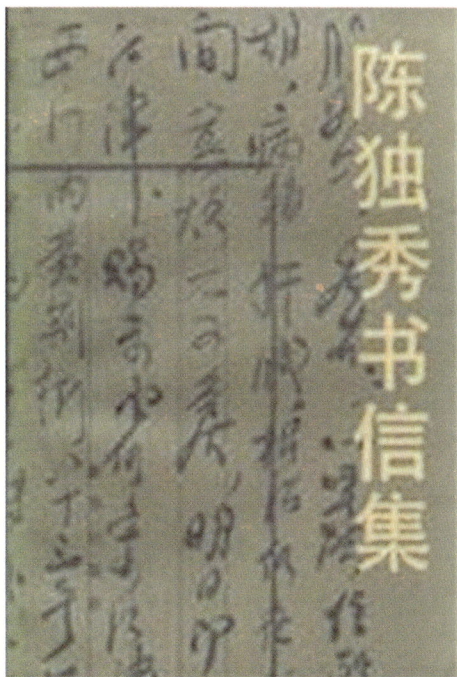

《陈独秀书信集》

孔子与儒家思想为其制造舆论的阴谋行径，而不是孔子本人、儒家思想本身。可以说，陈独秀是出于强烈的现实关怀，极力反对假借孔教而实施复辟活动。陈独秀通过《新青年》等杂志对儒家思想的批判在当时产生了很大的影响，引起一个时期内社会上众多人士对儒家思想的声讨和批判。

从陈独秀发表的一系列文章来看，他是站在西方思想的立场上来评价儒家思想的。在他看来，与西方思想相比，儒家思想是过时的，其价值是微小的，儒家思想只讲家族宗法、三纲五常，没有个人独立人格，没有人与人之间的民主平等。故陈独秀认为儒家所竭力宣扬的一套纲常伦理是维护宗法封建制度的，给社会造成了广泛而持久的消极影响，严重阻碍了中国社会的进步，与现代民主制度以及自由平等的新思潮更是格格不入。而西方文化，高扬个体独立和自由，没有丝毫的奴颜媚骨，故而能实现社会的进步和政治上的清明，使西方社会早早进入近代文明。所以，中国要实现发展与进步，就要去除传统文化的束缚，走向民主自由。

随着新文化运动如火如荼地深入发展，星星之火愈演愈烈，取得了显著成效，自由、民主、平等等观念渐渐深入人心。在此过程中，陈独秀的思想也在悄然发生变化。他对儒家的批判态度走向了极端，甚至把儒家思想与新文化对立起来。在《宪法与孔教》中，陈独秀说："欲建设西洋式之新国家，组织西洋式之新社会，以求适今世之生存，则根本问题，不可不首先输入西洋式社会国家之基础，所谓平等人权之新信仰，对于与此新社会、新国家、新信仰不可相容之孔教，不可不有彻底之觉悟，猛勇之决心；否则不塞不流，不止不行。"

新文化运动的热潮退去之后，陈独秀亦逐渐冷静下来，反思自己，反思儒家思想。他虽然认识到三纲五常是落后腐朽的，但孔子的某些伦理思想却是可取的，如对于孔子"未能事人，焉能事鬼"，"子不语怪力乱神"等说法，陈独秀说："孔子不言神怪，是近于科学的。""士若私淑孔子，立身行己，忠恕有耻，固不失为一乡之善士，记者敢不敬其为人？"所以，"孔学优点，仆未尝不服膺"①。最终，他认为孔子提倡的某些观点，是人们应该遵循的，不但不能废弃，而且应该弘扬。

（二）李大钊

与陈独秀在新文化运动时的激进、极端相比，李大钊显得相对理性、客观一些，对儒学的态度是多理性化的客观分析，少情绪化的主观批判。

李大钊评析孔子和儒学的理论武器是什么呢？他是以唯物史观、进化论为工具，批判以儒家思想为中心的

李大钊

传统文化，尤其是道德和礼教。1918 年，李大钊参加《新青年》的编辑工作，以《新青年》为阵地，传播新文化，批驳旧道德，至 1920 年，李大钊先后发表了《庶民的胜利》《布尔什维主义的胜利》《我的马克思主义观》《物质变动与道德变动》和《由经济上解释中国近代思想变动的原因》等文章。这些文章在当时产生了重要反响，为迷茫中的人们点亮了一盏明灯。

在中国历史上，李大钊是第一个用唯物史观来论述道德起源、本质和发展规律问题的人。他认为道德就是适应社会生活要求的社会本能，是由经济基础决定的一种社会意识形态和上层建筑，并随着经济的变化而变化。因此，李大钊认为孔子及儒家的思想、纲常、伦理等都是建筑在中国大家

《庶民的胜利》和《布尔什维主义的胜利》

---

① 陈独秀：《陈独秀书信集》，新华出版社 1987 年版，第 83 页。

族制度之上的产物。"孔子的学说所以能支配中国人心有二千余年的原故，不是他的学说本身具有绝大的权威，永久不变的真理，配作中国人的'万世师表'，因他是适应中国二千余年来未曾变动的农业经济组织反映出来的产物，因他是中国大家族制度上的表层构造，因为经济上有他的基础。"① 当时情况变了，传统的农业经济让位于工业经济，儒学所赖以存在的根基没有了，走向末路已经成为不可阻挡的历史潮流。所以李大钊得出这样的观点：中国的农业经济既因受了重大的压迫而动摇，首先崩颓粉碎的便是大家族制度。大家族制度是中国一切风俗、礼教、政法、伦理的基础，以孔子主义为其全结晶体。大家族制度崩颓粉碎，孔子的学说也不能不跟着崩颓粉碎。

李大钊思想还表现在用进化论的观点来看待思想文化。他指出："孔子者，历代帝王专制之护符也。宪法者，现代国民自由之证券也。专制不能容于自由，即孔子不当存于宪法。"李大钊认为时代不同，孔子的道德学说已经陈旧落后，"孔子者，数千年前之残骸枯骨也"。当今时代是"宪法者，现代国民之血气精神也"，如果想"以数千年前之残骸枯骨，入于现代国民之血气精神所结晶之宪法，则其宪法将为陈腐死人之宪法，非我辈生人之宪法也"②。正如新社会必将代替旧社会，新道德也必将取代旧道德，这是历史发展的规律。故对于传统的道德必须加以人力摧毁，使新道德能够快速成长起来。对旧道德的摧毁，要集中在对以儒家伦理为核心的传统道德的批判上。

在对待孔子和儒家的批判态度上，李大钊是比较冷静的，他注意到传统文化中有优良可取的成分。在他看来："过去一段的

鲁 迅

① 李大钊：《李大钊选集》，人民出版社1959年版，第297页。
② 李大钊：《李大钊选集》，人民出版社1959年版，第77页。

历史，恰如'时'在人生世界上建筑起来的一座高楼，里边一层一层地陈列着我们人类累代相传下来的家珍国宝。这一座高楼，只有生长成熟踏践实地的健足，才能拾级而升，把凡所经过的层级、所陈的珍宝，一览无遗；然后上临绝顶，登楼四望，无限的将来的远景，不尽的人生的大观，才能眺望得比较清楚。在这种光景中，可以认识出来人生前进的大路。"这道出了李大钊欲把马克思主义与中国优秀传统文化结合起来的自觉追求。

吴 虞

在激进派这个阵营中，除了陈独秀、李大钊外，还有很多知识分子在新文化运动的舞台上奔走呼吁。比如，鲁迅从现实的政治需要出发，以文学的形式，对孔子和儒学进行深入揭示和批判，不失为一个坚决、彻底的反"孔教"的战士。吴虞则多从家庭伦理道德的角度对儒家文化予以批判和否定，带有较浓的个人主观色彩。

新文化运动的激进者们将反对传统文化、建立全新文化道德的烈火燃到全国各地，掀起了巨大的思想文化风暴，对儒学独尊地位的终结和儒学向近现代转化做出了突出贡献，对社会变革起到巨大的推动作用。

三、稳健派及其对儒学的理性对待

当新文化运动的激进者大张旗鼓反传统反儒家，试图对其加以否定之时，新文化运动中还有一些人以另一种方式进行着战斗。他们也对传统文化采取批判的态度，但不主张将儒学等传统文化彻底推翻，而是以学者的理性和温和态度，对其进行客观分析和批评。这就是新文化运动中的稳健派。

第四章 儒学独尊地位的终结

827

胡　适

稳健派中最有代表性的就是在文学革命中"首举义旗"的胡适。他在留美期间，师从美国著名实用主义哲学家杜威，信奉实用主义，倡导改良，反对革命。对于儒学和孔子，他的态度比较理性和客观，他既看到了儒学的弊端所在，又保持着一种理解和温情，审慎分析，对儒学进行现代的关照。

胡适认为中国几百年来的落后确实是儒学之罪，主要表现在封建礼教和孝道等方面。同时，他又把孔子和孔子后学区分开来，认为儒学的弊端，罪在后儒。孔子的学说本没有错，但是经过后儒极端化、形式化的推演，把许多源自内心本然的性情加以固化，生出许多刻板的繁文缛节，造成了"礼教杀人""以礼杀人"的愚昧与对众人的束缚。孝道的祸端也是源自孔门后学。孔子的人生哲学本是"仁"，要人做具有独立人格的"人"，到孔门后学则演变成以"孝"为核心的人生，而且愈演愈烈，成为一种愚孝。

如何才能从后儒们所建构的道德伦理和理性牢笼中解脱出来？胡适运用西方的学科体系与方法来寻找出路。他认为应该抛弃儒学独尊的传统，提倡非儒家的诸子学研究，并以诸子学的恢复为基础，嫁接西方现代文化。

在《先秦名学史》中，胡适首以"截断横流"的勇气，用《诗经》作时代的说明，从老子、孔子说起，丢掉唐、虞、夏、商等上古人物。他在《先秦名学史》中说：

《先秦名学史》

"中国哲学的将来，有赖于从儒学的道德伦理和理性的枷锁中得到解放。这种解放，不能只用大批西方哲学的输入来实现，而只能让儒学回到它本来的地位；也就是恢复它在其历史背景中的地位。儒学曾经只是盛行于古代中国的许多敌对学派中的一派，因此，只要不把它看作精神的、道德的、哲学的权威的唯一源泉，而只是在灿烂的哲学群星中的一颗明星，那么，儒学的被废黜便不成问题了。"

《古史辨自序》

这一开创性的见解，在当时引起了不小的震动。如顾颉刚在《古史辨自序》中说："这一改，把我们一班人充满着三皇五帝的脑筋，骤然作一个重大的打击，骇得一堂中舌挢而不能下。"胡适把孔子与诸子并列，将孔子作为百家中的一员，破除了儒学独尊的神秘色彩，是对于儒学的一次重新定位。当然，胡适的真实意图不是要将儒学彻底打倒，而是如他在英文本的《先秦名学史》中所传达的观点：解除传统道德的束缚，提倡一切非儒家的思想。这使儒学回到它本来的历史地位上，把儒学作为思想史的一个研究对象，而不是万世的常道。同时，对于非儒学的恢复，也是改造儒家哲学的起点，可以找到移植西方哲学和科学的土壤。

对于儒学，胡适认为不应放弃，而是要挖掘其中蕴含的新意义、新价值，如自由主义、个人主义、科学主义等，让它们为时代所用。在《说儒》中，胡适提到，历史的孔子与偶像的孔子不同，应该对孔子作历史的再评价。在人们的心目中，孔子一直是一位"圣人""先师"的智者形象，而胡适却认为孔子是原始儒学的革新家，把"柔顺取容的殷儒抬高到那弘毅进取的新儒。这真是'振衰而起懦'的大事业"。孔子作为教育家，授徒的核心是"仁"，重视人的天性与尊严，把个人的教育与整个社会联系起来。正是由于孔子教育哲学的出现，中国才产生了健全的个人主义。胡适认为不只孔子，中国古代从老子、孟子以至朱熹、王阳明等都是个人主义的代表，他们不忘自己的使命，"修己以安百姓"。

胡适还认为，孔子"学而不厌，诲人不倦""好古，敏以求之""学思并重"等理性精神，宋儒"格物致知"的命题以及清儒考据学的方法等，都是科学的精神和方法。孔孟这种求知态度和对于鬼神的存疑态度，是中华民族生存和复兴的精神支柱。通过吸收西方现代文化，将中国传统文化中的人本主义和理智主义精神发扬开来，就可以实现中国文化和中华民族的复兴。

尽管胡适在对传统儒学的审视与评估中多用西方知识论的尺子，有牵强附会之嫌，但其谋求中西文化切合点的努力，对新文化建设的尝试，具有重要的借鉴意义。他从实用主义出发来重新评价传统儒学，以寻求中西文化结合点的做法，对于新文化的发展具有重要的推动作用。

四、儒学独尊地位的终结

儒家思想在中国两千多年的历史中一直处于统治地位，是统治者的精神支柱和广大百姓的精神家园。近代，由于国内外严峻的社会形势变化，儒学的独尊地位受到剧烈冲击。尤其是辛亥革命以后，帝制被推翻，儒学所赖以存在的政治体制发生变化，统治地位摇摇欲坠。新文化运动从内在的文化层面对儒学带来更为强大的冲击，从理论上、实践上标志着儒学独尊地位的终结。

儒学独尊地位的终结，主要有以下几个方面的原因。其一，儒学在政治、伦理道德领域中，失去了它往昔的统治地位。五四新文化运动中，对传统的批判主要集中在传统礼教和道德上。他们

钱玄同

认为传统专制制度得以长久存在下去的主要原因是儒家所提倡的礼教和道德，要从根本上改变中国落后的面貌，树立新的国民意识，必须对传统道德进行批判。"三纲"是中国传统道德的核心，要让人从这种道德束缚中解脱出来，实现个体人的觉醒和自由，就必须对此加以全面的否定。可以说，五四思潮把对传统伦理道德的批判推向了前所未有的高度，将整个民族引向不同于古代道德文明的文明新天地。它帮助众多国人从家庭伦理的束缚中解脱出来，走向个体的觉醒，走向广阔的天地。

顾颉刚

其二，儒学在学术领域失去了独尊地位。对此起到重大作用的要数以顾颉刚为首的"古史辨派"。顾颉刚是钱玄同的门生。钱玄同对今文、古文两派都不满意，认为两派都受到主观成见的影响，对于古籍都不是实事求是。他告诫顾颉刚，治经学的任务不是要延长经学的寿命，而是促成经学走向灭亡，要结两千多年来经学的账，把经学的材料变成古代史、古代思想史的材料。

顾颉刚受钱玄同的影响，潜心于古代史、古代思想史的研究。1923年，顾颉刚在《与钱玄同先生论古史书》中提出"层累地造成的中国古史"的观点，认为所谓的中国古史完全是后人垒造起来的，并不是客观真实的历史。对此，钱玄同在《答顾颉刚先生书》中赞扬说："先生所说'层累地造成的中国古史'一个意见，真是精当绝伦。举尧、舜、禹、稷及三皇、五帝、三代相承的传说为证，我看了之后，惟有欢喜赞叹。希望先生用这方法，常常考查，多多发明，廓清云雾，斩尽葛藤，使后来学子不致再被一切伪史所蒙。"这一史观在当时的学术界引起了轰动，也标志着疑古辨伪之学进入了一个新的阶段。一些学者如胡适、钱玄同、傅斯年、周予同等纷纷加入其中，

《古史辨》

出版了《古史辨》一书，掀起了考辨古史的风潮。顾颉刚等人遂被称为"古史辨派"或"疑古学派"。

顾名思义，古史辨派的工作是不信任没有证据的东西，推翻伪古史。其实，疑古的学术观点自东汉王充、马融以来就已存在，直到清代的康有为、崔述等人不绝于世，古史辨派则将其发挥到极致。他们依靠科学的方法对中国传统文化中的儒家经典进行科学的整理和批判，去掉披在它们身上的神圣外衣，还其本来的面目。古史辨派的本意是期望以历史的科学态度对待儒学，营建学术思想的自由空间。实际上，这一举措启发了人们对于中国传统文化真面目的重新认识，开启了对于儒学真精神的重新阐释，为其发展开辟了新道路。

其三，西方文化传入，不断挑战儒学的独尊地位。近代以来，人们对于西方文化的认识经历了"知其然""知其所以然""知其必然"三个阶段：从太平天国到洋务运动时期，是"知其然"；从戊戌变法到辛亥革命，是"知其所以然"；新文化运动是"知其必然"，深入到内心层面。西方文化的传入，给儒学带来巨大的冲击，加速了儒学走下独尊位置的脚步。

当然，儒学独尊地位的终结，并不是儒学的终结，儒学并没有退出社会生活的舞台。恰恰相反，经过两千多年的积淀，以儒学为代表的传统文化早就融化在中国人的意识深处，融化在政治思想、道德伦理、民族性格以及风俗习惯里，成为新文化的基因。

新文化运动终结了儒学神圣的独尊地位，让它在经受打击之后反省自身，破坏和去除了儒家文化中僵化和落后的躯壳与末节，解开了历史套在儒学身上的层层枷锁，去除了束缚个性的腐化部分。继而，儒学才能克服其消极方面，扩充其积极方面，以适应社会发展的需要，在新时代获得更快、更好的发展。同时，也不得不承认，在对儒学的批判中，不免存在诸多的偏失和过激言论，对一些问题缺乏辩证分析的态度，从而产生了一些消极影响。

第三节　儒家思想的新开展

几千年的历史一再证明，越是受到批判和打击，儒家思想越是能开辟出新的天地。新文化运动之后，儒学的新转机、新发展，再次验证了这一规律。五四新文化运动在对儒学进行批判和打击的同时，也为儒学带来了新的生机和发展空间。儒学在剧烈动荡的国内外形势下，浴火重生，焕发出新的生机，取得了新发展。促使儒学发展的原因主要有两方面：一方面是中国近代社会发展的趋势，包括政治、经济、文化等外部原因的需要；另一方面是面对新文化的冲击，儒学自身发展的需要。这两方面紧密相连、相互影响、不可分割。

儒学的新发展主要表现在两个方面。一方面是研究儒学的方法呈多样化的趋势，为儒学研究开辟了新局面。传统研究儒学的方法，主要是训诂、释经等，多局限在经学体系范围内。随着西方许多新学说，如唯意志论、生命哲学、实证主义、马克思主义及德国古典哲学等的相继传入，新一代儒者尝试着采用不同的新理论和新方法，对儒学进行新的探索，丰富了儒学研究的角度和方法。

另一方面是儒学的发展路线呈现多元化的趋势。其中最有代表性的是被称为"现代新儒家"的梁漱溟、张君劢等。他们互相唱和，同声相应，但又互不统属，试图在当时的文化反省中用西方的学理来维护中国传统文化的价值。

一、现代新儒家的兴起

学界一般认为，先秦时以孔子、孟子、荀子为代表的儒学为儒学发展的第一阶段，称为原始儒学。宋明时期，援佛入儒，儒学进一步哲理化，被称

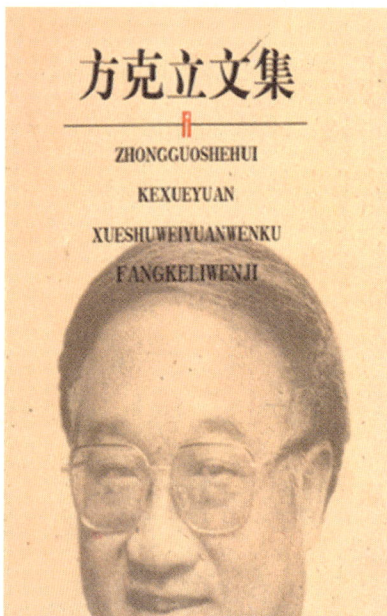

《方克立文集》

为新儒学，是儒学发展的第二个阶段。新文化运动前后，随着西方文化的大量传入，一批知识分子想要恢复传统儒家文化的地位和价值，对儒学进行一系列的发展和创新以适应时代需要，这是儒学发展的第三个阶段，常被人们称为现代新儒学。代表这一文化思潮的有独立思想体系的学者常被称为现代新儒家。学术界对现代新儒家有不同的界定方式。其中，方克立先生在《关于现代新儒家研究的几个问题》中是这样定义的："现代新儒家是产生于本世纪 20 年代、至今仍有一定生命力的，以接续儒家'道统'、复兴儒学为己任，以服膺宋明理学（特别是儒家心性之学）为主要特征，力图以儒家学说为主体为本位，来吸纳、融合、会通西学，以寻求中国现代化道路的一个学术思想流派，也可以说是一种文化思潮。"这种说法得到学术界较为普遍的认可。

海内外各界通常把现代新儒学的发展分为三个阶段。第一个阶段是从五四以后到 1949 年，为前期阶段。其主要代表人物有梁漱溟、张君劢、熊十力、冯友兰、贺麟、马一浮等，被视为现代新儒家的第一代。1949 年以后，现代新儒学在港台地区得到新的发展，代表人物有钱穆、唐君毅、牟宗三、徐复观、方东美等，被视为现代新儒家的第二代，也被称为港台新儒家。20 世纪 80 年代以后，在港台地区和海外的学者中出现一

马一浮

批儒学新秀，代表人物有杜维明、成中英、刘述先等，被视为现代新儒家的第三代。在此较为详细地介绍第一、二代现代新儒家。

现代新儒学是在多种因素的驱使下发展起来的。它是对新文化运动反传统倾向的一种回应，是西方文化传入后，儒学自身发展的需要，也是当时社会现实的需要。20 世纪 20 年代中期，军阀混战不已，为了取得正统的地位和合法性，军阀们大都鼓吹儒家学说和传统文化。虽然其目的是以儒学控制人心，重建秩序，但也在客观上促进了儒学的发展。

方东美

现代新儒家中不同人物的思想和观点各不相同，但是也可以寻得一些相似点。最明显的一点是，他们大都认为儒家文化具有包容性和同化力，中西文化可以融合。于是，现代新儒家们以远见卓识和博大的胸怀，践行着融合中西、贯通古今的探索和研究。如梁漱溟把柏格森的生命哲学与儒学相融合，创立了新孔学思想；冯友兰把西方新实用主义与程朱理学融合，创立新理学。这些中西文化的融合虽有"不中不西，亦中亦西"之嫌，但其创新开拓的精神，对儒家道统相续起到了积极的作用。

此外，现代新儒家们普遍将着眼点放在阐扬儒学的人道主义和生命价值的提升上，其思想体系达到了较高的理论水平。现代新儒家多从民族本位的立场出发，具有强烈的爱国激情和深沉的忧患意识。他们认为民族生命系于民族文化生命之上，要振兴民族必须振兴传统文化。故现代新儒家中涌现出一批大师、名匠，他们摆脱旧有传统的束缚，融合中西，贯通古今，源自于传统，又立足于现实生活，为儒学的发展和中华文化的传承起到一定的推动作用。

第四章 儒学独尊地位的终结

二、第一代现代新儒家

（一）梁漱溟

梁漱溟被认为是现代新儒家的开山祖师。在 20 世纪 20 年代初期，面对声势浩大的批孔反儒思潮，他毅然进行回击。1921 年，梁漱溟完成了《东西文化及其哲学》一书，在学术界产生了广泛的影响。他把世界文化分为中国文化、西洋文化和印度文化三大文化系统，通过事例对三种文化作了比较说明，认为三种文化的根本精神不同：西洋文化注重人对自然外物的改造与占有，崇尚理智，以意欲向前为根本；印度文化是反身向后为主，主要看重人与自然生命的关系，追求宗教的超脱与出世、灵魂的解脱；而中国文化则是以调和持中为根本精神，注意"天人合一"和人的内省，注重伦理和道德人格的建立。

进而，梁漱溟认为文化无法进行量的测定，也无法离开它所赖以生存发展的社会生活，因此这三种不同的文化无法区分孰优孰劣，只是三种不同的生活态度和思维方式，走的路向不同。"而中国文化、印度文化在今日之失败，也非其本身有什么好坏可言，不过就在不合时宜罢了。"[1]

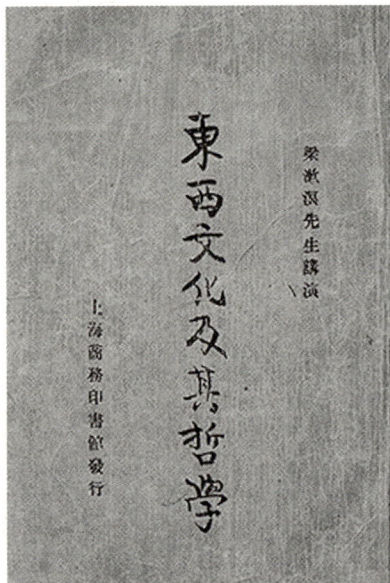

《东西文化及其哲学》

梁漱溟

---

[1] 梁漱溟：《梁漱溟全集》（第一卷），山东人民出版社 2005 年版，第 525 页。

对于中国文化的"不合时宜"，梁漱溟认为不是因为它落后，相反是"中国文化早熟"，跨越了西方文化的发展阶段。西方文化所显露出的"疲敝"的征兆，也说明只有走"中国孔子的路"，西方才有出路。

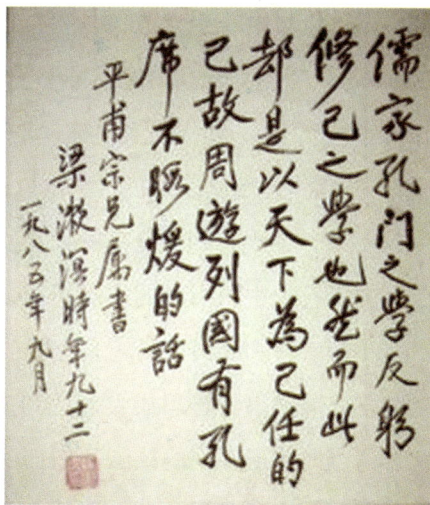

当然，梁漱溟认为西方文化也有诸多可取之处，要使中国文化成为世界文化，就必须以整个中国文化的根本精神为主导，吸纳、改造西方文化。对西方文化既吸收又排斥，真正将西方的科学与民主学到手。同时，对中国文化既排斥又再创，"批判地把中国原来的态度重新拿出来"，要"根本改过"。梁漱溟在中西文化问题上提出的这一套相对完整、系统的理论和方法，给后人以很大的启发。

梁漱溟的思想主要是吸收了西方哲学家柏格森的生命哲学和宋明理学中王阳明心学的精华，并将两者加以糅合。正如梁漱溟所说："我心目中代表儒家道理的是'生'，而儒家本来就讲'宇宙'之生的，所以'生生之谓易'。"儒家所讲的"生"与柏氏所认为的变动不居的生命之流为万物之本的形而上学观点相近。故而，两者有相通之处，可以相互参照。

晚年的梁漱溟

梁漱溟认为中国是"以伦理为本位"的社会，是由夫妇、父子、兄弟、君臣、朋友等伦理关系组成的。要解决中国的问题，必须"亟回头认取吾民族固有精神作吾民族之自救运动耳"。因为"中国老根子里所蕴藏的力量很深厚，从此一定可以发出新芽来"。在这力量之中，最有力的是什么呢？梁漱溟认为："真的力量恐怕只有在内地乡村中慢慢地酝酿，才能发生大的力量，后再影响于都市。"于是，他提出乡村建设是儒学建设的一条途径。而且，梁漱溟从20世纪30年代开始就亲身投入到乡村建设的实践中，创办乡农学校、设计"新乡约"等，体现了知识分子的忧患意识和爱国热情。然而，他的这一想法和实践并不符合中国当时的实际情况，因此没有达到他想要的结果。但是他看到了中国农村和农民的问题，为儒学的发展探寻了一条路径。

尽管梁漱溟的思想还没有达到成熟的境界，实践上也多失败，但是他没有陷入当时普遍存在的狭隘的中西文化争执中，并敢于在那个时代中坚持自己的价值追求和学术思想，形成自己的理论，这是难能可贵的。贺麟对梁漱溟的评价很到位，他说："在当时全盘西化，许多人宣言立誓不读线装书，打倒孔家店的新思潮澎湃的环境下，大家对于中国文化根本失掉信心。他所提出的问题确是当时的迫切问题，他的答案当然很是足以助长国人对于民族文化的自信心和自尊心。"[1] 梁漱溟对于后世的影响是深远的，为儒家的新发展开辟了一条路径。

张君劢

（二）张君劢

张君劢，名嘉森，号立斋，生于光绪十二年（1887年），江苏宝山（今属上海市）人。他自幼接受传统教育，1906年去日本早稻田大学学习政治专业。回国后，被清政府授予翰林院庶吉士。后在德国柏林大学学习政治法和国际法。1923年，张君劢发表《人生观

---

① 贺麟：《当代中国哲学》，南京胜利出版公司1945年版。

的科学或科学的人生观》，曾引发了"科学与人生观"的论战。他是游走于学术和政治之间的人物。在政治上，张君劢曾创立国家社会党，参与组织中国民生同盟。他在学术上的贡献主要在于较为准确地从哲学上把握了中国传统文化精神内核和关于人生问题的探讨。其代表作有《人生观》《明日之中国文化》《立国之道》等。

张君劢强调"本国文化"的主体地位，即应以儒家思想为本。若是离开了儒家思想，离开了中华民族的独特本色，就没有中国文化。同时，他在强调儒学时，也提倡把中西文化结合起来，"儒家哲学与西方哲学之交流，与互为贯通，不独可以补益东方，或者可以产生一项交配后之新种"①。

1923 年，张君劢在清华大学发表了关于"人生观"的演讲，宣扬生命主义哲学，由此引发了一场关于科学与玄学的激战。他在《人生观之论战序》中说："若去其外壳，而穷其精核，可以一言蔽之，曰自由意志问题是矣！人事之所以进而不已，皆起于意志，意志而自由也，则人事之变迁，自为非因果的非科学的，意志而不自由也，则人事之变迁，自为因果的科学的。"张君劢认为科学不能解决人生观等问题，反对唯科学主义。同时，他强调"自理论实际两方观之，宋明理学有倡明之必要"，要发展儒学就要复活新宋学，"心性之发展为形上的真理之启示，故当提倡新宋学"。

那么，张君劢心目中的新宋学是怎样的呢？新宋学不是程朱理学的复活，

《人生观的科学或科学的人生观》

---

① 丁文江、张君劢：《现代中国思想家》（第 6 辑），巨人出版社 1978 年版，第 158 页。

而是柏格森主义和宋明理学的混合物，是与唯科学主义相对的唯道德主义。张君劢是想用道德主义来纠正科学主义的弊病，主张注重修身养性、内求于心，以道德来立国。他在《再论人生观与科学并答丁在君》中说："吾则以为柏氏倭氏言有与理学足资发明者，此正东西人心之冥合，不必以地理之隔绝而摈弃之。"这是对传统的回归，也是对中外文化融合的探索。

张君劢往来于政治与学术之间，"不因哲学忘政治，不因政治忘哲学"。不仅在政治制度中，而且在经济制度上，他也主张保持自由与权力之间的平衡。纵观张君劢一生，为复活"新宋学"奔波不已，在现代新儒家政治哲学上不断探索，建构起自己的思想体系。

（三）　熊十力

熊十力，原名继智，字子真，晚年自号漆园老人、逸翁，湖北黄冈人。他早年喜欢读王夫之、顾炎武、黄宗羲等晚明儒者之书，有投身革命的志向。曾参加辛亥革命，后看到革命派人士之间竞权争利不已，遂离开革命，转而研究佛教，想要解决人内在的终极关怀问题。1922 年，熊十力受蔡元培邀请到北京大学讲《唯识学概论》，从此改变了信仰，倾心于儒学。《新唯识论》《十力语要》和《十力语要初续》是熊十力思想成熟时的主要著作。

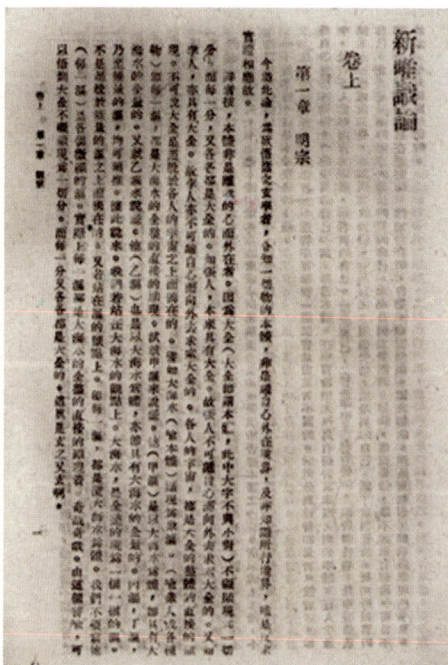

《新唯识论》

熊十力在其著名的"新唯识论"思想体系中提出"自心即实体"，认为人的本心才是我身与万物共同具有的本体，是本体的最高范畴。他把程朱理学的"理一分殊"、陆王心学的"心即性"和佛家的"自性清净心"等加以融合，并加以现代化的解说，使"心"成为超越时空、动静、善恶的绝对自性，是无所不知、具备一切道理的"真宰"。他说在心与物的关系上，本心是第一性的，万物是本心的表现形式，本心生出万物，又显现在万物中。也就是说，客观世界是人们主观意识创造出来的，离开了意识，客观世界就不存在了。这强调了主客体的统一性，但也由于过于夸大主体的作用，而削弱了客体的实在性，显出非理性主义的倾向。

熊十力

熊十力把《易传》中的"生生之旨"和佛家"涅槃寂静"之境界与王阳明学说中的体用论融合在一起，提出著名的"体用不二"说和"翕辟成变"的宇宙观。"体用不二"是什么意思呢？熊十力解释说："体与用本不二而究有分，虽分而仍不二，故喻如大海水与沤。大海水全成众沤，非一一沤区别有自体。故众沤与大海水毕竟有分。"他肯定了本体与功能的一致性，"本体"范畴同时也是"功能"范畴，不能在功能外再求本体。体用之间、理气之间也不存在逻辑、时间上的先后问题。一切价值的根源在心灵，生命的终极关怀在于找回失落的自我。"体用不二"说是继承了唯识论中万物"皆不离心"和王阳明的心学，又加以推演而出的。

《易传》中说："夫坤，其静也翕，其动也辟，是以广生焉。"熊十力对这一对概念加以重新诠释："这由摄聚而成形向的动势，就名之为翕"，"这种刚健而不物化的势用，就名之为辟"。"翕"是摄取成物的能力，能积极收凝以建立物质世界；"辟"刚健自胜，能主宰"翕"，使世界复归本心。两者相反相成，不可分割，流行不息。

作为一位知识分子，熊十力积极探寻救国的方法，提出要重建中国之

第四章　儒学独尊地位的终结

841

"体"，进而作为了解西方之体的途径。要重建本国之体，就要"识得孔氏意思，便悟得人生有无上崇高的价值，无限丰富的意义，尤其是对于世界，不会有空幻的感想，而自有改造的勇气"①。他提倡儒家的基本精神是"内圣外王"，应内圣与外王、道德与事功并重，"内圣"的道德应通过"外王"的治化渠道得以贯彻。他认为宋明理学过分强调"内圣"，而对"外王"则有所忽视。现代要复兴儒学的真精神，应该和西方先进的、有价值的东西相结合。这一理论奠定了新儒家"内圣"开出科学、民主的"新外王"理论之基。

熊十力试图融合众家之长，汇通儒学、佛教和西方哲学，建立起结构严谨、内容深邃的"新唯识论"体系，被学者视为现代新儒家的"开山大师"。此外，熊十力的另一贡献是为新儒家培养了多名后起之秀，如唐君毅、牟宗三、徐复观等第二代新儒家的中坚力量，为现代新儒学的发展做出了重要贡献。

（四）冯友兰

冯友兰是中国近代历史上对儒家思想作出新解释的著名哲学家。他吸取西方"新实在论"的哲学思想，把它与中国程朱理学融合起来，建构起新的中国哲学体系——新理学。

20 世纪 30 年代，冯友兰完成了《中国哲学史》一书，在学界产生了巨大的影响，弥补了所谓中国缺乏哲学的遗憾。然而，"卢沟桥事变"后，纷乱的战火使冯友兰不得不中断这种纯哲学性的思考。在流亡南方之际，他看到满目疮痍的社会现实，心中被诚挚而悲愤的忧患意识填满，决定放

冯友兰

---

① 熊十力：《新唯识论》，商务印书馆 2010 年版，第 348 页。

弃诠释中国哲学的愿望，转而关注文化。在吸收西方之学的同时，他坚信中华民族必胜，所以更多关注本民族的文化。几年间，他陆续出版了"贞元六书"，即《新理学》《新事论》《新世训》《新原人》《新原道》《新知言》六部书。至此，冯友兰完成了新

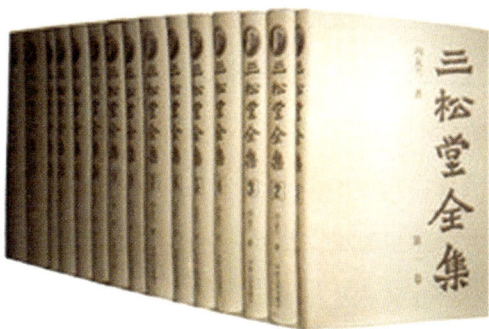

《三松堂全集》

实在论与程朱理学的结合，标志着现代新儒学自身发展到比较成熟的阶段。其作品被汇编为《三松堂全集》。

冯友兰曾说，"贞元六书"只是一部书的6个章节，有一个共同的宗旨。这宗旨是什么呢？在《新原人》中，他说："况我国家民族值此贞元之会，当绝续之交，通天人之际，达古今之变，明内圣外王之道者，岂可不尽所欲言，以为我国家致太平，我亿兆安身立命之用乎？虽不能至，心向往之。非曰能之，愿学焉。"从此可以看出，"贞元六书"是对中华民族传统精神生活的反思，是对抗日战争的反应。他寄志于书，期望国家抗战胜利，民族重振复兴。

作为哲学家，冯友兰意在通过形而上的分析，考察自然、社会和人生，为社会形态提供最高指导思想，为社会制度提供理论上的根据。正如他在《哲学年会闭幕以后》上说的："中国如果要有一种新社会，做这种社会之理论的根据之哲学一定会出来。"

于是，冯友兰以"西方新实在论"的逻辑分析方法来改造传统哲学，构造新理学体系。他提出对于实际事物的分析为"格物"，由分析实际事物知真，这就是"致知"。其新理学"最哲学的哲学"体系是由理、气、道体、大全这几个观念及其命题构成。这一体系由精神层面的理与虚构出的具有神秘色彩的气开始，用道体把理与气贯通起来，然后以大全为网把它们提起来，形成了具有逻辑学性质的思辨的网。这些理论是纯形式的形上学，似乎不着实际，没有什么积极的成分和功用。那么，冯友兰为什么要费这么大力气来

构筑这样一个体系呢？事实上，形上学虽然不能以求知识为目的，不能使人有驾驭实际事物的才能，但是它能提供一种人生的最高境界，其"大用"在于据此关照人生。而这关照对于每个人的人生又具有重要的指导意义，具有潜在而长远的影响。

这里有必要提及冯友兰的人生境界说。他认为人所以异于禽兽，在于人对"宇宙人生"有"觉解"，即自觉、了解。觉解不同，宇宙人生对人的意义就不同，于是便有了人生境界的不同。冯友兰把人生境界分为自然境界、功利境界、道德境界和天地境界四种。

"自然境界"是不知有"我"，不能觉解"人之理"和"社会之理"，往往失之于简单。

冯友兰认为在功利境界中的人，其行为是"为利"的。"为利"，是为他自己的"利"。"利"包括"利"和"名"。此境界的人往往能够积极奋斗，甚至也有自我牺牲，但其最终目的在于自己的功利。虽然功利境界中的人可能是"合乎道德的"，所作所为也可能有利他人，但并不能超越功利境界，本质是为己。冯友兰认为社会上功利境界的人最多，故而社会难以保证安定与发展。

"道德境界"的特征是："在此种境界中底人，其行为是'行义'底。义与利是相反亦是相成底。求自己的利底行为，是为利底行为；求社会的利底行为，是行义底行为。在此种境界中底人，对于人之性已有觉解。"① 处于"道德境界"中的人，虽然在其实现过程中可能带来利，但其主观动机是行义。人只要有一颗大公无私的心，就算是进入了"道德境界"。

对于"天地境界"，冯友兰指出："在此种境界中的人，了解于社会的全之外，还有宇宙的全，人必于知有宇宙的全时，始能使其所得于人之所以为人者尽量发展，始能尽性。在此种境界中底人，有完全底高一层底觉解。此即是说，他已完全知性，因其已知天。他已知天，所以他知人不但是社会的

---

① 冯友兰：《三松堂全集》（第四卷），河南人民出版社 2000 年版，第 552—553 页。

全的一部分，而并且是宇宙的全的一部分。不但对于社会，人应有贡献，即对于宇宙，人亦应有贡献。"① 这种境界的人有更为宽广的胸怀和高尚的节操，是一种理想的人格，是所谓圣人境界。

四种人生境界说是一个由低级向高级发展的过程，与人的觉解深浅相适应。它沿袭宋明理学的思想，又借鉴了西方伦理思想，体现了儒学在现代社会的新发展。

在中西文化方面，冯友兰认为两者的不同主要是类型的不同，抓住此点才抓住了关键。他主张的仍是"中体西用"说，把西方现代哲学的分析方法渗透到中国哲学之中，并加以净化、提升、重建，形成新理学。虽然新理学所体现的仍然是传统哲学的精神，但是它"接着讲"中国哲学，开辟了中国哲学的新局面。

（五）贺麟

贺麟，字自昭，光绪二十八年（1902 年）生于四川金堂县一个乡绅家庭。曾受教于梁启超，后在美国、德国专攻哲学。1931 年回国，在北京大学任教。1937 年随北京大学南迁，边教学边担任中国哲学学会常务理事和"西洋哲学名著编译委员会"主任委员。这一时期，他创立的"新心学"哲学体系，成为新儒学发展中的重要组成部分。其代表作有《近代唯心论简释》《文化与人生》《当代中国哲学》等。

在中国近代史上，人们对待中西文化的态度经历了一个曲折的发展过程，出现了多种观点，主要有"中体西用""全盘

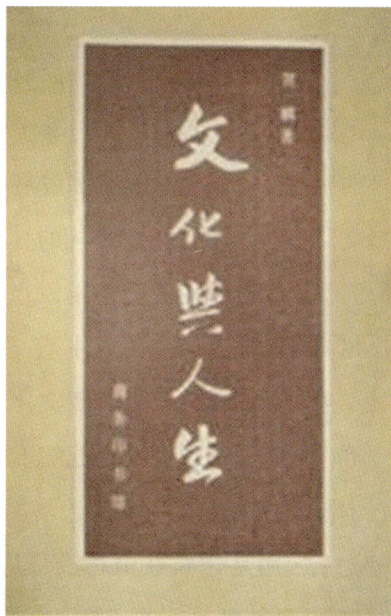

《文化与人生》

---

① 冯友兰：《三松堂全集》（第四卷），河南人民出版社 2000 年版，第 553 页。

贺　麟

西化""本位文化"等。贺麟对这些观点作了分析总结，提出"华化西洋文化"的观点。在《文化的体与用》中，他说道："所以我根本反对被动的'西化'，而赞成主动的'化西'。所谓'化西'，即是自动地自觉地吸收融化，超越扬弃西洋现在已有的文化。"在他看来，古今中外文化是精神的产物，是精神的用，只有精神或理性才是文化真正的体，应该以民族文化为主去融化外来文化。贺麟这种思想是用新黑格尔主义来融化、改造陆王心学，故被人称之为"新心学"。

对新文化运动，贺麟和同时代新儒家的看法有所不同，他认为新文化运动的最大贡献，是破坏和扫除了儒家的僵化部分的躯壳与形式末节及束缚个性的腐朽部分。他从改造和发展儒学的角度去评价和肯定新文化运动，认为新文化运动并没有打倒儒学的真精神、真思想，反而将束缚其发展的腐朽部分去除了，使得孔孟精神得以自由健康地发展。可以看出，贺麟具有开阔的文化视野与宽容的文化精神。

当时人们普遍认为，新文化运动批判、指责的重点对象是儒家礼教、伦理等，而贺麟却对此提出截然不同的观点。他认为儒家"伦理本位"的观念在中国承袭了几千年，道德为立国的大本，国家的基础不是建筑在武力上或经济上，而是建筑在道德上，从而提出了"道德为立国之本"的伦理观和"经济是理智和道德的产物""对理念尽忠""假人欲以行天理"的"新功利主义"伦理思想等一系列观点。这是对新文化运动责难儒学的一种回应，比较圆满地阐释了新文化运动与儒学的关系。

对于当时的局面和现状，贺麟提出了"建设新儒家思想"的口号。在《儒家思想的新开展》中，他说："根据对于中国现代的文化动向和思想趋势的观察，我敢断言，广义的新儒家思想的发展或儒家思想的新开展，就是中国现代思潮的主潮……自觉地、正式地发挥新儒家思想，蔚成新儒学运动，只是时间早迟、学力充分不充分的问题。"如何建设呢？贺麟认为要排除传统儒家思想中的腐朽部分，就要吸收诸子、西洋文化的长处，来充实儒家思想的不足。对此，他提出了一系列具体的途径。如在宋明理学知行观的基础上，提出了"自然的知行合一观"，突破了传统道德觉悟与践履的狭隘性，将其扩展到科学与社会的活动领域，这具有深刻的历史和时代意义。

贺麟思想的精华表现为"新心学"哲学体系的提出。这一观念是贺麟将新黑格尔主义与陆王心学相融合、改造的产物，主张将精神放在最高的位置上，用精神来陶铸自然、创造真善美的美好境界和历史文化。可以说，贺麟"新心学"的哲学体系是新儒学思潮发展的一个重要组成部分。

三、第二代现代新儒家

20 世纪 50 年代前后，一批学者迁移到港台地区，继续进行儒家学说的研究和传播，形成了学术上一道亮丽的风景。他们在学术研究上取得新发展并培养了大批儒学人才，被视为第二代现代新儒家，又被称为"港台新儒家"。

1958 年元旦，唐君毅、牟宗三、张君劢、徐复观四人联名发表了一份宣言，名为《为中国文化敬告世界人士宣言——我们对中国学术研究及中国文化与世界文化前途之共同认识》。这份四万多字的宣言，大体反映了他们对于当时中国文化的认识与反省，表达了他们对于中国文化过去、现在及未来的认识与展

新亚书院院徽

望，指引了研究中国学术文化及中国问题的方向。这一宣言引起了人们的注意，具有重要的意义，标志着港台新儒家对文化认识的新高度。

香港的新亚书院在港台新儒家的发展中是一个值得重视的学习基地。1949 年，钱穆、唐君毅、张丕介等人来到香港，共同创办了亚洲文商专科夜校，以解决学生的就学问题。第二年，夜校改为日校，改名新亚书院，钱穆任校长。开始时，学校条件特别艰苦，后得到外部支持，条件逐渐得到改善，在学术上也得到国际认可。当时港台地区的学术名流几乎都到新亚书院讲过学，新亚书院成为港台新儒家重要的活动场所。

以新亚书院等活动场所的成立、发展为基础，港台新儒家蓬勃发展起来，并培养了一批批儒学人才，延续了儒学发展的血脉，使儒学得到新发展。

（一）钱穆

钱穆，字宾四，中国现代史上百科全书式的学者。他的学问涉及经、史、子、集，治学涉及文、史、哲各学科，尤以史学和文化史的成就驰名中外。其治学先由古文开始，继而到"五经"、先秦诸子，再到史学，由史而至于文化史、思想史。他被称为"在史学领域高举现代新儒学旗帜"的第一人，"史学领域中当代新儒学的创建者"等。他著述丰富，代表作有《刘向歆父子年谱》《国史大纲》《中国文化史导论》《先秦诸子系年》等。南迁香港后，钱穆与唐君毅、张丕介联合创办新亚书院，边研究学问边传授学业，致力于阐扬中国文化精神，培养学术人才。新亚书院的宗旨是："上溯宋明书院讲学精神，并旁采西欧导师制度，以人文主义教育为宗旨，沟通世界东西文化。"钱穆一生关注中国传统文化如何面

钱穆

对现代西方文明的冲击，关心国家民族的命运。

与冯友兰、熊十力等以哲学思想为进路的学者不同，钱穆用史学家的眼光和思维方式去观察和研究中国文化和儒学的发展。他注重经验事实，忽视形而上学，用历史的态度来看待中国文化，并将其称为"唯道论"。他认为儒学是中国文化的主要组成部分，在中国历史和文化的发展进程中占据了非常重要的分量，并将儒家精神理解为道德的人文精神。

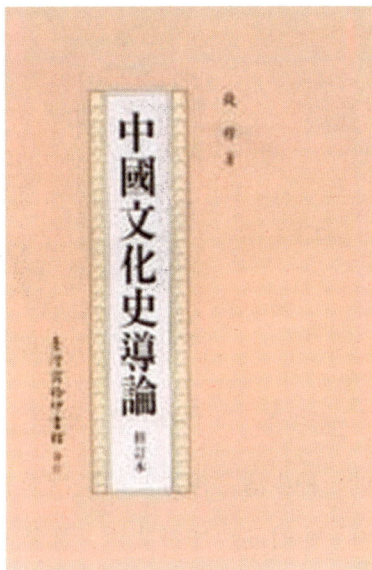

《中国文化史导论》

钱穆认为中国"道"的内在是"人道"，是围绕"家族"而形成、阐发的。在《中国文化史导论》中，他认为："家族是中国文化一个最主要的柱石，我们几乎可以说，中国文化，全部都从家族观念上筑起，先有家族观念乃有人道观念，先有人道观念乃有其他的一切。"在钱穆看来，"仁"是人道的代表，孔子把古代"政治化的宗教"变成"人道化的政治"和"人道化的宗教"。正是人道精神，塑造了中华民族的优秀品格，成为民族生生不息的精神支柱。正是以儒学为代表的中国文化，造就了中华民族悠久与广阔的发展历史，是中国现代化的精神基础。

关于道统，钱穆认为"整个历史文化大统即是道统"，这与他所主张的"破除门户之见"、反对治学专业化的观点是一致的。他将孔子融入中国历史文化传承发展的历史脉络中："故谓由于中国传统文化而始产生孔子，不能谓由有孔子而始有中国文化之创造也。"孔子思想与夏商周文化之间是密切联系的。这就是钱穆在《国史大纲》中提出的"士统即道统"，士既可以入仕，凭借政治造福天下，也可以在野，推动文化的传承与创新。

文化是什么呢？在《中国文化传统之演进》中，钱穆指出："文化是我们

《钱宾四先生全集》

的一种生活，各方面的生活总括起来，就可以叫他做文化；这个生活，如果将一个时间性加进去讲，那就是生命。凡是一个国家，一个民族，都有他的生命，这生命就是他的文化，这文化也就是他的生命；如果有国家民族而没有文化，那就等于没有生命。"可见，钱穆把文化看作生命，是包括民族、国家以往全部生活的总和。

在中西文化的关系上，钱穆提出要历史地、客观地、全面地分析，系统而深入地比较，"察异观同"。中国文化是农耕文化，是求安足而不求富强的内倾型文化，而西方文化是商业文化，是外向型的"霸道文化"。这形成了不同的历史观念和思维方式，形成了不同的宇宙观和人生观，继而造成了不同的经济观念和政治思想。

钱穆提出要站在本位文化的立场上，从中国传统文化内部寻找新生的希望，"据旧开新"，"文化更新，亦需自本自根，从内身活力发荣滋长"。他对传统文化有深厚的感情，相信经过现代的洗礼仍能保持传统特色，才是真正的新生，而不是"铲根削迹，并数千年传统政治理论及其精神全部毁弃，赤地新建，另造炉灶，一惟西土之是崇"。

钱穆通过丰富的历史知识来体认传统文化的生命，比较客观地评说和揭示了中华民族文化的精髓、真谛，理性地认识到传统文化的不足和缺陷。而是始终谨守着对传统文化的虔诚信仰，以继承和发扬本国传统文化作为自己的历史使命。他以历史学家的情怀审视和关照中华民族的文化和精神，带着温情与敬意关心国家的前途和命运。

（二）　牟宗三

牟宗三是现代新儒家的主要代表人物，是熊十力在港台地区的三大弟子（即牟宗三、唐君毅、徐复观）之一。他早年对西方数理哲学感兴趣，从事逻辑、知识论和康德知性哲学的研究，并试图用西方哲学的方法来建构中国哲学。20世纪40年代，牟宗三遇到了改变他人生轨迹的人——熊十力，受其当头"棒喝"，遂回到儒家思想的轨道上。在《五十自述》中，牟宗三回忆说："我当时好像直从熊先生的狮子吼里得到了一个当头棒喝，使我的眼睛心思在浮泛的向外追逐中回光返照：照到了自己的'现实'之所何是，停滞在何层面。这是打落到'存在的'领域中之开始机缘。"

熊十力先生的当头一棒让牟宗三幡然醒悟，客观的外在环境更促进了他对儒家思想的返归。随着对中西文化认识的不断加深，牟宗三逐渐意识到西方人关于生命的灵感与启示主要存在于文学艺术和宗教中。可是，近代中国对于西方的关注主要在科学、民主方面，接受的多是逻辑思辨、科学成果及形而上的问题，而对于生命的问题却很少关注，

牟宗三

《五十自述》

对于宗教也没有兴趣。这导致了近代中国的发展只好停留在器物表面，而缺少对内在生命自身的关注。牟宗三看到了问题所在，认识到要克服文化理想的失调和生命价值意义的丧失，就要唤起人们的文化意识和生命存在的价值意识。继而，牟宗三认为对于中国来说，最好的途径就是返归孔孟之道，重建儒家的道德理想主义。

1956 年到 1957 年间，牟宗三写成《五十自述》一书，反思其人生及其思想。书中说道："西方的学问以'自然'为首出，以'理智'把握自然；中国的学问以'生命'为首出，以'德性'润泽生命。从自然到生命，既须内转，又须向上。因为这样才能由'存在的'现实而契悟关于生命的学问。"牟宗三心中升起的对于自身、家国、民族之"客观的悲情"，助他走出了纯粹知识"架构的思辨"之象牙塔，转而关注现实、政治、科学与生命。

牟宗三儒学思想体系形成的标志是"新外王三书"的完成。这"三书"是指《道德的理想主义》《政道与治道》和《历史哲学》。他认为儒家道德理想主义完成与实现的关键是开出"新外王"，"儒家的理性主义在今天这个时代，要求新的外王，才能充分地实现。今天这个时代所要求的新外王，即是科学与民主政治"。要重建儒家的道德理想主义，必须先解决儒家道德理想主义与现代的科学、民主政治之间的关系。中国文化在道德层面确实达到了很高的境界，但是在知识层面却缺少知性这一环节，故而缺乏科学与民主政治。可以说，处理好道德主体与知性主体的关系是牟宗三整个哲学体系的核心。

如何处理好两者之间的关系呢？牟宗三主张应用个体的"亲证"来领会和理解。从民族文化的生命内部生发，从儒家的"内在目的"、内圣之学、心性之学出发，从儒家的思想核心——通常认为是孔子和

《牟宗三先生全集》

孟子的"怵惕恻隐之仁"来解读中国文化，在此基础上，处理好道德主体与知性主体的关系。

"内圣开出新外王"，是牟宗三思想体系的重要特色。对于"新外王"，牟宗三说："科学知识是新外王的一个材质条件，但是必得套在民主政治下，这个新外王的材质条件才能充分实现。"他指出发展科学是真正的儒家所认可的，是"新外王"的物质条件、材料与内容。而且，道德理想主义与现代民主政治是相容的，实现民主政治也是现代新儒家的主要目的之一。

20 世纪 60 年代之后，牟宗三研究的重心由政治转向学术，认为内圣心性是一切法的根本。这时期，他写出了《才性与玄理》《心体与性体》《佛性与般若》等书。其中《心体与性体》具有重要意义，在当代的宋明理学研究中具有里程碑的意义，是承上启下的重要著作。

牟宗三在以上思想的基础上，建立了"道德的形上学"体系，确定了道德主体的思想。这一思想主要来自于中国传统哲学，融合了西方哲学思想。牟宗三希望将西方哲学和中国哲学相连接，"使中国哲学能哲学地建立起来"。他借用康德对于"圆满的善"的思考，关注道德与幸福的关系问题。可对于此问题的论证方式和出发点却是中国哲学式的，强调生命的体验、洞见，采用"六经注我"的方式，借用圣哲来表达自己的思想。这一思想集中体现在牟宗三的最后一部著作《圆善论》中。牟宗三指出：圆善的境界是哲学发展的最高境界，达于此就达至圣、神的境界了。

总起来说，牟宗三的哲学涉及历史哲学、政治哲学、文化哲学等多个领域，其气魄、宏愿和规模在中国现代哲学史上确是一座高峰。牟宗三的哲学既有传统文化"文化生命"和"德慧生命"之淑世情怀，又有西方逻辑学的严密、系统，是中西文化相融汇的产物。

（三）唐君毅

唐君毅年轻时于北京大学求学，受当时名师梁启超、胡适、梁漱溟等影响很深。后唐君毅又到南京中央大学求学，师从方东美等人，学习了西方新实在论哲学。毕业后，在四川大学、重庆中央大学、成都华西大学等处任教。

唐君毅

1949 年，与钱穆、张丕介共同创办新亚书院。作为港台新儒家的代表人物，唐君毅在自觉融合中西哲学的基础上，对传统哲学加以承续发扬，希望传统文化能返本开新，使中国传统哲学呈现出新的形态。

唐君毅的思想来源主要有两个方面，一是以儒学为主的中国传统哲学，一是德国古典哲学，包括康德、费希特、黑格尔等人的哲学思想。唐君毅的思想发展，大致经历了三个阶段：道德自我的建立、人文世界的化成和心灵九境。

在内地教学期间，唐君毅治学侧重于人生哲学和道德方面。他认为道德的基础是性善说，是人本着内在良善心性而产生的自我评价原则和标准。所以，唐君毅积极致力于道德自我的求证，从个体自我的道德生活角度来反省、验证和建立道德自我。他认为学问的本源是人的仁心本体，自己主宰自己的生活，人生的根本在心，人是精神的存在；心是身的主宰，而身是心的外壳。人生的目的不在于追求快乐与欲望的满足，而是追求自我的实现，是精神活动的幸福。

到香港后，中西文化的激烈冲突使唐君毅将治学的重点转到文化问题上。在对中西文化的比较考察中，他发觉中西文化的区别是中国文化重人，西方文化重物；中国文化重人伦，西方文化重科学与宗教。他把中国文化形象地称为"圆而神"，依天道来立人道，使天德显现于人伦、人道、人性之中，与天地相合，随具体事物变化周转不息。它不重视文化学术的多途发展，以神来认识万物。而西方文化的特征是"方以智"，以理智来把握事物，得其一不能尽其二，对概念的把握都是直的，注重学术的分类，形似方的。东西方文化各有特色，并无优劣之分。

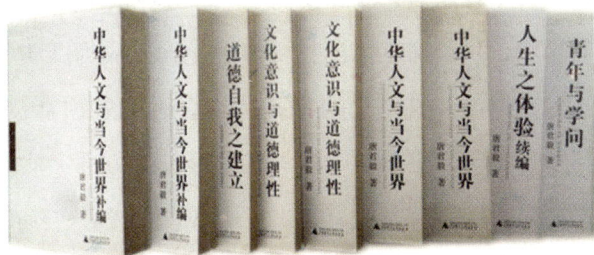

唐君毅作品

可是为什么如此具有魅力的中国文化在西方文化面前看似不堪一击，显得落后无力呢？唐君毅认为，其中一点是当时西方文化对中国文化确实造成巨大冲击，尤其是科学与民主的思想。在科学怀疑态度的追问下，在理智的解剖下，中国传统文化茫然不知所措。在民主自由的呼声中，中国传统伦理道德对个体的束缚与限制更加凸显，人们纷纷喊出推翻"三纲五常"的口号也在意料之中。

中国文化如何立新，又如何大放光彩呢？唐君毅说中国文化的重建需要对症下药，找到问题的根源，再施以对策。唐君毅认为文化发展的一般趋势是在返本中开新，要解决中国文化的问题就要返本开新。这种说法并不是唐君毅的独创。古代王莽、王安石等都试图通过复古来改革时政，梁启超、沈有鼎也有论述。唐君毅所注重的返本是弘扬宋明时期的心性之学，重视内圣

唐君毅塑像

之道。通过道德主体精神的提升，来培养道德心理。

在重视内圣的同时，唐君毅认为也要重视外王，通过外王得以显现。中国文化重视道德自我的建立，重视精神境界的作用，而没有使人的精神分途发展为人文的世界，这是其不足之处。德国哲学家费希特在《全部知识学的基础中》说："因为在我们之

内有着某种东西，非经我们之外的某种东西就无法予以充分说明。"唐君毅受
其影响，认识到道德自我要客观化，要成为人类文化具体而客观的活动和生
活。具体说，要将道德自我体现在人类各项活动中，如家庭、经济、政治、
科学、文学、艺术、宗教、教育等具体方面。唐君毅提出只有立足儒家文化
的本根，同时借鉴西方文化多途发展的路径，才能使中国文化走上新的道路，
大放异彩。

唐君毅在其晚年完成了一生学问的综合，即生命存在心灵九境的构建。
这是其哲学形上学的建构，在现代哲学家中是独树一帜的。

（四）　徐复观

徐复观，原名秉常，现代新儒家的主要代表，亦是熊十力的弟子。与唐
君毅、牟宗三相比，徐复观更偏向于思想史，更擅于将中国人文精神的阐发
与时代相通。

徐复观前半生主要从政，1949 年之后才专注于学术研究，发表著述。由
于其从政经历，他写了大量的政论性文章，常将学术与政治交织在一起。与
其他学者相比，他更多思考如何用
中国传统文化解决现实政治问题，
如何借鉴西方民主政治来完善儒家
政治思想。在他看来，儒家的政治
思想由三部分组成：德治、民本与
礼治。其中，德治是基于对人性的
尊重，民本近于民主，礼治是以礼
作为制定的根据和规范。

徐复观在大量思想史的著作
中，努力探讨民主因素和进步的思
想，并对儒家政治思想的局限性进
行深刻揭露。徐复观认为由于历史
条件的限制，历朝历代总是站在统

徐复观

治者的角度去解决政治问题，故中国政治始终没有由民本迈向民主。虽然在中国文化中没有出现民主政治，但是却不乏民主思想。儒家思想已经为政治提供了道德的最高根据。

徐复观在学术方面的成就主要表现在比较系统地研究了中国思想文化史，尤其是先秦、两汉的思想史。对于如何研究，徐复观总结了一些方法。他说："要写一部像样的中国思想史，第一必须读书读得多，读得实在，第二必须受有思想的训练，第三必须有做人的自觉。三者缺一不可。"也就是要有思考力、反省力、自制力，以及切切实实的治学功力。对于研究中文献的考据与义理的阐述，徐复观认为两者没有本末之分，处于平等的地位，哪一个都不能偏废。这是他研究的方法和态度，也是我们了解他的文化思想史观的一个方法。

《徐复观文集》

徐复观说："中国的问题，最根本的还是文化的问题。"对于中国文化，徐复观在《儒家政治思想的构造及其转进》中说道："不应该再是'五四'时代的武断的打倒，或是颟顸的拥护。而是要从具体的历史条件后面，以发现贯穿于历史之流的普遍而永恒的常道，并看出这种常道在过去历史的具体条件中所受到的限制。因其受有限制，于是或者显现的程度不够，或者显现的形式有偏差。"可以看出，徐复观是从中国传统文化本位主义的立场上，力求历史地、客观地、理性地看待中国文化。他说："中国文化最基本的特性，可以说是'心的文化'。"从这里可以看出，徐复观受熊十力心性哲学的影响很深，而又与熊十力有所不同。熊十力是从哲学形而上的角度来阐发中国文化，徐复观是从史实的形而下的角度来理解中国文化。徐复观强调人的生命存在，看重中国文化精神的阐发，并以此深入分析和考察先秦人性论史，认为中国的道德精神主要是由先秦时期的孔孟儒家开启，以仁义为主要内容。

徐复观对中国文化的再肯定是有其良苦用心的。他批判全盘反传统的极端思潮，试图在中华民族传统文化中寻找与西方文化相嫁接的部分，为现代人的生存提供思想的资源。

对于中国文化与西方文化，徐复观认为：在文化的共性上，应该承认有一个世界文化；在文化的个性上，也应该承认各民族国家各有其民族国家的文化。同时，各民族国家所反映出的文化的个性，是不断地向世界文化的共性方面上升。他承认中西文化不同，认为不能以西方的价值系统为唯一的标准来衡量其他文化。同时，中国文化与西方文化又是互补的，可以使人类文化向"全"的方向发展。

与同时期的其他学者相比，徐复观思想的特点在于对中国传统文化及其精神的现代阐释。他致力于将儒学与现实生活相结合，将学术与政治有机结合。从中可以看出，他对于中华传统文化的深情与敬重，对于文化的客观、理性的态度。

后　记

儒家文化是中国传统文化的主干，随着我国传统文化复兴热潮的到来，越来越多的人希望了解中国儒学的发展历程。可是，现有的中国儒学史著作，不仅学术性较强，而且篇幅也越来越长，不太适合广大读者了解中国传统文化，于是就有了我们《图说中国儒学史》的选题。

本书是集体合作的成果。全书由杨朝明主编统筹，共分三册，各册设主编负责。具体分工如下：

上册由房伟主编。其中作者，第一编：杨朝明；第二编第一、二、三、五章：房伟；第二编第四章：陈岳。

中册由卢巧玲主编。其中作者，第三编第一、二章：屈会涛；第三编第三、四章：牟学林；第四编第一章：卢巧玲；第四编第二、三章：刘文剑。

下册由陈霞主编。其中作者，第五编第一章：曹景年；第五编第二章：陈霞；第六编第一、二章：周建；第六编第三、四章：孔丽。

在本书写作过程中，各位作者通力协作，不厌其烦地修改完善；济南出版社的编辑们认真负责，为本书的内容提出了许多中肯的意见。作为主编，我十分感谢各位的辛勤付出！

衷心感谢颜炳罡教授和林存光教授，他们为本书提出了宝贵的修改意见和建议，为本书增色不少！

顾名思义，所谓"图说"，自然应该以图为主，即借助精美的图片，以生动活泼的形式来展现中国儒学形成、发展、演变的历史，让读者轻松地看图读书，从中了解儒学的内涵，了解儒学的特性与功能，了解儒学与社会历史文化的互动关系。然而，由于种种原因，本书还有需要进一步提升的空间。希望读者多提宝贵意见，以便进一步修订完善。

杨朝明

2017 年 8 月 20 日

书中图片多由本书作者提供，部分图片未能接洽版权所有者，欢迎有关机构和个人联系本社，以便妥善处理，支付相应稿酬！